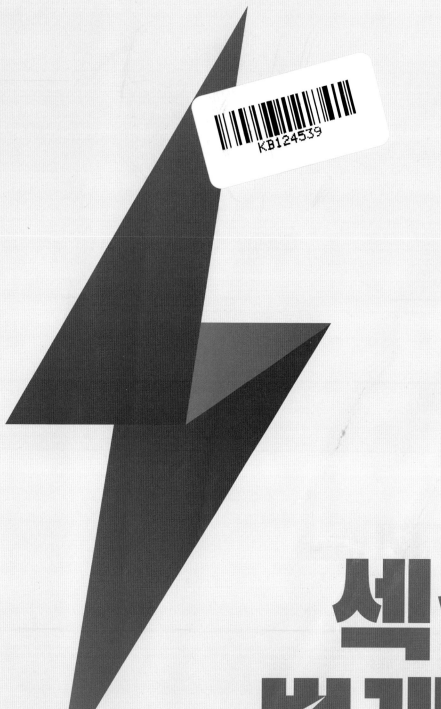

섹션 SECTION

볼개기

종합편

LEVEL 4

책임 집필 · 검토진

유동훈, 양다원, 고하은, 이선민, 김완주, 심수연

섹션별개기 종합편

LEVEL 4

지 은 이 | IAP BOOKS
기   획 | 유동훈 양다원
개   발 | 고하은 김정진 이선민 김완주
디 자 인 | 정은아 정수진 최미나 오예인
조   판 | 정수진 최미나
영   업 | 한기영 이경구 박인규 정철교 김남준 이우현
마 케 팅 | 박혜선 남경진 이지원 김여진

섹션 SECTION
벼개기
종합편
LEVEL 4

Smart Learning Solution
SLS v3

상쾌한 **향상**을 경험하다

국어 문제의 해결사 SLS

학습자 맞춤형 문제은행 출제 마법사
Smart Learning Solution

학생들에게 1:1 과외의 효과를!

초등 4학년부터 고등 3학년까지!
개별 학생에게 맞춘 유연한 문제은행 출제 마법사
시스템이기에 더욱 빠르고 학습진단 및 분석,
그리고, 이에 맞춘 처방까지!
학생들의 성적이 달라집니다!!

온라인 교재 학습

▶ 온라인 제공 문제 서비스
▶ 출판사, 난이도별 문제

차별화된 인강시스템

▶ 모든 문항별 강의 동영상
▶ 강좌별 영상 강의

SMART LEARNING SOLUTION

유사 문제 자동 추천

▶ 오답 문제와 유사한 문제 제공
▶ 오답 문제 완전 정복

130만 국어 문항 DB

▶ 국내 최대 DB
▶ 수능, 내신 모든 문항의 DB

한번에 수능까지 완성하는 중학 국어

화법 / 작문 / 언어 / 매체, 독서, 문학 1(현대시 / 고전운문), 문학 2(현대소설 / 고전산문)까지 예비 고등국어 전 갈래를 학습할 수 있도록 구성되어 있습니다. 각 갈래별로 지문과 대표 문항, 고난도 문항을 단계별로 제공하여 스스로 문제를 풀고 해결해 나갈 수 있도록 편집되었습니다.

섹션뽀개기

현대시, 현대소설, 고전운문, 고전산문, 극수필, 독서, 화법과 작문, 문법 총 8권으로 구성되어 있습니다. 실전에 들어가기 전 꼭 알아야 할 기본 개념을 체크하고, 각 갈래별로 유형과 개념이 잘 나타난 대표 유제를 통해 문제 접근법과 풀이 방법을 익힐 수 있습니다. 또한 수능 및 전국연합 기출 문제를 선별하여 앞에서 학습한 개념과 관련된 문제를 통해 실제 문제에 대한 해결력을 기르고 수능 감각을 익힐 수 있도록 하였습니다. 자기 주도학습을 할 수 있도록 인강을 제공하고, SLS 시스템을 통해 취약 영역도 보완하도록 지원하고 있습니다.

섹션뽀개기 실전편

문학, 독서, 화법과 작문, 언어와 매체 총 4권으로 구성되어 있습니다. 각 항목별로 개념과 대표 유제, 실전 문제를 단계별로 제공하여 스스로 문제를 풀고 해결해 나갈 수 있도록 편집되었습니다. 자기 주도학습을 할 수 있도록 인강을 제공하고, SLS 시스템을 통해 취약 영역도 보완하도록 지원하고 있습니다.

기승전결 모의고사

LEVEL 1(I·II·III·IV), LEVEL 2(I·II·III·IV), LEVEL 3(I·II·III·IV), LEVEL 4(I·II·III·IV)등 총 16권으로 구성되어 있습니다. 권당 실전 모의고사 9회가 수록되어 있고, 주차별로 1회씩 학습하도록 구성했습니다. 수능, 평가원, 교육청에서 출제되었던 실전 모의고사와 자체적으로 만들고 리믹스한 모의고사로 편성되어 있습니다. 자기 주도 학습을 할 수 있도록 인강을 제공하고, SLS 시스템을 통해 취약 영역도 보완하도록 지원하고 있습니다.

리딩플러스 국어

총 8단계로 구성되어 아이들이 다양한 갈래의 책을 읽고, 책에 관련된 문제를 풀어보며 글쓰기 실력을 향상시킬 수 있는 독서논술 교재입니다. 책을 읽으면서 궁금해할 만한 것이나 중요한 개념을 안내하는 배경 지식, 책에 등장한 어휘 관련 문제, 책에서 발췌한 제시문에 대한 독해력·사고력 문제를 통해 아이들이 흥미롭게 독서 활동을 할 수 있도록 하고, 책을 읽은 후 느낀 점 등을 독후활동지로 정리할 수 있도록 구성되어 있으며, SLS 시스템을 통해 온라인으로도 학습할 수 있도록 지원하고 있습니다.

어휘어법

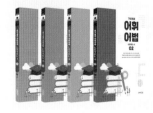

LEVEL 1(I·II), LEVEL 2(I·II), LEVEL 3(I·II), LEVEL 4(I·II) 등 총 8권으로 구성되어 있습니다. 학기별로 학습할 수 있도록 권당 18~26강으로 편성되어 있고, 모듈 프로세스를 통해서 영역별 학습이 가능하게 만들어져 있습니다. 사자성어·속담·한자어·관용어·혼동어휘 등을 교재별로 모듈화하여 단계별로 학습하고 주차별로 테스트를 하도록 구성되어 있습니다.

구성과 특징

실전문제

1. 수능, 모평, 학평 및 전국연합 기출 문제를 선별하여 다양한 영역 및 주제의 문제들을 통해 실전 감각을 익힐 수 있도록 구성하였습니다.
2. 지문별 핵심 정리, 문제풀이 맥을 제시하여 지문에 대한 이해도를 높이고 학습 효과를 올릴 수 있습니다.

┤ 핵심정리

지문과 연관된 필수 개념과 중심 내용을 정리하여 그 내용을 쉽게 이해할 수 있도록 구성하였습니다.

┤ QR코드

QR코드를 활용하여 최적화된 온라인 학습을 구현할 예정입니다.

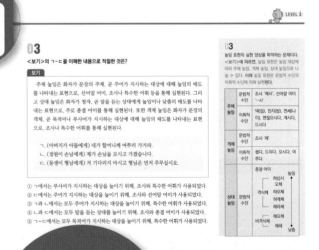

┤ 문제풀이 맥

문제별 문제풀이 맥을 제시하여 문제의 접근 방법을 확인하고, 쉽게 문제를 풀 수 있도록 구성하였습니다.

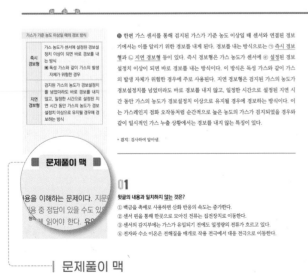

스스로 점검하기 ┤

유형별 체점표를 통해 스스로 부족한 유형을 점검할 수 있도록 구성하였습니다.

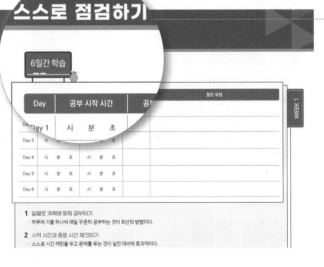

정답 및 해설

1. 지문별로 해설과 문제 유형을 제시하여 문제에 대한 이해의 폭을 넓히고, 전략적으로 공부할 수 있도록 하였습니다.
2. 차별화된 IAP BOOKS만의 꼼꼼한 선지 분석을 통해 정답이 정답인 이유, 오답이 오답인 이유를 명확하게 구분할 수 있습니다.

｜ 지문 분석

본문에 나온 지문별 상세한 해설에 주석을 첨부하여 혼자서도 깊이있는 이해를 할 수 있도록 구성하였습니다.

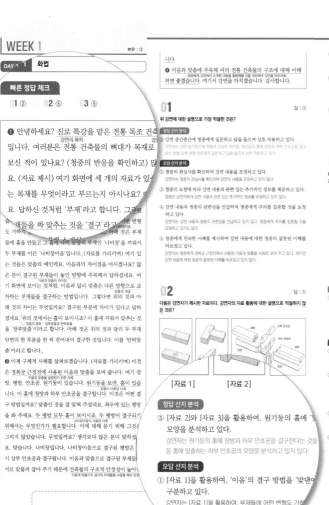

｜ 정·오답 선지 분석

수록된 모든 문제의 정답 및 오답을 꼼꼼히 분석하여 **정답**이 정답인 이유, **오답**이 오답인 이유를 명확히 구분할 수 있도록 하였습니다.

목차

WEEK 5

WEEK 6

WEEK 7

WEEK 8

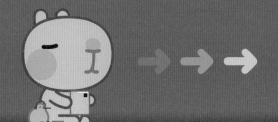

1 Day 화법

화법과 작문 　고3 2023년 9월

핵심정리

갈래

발표

제재

곰팡이의 균사

화제

곰팡이의 균사를 통한 곰팡이와 식물 뿌리의 상호 작용

문단 중심 내용

❶ 발표 주제 안내
❷ 균사의 개념
❸ 균사의 역할
❹ 곰팡이와 식물 뿌리가 만나는 방법
❺ 균사가 식물 뿌리와 연결되는 방식
❻ 발표 마무리

곰팡이의 균사

개념	곰팡이의 몸을 이루는 세포가 실 모양으로 이어진 것
생김새	식물 뿌리를 감싸고 있는 실처럼 생김.
역할	• 양분이 식물과 곰팡이 사이를 오갈 수 있도록 통로의 역할을 함. • 땅속에서 퍼져 나가면서 거리가 떨어져 있는 식물 뿌리와 연결함. • 한 식물 뿌리와 다른 식물의 뿌리를 연결함.

균사가 식물 뿌리와 연결되는 방식

① 균사가 식물 뿌리 세포의 내부로 들어가는 곰팡이
② 균사가 식물 뿌리의 겉면이나 식물 뿌리 세포를 감싸는 곰팡이

↓

곰팡이에 따라 균사가 식물 뿌리와 연결되는 방식이 달라짐.

※ 다음은 학생의 발표이다. 물음에 답하시오.

❶ 안녕하세요? 지난 수업 시간에 곰팡이의 생육 환경에 대해 우리가 조사했던 활동이 기억나나요? (청중의 반응을 듣고) 네, 기억하는군요. 자료를 더 찾아보니 식물 뿌리와 함께 사는 곰팡이에 관한 흥미로운 사실이 있어 소개하려 합니다.

❷ 식물 뿌리와 함께 사는 곰팡이가 식물 뿌리와 상호 작용한다는 것을 알고 있나요? (청중의 반응을 살피고) 대부분 모르는군요. 곰팡이와 식물 뿌리의 상호 작용에는 곰팡이의 균사가 중요한 역할을 합니다. (㉠ 화면 제시) 이렇게 식물 뿌리를 감싸고 있는 실처럼 생긴 것이 곰팡이의 균사인데요, 균사는 곰팡이의 몸을 이루는 세포가 실 모양으로 이어진 것을 말합니다.

❸ 식물 뿌리와 연결된 곰팡이의 균사는 양분이 오가는 통로가 됩니다. 마치 서로를 잇는 다리와 같은 역할을 하지요. (㉡ 화면 제시) 이렇게 곰팡이가 토양에서 흡수한 양분은 식물 뿌리로 전달되고, 식물이 광합성으로 만든 양분도 곰팡이로 전달됩니다. 또한 균사는 땅속에서 퍼져 나가면서 거리가 떨어져 있는 식물 뿌리와 연결될 수 있고, 한 식물의 뿌리와 또 다른 식물의 뿌리를 연결할 수도 있습니다. 식물과 식물을 연결한 균사를 통해 양분이 식물 간에 전달되지요.

❹ 아, 질문이 있네요. (ⓐ 질문을 듣고) 곰팡이나 식물에 눈이 있어 서로를 찾아가는 것은 아닙니다. 곰팡이와 식물 뿌리는 각각 상대의 생장을 촉진하는 물질을 내놓아 상대를 자기 쪽으로 유인하여 만날 수 있지요. 이해되었나요? (고개를 끄덕이는 모습을 보고) 그럼 발표를 이어 가겠습니다.

❺ 곰팡이의 균사가 식물 뿌리와 연결되는 방식은 곰팡이에 따라 다릅니다. 예를 들어, (㉢ 화면 제시) 화면의 왼쪽처럼 균사가 식물 뿌리 세포의 내부로 들어가는 곰팡이가 있고, 화면의 오른쪽처럼 균사가 식물 뿌리의 겉면이나 식물 뿌리 세포를 감싸는 곰팡이도 있습니다.

❻ 곰팡이와 식물 뿌리의 상호 작용이 흥미롭지 않나요? 발표 내용이 잘 이해되었기를 바라며 이만 마치겠습니다.

01

위 발표에 활용된 발표 전략으로 적절하지 않은 것은?

① 청중의 주의를 환기하기 위해 청중과 공유하고 있는 경험을 언급한다.

② 청중이 발표 내용을 예측하도록 발표 내용의 제시 순서를 발표 도입에서 밝힌다.

③ 청중이 발표 내용에 대해 사전에 알고 있었는지 확인하기 위해 발표 내용과 관련된 질문을 한다.

④ 청중이 특정 대상의 개념을 파악하도록 대상의 정의를 제시한다.

⑤ 청중의 이해를 돕기 위해 특정 대상을 일상적 소재에 빗대어 표현한다.

■ 문제풀이 맥 ■

01
발표의 표현 전략을 사용하는 문제이다. 위 발표는 곰팡이의 균사에 대한 정보를 전달하고 있다. 발표자가 정보를 전달하기 위해 어떠한 표현 전략을 사용했는지 파악하며 문제를 해결해야 한다.

02

다음은 발표자가 보여 준 화면이다. 발표자의 시각 자료 활용에 대한 설명으로 가장 적절한 것은?

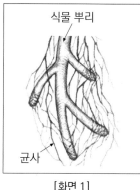
[화면 1]

[화면 2]

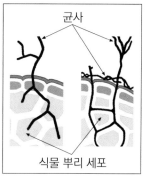
[화면 3]

① [화면 1]은 균사가 식물 뿌리를 감싸는 정도가 식물 뿌리의 부위마다 다름을 설명하기 위해 ㉠에 제시하였다.

② [화면 1]은 균사를 통해 한 식물의 양분이 다른 식물에 전달됨을 설명하기 위해 ㉠에 제시하였다.

③ [화면 2]는 곰팡이의 몸을 이루는 세포가 실 모양으로 이어진 것이 균사임을 설명하기 위해 ㉡에 제시하였다.

④ [화면 2]는 곰팡이가 토양에서 흡수한 양분은 식물 뿌리로 전달되고, 광합성으로 만들어진 양분은 곰팡이로 전달됨을 설명하기 위해 ㉡에 제시하였다.

⑤ [화면 3]은 땅속에서 퍼져 나가는 특성이 있는 균사가 주변에 서식하는 여러 식물의 뿌리와 연결될 수 있음을 설명하기 위해 ㉢에 제시하였다.

02
발표에서 자료, 매체를 활용하는 문제이다. 발표자가 자료를 제시한 앞뒤 맥락을 파악하여 해당 맥락에 적합한 자료가 무엇인지 파악할 수 있어야 한다. [화면 1]은 식물 뿌리를 감싸고 있는 균사의 모습을 보여 주기 위해 사용한 자료이고, [화면 2]는 식물 뿌리와 곰팡이 사이에 양분이 오고 가는 것을 보여 주기 위해 사용한 자료이다. [화면 3]은 곰팡이에 따라 균사가 식물 뿌리와 연결되는 방식이 다르다는 점을 보여 주기 위해 사용한 자료이다.

03

위 발표의 흐름을 고려할 때, ⓐ로 가장 적절한 것은?

① 균사가 식물 뿌리 세포의 내부까지 어떻게 들어가나요?

② 곰팡이는 식물 이외에 다른 생물과도 상호 작용할 수 있나요?

③ 서로 떨어져 있는 곰팡이와 식물 뿌리가 어떻게 닿을 수 있나요?

④ 곰팡이와 식물 뿌리의 생장을 촉진하는 물질에는 어떤 것이 있나요?

⑤ 곰팡이와 연결된 식물 뿌리는 그렇지 않은 식물 뿌리보다 빨리 생장하나요?

03
발표 내용을 이해, 평가하는 문제이다. ⓐ는 청중의 질문으로 기호 이후의 발화 상황을 종합적으로 고려하여, ⓐ에 해당하는 질문을 추론해야 한다. ⓐ에 대하여 발표자는 '곰팡이나 식물에 눈이 있어 서로를 찾아가는 것이 아닙니다.'라고 답변하며, 서로 떨어져 있는 곰팡이와 식물 뿌리가 닿는 방법에 대해 설명하고 있다.

2 Day 언어

언어와 매체 고3 2023년 9월

핵심정리

복합어

합성어	직접 구성 요소가 모두 어근인 단어 예 꿀벌 – 어근+어근
파생어	직접 구성 요소가 어근과 접사인 단어 예 맨손 – 접사+어근

합성과 파생을 통해 단어가 형성될 때 구성 요소의 형태

일반적으로는 구성 요소의 형태가 유지되지만 (예 꿀벌) 형태가 줄어드는 경우도 있음.

↓

단어가 형성될 때 구성 요소의 형태가 줄어드는 경우

① 한 단어에서 형태가 줄어드는 경우
예 대낚: '낚싯대를 써서 하는 낚시질'을 뜻하는 '대낚시'의 일부가 줄어들어 형성됨.

② 단어 형성에 사용된 말들의 첫음절끼리 결합한 경우
예 고법(高法): '고등(高等)'과 '법원(法院)'이 결합하여 형성된 '고등 법원'이라는 말의 '고(高)'와 '법(法)'이 결합하여 형성됨.

③ 단어 형성에 사용된 말들에서 어떤 말의 앞부분과 다른 말의 뒷부분이 결합한 경우
예 교생(敎生): '교육(敎育)'의 앞부분과 '실습생(實習生)'의 뒷부분이 결합하여 형성됨.

단어 형성에 사용된 말이 줄어들어 형성되는 단어와 단어 형성에 사용된 말과의 의미 관계

• '대낚'과 '대낚시'는 서로 바꾸어 써도 의미 차이가 거의 없음. → 유의 관계
• '고법'은 '법원'의 일종 → 하의 관계
※ '고법'으로 줄어들 경우, '고등'과 '고법'은 의미 관계를 맺지 않음.

※ [01~02] 다음 글을 읽고 물음에 답하시오.

[A] 복합어는 합성과 파생을 통해 형성된 합성어와 파생어로 나뉜다. 의미를 고려하여 어떤 말을 둘로 나누었을 때 그 둘 각각을 직접 구성 요소라 하는데, 합성어는 직접 구성 요소가 모두 어근인 단어이고, 파생어는 직접 구성 요소가 어근과 접사인 단어이다. 그리고 한 개의 형태소가 직접 구성 요소가 되기도 하고 두 개 이상의 형태소가 모여 직접 구성 요소가 되기도 한다. 예를 들어 '꿀벌'은 그 직접 구성 요소 '꿀'과 '벌'이 모두 어근이므로 합성어이다. 그리고 '꿀'과 '벌'은 각각 한 개의 형태소이다.

일반적으로 합성과 파생을 통해 단어가 형성될 때에는 그 구성 요소의 형태가 유지된다. 그런데 단어가 형성될 때 형태가 줄어드는 경우도 있다. 먼저 ⊙ 한 단어에서 형태가 줄어드는 경우가 있다. '대낚'은 '낚싯대를 써서 하는 낚시질'을 뜻하는 '대낚시'의 일부가 줄어들어 형성된 단어이다. 다음으로 ⊙ 단어 형성에 사용된 말들의 첫음절끼리 결합한 경우가 있다. '고법(高法)'은, '고등(高等)'과 '법원(法院)'이 결합하여 형성된 '고등 법원'이라는 말의 '고(高)'와 '법(法)'이 결합하여 형성되었다. 또한 ⓒ 단어 형성에 사용된 말들에서 어떤 말의 앞부분과 다른 말의 뒷부분이 결합한 경우가 있다. '교과 과정을 이수하기 위하여 일선 학교에 나가 교육 실습을 하는 학생'을 뜻하는 '교생(敎生)'은 '교육(敎育)'의 앞부분과 '실습생(實習生)'의 뒷부분이 결합하여 형성되었다.

이처럼 단어 형성에 사용된 말이 줄어들어 형성된 단어는, 그 단어의 형성에 사용된 말과 여러 의미 관계를 맺을 수 있다. 예를 들어, '대낚'과 '대낚시'는 서로 바꾸어 써도 그 의미에 차이가 거의 없으므로 서로 유의 관계를 맺고, '고법'은 '법원'의 일종이므로, '고법'과 '법원'은 상하 관계를 맺는다. 그러나 '고법'이 형성될 때 사용된 '고등'은 '고법'과 의미 관계를 맺지 않는다.

01

[A]를 바탕으로 추론한 내용으로 적절한 것은?

① '용꿈'의 직접 구성 요소는 모두, 한 개의 자립 형태소로 이루어진 어근이군.

② '봄날'과 '망치질'은 모두, 직접 구성 요소 중 하나가 접사이므로 파생어이군.

③ '필자'를 뜻하는 '지은이'의 직접 구성 요소는 모두, 자립 형태소를 포함하고 있군.

④ '놀이방'과 '단맛'의 직접 구성 요소 중에는 의존 형태소만으로 이루어진 것이 있군.

⑤ '꽃으로 장식한 고무신'을 뜻하는 '꽃고무신'을 직접 구성 요소로 분석하면 '꽃고무'와 '신'으로 분석할 수 있군.

02

윗글을 바탕으로 <보기>의 ⓐ~ⓔ를 이해한 내용으로 적절한 것은?

보기

형성된 단어	뜻	단어 형성에 사용된 말
ⓐ 흰자	알 속의 노른자위를 둘러싼 흰 부분	흰자위
ⓑ 공수	공격과 수비를 아울러 이르는 말	공격, 수비
ⓒ 직선	선거인이 직접 피선거인을 뽑는 선거	직접, 선거
ⓓ 민자	민간이나 사기업이 하는 투자	민간, 투자
ⓔ 외화	다른 나라에서 만든 영화	외국, 영화

① ⓐ는 ㉠에 해당하고, 단어 형성에 사용된 말과 유의 관계를 맺지 않는다.

② ⓑ는 ㉠에 해당하고, 단어 형성에 사용된 두 말 중 어느 하나와 유의 관계를 맺는다.

③ ⓒ는 ㉡에 해당하고, 단어 형성에 사용된 두 말 중 어느 하나와 상하 관계를 맺는다.

④ ⓓ는 ㉡에 해당하고, 단어 형성에 사용된 두 말 중 어느 말과도 유의 관계를 맺지 않는다.

⑤ ⓔ는 ㉢에 해당하고, 단어 형성에 사용된 두 말 중 어느 말과도 상하 관계를 맺지 않는다.

03

국어의 음운 변동을 이해하는 문제이다. 음운 변동이란 한 음운이 다른 음운과 만날 때 놓이는 환경에 따라 다른 음운으로 바뀌어 소리 나는 현상을 말한다. 음운 변동은 그 양상에 따라 교체, 탈락, 첨가, 축약으로 나눌 수 있다. 이때 한 단어에서 여러 유형의 음운 변동이 일어나기도 하며, 음운 변동 결과 음운의 개수가 달라지기도 한다.

교체	• 하나의 음운이 다른 음운으로 바뀌는 현상 예 음절의 끝소리 규칙, 비음화, 유음화, 구개음화, 된소리되기 • 음운의 개수 변화 ×
탈락	• 원래 있던 한 음운이 없어지는 현상 예 자음군 단순화, 'ㄹ' 탈락, 'ㅎ' 탈락, 'ㅡ' 탈락 • 음운의 개수 −1
첨가	• 원래는 없던 음운이 추가되는 현상 예 'ㅅ' 첨가, 'ㄴ' 첨가 • 음운의 개수 +1
축약	• 두 개의 음운이 합쳐져서 하나로 줄어드는 현상 예 거센소리되기 • 음운의 개수 −1

03

<학습 활동>을 수행한 결과로 적절한 것은?

학습 활동

'교체, 탈락, 첨가, 축약'과 같은 네 가지 유형의 음운 변동을 탐구해 보면, 한 단어에서 서로 다른 유형의 음운 변동이 일어나기도 하고 같은 유형의 음운 변동이 두 번 이상 일어나기도 한다.

◦ 한 단어에 음운 변동이 한 번 일어난 예
  예 빗[빋], 여덟[여덜], 맨입[맨닙], 축하[추카]
◦ 한 단어에 서로 다른 유형의 음운 변동이 일어난 예
  예 밟는[밤:는], 닭장[닥짱]
◦ 한 단어에 같은 유형의 음운 변동이 두 번 이상 일어난 예
  예 앞날[암날], 벚꽃[벋꼳]

이를 참고하여 ㉠~㉤에 해당하는 예를 두 개씩 생각해 보자.
㉠ '교체가 한 번, 탈락이 한 번' 일어난 것
㉡ '교체가 한 번, 첨가가 한 번' 일어난 것
㉢ '교체가 한 번, 축약이 한 번' 일어난 것
㉣ '교체가 두 번, 탈락이 한 번' 일어난 것
㉤ '교체가 두 번, 첨가가 한 번' 일어난 것

① ㉠: 재밌는[재민는], 얽매는[엉매는]
② ㉡: 불이익[불리익], 견인력[겨닌녁]
③ ㉢: 똑같이[똑까치], 파묻힌[파무친]
④ ㉣: 읊조려[읍쪼려], 겉늙어[건늘거]
⑤ ㉤: 버들잎[버들립], 덧입어[던니버]

04

<보기>의 ㉠~㉢에 들어갈 수 있는 내용으로 적절하지 <u>않은</u> 것은?

보기

> 선생님: 능동·피동 표현과 주동·사동 표현에서 높임 표현과 시간 표현이 어떻게
> 나타나는지 알아봅시다.
>
> ⓐ 형이 동생을 업었다.
> ⓑ 동생이 형에게 업혔다.
> ⓒ 나는 동생에게 책을 읽혔다.
> ⓓ 나는 동생이 책을 읽게 했다.
>
> 먼저 ⓐ, ⓑ에서 '형'을 높임의 대상인 '어머니'로 바꿀 때, 서술어에는 어떤 차이
> 가 생기는지 말해 볼까요?
>
> 학생: [㉠   ]
>
> 선생님: 맞아요. 그럼 ⓒ나 ⓓ에서 '동생'을 '할머니'로 바꾸면 어떻게 될까요?
>
> 학생: [㉡   ]
>
> 선생님: '-(으)시-'가 어떻게 나타나는지를 잘 이해하고 있네요. 그럼 ⓐ, ⓑ, ⓒ의
> 서술어에서 '-었-'을 '-고 있-'으로 바꾸면 어떤 의미를 나타낼까요? ⓐ와 ⓑ의
> 차이점이나 ⓐ와 ⓒ의 공통점을 말해 볼까요?
>
> 학생: [㉢   ]
>
> 선생님: '-고 있-'의 의미가 어떻게 나타나는지도 잘 이해하고 있군요.

① ㉠: ⓐ에서는 서술어에 '-으시-'를 넣어야 하지만, ⓑ에서는 '-시-'를 넣지 않습니다.

② ㉡: ⓒ에서는 '동생에게'를 '할머니께'로 바꾸고, '읽혔다'에 '-시-'를 넣어야 합니다.

③ ㉡: ⓓ에서는 '동생이'를 '할머니께서'로 바꾸고, '읽게'에 '-으시-'를 넣어야 합니다.

④ ㉢: ⓐ는 동작의 완료 후 상태 지속의 의미를 나타낼 수 있지만, ⓑ는 그럴 수 없습
니다.

⑤ ㉢: ⓐ와 ⓒ는 모두 동작의 진행 의미를 나타낼 수 있습니다.

04

문법 요소의 효과와 활용을 이해하는 문제이
다. 이 문제는 능동·피동 표현과 주동·사
동 표현, 높임 표현, 시간 표현을 복합적으로
이해하고 있어야 한다. <보기>에서 제시된
ⓐ는 능동 표현, ⓑ는 접사 '-히-'를 이용한
피동 표현, ⓒ는 접사 '-히-'를 이용한 사동
표현, ⓓ는 '-게 하다'를 이용한 사동 표현이
다. ①~③번 선택지는 선생님의 질문에 따라
문장의 단어를 다른 단어로 교체했을 때 문장
의 주체와 객체를 파악하고 어떠한 표지를 사
용하여 높임 표현을 실현할 수 있을지 판단해
야 한다. ④~⑤번 선택지는 '-고 있-'이 진
행상과 완료상으로 모두 해석될 수 있다는 점
을 고려하여 문제를 해결해야 한다.

05

중세 국어의 문법을 이해하는 문제이다. 이 문제는 체언과 조사가 결합한 단어가 문장에서 주성분으로 쓰이고 있는지, 부속 성분으로 쓰이고 있는지 파악해야 한다.

주성분	문장을 이루는 데 꼭 필요한 성분 → 주어, 목적어, 보어, 서술어
부속 성분	주성분을 꾸며 주어 내용을 한정시키는 역할을 하는 성분 → 관형어, 부사어

<자료>를 바탕으로 <보기>의 ⓐ~ⓔ 중 체언과 조사가 결합하여 이루어진 부속 성분이 있는 것만을 고른 것은?

보기

ⓐ 내히 이러 바르래 가느니   [내가 이루어져 바다에 가니]
ⓑ 나랏 말쓰미 中國에 달아   [우리나라의 말이 중국과 달라]
ⓒ 生人이 소리 잇도소니   [생인(산 사람)의 소리가 있으니]
ⓓ 나혼 子息이 양지 端正ᄒᆞ야   [낳은 자식이 모습이 단정하여]
ⓔ 내 닐오리니 네 이대 드르라   [내가 이르리니 네가 잘 들어라]

자료

<보기>에 나타난 체언과 조사
• 체언: 내ㅎ, 바롤, 나라ㅎ, 말쏨, 中國, 生人, 소리, 子息, 양ᄌ, 나, 너
• 조사: 주격(이, ㅣ, Ø), 관형격(ㅅ, 이), 부사격(애, 에)

① ⓐ, ⓑ, ⓒ   ② ⓐ, ⓑ, ⓓ   ③ ⓐ, ⓓ, ⓔ
④ ⓑ, ⓒ, ⓔ   ⑤ ⓒ, ⓓ, ⓔ

정답 및 해설 | 5

WEEK 1

※ 다음 글을 읽고 물음에 답하시오.

❶ 조선 시대 대표적인 유학자 율곡 이이는 책 속에 담긴 이치를 밝혀 이를 실천하는 독서를 강조했다. 그리고 이러한 독서에서 벗어난 그릇된 독서법을 독서 병통이라 부르며, 그 유형과 해결 방안을 크게 네 가지로 나누어 제시했다.

❷ 독서 병통의 첫 번째 유형은 ㉠ 그저 책만 읽는 병통이다. 이는 깊은 생각 없이 글자와 글귀 자체의 표면적인 뜻만 밝혀, 글에 숨겨진 이치를 파악하지 못한 경우이다. 이를 극복하기 위해서는 글귀의 옳고 그름을 깊이 따져 보거나, 자신의 일상이 책 속의 이치에 합당한가를 깊이 반성하는 노력을 해야 한다. 두 번째 유형은 ㉡ 마음만 앞서는 병통으로, 많은 책을 한 번에 탐해서 읽는 경우이다. 일반적으로 다독은 책과 책을 연계하여 서로의 의미를 이해하고 책의 깊이를 측량할 수 있어 유용하나, 욕심이 지나치면 마음만 분주하여 책을 한 권씩 음미할 여유를 가지지 못하게 된다. 이러한 병통은 책 한 권을 깊이 읽어 그 의미를 모두 알게 된 후에 다른 책을 읽는 독서로 극복할 수 있다. 세 번째 유형은 ㉢ 책과 자신이 유리된 병통이다. 이는 독서로 성현의 뜻을 이해하고 앎을 확장했음에도, 이를 몸과 마음으로 받아들이지 못하여 실천에 이르지 못한 경우이다. 이러한 병통은 성현의 가르침과 자신의 삶이 일치되도록 수양할 때 극복할 수 있다. 마지막 유형은 책에 대한 선입관으로 발생하는 병통으로, 두 경우가 있다. 먼저 ㉣ 책에 대한 두려움으로 인한 병통이 있다. 이는 책이 조금만 어려워도 이치에 도달할 수 없을 것이라고 여겨 온 마음을 다해 읽으려고 하지 않고 독서를 포기하는 경우이다. 또한 ㉤ 기이한 것에 현혹되는 병통이 있다. 이는 책에 초월적 지식이 담겨 있다고 여기고 이를 얻는 데 조바심을 내다가 정작 책에 담겨 있는 지식은 파악하지 못한 경우이다. 이러한 선입관에 의한 병통들은 한 단락씩 세심하게 읽어, 이치에 한 걸음씩 순차적으로 다가가는 독서로 극복할 수 있다.

[A]
❸ 한편 율곡은 올바른 독서를 위해 기본적으로 갖추어야 할 독서 자세를 강조했다. 독서 전에는 몸가짐을 단정히 하고, 마음을 고요히 하며, 책을 경건하고 공경스런 마음으로 대해야 한다. 이는 책 속에 담긴 심오한 진리를 대할 때 마음가짐이 흩어지면 올바른 독서를 할 수 없기 때문이다. 또한 독서 중 의문이 많아진다고 독서를 포기해서는 안 된다. 독서에 온 마음을 다한다고 해도 늘 이치에 다다를 수는 없고, 때로는 이치를 파고들수록 의문이 꼬리를 물 수도 있다. 하지만 이러한 고비를 넘겨야 의문이 점점 풀려 글 속의 이치에 이를 수 있다.

📝 핵심정리

문단 중심 내용

❶ 율곡 이이의 독서 병통
❷ 독서 병통의 유형과 해결 방안
❸ 올바른 독서 자세

독서 병통의 유형 ① 책만 읽는 병통

의미	깊은 생각 없이 글자와 글귀 자체의 표면적인 뜻만 밝혀, 글에 숨겨진 이치를 파악하지 못한 경우
해결 방안	글귀의 옳고 그름을 깊이 따져 보거나, 자신의 일상이 책 속의 이치에 합당한가를 깊이 반성하는 노력

독서 병통의 유형 ② 마음만 앞서는 병통

의미	많은 책을 한 번에 탐해서 읽는 경우
해결 방안	책 한 권을 깊이 읽어 그 의미를 모두 알게 된 후에 다른 책을 읽는 독서

독서 병통의 유형 ③ 책과 자신이 유리된 병통

의미	독서로 성현의 뜻을 이해하고 앎을 확장했음에도, 이를 몸과 마음으로 받아들이지 못하여 실천에 이르지 못한 경우
해결 방안	성현의 가르침과 자신의 삶이 일치되도록 수양

독서 병통의 유형 ④ 책에 대한 선입관으로 발생하는 병통

의미	• 책이 조금만 어려워도 이치에 도달할 수 없을 것이라고 여겨 온 마음을 다해 읽으려고 하지 않고 독서를 포기하는 경우 • 책에 초월적 지식이 담겨 있다고 여기고 이를 얻는 데 조바심을 내다가 정작 책에 담겨 있는 지식은 파악하지 못한 경우
해결 방안	한 단락씩 세심하게 읽어, 이치에 한 걸음씩 순차적으로 다가가는 독서

01

01

세부 내용을 이해하는 문제이다. 지문을 통해 율곡 이이가 강조한 올바른 독서법과 독서 병통을 이해해야 한다. 지문에서는 율곡 이이가 제시한 네 가지 유형의 독서 병통과 각각의 해결법을 설명하고 있다.

윗글의 내용과 일치하지 않는 것은?

① 마음가짐이 흩어지면 올바른 독서를 할 수 없다.

② 율곡은 그릇된 독서법의 유형과 해결책을 제시했다.

③ 율곡은 책 속의 이치를 밝혀 이를 실천하는 독서를 강조했다.

④ 독서에 온 마음을 다해도 이치에 다다를 수 없는 경우가 있다.

⑤ 다독은 책의 깊이를 측량하기 위한 독서에서 벗어난 독서법이다.

02

02

핵심 내용을 이해하는 문제이다. [A]에는 율곡이 강조한 올바른 독서 자세가 제시되어 있고, <보기> 또한 독서 자세를 제시하고 있다. [A]와 <보기>의 공통점을 찾아야 한다.

[A]와 <보기>에서 주장하고 있는 내용의 공통점으로 가장 적절한 것은?

보기

학문을 하는 자가 문제를 만났다고 해서 책을 읽는 것을 그만두어서는 안 된다. 책을 읽을수록 수많은 궁금증과 어려움이 생기는 것은 지혜의 문에 도달하려는 신호이기 때문이다.

① 독서 전에는 마음을 고요히 해야 한다.

② 독서 전에는 몸가짐을 바르게 해야 한다.

③ 책에 대한 경건하고 공경스런 마음을 갖추어야 한다.

④ 독서 중 의문이 많아진다고 독서를 포기해서는 안 된다.

⑤ 독서를 할 때는 성인의 심오한 진리를 대한다고 생각해야 한다.

03

다음은 독서 동아리 누리집의 일부이다. 윗글을 바탕으로 ⓐ~ⓔ에 대해 보인 반응으로 적절하지 <u>않은</u> 것은?

제5차 독서 - 《중용》

독서 교사 　추천 ♥ 2 　조회 30 　23.04.12 　　　　　　댓글 5

　　이번에 읽을 책은 유학 경전의 하나인 《중용》입니다. 이 책은 올바른 마음 자세와 관련된 삶의 이치, 형이상학적인 우주의 운행 원리 등에 대한 지식을 담고 있습니다. 책을 읽으면서 어려움이 있는 학생은 댓글을 남기면 도움을 드리도록 하겠습니다.

↳ 학생 1: 우주의 미래를 보는 법 같은 초월적 지식을 배울 수 있을 거라고 기대했는데 책에는 그런 내용이 없었고, 정작 책에 담긴 우주의 운행 원리에 대한 지식은 파악하지 못했어요. ·· ⓐ

↳ 학생 2: 깊은 생각 없이 글귀 자체의 뜻만 해석하며 읽었더니, 막상 글 속에 담긴 참뜻은 모르겠더라고요. ··· ⓑ

↳ 학생 3: 저는 첫 장부터 어려워 읽다 포기했어요. 제가 이해할 수 있는 수준이 아닌 책 같아서 읽기가 두려웠거든요. ······························· ⓒ

↳ 학생 4: 저는 동양사상을 섭렵하고 싶은 욕심에 《논어》, 《대학》을 빌려 동시에 읽었는데요, 오히려 마음만 급하고 어떤 책도 깊이 있게 읽지 못하겠더라고요. ·· ⓓ

↳ 학생 5: 책을 읽으면서 올바른 마음 자세에 대해 많이 배운 것 같아요. 그런데 책 속의 내용대로 일상생활에서 실천하기가 어렵네요. ·················· ⓔ

---

① 율곡의 입장에서 ⓐ는 책에 초월적 지식이 있다고 여기고 이를 얻으려고 하다가 발생한 병통이므로, ⑩에 해당한다고 보겠군.

② 율곡의 입장에서 ⓑ는 ㉠에 해당하므로, 글귀의 옳고 그름을 깊이 따지며 읽는 독서법을 조언할 수 있겠군.

③ 율곡의 입장에서 ⓒ는 ㉣에 해당하므로, 책을 한 단락씩 세심하게 읽어 나가는 독서법을 조언할 수 있겠군.

④ 율곡의 입장에서 ⓓ는 ㉡에 해당하므로, 책 한 권의 의미를 모두 알게 된 후에 다른 책을 읽는 독서법을 조언할 수 있겠군.

⑤ 율곡의 입장에서 ⓔ는 책에 담긴 성현의 뜻에 대한 선입관으로 발생한 병통이므로, ㉢에 해당한다고 보겠군.

03

구체적 상황에 적용하는 문제이다. 학생 1~5의 댓글은 모두 독서 병통을 보여 주고 있다. 율곡이 제시한 네 가지 유형의 독서 병통 중 어느 것에 해당하는지 파악하고, 올바른 해결 방안을 제시할 수 있어야 한다.

WEEK 1

🐭 **핵심정리**

가

문단 중심 내용

❶ 중국의 유서 편찬의 특징
❷ 실학 등장 이전 조선의 유서 편찬의 특징
❸ 실학 등장 이후 조선의 유서 편찬의 특징
❹ 조선 후기 실학자들이 편찬한 유서의 의의

중국의 유서

개념	고금의 서적에서 자료를 수집하고 항목별로 분류, 정리하여 이용에 편리하도록 편찬한 서적
유형	• 일반 유서: 모든 주제를 망라함. • 전문 유서: 특정 주제를 다룸.
특징	• 상호 비교하거나 편찬자의 해석을 가하지 않음. • 왕조 초기에 많은 학자를 동원하여 국가 주도로 대규모 유서를 편찬하여 간행함.

조선의 유서

실학 이전

• 국가보다 개인이 소규모로 편찬하는 경우가 많았음.
• 목적에 따른 특정 주제의 전문 유서가 집중적으로 편찬됨.
• 개인적 목적으로 유서를 활용하고자 함.
  → 편찬자가 미상인 유서가 많음.

↓

실학 이후 실학자들의 유서

• 현실 개혁의 뜻을 담음.
• 편찬 의도를 지식의 제공과 확산에 둠.
• 지식을 재분류하여 범주화하고 평가를 더하는 등 저술의 성격을 드러냄.
• 독서와 견문을 통해 주자학에서 중시되지 않았던 지식을 집적함.
• 증거를 세워 이론적으로 밝히는 고증과 안설을 덧붙임.
• 주자학의 지식을 이어받으면서 새로운 지식을 수용하는 유연성과 개방성을 보임.
• 광범위하게 정리한 지식을 식자층이 쉽게 접할 수 있어야 한다고 생각함.
• 객관적 사실 탐구를 중시하여 박물학과 자연 과학에 관심을 기울임.

※ 다음 글을 읽고 물음에 답하시오.

가

[A]

❶ 중국에서 비롯된 유서(類書)는 고금의 서적에서 자료를 수집하고 항목별로 분류, 정리하여 이용에 편리하도록 편찬한 서적이다. 일반적으로 유서는 기존 서적에서 필요한 부분을 뽑아 배열할 뿐 상호 비교하거나 편찬자의 해석을 가하지 않았다. 유서는 모든 주제를 망라한 일반 유서와 특정 주제를 다룬 전문 유서로 나눌 수 있으며, 편찬 방식은 책에 따라 다른 경우가 많았다. 중국에서는 대체로 왕조 초기에 많은 학자를 동원하여 국가 주도로 대규모 유서를 편찬하여 간행하였다. 이를 통해 이전까지의 지식을 집성하고 왕조의 위엄을 과시할 수 있었다.

❷ 고려 때 중국 유서를 수용한 이후, 조선에서는 중국 유서를 활용하는 한편, 중국 유서의 편찬 방식에 ⓐ 따라 필요에 맞게 유서를 편찬하였다. 조선의 유서는 대체로 국가보다 개인이 소규모로 편찬하는 경우가 많았고, 목적에 따른 특정 주제의 전문 유서가 집중적으로 편찬되었다. 전문 유서 가운데 편찬자가 미상인 유서가 많은데, 대체로 간행을 염두에 두지 않고 기존 서적에서 필요한 부분을 발췌, 기록하여 시문 창작, 과거 시험 등 개인적 목적으로 유서를 활용하고자 하였기 때문이었다.

❸ 이 같은 유서 편찬 경향이 지속되는 가운데 17세기부터 실학의 학풍이 하나의 조류를 형성하면서 유서 편찬에 변화가 나타났다. ㉮ 실학자들의 유서는 현실 개혁의 뜻을 담았고, 편찬 의도를 지식의 제공과 확산에 두었다. 또한 단순 정리를 넘어 지식을 재분류하여 범주화하고 평가를 더하는 등 저술의 성격을 드러냈다. 독서와 견문을 통해 주자학에서 중시되지 않았던 지식을 집적했고, 증거를 세워 이론적으로 밝히는 고증과 이에 대한 의견 등 '안설'을 덧붙이는 경우가 많았다. 주자학의 지식을 ⓑ 이어받는 한편, 주자학이 아닌 새로운 지식을 수용하는 유연성과 개방성을 보였다. 광범위하게 정리한 지식을 식자층이 ⓒ 쉽게 접할 수 있어야 한다고 생각했고, 객관적 사실 탐구를 중시하여 박물학과 자연 과학에 관심을 기울였다.

❹ 조선 후기 실학자들이 편찬한 유서가 주자학의 관념적 사유에 국한되지 않고 새로운 지식의 축적과 확산을 촉진한 것은 지식의 역사에서 적지 않은 의미를 지닌다.

나

❶ 예수회 선교사들이 중국에 소개한 서양의 학문, 곧 서학은 조선 후기 유서(類書)의 지적 자원 중 하나로 활용되었다. 조선 후기 실학자들 가운데 이수광, 이익, 이규경 등이 편찬한 백과전서식 유서는 주자학의 지적 영역 내에서 서학의 지식을 어떻게 수용하였는지를 보여 주는 대표적인 사례이다.

❷ 17세기의 이수광은 주자학뿐 아니라 다른 학문에 대해서도 열린 태도를 가지고 있었다. 주자학에 기초하여 도덕에 관한 학문과 경전에 관한 학문 등이 주류였던 당시 상황에서, 그는 《지봉유설》을 통해 당대 조선의 지식을 망라하여 항목화하고 자신의 견해를 덧붙였을 뿐 아니라 사신의 일원으로 중국에서 접한 서양 관련 지식을 객관적으로 소개했다. 이에 대해 심성 수양에 절실하지 않을뿐더러 주자학이 아닌 것이 ⓓ 뒤섞여 순수하지 않다는 ㉯ 일부 주자학자의 비판이 있었지만, 그가 소개한 서양 관련 지식은 중국과 큰 시간 차이 없이 주변에 알려졌다.

❸ 18세기의 이익은 서학 지식 자체를 ㉠《성호사설》의 표제어로 삼았고, 기존의 학설을 정당화하거나 배제하는 근거로 서학을 수용하는 등 서학을 지적 자원으로 활용하였다. 특히 그는 서학의 세부 내용을 다른 분야로 확대하며 상호 참조하는 방식으로 지식을 심화하고 확장하여 소개하였다. 서학의 해부학과 생리학을 그 자체로 수용하지 않고 주자학 심성론의 하위 이론으로 재분류하는 등 지식의 범주를 ⓔ 바꾸어 수용하였다. 또한 서학의 수학을 주자학의 지식 영역 안에서 재구성하기도 하였다.

❹ 19세기의 이규경도 ㉡《오주연문장전산고》를 편찬하면서 서학을 적극 활용하였다. 그는 《성호사설》의 분류 체계를 적용하였고 이익과 마찬가지로 서학의 천문학, 우주론 등의 내용을 수록하였다. 그가 주로 유서의 지적 자원으로 활용한 중국의 서학 연구서들은 서학을 소화하여 중국의 학문과 절충한 것이었고, 서학이 가지는 진보성의 토대가 중국이라는 서학 중국 원류설을 반영한 것이었다. 이에 따라 이규경은 이 책들에 담긴 중국화한 서학 지식과 서학 중국 원류설을 받아들였고, 문명의 척도로 여겨진 기존의 중화 관념에서 탈피하지 않으면서도 서학 수용의 이질감과 부담감에서 자유로울 수 있었다. 이렇듯 이규경은 중국의 서학 연구서들을 활용해 매개적 방식으로 서학을 수용하였다.

WEEK 1

나

문단 중심 내용

- ❶ 조선 후기 유서의 지적 자원이 된 서학
- ❷ 17세기 이수광의 《지봉유설》
- ❸ 18세기 이익의 《성호사설》
- ❹ 19세기 이규경의 《오주연문장전산고》

17세기 이수광, 《지봉유설》

- 당대 조선의 지식을 망라하여 항목화하고 자신의 견해를 덧붙임.
- 중국에서 접한 서양 관련 지식을 객관적으로 소개함.

18세기 이익, 《성호사설》

- 서학 지식을 표제어로 삼음.
- 서학을 지적 자원으로 활용함.
- 서학의 세부 내용을 다른 분야로 확대하며 상호 참조함.
- 서학의 해부학과 생리학을 주자학 심성론의 하위 이론으로 재분류함.
- 서학의 수학을 주자학의 지식 영역 안에서 재구성함.

19세기 이규경, 《오주연문장전산고》

- 《성호사설》의 분류 체계를 적용함.
- 서학의 천문학, 우주론 등의 내용을 수록함.
- 중국화한 서학 지식과 서학 중국 원류설을 받아들임.
- 기존의 중화 관념에서 탈피하지 않으면서도 서학 수용의 이질감과 부담감에서 자유로워짐.
- 중국의 서학 연구서들을 활용해 매개적 방식으로 서학을 수용함.

01

글의 구조와 전개 방식을 파악하는 문제이다. (가)와 (나)의 제재는 모두 유서이지만, 구체적인 내용은 다르다. (가)와 (나)의 중심 내용을 이해하고, 어떠한 방식으로 설명하고 있는지 파악해야 한다.

01

(가)와 (나)에 대한 설명으로 가장 적절한 것은?

① (가)는 유서의 유형을 분류하였고, (나)는 유서의 분류 기준과 적절성 여부를 평가하였다.

② (가)는 유서의 개념과 유용성을 소개하였고, (나)는 국가별 유서의 변천 과정을 설명하였다.

③ (가)는 유서의 기원에 대한 다양한 학설을 검토하였고, (나)는 유서 편찬자들 간의 견해 차이를 분석하였다.

④ (가)는 유서의 특성과 의의를 설명하였고, (나)는 유서 편찬에서 특정 학문의 수용 양상을 시기별로 소개하였다.

⑤ (가)는 유서에 대한 평가가 시대별로 달라진 원인을 분석하였고, (나)는 역사적으로 대표적인 유서의 특징을 제시하였다.

02

세부 내용을 파악하는 문제이다. [A]는 중국의 유서 편찬의 특징과 실학 등장 이전 조선의 유서 편찬의 특징을 설명한 부분이다. 따라서 중국의 유서 편찬의 특징과 실학 등장 이전 조선의 유서 편찬의 특징을 파악해야 한다.

02

[A]에 대한 이해로 적절하지 않은 것은?

① 조선에서 편찬자가 미상인 유서가 많았던 것은 편찬자의 개인적 목적으로 유서를 활용하려 했기 때문이다.

② 조선에서는 시문 창작, 과거 시험 등에 필요한 내용을 담은 유서가 편찬되는 경우가 적지 않았다.

③ 조선에서는 중국의 편찬 방식을 따르면서도 대체로 국가보다는 개인에 의해 유서가 편찬되었다.

④ 중국에서는 많은 학자를 동원하여 대규모로 편찬한 유서를 통해 왕조의 위엄을 드러내었다.

⑤ 중국에서는 주로 서적에서 발췌한 내용을 비교하고 해석을 덧붙여 유서를 편찬하였다.

03

㉔에 대한 이해를 바탕으로 ㉠, ㉡에 대해 파악한 내용으로 적절하지 **않은** 것은?

① 지식의 제공이라는 ㉔의 편찬 의도는, ㉠에서 지식을 심화하고 확장하여 소개한 것에서 나타난다.

② 지식을 재분류하여 범주화한 ㉔의 방식은, ㉠에서 해부학과 생리학을 주자학 심성론의 하위 이론으로 수용한 것에서 나타난다.

③ 평가를 더하는 저술로서 ㉔의 성격은, ㉡에서 중국 학문의 진보성을 확인하고자 서학을 활용한 것에서 나타난다.

④ 사실 탐구를 중시하며 자연 과학에 대해 드러낸 ㉔의 관심은, ㉡에서 천문학과 우주론의 내용을 수록한 것에서 나타난다.

⑤ 새로운 지식을 수용하는 ㉔의 유연성과 개방성은, ㉠과 ㉡에서 서학을 지적 자원으로 받아들인 것에서 나타난다.

03

내용의 인과관계를 파악하는 문제이다. ㉔는 실학자들의 유서이고, ㉠은 이익의 《성호사설》, ㉡은 이규경의 《오주연문장전산고》이다. 이익과 이규경은 모두 조선 후기 실학자이다. (가)에서 실학자들의 유서의 특징을 파악하고, (나)를 통해 이 특징이 《성호사설》과 《오주연문장전산고》에 어떻게 반영되어 있는지 파악해야 한다.

04

㉕를 반박하기 위한 '이수광'의 말로 가장 적절한 것은?

① 학문에서 의리를 앞세우고 이익을 뒤로하는 것보다 중한 것이 없으니, 심성을 수양하는 것은 그다음의 일이다.

② 주자학에 매몰되어 세상의 여러 이치를 연구하지 않는 것은 널리 배우고 익히는 앎의 바른 방법이 아닐 것이다.

③ 주자의 가르침이 쇠퇴하게 되면 주자학이 아닌 학문이 날로 번성하게 되니, 주자의 도가 분명히 밝혀져야 한다.

④ 유학 경전에서 쓰이지 않은 글자를 한 글자라도 더하는 일을 용납하는 것은 바른 학문을 해치는 길이 될 것이다.

⑤ 참되게 알고 참되게 행하는 것이 어려우니, 우리 학문의 여러 경전으로부터 널리 배우고 면밀히 익혀야 할 것이다.

04

글에 드러난 관점, 내용을 비판하는 문제이다. ㉕는 일부 주자학의 비판, 즉 이수광의 《지봉유설》에 대한 '심성 수양에 절실하지 않을 뿐더러 주자학이 아닌 것이 뒤섞여 순수하지 않다'는 비판을 가리킨다. 이수광의 관점을 파악하여 ㉕에 대해 어떻게 반박했을지 추론해야 한다.

05

구체적 사례에 적용하는 문제이다. <보기>에는 서유구의 《임원경제지》에 대한 설명이 제시되어 있다. (가)에 설명된 실학자들의 유서의 특징과, (나)에 설명된 이수광, 이익, 이규경의 유서의 특징을 파악하여 《임원경제지》와 비교해야 한다.

05

(가), (나)를 읽은 학생이 <보기>의 《임원경제지》에 대해 보인 반응으로 적절하지 않은 것은?

보기

> 서유구의 《임원경제지》는 19세기까지의 조선과 중국 서적들에서 향촌 관련 부분을 발췌, 분류하고 고증한 유서이다. 국가를 위한다는 목적의식을 명시한 이 유서에는 향촌 사대부의 이상적인 삶을 제시하는 과정에서 향촌 구성원 전체의 삶의 조건을 개선할 수 있는 방안이 실렸고, 향촌 실생활에서 활용할 수 있는 내용이 집성되었다. 주자학을 기반으로 실증과 실용의 자세를 견지했던 서유구의 입장, 서학 중국 원류설, 중국과 비교한 조선의 현실 등이 반영되었다. 안설을 부기했으며, 제한적으로 색인을 넣어 검색이 가능하도록 하였다.

① 현실 개혁의 뜻을 담았던 (가)의 실학자들의 유서와 마찬가지로 현실의 문제를 개선하려는 목적의식이 확인되겠군.

② 증거를 제시하여 이론적으로 밝히거나 의견을 제시하는 경우가 많았던 (가)의 실학자들의 유서와 마찬가지로 편찬자의 고증과 의견이 반영된 것이 확인되겠군.

③ 당대 지식을 망라하고 서양 관련 지식을 소개하고자 한 (나)의 《지봉유설》에 비해 특정한 주제를 중심으로 편찬되는 전문 유서의 성격이 두드러지게 드러나겠군.

④ 기존 학설의 정당화 내지 배제에 관심을 두었던 (나)의 《성호사설》에 비해 향촌 사회 구성원의 삶에 필요한 실용적인 지식의 활용에 대한 관심이 드러나겠군.

⑤ 중국을 문명의 척도로 받아들였던 (나)의 《오주연문장전산고》와 달리 중화 관념에 구애되지 않고 중국의 현실과 조선의 현실을 비교한 내용이 확인되겠군.

06

단어 사용의 적절성을 파악하는 문제이다. 선택지에 제시된 단어를 ⓐ~ⓔ에 넣어 보고 어색한 것을 찾아야 한다.

06

문맥상 ⓐ~ⓔ와 바꾸어 쓰기에 적절하지 않은 것은?

① ⓐ: 의거(依據)하여   ② ⓑ: 계몽(啓蒙)하는

③ ⓒ: 용이(容易)하게   ④ ⓓ: 혼재(混在)되어

⑤ ⓔ: 변경(變更)하여

※ 다음 글을 읽고 물음에 답하시오.

가

이런들 어떠하며 저런들 어떠하료
초야우생(草野愚生)이 이렇다 어떠하료
하물며 **천석고황(泉石膏肓)**을 고쳐 므슴하료

<제1수>

[A]

연하(烟霞)로 **집을 삼고** 풍월(風月)로 **벗을 삼아**
태평성대에 병으로 늙어 가네
이 중에 바라는 일은 **허물이나 없고자**

<제2수>

춘풍(春風)에 화만산(花滿山)하고 **추야(秋夜)에 월만대(月滿臺)**라
사시 가흥(佳興)이 **사람과 한가지라**
하물며 어약연비(魚躍鳶飛) 운영천광(雲影天光)이야 어느 끝이 있으리

<제6수>

– 이황, 〈도산십이곡〉 –

나

산가(山家) 풍수설에 동구 못이 좋다 할새
십 년을 경영하여 한 땅을 얻으니
형세는 좁고 굵은 암석은 많고 많다

[B]

옛 길을 새로 내고 **작은 연못** 파서
활수*를 **끌어 들여** 가는 것을 **머물게 하니**
맑은 거울 **티 없어 산 그림자** 잠겨 있다

천고(千古)에 황무지를 아무도 모르더니
일조(一朝)에 진면목을 **내 혼자 알았노라**
처음의 이 내 뜻은 물 머물게 할 뿐이더니
이제는 돌아보니 **가지가지 다 좋구나**
백석은 치치(齒齒)하여 은도로 새겨 있고
벽류는 콸콸 흘러 옥 술잔을 때리는 듯
첩첩한 산들은 좌우의 병풍이요
빽빽한 소나무는 전후의 울타리로다
구곡 상하대는 층층이 둘러 있고
삼경(三逕) 송국죽(松菊竹)은 줄지어 벌여 있다
하물며 바위 벼랑 높은 위에 노송이 용이 되어 구부려 누웠거늘

핵심정리

가 이황, 〈도산십이곡〉

갈래
연시조

성격
교훈적, 회고적

제재
자연과 학문

주제
자연과 더불어 사는 삶의 가치와 학문 수양의 길

특징
① 한자어가 빈번하게 사용됨.
② 다양한 표현을 통해 주제를 부각함.
③ 자연 관조적 자세와 더불어 학문 정진에 대한 의지가 나타남.

해제
이 작품은 이황이 만년에 은퇴하면서 안동에 도산 서원을 세우고 후진을 양성하며 지은 총 12수의 연시조이다. 전 6곡 '언지'에는 자연과 더불어 사는 뜻이 도의 완성을 지향하는 데 있음이 드러나 있고, 후 6곡 '언학'에는 학문의 즐거움과 학문에 정진하는 삶의 자세가 나타나 있다. 작품의 <제1수>, <제2수>, <제6수>는 모두 전 6곡 '언지'에 속하는 부분으로, 자연과 더불어 사는 화자의 감흥을 중심으로 내용이 전개되고 있다.

나 김득연, 〈지수정가〉

갈래
가사

성격
사실적, 예찬적

제재
지수정

주제
지수정을 짓고 자연에 거하는 삶에 대한 만족감

특징
① 비유적 표현을 통해 대상의 의미를 드러냄.
② 자문자답의 형식을 통해 주제 의식을 강조함.
③ 중국의 인물과 고사를 활용하여 내용을 전개함.

WEEK 1

지수정을 빗댄 표현

지수정
남양의 제갈려, 무이의 와룡암, 필굉 위언의 그림, 무릉도원

↓

지수정에 대한 자부심과 아름다움을 표현함.

다 김훈, 〈겸재의 빛〉

갈래

기행 수필

성격

체험적, 사실적

제재

겸재의 그림, 옛 망양정 터

주제

겸재의 그림에 나타난 원근과 사실성의 의미

특징

① 역설적 표현을 통해 글쓴이의 깨달음을 강조함.
② 화자의 시선에 공감하는 글쓴이의 자세가 드러남.
③ 그림과 현재 모습의 차이를 바탕으로 사실성의 의미를 파악함.

해제

이 작품은 조선 시대의 화가 겸재 정선이 그림의 소재로 삼았던 동해안의 승경을 찾아다니며 겸재의 그림에 담긴 의미를 반추한 내용을 서술한 수필이다. 글쓴이는 옛 망양정 터를 찾은 경험을 바탕으로 현실의 풍경과 그림 속의 풍경 간의 괴리를 간파하고, 이는 겸재 그림의 사실성이 물리적 거리감에 근거하는 대신 세계를 관찰하는 인간과의 관계 속에서 정립되었기 때문이라고 설명하고 있다.

운근(雲根)을 베어 내고 ㉠ 작은 정자 붙여 세워

띠 풀로 지붕 이고 자르지 않으니 이것이 어떤 집인가

남양의 제갈려인가 무이의 와룡암인가*

다시금 살펴보니 필굉 위언의 그림의 것이로다

무릉도원을 예 듣고 못 봤더니

이제야 알겠구나 이 진짜 거기로다

– 김득연, 〈지수정가〉 –

* 활수: 흐르는 물.
* 남양의 제갈려, 무이의 와룡암: 옛 현인이 은거한 거처.

다

내 초로의 어느 가을날, 나는 겸재가 동해안을 따라 내려가면서 동해 승경을 화폭에 옮겼던 월송정, 망양정, 청간정, 성류굴을 일삼아 떠돌아다녔다. 망양정은 옛 기성면의 바닷가에서 지금의 근남면 산포리로 옮겨 세운 지가 140여 년이 넘어, 기성면의 ㉡ 옛 망양정 자리는 도로 공사로 단애의 허리가 잘리워 나가, 바닷물은 단애 끝으로부터 멀찌감치 쫓겨났고 그 사이는 시멘트 칠갑이 되어 있었다. 정자 터는 사방이 깎여져 나갔고 화폭 속의 소나무 숲도 베어져 버린 채, 그 언덕은 그저 무의미한 흙더미로 변해 있었다. 마을의 고로(古老)들도 그곳에 들어서 있던 정자를 본 일은 없었고, 다만 그들의 증조나 고조로부터 전해 오는 구전에 의해 그 흙더미가 망양정 옛터였음을 옮길 뿐이었다.

겸재의 화폭을 마음속에 앞세우고 겸재 실경산수(實景山水)의 자리를 찾을 적에 그곳에 옛 정자가 이미 오래전에 없어져 버린 그 허전한 사태는 그다지 허전하지 않았다. 왜 그런가. 현실 속의 정자에 오르면 화폭 속의 정자는 보이지 않는다. 육신의 눈을 앞세워 정자를 찾아오는 자에게는 풍경 전체 속에서 인간세의 위치와 규모를 대표하는 상징으로서의 정자는 보이지 않는다.

(중략)

[C]

먼 산을 그릴 때 그는 그 산과 인간 사이의 거리를 그리는 것이 아니라, **그 거리를 들여다보는 시선의 깊이를 그린다.** 먼 것들은 원근상의 거리에 의해 격리되는 것이 아니라, 깊이에 의해 자리 잡는다. 겸재의 화폭 속에서 풍경은 **가깝다는 이유만으로 사실성을 부여받지 않고** 또 멀다는 이유만으로 사실성을 박탈당하지 않는다. 대체로 그의 그림 속에서는 **인간과 인간에 직접 관련된 것들** - 정자, 집, 배, 나귀, 가마, 화분, 성곽 같은 것들이 **비교적 명료한 사실성을 띠고** 있지만, 그 사실성은 원근에 의해 정립되는 사실성이 아니라, **세계를 관찰하는 인간과의 관계 속에서 정립**되는 사실성이다.

– 김훈, 〈겸재의 빛〉 –

01

(가)~(다)의 공통점으로 가장 적절한 것은?

① 대상에 주목하여 대상과 관련된 가치를 추구하는 자세를 나타내고 있다.

② 부정적인 현실을 비판하며 좌절을 극복하려는 의지를 부각하고 있다.

③ 현실을 통찰하며 관용적 삶에 대한 지향을 보여 주고 있다.

④ 계절감을 활용하여 환경의 다양한 변화를 표현하고 있다.

⑤ 가상의 상황을 제시하여 환상적 분위기를 강화하고 있다.

02

[A], [B]에 대한 설명으로 적절하지 않은 것은?

① [A]의 <제1수> 초장은 유사한 어휘의 반복을 통해 리듬감을 형성하고 있다.

② [A]의 <제2수> 초장은 <제1수> 종장의 시상을 이어받아 자연 친화적인 모습을 드러내고 있다.

③ [B]에서는 '산 그림자'가 담긴 '작은 연못'의 경관을 묘사하여 깨끗한 자연의 형상을 보여 주고 있다.

④ [A]의 '집을 삼고'와 '벗을 삼아'는 화자와 대상의 가까운 관계를, [B]의 '끌어 들여'와 '머물게 하니'는 화자가 대상을 가까이 하려는 행동을 제시하고 있다.

⑤ [A]의 '허물이나 없고자'는 미래에 대한 화자의 바람을, [B]의 '티 없어'는 대상을 관찰하기 전에 나타난 화자의 심리를 표현하고 있다.

■ 문제풀이 맥 ■

01

작품 간의 공통점, 차이점을 파악하는 문제이다. (가)~(다)의 공통적인 시상 전개 방식과 그 효과를 묻고 있으므로, 선택지에서 제시한 시상 전개 방식이 세 작품에 모두 활용되었는지 확인한 다음 그 효과가 적절하게 나타나는지 파악해야 한다.

02

시어, 시구의 의미와 기능을 파악하는 문제이다. 이를 위해선 먼저 시구의 앞뒤 맥락을 고려하여 화자의 정서를 파악해야 한다. 특히 이 문제에서는 [A]와 [B] 각각에 대한 정보를 묻고 있기 때문에 [A]가 삽입된 (가)와 [B]가 삽입된 (나)의 전체적인 이해가 필요하다. 이때 화자의 정서적 태도는 전후 사상과 긴밀하게 연계되어 나타나는 것이 일반적이기 때문에 시상의 흐름 속에서 시구가 어떤 의미를 갖는지를 탐색해야 한다.

03

작품을 비교하여 감상하는 문제이다. 이러한 유형의 문제는 <보기>를 바탕으로 각 작품을 이해한 뒤, 두 작품 간의 특징을 연관지어 파악하는 것이 중요하다. (가)는 <도산십이곡>을, (나)는 <지수정가>를 가리키는데, 두 작품 모두 자연에 대한 긍정적 인식을 바탕으로 하고 있으므로 이를 참고하여 문제를 풀어야 한다.

03

<보기>를 바탕으로 (가), (나)를 이해한 내용으로 적절하지 <u>않은</u> 것은?

> **보기**
>
> <도산십이곡>에서 강호는 자연의 이치와 인간이 지향하는 이치가 일치된 이상적 공간으로, <지수정가>에서 강호는 자연에서 생활하면서 자연의 가치를 새롭게 발견할 수 있는 공간으로 나타난다. <도산십이곡>에서는 조화로운 자연과 합일하는 화자가 등장하며, <지수정가>에서는 자연의 구체적인 모습을 묘사하며 자연의 가치를 확인한 화자가 등장한다.

① (가)의 '초야우생'은 인간이 지향하는 이치와 자연의 이치가 일치된 공간에 존재하는 화자가 스스로를 이르는 말이겠군.

② (나)의 '내 혼자 알았노라'는 자연에서 생활하면서 자연의 가치를 발견한 화자의 심정을 드러내는 말이겠군.

③ (가)의 '천석고황'은 이상적 공간에 다다르지 못한 것에 대한 화자의 아쉬움이, (나)의 '무릉도원'은 현실적 공간을 이상적 공간으로 바라보는 화자의 인식이 나타난 말이겠군.

④ (가)의 '사람과 한가지라'는 자연의 이치와 인간이 지향하는 이치가 다르지 않음을 확인한 화자의 인식이, (나)의 '가지가지 다 좋구나'는 자연의 가치를 확인한 화자의 심정이 나타난 말이겠군.

⑤ (가)의 '춘풍에 화만산하고 추야에 월만대라'는 계절의 양상을 통해 조화로운 자연을, (나)의 '벽류는 콸콸 흘러 옥 술잔을 때리는 듯'은 화자가 발견한 자연의 아름다운 모습을 드러낸 말이겠군.

04

작품을 비교하여 감상하는 문제이다. 이러한 유형의 문제는 먼저 시의 앞뒤 맥락을 바탕으로 소재와 시적 대상, 또는 화자와의 관계를 파악해야 한다. ㉠은 '작은 정자'로, (나)의 중심 소재이자 화자가 직접 지은 지수정을 가리키며, ㉡은 '옛 망양정 자리'로, (다)의 글쓴이가 겸재 정선의 자취를 따라 찾아간 곳이다.

04

㉠과 ㉡을 이해한 내용으로 가장 적절한 것은?

① ㉠은 화자가 노력을 기울여 만든 인공물이고, ㉡은 글쓴이가 의도하지 않게 찾아낸 장소이다.

② ㉠은 현실에서 명예를 실현하려는 의지를, ㉡은 현실에서 편의를 실현한 결과를 보여 준다.

③ ㉠은 화자에게 만족하며 머무르는 삶에 대해, ㉡은 글쓴이에게 허전하지 않은 이유에 대해 생각하게 한다.

④ ㉠은 화자에게 일상적인 유용성을 상실한 공간이고, ㉡은 글쓴이에게 본래적인 유용성을 상실한 공간이다.

⑤ ㉠은 화자에게 자신의 삶을 가다듬는 역할을 수행하고, ㉡은 글쓴이에게 자신의 삶을 비판하는 계기로 작용한다.

05

<보기>를 바탕으로 [C]를 읽은 독자의 반응으로 적절하지 <u>않은</u> 것은?

> **보기**
>
> 겸재는 산을 그리면서도 뺄 건 빼고 과장할 것은 과장하면서 필요한 경우에는 자리를 옮겨 가면서까지 자신이 생각하는 구도로 풍경을 재구성하였다. 한 폭의 그림 속에서 물과 바다, 하늘과 땅, 그리고 정자와 인간을 포함한 모든 대상이 화가의 시선에 의해 재구성되어 회화의 구도상 의미를 지닌 자리에 놓일 때야말로 진정한 그림의 요체가 드러나기 때문에, 겸재의 그림은 실물과 똑같이 그리는 것이 능사가 아니라는 점을 증명하고 있다.

① '먼 산을 그릴 때' 그 거리에 집착하지 않는 까닭은, 실물과 똑같이 그리는 것이 능사가 아니기 때문이겠군.

② '그 거리를 들여다보는 시선의 깊이를 그린다'는 뜻은, 화가가 자신의 시선으로 풍경을 재구성하는 작업이 중요하다는 의미이겠군.

③ '가깝다는 이유만으로 사실성을 부여받지 않'는 까닭은, 대상을 표현할 때 뺄 건 빼고 과장할 것은 과장할 수 있다는 화가의 생각 때문이겠군.

④ '인간과 인간에 직접 관련된 것들'을 '비교적 명료한 사실성을 띠'도록 그린다는 뜻은, 대상을 회화의 구도상 의미를 지닌 자리로 옮겨 풍경의 원근감을 보이는 그대로 실현해야 한다는 의미이겠군.

⑤ '세계를 관찰하는 인간과의 관계 속'에서 사실성이 '정립'되는 까닭은, 화가의 의도에 따라 풍경을 재구성하는 창작 작업을 통해 그림의 요체가 드러나기 때문이겠군.

WEEK 1

05

외적 준거에 따라 작품을 감상하는 문제이다. <보기>에서는 겸재 정선의 화풍을 토대로 (다)의 내용을 설명하고 있는데, 이를 통해 독자의 반응을 추론하기 위해서는 지문의 세부 맥락과 전체 맥락을 함께 고려하여 읽어 내는 독해 능력이 필요하다. 특히 다양하게 제시되는 선택지의 의미를 지문의 맥락과 비교하여 적절성 여부를 판단해야 한다.

핵심정리

갈래

단편소설

시점

1인칭 주인공 시점

제재

죄의식

주제

소설을 통한 자아 성찰과 자기 정화

특징

① 1인칭 주인공 시점을 통해 자기성찰적 태도를 드러냄.
② 주인공의 의식과 행동을 통해 소설 쓰기에 대한 작가의 인식을 표현함.
③ 소설 속에 다시 소설을 제시하는 구성을 통해 주인공의 내면 의식을 드러냄.

해제

이 소설은 인간의 억압된 무의식에 잠재한 죄의식과 그 죄의식을 해결하는 방식으로서의 소설 쓰기에 대해 말하고 있는 작품이다. 이 작품에서 '나'의 죄의식은 크게 두 가지 방향으로 전개된다. 하나는 아버지의 죽음에 관한 죄의식이고 다른 하나는 사촌인 '규'의 몫을 가로챘다는 죄의식이다. '나'는 소설 쓰기를 통해 과거의 기억을 불러내 무의식 속에 억눌려 있던 상처와 마주하고 죄의식의 연원을 재현하면서 자기고백을 통한 자기 정화를 경험하게 된다. 이 작품은 관념과 현실을 넘나들며 인간의 내면을 탐구해, 소설 쓰기의 본질을 보여 주었다는 평가를 받고 있다.

등장인물

'나'	유년 시절의 기억 때문에 내면에 죄의식이 자리잡고 있음. 소설 쓰기를 통해 자신의 죄의식을 고백하며, 자기 정화의 경험을 체험함.

전체 줄거리

유년기의 '나'는 벌에 대한 지나친 공포 때문에 차라리 벌을 내릴 대상이 없어져 버렸으면 좋겠다고 상상하곤 한다. 어느 여름날 얼음과자를 사 먹기 위해 아버지의 지갑에서 천 원 한 장을 훔친 '나'는 이 사실을 아버지가 알게 될까봐 겁이 나고, 학교 선생님과 같은 친구에게 했

※ 다음 글을 읽고 물음에 답하시오.

　어느 여름날 나는 얼음과자를 사 먹기 위해 아버지의 지갑에서 천 원짜리 한 장을 훔쳤다. 처음에는 아버지가 눈치채지 못할 거라는 생각이 압도적이었다. 천 원짜리가 한 장만 있었다면 몰라도 다섯 장이나 있었다. 다섯 장 가운데 한 장 없어진 걸 어떻게 안단 말인가. 아버지가 그렇게 꼼꼼한 사람은 아니지 않은가. 돈을 빼내고, 얼음과자를 사기 위해 달려가고, 마침내 그 달콤하고 차가운 얼음과자를 입에 넣고 빨 때까지 나의 범죄가 들통나지 않을 거라는 확신으로 충만해 있었다. 그 단단한 확신의 원천은 욕망이었다. 달콤하고 시원한 얼음과자를 입에 넣고 빨아먹고 싶은 너무 큰 욕망이 염려와 불안을 잠재웠다. 그러나 얼음과자의 부피가 줄어들고 숨어 있던 막대가 드러나면서 염려와 불안은 서서히 깨어났다. 그렇게 단단하던 확신은 어느 순간 얼음과자 녹듯 녹아 흘렀다. 아버지가 천 원짜리 한 장 없어진 걸 눈치채지 못할 리가 없다는 쪽으로 생각이 급격히 기울었다. 안도의 구실이 되어 주었던 다섯 장이라는 지폐의 숫자도 다르게 해석되었다. ⊙천 원짜리가 고작 다섯 장밖에 없었지 않은가. 다섯 장 가운데 한 장 없어진 걸 어떻게 모른단 말인가. 아버지가 그렇게 주의력이 없는 사람은 아니지 않은가. 얼음이 녹아 손등으로 흐르고 얼음 속에 숨어 있던 동그란 막대가 거의 다 드러날 즈음 얼음과자는 내 입 안에서 다만 얼얼할 뿐 더 이상 아무 맛도 내지 않았다. 잊고 있었던 두려움이 서서히 몰려왔다. 막대를 빨고 있는 내 모습을 본 친척 누나가 돈이 어디서 나서 그걸 사 먹느냐고 물었을 때 내 얼굴은 하얗게 질렸다. 누나는 고자질을 할 것이다. 아버지가 지갑의 돈이 없어진 사실을 알게 되는 건 시간문제일 뿐이다. ⓒ손에 들고 있는 얼음과자의 막대가 몽둥이처럼 여겨져서 나는 얼른 길바닥에 버렸다.

　그러자 이내 학교 선생님과 같은 반 친구에게 품었던 것과 같은 바람이 자연스럽게 되살아났다. 아버지가 집에 돌아오지 않으면 좋겠다. 아버지가 사라져 버렸으면 좋겠다. ⓒ그 바람은 거의 무의식적인 것이었다. 나는 내가 무얼 원하는지도 분명하게 알지 못했다. 그저 종아리와 엉덩이에 떨어질 몽둥이의 공포로부터 벗어나고 싶을 뿐이었다.

　그런데 믿을 수 없는 일이 일어났다. 한 번도 이루어지지 않았던 마음속의 바람이 하필이면 그때 이루어졌다. 아버지는 돌아오지 않았다. 아니, 돌아오긴 했다. 그러나 아버지는 나를 야단칠 수 없는 몸으로 돌아왔다. 아버지가 타고 있던 이웃 어른의 트럭이 언덕 아래로 굴렀다고 했다. 아버지는 술에 취한 상태였고, 운전을 한 이웃 역시 취한 상태였다. 아버지가 취한 것은 괜찮지만, 운전자가 취한 것은 괜찮지 않았다. 병원에 옮겨진 아버지는, 의식을 잃은 채 일주일을 살았다. 그리고 천 원의 행방을 따지지 않고, 따질 수도 없는 곳으로 사라지고 말았다.

[중략 부분의 줄거리] 아버지의 죽음으로 충격에 빠진 '나'는 큰댁에서 살게 되고, 큰아버지의 도움으로 대학에 진학했다. 이후 방위병으로 근무하기 위해 고향에 내려온 '나'는 동갑내기 사촌인 규와 함께 지내며 소설에 관심을 가지게 되었다.

내 신경의 어떤 부분을 건드린 것은 소설 속의 소설가, 나아가 그 소설을 쓴 소설가가 그 지루하고 장황한 자기변명을 끈질기게 되풀이함으로써 얻어 내려 하고 있는, 마침내 얻어 냈을 효과였다. 확실하고 또렷하게 그 효과의 이름을 부를 수는 없지만, 그 순간 나는 **소설을 왜 쓰는지 온전히 이해했다**고 느꼈다. 어떤 의식의 반영이었는지 분명치 않은 채로 나는 문득 그 소설을 한 권의 일기장처럼 인식했다. 아마도 소설가는 따로 일기를 쓰지 않겠구나, 적어도 이 소설가는 따로 일기를 쓸 필요가 없겠구나, 하는 생각이, ㉣ 여름 한낮 폭우가 쏟아지듯 느닷없이, 그야말로 불쑥 덮쳤다. 폭우는 조금 더 쏟아졌다. 나는 낡은 일기장을 버리고 **새 일기장을 가지고 싶어**졌다. 그것은 매우 당황스러운 충동이었다. 생각해 보지 못한 의외의 열망에 사로잡혀서 나는 무언가를 끼적이기 시작했다. 그것이 소설이 된다는 생각은 하지 않았다. 소설이 아니라 일기, ㉤ 새로운 방식의 일기를 쓴다는 의식에 붙들려 있었을 뿐이었다.

나는 우선 숙제를 하지 않은 날 아침, 담임 선생님이 아파서 학교에 나오지 못하거나 갑작스럽게 전근을 가는 상상을 하는 장면부터 써 나갔다. 학교 앞 가게에서 구슬 몇 개를 훔치는 이야기도 썼다. 우연히 눈이 마주친 같은 반 친구의 눈빛에서 시작된 걷잡을 길 없는 불안과 두려움에 대해서도 썼다.

[A]
┌ ……그가 '우리 반 반장은 도둑놈이래요' 하고 떠들고 다니는 장면이 머릿속에서 반복적으로 영사되는 바람에 미칠 것 같았다. 어쩐 일인지 그는 그런 소문을 퍼뜨리지는 않았다. 그런데도 불안은 사라지지 않았다. 오히려 언제 도둑놈 소리를 듣게 될지 모른다고 생각하니까 마음이 더 불안하고 무서웠다. 나는 그 친구가 없어져 버렸으면 좋겠다고 간절하게 바라기 시작했다. 아프든 죽든(세상에! 어떻게 그럴 수 있단 말인가, 하고 탄식하는 목소리가 들리는 듯하다. 그러나 특별히 내 머릿속에만 악마가 살고 있었다고 생각하고 싶지는 않다. 사실 꼭 악마에게 떠넘길 일도 아니다. 나는 어린아이들이 순진하다는 믿음은 어른들이 내놓고 속아 주는 미신이라고 생각한다. 아니, 순진하다고 해도 달라지는 것은 없다. 순진함은 때로, 그것이 악인 줄 모르고, 왜냐하면 순진하니까, 악마를 연기하곤 한다. 악마가 순진함의 외양을 가지고 있든, 순진함이 악마의 내용을 가지고 있든 무슨 차이란 말인가!) 어떻게든 사라져 버리라고 주문을 외기도 했다. 물론
└ 내 바람과 주문은 이루어지지 않았다……

나는 밤에 쓰고 아침에 출근했다. 지난밤에 쓴 글을 다음날 밤에 지우고 **다시 쓰는 일을 반복**했다. 어떤 부분은 **열 번도 더 고쳐 썼다.** 중간에서 지우고 처음부터 다

던 것처럼 아버지가 없어져 버렸으면 좋겠다는 상상을 한다. 하필 그날 큰 사고를 당해 병원으로 옮겨진 아버지는 숨을 거둔다. 아버지가 돌아가신 후, 큰아버지 집에서 지내게 된 '나'는 같은 날 태어난 큰아버지의 아들인 규와 학창시절을 함께 보낸다. 대학에 가지 않은 규와 달리 '나'는 대학에 진학하여 고향을 떠난다. 시간이 흘러 대학 4학년을 마친 '나'는 방위병으로 근무하기 위해 주소지인 고향 집에 내려갔다가 규를 만난다. 규는 소설을 쓰는 중이었는데, '나'에게도 소질이 있다며 소설을 써보라고 권하지만, '나'는 거절한다. 그러던 어느 날 복수심과 지배욕이 글쓰기에 어떤 효과를 미치는지 이야기한 소설가의 글을 읽고 소설을 써보고 싶은 충동이 일어난 '나'는 '나'의 죄의식을 덜어내고자 소설을 쓰기 시작한다. '나'의 글을 본 규는 자신의 글이 소설이 될 수 없음을 깨닫고 '나'의 습작 노트를 훔쳐 집을 나간다. 그 뒤 '나'는 응모하지도 않은 소설이 한 잡지의 신인상에 당선되어 엉겁결에 소설가가 되고, 20년 뒤 간암에 걸린 규를 만난다. 규에게서 '나'의 오래된 습작 노트를 건네받은 '나'가 노트를 펴 들고 나의 첫 문장들을 읽기 시작한 순간 모든 문장을 외운 규의 입도 함께 움직인다. '나'는 계속해서 글을 읽어가고, 규는 문장을 외다 숨을 거둔다.

'나'의 소설 쓰기

'나'의 죄의식
① 얼음과자를 사 먹기 위해 아버지의 지갑에서 천 원짜리 한 장을 훔치고, 아버지에게 혼날까봐 두려운 나머지 아버지가 집에 돌아오지 않기를 바람.   ② 숙제를 하지 않은 날 아침 담임 선생님이 아파서 학교에 나오지 못하거나 갑작스럽게 전근을 가기를 바람.   ③ 문방구에서 물건을 훔치다 같은 반 친구와 눈이 마주치자 친구가 없어져 버렸으면 좋겠다고 바람.

↓

소설을 쓰는 소설가가 자기변명을 되풀이함으로써 얻어 내는 효과에 대한 글을 읽게 됨.

↓

유년 시절 '나'의 경험을 토대로 소설을 쓰기 시작함.

↓

'나'의 소설 쓰기는 치열한 자아 성찰을 바탕으로 인간의 내면에 존재하는 죄의식을 고백함으로써 일어나는 자기 정화의 체험임.

시 시작하기도 했다. 문장은 낮은 포복으로 아주 조금씩 나아갔다. 문장을 쓰는 동안 내 안에서 드러내려는 욕구와 은폐하려는 욕구가 치열하게 싸운다는 걸 나는 알았다. 문장들은 서로 부딪치고 충돌하고 갈등했다. 그 때문에 **모순에 가득 찬 피투성이의 문장들이 만들어**졌다. 앞에 쓴 문장을 덮기 위해 새로운 문장을 고르는 식의 글쓰기는 진을 빼내는 작업이었다. 나는 피곤과 수면 부족과 허기 때문에 고통스러웠지만, 이해할 수 없는 **가학적 열망에 붙들려** 끈기 있게 문장들과 싸웠다. **무엇에 씐 것 같은 시절**이었다.

- 이승우, 〈오래된 일기〉 -

문제풀이 맥

01

인물에 대해 이해하는 문제이다. 이를 위해서는 사건의 전개 과정뿐 아니라 인물들의 발화나 행동에 담긴 의미를 정확하게 숙지하는 것이 중요하다. 따라서 인물의 갈등을 중심으로 사건의 흐름을 파악한 후, 이를 바탕으로 인물이 특정한 발화나 행위를 한 이유가 무엇인지를 살피며 작품을 감상해야 한다.

02

서술상의 특징을 파악하는 문제이다. 소설에서 서술상의 특징은 시점, 구성, 문체, 서술 방법 등 다양하며, 이에 따라 다양한 효과를 얻을 수 있다. 따라서 선택지에서 설명하고 있는 서술상의 특징들을 정확하게 이해한 후 작품 속에서 그 서술상의 특징이 어떻게 적용되어 있는지를 찾고 그에 따른 효과가 선택지와 일치하는지를 판단해야 한다.

01

윗글의 '나'에 대한 이해로 가장 적절한 것은?

① 경제적 형편 때문에 소설가의 꿈을 포기했다.
② 어릴 적 친척 누나와 함께 아버지의 돈을 훔치곤 했다.
③ 방위병으로 근무하면서 아버지가 죽게 된 이유를 알게 되었다.
④ 학교 앞 가게에서 구슬을 훔치고 난 뒤 불안감에 사로잡혀 지냈다.
⑤ 가장의 역할을 제대로 하지 못하고 있는 아버지를 오랫동안 원망했다.

02

[A]에 대한 설명으로 가장 적절한 것은?

① 공간 이동에 따라 변화하는 인물의 심리를 추적하고 있다.
② 인물이 주목한 다른 인물들의 과오에 대한 평가를 나열하고 있다.
③ 인물들 간의 외적 갈등이 심화되는 과정을 요약적으로 제시하고 있다.
④ 동시적 사건들의 병치로 사건에 대한 서로 다른 관점을 드러내고 있다.
⑤ 과거의 일에 대한 내적 목소리를 삽입하여 인물 자신의 행위를 조명하고 있다.

03

⑦~⑩에 대한 이해로 적절하지 <u>않은</u> 것은?

① ⑦: 지갑 속 천 원짜리 다섯 장에 대한 '나'의 인식에 변화가 생겼음을 알 수 있다.

② ⑥: 자신이 저지른 행동을 후회하며 '나'가 두려움을 느꼈음을 알 수 있다.

③ ⑥: 아버지에 대한 '나'의 바람이 오래도록 지녀 왔던 생각임을 알 수 있다.

④ ⑥: '나'가 글쓰기에 대한 열망을 갖게 된 계기가 갑작스러우면서도 강렬한 것이었음을 알 수 있다.

⑤ ⑩: '나'가 소설을 쓰고 있다는 의식 없이 자신을 돌아보는 글을 쓰는 데 몰두하였음을 알 수 있다.

03

구절의 의미를 파악하는 문제이다. 먼저 ⑦~⑩ 앞뒤 맥락을 중심으로 '나'의 내면을 파악해야 한다. 윗글은 1인칭 주인공 시점으로, '나'의 서술에 의해 사건이 전개되고 있으므로 '나'의 심리와 행동을 이해하는 것이 무엇보다 중요하다.

04

<보기>를 바탕으로 윗글을 감상한 내용으로 적절하지 <u>않은</u> 것은?

> **보기**
>
> 인간의 내면에 자리한 죄의식은 서사의 출발점이 되고 서사를 지속하게 하는 힘이 될 수 있다. 자아 성찰을 바탕으로 하는 소설 쓰기는 자아의 치부를 드러내려는 욕망과 은폐하려는 욕망의 힘겨루기를 통해 이루어지는데, 이러한 과정은 자기 변명을 통해 고백의 부담을 덜면서 자기 정화를 경험할 수 있게 해 준다.

① '나'가 '소설을 왜 쓰는지 온전히 이해했다'는 것은, 소설 쓰기가 자기 변명을 통해 자기 정화를 경험하게 할 수 있다는 '나'의 생각이 내포되어 있는 것으로 볼 수 있겠군.

② '나'가 '새 일기장을 가지고 싶어'진 것은, 담임 선생님, 친구, 아버지와 관련하여 '나'가 느끼고 있는 죄의식이 서사의 동력이 되었기 때문이겠군.

③ '나'가 '다시 쓰는 일을 반복'하며 '열 번도 더 고쳐 썼다'는 것은, '나'가 치열한 자아 성찰을 바탕으로 소설 쓰기를 지속하였다는 것으로 볼 수 있겠군.

④ '나'가 '모순에 가득 찬 피투성이의 문장들'을 '만들어' 냈다는 것은, '나'의 소설 쓰기가 드러내려는 욕망과 은폐하려는 욕망의 힘겨루기를 통해 이루어졌음을 말해 주는 것이겠군.

⑤ '나'가 '가학적 열망에 붙들려' '무엇에 씐 것 같은 시절'을 보낸 것은, 소설 쓰기가 수반하는 피곤과 수면 부족 등의 육체적 고통이 '나'의 고백의 부담을 덜어 주었기 때문이겠군.

04

외적 준거에 따라 작품을 감상하는 문제이다. 작품을 이해하고 감상하기 위한 준거를 제시하고, 그에 따라 작품을 이해하고 감상하도록 요구하는 문제이다. 외적 준거인 <보기>에 따르면 자아 성찰을 바탕으로 하는 소설 쓰기는 드러내려는 욕망과 은폐하려는 욕망 간의 치열한 갈등을 통해 이루어진다. 이때 인간의 죄의식은 서사의 동력이 되고, 이 과정을 통해 작가가 자기 정화를 경험하게 된다. 이를 바탕으로 '나'의 소설 쓰기에 대한 의의를 이해하고, 강조된 문장의 의미를 파악해야 한다.

섹션 SECTION
뽀개기
종합편

스스로 점검하기

6일간 학습

Day	공부 시작 시간	공부 종료 시간	틀린 문항 수	틀린 유형
Day 1	시 분 초	시 분 초		
Day 2	시 분 초	시 분 초		
Day 3	시 분 초	시 분 초		
Day 4	시 분 초	시 분 초		
Day 5	시 분 초	시 분 초		
Day 6	시 분 초	시 분 초		

1 일별로 계획에 맞춰 공부하기

하루에 기출 하나씩 매일 꾸준히 공부하는 것이 최선의 방법이다.

2 시작 시간과 종료 시간 체크하기

스스로 시간 제한을 두고 문제를 푸는 것이 실전 대비에 효과적이다.

3 틀린 문항과 유형 분석하기

틀린 문제는 또 틀릴 수 있다. 특정 문항과 유형에서 많이 틀렸다면, 그 이유를 분석해야 한다.

4 보충 학습하기

스스로 점검하기를 통해 자신의 취약한 유형을 확인하고, SLS를 통해 부족한 부분을 보충 학습한다.

	Day 1						Day 2						Day 3						나의 예상 등급은?
번호	1	2	3	4	5	6	1	2	3	4	5	6	1	2	3	4	5	6	
정답률	91%	93%	96%				30%	74%	69%	82%	69%		88%	87%	96%				등급
채점																			

	Day 4						Day 5						Day 6						
번호	1	2	3	4	5	6	1	2	3	4	5	6	1	2	3	4	5	6	**1등급** 24~26개
정답률	81%	88%	76%	81%	47%	76%	81%	86%	87%	74%	89%		87%	88%	89%	73%			**2등급** 22~23개
채점																			**3등급** 20~21개

결과	틀린 문항에는 ✕표시, 찍어서 막혔거나 헷갈렸던 문항에는 △표시, 맞춘 문항에는 ○표시 채점 결과 : 맞은 문항 수 26개중 [ ]개

2

WEEK

1 Day 화법과 작문

화법과 작문 | 고3 2023년 9월

핵심정리

가

갈래

방송 대담

제재

지역 박물관

화제

지역 박물관 증축 방안에 대한 의견

대화 중심 내용

안건 ①: 공간 구성에 관한 사항	
전문가 1	○○ 문화권 상설 전시실 규모 확대 → 이 지역이 ○○ 문화의 중심지였고, 박물관에는 ○○ 문화의 흥망성쇠를 보여 주는 유물을 다수 보유하고 있기 때문
전문가 2	교육, 공연, 시민 교류 등을 위한 시민 활용 공간들을 확보하여 박물관을 복합 문화 공간으로 조성

↑ '전문가 2'의 의견에 대한 반박

	교육 공간 이외의 시민 활용 공간보다 유물 보존을 위한 공간 확보가 더 중요
전문가 1	→ 인류의 귀중한 유산을 보존하는 것이 박물관 본연의 기능이기 때문

안건 ②: 운영상 중점을 둘 부분	
전문가 1	유물 연구 강화 → 박물관의 핵심은 유물의 보존과 연구이며, 충분한 연구가 전제되지 않으면 내실 있는 전시가 어렵기 때문
전문가 2	박물관 운영 과정에서 시민의 의견 적극 수용 → 박물관에서 운영할 교육 프로그램 기획 단계에서 시민에게 의견을 묻고 이를 운영에 반영

※ (가)는 방송 대담의 일부이고, (나)는 이를 바탕으로 학생회 학생들이 나눈 대화이며, (다)는 학생회장이 작성한 건의문이다. 물음에 답하시오.

가

진행자: 안녕하십니까? 특별 기획 '박물관에 바란다'입니다. 우리 지역 박물관은 증축을 추진하면서 시민 건의를 받고 있습니다. 오늘은 우리 지역 박물관의 발전적 변화를 모색하고자 전문가 두 분을 모셨습니다. 먼저 공간 구성에 관한 사항을 논의하겠습니다.

전문가 1: 이 지역은 ○○ 문화의 중심지였고, 박물관에서는 토기와 왕릉의 왕관 등 ○○ 문화의 흥망성쇠를 보여 주는 유물을 다수 보유하고 있습니다. 따라서 ○○ 문화권 상설 전시실의 규모를 확대할 것을 제안합니다.

진행자: 지역의 역사와 유물을 고려해 상설 전시실 규모를 늘리자는 말씀이군요. 이에 대해 어떻게 생각하시나요? [A]

전문가 2: 저 역시 동의합니다. 그리고 이번 기회에 교육, 공연, 시민 교류 등을 위한 시민 활용 공간들을 확보해서 박물관을 복합 문화 공간으로 조성해야 합니다.

전문가 1: 교육 공간의 확보에 대해서는 같은 생각입니다. 하지만 교육 공간 이외의 시민 활용 공간보다 유물 보존을 위한 공간을 확보하는 것이 더 중요합니다.

진행자: 보존 공간의 확보가 중요한 이유는 무엇인가요?

전문가 1: 인류의 귀중한 유산을 보존하는 게 박물관 본연의 기능이기 때문입니다. 보존 공간이 부족해 5년 만에 재증축한 □□ 박물관의 전철을 밟으면 곤란합니다. 증축할 공간에 한계가 있으니 본연의 기능에 집중해야 하지 않을까요?

전문가 2: 말씀에 공감하지만, 이번 증축을 계기로 박물관이 시민에게 더 다가가는 공간이 되었으면 합니다.

진행자: 공간 구성에 대한 두 분의 좋은 말씀 고맙습니다. 다음으로 운영상 중점을 둘 부분을 논의해 볼까요? [B]

전문가 1: 박물관의 핵심은 유물 보존과 연구입니다. 특히 충분한 연구가 전제되지 않으면 내실 있는 전시가 어렵습니다. 따라서 유물 연구를 강화해야 합니다.

전문가 2: 최근 새로 제시된 박물관의 정의에 공동체의 참여에 관한 내용이 추가되었지요. 이는 박물관 운영 과정에서 시민의 의견을 적극 수용해야 한다는 의미로 볼 수 있습니다. 저는 이 점이 중요하다고 생각합니다.

진행자: 방금 하신 말씀이 어떤 식으로 실현될지 궁금하네요.

전문가 2: 박물관에서 운영할 교육 프로그램 기획 단계에서 시민에게 의견을 묻고 이를 운영에 반영할 수 있습니다.

진행자: 시민에게 의견을 묻고 이를 운영에 반영하면 수요자의 요구에 맞는 교육 프로그램 운영이 가능하겠군요. [C]

나

학생회장: '박물관에 바란다'를 보고 우리도 박물관에 건의하기로 했잖아. 무엇을 건의할지 이야기해 보자.

학생 1: 전문가가 우리 지역은 ○○ 문화의 중심지였다고 했으니, 박물관을 왕릉 모양으로 만들면 뜻깊을 거야.

학생 2: 흥미롭지만 현실적으로 어렵지 않을까?

학생 1: 그럼 진로 체험 강좌를 운영해 달라는 건 어때?

학생 2: 그래. 역사학 관련 체험 강좌가 박물관에 없어서 진로 체험 기회가 부족한 게 문제였잖아.

학생회장: 방송에서 유물 보존과 연구가 박물관의 핵심이라고 했는데, 이와 관련한 강좌는 진로 개발에 큰 도움이 될 거야. 또 다른 건의 사항 있어?

학생 1: 설명 위주의 기존 전시 방식에 친구들의 불만이 많잖아. 유물 모형을 만져 보며 체험할 수 있는 공간을 만들어 달라고 건의하자.

학생 2: 맞아. 박물관이 다양한 시민 활용 공간을 확보해야 한다고 전문가도 그랬잖아.

학생회장: 이야기한 내용을 바탕으로 글을 써 볼게.

다

❶ 박물관장님, 안녕하세요? 저는 △△ 고등학교 김◇◇입니다. 증축을 앞둔 박물관에 건의 사항이 있습니다.

❷ 첫째, 유물 모형을 체험할 수 있는 공간을 마련해 주십시오. 저희 청소년은 체험해 보는 교육 활동을 좋아합니다. 그런데 기존 박물관은 유리벽 안의 유물에 대한 설명만 있어서 청소년의 불만이 많습니다. 유물 모형을 만져 보며 체험하는 공간이 생긴다면, ㉠ 지역의 많은 청소년이 유물의 가치에 대해 더 재미있게 배울 수 있을 것입니다. 또한 박물관을 홍보하는 효과가 있을 것입니다. ㉡ 체험 중 안전사고를 우려하실 수 있지만 이 문제는 자원봉사자의 참여로 해결 가능하며, 이는 청소년에게 자원봉사의 기회를 제공하는 이점도 있습니다.

❸ 둘째, 청소년 대상의 진로 체험 강좌를 운영해 주십시오. 우리 지역은 ○○ 문화의 중심지여서 많은 청소년이 역사적 자긍심을 느끼고 있습니다. 그래서 역사학에 관심이 있는 청소년이 많은 편이지만, 진로 체험의 기회는 부족합니다. 유물의 보존과 연구에 대해 배우는 강좌가 운영된다면, 지역 청소년의 진로 개발에 큰 도움이 될 것입니다.

❹ 건의를 수용할 경우 ㉢ 박물관 운영에 부담이 된다고 우려하실 수 있지만, 이보다 청소년이 꿈을 키우고 지역에 대한 청소년의 자긍심이 높아지는 효과가 더 클 것입니다. 증축될 박물관은 자랑스러운 역사를 간직한 참여의 공간이 될 것입니다. 고맙습니다.

나

갈래

대화

제재

박물관 건의 사항

화제

박물관에 건의할 내용 마련

대화 중심 내용

학생 1	'전문가 1'의 첫 번째 발화를 바탕으로 박물관을 왕릉 모양으로 만들 것을 제안
↑	
학생 2	실현 가능성을 지적함.
학생 1	진로 체험 강좌의 운영을 제안
↑	
학생 2	현재의 문제 상황을 언급하며 동의함.
학생회장	'전문가 1'의 네 번째 발화를 바탕으로 동의함.
학생 1	주변의 반응을 바탕으로 유물 모형을 만져 보며 체험할 수 있는 공간을 제안
↑	
학생 2	'전문가 2'의 첫 번째 발화를 바탕으로 동의함.

다

갈래

건의문

제재

박물관 건의 사항

주제

박물관 증축과 관련된 건의

문단 중심 내용

❶ 글을 쓰는 목적
❷ 건의 사항 ① - 유물 모형 체험 공간 마련
❸ 건의 사항 ② - 청소년 대상의 진로 체험 강좌 운영
❹ 건의 수용 시 기대 효과

01

대담 맥락을 분석하는 문제이다. [A]~[C]는 모두 진행자의 발화이다. 대담의 진행자는 보통 논의 주제를 제시해주고, 발언 순서를 알려 주거나 발언 내용을 요약하고, 추가적인 정보를 요청하거나 대화의 내용을 정리하며 대화의 흐름을 전환하는 역할을 한다. 이러한 정보를 바탕으로 [A]~[C]의 앞뒤 대화 맥락을 파악하여 대담의 진행자의 발화가 어떠한 기능을 수행하는지 파악해야 한다.

02

대담 내용을 이해, 평가하는 문제이다. 이와 같은 문제는 메모를 먼저 확인한 후 지문에 표시해가며 읽어가는 것이 효과적이다. (가)의 전문가 1과 전문가 2의 주장과 이에 대한 근거를 지문에서 확인한 후 선택지와 부합하는지 확인하면 쉽게 문제를 해결할 수 있다.

01

[A]~[C]에 대한 설명으로 가장 적절한 것은?

① [A]: '전문가 1'의 질문 내용을 요약하며 이에 대한 '전문가 2'의 생각을 묻고 있다.

② [A]: '전문가 1'의 답변 중 이해가 어려운 내용을 밝히며 추가 답변을 요청하고 있다.

③ [B]: '전문가 1'과 '전문가 2'의 제안을 종합한 후 이에 대한 자신의 의견을 제시하고 있다.

④ [B]: '전문가 1'과 '전문가 2'가 밝힌 의견에 대해 감사를 표한 후 이어서 논의할 사항을 제시하고 있다.

⑤ [C]: '전문가 2'가 언급한 내용의 일부를 재진술하며 예상되는 문제를 밝히고 있다.

02

다음은 (가)의 전문가들이 대담을 준비하며 쓴 메모의 일부이다. ⓐ~ⓔ와 관련하여 계획한 내용 중 (가)에 나타나지 않은 것은?

[전문가 1]	[전문가 2]
• ○○ 문화권 상설 전시실 규모 확대가 필요함. ·················· ⓐ • 유물 연구가 강화될 필요가 있음. ······ ⓑ • 유물 보존 공간이 충분히 확보되어야 함. ··· ⓒ	• 박물관 운영 과정에서 시민 의견이 적극 수용되어야 함. ····························· ⓓ • 박물관이 복합 문화 공간이 되어야 함. ··· ⓔ

① ⓐ: 박물관에서 지역의 역사에 중요한 의미가 있는 유물을 다수 보유하고 있음을 이유로 제시한다.

② ⓑ: 내실 있는 전시는 충분한 연구가 선행되어야 가능함을 언급하며 유물 연구를 강화할 필요가 있음을 제시한다.

③ ⓒ: 박물관 본연의 기능을 위한 공간을 충분히 확보하지 않아 다시 증축하게 된 다른 박물관의 사례를 제시한다.

④ ⓓ: 박물관의 정의에 새롭게 추가된 내용을 언급하며 시민의 의견을 적극적으로 수용할 필요가 있음을 제시한다.

⑤ ⓔ: 박물관을 복합 문화 공간으로 만들면 공간별로 시민이 얻을 수 있는 효과가 다양함을 이유로 제시한다.

03

(가), (나)의 담화 내용이 (다)에 반영된 양상으로 가장 적절한 것은?

① '학생회장'이 '전문가 1'의 발언을 언급하며 밝힌 의견이 박물관의 진로 체험 강좌 운영의 기대 효과로 제시되었다.

② '학생회장'이 '전문가 2'의 발언을 언급하며 밝힌 의견이 증축될 박물관의 향후 전망으로 제시되었다.

③ '학생 1'이 '전문가 1'의 발언을 언급하며 밝힌 의견이 박물관 전시 방식의 개선이라는 건의 사항으로 제시되었다.

④ '학생 1'이 '전문가 2'의 발언을 언급하며 밝힌 의견이 체험 교육 활동에 대한 청소년의 선호라는 건의 이유로 제시되었다.

⑤ '학생 2'가 '전문가 2'의 발언을 언급하며 밝힌 의견이 역사학 관련 진로 체험 강좌의 부재라는 문제 상황으로 제시되었다.

04

<보기>를 바탕으로 (다)의 ㉠~㉢을 이해한 내용으로 가장 적절한 것은?

> **보기**
>
> 건의문의 필자는 건의 수용의 기대 효과를 분명하게 밝혀야 한다. 이때, ㉮ 건의가 필자 개인만이 아니라 다수를 위한 것임을 드러냄은 물론, ㉯ 건의를 받는 독자의 이점을 제시하는 것이 좋다. 한편, 건의를 수용할 경우 우려되는 점이 있다는 독자의 반론이 있을 수 있다. 필자가 이를 예상하여 독자가 우려하는 점은 해결 가능하다거나 ㉰ 우려하는 점보다 건의 수용의 기대 효과가 더 크다는 것을 제시하는 것이 좋다.

① ㉠: 체험 공간 조성으로 청소년이 얻을 수 있는 이점을 제시하고 있다는 점에서, ㉯에 해당한다.

② ㉡: 체험 중 안전사고의 문제를 해결해 달라는 요구가 청소년을 위한 것임을 드러내고 있다는 점에서, ㉮에 해당한다.

③ ㉡: 체험 중 안전사고에 대한 우려와 자원봉사 기회 제공이라는 이점을 비교하고 있다는 점에서, ㉯에 해당한다.

④ ㉢: 박물관 운영상의 부담이 해결된다는 이점을 제시하고 있다는 점에서, ㉯에 해당한다.

⑤ ㉢: 박물관 운영상의 부담과 청소년에게 미치는 영향을 비교하고 있다는 점에서, ㉰에 해당한다.

03

건의 글쓰기 내용을 생성하는 문제이다. (다)는 (가)의 방송 대담과 (나)의 대화를 바탕으로 작성한 건의문이다. 따라서 (가)의 전문가의 발화 중 어떠한 부분을 (나)의 학생들이 언급했는지 파악하고, (다)의 학생회장이 이를 어떻게 건의문에 반영하였는지 종합적으로 파악해야 한다. 세 가지의 지문을 한번에 읽고 이해하기에 어려움이 있다면 선택지를 먼저 읽어낸 뒤 (다)의 주요 내용이 (가)와 (나)에 언급되었는지를 비교하는 것도 좋은 방법이다.

04

건의 글쓰기 표현 전략을 사용하는 문제이다. <보기>에서는 건의문을 작성할 때 필자가 유의해야 하는 점을 언급하고 있다. (다)의 ㉠~㉢이 <보기>의 어떠한 표현 전략을 활용한 것인지 파악해야 한다.

㉠	유물 모형을 체험할 수 있는 공간을 마련할 경우 얻을 수 있는 효과를 언급하고 있다.
㉡	유물 모형을 체험할 수 있는 공간을 마련할 경우 예상되는 문제점을 언급하고 이에 대한 해결 방안을 함께 제시하고 있다. 또한 해결 방안을 수용할 시 얻을 수 있는 이점을 제시하고 있다.
㉢	건의를 수용할 때 우려되는 점을 언급하며, 이보다 건의 수용의 기대 효과가 더 크다는 점을 언급하고 있다.

WEEK 2

05

건의 글쓰기 내용을 점검, 조정하는 문제이다. 초고와 (다)의 3문단의 내용을 비교하여 어떤 점이 달라졌는지 파악해야 한다. 초고에서는 박물관에서 진로 체험 강좌와 음악회, 미술전 등의 문화 행사를 열어 줄 것을 건의하고 있다. 반면 (다)의 3문단에서는 청소년 대상의 진로 체험 강좌를 운영해 줄 것을 건의하고 있다.

05

다음은 (다)의 3문단의 초고이다. 3문단에 반영된 수정 사항으로 적절하지 <u>않은</u> 것은?

> 박물관에서 진로 체험 강좌를 운영해야 합니다. 우리 지역은 역사적 자긍심이 느껴지는 곳입니다. 그래서 역사학에 대한 관심이 높은 편입니다. 진로 체험의 기회가 부족하므로 체험 강좌가 운영된다면 우리 지역에 큰 도움이 될 것입니다. 또한 음악회, 미술전 등 문화 행사도 열어 주셨으면 합니다.

① 청소년 진로 개발의 중요성을 언급한다.
② 진로 체험 강좌의 수강 대상을 제시한다.
③ 청소년이 지역에 자긍심을 느끼는 이유를 추가한다.
④ 청소년이 진로 체험 강좌에서 배울 수 있는 내용을 밝힌다.
⑤ 진로 체험 강좌 운영의 요구에서 벗어나는 내용을 삭제한다.

WEEK 2

※ (가)는 학생회 소식을 알리는 실시간 방송이고, (나)는 이를 본 학생이 누리 소통망에 올린 게시물이다. 물음에 답하시오.

가

□□고 학생회 소식   접속자 수: 253명

진행자: □□고 학생들, 안녕하세요? '지켰다, 공약!' 세 번째 시간이죠. 현재 접속자 수가 253명인데요, 두 번째 방송보다 100명 더 입장했네요. ⓐ 오늘은 학습실 사용 원칙을 정하겠다는 공약에 관해 학생회장이 출연해 직접 알리기로 했습니다.

학생회장: 네, ⓑ 우리 학교 학습실은 개별 및 조별 학습이 가능하고 다양한 기자재를 쓸 수 있어서 인기가 많죠. 근데 자리가 많지 않고 특별한 원칙 없이 사용하다 보니 불편함이 많았죠. 실시간 대화 창 볼까요?

[A]
> 🧑 **동주**: 맞아. 자리 맡고 오느라 종례에 늦을 뻔한 적도 있었는데, 다른 학년하고 같이 쓰려니 눈치도 보였고.

동주 학생과 같은 경우가 많을 거예요. ⓒ 여러분도 이런 상황에 공감하시겠죠? 그래서 학생회가 나섰습니다.

□□고 학생회 소식

1. 학습실 사용 시 학년 구분이 필요한가?

구분	필요하다	필요없다	모르겠다	합계	전교생
응답 수(명)	512	10	14	536	617

2. 학년 구분이 필요하다면 어떻게 구분하는 것이 좋은가?

구분	합계	3학년	2학년	1학년
요일별 구분(명)	256	174	68	14
시간별 구분(명)	256	14	96	146

지금 화면에 나오는 설문 조사 결과를 바탕으로 학생회 내부 회의를 통해 사용 원칙을 마련했습니다.

[B]
> 🧑 **다예**: 설문 조사에 근거해 원칙을 마련하려고 한 것을 보니까, 학생회가 마련한 원칙은 객관적이고 합리적일 것 같아. 학생회, 힘내세요!
>
> 🧑 **재호**: 다들 학년 구분은 필요하다고 생각하는데, 학년별로 선호하는 방법은 다른 게 신기해. 이유가 뭘까?

핵심정리

가

갈래
실시간 방송

화제
학습실 사용 원칙

대화 중심 내용

진행자	실시간 방송에서 다룰 학생회 소식을 언급함.

↓

학생회장	□□고 학습실이 인기가 많은 이유를 밝히며 학습실 사용 시의 문제점을 해결하기 위한 설문 조사 결과를 바탕으로 새로운 학습실 사용 원칙을 밝힘. • 학습실 사용 원칙 ① 학습실 사용은 학생회에 신청을 한 학생을 대상으로 함. ② 학습실 사용은 학년별, 요일별로 구분하여 사용함.

↓

진행자	언제부터 새로운 사용 원칙에 따라 학습실 사용을 신청할 수 있는지 질문함.

↓

학생회장	학습실 사용 신청과 관련된 계획을 밝히며 학생회 공식 카페 주소를 안내하여 학생들의 의견을 받고자 함.

실시간 대화 창

다예	학생회의 결정이 타당할 것 같다고 판단함.
재호	설문 조사 결과에 대한 궁금증을 드러냄.
현지	학습실 사용 원칙에 대한 아쉬움을 표현함.
연수	요일별 구분을 선택한 근거, 학년별 요일 배정의 근거 등을 질문함.

다예 학생, 감사합니다. 원칙은 다음과 같습니다. 첫째, 학습실 사용은 학생회에 신청을 한 학생을 대상으로 합니다. 둘째, 학습실 사용은 학년별로 구분하되 3학년은 월·목, 2학년은 화·수, 1학년은 금요일에 사용합니다.

[C]
> 현지: 저는 1학년인데요, 금요일엔 일찍 집에 가고 싶은데, 금요일만 사용해야 하는 것은 좀 그래요.
> 연수: 학생회장님, 열심히 하는 모습이 보기 좋은데요, 설문 결과만으로 끌어내기 어려운 원칙은 어떻게 마련했나요?

진행자: 그럼 ⓓ 언제부터 새로운 사용 원칙에 따라 학습실 사용을 신청할 수 있나요?

학생회장: ⓔ 네, 다음 대의원회에서 안건이 통과되면 신청을 받을 계획입니다. 학생 여러분께서는 이번 원칙에 대한 의견을 저희 학생회 공식 카페로 보내 주시면, 참고하여 대의원회에서 논의하겠습니다. 화면에 자막으로 나가고 있는 카페 주소를 참고해 주세요!

진행자: □□고 학생들, 다음에 만나요!

나

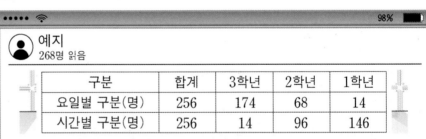

□□고 친구들 방송 봤어요? 제가 캡처해 둔 화면을 보면 학생회가 '요일별 구분'을 선택한 이유가 의아한 친구도 있을 것 같아요. 내부 회의의 과정과 내용이 방송에 나오지 않아 궁금해할 친구도 있을 거고요. 내부 회의뿐 아니라 설문 조사를 통해 학년별로 사용할 요일을 정하면 더 좋지 않을까요? 그리고 학생회장이 어떤 친구의 말에 반응한 건 좋았지만, 다른 친구가 궁금해하는 내용에는 답을 하지 않은 건 아쉬웠어요.

학생회 공식 카페 가기 (☞ 클릭: 학생회에 전할 의견은 여기로)

댓글 창 열었으니 학습실 사용 원칙에 대해 의견 나눠요.

👍 99   댓글 [   ] [입력]

유선   2학년도 월요일에 쓰고 싶어요.   21:37
  ↳ 태민   나도.   21:51

나

갈래

누리 소통망(SNS) 게시글

제재

학습실 사용 원칙

중심 내용

• 실시간 방송을 통해 학생들이 가질 수 있는 의문점을 제시함.
  ① 학생회가 '요일별 구분'을 선택한 이유
  ② 내부 회의의 과정과 내용
• 실시간 채팅을 통해 질문한 '연수'의 질문에 답을 하지 않은 것에 대한 아쉬움을 드러냄.

↓

학생회 공식 카페로 연결하는 하이퍼링크를 제시하여 댓글을 통해 학생들과 의견을 나누고자 함.

01

(가)에 나타난 의사소통 방식으로 적절하지 않은 것은?

① 진행자는 방송의 시작에 학교명을 언급하며, 소식을 들을 수용자를 밝히고 있다.

② 진행자는 접속자 수를 언급하며, 두 번째 방송과의 접속자 수 차이를 알려 주고 있다.

③ 학생회장은 학생의 이름을 언급하며, 수용자의 실시간 반응을 살펴보고 있다는 것을 보여 주고 있다.

④ 학생회장은 발화와 관련한 보충 자료로 표를 제시하며, 수용자에게 구체적인 정보를 전달하고 있다.

⑤ 학생회장은 자신의 발언 내용을 요약한 화면을 설명하며, 수용자가 요구한 정보를 강조하고 있다.

문제풀이 맥

01

매체의 소통 방식을 이해하는 문제이다. (가)에 나타난 진행자와 학생회장의 발화 내용과 의사소통의 방식을 파악하여 가장 적절한 설명을 한 선택지를 찾아야 한다. 진행자와 학생회장의 첫 번째 발화를 선택지와 비교하며 풀면 쉽게 문제를 해결할 수 있다.

02

[A]~[C]에서 알 수 있는 학생들의 수용 태도에 대한 설명으로 가장 적절한 것은?

① [A]: 동주는 자신의 경험을 근거로 학생회장의 이야기가 사실에 부합하지 않는다고 판단하였다.

② [B]: 다예는 학생회장의 직전 발화를 듣고 학생회의 결정이 타당할 것 같다고 판단하였다.

③ [B]: 재호는 방송에서 제시된 자료를 보고 학생회의 설문 조사 결과가 잘못되었다고 판단하였다.

④ [C]: 현지는 학생회장의 직전 발화를 듣고 발언 내용의 논리적 오류를 점검하였다.

⑤ [C]: 연수는 방송에서 제시된 자료를 보고 학생회가 마련한 원칙의 실행 가능성을 점검하였다.

02

매체 자료의 주체적 수용을 파악하는 문제이다. (가)는 학생회 소식을 알리는 실시간 방송으로 [A]~[C]는 실시간 대화 창을 이용한 학생들의 반응이다. [A]의 '동주', [B]의 '다예'와 '재호', [C]의 '현지'와 '연수'가 각각 학습실 사용과 관련하여 어떠한 의견을 제시하고 있는지 파악하여 선택지의 적절성을 판단해야 한다.

매체 언어와 개인적·사회적 소통을 파악하는 문제이다. (나)는 (가)의 실시간 방송을 본 '예지'가 누리 소통망에 올린 게시글이다. 메모에서 제시된 조건들이 (나)에 어떻게 반영되고 있는지 비교하며 문제를 해결해야 한다.

(나)의 중심 내용
• 실시간 방송을 보고 학생들이 가질 수 있는 의문점을 언급
• 실시간 대화 창에 언급된 질문에 답변을 하지 않은 점을 언급
• 학생회 공식 카페로 연결하는 하이퍼링크를 제시

04

매체 언어의 표현 방법을 파악하는 문제이다. 지문의 @~@에 사용된 표현을 확인하고 맥락을 파악하여 각 선택지에서 그 표현에 대해 맞게 설명하고 있는지를 파악해야 한다. 덧붙여 선택지에 제시된 어미와 보조사의 기능을 알고 있어야 적절한 설명인지를 파악할 수 있으므로 해당 개념들을 숙지하고 있어야 한다.

'-어서'	이유나 근거를 나타내는 연결 어미
'-겠-'	미래의 일이나 추측을 나타내는 선어말 어미
'부터'	어떤 일이나 상태 따위에 관련된 범위의 시작임을 나타내는 보조사
'-면'	불확실하거나 아직 이루어지지 않은 사실을 가정하여 말할 때 쓰는 연결 어미

03

다음은 (나)를 작성하기 위한 메모이다. ㉠~㉢이 (나)에 반영된 양상으로 적절하지 않은 것은?

방송에서 학생회가 놓친 부분이 있는 것 같네. 일단 ㉠ 학생회장이 방송에서 보인 아쉬운 점과 사용 원칙 마련에 ㉡ 친구들의 의견이 반영될 수 있는 방법을 언급해야지. 또 ㉢ 친구들이 학생회에 의견을 보내거나 서로 생각을 나눌 수 있는 기능을 활용해야지.

① ㉠: '요일별 구분'을 원칙으로 정한 이유를 밝히지 않아 미흡했다는 점을 언급하기 위해, 저장한 방송 화면의 일부를 보여 주었다.

② ㉠: 실시간 대화 창에서 학생회를 응원하는 말에는 호응하며 답을 들려주었지만 질문에는 답변이 없었던 모습을 이야기하였다.

③ ㉡: 내부 회의에 대한 정보가 충분하지 않았다는 점을 언급하며, 학년별 사용 요일 결정에 대해 학생들의 의견을 반영할 수 있는 방법을 제안하였다.

④ ㉢: 자막으로 제공된 주소는 바로 연결하기가 어려우니, 의견을 전달할 수 있도록 학생회 공식 카페로 연결하는 하이퍼링크를 제공하였다.

⑤ ㉢: 학생회가 선정한 학습실 사용자들이 사용 원칙에 대해 제시한 의견을 학생회에 보낼 수 있도록 댓글 기능을 활성화하였다.

04

@~@에 대한 설명으로 적절하지 않은 것은?

① @: 부사 '직접'을 사용하여, 학생회장이 자신의 방송 출연 사실을 학생들에게 전달할 것임을 나타내고 있다.

② ⓑ: 어미 '-어서'를 사용하여, 학습실이 인기가 많은 이유를 밝히고 있다.

③ ⓒ: 어미 '-겠-'을 사용하여, 학생들이 학습실 사용의 불편에 공감할 것이라는 추측을 드러내고 있다.

④ ⓓ: 보조사 '부터'를 사용하여, 이 질문은 학습실 사용 신청이 시작되는 시점이 언제인지 묻고 있음을 드러내고 있다.

⑤ ⓔ: 어미 '-면'을 사용하여, 사용 원칙이 적용되기 전에 갖춰져야 할 조건을 언급하고 있다.

WEEK 2

※ 다음 글을 읽고 물음에 답하시오.

❶ 하루에 필요한 에너지의 양은 하루 동안의 총 열량 소모량인 대사량으로 구한다. 그중 기초 대사량은 생존에 필수적인 에너지로, 쾌적한 온도에서 편히 쉬는 동물이 공복 상태에서 생성하는 열량으로 정의된다. 이때 체내에서 생성한 열량은 일정한 체온에서 체외로 발산되는 열량과 같다. 기초 대사량은 개체에 따라 대사량의 60~75%를 차지하고, 근육량이 많을수록 증가한다.

❷ 기초 대사량은 직접법 또는 간접법으로 구한다. ㉠ 직접법은 온도가 일정하게 유지되고 공기의 출입량을 알고 있는 호흡실에서 동물이 발산하는 열량을 열량계를 이용해 측정하는 방법이다. ㉡ 간접법은 호흡 측정 장치를 이용해 동물의 산소 소비량과 이산화 탄소 배출량을 측정하고, 이를 기준으로 체내에서 생성된 열량을 추정하는 방법이다.

❸ 19세기의 초기 연구는 체외로 발산되는 열량이 체표 면적에 비례한다고 보았다. 즉 그 둘이 항상 일정한 비(比)를 갖는다는 것이다. 체표 면적은 $(체중)^{0.67}$에 비례하므로, 기초 대사량은 체중이 아닌 $(체중)^{0.67}$에 비례한다고 하였다. 어떤 변수의 증가율은 증가 후 값을 증가 전 값으로 나눈 값이므로, 체중이 W에서 2W로 커지면 체중의 증가율은 (2W)/(W) = 2이다. 이 경우에 기초 대사량의 증가율은 $(2W)^{0.67}$ / $(W)^{0.67} = 2^{0.67}$, 즉 약 1.6이 된다.

❹ 1930년대에 클라이버는 생쥐부터 코끼리까지 다양한 크기의 동물의 기초 대사량 측정 결과를 분석했다. 그래프의 가로축 변수로 동물의 체중을, 세로축 변수로 기초 대사량을 두고, 각 동물별 체중과 기초 대사량의 순서쌍을 점으로 나타냈다.

❺ 가로축과 세로축 두 변수의 증가율이 서로 다를 경우, 그 둘의 증가율이 같을 때와 달리, '일반적인 그래프'에서 이 점들은 직선이 아닌 어떤 곡선의 주변에 분포한다. 그런데 순서쌍의 값에 상용로그를 취해 새로운 순서쌍을 만들어서 이를 <그림>과 같이 그래프에 표시하면, 어떤 직선의 주변에 점들이 분포하는 것으로 나타난다. 그러면

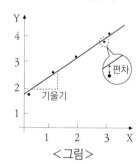

<그림>

그 직선의 기울기를 이용해 두 변수의 증가율을 비교할 수 있다. <그림>에서 X와 Y는 각각 체중과 기초 대사량에 상용로그를 취한 값이다. 이런 방식으로 표현한 그래프를 'L-그래프'라 하자.

❻ 체중의 증가율에 비해, 기초 대사량의 증가율이 작다면 L-그래프에서 직선의 기울기는 1보다 작으며 기초 대사량의 증가율이 작을수록 기울기도 작아진다. 만약 체중의 증가율과 기초 대사량의 증가율이 같다면 L-그래프에서 직선의 기울기는 1이 된다.

핵심정리

문단 중심 내용

- ❶ 기초 대사량의 정의와 특징
- ❷ 기초 대사량을 구하는 방법
- ❸ 19세기 초기의 기초 대사량 연구
- ❹ 클라이버의 기초 대사량 연구
- ❺ 가로축과 세로축 두 변수의 증가율에 따른 L-그래프의 직선과 그 주위의 점
- ❻ L-그래프의 기울기
- ❼ 상대 성장의 의미
- ❽ 최적의 직선의 기울기와 절편을 구하는 방법인 최소 제곱법
- ❾ 클라이버의 법칙과 치료제 허용량 결정에 영향을 미치는 대사 체중

기초 대사량

개념	쾌적한 온도에서 편히 쉬는 동물이 공복 상태에서 생성하는 열량
특징	• 개체에 따라 대사량의 60~75% 차지 • 근육량이 많을수록 증가

기초 대사량을 구하는 방법

직접법	호흡실에서 동물이 발산하는 열량을 열량계를 이용해 측정
간접법	호흡 측정 장치를 이용해 동물의 산소 소비량과 이산화 탄소 배출량을 측정하고, 이를 기준으로 체내에서 생성된 열량을 추정

L-그래프

개념
체중과 기초 대사량에 상용로그를 취해 표현한 그래프

체중 증가율 > 기초 대사량 증가율	체중 증가율 = 기초 대사량 증가율
L-그래프에서 직선의 기울기 < 1	L-그래프에서 직선의 기울기 = 1

최소 제곱법
가로축과 세로축 두 변수의 관계를 대변하는 최적의 직선의 기울기와 절편을 구하는 방법 → 최적의 직선의 기울기 = 0.75

개념	동물의 (체중)$^{0.75}$에 기초 대사량이 비례함.
활용	치료제 허용량은 (체중)$^{0.75}$에 비례하여 정함. → 치료제 허용량은 체내 대사와 밀접한 관련이 있음.

❼ 이렇듯 L-그래프와 같은 방식으로 표현할 때, 생물의 어떤 형질이 체중 또는 몸 크기와 직선의 관계를 보이며 함께 증가하는 경우 그 형질은 '상대 성장'을 한다고 한다. 동일 종에서의 심장, 두뇌와 같은 신체 기관의 크기도 상대 성장을 따른다.

❽ 한편, 그래프에서 가로축과 세로축 두 변수의 관계를 대변하는 최적의 직선의 기울기와 절편은 최소 제곱법으로 구할 수 있다. 우선, 그래프에 두 변수의 순서쌍을 나타낸 점들 사이를 지나는 임의의 직선을 그린다. 각 점에서 가로축에 수직 방향으로 직선까지의 거리인 편차의 절댓값을 구하고 이들을 각각 제곱하여 모두 합한 것이 '편차 제곱 합'이며, 편차 제곱 합이 가장 작은 직선을 구하는 것이 최소 제곱법이다.

❾ 클라이버는 이런 방법에 근거하여 L-그래프에 나타난 최적의 직선의 기울기로 0.75를 얻었고, 이에 따라 동물의 (체중)$^{0.75}$에 기초 대사량이 비례한다고 결론지었다. 이것을 '클라이버의 법칙'이라 하며, (체중)$^{0.75}$을 대사 체중이라 부른다. 대사 체중은 치료제 허용량의 결정에도 이용되는데, 이때 그 양은 대사 체중에 비례하여 정한다. 이는 치료제 허용량이 체내 대사와 밀접한 관련이 있기 때문이다.

문제풀이 맥

01

세부 내용을 파악하는 문제이다. 기초 대사량의 개념과 클라이버의 기초 대사량 연구 내용을 파악해야 한다. 클라이버의 기초 대사량 연구는 L-그래프와 관련이 있으므로 L-그래프를 읽는 방법도 알고 있어야 한다.

02

세부 내용을 파악하는 문제이다. ㉠은 기초 대사량을 구하는 방법 중 직접법이고, ㉡은 간접법이다. 직접법과 간접법의 활용 방법과 이를 위한 전제 조건을 파악해야 한다. 직접법은 동물이 발산하는 열량을 측정하는 방법이고, 간접법은 동물의 산소 소비량과 이산화 탄소 배출량을 측정하는 방법이다.

01

윗글의 내용과 일치하지 않는 것은?

① 클라이버의 법칙은 동물의 기초 대사량이 대사 체중에 비례한다고 본다.

② 어떤 개체가 체중이 늘 때 다른 변화 없이 근육량이 늘면 기초 대사량이 증가한다.

③ 'L-그래프'에서 직선의 기울기는 가로축과 세로축 두 변수의 증가율의 차이와 동일하다.

④ 최소 제곱법은 두 변수 간의 관계를 나타내는 최적의 직선의 기울기와 절편을 알게 해 준다.

⑤ 동물의 신체 기관인 심장과 두뇌의 크기는 몸무게나 몸의 크기에 상대 성장을 하며 발달한다.

02

㉠, ㉡에 대한 이해로 가장 적절한 것은?

① ㉠은 체온을 환경 온도에 따라 조정하는 변온 동물이 체외로 발산하는 열량을 측정할 수 없다.

② ㉡은 동물이 호흡에 이용한 산소의 양을 알 필요가 없다.

③ ㉠은 ㉡과 달리 격한 움직임이 제한된 편하게 쉬는 상태에서 기초 대사량을 구한다.

④ ㉠과 ㉡은 모두 일정한 체온에서 동물이 체외로 발산하는 열량을 구할 수 있다.

⑤ ㉠과 ㉡은 모두 생존에 필수적인 최소한의 에너지를 공급하면서 기초 대사량을 구한다.

03

윗글을 읽고 추론한 내용으로 적절하지 않은 것은?

① 일반적인 경우 기초 대사량은 하루에 소모되는 총 열량 중에 가장 큰 비중을 차지하겠군.

② 클라이버의 결론에 따르면, 기초 대사량이 동물의 체표 면적에 비례한다고 볼 수 없겠군.

③ 19세기의 초기 연구자들은 체중의 증가율보다 기초 대사량의 증가율이 작다고 생각했겠군.

④ 코끼리에게 적용하는 치료제 허용량을 기준으로, 체중에 비례하여 생쥐에게 적용할 허용량을 정한 후 먹이면 과다 복용이 될 수 있겠군.

⑤ 클라이버의 법칙에 따르면, 동물의 체중이 증가함에 따라 함께 늘어나는 에너지의 필요량이 이전 초기 연구에서 생각했던 양보다 많겠군.

03

내용의 인과관계를 파악하는 문제이다. 체중, 대사 체중, 기초 대사량, 체표 면적 등의 개념과 각 개념 간의 관계를 파악해야 한다. 무엇과 무엇이 비례 관계인지를 이해하고, (체중)$^{0.67}$, (체중)$^{0.75}$ 등의 수치도 정확히 확인해야 한다.

WEEK 2

04

윗글을 바탕으로 <보기>를 탐구한 내용으로 가장 적절한 것은?

> **보기**
>
> 농게의 수컷은 집게발 하나가 매우 큰데, 큰 집게발의 길이는 게딱지의 폭에 '상대 성장'을 한다. 농게의 ⓐ 게딱지 폭을 이용해 ⓑ 큰 집게발의 길이를 추정하
>
>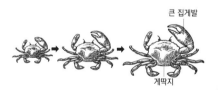
>
> 큰 집게발
>
> 게딱지
>
> 기 위해, 다양한 크기의 농게의 게딱지 폭과 큰 집게발의 길이를 측정하여 다수의 순서쌍을 확보했다. 그리고 'L-그래프'와 같은 방식으로, 그래프의 가로축과 세로축에 각각 게딱지 폭과 큰 집게발의 길이에 해당하는 값을 놓고 분석을 실시했다.

① 최적의 직선을 구한다고 할 때, 최적의 직선의 기울기가 1보다 작다면 ⓐ에 ⓑ가 비례한다고 할 수 없겠군.

② 최적의 직선을 구하여 ⓐ와 ⓑ의 증가율을 비교하려고 할 때, 점들이 최적의 직선으로부터 가로축에 수직 방향으로 멀리 떨어질수록 편차 제곱 합은 더 작겠군.

③ ⓐ의 증가율보다 ⓑ의 증가율이 크다면, 점들의 분포가 직선이 아닌 어떤 곡선의 주변에 분포하겠군.

④ ⓐ의 증가율보다 ⓑ의 증가율이 작다면, 점들 사이를 지나는 최적의 직선의 기울기는 1보다 크겠군.

⑤ ⓐ의 증가율과 ⓑ의 증가율이 같고 '일반적인 그래프'에서 순서쌍을 점으로 표시한다면, 점들은 직선이 아닌 어떤 곡선의 주변에 분포하겠군.

04

구체적 사례에 적용하는 문제이다. <보기>는 농게의 게딱지 폭을 이용해 큰 집게발의 길이를 추정하는 사례를 제시하고 있는데, 이때 큰 집게발의 길이는 게딱지의 폭에 상대 성장을 한다. L-그래프와 같은 방식으로 분석을 실시했다고 했으므로, 가로축과 세로축의 관계를 따져 최적의 직선의 기울기가 어떠할지 파악해야 한다.

핵심정리

가

문단 중심 내용

❶ 특허 제도와 특허 출원 명세서의 개념
❷ 특허청구범위와 그 예시
❸ 청구항의 특징
❹ 특허청구범위의 신규성과 진보성
❺ 신규성 심사
❻ 진보성 심사

특허

특허 제도	발명을 보호, 장려함으로써 국가 산업의 발전을 도모하기 위한 제도
특허권	일정 기간 해당 발명에 대한 독점적 권리를 가질 수 있도록 보장하는 권리

특허청구범위

개념	특허 출원인이 특허권으로 보호받고자 하는 사항을 명확히 하는 항목
구성	해당 발명을 설명하는 데에 필요한 방법, 기능, 구조 및 결합 관계 등이 서술된 하나 이상의 청구항

신규성

개념	선행 발명과의 동일성 여부를 판단하는 것
조건	물리적 동일성 및 실질적 동일성 부정
부정되는 경우	특허청구범위에 기재된 발명의 구성 요소가 상위 개념이고 선행 발명의 구성 요소가 하위 개념인 경우

진보성

개념	선행 발명으로부터 용이하게 발명할 수 있는지 여부를 판단하는 것
부정되는 경우	선행 발명의 구성 요소를 단순히 치환하거나 선행 발명에 다른 요소를 단순히 결합시키는 경우

※ 다음 글을 읽고 물음에 답하시오.

가

❶ 특허 제도는 발명을 보호, 장려함으로써 국가 산업의 발전을 도모하기 위한 제도로, 일정 기간 해당 발명에 대한 독점적 권리를 가질 수 있도록 보장하는 특허권을 특허 출원인에게 부여한다. 특허 출원을 희망하는 자가 발명에 대해 특허권을 받기 위해서는 일정한 요건을 갖추어야 하는데, 이를 심사할 때 대상이 되는 문서가 특허 출원 명세서이다.

❷ 특허 출원 명세서에 기재된 내용 중 '특허청구범위'는 특허 출원인이 특허권으로 보호받고자 하는 사항, 즉 권리 범위를 명확히 하는 항목이다. 이 항목은 해당 발명을 설명하는 데에 필요한 방법, 기능, 구조 및 결합 관계 등이 서술된 하나 이상의 청구항으로 구성되어 있는데, 그 예시는 다음과 같다.

> [청구항 1] 금속, 플라스틱으로 구성된 의자
> [청구항 2] 제1항에 있어서, 상기 금속은 철인 의자
> [청구항 3] 제2항에 있어서, 목재를 포함하여 구성된 의자

❸ 위 예시의 [청구항 1]은 발명의 범위를 단독으로 나타내는 독립항이고, [청구항 2]와 [청구항 3]은 다른 항을 인용한 종속항이다. [청구항 2]는 다른 항에 기재된 발명의 구성 일부를 한정한 경우이고, [청구항 3]은 다른 항에 기재된 발명에 새로운 특징을 추가한 경우이다. 종속항은 독립항은 물론 또 다른 종속항을 인용할 수 있으며, 여러 가지 기술적 특징과 한정 사항 등의 구성 요소를 제시하기 때문에 독립항보다 좁은 보호 범위를 갖는다는 특징이 있다.

❹ 또한 특허청구범위는 특허 심사를 위한 발명을 널리 알려진 선행 발명과 비교하여 특허의 성립 요건인 신규성과 진보성을 판단하는 기준이 된다. 이 요건들을 특허청구범위에 기재된 발명의 내용과 선행 발명을 비교하여 심사할 때, 신규성은 선행 발명과의 동일성 여부를 판단하고, 진보성은 선행 발명으로부터 용이하게 발명할 수 있는지 여부를 판단하는 것이다.

❺ 신규성을 인정받기 위해서는 발명의 구성 요소가 선행 발명의 구성 요소에 포함되어 완전히 일치하는 물리적 동일성뿐만 아니라, 발명의 효과 면에서 선행 발명과 유사함을 의미하는 실질적 동일성도 부정되어야 한다. 이에 따라 특허청구범위에 기재된 발명의 구성 요소가 상위 개념이고 선행 발명의 구성 요소가 하위 개념인 경우에는 동일성이 있는 것으로 판단하여 원칙적으로 신규성이 부정된다.

❻ 발명이 신규성을 갖추었다면, 다음으로는 진보성을 갖추었는지 심사한다. 해당 분야에 종사하는 사람이 통상적으로 아는 지식 수준에서 선행 발명을 토대로 해당

발명을 쉽게 예측할 수 있거나 따라할 수 있다고 판단되면 진보성을 갖춘 것으로 인정하지 않는다. 따라서 선행 발명의 구성 요소를 단순히 치환하거나 선행 발명에 다른 요소를 단순히 결합시키는 경우에는, 신규성을 갖추더라도 진보성을 갖추지 못하기 때문에 발명에 대한 특허권을 획득할 수 없다.

나

❶ 특허권자는 특허권을 획득한 발명에 대해 독점적이고 배타적인 권리를 인정받는다. 따라서 정당한 권한이 없는 자가 자신의 특허권을 침해했다고 판단할 경우, 특허 제도를 통해 그 권리를 보호받을 수 있다. 특허권은 일반적인 사물과 달리 형체가 없어서 모방과 도용이 쉬운 반면, 침해 사실을 발견하기 어렵기 때문에 특허 제도에서는 직접 침해뿐만 아니라 앞으로의 직접 침해가 예상되는 행위 역시 간접 침해로 규정하여 특허권 침해로 보고 있다.

❷ 직접 침해란 특허 발명의 권리 범위에 속하는 발명을 특허권자의 허가 없이 상업적으로 실시*하는 것이다. 기존 특허 발명을 침해했는지 판단을 받는 '확인 대상 발명'이 특허권을 침해하였는지 증명하기 위해서는 먼저 기존 특허 발명의 특허청구범위를 확인하고 해석하여 특허권자의 권리 범위를 확정해야 한다. 이렇게 특허권자의 권리 범위를 해석할 때 적용되는 원칙으로는 구성 요소 완비의 원칙과 균등론의 원칙이 있다.

❸ 구성 요소 완비의 원칙은 확인 대상 발명이 기존 특허 발명의 특허청구범위에 기재된 구성 요소 전부를 실시하는 경우에만 특허권자의 권리 범위에 속한다는 원칙이다. 예를 들어, 기존 특허 발명의 특허청구범위에 기재된 구성 요소가 「X+Y」라면, 확인 대상 발명에서 「X」나 「Y」만을 실시하거나 「X+Y′」를 실시한 경우에는 침해로 인정하지 않지만, 「X+Y」를 실시하거나 「X+Y+Z」를 실시한 경우에는 침해로 인정한다. 그런데 이 원칙에는 확인 대상 발명이 기존 특허 발명의 본질적 기능은 유지한 채 부차적인 요소만 변형하거나 삭제할 경우에는 특허권 침해가 인정되지 않는다는 문제가 있다.

❹ 이러한 문제를 보완하기 위해 적용하는 것이 균등론의 원칙이다. 이 원칙에 따르면 확인 대상 발명이 「X+Y′」로 실시될 경우, 기존 특허 발명의 구성 요소와 완전히 일치하지는 않더라도 Y와 Y′의 원리나 효과가 동일하다면 Y와 Y′를 균등한 것으로 ㉠ 보기 때문에 확인 대상 발명이 기존 특허 발명을 침해하고 있음을 인정한다.

❺ 한편, 간접 침해는 직접 침해는 아니지만 그대로 방치할 경우 특허권의 침해가 예상되는 행위를 의미하는데, 이는 '물건의 발명'에 대한 경우와 '방법의 발명'에 대한 경우로 구분할 수 있다. 기존 특허 발명이 물건인 경우, 해당 물건 생산을 위해서만 필요한 다른 요소를 상업적 목적으로 실시한다면 이는 간접 침해에 해당한다. 이에 따르면, 특허권을 지닌 완성품이 아닌 해당 물건의 구성품 일체를 판매하는 행위

간접 침해

개념	직접 침해는 아니지만 그대로 방치할 경우 특허권의 침해가 예상되는 행위
해당 사례	• 기존 특허 발명이 물건인 경우, 해당 물건 생산을 위해서만 필요한 다른 요소를 상업적 목적으로 실시하는 행위 • 기존 특허 발명이 방법인 경우, 그 방법을 실시하는 데에만 사용하는 물건을 상업적으로 실시하는 행위

는, 최종적으로 해당 물건의 조립을 가능하게 하여 특허 발명의 실시를 유도할 수 있기 때문에 간접 침해에 해당한다. 마찬가지 이유로 기존 특허 발명이 방법인 경우, 그 방법을 실시하는 데에만 사용하는 물건을 상업적으로 실시하는 행위는 간접 침해에 해당한다.

* 실시 : 물건을 생산하거나 판매하거나 사용하는 행위. 또는 방법을 사용하는 행위.

문제풀이 맥

01

세부 내용을 이해하는 문제이다. (가)와 (나)의 공통 제재는 특허이다. (가)와 (나)가 설명하고 있는 구체적인 대상을 이해해야 한다.

01

(가)와 (나)에 대한 설명으로 가장 적절한 것은?

① (가)는 특허 출원에 따른 혜택을, (나)는 특허권 침해에 따른 제재 조치를 설명하고 있다.
② (가)는 특허 출원인의 자격을, (나)는 특허권 침해 여부를 판단하는 심사자의 의무를 밝히고 있다.
③ (가)는 특허 출원된 발명을 심사하는 과정을, (나)는 특허권 침해를 예방하기 위한 방법을 제시하고 있다.
④ (가)는 특허 출원 과정에서 나타나는 문제점을, (나)는 특허 제도에서 특허권 침해와 관련된 원칙의 한계를 설명하고 있다.
⑤ (가)는 특허 출원 시 특허권을 인정받기 위한 요건을, (나)는 특허권 침해 여부를 판단할 때 적용하는 원칙을 설명하고 있다.

02

핵심 내용을 이해하는 문제이다. (가)와 (나)에서 설명하고 있는 특허 제도의 특징을 이해해야 한다. 즉, 특허 제도의 목적, 특허의 성립 요건, 특허권의 특징 등을 이해해야 한다.

02

(가), (나)를 읽고, 특허 제도에 대해 이해한 내용으로 적절하지 않은 것은?

① 특허 제도에서 특허 출원 명세서는 특허권 심사의 대상이 된다.
② 특허 제도는 발명을 보호하고 장려함으로써 국가 산업의 발전을 도모하는 기능을 한다.
③ 특허 제도를 통해 특허권자는 자신의 특허 발명에 대한 독점적 권리를 일정 기간 보장받는다.
④ 특허 제도에서는 특허권이 모방과 도용이 용이하기 때문에 침해가 예상되는 행위도 특허권 침해로 보고 있다.
⑤ 특허 제도에서는 선행 발명과 구성 요소가 완전히 일치하고 발명의 효과가 다르다면 실질적 동일성이 있다고 간주한다.

※ 다음은 윗글을 이해하기 위한 학습지의 일부이다. 윗글과 다음을 바탕으로 3번과 4번의 물음에 답하시오.

'갑'은 아래의 특허 출원 명세서에 기재된 바와 같은 발명의 특허권자이다.

<**특허 출원 명세서**>

【발명의 명칭】 목재로 만들어진 연필

【특허청구범위】 ··· ⓐ

[청구항 1]

   목재로 만들어진 몸체

   상기 몸체의 내부 중앙에 형성된 흑심을 포함하는 연필

[청구항 2]

   제1항에 있어서, 상기 몸체의 형상이 육각형인 연필

[청구항 3]

   제2항에 있어서, 상기 몸체의 한쪽 끝에 부착된 지우개를 포함하는 연필

03

윗글을 바탕으로 학습지의 내용을 이해한 것으로 적절하지 <u>않은</u> 것은?

① ⓐ는 '갑'이 발명한 연필에 대한 권리 범위를 명확히 하는 기능을 한다.

② ⓐ는 특허 심사를 할 때 '갑'이 발명한 연필이 신규성과 진보성을 갖추었는지 판단하는 기준이 된다.

③ ⓐ에서 '갑'이 발명한 연필에 대한 보호 범위는 [청구항 1]보다 [청구항 3]이 더 넓다.

④ ⓐ에서 [청구항 2]는 [청구항 1]을 인용하면서 '갑'이 발명한 연필의 몸체의 특징을 한정하는 종속항이다.

⑤ ⓐ에서 [청구항 3]은 [청구항 2]를 인용하면서 '갑'이 발명한 연필을 설명하는 데 필요한 결합 관계를 서술하고 있다.

03

사례에 적용하는 문제이다. ⓐ는 '갑'의 특허 출원 명세서의 특허청구범위이다. (가)의 2문단에서 특허청구범위와 그 예시를 설명하고 있으므로 이에 적용하여 ⓐ를 이해해야 한다. 특허청구범위의 독립항과 종속항을 파악해 두면 이해가 쉽다.

04

사례에 적용하는 문제이다. '갑'의 발명과 '을', '병', '정'의 발명을 비교하여 이해해야 한다. (가)의 4~6문단에서 설명하는 신규성과 진보성의 개념을 먼저 파악하고, '을', '병', '정'의 발명이 선행 발명인 '갑'의 발명에 대하여 신규성과 진보성을 인정받을 수 있는지 확인해야 한다. 또한 (나)의 3~5문단을 바탕으로 '을', '병', '정'의 발명이 '갑'의 특허권을 침해하지는 않는지도 확인해야 한다.

윗글을 읽은 학생이 학습지와 <보기>에 대해 보인 반응으로 적절하지 않은 것은?

보기

'갑'이 목재로 만들어진 연필에 대해 특허권을 획득한 후 '을', '병', '정'이 다음과 같은 발명을 하였다.

◦ '을'의 발명: 목재로 만들어지며, 육각형 형상의 몸체의 내부 중앙에 흑심을 포함하는 연필

◦ '병'의 발명: 목재로 만들어지며, 다각형 형상의 몸체의 내부 중앙에 흑심을 포함하는 연필에 있어서, 몸체의 한쪽 끝에 지우개가 부착된 연필

◦ '정'의 발명: 목재로 만들어지며, 육각형 형상의 몸체의 내부 중앙에 흑심을 포함하는 연필에 있어서, 몸체의 한쪽 끝에 지우개가 부착되어 있고, 반대쪽에 뚜껑을 포함하는 연필

① '을'이 자신의 발명을 특허 출원하였을 때, '갑'의 발명과 비교하여 구성 요소의 동일성이 있으므로 신규성을 인정받지 못하겠군.

② '을'이 자신의 발명을 '갑'의 허가 없이 제품으로 생산하였을 때, 구성 요소 완비의 원칙에 따르면 '갑'의 권리 범위에 속하지 않으므로 침해라고 할 수 없겠군.

③ '병'이 자신의 발명을 특허 출원하였을 때, 일부 구성 요소가 '갑'의 발명의 해당 요소보다 상위 개념에 속하므로 신규성을 인정받을 수 있겠군.

④ '병'이 자신의 발명을 '갑'의 허가 없이 제품으로 생산하였을 때, 균등론의 원칙에 따르면 '갑'의 발명과 비교하여 원리나 효과가 동일할 경우에는 침해라고 할 수 있겠군.

⑤ '정'이 자신의 발명을 특허 출원하였을 때, 특허 심사 과정에서 신규성을 인정받더라도, '갑'의 발명에 다른 요소를 단순히 결합시킨 것으로 판단된다면 진보성을 인정받을 수 없겠군.

05

(나)를 바탕으로 <보기>를 이해한 것으로 적절하지 않은 것은?

> **보기**
>
> [사례 1] 소매업자 A는 자전거의 완성품에 특허가 등록되어 있자 자전거 완성품으로만 조립할 수 있도록 해당 자전거의 구성품 일체를 세트로 구성하여 판매하였다.
> [사례 2] 일반인 B가 특정 농약을 사용하여 해충을 제거하는 방법에 대하여 특허권을 얻은 후, 농약 회사 C가 해충 제거 용도로만 사용되는 이 농약을 판매할 상품으로 생산하였다.

① [사례 1]에서 A가 자전거의 완성품을 판매한 것은 아니므로 직접 침해에 해당하지 않는다.

② [사례 1]에서 A의 행위는 최종적으로 특허 발명의 실시를 유도할 수 있기 때문에 간접 침해에 해당할 수 있다.

③ [사례 2]에서 C가 해당 농약을 생산은 하고 판매는 하지 못했다면 간접 침해에 해당하지 않는다.

④ [사례 2]에서 C의 행위는 그대로 방치할 경우 특허권 침해가 예상되는 행위이므로 간접 침해에 해당한다.

⑤ [사례 2]에서 C의 행위는 해당 농약으로 B가 획득한 발명을 실시한 것이 아니므로 직접 침해에 해당하지 않는다.

구체적 상황에 적용하는 문제이다. <보기>의 [사례 1]에서 A는 특허가 등록된 자전거의 구성품을 세트로 판매하였고, [사례 2]에서 C는 B가 특허권을 얻은 농약을 판매용으로 생산하였다. (나)에서 설명하는 직접 침해와 간접 침해의 사례를 파악하고, 이를 <보기>의 상황에 적용해야 한다.

06

문맥상 의미가 ㉠과 가장 가까운 것은?

① 그의 행동은 실수로 <u>보고</u> 감싸 주어야 한다.

② 그녀가 처한 사정을 <u>보니</u> 딱한 생각이 든다.

③ 기회를 <u>보고</u> 천천히 부모님께 말씀드려려겠다.

④ 그 마을의 풍경은 사진으로 <u>보니</u> 실제만 못하다.

⑤ 아무리 급해도 손해를 <u>보고</u> 물건을 팔기는 어렵다.

어휘의 문맥상 의미를 파악하는 문제이다. ㉠의 '보기'가 어떤 의미로 사용되었는지 문맥과 조사 등을 따져 파악하고, 선택지 중 ㉠과 같은 의미로 사용된 것을 찾아야 한다.

WEEK 2

핵심정리

가 윤동주, 〈간〉

갈래

자유시, 서정시

성격

의지적, 저항적, 상징적

제재

귀토지설, 프로메테우스 설화

주제

자기희생을 통한 고난 극복의 의지

특징

① 두 개의 자아를 대비하여 표현함

② 설화를 바탕으로 시상을 전개함.

③ 확장적 반복 표현을 통해 시적 대상에 대한 연민의 정서를 드러냄.

해제

이 작품은 고전 소설 '토끼전'의 근원 설화로 (용녀의 병을 치료하기 위해 토끼의 간이 필요한) 거북이의 유혹에 빠진 토끼가 지혜를 발휘해 간을 지킨 '귀토지설'과, 인간에게 불을 알려 준 죄로 제우스의 노여움을 사서 그 벌로 코카서스 산에서 독수리에게 간을 쪼이는 프로메테우스의 설화를 소재로 활용했다. 작가는 간을 지키려는 토끼의 의지와 프로메테우스의 희생을 연결하고 내용을 재구성하여 일제 강점기의 현실에서 희생을 감내하며 양심과 신념을 지키려는 의지를 드러내고 있다.

구성

1~2연	양심과 존엄성 회복의 다짐
3~4연	정신적 자아를 지키려는 의지
5연	현실적 유혹에 대한 타협 거부
6연	고난을 감내하는 자기희생의 의지

나 문정희, 〈신라의 무명 시인 지귀〉

갈래

자유시, 서정시

성격

의지적, 성찰적

※ 다음 글을 읽고 물음에 답하시오.

가

바닷가 햇빛 바른 바위 위에
습한 간을 펴서 말리우자,

코카서스 산중에서 도망해 온 토끼처럼
둘러리를 ㉠ 빙빙 돌며 간을 지키자,

내가 오래 기르던 여윈 독수리야!
와서 뜯어 먹어라, 시름없이

너는 살찌고
나는 ㉡ 여위어야지, 그러나,

거북이야!
다시는 용궁의 유혹에 안 떨어진다.

프로메테우스 불쌍한 프로메테우스
불 도적한 죄로 **목에 맷돌을 달고**
끝없이 침전하는 프로메테우스.

- 윤동주, 〈간〉 -

나

큰일났다. 가만히 있어도 목구멍으로
시가 술술 쏟아져 나오니.

천기누설이다.

머리에 이가 있고
거북 등처럼 손이 튼 계집애가
제 짝이라는 것을
누군 모르랴.

그런데 감히 여왕을 사모함은

전생에 지은 이 무슨 **아름다운 업보**인가.

세상에 못 맺을 사랑이란 없다는 것을

떠꺼머리, 너는 ⓒ 무엄하게도 알아 버렸구나.

길 비켜라.

사랑이 사랑을 찾아간다.

이 ㉣ 준엄한 힘 앞에

세상의 지위쯤은 한낱 재미에 불과하리.

지금은 오후 두 시,

그대의 선덕은 ㉤ 이미 온몸이 흔들려

다보탑 아래 깜박 잠든 지귀에게 가 있느니

지귀여, 지귀여, 사랑하는 지귀여

네 가슴에 던진 선덕의 금팔찌에

큰 불이 일어

다보탑 석가탑 다 태우고

신라땅 모든 사슬 끊어 버려라.

– 문정희, 〈신라의 무명 시인 지귀〉 –

WEEK 2

제재

지귀 설화

주제

진실하고 존귀한 사랑의 중요성

특징

① 설화를 바탕으로 시상이 전개됨.

② 설의적 표현을 통해 시적 의미를 강조함.

③ 특정한 대상을 부르는 방식을 사용해 대상에 주목하게 함.

해제

이 작품은 신라 시대를 배경으로 하는 '지귀 설화'를 소재로 활용했다. 천한 신분으로 선덕 여왕을 사모하다가 미쳐버린 지귀가 절에서 불공을 드리던 여왕을 기다리다가 잠이 들었고, 그 사이 여왕이 지귀를 동정하여 그의 가슴에 놓고 간 금팔찌를 보고 지귀가 온몸이 타올라 불귀신이 되었다는 설화의 내용을 변용했다. 문학적 상상력을 발휘해 설화에 나타난 여왕의 동정심을 적극적인 사랑 찾기로 바꾸어 신분 차이를 넘어서는 진실하고 존귀한 사랑의 중요성을 드러내고 있다.

구성

1~2연	선덕을 향한 지귀의 사랑
3~4연	지귀와 선덕 간 신분의 장벽
5연	사랑의 준엄성에 대한 깨달음
6~7연	지귀를 향한 선덕의 사랑
8연	신분을 초월한 진실한 사랑의 추구

01

표현상의 특징을 파악하는 문제이다. 운문 갈래에서 작품을 파악할 때는 화자가 처한 상황과, 이에 대한 화자의 태도, 정서 등을 중점적으로 이해해야 한다. 특히 이러한 유형의 문제의 경우 (가)와 (나)의 특징을 파악함과 동시에 공통점까지 찾아내야 하기 때문에 이를 고려하여 선택지의 적절성을 판단해야 한다.

01

(가)와 (나)에 대한 설명으로 가장 적절한 것은?

① (가)와 달리, (나)는 마지막 연을 명사로 끝을 맺어 시적 여운을 준다.

② (나)와 달리, (가)는 시간적 표지를 사용하여 시상을 전환한다.

③ (가)와 (나)는 모두 의문의 방식을 활용하여 시적 의미를 강조한다.

④ (가)와 (나)는 모두 특정한 대상을 부르는 방식을 사용하여 대상에 주목하게 한다.

⑤ (가)와 (나)는 모두 공감각적 이미지를 활용하여 다양한 사물의 역동성을 부각한다.

02

시어의 의미와 기능을 이해하는 문제이다. 작품의 주제를 바탕으로 시어가 어떠한 의미를 담고 있는지 파악해야 한다. ㉠, ㉡는 (가)에 대한 시어이고, ㉢~㉣은 (나)에 대한 시어이므로 이를 유념하여 선택지의 내용을 이해해야 한다.

02

㉠~㉣에 대한 이해로 가장 적절한 것은?

① ㉠을 활용하여 소중한 대상을 지키려는 의지를 드러낸다.

② ㉡을 활용하여 현재 상황에서 벗어날 수 없는 절망감을 드러낸다.

③ ㉢을 활용하여 사랑의 진리를 깨닫지 못한 이에 대한 질책을 드러낸다.

④ ㉣을 활용하여 사랑의 성취를 방해하는 사회적 질서의 절대성을 드러낸다.

⑤ ㉤을 활용하여 선덕 자신의 사랑이 상대에게 전해지지 못해 단념한 상황을 드러낸다.

03

<보기>를 바탕으로 (가), (나)를 감상한 내용으로 적절하지 <u>않은</u> 것은?

> **보기**
>
> (가)와 (나)는 설화를 모티프로 한 작품이다. (가)는 토끼가 유혹에 빠져 위기에 처했다가 지혜를 발휘해 간을 지킨 '귀토지설'과, 프로메테우스가 인간에게 불을 알려 준 죄로 제우스의 벌을 받아 코카서스 산에서 독수리에게 간을 쪼이는 설화를 소재로 활용했다. (가)는 두 설화를 재구성하여 간을 지키려는 토끼의 노력과 프로메테우스의 희생을 연결하였으며, 이를 바탕으로 일제 강점기에서 세속적 욕망을 추구하지 않고 양심을 지키려는 자기희생의 의지를 드러내고 있다. (나)는 천한 신분으로 선덕 여왕을 사모하던 지귀가 불공을 드리던 여왕을 기다리다가 잠이 들었고, 그사이 여왕이 그를 동정하여 가슴에 놓고 간 금팔찌를 보고 몸이 타올라 불귀신이 되었다는 '지귀 설화'를 소재로 활용했다. (나)는 이 내용을 변용하여 신분의 장벽을 뛰어넘는 진실한 사랑의 중요성을 드러내고 있다.

① (가)의 '코카서스 산중에서 도망해 온 토끼'는 귀토지설과 프로메테우스 설화를 연결한 것으로, '토끼'는 일제 강점기에서 양심을 지키려는 존재로 볼 수 있겠군.

② (가)의 '다시는 용궁의 유혹에 안 떨어진다'는 귀토지설을 재구성한 것으로, 세속적 욕망을 추구하지 않겠다는 의지를 드러낸 것으로 볼 수 있겠군.

③ (가)의 '목에 맷돌을 달고'는 프로메테우스가 벌을 받았다는 설화를 재구성한 것으로, 화자가 감수하고자 하는 희생을 상징하는 것으로 볼 수 있겠군.

④ (나)의 '아름다운 업보'는 지귀 설화를 변용한 것으로, 현세에서 이루지 못한 여왕과의 진실한 사랑이 내세에서 이루어지기를 바라는 지귀의 마음이 함축된 것으로 볼 수 있겠군.

⑤ (나)의 '큰 불이 일어'서 '신라땅 모든 사슬 끊어 버려라'는 지귀가 불귀신이 되었다는 지귀 설화를 변용한 것으로, 신분의 장벽을 극복하고 사랑을 이루기 바라는 화자의 생각을 드러낸 것으로 볼 수 있겠군.

외적 준거에 따라 작품을 감상하는 문제이다. <보기>에 따르면 (가), (나) 모두 설화를 모티프로 하였다는 특징이 있으나 (가)는 세속적 욕망을 추구하지 않고 양심을 지키려는 자기희생의 의지를, (나)는 신분의 장벽을 초월한 진실한 사랑의 중요성을 드러내고 있다. 적절하지 않은 것을 선택해야 하므로 구절에 담긴 의미를 명확하게 이해하고 있어야 한다.

WEEK 2

핵심정리

갈래

애정소설

배경

• 시간적 배경 - 조선 선조 때
• 공간적 배경 - 조선의 남원, 안남(베트남) 등

시점

전지적 작가 시점

제재

최척 부부의 이별과 재회

주제

전란으로 인한 가족의 이산과 재회

특징

① 감각적 배경 묘사를 통해 낭만적 분위기를 부각함.
② 실제 역사적 사건을 배경으로 하여 사실성을 드러냄.
③ '만남-이별-재회'의 구조를 반복하며 사건이 전개됨.

해제

이 작품은 최척과 옥영의 만남과 결혼, 이별과 재회를 중심으로 전란의 소용돌이 속에서 한 가족이 서로 헤어졌다가 다시 만나는 과정을 그려낸 작품이다. 작품의 전반부는 최척과 옥영의 애정담을 다루었으며, 후반부는 가족의 이산과 재회를 다루고 있다. 이 작품은 전쟁으로 인한 가족의 이산과 재회를 핍진하게 그리고 있다는 점에서 높은 평가를 받는다. 이는 임진왜란, 정유재란, 병자호란 등 전란이 거듭되면서 수많은 사람이 고통받았던 당대의 현실을 반영한 것으로 보인다.

등장인물

최척	옥영의 남편으로, 전란에 의해 옥영을 비롯한 가족들과 헤어진 뒤 이곳저곳을 떠돌다 안남에 이름.
옥영	최척의 부인으로, 전란에 의해 최척을 비롯한 가족과 헤어진 뒤 남장을 하고 장사를 다니다 안남에 이름.

※ 다음 글을 읽고 물음에 답하시오.

혼례를 마친 후 최척이 아내와 함께 장모를 모시고 집으로 돌아오매 하인들이 기뻐했다. 대청에 오르자 **친척들**이 축하하여 온 집안에 기쁨이 넘쳤고, 이들을 기리는 소리가 사방의 이웃으로 퍼졌다. 시집에 온 옥영은 소매를 걷고 머리를 빗어 올린 채 손수 물을 긷고 절구질을 했으며, 시아버지를 봉양하고 남편을 대할 때 효와 정성을 다하고, 윗사람을 받들고 아랫사람을 대할 때는 성의와 예의를 두루 갖췄다. **이웃 사람들**이 이를 듣고는 모두 양홍의 처나 포선의 아내도 이보다 낫지 않을 것이라고 칭찬했다.

최척은 결혼한 후 구하는 것이 뜻대로 되어 재산이 점차 넉넉히 불었으나, 다만 일찍이 자식이 없는 것이 걱정이었다. 최척 부부는 후사를 염려하여 ⊙ 매월 초하루가 되면 몸과 마음을 깨끗이 하고 함께 만복사에 올라 부처께 기도를 올렸다. 다음 해 갑오년 ⓛ 정월 초하루에도 만복사에 올라 기도를 했는데, 이날 밤 장육금불이 옥영의 꿈에 나타나 말했다.

"나는 **만복사의 부처**로다. 너희 정성이 가상해 기이한 **사내 아이**를 점지해 주니, 태어나면 반드시 특이한 징표가 있을 것이다."

옥영은 ⓒ 그달에 바로 잉태해 열 달 뒤 과연 아들을 낳았는데, 등에 어린아이 손바닥만 한 **붉은 점**이 있었다. 그래서 최척은 아들 이름을 몽석(夢釋)이라고 지었다.

최척은 피리를 잘 불었으며, ② 매양 꽃 피는 아침과 달 뜬 밤이 되면 아내 곁에서 피리를 불곤 했다. 일찍이 날씨가 맑은 ⑩ 어느 봄날 밤이었는데, 어둠이 깊어 갈 무렵 미풍이 잠깐 일며 밝은 달이 환하게 비췄으며, 바람에 날리던 꽃잎이 옷에 떨어져 그윽한 향기가 코끝에 스며들었다. 이에 최척은 옥영과 술을 따라 마신 후, 침상에 기대 피리를 부니 그 여음이 하늘거리며 퍼져 나갔다. 옥영이 한동안 침묵하다 말했다.

"저는 평소 여인이 시 읊는 것을 좋게 여기지 않습니다. 그런데 이처럼 맑은 정경을 대하니 도저히 참을 수가 없군요."

옥영은 마침내 절구 한 수를 읊었다.

왕자진이 피리를 부니 달도 내려와 들으려는데,
바다처럼 푸른 하늘엔 이슬이 서늘하네.
때마침 날아가는 푸른 난새를 함께 타고서도,
안개와 노을이 가득해 봉도 가는 길 찾을 수 없네.

최척은 애초에 자기 아내가 이리 시를 잘 읊는 줄 모르고 있던 터라 놀라 감탄하였다.

[중략 부분의 줄거리] 전란으로 가족과 이별한 최척은 명나라 배를 타고 안남에 이르러 처량한 마음에 피리를 불었다.

최척은 동방이 밝아 오자, 강둑을 내려가 **일본인 배에 이르러 조선말로** 물었다.

"어젯밤 시를 읊던 사람은 조선 사람 아닙니까? 나도 조선 사람이어서 한번 만나 보았으면 합니다. 멀리 **다른 나라를 떠도는 사람**이 비슷하게 생긴 **고국 사람을 만나**는 것이 어찌 그저 기쁘기만 한 일이겠습니까?"

옥영도 생각하기를 어젯밤 들은 **피리 소리**가 조선의 곡조인 데다, 평소 익히 들었던 것과 너무나 흡사했다. 그래서 남편 생각에 감회가 일어 절로 시를 읊게 되었던 것이다. 옥영은 자기를 찾는 사람의 목소리를 듣고는 황망히 뛰쳐나와 최척을 보았다. 둘은 서로 마주하고 놀라 **소리를 지르며 끌어안**고 백사장을 뒹굴었다. 목이 메고 기가 막혀 마음을 안정할 수 없었으며, 말도 할 수 없었다. 눈에서는 **눈물이 다하자 피가 흘러내**려 서로를 볼 수도 없을 지경이었다. 양국의 **뱃사람들**이 저잣거리처럼 모여들어 구경했는데, 처음에는 친척이나 잘 아는 친구인 줄로만 알았다. 뒤에 그들이 부부 사이라는 것을 알고 서로 돌아 보며 소리쳐 말했다.

"이상하고 기이한 일이로다! 이것은 하늘의 뜻이요, 사람이 이룰 수 있는 일이 아니로다. 이런 일은 옛날에도 들어 보지 못하였다."

최척은 옥영에게 그간의 소식을 물었다.

"산속에서 붙들려 강가로 끌려갔다는데, 그때 아버지와 장모님은 어찌 되었소?"

옥영이 말했다.

"날이 어두워진 뒤 배에 오른 데다 정신이 없어 서로 잃어버렸으니, 제가 두 분의 안위를 어떻게 알겠습니까?"

두 사람이 손을 붙들고 통곡하자, 옆에서 지켜보던 사람들도 슬퍼하며 눈물을 닦지 않는 이가 없었다.

　　　　　　　　　　　　　　　　　　　　　　- 조위한, 〈최척전〉 -

전체 줄거리

정 상사의 집으로 공부하러 다니던 최척은 옥영을 만나 사랑에 빠진다. 최척과 옥영은 가족의 반대 등 우여곡절 끝에 약혼을 하게 되지만, 혼인날을 기다리던 중 최척이 의병에 징발되어 헤어지게 된다. 이에 옥영의 어머니 심씨는 옥영을 부유한 집안의 양생과 결혼시키려 하고, 이 사실을 알게 된 최척은 의병장의 허락을 얻어 집으로 돌아와 옥영과 혼례를 치른다. 이후 맏아들 몽석이 태어나 행복하게 살아간다. 그러나 얼마 뒤 정유재란으로 남원이 함락되면서 가족들이 뿔뿔이 흩어지고, 왜구가 물러간 뒤 최척은 가족을 찾아 섬진강 일대를 헤매지만 끝내 찾지 못한다. 낙담한 최척은 명나라 장수 여유문을 만나 그에게 의탁하여 중국으로 향한다. 한편, 남장한 옥영은 왜병 돈우에 의해 일본으로 가게 되고, 함께 장사를 다닌다. 여러 해가 지난 뒤 최척은 상선을 타고 여기저기로 떠돌아다니다 안남에서 옥영과 재회한다. 최척과 옥영은 중국 항주에 정착하여 둘째 아들 몽선을 낳고, 장성한 몽선은 진위경의 딸 홍도를 아내로 맞는다. 이듬해 호족의 침입으로 최척은 또다시 가족과 이별하고 명나라 군사로 출전했다가 청군의 포로가 된다. 최척은 포로수용소에서 첫째 아들 몽석과 재회하고, 함께 수용소를 탈출하여 고국으로 돌아온다. 그 와중 등창이 심하게 난 최척은 은진에서 신분을 숨기고 도망 다니던 중국인을 만나 그의 침을 맞고 낫게 되고, 그 은혜를 갚기 위해 그를 데리고 남원에 돌아온다. 중국인의 정체는 홍도의 아버지 진위경이었고, 최척은 남원에서 헤어졌던 부친과 장모를 모시고 몽석과 살아간다. 옥영 역시 몽선, 홍도와 더불어 천신만고 끝에 고국으로 돌아와 일가가 다시 만나서 단란한 삶을 누리게 된다.

핵심 소재

피리 소리	과거 최척이 즐겨 불었으며, 떨어져 있을 당시 옥영에게 최척이 근처에 있을지도 모른다는 생각을 갖게 함.
절구 한 수	옥영이 최척의 피리 소리를 듣고 읊은 것으로, 훗날 최척에게 옥영이 근처에 있을지도 모른다는 생각을 갖게 함.

↓

최척과 옥영이 재회하는 매개체로 작용함.

01

시점 및 서술상의 특징을 파악하는 문제다. 고전소설에서는 인물의 행동과 발화뿐만 아니라 서술자의 서술, 작품 삽입 등을 통해 특정한 효과를 거둔다. 이 문제의 경우 윗글에 활용된 서술 방법과 그 효과가 적절하게 대응하는지를 정확하게 파악해야 한다.

01

윗글에 대한 설명으로 가장 적절한 것은?

① 시를 삽입하여 인물 간의 갈등 양상이 구체화되는 상황을 드러내고 있다.

② 인물의 행위가 연속적으로 나열된 장면을 통해 신분의 변화 과정을 드러내고 있다.

③ 주변 인물이 알고 있는 사례를 근거로 주요 인물에 대해 상반된 평가를 내리게 하고 있다.

④ 감각적인 배경 묘사를 통해 인물의 행동이 전개되는 상황의 낭만적 분위기를 부각하고 있다.

⑤ 인물 간 대화가 오가는 장면을 보여 주어 이전 사건에 따른 다른 인물들의 현재 행선지를 드러내고 있다.

02

인물의 심리와 태도를 파악하는 문제이다. 인물의 심리나 태도를 이해하기 위해서는 사건의 전개 과정뿐 아니라 인물들의 대사나 행동에 담긴 의미를 파악해야 한다. 윗글에 대한 이해를 바탕으로 각각의 등장인물이 특정한 대사나 행동을 한 이유가 무엇인지를 살피며 작품을 감상해야 한다.

02

윗글의 인물에 대한 이해로 적절하지 않은 것은?

① '뱃사람들'은 최척과 옥영의 관계가 자신들이 생각하던 것과 달라 놀라워했다.

② '최척'은 강둑을 내려가 자신을 '다른 나라를 떠도는 사람'이라 말하며 자신의 처지와 심정을 드러냈다.

③ '최척'은 옥영의 시에 대한 재능을 결혼 전에 알고 있었지만, 옥영이 시를 읊기 전까지 이를 모른 척했다.

④ '옥영'은 가정의 구성원들을 정성스러운 마음으로 대했고, 옥영이 시집온 후 최척의 집안은 점차 부유해졌다.

⑤ '친척들'은 최척의 결혼을 경사로 받아들였고, '이웃 사람들'은 옥영의 행실을 칭찬했다.

03

㉠~㉤에 대한 이해로 가장 적절한 것은?

① ㉠은 인물의 심리적 갈등이 발생하는, ㉢은 ㉠에서 발생한 갈등이 심화되는 시간의 표지이다.

② ㉢과 ㉤은 모두 과거의 행위를 통해 인물의 성격이 변화됨을 드러내는 시간의 표지이다.

③ ㉣은 인물의 행위가 반복적으로 일어나는, ㉤은 ㉣ 중 한 시점을 특정하는 시간의 표지이다.

④ ㉡은 ㉠에서부터 이어진 행위를 알려 주는, ㉤은 그 행위가 완결된 순간을 지시하는 시간의 표지이다.

⑤ ㉡과 ㉢은 인물의 소망이 실현되어 가는 과정에 포함되는, ㉤은 인물의 소망이 좌절된 시간의 표지이다.

03

사건의 전개 양상을 파악하는 문제이다. 사건의 전개 양상은 특정 사건이나 시간, 인물의 행동 등으로 달라지는데, 윗글의 ㉠~㉤은 시간 표지를 가리키는 것으로, 이에 따라 사건의 전개가 어떻게 달라지는지 파악해야 한다.

04

<보기>를 바탕으로 윗글을 감상한 내용으로 적절하지 <u>않은</u> 것은?

> **보기**
>
> 〈최척전〉에는 하나의 문제 상황이 해결되면 또 다른 문제가 확인되는 서사 구조가 나타나고 있다. 이 과정에서 도움을 주는 신이한 존재를 나타나게 하거나, 예언의 실현을 보여 주는 특이한 증거를 활용하거나, 문제 해결의 계기가 되는 소재를 제시하거나, 공간적 배경을 확장하여 다양한 국적의 사람들을 등장시키는 등의 서사적 장치들이 확인된다. 이러한 서사 구조와 다양한 서사적 장치는 독자가 이야기에 흥미를 가지고 그것을 자연스럽게 수용하는 데 기여한다.

① 옥영의 꿈에 나타난 '만복사의 부처'는, 옥영이 겪고 있는 현실적인 문제를 해결하는 데 도움을 주는 신이한 존재로서 역할을 한다고 볼 수 있겠군.

② 몽석의 몸에 나타난 '붉은 점'은, '사내아이'의 출생과 관련한 예언이 실제로 이루어졌음을 확인할 수 있는 특이한 증거로 활용된다고 볼 수 있겠군.

③ 최척이 '일본인 배에 이르러 조선말로 물'어보는 것과 '고국 사람을 만나'려 하는 것은, 서사 전개 과정에서 공간적 배경을 조선뿐 아니라 다른 나라로도 확장한 것과 관련이 있겠군.

④ 옥영이 들은 '피리 소리'는, 옥영이 최척을 떠올리게 하여 이별의 상황을 해결하는 계기가 되는 소재로 작용하고 있다고 볼 수 있겠군.

⑤ 최척과 옥영이 '소리를 지르며 끌어안'는 것은 문제의 해결에 따른 기쁨과, '눈물이 다하자 피가 흘러내'리는 것은 또 다른 문제 확인에 따른 인물의 불안감과 관련이 있겠군.

04

외적 준거에 따라 작품을 감상하는 문제이다. <보기>에 제시된 설명에 따라 작품을 이해하는 것이 중요하다. <보기>에 따르면, 윗글은 다양한 서사적 장치와 특정한 서사 구조를 통해 독자가 이야기에 몰입하도록 돕는다. 이러한 <보기>의 내용을 바탕으로, 제시된 인물의 행동과 서술이 지닌 의미가 선택지에 제시된 내용과 적절하게 대응하는지 파악하는 것이 중요하다.

WEEK 2

섹션 SECTION

뽀개기

종합편

스스로 점검하기

6일간 학습

Day	공부 시작 시간	공부 종료 시간	틀린 문항 수	틀린 유형
Day 1	시 분 초	시 분 초		
Day 2	시 분 초	시 분 초		
Day 3	시 분 초	시 분 초		
Day 4	시 분 초	시 분 초		
Day 5	시 분 초	시 분 초		
Day 6	시 분 초	시 분 초		

1 일별로 계획에 맞춰 공부하기

하루에 기출 하나씩 매일 꾸준히 공부하는 것이 최선의 방법이다.

2 시작 시간과 종료 시간 체크하기

스스로 시간 제한을 두고 문제를 푸는 것이 실전 대비에 효과적이다.

3 틀린 문항과 유형 분석하기

틀린 문제는 또 틀릴 수 있다. 특정 문항과 유형에서 많이 틀렸다면, 그 이유를 분석해야 한다.

4 보충 학습하기

스스로 점검하기를 통해 자신의 취약한 유형을 확인하고, SLS를 통해 부족한 부분을 보충 학습한다.

번호	Day 1						Day 2						Day 3					
	1	2	3	4	5	6	1	2	3	4	5	6	1	2	3	4	5	6
정답률	76%	85%	50%	74%	66%		96%	94%	65%	66%			60%	31%	42%	17%		
채점																		

나의 예상 등급은?

등급

번호	Day 4						Day 5						Day 6					
	1	2	3	4	5	6	1	2	3	4	5	6	1	2	3	4	5	6
정답률	85%	77%	85%	52%	57%	79%	90%	83%	80%				86%	94%	90%	92%		
채점																		

1등급 23~26개

2등급 20~22개

3등급 18~19개

결과	틀린 문항에는 × 표시, 찍어서 막혔거나 헷갈렸던 문항에는 △ 표시, 맞춘 문항에는 ○ 표시
	채점 결과 : 맞은 문항 수 26개중 ☐ 개

3

WEEK

핵심정리

갈래

발표

제재

생명 게임

화제

세포의 자기 복제와 관련 있는 콘웨이의 '생명 게임'

문단 중심 내용

❶ 발표 주제 안내 – 콘웨이의 생명 게임
❷ 생명 게임의 네 가지 규칙
❸ 생명 게임의 세 가지 유형 – 주기, 멸종, 안정
❹ 생명 게임의 의미

생명 게임의 규칙

① 1은 이웃 중에 1이 한 개 이하이면 다음 세대에서 0이 됨.
② 1은 이웃 중에 1이 네 개 이상이면 세포 과잉으로 다음 세대에서 0이 됨.
③ 1 또는 0이 이웃 중에 1이 세 개 있으면 다음 세대에서 1은 1이 되고, 0은 1이 됨.
④ 1인 이웃이 두 개면 1이든 0이든 그 상태가 변하지 않음.

생명 게임의 유형

주기	1세대에서의 1 – b, e, h 2세대에서의 1 – d, e, f 3세대에서의 1 – b, e, h → 일정한 주기를 가지고 동일한 형태가 반복됨.
멸종	1세대에서의 1 – a, b, c, d, e, f, g, h, i 2세대에서의 1 – a, c, g, i 3세대에서의 1 – ∅ → 세대가 바뀌는 것에 따라 세포가 모두 소멸함.
안정	1세대에서의 1 – b, d, f, h 2세대에서의 1 – b, d, f, h 3세대에서의 1 – b, d, f, h → 세대가 바뀌어도 변화가 없음.

※ 다음은 수업 중 학생의 발표이다. 물음에 답하시오.

❶ 안녕하세요? 발표를 맡은 ○○○입니다. 여러분, 지난 수업 시간에 세포의 자기 복제에 대해 공부했죠? 이번 시간에 저는 세포의 자기 복제와 관련 있는 콘웨이의 '생명 게임'을 여러분에게 9칸의 격자판으로 설명하려 합니다. (㉠ [화면 1] 제시) 여기 화면처럼 각각의 칸에 a부터 i까지 기호를 붙이겠습니다. 그리고 a처럼 음영을 넣지 않은 칸은 살아 있는 세포가 없는 칸으로 0이라고 정의하고, b처럼 음영을 넣은 칸은 살아 있는 세포가 있는 칸으로 1이라고 정의하겠습니다. 이에 따라 b, e, h는 1, 그 이외의 것들은 0입니다.

❷ 생명 게임은 규칙이 있습니다. 첫째, 1은 이웃 중에 1이 한 개 이하이면 다음 세대에서 0이 됩니다. (㉡ [화면 2] 제시) 여기 1인 a의 이웃은 무엇일까요? (대답을 듣고) b, d뿐만 아니라 e도 이웃입니다. 덧붙이자면 e는 a, b, c, d, f, g, h, i 모두가 이웃입니다. 여기 2세대의 이 a는 1인 이웃이 없는 것이죠. 그래서 3세대에서 0이 됩니다. 이것은 세포가 고립되면 죽기 때문입니다. 둘째, 1은 이웃 중에 1이 네 개 이상이면 세포 과잉으로 다음 세대에서 0이 됩니다. 셋째, 1 또는 0이 이웃 중에 1이 세 개 있으면 다음 세대에서 1은 1이 되고, 0은 1이 됩니다. 넷째, 1인 이웃이 두 개면 1이든 0이든 그 상태가 변하지 않습니다. 그래서 (㉢ [화면 3] 제시) 이 화면의 a와 b는 모두 세대가 바뀌어도 상태가 변하지 않고 있습니다.

❸ 사례에 따라 격자판에서 1과 0이 나타나는 양상이 세대별로 다양하게 드러나는데요, 그것을 몇 가지 유형으로 설명할 수 있습니다. 여기서는 '주기', '멸종', '안정'의 세 가지 유형만 소개하겠습니다. (㉣ [화면 1] 제시) 1세대의 e는 1인 이웃이 두 개, d, f는 모두 1인 이웃이 세 개입니다. 그래서 2세대에서는 d, e, f가 1이 되고, 3세대에서는 1세대처럼 다시 b, e, h가 1이 됩니다. 이러한 양상을 주기 유형이라고 합니다. 이번에는 9칸이 모두 1인 경우와 b, d, f, h가 1인 경우를 함께 보겠습니다. (㉤ [화면 2]와 [화면 3] 제시) 두 경우는 2세대가 되면 어떻게 될까요? (대답을 듣고) 맞아요. 서로 다르게 변하겠죠. 두 경우를 비교해 보면, e 이외의 칸들에 1, 0이 상반되게 나타납니다. 이에 따라 3세대에서 모든 칸이 0이 되는 경우도 있고, b, d, f, h가 1인 것이 그대로 이어지는 경우도 있습니다. 전자는 멸종 유형이고, 후자는 안정 유형입니다.

❹ 지금까지 생명 게임을 설명했습니다. 생명 게임은 복잡한 생명 현상에 모종의 질서가 있음을 설명하는 하나의 방법이라는 점에서 의미가 있습니다. 발표를 들어 주셔서 감사합니다.

01

위 발표에 대한 설명으로 가장 적절한 것은?

① 질문을 통해 청중과 상호 작용하며 정보를 제공하고 있다.

② 청중과 공유한 경험을 활용하여 청중의 관심 분야를 확인하고 있다.

③ 전문가들의 서로 다른 견해를 인용하며 발표 내용을 설명하고 있다.

④ 발표 중간중간에 내용을 요약하며 청중이 알아야 하는 정보를 강조하고 있다.

⑤ 발표를 시작할 때 청중에게 기대하는 바를 언급하며 발표 목적을 제시하고 있다.

01

발표자의 말하기 방식을 파악하는 문제이다. 말하기 방식을 이해하기 위해서는 지문의 내용 이해와 맥락 파악이 중요하며 그에 따른 표현법, 발화 의도를 파악해야 한다.

02

다음은 발표자가 보여 준 화면이다. 발표자의 시각 자료 활용에 대한 설명으로 적절하지 <u>않은</u> 것은?

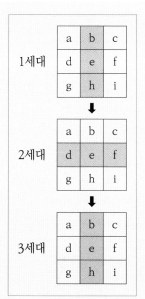

[화면 1]   [화면 2]   [화면 3]

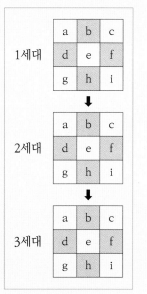

① ㉠을 활용하여, 격자판의 칸에 표시된 음영의 의미를 설명하였다.

② ㉡을 활용하여, 세포가 고립되었을 때 1이 다음 세대에서 0이 되는 경우를 설명하였다.

③ ㉢을 활용하여, 1과 0 모두 이웃 중에 1이 두 개이면 상태가 변하지 않는다는 것을 제시하였다.

④ ㉣을 활용하여, 1세대와 3세대의 격자판의 양상이 서로 다르다는 것을 보여 주었다.

⑤ ㉤을 활용하여, 멸종 유형과 안정 유형의 사례에서 발견할 수 있는 차이점을 언급하였다.

02

자료의 활용 방안을 파악하는 문제이다. [화면 1]은 ㉠과 ㉣에서, [화면 2]는 ㉡과 ㉤에서, [화면 3]은 ㉢과 ㉤에서 사용되고 있다. 따라서 자료가 사용된 앞뒤 맥락을 파악하여, 해당 자료가 어떠한 역할을 하고 있는지 이해하는 것이 중요하다. 3문단에 따르면, [화면 1]은 '주기', [화면 2]는 '멸종', [화면 3]은 '안정'의 양상을 보여 주는 자료이다.

듣기 전략을 파악하는 문제이다. <보기>에서 제시된 학생들의 반응을 이해하는 것이 중요한데, 우선 발표에 대해 긍정적으로 평가하는지, 부정적으로 평가하는지를 파악하고, 각각의 평가 이유를 확인해야 한다. 또한 발표를 통해 기존의 지식이나 태도에서 변화된 부분이 있는지, 추가적인 활동을 계획하고 있는지 등을 확인해야 한다.

03

<보기>는 위 발표를 들은 학생들의 반응이다. 발표의 내용을 고려하여 학생의 반응을 이해한 내용으로 가장 적절한 것은?

보기

> 학생 1: 이웃에 살아 있는 세포가 많을수록 세포 생존에 유리할 거라고 생각했는데, 오히려 불리하군. 그런데 왜 1인 이웃이 네 개인 경우부터 세포 과잉으로 볼까?
>
> 학생 2: 격자판에서 1과 0이 나타나는 양상을 세 가지 유형으로만 설명해서 아쉬웠어. 관련 서적을 찾아봐야겠어.
>
> 학생 3: 복잡한 생명 현상에 모종의 질서가 있음을 새롭게 알게 되어서 좋았어. 그런데 이 모형이 실제 현실에서도 적용되는지 확인해 봐야겠군.

① '학생 1'은 자신이 짐작했던 바를 발표 내용을 바탕으로 수정하고 있다.
② '학생 2'는 발표 내용이 사실에 부합하는지 의문을 제기하고 있다.
③ '학생 3'은 자신의 의문이 해소되었다는 점에서 발표 내용을 긍정적으로 평가하고 있다.
④ '학생 1'과 '학생 3'은 발표 내용이 적용되지 않은 예외적 상황이 있는지 검토하고 있다.
⑤ '학생 2'와 '학생 3'은 발표에서 자신에게 필요한 내용이 다루어지지 않아 아쉬워하고 있다.

2 Day 언어

언어와 매체 고3 2023년 10월

WEEK 3

※ [01~02] 다음 글을 읽고 물음에 답하시오.

어떤 말의 앞이나 뒤에 다른 말이 올 수 있는 말들의 관계를 결합 관계라 한다. 현대 국어의 의존 명사와 결합하는 선행 요소의 유형에는 관형사, 체언, 체언에 관형격 조사가 붙은 것, 용언의 관형사형 등이 있다. 의존 명사 중에는 ㉠ 다양한 유형의 선행 요소와 결합하는 것도 있으나, 그렇지 않은 것도 있다. 즉 '것'과 같이 '어느 것, 언니 것, 생각한 것' 등 다양한 유형의 선행 요소와 두루 결합하는 의존 명사가 있는 반면, '가 본 데'의 '데'나, '요리할 줄'의 '줄'과 같이 ㉡ 선행 요소로 용언의 관형사형과만 결합하는 의존 명사도 있다.

의존 명사와 결합하는 후행 요소로는 격 조사와 용언 등이 있다. 의존 명사 중에는 ㉢ 다양한 격 조사와 결합하여 여러 문장 성분으로 쓰이는 것도 있으나, ㉣ 특정 격 조사와만 결합하는 것도 있다. 예를 들어, '데'는 다양한 격 조사와 결합하여 여러 문장 성분으로 두루 쓰이지만, '만난 지(가) 오래되었다'의 '지'는 주격 조사와만 결합하여 주어로 쓰인다. '요리할 줄(을) 몰랐다', '그런 줄(로) 알았다'의 '줄'은 주로 목적격 조사나 부사격 조사와 결합하여 목적어나 부사어로 쓰이고 주어로는 쓰이지 않는다. 또한 '뿐'은 '읽을 뿐이다'처럼 서술격 조사 '이다'와 결합하거나 '그럴 뿐(이) 아니라'처럼 보격 조사와만 결합하여 쓰인다. 한편 의존 명사가 용언과 결합할 때는 ㉤ 다양한 용언과 결합하여 쓰일 수 있는 것과 ㉥ 특정 용언과만 결합하는 것이 있다. 예를 들어, '것'은 다양한 용언과 두루 결합하지만, '줄'은 주로 '알다, 모르다'와 결합한다.

중세 국어에서도 선행 요소나 후행 요소와 결합할 때 제약 없이 두루 결합하는 의존 명사와 그렇지 않은 의존 명사가 있었다. 가령 중세 국어 '것'은 '어느 거시 이 가온디 가뇰[어느 것이 이 가운데 감을]', '奇異한 거슬 머구머[기이한 것을 머금어]' 등과 같이 여러 유형의 선행 요소 및 후행 요소와 두루 결합하여 쓰였다. 반면 현대 국어의 '지'에 해당하는 중세 국어 '디'는 선행 요소 및 후행 요소와의 결합에 제약이 있었다. 즉 '몰 돌여 돈니건 디 스믈 히니[말 달려 다닌 지 스물 해니]', '여희연 디 ᄒᆞ마 다ᄉᆞᆺ 히로디[헤어진 지 벌써 다섯 해로되]'와 같이 '디'는 선행 요소로 용언의 관형사형과만 결합할 수 있었고, 문장에서는 주어로만 쓰였다.

핵심정리

의존 명사의 결합 관계

① 선행 요소 + 의존 명사

| 제약 X | '것' → 다양한 유형의 선행 요소와 두루 결합할 수 있음. |
| 제약 O | '데', '줄' → 선행 요소로 용언의 관형사형과만 결합할 수 있음. |

② 의존 명사 + 격 조사

| 제약 X | '데' → 다양한 격 조사와 결합하여 여러 문장 성분으로 두루 쓰임. |
| 제약 O | • '지' → 주격 조사와만 결합하여 주어로 쓰임. • '줄' → 주로 목적격 조사나 부사격 조사와 결합하여 목적이나 부사어로 쓰임. • '뿐' → 서술격 조사 '이다'와 결합하거나, 보격 조사와 결합하여 쓰임. |

③ 의존 명사 + 용언

| 제약 X | '것' → 다양한 용언과 두루 결합하여 쓰임. |
| 제약 O | '줄' → '알다, 모르다'와 결합하여 쓰임. |

중세 국어의 의존 명사

| 제약 X | '것' → 여러 유형의 선행 요소 및 후행 요소와 두루 결합하여 쓰임. |
| 제약 O | '디' → 선행 요소로 용언의 관형사형과만 결합하며, 문장에서 주어로만 쓰임. |

01

현대 국어의 의존 명사를 이해하는 문제이다. 현대 국어의 의존 명사는 선행 요소로 관형사, 체언, 체언에 관형격 조사가 붙은 것, 용언의 관형사형 등이 올 수 있으며, 후행 요소로 격 조사나 용언 등이 올 수 있다. 이때 선행 요소나 후행 요소와 결합할 때 제약 없이 두루 결합할 수 있는 의존 명사가 있는 반면, 그렇지 않은 의존 명사가 있다. 따라서 <보기>에 제시된 문장 속 의존 명사 '바'의 앞과 뒤에 위치한 단어의 유형을 파악해야 한다. 예를 들어 '어찌할 바를 모르겠다.'의 경우 의존 명사 '바'는 선행 요소로 용언의 관형사형인 '어찌할'이 사용되었고, 후행 요소로 목적격 조사 '를'과 용언 '모르다'가 사용되었다.

01

⊙~⊎ 중 <보기>의 '바'에 해당하는 것만을 고른 것은?

보기

의존 명사 '바'
· 우리가 나아갈 바를 밝혔다.
· 이것이 우리가 생각한 바이다.
· 그것은 *그/*생각의 바와 다르다.
· 그것에 대해 내가 아는 바가 없다.
· 그가 우리 사회에 공헌한 바가 크다.

※ '*'는 어법에 맞지 않음을 나타냄.

① ⊙, ⓒ, ⓜ ② ⊙, ⓔ, ⊎ ③ ⓛ, ⓒ, ⓜ
④ ⓛ, ⓔ, ⓜ ⑤ ⓛ, ⓔ, ⊎

02

중세 국어의 의존 명사를 이해하는 문제이다. 중세 국어에서도 선행 요소와 후행 요소와 결합할 때 제약 없이 두루 결합하는 의존 명사와 그렇지 않은 의존 명사가 있었다. <보기>에 제시된 ⓐ, ⓑ, ⓒ의 현대어 풀이를 참고하여 해당 의존 명사의 앞과 뒤에 위치한 단어의 유형을 파악하고, 지문에 제시된 의존 명사와 비교하며 문제를 해결해야 한다.

02

윗글과 <보기>의 중세 국어 자료를 이해한 내용으로 적절하지 않은 것은?

보기

· 달옳 ⓐ 주리 업스시니이다
  [다를 줄이 없으십니다]
· 眞光이 어드우며 볼곤 ⓑ 딕 다 비취샤
  [진광이 어두우며 밝은 데를 다 비추시어]
· 부텻 일훔 念홀 ⓒ 섇네 이런 功德 됴훈 利롤 어드리오
  [부처님의 이름을 생각할 뿐에 이런 공덕 좋은 이로움을 얻으리오]

① ⓐ의 '줄'은 현대 국어 '줄'과 달리, 주격 조사와 결합할 수 있었군.
② ⓐ의 '줄'은 중세 국어 '것'과 달리, 선행 요소로 용언의 관형사형과 결합할 수 있었군.
③ ⓑ의 '딕'는 현대 국어 '데'와 같이, 선행 요소로 용언의 관형사형과 결합할 수 있었군.
④ ⓑ의 '딕'는 중세 국어 '디'와 달리, 목적격 조사와 결합할 수 있었군.
⑤ ⓒ의 '섇'은 현대 국어 '뿐'과 달리, 부사격 조사와 결합할 수 있었군.

03

⊙과 ⓒ에 모두 해당하는 예만을 <보기>의 [탐구 자료]에서 고른 것은?

보기

[탐구 내용]

　국어의 음운 변동은 교체, 탈락, 첨가, 축약의 네 가지 유형으로 나눌 수 있다. 어떤 단어는 여러 음운 변동이 일어나는데 위의 네 가지 유형 중 ⊙ 두 유형 이상의 음운 변동이 일어나는 경우, ⓒ 한 유형의 음운 변동이 여러 번 일어나는 경우도 있다.

[탐구 자료]

꽃향기[꼬턍기], 똑같이[똑까치], 흙냄새[흥냄새], 첫여름[천녀름], 넙죽하다[넙쭈카다], 읊조리다[읍쪼리다]

① 꽃향기, 똑같이　　　　　　② 꽃향기, 흙냄새
③ 첫여름, 넙죽하다　　　　　④ 첫여름, 읊조리다
⑤ 넙죽하다, 읊조리다

04

<보기>의 ⓐ~ⓒ에 들어갈 말을 바르게 짝지은 것은?

보기

학생 1: 우리 스무고개 할래? [자료]에 있는 단어 중에서 내가 무얼 생각하는지 맞혀 봐.

[자료]

높이다　　접히다　　여닫다

학생 2: 좋아. 그 단어는 어근과 어근으로 구성되었니?
학생 1: 아니, 어근과 접사로 이루어져 있어.
학생 2: 그렇다면 　ⓐ　는 아니겠군. 그러면 단어의 품사가 어근의 품사와 같니?
학생 1: 아니, 이 단어의 품사는 어근의 품사와 달라.
학생 2: 　ⓑ　는 접사가 결합하며 품사가 달라지지 않았고, 　ⓒ　는 접사가 결합하며 품사가 달라졌네. 그렇다면 네가 생각하는 단어는 　ⓒ　이구나!
학생 1: 맞아, 바로 그거야.

	ⓐ	ⓑ	ⓒ
①	여닫다	접히다	높이다
②	여닫다	높이다	접히다
③	높이다	여닫다	접히다
④	높이다	접히다	여닫다
⑤	접히다	여닫다	높이다

03

단어의 음운 변동을 탐구하는 문제이다. 음운 변동에는 교체, 탈락, 첨가, 축약이 있다. [탐구 자료]에 제시된 단어에서 어떠한 음운 변동이 일어나는지 파악한 뒤, ⊙과 ⓒ의 조건을 모두 충족한 단어를 찾아야 한다.

교체	어떤 음운이 다른 음운으로 바뀌는 현상 → 음절의 끝소리 규칙, 비음화, 유음화, 구개음화, 된소리되기
탈락	두 음운 중에서 하나가 없어지는 현상 → 자음군 단순화, 'ㄹ' 탈락, 'ㅎ' 탈락, 'ㅡ'탈락, 'ㅏ/ㅓ' 탈락
첨가	없던 음운이 새롭게 추가되는 현상 → 'ㅅ' 첨가, 'ㄴ' 첨가, 반모음화
축약	두 음운이 하나의 음운으로 줄어드는 현상 → 거센소리되기

04

단어의 구성 방식과 형성 방법을 파악하는 문제이다. 단어는 단일어와 복합어로 나뉘고, 복합어는 다시 합성어와 파생어로 구분된다. 이때 합성어는 어근과 어근이 결합하여 형성된 단어이고, 파생어는 어근과 접사가 결합하여 형성된 단어이다.

어근	단어를 분석할 때, 실질적 의미를 나타내는 중심이 되는 부분
접사	단독으로 쓰이지 아니하고 다른 어근이나 단어에 붙어 새로운 단어를 구성하는 부분

접사는 어근에 붙는 위치에 따라 접두사와 접미사로 나눌 수 있다. 이때 접미사는 접두사와 달리 어근의 품사와 파생된 파생어의 품사가 다를 수 있다. ⓐ는 어근과 접사로 이루어지지 않은 단어, 즉 합성어에 해당하는 단어가 위치해야 하며, ⓑ는 접사가 결합하여 품사가 달라지지 않은 단어, 즉 접두사가 결합한 단어가 위치해야 한다. 마지막으로 ⓒ는 접사가 결합하여 품사가 달라진 단어, 즉 접미사가 결합한 단어가 위치해야 한다.

05

05

문장의 짜임을 파악하는 문제이다. 안긴문장에서 다른 문장 속에 들어가 하나의 성분처럼 쓰이는 홑문장이고, 안긴문장을 포함하고 있는 문장은 안은문장이다. 겹문장의 구성을 파악하고, 안긴문장의 기능을 이해하면 문제를 쉽게 해결할 수 있다.

명사절	• 명사형 어미 '-(으)ㅁ', '-기'가 붙어서 만들어지는 안긴문장 • 절 전체가 명사처럼 쓰이는 것으로, 주어, 목적어, 보어, 부사어 등의 역할을 함.
관형사절	• 관형사형 어미 '-(으)ㄴ', '-는', '-(으)ㄹ', '-던'이 붙어서 만들어지는 안은문장 • 절 전체가 관형어의 기능을 하는 것으로, 체언 앞에 위치하여 체언을 수식함.

<보기>에 대한 설명으로 적절하지 않은 것은?

> **보기**
>
> ㄱ. 동생이 내가 읽던 책을 가져갔다.
> ㄴ. 그는 자신이 그 일의 적임자임을 주장했다.
> ㄷ. 무장 강도가 은행에 침입한 사건이 발생했다.
> ㄹ. 이곳의 따뜻한 기후는 옥수수가 자라기에 적합하다.

① ㄱ은 목적어가 생략된 안긴문장이 있다.
② ㄴ은 조사와 결합하여 목적어의 기능을 하는 안긴문장이 있다.
③ ㄱ과 ㄷ은 체언을 수식하는 기능을 하는 안긴문장이 있다.
④ ㄴ과 ㄹ은 명사형 어미가 결합된 안긴문장이 있다.
⑤ ㄷ은 ㄹ과 달리 문장 성분이 생략된 안긴문장이 있다.

※ 다음 글을 읽고 물음에 답하시오.

❶ 법은 가능한 한 많은 구체적인 사안들에 적용될 수 있도록 일반적·추상적인 규범 명제로 기술되어 있다. 따라서 법을 구체적 사안에 적용하기 위해서는 법의 내용을 분명히 파악하고 적용 범위를 확정하는 법의 해석이 필요하다. 법의 해석 방법에는 입법부, 사법부, 행정부 등 국가 기관에 의한 유권 해석과 학자들의 학문 연구를 통하여 이루어지는 학리 해석의 두 종류가 있다. 이 중 학리 해석과 관련하여 전통적으로 문리적 해석 방법, 역사적 해석 방법, 목적론적 해석 방법 등이 활용되고 있다.

❷ 우선 법조문의 해석은 법문에 사용되고 있는 문자의 의미와 문장의 구조에 대한 문법적 이해를 기초로 하여 이루어져야 한다. 이러한 해석을 ㉠ 문리적 해석 방법이라고 한다. 어떠한 법조문이든 1차적으로는 이러한 방법으로 해석되어야 한다. 그런데 법문에 사용되고 있는 문자 또는 법률 용어의 의미는 일반적으로 사용되고 있는 의미와는 다른 경우가 많기 때문에 법을 해석할 때 주의해야 한다. 그리고 법의 의미는 그 법이 적용되는 구체적 현실과의 관련 속에서 확정되어야 하므로, 법조문에 사용되고 있는 문자의 의미는 제정 당시의 의미가 아닌 법이 적용되는 시점에서의 의미로 해석하는 것이 타당하다.

❸ ㉡ 역사적 해석 방법은 입법자가 입법 당시에 ⓐ 가지고 있었던 입법 의사를 확인하고 탐구하여 해석하는 방법이다. 입법자의 입법 의사는 법제도의 연혁을 살펴보거나, 법률안을 발의하게 된 취지를 밝힌 법안이유서, 관련 기관의 입법의견서, 회의록 등의 입법 기초 자료를 ⓑ 가지고 파악할 수 있다. 그런데 법은 제정 당시의 상황과 적용되는 시점의 상황이 많이 달라지는 것이 대부분이므로 입법자의 입법 의사는 결정적인 해석 수단이라기보다는 구속력이 없는 보조 해석 자료에 머물 수밖에 없다.

❹ ㉢ 목적론적 해석 방법은 현행 법질서 안에서 이성적 논의를 바탕으로 해석 주체가 법문의 의미와 입법의 목적, 입법을 통해서 추구하려는 이념과 가치, 현재의 상황에 대한 인식과 분석 등을 고려하여 법규의 의미를 찾는 해석 방법이다. 이러한 목적론적 해석 방법에 의할 때 법해석이란 단지 과거의 입법자가 이미 고려했던 것을 단순히 반복하는 것이 아니라 상황에 따라서 입법의 취지를 새롭게 밝혀내는 것이라 할 수 있다. 법의 참된 의미는 과거의 입법에 의해서 결정되는 것이 아니라 현재의 상황에 맞게 입법 정신을 계승하는 것이므로 법률의 문언도 단순 의미 해석을 넘어 탄력적으로 해석할 수 있어야 한다고 본다. 또한 입법 정신에 따라 법률의 문언을 보충하고 또 필요한 경우에는 입법 정신을 실현하기 위해 법률의 문언에 엄격히 구속되지 않는 법해석이 인정된다고 할 수 있다.

핵심정리

문단 중심 내용

❶ 법의 해석이 필요한 이유
❷ 법의 학리 해석 ① – 문리적 해석 방법
❸ 법의 학리 해석 ② – 역사적 해석 방법
❹ 법의 학리 해석 ③ – 목적론적 해석 방법
❺ 법의 흠결
❻ 법의 흠결을 보충하기 위한 유추
❼ 유추와 법원리적 규범 활용의 한계

법의 해석

개념	법의 내용을 분명히 파악하고 적용 범위를 확정하는 것
필요성	법은 구체적인 사안들에 적용될 수 있도록 일반적·추상적인 규범 명제로 기술되어 있기 때문

문리적 해석 방법

개념	법문에 사용되고 있는 문자의 의미와 문장의 구조에 대한 문법적 이해를 기초로 해석하는 방법
주의점	• 법문에 사용되고 있는 문자 또는 법률 용어의 의미는 일반적인 의미와는 다른 경우가 많음. • 법조문에 사용되고 있는 문자의 의미는 법이 적용되는 시점에서의 의미로 해석해야 함.

역사적 해석 방법

개념	입법자가 입법 당시에 가지고 있었던 입법 의사를 확인하고 탐구하여 해석하는 방법
한계	입법자의 입법 의사는 결정적인 해석 수단이라기보다는 구속력이 없는 보조 해석 자료에 머물 수밖에 없음.

목적론적 해석 방법

개념	현행 법질서 안에서 이성적 논의를 바탕으로 해석 주체가 법문의 의미와 입법의 목적, 입법을 통해서 추구하려는 이념과 가치, 현재의 상황에 대한 인식과 분석 등을 고려하여 법규의 의미를 찾는 해석 방법

특징	• 법해석이란 상황에 따라서 입법의 취지를 새롭게 밝혀내는 것임. • 법률의 문언을 단순 의미 해석을 넘어 탄력적으로 해석할 수 있어야 함. • 법률의 문언에 엄격히 구속되지 않는 법해석이 인정됨.

법의 흠결

발생 이유	• 법 개념 및 범주 속에 모든 현상과 행위들을 완벽하게 포함시킬 수 없음. • 법 제정 시점에서 그 이후에 발생 가능한 모든 경우들을 예측하여 법으로 규정하는 것은 불가능함.
종류	• 명시적 흠결: 해당 사안을 규율할 법규정이 명백히 존재하지 않는 경우 • 은폐된 흠결: 해당 사안을 규율할 법규정이 존재하지만 이를 그대로 적용할 경우 매우 불합리한 결과가 나타나는 경우

유추

개념	직접적으로 적용 가능한 규칙이 아닌 다른 개별적인 규칙을 문제가 되고 있는 사례에 적용하여 판단을 내리는 것
전제 조건	• 법적 판단이 요구되는 사안과 유사한 사안을 규율하는 법규가 존재해야 함. • 두 사안 사이에 상당한 유사성이 있어야 함. • 유추를 통해 문제가 되는 사안에 대한 타당한 해결이 가능하다는 법관의 판단이 필요함.
한계	목적론적 해석 방법 등 별도의 방법을 통하여 그 정당성이 평가되어야 함.

법원리적 규범

예시	'정의', '이성', '형평' 등 법원리적 규범을 법적 판단의 근거로 활용하여 법의 흠결을 보충할 수 있음.
한계	법관이 감정적이거나 자의적으로 판단하는 것을 완전히 배제할 수 없음.

❺ 이러한 방법들은 기본적으로 법적 판단이 요구되는 사안에 대하여 적용 가능한 법규가 분명히 존재하는 경우에 활용된다. 하지만 법문을 구성하는 법 개념 및 범주 속에 규율의 대상인 다양하고도 발생 가능한 모든 현상과 행위들을 완벽하게 포함시킬 수는 없다. 또한 법 제정 시점에서 그 이후에 발생 가능한 모든 경우들을 예측하여 법으로 규정하는 것도 가능하지 않다. 이로 인해 법의 적용 과정에서 문제점이 발생하게 되는데 이를 법의 흠결이라 한다. 해당 사안을 규율할 법규정이 명백히 존재하지 않는 경우를 '명시적 흠결', 해당 사안을 규율할 법규정이 존재하지만 이를 그대로 적용할 경우 매우 불합리한 결과가 나타나는 경우를 '은폐된 흠결'이라 부른다. 법관은 이러한 법의 흠결을 이유로 재판을 거부할 수 없으므로, 법의 흠결을 보충하기 위해 다양한 방법들이 활용되고 있다.

❻ 일반적으로는 유추가 법의 흠결을 보충하는 방법으로 활용되고 있다. 유추는 직접적으로 적용 가능한 규칙이 아닌 다른 개별적인 규칙을 문제가 되고 있는 사례에 적용하여 판단을 내리는 것을 말한다. 따라서 유추 적용한 법적 판단이 적법하게 이루어지고 그 타당성을 인정받기 위해서는 우선 법적 판단이 요구되는 사안과 유사한 사안을 규율하는 법규가 존재해야만 한다. 그리고 두 사안 사이에 상당한 유사성이 있어야 한다. 최종적으로 유추를 통해 문제가 되는 사안에 대한 타당한 해결이 가능하다는 법관의 판단이 필요하다.

❼ 유추가 일반적으로 법의 흠결을 보충하기 위한 방법으로 활용되고 있지만, 이는 기본적으로 법의 명시적 흠결을 보충하기 위한 하나의 대안에 불과하다. 이 때문에 유추의 결과는 목적론적 해석 방법 등 별도의 방법을 통하여 그 정당성이 평가되어야 하는 한계가 있다. 또한 법의 흠결은 많은 경우에 은폐된 형태로 존재하기 때문에 법관은 법의 흠결을 보충하기 위한 방법을 모색해야 한다. 이와 관련하여 학자들은 법관이 '정의', '이성', '형평' 등 법원리적 규범을 법적 판단의 근거로 활용하여 그 흠결을 보충할 수 있다고 본다. 이러한 원리들은 법적인 판단이 요구되는 사안에 대하여 법관이 자의적으로 판단하는 것을 제어하면서 합리적으로 문제의 해결에 접근할 수 있는 방법으로 제시되고 있다. 하지만 법관이 감정적이거나 자의적으로 판단하는 것을 완전히 배제할 수 없는 것도 사실이다. 따라서 가능한 한, 입법 정책 차원에서 법의 흠결을 최소화하는 것이 필요하다.

01

윗글에 대한 이해로 가장 적절한 것은?

① 국가 기관은 법을 해석하는 주체가 될 수 없다.

② 법원리적 규범을 활용하여 법의 흠결을 보충할 수 있다.

③ 구체적 사안에 대한 법의 적용이 법의 해석에 선행한다.

④ 적용할 법규정이 없다면 법관은 재판을 거부할 수 있다.

⑤ 문리적 해석에서 문자는 법 제정 당시의 의미로 해석된다.

01

세부 내용을 파악하는 문제이다. 선택지를 읽고, 해당 내용이 지문의 어느 부분에 나왔는지 파악한 뒤 그 부분을 읽으며 선택지의 내용과 대조해야 한다.

02

㉠~㉢의 예로 적절하지 않은 것은?

① ㉠: 보통 '사람'이라고 하면 육체를 가지고 있는 자연인을 의미하지만, 법률상 '사람'은 자연인뿐만 아니라 재단 법인이나 사단 법인 같은 '법인'도 포함하여 해석한다.

② ㉡: 국회 누리집을 활용하여 고등학교 무상 교육을 위한 법률안이 발의된 취지를 조사함으로써 국민의 기본권을 강화하고자 하는 입법 의사를 탐구하여 해석한다.

③ ㉡: 법률 용어로 '선의(善意)'라는 말은 법률관계에 영향을 미치는 어떠한 사실을 모르는 것으로 해석하고, '악의(惡意)'는 그러한 사실을 알고 있는 것으로 해석한다.

④ ㉢: 의료인의 비밀 누설 금지 의무 규정에 따라 환자의 민감한 개인 정보는 보호되어야 하는데, 이는 사후에도 마찬가지이기 때문에 환자뿐만 아니라 사망한 사람의 개인 정보도 포함하는 규정으로 해석한다.

⑤ ㉢: 실험실 공장의 설치에 대한 규정은 교원이나 연구원 등 개인의 창의적 노력을 지원하기 위한 목적으로 만들어진 것이기 때문에, 자연인이 아닌 법인은 실험실 공장을 설치할 수 있는 자에 해당하지 않는 것으로 해석한다.

02

생략된 내용을 추론하는 문제이다. ㉠은 문리적 해석 방법, ㉡은 역사적 해석 방법, ㉢은 목적론적 해석 방법이다. 각각의 해석 방법을 파악하고 예시로 적절하지 않은 것을 찾아야 한다. 문리적 해석 방법은 법문에 사용되고 있는 문자의 의미와 문장의 구조에 대한 문법적 이해를, 역사적 해석 방법은 입법자의 입법 당시의 입법 의사를, 목적론적 해석 방법은 법문의 의미와 입법의 목적 등을 바탕으로 법문을 해석하는 방법이다.

03

구체적 사례에 적용하는 문제이다. <보기>에는 전기를 재물로 볼 만한 법규정이 명백히 존재하지 않는 상황에서, 타인의 전기를 무단으로 사용한 사건에 대한 판결이 제시되어 있다. A국은 무죄를 선고하였고, B국은 적법한 법적 판단을 통해 절도죄로 처벌하였다. 이는 법의 흠결과 관련 있는 사안이므로 A국과 B국에서 이 흠결에 어떻게 대처했는지 파악해야 한다.

03

윗글을 바탕으로 <보기>를 이해한 내용으로 적절하지 <u>않은</u> 것은?

> **보기**
>
> - 법적 판단이 요구되는 사안: 타인의 전기를 무단으로 사용하는 사건이 발생함.
> - 사안의 배경: 19세기 말 A국과 B국의 형법은 절도죄의 대상인 재물(財物)을 타인의 돈이나 물건이라고 규정하고 있었음. 그런데 당시에는 전기를 재물로 볼 만한 법 규정이 명백히 존재하지 않았음.
> - 사안에 대한 판단
>   - A국: 절도죄를 적용하지 못하고 무죄를 선고함. 이 무죄 판결을 계기로 A국의 입법자는 전기 절도죄를 처벌할 수 있는 특별법을 제정함.
>   - B국: 전기가 재물에 해당한다고 해석하여 절도죄로 처벌함. 이 과정에서 법적 판단은 적법하게 이루어졌으며 그 타당성 또한 인정받음.

① A국의 법원은 법의 명시적 흠결을 이유로 타인의 전기를 무단으로 사용한 자를 처벌하지 못했군.

② B국의 법원은 전기 절도 사건에 절도죄에 대한 법을 유추 적용함으로써 법의 흠결을 보충했군.

③ B국의 법원은 전기 절도 사건에 적용할 법이 존재하지 않아 유사한 사안을 규율하는 법의 존재 여부를 확인했겠군.

④ A국은 B국과 달리 형법이 제정될 당시에 전기 절도 같은 행위를 예측하여 법으로 규정할 수 없었겠군.

⑤ B국은 A국의 특별법 제정처럼 전기 절도와 관련된 법의 흠결을 최소화하는 입법 정책이 필요하겠군.

04

단어 사용의 적절성을 파악하는 문제이다. ⓐ의 '가지고'와 ⓑ의 '가지고'는 문맥에서 서로 다른 의미로 사용되었다. ⓐ와 ⓑ가 어떠한 의미로 사용되었는지 파악하고, 동일한 의미로 사용되어 바르게 짝지어진 예시를 찾아야 한다.

04

ⓐ, ⓑ의 의미로 쓰인 예가 바르게 짝지어진 것은?

① ┌ ⓐ: 자신의 일에 자부심을 <u>가져야</u> 한다.
　└ ⓑ: 빈 깡통을 <u>가지고</u> 연필꽂이를 만들었다.

② ┌ ⓐ: 그는 사업체를 여럿 <u>가진</u> 사업가다.
　└ ⓑ: 두 나라는 동반자적 관계를 <u>가지기로</u> 합의했다.

③ ┌ ⓐ: 그들은 나에게 호의를 <u>가지고</u> 있다.
　└ ⓑ: 운전면허증을 <u>가진</u> 사람을 찾는다.

④ ┌ ⓐ: 동생이 축구공을 <u>가지고</u> 학교에 갔다.
　└ ⓑ: 환경 문제에 대한 토론회를 <u>가졌다</u>.

⑤ ┌ ⓐ: 내 집을 <u>가지게</u> 된 기쁨은 이루 말할 수가 없다.
　└ ⓑ: 요즘은 기계를 <u>가지고</u> 농사를 짓는다.

4 Day

독서(과학)　고3 2023년 6월

고체 촉매의 구성 요소

WEEK 3

※ 다음 글을 읽고 물음에 답하시오.

❶ 분자들이 만나 화학 반응을 진행하는 데 필요한 최소한의 운동 에너지를 활성화 에너지라 한다. 활성화 에너지가 작은 반응은, 반응의 활성화 에너지보다 큰 운동 에너지를 가진 분자들이 많아 반응이 빠르게 진행된다. 활성화 에너지를 조절하여 반응 속도에 변화를 주는 물질을 촉매라고 하며, 반응 속도를 빠르게 하는 능력을 촉매 활성이라 한다. 촉매는 촉매가 없을 때와는 활성화 에너지가 다른, 새로운 반응 경로를 제공한다. 화학 산업에서는 주로 고체 촉매가 이용되는데, 액체나 기체인 생성물을 촉매로부터 분리하는 별도의 공정이 필요 없기 때문이다. 고체 촉매는 대부분 활성 성분, 지지체, 증진제로 구성된다.

❷ 활성 성분은 그 표면에 반응물을 흡착시켜 촉매 활성을 제공하는 물질이다. 고체 촉매의 촉매 작용에서는 반응물이 먼저 활성 성분의 표면에 화학 흡착되고, 흡착된 반응물이 표면에서 반응하여 생성물로 변환된 후, 생성물이 표면에서 탈착되는 과정을 거쳐 반응이 완결된다. 금속은 다양한 물질들이 표면에 흡착될 수 있어 여러 반응에서 활성 성분으로 사용된다. 예를 들면, 암모니아를 합성할 때 철을 활성 성분으로 사용하는데, 이때 반응물인 수소와 질소가 철의 표면에 흡착되어 각각 원자 상태로 분리된다. 흡착된 반응물은 전자를 금속 표면의 원자와 공유하여 안정화된다. 반응물의 흡착 세기는 금속의 종류에 따라 달라진다. 이때 흡착 세기가 적절해야 한다. 흡착이 약하면 흡착량이 적어 촉매 활성이 낮으며, 흡착이 너무 강하면 흡착된 반응물이 지나치게 안정화되어 표면에서의 반응이 느려지므로 촉매 활성이 낮다. 일반적으로 고체 촉매에서는 반응에 관여하는 표면의 활성 성분 원자가 많을수록 반응물의 흡착이 많아 촉매 활성이 높아진다.

❸ 금속은 열적 안정성이 낮아, 화학 반응이 일어나는 고온에서 금속 원자들로 이루어진 작은 입자들이 서로 달라붙어 큰 입자를 이루게 되는데 이를 소결이라 한다. 입자가 소결되면 금속 활성 성분의 전체 표면적은 줄어든다. 이러한 문제를 해결하는 것이 지지체이다. 작은 금속 입자들을 표면적이 넓고 열적 안정성이 높은 지지체의 표면에 분산하면 소결로 인한 촉매 활성 저하가 억제된다. 따라서 소량의 금속으로도 ㉠ 금속을 활성 성분으로 사용하는 고체 촉매의 활성을 높일 수 있다.

❹ 증진제는 촉매에 소량 포함되어 활성을 조절한다. 활성 성분의 표면 구조를 변화시켜 소결을 억제하기도 하고, 활성 성분의 전자 밀도를 변화시켜 흡착 세기를 조절하기도 한다. 고체 촉매는 활성 성분이 반드시 있어야 하지만 경우에 따라 증진제나 지지체를 포함하지 않기도 한다.

핵심정리

문단 중심 내용

❶ 활성화 에너지와 촉매의 개념
❷ 고체 촉매의 구성 ① – 활성 성분
❸ 고체 촉매의 구성 ② – 지지체
❹ 고체 촉매의 구성 ③ – 증진제

고체 촉매의 구성 ① 활성 성분

개념	그 표면에 반응물을 흡착시켜 촉매 활성을 제공하는 물질
촉매 작용	반응물이 활성 성분의 표면에 화학 흡착 → 흡착된 반응물이 표면에서 반응 → 생성물로 변환 → 생성물이 표면에서 탈착되는 과정을 거쳐 반응이 완결
흡착 세기	• 흡착이 약함. → 흡착량이 적음. → 촉매 활성이 낮음. • 흡착이 너무 강함. → 흡착된 반응물이 안정화됨. → 표면에서의 반응이 느려짐. → 촉매 활성이 낮음.

고체 촉매의 구성 ② 지지체

소결	화학 반응이 일어나는 고온에서 금속 원자들로 이루어진 작은 입자들이 서로 달라붙어 큰 입자를 이루게 되는 것
역할	금속 활성 성분의 전체 표면적이 줄어드는 문제 해결
활용	작은 금속 입자들을 표면적이 넓고 열적 안정성이 높은 지지체의 표면에 분산 → 소결로 인한 촉매 활성 저하 억제

고체 촉매의 구성 ③ 증진제

역할	촉매에 소량 포함되어 활성을 조절
활용	• 활성 성분의 표면 구조 변화 → 소결 억제 • 활성 성분의 전자 밀도 변화 → 흡착 세기 조절

01

세부 내용을 파악하는 문제이다. 지문의 내용과 선택지의 내용이 일치하는지 하나하나 대조하며 파악해야 한다. 선택지의 핵심어를 먼저 찾고, 지문에서 해당 부분을 찾아 읽으면 된다.

01

윗글의 내용과 일치하지 않는 것은?

① 촉매를 이용하면 화학 반응이 새로운 경로로 진행된다.

② 고체 촉매는 기체 생성물과 촉매의 분리 공정이 필요하다.

③ 고체 촉매에 의한 반응은 생성물의 탈착을 거쳐 완결된다.

④ 암모니아 합성에서 철 표면에 흡착된 수소는 전자를 철 원자와 공유한다.

⑤ 증진제나 지지체 없이 촉매 활성을 갖는 고체 촉매가 있다.

02

대안, 방안에 대한 적절성을 탐구하는 문제이다. ㉠은 금속을 활성 성분으로 사용하는 고체 촉매이므로, 고체 촉매의 촉매 활성을 높이는 방법을 찾아야 한다. 2문단에서 금속이 여러 반응에서 활성 성분으로 사용됨을 언급하며 그 특성을 설명하고 있다.

02

㉠의 촉매 활성을 높이는 방법으로 가장 적절한 것은?

① 반응물을 흡착하는 금속 원자의 개수를 늘린다.

② 활성 성분의 소결을 촉진하는 증진제를 첨가한다.

③ 반응물의 반응 속도를 늦추는 지지체를 사용한다.

④ 반응에 대한 활성화 에너지를 크게 하는 금속을 사용한다.

⑤ 활성 성분의 금속 입자들을 뭉치게 하여 큰 입자로 만든다.

03

윗글을 바탕으로 <보기>를 이해한 내용으로 적절하지 <u>않은</u> 것은?

> **보기**
>
> 아세틸렌은 보통 선택적 수소화 공정을 통하여 에틸렌으로 변환된다. 이 공정에서 사용되는 고체 촉매는 팔라듐 금속 입자를 실리카 표면에 분산하여 만들며, 아세틸렌과 수소는 팔라듐 표면에 흡착되어 반응한다. 여기서 실리카는 표면적이 넓고 열적 안정성이 높다. 이때, 촉매에 규소를 소량 포함시키면 활성 성분의 표면 구조가 변화되어 고온에서 팔라듐의 소결이 억제된다. 또한 은을 소량 포함시키면 팔라듐의 전자 밀도가 높아지고 팔라듐 표면에 반응물이 흡착되는 세기가 조절되어 원하는 반응을 얻을 수 있다.

① 아세틸렌은 반응물에 해당한다.
② 팔라듐은 활성 성분에 해당한다.
③ 규소와 은은 모두 증진제에 해당한다.
④ 실리카는 낮은 온도에서 활성 성분을 소결한다.
⑤ 실리카는 촉매 활성 저하를 억제하는 기능을 한다.

03
구체적 사례에 적용하는 문제이다. <보기>는 아세틸렌을 에틸렌으로 변환하는 과정을 설명하고 있다. 아세틸렌, 에틸렌, 팔라듐, 실리카, 규소, 은 등의 성분이 지문에서 제시한 개념 중 어느 것에 해당하는지 이해하고 그 역할을 파악해야 한다.

WEEK 3

04

윗글을 바탕으로 할 때, <보기>의 금속 ⓐ~ⓓ에 대한 설명으로 가장 적절한 것은?

> **보기**
>
> 다음은 여러 가지 금속에 물질 ㉮가 흡착될 때의 흡착 세기와 ㉮의 화학 반응에서 각 금속의 촉매 활성을 나타낸다.
>
> (단, 흡착에 영향을 주는 다른 요소는 고려하지 않음.)
>
>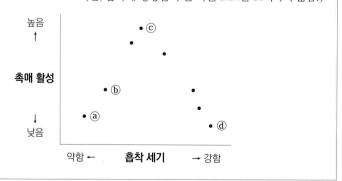

① ㉮의 화학 반응은 ⓐ보다 ⓑ를 활성 성분으로 사용할 때 더 느리게 일어난다.
② ㉮는 ⓐ보다 ⓒ에 흡착될 때 흡착량이 더 적다.
③ ㉮는 ⓐ보다 ⓓ에 흡착될 때 안정화되는 정도가 더 크다.
④ ㉮는 ⓑ보다 ⓒ에 더 약하게 흡착된다.
⑤ ㉮의 화학 반응에서 촉매 활성만을 고려하면 가장 적합한 활성 성분은 ⓓ이다.

04
내용의 인과관계를 파악하는 문제이다. <보기>는 금속 ⓐ~ⓓ의 흡착 세기와 촉매 활성을 나타낸 그래프를 제시하고 있다. 따라서 지문을 통해 흡착 세기와 촉매 활성에 따른 ㉮의 특성을 파악해야 한다.

5 Day

문학(고전시가) 고3 2022년 9월

어부단가 _ 이현보 / 소유정가 _ 박인로

핵심정리

가 이현보, 〈어부단가〉

갈래

평시조, 연시조

성격

서정적, 예찬적

제재

어부의 삶

주제

강호에서 자연을 벗하며 유유자적하는 어부의 삶

특징

① 시선의 이동에 따라 시상을 전개함.
② 대조적인 두 공간을 제시하여 주제 의식을 드러냄.

해제

이 작품은 일찍이 고려 때부터 전해 내려오던 〈어부가〉를 이현보가 5수의 연시조로 개작한 것이다. 속세를 떠나 자연 속에서 '가어옹(假漁翁)'으로 유유자적하면서 임금과 속세의 정치를 생각하고 근심하기도 하는 당시 사대부 계층이 가졌던 의식 세계를 잘 보여 주고 있다. 하지만 강호의 정경이나 그곳에서의 생활상을 구체적으로 나타내지 않고, 상투적이고 관념적으로만 제시하였다는 한계를 보였으며, 이는 훗날 윤선도가 그 한계를 뛰어넘는 〈어부사시사〉를 짓는 계기로 작용하였다.

구성

제1수	인세를 잊은 어부의 한가로운 삶
제2수	세속을 떠나 강호에 묻혀 사는 삶
제3수	한가로운 삶 속에서 느끼는 자연의 참된 의미
제4수	근심을 잊고 자연과 함께하는 삶

나 박인로, 〈소유정가〉

갈래

양반 가사

성격

자연 친화적, 풍류적, 예찬적

※ 다음 글을 읽고 물음에 답하시오.

가

이 중에 시름없으니 **어부(漁父)**의 생애로다
일엽편주를 만경파(萬頃波)에 띄워 두고
인세(人世)를 다 잊었거니 날 가는 줄을 아는가

<제1수>

[A]
　굽어보면 천심 녹수 돌아보니 만첩 청산
　십장 홍진(十丈紅塵)이 얼마나 가렸는가
　강호에 월백(月白)하거든 더욱 무심(無心)하여라

<제2수>

청하(靑荷)에 밥을 싸고 **녹류(綠柳)**에 고기 꿰어
노적 화총(蘆荻花叢)에 배 매어 두고
일반 청의미(一般淸意味)를 어느 분이 아실까

<제3수>

㉠ 산두(山頭)에 한운(閑雲) 일고 수중(水中)에 백구(白鷗) 난다
무심코 다정한 것 이 두 것이로다
㉡ 일생에 시름을 잊고 너를 좇아 놀리라

<제4수>
- 이현보, 〈어부단가〉 -

나

때마침 부는 **추풍(秋風)** 반갑게도 보이도다
말술이 다나 쓰나 술병 메고 벗을 불러
언덕 너머 어촌에 내 놀이 가자꾸나
흰 두건을 젖혀 쓰고 **소정(小艇)**을 타고 오니
㉢ 바람에 떨어진 갈대꽃 갠 하늘에 눈이 되어
석양에 높이 날아 어지러이 뿌리는데
갈잎에 닻 내리고 **그물로**
잔잔한 강물 속 자린은순(紫鱗銀脣)* **수없이 잡아내어**
연잎에 담은 회와 항아리에 채운 술을
실컷 먹은 후에
태기 넓은 돌에 높이 베고 누웠으니
희황천지(羲皇天地)*를 오늘 다시 보는구나

잠시 잠들어 뱃노래에 깨어 보니

[B]
추월(秋月)이 만강(滿江)하여 밤빛을 잃었거늘

반쯤 취해 시 읊으며 배 위로 건너오니

강물 아래 잠긴 달은 또 어인 달인 게오

달 위에 배를 타고 달 아래 앉았으니

문득 의심은 월궁(月宮)에 올랐는 듯

물외(物外)의 기이한 경관 넘치도록 보이도다

청경(淸景)을 다투면 내 분에 두랴마는

즐겨도 말리는 이 없으니 나만 둔가 여기노라

놀기를 탐하여 돌아갈 줄 잊었도다

㉣ 아이야 닻 들어라 만조(晩潮)에 띄워 가자

푸른 물풀 위로 **강풍(江風)**이 짐짓 일어

귀범(歸帆)을 재촉하는 듯

아득하던 앞산이 뒷산처럼 보이도다

잠깐 사이 날개 돋아 연잎배 탄 신선된 듯

연파(煙波)를 헤치고 월중(月中)에 돌아오니

㉤ 동파(東坡) 적벽유(赤壁遊)*인들 이내 흥(興)에 미치겠는가

강호 흥미(興味)는 나만 둔가 여기노라

- 박인로, 〈소유정가〉 -

* 자린은순: 물고기를 아름답게 표현하는 말.
* 희황천지: 복희씨(伏羲氏) 때의 태평스러운 세상.
* 동파 적벽유: 중국 송나라 때 소식(蘇軾)이 적벽에서 했던 뱃놀이.

01

㉠~㉤에 대한 이해로 적절하지 않은 것은?

① ㉠은 대구를 통해 자연 경물의 모습을 제시함으로써 한적한 분위기를 조성하고 있다.
② ㉡은 자연 경물을 '너'로 지칭하여 관계를 맺음으로써 이들과 동화하려는 의지를 표출하고 있다.
③ ㉢은 자연 경물의 모습을 감각적으로 표현함으로써 물가의 아름다운 풍경을 묘사하고 있다.
④ ㉣은 명령형 어미를 사용하여 '아이'가 해야 할 행동을 제시함으로써 자연 경물에 대한 인식의 변화를 촉구하고 있다.
⑤ ㉤은 유사한 놀이를 즐겼던 과거 인물과 비교함으로써 화자의 자긍심을 드러내고 있다.

■ **문제풀이 맥** ■

01

표현상의 특징을 파악하는 문제이다. 표현상의 특징은 시와 다른 갈래의 문학을 구별 짓는 주요한 요인이므로, 시에 활용된 문학적 수사법과 그 효과를 중심으로 표현 방법을 정리해야 한다. 이때 ㉠~㉡은 (가)의 시구이며, ㉢~㉤은 (나)의 시구이므로 두 작품에 대한 전반적인 이해를 바탕으로 표현법과 그 기능을 적절하게 파악해야 한다.

02

시어 및 시구를 비교 및 대조하는 문제이다. 내용이 전개되는 과정 속에서 문맥을 탐색하여 각 구절의 내용을 이해하고, 이를 바탕으로 [A]와 [B]의 공통적 특징까지 파악하는 능력이 필요하다. [A]는 (가)의 <제2수>로, 달이 떠오른 자연의 정경을 묘사하고 있으며, [B]는 (나)의 일부분으로, 달이 비친 강 위로 배를 타고 지나가는 화자의 모습을 그리고 있다.

03

외적 준거에 따라 작품을 감상하는 문제이다. <보기>에서는 (가), (나) 모두 '어부'를 중심 소재로 하여 다양한 변주를 보인 작품이라 설명하고 있으므로, 이를 바탕으로 다양한 시어가 어부의 삶과 정서에 어떠한 의미를 지니는지 파악해야 한다.

02

[A], [B]에 대한 설명으로 가장 적절한 것은?

① [A]에서 화자는 달을 절대적 존재로 인식하고 강호 자연에서 '무심'한 삶을 살 수 있도록 기원하고 있다.

② [A]에서 화자는 달에 인격을 부여하여 '녹수'와 '청산'으로 둘러싸인 강호 자연의 가을 달밤 정경을 묘사하고 있다.

③ [B]에서 화자는 하늘의 달과 강물에 비친 달 사이에 놓임으로써 '월궁'에 오른 듯한 신비로움을 표현하고 있다.

④ [B]에서 화자는 시간의 흐름에 따라 모양을 달리 하는 달의 특성을 활용하여 계절의 변화를 다채롭게 나타내고 있다.

⑤ [A]와 [B]에서 강호 자연에 은거한 화자는 달을 대화 상대이면서 동시에 위안의 대상으로 여기고 있다.

03

<보기>를 바탕으로 (가), (나)를 감상한 내용으로 적절하지 않은 것은?

보기

'어부'는 정치 현실과 거리를 둔 은자로 형상화된다. 이때 '어부 형상'은 어부 관련 소재, 행위, 정서 등의 어부 모티프와 연관하여 작품별로 공통적인 속성을 가지면서 다양한 변주를 보인다. (가)는 어부와 관련된 상황의 일부를 초점화하여 유유자적한 삶을 사는 어부를, (나)는 어부와 관련된 여러 상황을 이어 가며 흥취 있는 삶을 사는 어부를 형상화하고 있다.

① (가)의 '어부'는 '십장 홍진'으로 표현된 정치 현실에서 벗어나 뱃놀이를 즐기며 '인세'의 근심과 시름을 다 잊고 한가로움을 추구하려고 하는군.

② (나)의 '추풍'은 뱃놀이의 흥취를 북돋우는 자연 현상이고, '강풍'은 흥취의 대상을 강에서 산으로 옮겨 가는 자연 현상이라 볼 수 있군.

③ (가)의 '일엽편주'와 (나)의 '소정'은 화자가 소박한 뱃놀이를 즐기고 있다는 것을 알려 주는 어부 형상 관련 소재라고 할 수 있군.

④ (가)의 '녹류에 고기 꿰어'에는 어부의 삶과 관련된 일부 행위를 통해 유유자적한 삶이, (나)의 '그물로', '수없이 잡아내어', '실컷 먹은'에는 뱃놀이의 여러 상황들이 연결되어 흥취를 즐기는 삶이 나타나고 있군.

⑤ (가)의 '어부'는 강호 자연의 삶 속에서 홀로 자족감을 표출하고 있고, (나)의 어부는 벗들과 함께한 흥겨운 뱃놀이를 통해 만족감을 표출하고 있군.

※ 다음 글을 읽고 물음에 답하시오.

오수길이가 먼저 용모에게 알은체를 했다.

"워디 가나?"

"심심해서 예까지 나와봤구먼."

용모가 다가가며 대꾸하자 조순만이도 얼굴을 걸으며,

"장보러 나가남?"

하고 물었다.

"아침버텀 장에 가봤자 별 볼일 있간디. 나이타에 지름이나 늫까 허구……"

[A] 하는데 옆에 있던 아이가 고개를 꾸뻑 하여 여겨보니 느름새 위뜸 고학성이 아들 성문이었다. 아이는 겨드랑이에 장끼를 물리고 있었다.

"웬 게냐. 니라 잡었는데?"

용모가 물었다.

"으만무지루 칡넝쿨 올무를 해 낳더니 오늘 아침에 가봉께 모가지가 옭혀 죽었더라너먼그려."

오가 아이 대신 그렇다고 일러주었다.

"잡었으면 앓구 있는 아버지나 볶어 디리지 워디 가지구 가는 겨?"

용모가 나무라는 투로 한 말에 오는,

"학셍이가 여적지 못 일어났나 뵈. 워디가 워째서 못 일어난다나? 누운 지두 달포 가차이나 될 텐디."

하며 염려하였고 조는,

"원체 읎는 살림에 약을 먹을라니 되게 째는가 벼. 담뱃값 허게 팔어 오라더라."

장끼를 어루만져가며 성문이 말로 대꾸했다.

"좀 들헌지 그저 그 타령인지, 나두 자주 못 들여다봐서…… 늬 아빠가 팔어 오라더란 말여?"

용모가 성문이더러 물으니 녀석도 그렇다고 대답했다.

"얼마나 나가나?"

조가 묻고,

"누가 팔어 봤으야지."

오가 고개를 갸웃하는데,

"삼천 원 아래루는 안 팔 거유."

성문이가 어린 것답지 않게 흰소리를 했다.

"글쎄 말여, 드믄 것이긴 해두 그 돈 주구 먹을 사람이 있으까……"

핵심정리

갈래

단편소설, 연작소설

배경

근대화 물결에 휩싸여 농업 단지 조성이 벌어지는 관촌

시점

전지적 작가 시점, 1인칭 관찰자 시점

제재

조류 수렵

주제

공권력의 횡포로 인한 농민의 피해

특징

① 충청도 방언과 일상어를 활용하여 향토적 분위기를 나타냄.
② 작가의 사실적 체험을 바탕으로 농촌 문제를 해학적으로 접근하여 주제 의식을 전달함.

해제

이 작품은 작가 이문구가 자신의 고향인 대천 관촌 부락을 배경으로 쓴 연작소설이다. '일락서산', '화무십일', '행운유수', '녹수청산', '공산토월', '관산추정', '여요주서', '월곡후야'의 순서로 총 여덟 편으로 구성되어 있다. '일락서산'에서 '공산토월'까지는 글쓴이가 고향에서 보냈던 유년 시절을 추억하는 내용으로, 6·25 전쟁을 전후하여 자신의 집안에 대한 이야기가 주를 이룬다. '관산추정'은 어린 시절의 친구를 만난 이야기로, 대천이 변모한 것에 대한 아쉬움이 나타난다. '여유주서'와 '월곡후야'는 성인이 되어서 고향 마을을 다시 찾았을 때 겪은 이야기를 내용으로 하고 있다.

등장인물

용모	아버지의 약값을 마련하기 위해 꿩을 잡아 팔려던 성문 대신 시장에 나가 꿩을 팔다 야생 동물 보호령을 위배했다는 이유로 재판을 받게 됨.

'나'는 관촌역에서 하루 두 차례밖에 없는 보통 급행을 한 대 놓쳐 다음 기차를 기다리고 있다가 그곳에서 어릴 적 친구 용모를 만난다. 용모는 어릴 적부터 매사에 물렁하고 급한 일이라고는 하나도 없는 인물로, 신경이 무디고 무슨 말이든 들을 때뿐 돌아서면 잊어버린다고 하여 용모라는 이름보다는 '늘 몰라'라는 의미의 '장부식'이라는 별명으로 더 많이 불리었다. 관촌 부락에 살던 용모는 집과 밭이 저수지와 간척지 사업으로 인하여 없어지면서 트럭도 안 들어가고 여태껏 전깃불조차 구경 못 하는 느름새에서 살고 있다. 어느 날 읍내 장에 가던 용모는 아버지의 약값을 마련하기 위해 잡은 꿩을 내다 팔려는 성문을 만난다. 용모는 어린 것이 흥정을 하기에는 너무 어리다는 생각과 한 푼이라도 더 받아주고 싶은 마음에 꿩을 대신 팔아 주려고 했지만, 마침 장에 나와 있던 형사에게 수렵 금지 조치 위반으로 체포당한다. 파출소로 끌려간 용모는 자신의 결백을 얘기하고 이 꿩은 성문이가 잡은 것이라고 주장했으나 형사의 폭행에 굴복하여 자신이 잡은 것이라고 거짓 자백을 하게 된다. 용모는 돈을 써서라도 어떻게든 법정 출두를 막아보려 했으나 돈이 없는 관계로 꼼짝없이 법정에 출두하여 판사 앞에 서게 된다. 용모는 야생 동물을 잡았다는 이유로 판사에게 훈계를 당하지만, 용모는 오히려 농군으로 살면서 야생 조류, 특히 꿩으로 인하여 얼마나 많은 피해를 당하고 있는지와, 동물에게 물격이 있다면 나 같은 인간에게는 인격이라는 것이 있으니 나도 법의 보호를 받고 싶다고 판사를 향해 자신의 의견을 얘기한다. '나'는 용모의 모습을 보고 물은 부드러우나 추운 겨울에 얼면 굳어져 부러진다던 말을 떠올린다. 이러한 '나'의 감상과는 관계없이 용모는 본인이 받고 싶다던 법의 보호가 아닌, 술에 취한 모습에 뉘우침의 기색도 보이지 않는다는 이유로 벌금 2만 원을 선고받는다.

용모
• 물건을 팔기에는 나이가 어린 성문 대신 꿩을 팔아 한 푼이라도 더 받고자 함. • 꿩을 잡은 성문 대신 자신이 한 짓으로 뒤집어 쓰려 함.

↓

인간적이고 따뜻한 품성이 드러남.

용모는 막연하게 중얼거리고 나서 가던 길을 다시 이었는데, 성문이가 졸래졸래 뒤따라오고 있었다.

[B] 용모가 성문이 손에서 꿩을 넘겨 받아 든 것은 읍내 초입에 들어서기 직전이었다. 그것은 물건을 흥정하기에는 애가 너무 어리고, 뿐만 아니라 곁에서 말마디나 거들어 다다 한 푼이라도 더 받아 쥐게 해 주고 싶었기 때문이었다.

용모는 꿩 날갯죽지를 쥐고 앞뒤로 내둘거리며 장꾼들 틈으로 들어갔다. 보자는 사람만 나서면 아무라도 붙들고 흥정하여 웬만하면 얼른 넘겨주고 아이를 일찍 들여보낼 셈이었다. 그는 하던 대로 먼저 어리전에 들렀다. 그날도 돼지 새끼 염소 닭 오리부터 억지로 젖 뗀 강아지, 생쥐만 한 고양이 새끼까지 고루 나왔는데, 용모가 그곳을 먼저 찾아간 것은 꿩 임자가 있으리라고 여겨서가 아니라 장에 나오면 으레 거기서부터 둘러보았던 습관으로서였다.

[중략 부분의 줄거리] 장터에서 '용모'는 꿩을 잡았다는 오해로 조사를 받는다. 경찰은 용모를 폭행하고, 자신의 추측대로 진술서를 작성한다. 결국 용모는 수렵 금지 조치 위반으로 재판을 받게 된다.

다음 차례가 용모였다. 용모는 대답을 하고 일어서면서,

"암만 생각해 봐두 말여, 고연히 덧낼 게 아니라 내가 헌 짓이라구 뒤집어쓰는 수밖에 읎겄다."

내게 귓속말을 하고 나갔다. 그가 움직이자 새삼 점심에 마신 술 냄새가 물씬했다. 판사는 기록을 한눈으로 훑고 나더니,

"야생 조류나 야생 동물뿐 아니라 입산 금지와 낙엽 채취를 비롯해서 자연을 보호하자는 것이 우리 모두의 당면 과제라는 것을 알 만한 분이 왜 이런 짓 했어요?"

[C] 판사는 앞서보다 훨씬 부드러운 어조였으나 그만큼 위엄이 서리어 있는 것 같기도 했다. 용모는 거듭 읍한 뒤에도 잔뜩 지르숙어 가지고 입을 못 열고 있었다.

"꿩이 천연기념물은 아니지만, 비록 참새 한 마리라도 그것이 보호할 만한 가치가 있어서 보호하자는 건데, 보호하는 사람 따로 있고 해치는 사람 따로 있고 해서야 되겠습니까?"

판사가 거듭 나무라서야 용모가 대답했다. 그런데 뜻밖에도 주눅이 들었거나 겁에 질린 음성이 아니었다.

"물런 그렇지유. 그러나 말입니다, 꿩은 말입니다, 과연 현재 보호헐 만한 가치가 있느냐 하는 것두 문제란 말입니다. 보호헐 건 보호허야 마땅허지만 그렇지 않은 것은 그렇지 않단 말입니다. 실지 농작물을 망치는 해조는 으레 참새만 긴 줄 아시는데 말입니다. 꿩의 피해는 말입니다, 사실 농군에게는 말입니다, 헐씬 심각하다 이 말입니다. 이것은 그냥 참고로 아시라구 말씀드리는 말입니다."

[D] 용모는 아무것도 꿀릴 게 없다는 투로 원기 있게 말했다. 그것은 술기운 덕도 아닌 것 같았다. 지은 죄 없이 고개 조이고 살아온 사람이 오랜만에 켜보는 기지 개와 같은 몸짓으로 믿어야 될 성싶었다.

판사가 고개를 갸웃하고 나서 용모를 쏘아보며 말했다.

"그래서 꿩은 잡아도 무방하다, 해조를 퇴치했다— 이겁니까?"

"도낏자루 감으로 나무를 찍을 때는 쥐고 있는 도낏자루를 기준해서 찍는다는 말도 있지만 말입니다, 물런 그건 아닙니다."

"뭐가 아니오? 당신 같은 생각을 하는 사람 등쌀에 야생 동물이 안 남아나니까 보호하자고 하는 것 아니오?"

"제가 한 말씀 드리겠는디유, 제가 뭐 처벌이 무서워서가 아니라 말입니다, 예. 제가 잘못한 것은 제가 벌을 받아야 옳습니다. 예, 받겠습니다. 그러나 말입니다. 저도 법의 보호를 받고 싶습니다…… 이런 말씀을 드려도 괜찮을는지 모르겠습니다마는……"

"괜찮으니까 당신이 지금 말하고 있는 거 아니오?"

"예, 그러믄유. 여기는 바깥허구 달러서 여러 가지 것을 보호허는 법정이라 이런 말씀도 드릴 수 있는디 말입니다. 동물에 물격이 있으면 저두 인격이 있으니 말입니다, 저두 야생 동물— 아니 그게 아니라, 야생 인간인디 말입니다…… 야생 인격이 물격보다두 거시기허면 말입니다…… 그럴 수는 옳기 때문에 말씀드리는 것입니다."

[E] 나는 용모의 뒷모습을 지켜보다가 문득, 물은 부드러우나 추운 겨울에 얼면 굳어져 부러진다던, 어디서 들은 말이 떠올랐다.

판사가 기록집을 젖혀놓으며 판결했다.

"피의자가 개전의 정이 전혀 안 보여…… 법정에 출두하는데 술에 취해 가지고 와서 횡설수설하고, 정상을 참작할 여지가 없으니까…… 이런 사람 일벌백계로 다스려서 본보기를 삼아야 해요. 벌금 2만 원—"

- 이문구, 〈관촌수필〉 -

인물 간의 갈등

판사
• 자연을 보호하자는 것은 우리 모두의 당면 과제임. • 해조를 잡아야 한다는 인식을 가진 사람들 때문에 야생 동물이 줄어들고 있음.

용모
• 꿩은 농작물을 망치는 해조에 해당하므로 보호할 가치가 없음. • 야생 동물의 물격이 사람의 인격보다 우선시될 수 없음.

구절의 의미

'물은 부드러우나 추운 겨울에 얼면 굳어져 부러진다'
동빙가절 – 물은 부드러우나 추운 겨울에 얼면 굳어져 부러지는 것처럼, 사람의 성격도 때에 따라 변함.

매섭고 모진 시대를 잘못 만나면 올곧은 행동도 쉽게 해를 입을 수 있음.

용모의 행동
• 사람임에도 불구하고 야생 동물인 꿩보다 못한 취급을 받음. • 올바른 말을 했음에도 공권력에 순응하지 않아 벌을 받게 됨.

유신 정권의 폭력성 비판

01

작품의 내용을 이해하는 문제이다. 소설은 인물의 행동과 발화, 사건 등에 대해 서술할 때 시점, 문체, 구성 등의 여러 가지 방법을 활용하여 특정한 효과를 얻어낸다. 이 문제 또한 인물의 행동에 대해 적절하게 이해하고 있는지를 묻고 있으므로, 중심인물과 주변 인물들의 행동을 잘 파악하고, 발화의 내용을 잘 숙지하여야 한다.

02

소재의 기능을 파악하는 문제이다. 윗글에서 꿩은 사건의 발단 원인이며, 사건의 전개에 가장 중심이 되는 소재이다. 따라서 이와 관련하여 인물들이 어떤 상황에 처하게 되는지 적절하게 파악해야 한다.

03

서술상의 특징을 파악하는 문제이다. [A]~[E]에서 드러나는 서술상의 특징이 선택지에서 제시한 내용과 적절하게 대응하는지 파악해야 한다. 윗글은 작품 속의 서술자가 주변 인물을 관찰하는 시점으로 서술되어 있다.

01

윗글에 대한 이해로 가장 적절한 것은?

① 조순만은 성문이 장에 가는 이유를 용모에게 이야기하고 있다.

② 용모는 장을 보고 돌아오는 길에 성문을 돕겠다고 나서고 있다.

③ 오수길은 고학성이 병에 걸렸다는 사실을 성문의 말을 통해 알게 된다.

④ 고학성은 아들을 장에 보내 자신의 병을 치료할 약을 사 오도록 한다.

⑤ 성문은 조순만의 말을 듣고 거래를 통해 받을 수 있는 금액을 알게 된다.

02

꿩에 대한 이해로 가장 적절한 것은?

① 용모가 농민으로서의 지난 삶을 반성하는 계기가 된 소재이다.

② 경제적 어려움에 처한 용모의 이기적 욕망이 투영된 대상이다.

③ 마을 사람들에게 외면당하고 있는 용모의 처지를 드러내는 소재이다.

④ 용모에게 예상치 못한 어려움을 안겨 주는 사건의 원인이 되는 소재이다.

⑤ 흥정의 상대를 찾으려는 마을 사람들 사이에 갈등을 유발하는 대상이다.

03

[A]~[E]의 서술 방식에 대한 설명으로 적절하지 않은 것은?

① [A]: '여겨보니'와 '성문이었다'를 보면, 서술자가 특정 인물의 시각에서 다른 인물에 대한 정보를 제공하고 있음을 알 수 있다.

② [B]: '해 주고 싶었기 때문이었다'를 보면, 서술자가 특정 인물의 행동과 관련된 의도를 파악하고 있음을 알 수 있다.

③ [C]: '판사는'과 '용모는'으로 시작되는 문장을 보면, 서술자가 다양한 인물의 시선을 통해 사건을 입체적으로 제시하고 있음을 알 수 있다.

④ [D]: '아닌 것 같았다'와 '믿어야 될 성싶었다'를 보면, 서술자가 특정 인물의 발화에 담긴 의미를 추측하여 서술하고 있음을 알 수 있다.

⑤ [E]: '지켜보다가'와 '떠올랐다'를 보면, 작품 속의 서술자가 인물을 관찰하며 떠오른 생각을 드러내고 있음을 알 수 있다.

04

다음은 이 작품이 발표된 시기의 신문 기사이다. 이를 참고하여 윗글을 감상한 내용으로 적절하지 <u>않은</u> 것은?

○○일보
1974년 △월 △일

조수 보호는 됐지만 농가 보호는 어디로

지난 1972년부터 조수 보호 정책에 따라 야생 동물의 전면적인 수렵 금지 조치가 시행 중이다. 해당 조치 이후 야생 동물 보호라는 목적은 이루었지만, 이 정책에 대한 농민들의 인식은 부족한 실정이다. 수렵 금지 조치를 위반한 사람은 1년 이하의 징역 또는 10만 원 이하의 벌금에 처하는데, 강제적 규제에 대한 농민들의 반발 또한 거세다. 농가 1가구당 월 평균 수입이 3만 원을 웃도는 것을 감안하면 벌금의 부담이 크기 때문이다. 한편 늘어난 야생 동물로 인한 경제적 피해도 심각한데, □□군의 경우 농작물 생산량이 계획보다 30% 정도 감소할 전망이다. 농촌 현실에 대한 이해를 바탕으로 한 농민 보호 대책을 마련해 달라는 진정도 쏟아지고 있어, 야생 동물을 자율적으로 보호하기 위한 사회적 합의가 필요한 상황이다.

---

① 조수 보호 정책에 대한 농민들의 인식이 부족했다는 기사 내용을 보니, 용모는 올무에 잡힌 꿩을 파는 것이 큰 문제가 되지 않을 것이라고 생각했겠군.

② 야생 동물의 자율적 보호를 위한 사회적 합의가 필요하다는 기사 내용을 통해, 판사가 용모에게 자연 보호가 당면 과제임을 부드러운 어조로 말하는 의도를 파악할 수 있겠군.

③ 늘어난 야생 동물로 인한 경제적 피해가 심각했다는 기사 내용을 통해, 용모가 꿩도 농작물을 해치는 해조이므로 보호할 가치가 없다고 말한 이유를 이해할 수 있겠군.

④ 강제적 규제에 대한 농민들의 반발이 거셌다는 기사 내용을 통해, 자신도 법의 보호를 받고 싶다고 반발하는 용모의 심리를 파악할 수 있겠군.

⑤ 농가 1가구당 월 평균 수입이 3만 원을 웃돌았다는 기사 내용을 보니, 판사가 용모에게 내린 2만 원의 벌금형이 용모의 가계에 부담이 될 수 있었겠군.

04

외적 준거에 따라 작품을 감상하는 문제이다. 이러한 유형의 문제에서 외적 준거로는 작가가 처해 있던 상황, 작가 의식, 시대 현실, 작품의 효용성, 주제 의식, 작품에 대한 평가 등에 관한 정보가 주로 제시된다. 따라서 이를 바탕으로 소설의 인물, 사건, 배경 등을 이해하여 인물이나 사건의 의미를 파악해야 한다. 외적 준거인 신문 기사에 따르면, 윗글의 시간적 배경인 1970년대에는 조수 보호 정책에 따라 야생 동물의 수렵을 금지하고, 이를 위반한 사람은 소정의 징역 혹은 벌금에 처해졌는데, 이러한 처벌이 당시 농민을 고려하지 않았다는 지적을 받았다.

섹션 SECTION
뽀개기
종합편

스스로 점검하기

Day	공부 시작 시간	공부 종료 시간	틀린 문항 수	틀린 유형
Day 1	시　분　초	시　분　초		
Day 2	시　분　초	시　분　초		
Day 3	시　분　초	시　분　초		
Day 4	시　분　초	시　분　초		
Day 5	시　분　초	시　분　초		
Day 6	시　분　초	시　분　초		

1 일별로 계획에 맞춰 공부하기

하루에 기출 하나씩 매일 꾸준히 공부하는 것이 최선의 방법이다.

2 시작 시간과 종료 시간 체크하기

스스로 시간 제한을 두고 문제를 푸는 것이 실전 대비에 효과적이다.

3 틀린 문항과 유형 분석하기

틀린 문제는 또 틀릴 수 있다. 특정 문항과 유형에서 많이 틀렸다면, 그 이유를 분석해야 한다.

4 보충 학습하기

스스로 점검하기를 통해 자신의 취약한 유형을 확인하고, SLS를 통해 부족한 부분을 보충 학습한다.

번호	Day 1						Day 2						Day 3					
	1	2	3	4	5	6	1	2	3	4	5	6	1	2	3	4	5	6
정답률	87%	85%	74%				75%	81%	85%	89%	87%		70%	73%	59%	62%		
채점																		

번호	Day 4						Day 5						Day 6					
	1	2	3	4	5	6	1	2	3	4	5	6	1	2	3	4	5	6
정답률	81%	49%	61%	69%			82%	81%	57%				42%	88%	69%	60%		
채점																		

결과	틀린 문항에는 ✕표시, 찍어서 막혔거나 헷갈렸던 문항에는 △표시, 맞춘 문항에는 ○표시
	채점 결과 : 맞은 문항 수 23개중 [　　] 개

나의 예상 등급은?

등급

1등급
21~23개

2등급
19~20개

3등급
17~18개

4
WEEK

핵심정리

가

갈래
건의문

제재
에너지 하베스팅 체험전

주제
에너지 하베스팅 체험전의 문제점을 개선하기 위한 방안

문단 중심 내용

❶ 글을 쓰는 목적
❷ 작년에 실시된 에너지 하베스팅 체험전 행사의 문제점
❸ 에너지 하베스팅 체험전의 목적과 목적 달성을 위한 방안
❹ 건의 수용 시 기대 효과

에너지 하베스팅 체험전

행사 목적	일상에서 쓰임이 확대되고 있는 에너지 하베스팅에 대한 이해도를 높여 학생들이 에너지를 효율적으로 쓰도록 유도하기 위함.
건의 사항	올해 행사가 에너지 하베스팅에 대한 사진이나 영상 자료를 전시하는 데 치우쳤던 작년 행사와 동일하게 진행되어서는 안 됨.
개선 방안	학생들에게 에너지 하베스팅이 적용된 제품을 직접 제작하고 사용하는 기회를 제공하는 프로그램을 추가
기대 효과	행사에 대한 학생들의 만족도가 높아질 것이며, 에너지 하베스팅에 대한 구체적 이해를 통해 우리가 에너지를 효율적으로 활용할 수 있도록 도와줄 수 있음.

나

갈래
대화

제재
에너지 하베스팅 체험전

※ (가)는 학생회 누리집 게시판에 올라온 글이고, (나)는 (가)를 읽은 학생회 학생들의 대화이다. 물음에 답하시오.

가

❶ 안녕하세요. 저는 2학년 ○○○입니다. 학생회에서 '에너지 하베스팅 체험전'을 작년과 동일한 프로그램으로 구성하여 다음 달에 여는 것으로 알고 있습니다. 저는 에너지 하베스팅 체험전 행사의 취지에 동의하기에 올해도 행사에 참여하고자 합니다. 그런데 저는 올해 행사가 작년과 동일해서는 안 된다고 봅니다. 학생회의 준비 기간을 생각할 때 지금이 건의하기에 적절한 시기라고 판단해서 학생회 누리집 게시판에 ㉠ 작년 행사의 문제점을 개선하기 위한 방안을 건의합니다.

❷ 올해 초 작년 행사에 대한 설문 조사 결과를 학교 신문에서 보았습니다. 응답자의 50% 정도가 '에너지 하베스팅'이라는 용어에 친숙해졌다고 답했지만, 일상생활에서 버려지거나 소모되는 에너지를 에너지 하베스팅으로 어떻게 모아 활용하는지는 구체적으로 이해하기 어려웠다고 답한 학생들이 60%를 넘었습니다. 그래서 행사에 대해 만족한다고 답한 학생들이 30%밖에 안 된다고 봅니다. 이와 같은 설문 조사의 결과는 작년 행사가 에너지 하베스팅에 대한 사진이나 영상 자료를 전시하는 데 치우쳤기 때문에 나타난 것이라고 생각합니다.

❸ 에너지 하베스팅 체험전의 목적은 일상에서 쓰임이 확대되고 있는 에너지 하베스팅에 대한 이해도를 높여서 학생들이 에너지를 효율적으로 쓰도록 유도하기 위함이라고 알고 있습니다. 이러한 목적을 달성하기 위해서는 학생들에게 에너지 하베스팅이 적용된 제품을 직접 제작하고 사용하는 기회를 제공하는 프로그램을 추가해야 합니다.

❹ 제가 건의한 대로 에너지 하베스팅 체험전의 프로그램을 개선한다면 행사에 대한 학생들의 만족도가 높아질 것입니다. 실제로 □□ 과학 체험관에서 에너지 하베스팅을 직접 체험하는 프로그램을 진행했는데, 참여자의 80%가 에너지 하베스팅을 구체적으로 이해하는 데 유익했다고 답했습니다. 에너지 하베스팅에 대한 구체적 이해는 우리가 에너지를 효율적으로 활용할 수 있도록 도와줄 것입니다. 학생들에게 소중한 경험을 제공하기 위해 노력해 주셔서 감사합니다.

나

학생 1: 학교의 누리집 게시판에 에너지 하베스팅 체험전에 대해 건의한 글 봤지? 건의 내용에 대해 논의해 보자.

학생 2: 올해 행사를 작년과 동일하게 치러서는 안 된다는 건의였지. 나도 그 생각에 동의해.

학생 1: 우리가 작년 행사의 문제점을 충분히 고려하지 못했던 것 같아. 작년 행사의 문제점부터 논의해 보자.

학생 3: 학생들의 만족도가 낮은 것이 문제였어.

학생 2: 맞아. 나도 건의한 글처럼 학생들의 만족도가 낮은 이유가 프로그램이 자료를 전시하는 데 치우쳐서 에너지 하베스팅을 일상생활과 관련지어 구체적으로 이해하기 어려웠기 때문이라고 생각해. [A]

학생 3: 동의해. 그런데 우리가 사용한 사진과 영상 자료에는 문제가 없었을까?

학생 1: 사진은 에너지 하베스팅이 적용된 다양한 제품들을 보여 주는 것이었고, 영상은 에너지 하베스팅의 원리를 구체적으로 설명해 주는 것이었잖아. 사진이나 영상 자료에는 문제가 없었던 것 같아.

학생 2: 일부이기는 하지만 유사한 내용이 반복되는 사진이나 영상 자료가 있었던 것은 문제라고 봐.

학생 1: 그럼 작년 자료들은 선별해서 사용하자. 프로그램의 다양화에 모두 동의하는 것 같으니, 이제 건의 내용을 수용할 것인지 논의해 보자.

학생 2: 에너지 하베스팅 체험전의 목적에 부합하는 프로그램을 마련하기 위해 수용해야 하는 건의라고 생각해. 건의 내용을 수용하면 □□ 과학 체험관의 경우처럼 행사에 대한 만족도가 높을 거야.

학생 1: 그러면 어떤 프로그램을 마련할지 말해 보자.

학생 2: 학생들이 신발 발전기를 직접 제작해서 사용하게 하면 어떨까? 신발 발전기는 압전 소자, 전선, 발광 다이오드 등의 부속만 있으면 간단하게 만들 수 있고, 전기가 생산되는 것을 발광 다이오드로 바로 확인할 수 있어.

학생 3: 근데 제품을 제작하는 체험까지 해야 할까?

학생 2: 학생들이 신발 발전기를 직접 제작하면, 장치의 구조를 알게 되어 압력 에너지가 어떻게 전기로 변환되는지 구체적으로 더 잘 이해할 수 있을 거야. [B]

학생 1: 신발 발전기를 제작해서 신고 걷는 체험만 하면 단조롭지 않을까? 좋은 의견 있어?

학생 3: 에너지 하베스팅을 통해 생산되는 전기로 휴대 전화를 충전하는 체험을 해 보는 것은 어때? 전기를 생산할 수 있는 장치가 되어 있는 평평한 판에 휴대 전화 충전기를 연결하는 것은 어렵지 않아.

학생 2: 좋은 생각이네. 평평한 판 위를 뛰면서 휴대 전화를 충전하면 학생들이 일상적인 활동을 통해 전기를 생산할 수 있다는 것을 직접 확인할 수 있을 거야.

학생 1: 행사 취지에 잘 맞는 체험인 것 같아. 지금까지 논의한 내용을 종합하면, 작년에 사용한 자료들은 선별해서 사용하고, 학생들이 직접 체험하는 프로그램을 추가하기로 했어.

학생 3: 그럼 지금까지 논의한 대로 잘 준비해 보자.

화제

작년 행사에 대한 문제점과 올해 행사 때 마련할 프로그램에 관한 논의

대화 중심 내용

작년 행사의 문제점	
학생 2	건의한 글을 바탕으로 학생들의 만족도가 낮은 이유를 자료를 전시하는 데 치우쳤던 프로그램의 문제임을 언급함.
학생 3	학생회에서 사용한 사진과 영상 자료에는 문제가 없었는지에 대한 추가적인 논의의 필요성을 제기함.
학생 1	사진이나 영상 자료에는 문제가 없었다고 판단함.
학생 2	학생 1의 의견에 반박하며 유사한 내용이 반복되는 사진이나 영상 자료가 있었던 것이 문제였음을 지적함.
결론	작년 자료들을 선별하여 사용

건의 내용의 수용	
학생 2	건의한 글의 □□ 과학 체험관의 사례를 근거로 들어 에너지 하베스팅 체험전의 목적에 부합하는 프로그램을 마련하기 위해 건의 내용을 수용해야 한다고 주장함.
학생 1	어떤 프로그램을 마련할 것인지에 관한 추가적인 논의 사항을 제시함.
학생 2	학생들이 신발 발전기를 직접 제작하여 사용하는 프로그램을 제안함.
학생 1	학생 2가 제안한 프로그램의 우려 사항을 언급함.
학생 3	학생 1의 우려 사항에 대한 대안을 제시함. – 에너지 하베스팅을 통해 생산되는 전기로 휴대 전화를 충전하는 체험을 제안함.

WEEK 4

결론	학생들이 신발 발전기를 직접 제작하여 평평한 판 위를 뛰면서 휴대전화를 충전할 수 있는 프로그램을 추가

학생 2: 응, 논의한 내용은 내가 정리해서 회의록을 작성할게.

학생 1, 3: 그래, 고마워.

■ 문제풀이 맥 ■

01

글쓰기의 맥락을 파악하는 문제이다. (가)는 어떤 문제에 대하여 개인이나 기관에 문제 해결을 요청하는 건의문이다. (가)의 갈래를 고려하여 선택지에서 제시된 작문 맥락(예상 독자, 글의 주제, 작문 목적, 작문 매체, 글의 유형)을 파악하며 문제를 해결해야 한다.

02

발화의 의미와 기능을 이해하는 문제이다. [A]와 [B]라는 특정 부분만 문제로 사용되었기 때문에 해당 부분의 대화 맥락을 더욱 꼼꼼히 파악해야 한다. [A]는 작년 행사의 문제점에 대한 토의로 이루어졌고, [B]는 올해 행사 때 추가로 마련할 프로그램에 대한 토의로 이루어졌다.

01

㉠과 관련하여 (가)의 작문 맥락을 파악한 내용으로 가장 적절한 것은?

① ㉠에 대해 동일한 문제의식을 갖고 프로그램을 변경한 주체를 예상 독자로 설정했다.

② ㉠을 해결하기 위해 행사의 취지에 대한 학생들의 인식 개선이 필요함을 글의 주제로 삼았다.

③ ㉠을 참고하여 행사의 목적에 부합하는 프로그램을 구성해야 한다고 제안하는 것을 작문 목적으로 설정했다.

④ ㉠과 관련하여 행사에 대한 자신의 생각을 진솔하게 기록하기 위해 개인적인 성격이 강한 작문 매체를 선정했다.

⑤ ㉠의 실상을 객관적으로 드러내기 위해 주관적인 견해를 배제하고 사실을 있는 그대로 설명하는 글의 유형을 선택했다.

02

[A]와 [B]에 대한 이해로 가장 적절한 것은?

① [A]에서 '학생 1'은 문제점을 살피기 위한 여러 관점을 소개한 후, [B]에서 여러 관점에서 논의된 내용을 종합하고 있다.

② [A]에서 '학생 2'는 문제의 원인을 제시한 후, [B]에서 문제 해결을 위한 방안을 제시하고 있다.

③ [A]에서 '학생 3'은 문제에 대한 추가적인 논의의 필요성을 제기한 후, [B]에서 추가적인 논의의 의미를 강조하고 있다.

④ [A], [B] 모두에서 '학생 1'은 논의한 내용을 정리하면서 '학생 2'와 '학생 3'이 문제에 대한 의견을 내도록 요청하고 있다.

⑤ [A], [B] 모두에서 '학생 2'는 '학생 3'의 질문에 답하면서 문제에 대한 자신의 의견이 타당함을 주장하고 있다.

03

<보기>를 기준으로 하여 (가)를 평가한 내용으로 적절하지 <u>않은</u> 것은?

> **보기**
>
> ⓐ 적절한 건의 시기를 고려했는가?
> ⓑ 사실에 근거하여 문제를 제기했는가?
> ⓒ 문제가 발생한 이유를 제시했는가?
> ⓓ 해결 방안의 실행 가능성을 점검하여 제시했는가?
> ⓔ 방안을 시행했을 때 기대되는 효과를 제시했는가?

① 1문단에서 학생회의 행사 준비 기간을 생각했다는 내용은, 건의 시기의 적절성을 고려했다는 점에서 ⓐ를 충족하는군.

② 2문단에서 작년 행사에 대한 설문 조사 결과를 인용한 내용은, 올해 행사를 위해 개선해야 할 문제를 사실에 근거하여 제기했다는 점에서 ⓑ를 충족하는군.

③ 2문단에서 작년 행사가 자료를 전시하는 데 치우쳤다고 언급한 내용은, 작년 행사에 만족한 학생의 비율이 30%밖에 안 된 이유에 관한 것이라는 점에서 ⓒ를 충족하는군.

④ 3문단에서 에너지 하베스팅이 적용된 제품의 제작과 사용을 언급한 내용은, 에너지 하베스팅에 대한 이해도를 높이기 위한 체험의 실행 가능성 여부를 점검한 것이라는 점에서 ⓓ를 충족하는군.

⑤ 4문단에서 학생들의 만족도가 높아질 것이라고 언급한 내용은, 건의한 방안을 시행했을 때 기대되는 효과를 제시했다는 점에서 ⓔ를 충족하는군.

03

건의하는 글의 내용을 평가하는 문제이다. 이러한 유형의 문제는 선지에서 제시된 각 문단의 내용과 <보기>의 내용을 먼저 확인한 후 지문에 표시해 가며 전체 내용을 파악하는 것이 효과적이다. 이후 표시한 부분이 선택지와 부합하는지 확인해야 한다.

04

<보기>는 (가)의 마지막 문단의 초고이다. <보기>를 고쳐 쓰는 과정에서 반영된 친구의 조언으로 적절하지 <u>않은</u> 것은?

> **보기**
>
> 제가 건의한 대로 에너지 하베스팅 체험전의 프로그램을 개조한다면 행사에 대한 학생들의 만족도가 높아질 것입니다. 그러나 실제로 □□ 과학 체험관에서 에너지 하베스팅을 직접 체험하는 프로그램을 진행했는데, 참여자의 80%가 에너지 하베스팅을 구체적으로 이해하는 데 유익했다고 답했습니다. 화석 에너지의 고갈에 대한 우려가 있습니다. 에너지 하베스팅에 대한 구체적 이해는 우리가 효율적으로 활용할 수 있도록 도와줄 것입니다. 학생들을 소중한 경험을 제공하기 위해 노력해 주셔서 감사합니다.

① 첫 번째 문장은 부적절하게 사용된 어휘를 바꾸는 게 어때?

② 두 번째 문장은 잘못된 접속어를 사용했으므로 접속어를 삭제하는 게 어때?

③ 세 번째 문장은 글의 자연스러운 흐름을 해치고 있는 문장이므로 삭제하는 게 어때?

④ 네 번째 문장은 필요한 문장 성분이 빠져 있으므로 추가하는 게 어때?

⑤ 다섯 번째 문장은 목적어에 맞게 서술어를 수정하는 게 어때?

04

검토 의견을 반영해 글을 고쳐 쓰는 문제이다. <보기>와 (가)의 마지막 문단을 비교하며 어떤 부분이 달라졌는지 먼저 확인해야 한다. 이후 해당 부분이 달라진 이유를 유추해야 한다.

05

대화 맥락에 맞게 내용을 정리하는 문제이다. '학생 2'가 작성한 회의록은 (가)의 건의문을 바탕으로 하였기 때문에 (가)의 내용과 (나)의 대화를 모두 파악해야 한다. (가)의 문단 중심 내용과 핵심 내용, (나)의 발화 의미와 기능을 이해하고 있어야 한다.

05

(가)와 (나)를 고려할 때 '학생 2'가 쓴 회의록의 내용 중 적절하지 않은 것은?

일시 : 20××. ××. ××	장소 : 학생회실
회의 주제 : 에너지 하베스팅 체험전의 개선 방안 마련	

작년 행사 점검	전시에 치우쳐 프로그램이 다양하지 않았음. ········· ①
	유사한 내용이 반복되는 자료가 일부 있었음. ········ ②
건의 내용 점검	건의 내용이 행사에 참여하는 학생의 수를 늘리기 위한 방안으로 적합함. ····················· ③
추가 프로그램 마련	학생들이 신발 발전기를 제작해서 신고 걸으며 전기가 생산되는 것을 직접 확인할 수 있도록 함. ············· ④
	학생들이 평평한 판 위에서 뛰어 휴대 전화를 충전할 수 있도록 함. ···················· ⑤

※ (가)는 실시간 인터넷 방송의 일부이고, (나)는 이 방송을 시청한 학생의 메모이다. 물음에 답하시오.

가

수요일마다 마을을 탐방하는 '뚜벅뚜벅 마을 여행'의 뚜벅입니다. 지난주에는 □□궁의 동쪽에 있는 ▽▽ 마을에 다녀왔는데요, 오늘은 □□궁의 서쪽에 있는 △△ 마을에 가 보겠습니다. 여러분도 실시간 채팅을 통해 함께해 주세요.

여기가 △△ 마을 입구입니다. △△역에서 딱 5분 걸렸어요. (실시간 채팅 창을 보고) 제 목소리가 잘 안 들린다는 분들이 많네요. 주변이 시끄러워서 그런 것 같은데, 제가 카메라에 있는 소음 제거 장치를 조절해 볼게요. (방송 장비를 조작하며) 이제 잘 들리죠? (실시간 채팅 창을 보고) 네, 다행이네요.

마을 입구에 이렇게 밑동만 남은 나무가 있네요. 무슨 사연이 있나 알아볼게요. 여기 안내문이 있는데, 글씨가 너무 작아서 여러분이 보기에 불편할 것 같으니까 제가 읽어 드릴게요. "이 나무는 수령이 300년 된 백송으로 △△ 마을을 지키는 당산나무의 역할을 해 왔으나, 20××년 태풍에 그만 쓰러지고 말았다." 아! 이런 사연이 있었군요. ⓐ 300년 동안이나 한결같이 이 자리에서 △△ 마을을 지켜 주었는데, 태풍에 쓰러져 이렇게 밑동만 남은 걸 보니 안타깝네요.

자, 이제 골목길로 들어가 볼게요. 여기 작은 문방구도 있고, 예쁜 카페도 있고……. 저기 예쁜 한옥이 한 채 있는데 가까이 가서 볼게요. (잠시 두리번거리다가) 여기 안내 표지판을 보니까 1930년대에 지어진 것으로 지금은 민속 문화재로 지정된 한옥이래요. 잠깐 들어가 볼게요. 행랑채를 지나 사랑채로 들어섰는데요, 여러분, 보이시죠? 마당이 정말 예뻐요. 이 문을 지나면 안채가 나오는데, 별로 크지는 않아도 한옥의 아름다움을 아주 잘 간직한 곳이네요. 아, ⓑ 그런데 벌써 배가 고파졌어요. ⓒ 우선 뭐 좀 먹어야겠어요. 제가 미리 알아봤는데, △△ 시장에는 맛있는 먹거리가 많다고 하더라고요. (두리번거리며) 어디로 가야 할까요? 이 길이 맞는 것

핵심정리

가

• **갈래**
실시간 인터넷 방송

화제
□□궁의 서쪽에 있는 △△ 마을 탐방

공간 이동에 따른 방송 진행

마을 입구	밑동만 남은 백송을 소개 → △△ 마을을 지키는 당산 나무 역할을 해 왔으나 20××년 태풍을 인해 쓰러졌다는 안내문의 내용을 음성 언어로 시청자에게 전달함.
↓	
골목길	작은 문방구, 예쁜 카페, 예쁜 한옥
↓	
한옥	• 1930년대에 지어진 한옥으로 민속 문화재로 지정되었음을 알려 주는 안내 표지판의 내용을 음성 언어로 시청자에게 전달함. • 행랑채, 사랑채, 마당
↓	
△△ 시장	백송에서 시장까지 소요되는 시간과 한옥에서 시장까지 소요되는 시간을 비교하여 △△ 마을 탐방 시 추천하는 경로를 안내함.

WEEK 4

같은데……. 표지판을 보니까 이 길로 가라고 되어 있네요. 아, 저기 보여요. (한참 걸어간 후) 그런데 여기 와서 보니까 아까 우리가 처음에 갔던 백송 바로 옆인데요. 괜히 빙 돌아서 왔네요. 여러분은 저처럼 고생하지 말고 백송을 보고 △△ 시장을 먼저 들러 본 다음에 한옥으로 가는 게 좋겠어요. ⓓ 백송에서 시장까지는 5분, 시장에서 한옥까지는 10분 정도 걸리겠어요.

 드디어 시장에 도착했어요. 전통 시장이라 그런지 과거의 시간이 머무는 곳 같아요. 참 정겹네요. 그리고 먹거리도 참 많네요. 여러분은 어떤 게 제일 먹고 싶으세요? (실시간 채팅창을 보고) 떡볶이가 어떤 맛인지 알려 달라는 분들이 많네요. ⓔ 제가 먹어 보고 맛이 어떤지 알려 드릴게요. (떡볶이 맛을 보고) 다른 떡볶이보다 훨씬 쫄깃해서 식감이 좋고 매콤달콤하네요.

나

 지역 문화 탐구 동아리에서 △△ 마을을 탐방하기 전에 뚜벅 님 방송을 참고해 사전 안내용 슬라이드를 제작해야겠어. ㉠ 탐방 경로를 안내하는 슬라이드에서는 탐방 경로를 한눈에 볼 수 있도록 안내하되, 이동의 편의성을 고려한 순서로 제시하고 각 장소로 이동하는 소요 시간도 제시해야지. ㉡ △△ 시장을 안내하는 슬라이드에서는 대상의 특징이 드러나는 문구를 넣어 주고 시장 이용에 유용한 정보도 함께 제시해야겠어.

01

(가)에 나타난 정보 전달 방식으로 적절하지 않은 것은?

① 실시간으로 방송이 진행되므로 현장의 상황에 맞추어 음질의 문제를 즉각적으로 개선해 정보를 전달한다.

② 수용자 이탈을 막으려면 흥미를 유지해야 하므로 사전에 제작된 자료 화면을 활용하여 흥미를 유발한다.

③ 수용자가 실시간으로 참여하는 것이 가능하므로 방송 진행자가 수용자의 요구에 따라 정보를 구성하여 전달한다.

④ 방송은 시각과 음성의 사용이 모두 가능하므로 안내문의 텍스트 정보를 방송 진행자가 읽어서 음성 언어로 전달한다.

⑤ 일정한 주기로 정보가 제공되고 있으므로 방송 진행자가 지난주에 했던 방송과 현재 진행되는 방송의 연관성을 제시한다.

01

매체 정보의 전달 방식을 이해하는 문제이다. 선택지를 먼저 읽고 제시되고 있는 정보 전달 방식이 (가)의 인터넷 방송 매체에 나타나는지 비교하며 읽는 것이 효과적이다.

02

다음은 (가)가 끝난 후의 댓글 창이다. 참여자들의 소통 양상으로 가장 적절한 것은?

낮달 1일 전
방송 잘 봤어요. 그런데 300년 된 백송이 쓰러진 걸 보니 대단한 태풍이었나 봐요. 그게 무슨 태풍이었나요?　　　　　　　　　　　　　　　　　👍 👎 댓글

　　└ **뚜벅** 1일 전
　　20××년에 있었던 태풍 '○○'였대요. 우리나라에서 기상을 관측한 이래 가장 강력한 것으로 기록된 태풍이에요.　　　　　　　　　　　　👍 👎 댓글

　　　　└ **낮달** 1일 전
　　　　아! 고마워요.　　　　　　　　　　　　　　👍 👎 댓글

별총 1일 전
어렸을 적에 그 마을에서 살았는데, 이제는 백송을 다시는 볼 수 없다니 너무 아쉽네요. 👍 👎 댓글

　　└ **뚜벅** 1일 전
　　그 백송의 씨앗을 발아시켜서 지금 어린 백송이 자라고 있어요. 그러니 너무 아쉬워 마시길……　　　　　　　　　　　　　　　　👍 👎 댓글

　　　　└ **별총** 1일 전
　　　　그렇군요. 좋은 정보 감사해요.　　　　　👍 👎 댓글

---

① '낮달'과 '별총'은 '뚜벅'의 댓글을 통해 방송에서 언급된 내용과 관련된 정보를 추가로 얻고 있다.

② '뚜벅'은 방송에서 자신이 잘못 전달한 정보를 바로잡아 '낮달'에게 댓글로 전달하고 있다.

③ '뚜벅'과 '별총'은 '낮달'의 생각에 동조함으로써 세 사람이 공통의 관심사를 형성하고 있다.

④ '별총'은 자신이 겪은 개인적인 경험을 언급함으로써 '뚜벅'이 제공한 정보에 대해 의문을 드러내고 있다.

⑤ '별총'은 더 알고 싶은 내용을 질문함으로써 '뚜벅'이 추가적인 설명을 하도록 유도하고 있다.

02

매체 참여자의 수용 양상에 대해 이해하는 문제이다. 매체 참여자가 방송 진행자가 전달한 정보에 대해 어떠한 반응을 보였는지를 파악해야 한다. '낮달'은 방송에서 언급되지 않은 내용에 대해 추가적인 정보를 요청하고 있고, '별총'은 자신의 경험을 바탕으로 정보에 대한 자신의 생각을 드러내고 있다.

03

다음은 (나)에 따라 제작한 사전 안내용 슬라이드이다. 제작 과정에서 고려한 내용으로 적절하지 **않은** 것은?

<△△ 마을 탐방 경로>

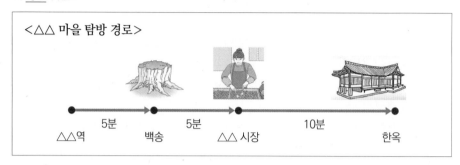

△△역 — 5분 — 백송 — 5분 — △△ 시장 — 10분 — 한옥

<△△ 시장>

과거의 시간이 머무는 정겨운 △△ 시장

◆ 교통편
- 지하철: X호선 △△역
- 버스: 6X, 4X 백송 앞 하차

◆ 이용 시간
- 08:00 ~ 21:00
- 매주 화요일 정기 휴업

① 탐방 경로를 한눈에 볼 수 있게 하자고 한 ㉠에는 뚜벅 님이 언급하지 않은 소재를 추가하여 그림 자료로 보여 주자.

② 이동의 편의성을 고려해 탐방 순서를 정하기로 한 ㉠에는 뚜벅 님이 추천한 경로를 제시하자.

③ 각 장소로 이동하는 소요 시간을 제시하기로 한 ㉠에는 뚜벅 님이 안내해 준 이동 시간을 구간별로 나타내 주자.

④ 대상의 특징을 보여 주는 문구를 넣기로 한 ㉡에는 뚜벅 님이 방송에서 언급한 말을 활용하여 만든 문구를 넣어 주자.

⑤ 시장 이용에 유용한 정보를 넣어 주기로 한 ㉡에는 뚜벅 님이 방송에서 언급하지 않은 교통편과 이용 시간에 대한 정보를 넣어 주자.

04

ⓐ~ⓔ에 대한 설명으로 적절하지 **않은** 것은?

① ⓐ: 보조사 '이나'를 사용하여 백송이 △△ 마을을 지켜 주었던 긴 시간을 강조하고 있다.

② ⓑ: 접속 부사 '그런데'를 사용하여 한옥에 대한 화제를 먹거리에 대한 화제로 전환하고 있다.

③ ⓒ: 지시 대명사 '뭐'를 사용하여 수용자에게 먹거리에 대한 정보를 요청하고 있다.

④ ⓓ: 선어말 어미 '-겠-'을 사용하여 이동 소요 시간에 대한 추측을 드러내고 있다.

⑤ ⓔ: 인칭 대명사 '제'를 사용하여 수용자에게 공손한 태도로 말하고 있다.

3 Day

독서(독서이론) 고3 2024학년도 대수능

읽기 과정에서 초인지의 역할

※ 다음 글을 읽고 물음에 답하시오.

❶ 독서는 독자가 목표한 결과에 도달하기 위해 글을 읽고 의미를 구성하는 인지 행위이다. 성공적인 독서를 위해서는 초인지가 중요하다. 독서에서의 초인지는 독자가 자신의 독서 행위에 대해 인지하는 것으로서 자신의 독서 과정을 점검하고 조정하는 역할을 한다.

[A]
❷ 초인지는 글을 읽기 시작한 후 지속적으로 이루어지는 점검 과정에 동원된다. 독자는 가장 적절하다고 판단한 독서 전략을 사용하여 독서를 진행하는데, 그 전략이 효과적이고 문제가 없는지를 평가하며 점검한다. 효과적이지 않거나 문제가 있다고 판단하면 이를 해결해야 한다. 문제가 무엇인지 분명하지 않은 경우에는 독서 중에 떠오르는 생각들을 살펴보고 그중 독서의 진행을 방해하는 생각들을 분류해 보는 방법으로 문제점이 무엇인지 파악할 수 있다. 독서가 중단 없이 이어지는 상태이지만 문제가 발생한 것을 독자 자신이 인지하지 못하는 경우도 있다. 의도한 목표에 부합하지 않는 방법으로 읽기를 진행하거나 자신이 이해한 정도를 판단하지 못하는 예가 그것이다. 문제 발생 여부의 점검을 위해서는 독서 진행 중간중간에 이해한 내용을 정리하는 방법을 사용할 수 있다.

❸ 초인지는 문제를 해결하기 위해 독서 전략을 조정하는 과정에도 동원된다. 독서 목표를 고려하여, 독자는 ⊙ 지금 사용하고 있는 전략을 계속 사용할 것인지를 판단해야 한다. 또 ⓒ 문제 해결을 위한 다른 전략에는 무엇이 있는지, ⓒ 각 전략의 특징과 사용 절차, 조건 등은 무엇인지 알아야 한다. 또한 독자 자신이 사용할 수 있는 전략이 무엇인지, ㉣ 전략들의 적절한 적용 순서가 무엇인지, ㉢ 현재의 상황에서 최적의 전략이 무엇인지 판단하여 새로운 전략을 선택한다. 선택한 전략을 수행하는 과정에서 독자는 초인지를 활용하여 점검과 조정을 되풀이하며 능동적으로 의미를 구성해 간다.

핵심정리

문단 중심 내용

❶ 독서에서의 초인지의 역할
❷ 독서 점검 과정에 동원되는 초인지
❸ 독서 전략 조정 과정에 동원되는 초인지

독서와 초인지

독서의 개념	독자가 목표한 결과에 도달하기 위해 글을 읽고 의미를 구성하는 인지 행위
초인지의 역할	독자의 독서 과정을 점검하고 조정함.

독서 점검 과정에 동원되는 초인지

독자는 가장 적절하다고 판단한 독서 전략을 사용하여 독서를 진행함.

독서 전략이 효과적이지 않거나 문제가 있다고 판단하면 이를 해결해야 함.

- 독서 중에 떠오르는 생각들을 살펴보고 그 중 독서의 진행을 방해하는 생각들을 분류해 보는 방법
- 독서 진행 중간중간에 이해한 내용을 정리하는 방법

독서 전략 조정 과정에 동원되는 초인지

독자가 해야 할 일

- 지금 사용하고 있는 전략을 계속 사용할 것인지 판단해야 함.
- 개별 전략들에 대한 지식을 통해 새로운 전략을 선택해야 함.

WEEK 4

01

세부 내용을 파악하는 문제이다. 독자는 초인지를 동원하여 자신의 독서 과정을 점검하고 독서 전략을 조정한다. 이때, 독서 문제를 해결할 때와 독서 전략을 선택할 때 독자가 해야 할 일을 파악해야 한다.

01

윗글을 이해한 내용으로 적절하지 않은 것은?

① 독서 전략을 선택할 때 독서의 목표를 고려할 필요가 있다.

② 독서 전략의 선택을 위해 개별 전략들에 대한 지식이 필요하다.

③ 독서 목표의 달성을 위해 독자는 자신의 독서 행위에 대해 인지해야 한다.

④ 독서 문제의 해결을 위해 독자는 자신이 사용할 수 있는 전략이 무엇인지 알아야 한다.

⑤ 독서 문제를 해결하기 위해 새로 선택한 전략은 점검과 조정의 대상에서 제외할 필요가 있다.

02

세부 내용을 추론하는 문제이다. [A]는 독서 점검 과정에 동원되는 초인지를 설명하고 있다. 독자의 독서 전략 점검 과정을 이해하고 이를 통해 선지 중 알맞은 내용은 무엇인지 추론해야 한다. 독자는 가장 적절하다고 판단한 독서 전략을 사용하여 독서를 진행하며, 그 전략이 효과적이고 문제가 없는지를 평가하며 점검한다.

02

[A]에서 알 수 있는 내용으로 가장 적절한 것은?

① 독서 진행 중 이해한 내용을 정리하는 것은 독자 스스로 독서 진행의 문제를 점검하는 데에 적합하지 않다.

② 독서 진행 중 독자가 자신이 얼마나 이해하고 있는지 파악하지 못할 때에는 점검을 잠시 보류해야 한다.

③ 독서 진행에 문제가 없어 보이더라도 목표에 부합하지 않는 독서가 이루어지는 경우가 있다.

④ 독서 중에 떠오르는 생각을 분류하는 것은 독서 문제의 발생을 막는다.

⑤ 독서가 멈추지 않고 진행될 때에는 초인지의 역할이 필요 없다.

03

<보기>는 윗글을 읽은 학생이 독서 중 떠올린 생각이다. ㉠~㉫과 관련하여 ⓐ~ⓔ를 설명한 내용으로 적절하지 않은 것은?

03

독서 방법을 추론하는 문제이다. ㉠~㉫은 문제를 해결하기 위해 독서 전략을 조정하는 과정에서 독자가 고려해야 할 사항들이다. ⓐ~ⓔ를 각각 ㉠~㉫과 연관지어 설명한 내용이 적절한지 따져 보아야 한다.

보기

- 이 용어가 무슨 뜻인지 모르겠어.
- 처음 나왔을 때는 무시하고 읽었는데 다시 등장했으니, 문맥을 통해 의미를 가정하고 읽어 봐야겠어. ··· ⓐ

↓

- 더 읽어 보았지만 여전히 정확한 뜻을 모르겠네. 그럼 어떻게 하지?
- 관련된 내용을 앞부분에서 다시 찾아 읽든가, 인터넷 자료를 검색해 보든가, 다른 책들을 찾아볼 수 있겠네. ··· ⓑ
- 검색을 하려면 인터넷 접속이 필요하겠네. ······························· ⓒ
- 검색은 나중에 하고, 먼저 앞부분을 다시 읽어 봐야겠다. 그다음에 다른 책을 찾아봐야지. ··· ⓓ
- 그럼 일단 앞부분에 관련된 내용이 있었는지 읽어 보자.

↓

- 앞부분에는 관련된 내용이 없어서 도움이 안 되네.
- 이 용어와 관련된 분야의 책을 찾아보는 것이 가장 좋겠어. ·············· ⓔ

↓

- 이제 이 용어의 뜻이 이해되네. 그럼 계속 읽어 볼까?

① ⓐ: ㉠을 판단하여 사용 중인 전략을 계속 사용하기로 결정했다.
② ⓑ: ㉡을 고려하여 선택할 수 있는 전략들을 떠올렸다.
③ ⓒ: ㉢을 고려하여 전략의 사용 조건을 확인했다.
④ ⓓ: ㉣을 판단하여 전략들의 적용 순서를 결정했다.
⑤ ⓔ: ㉤을 판단하여 최적이라고 생각한 전략을 선택했다.

4 Day

독서(인문) 고3 2023년 6월

심리 철학에서의 의식을 설명하는 여러 가지 관점 / 체험으로서의 지각

핵심정리

가

문단 중심 내용

❶ 동일론과 기능주의가 바라본 의식
❷ 기능주의를 반박하는 사고 실험을 제시한 설
❸ 동일론, 기능주의, 설의 주장의 한계와 로랜즈의 확장 인지 이론
❹ 로랜즈의 확장 인지 이론에서 인지 과정과 확장 인지 이론의 의의

동일론, 기능주의, 설의 주장

동일론	의식은 뇌의 물질적 상태와 동일함.
기능주의	의식은 기능이며, 서로 다른 물질에서 같은 기능이 구현될 수 있음.
설	기능이 같으면서 의식은 다른 사례가 있음.

↓

의식에 대한 논의를 몸의 내부로만 한정함.

로랜즈의 확장 인지 이론

인지 과정	주체에게 심적 상태가 생겨나게 하는 과정 - 파생적 상태를 조작함으로써 심적 상태를 생겨나게 하는 과정 - 심적 상태를 생겨나게 하는 인지 과정이 확장되는 것 → 주체 없는 인지란 존재하지 않음.
심적 상태	어떤 것에도 의존함이 없이 주체에게 의미를 나타내는 상태 예 기억, 믿음
파생적 상태	주체의 해석에 의존해서만 또는 사회적 합의에 의존해서만 의미를 나타내는 상태
의의	의식의 문제를 몸 안으로 한정하지 않고 바깥으로까지 넓혀 설명함.

※ 다음 글을 읽고 물음에 답하시오.

가

❶ 심리 철학에서 동일론은 의식이 뇌의 물질적 상태와 동일하다고 ⓐ 본다. 이와 달리 기능주의는 의식은 기능이며, 서로 다른 물질에서 같은 기능이 구현될 수 있다고 주장한다. 이때 기능이란 어떤 입력이 주어졌을 때 특정한 출력을 내놓는 함수적 역할로 정의되며, 함수적 역할의 일치는 입력과 출력의 쌍이 일치함을 의미한다. 실리콘 칩으로 구성된 로봇이 찔림이라는 입력에 대해 고통을 출력으로 내놓는 기능을 가진다면, 로봇과 우리는 같은 의식을 가진다는 것이다. 이처럼 기능주의는 의식을 구현하는 물질이 무엇인지는 중요하지 않다고 본다.

❷ 설(Searle)은 기능주의를 반박하는 사고 실험을 제시한다. '중국어 방' 안에 중국어를 모르는 한 사람만 있다고 하자. 그는 중국어로 된 입력이 들어오면 정해진 규칙에 따라 중국어로 된 출력을 내놓는다. 설에 의하면 방 안의 사람은 중국어 사용자와 함수적 역할이 같지만 중국어를 아는 것은 아니다. 기능이 같으면서 의식은 다른 사례가 있다는 것이다.

❸ 동일론, 기능주의, 설은 모두 의식에 대한 논의를 의식을 구현하는 몸의 내부로만 한정하고 있다. 하지만 의식의 하나인 '인지' 즉 '무언가를 알게 됨'은 몸 바깥에서 ⓑ 일어나는 일과 맞물려 벌어진다. 기억나지 않는 정보를 노트북에 저장된 파일을 열람하여 확인하는 것이 한 예이다. 로랜즈의 확장 인지 이론은 이를 설명하는 이론이다.

❹ 그에 ⓒ 따르면 인지 과정은 주체에게 '심적 상태'가 생겨나게 하는 과정이다. 기억이나 믿음이 심적 상태의 예이다. 심적 상태는 어떤 것에도 의존함이 없이 주체에게 의미를 나타낸다. 예를 들어, 무언가를 기억하는 사람은 자기의 기억이 무엇인지 ⓓ 알아보기 위해 아무것도 의존할 필요가 없다. 이와 달리 '파생적 상태'는 주체의 해석에 의존해서만 또는 사회적 합의에 의존해서만 의미를 나타내는 상태로 정의된다. 앞의 예에서 노트북에 저장된 정보는 전자적 신호가 나열된 상태로서 파생적 상태이다. 주체에 의해 열람된 후에도 노트북의 정보는 여전히 파생적 상태이다. 하지만 열람 후 주체에게는 기억이 생겨난다. 로랜즈에게 인지 과정은 파생적 상태가 심적 상태로 변환되는 과정이 아니라, 파생적 상태를 조작함으로써 심적 상태를 생겨나게 하는 과정이다. 심적 상태가 주체의 몸 외부로 확장되는 것이 아니라, 심적 상태를 생겨나게 하는 인지 과정이 확장되는 것이다. 이러한 ㉠ 확장된 인지 과정은 인지 주체의 것일 때에만, 다시 말해 환경의 변화를 탐지하고 그에 맞춰 행위를 조절하는 주체와 통합되어 있을 때에만 성립할 수 있다. 즉 로랜즈에게 주체 없는 인지란 있을 수 없다. 확장 인지 이론은 의식의 문제를 몸 안으로 한정하지 않고 바깥으로까지 넓혀 설명한다는 의의를 지닌다.

나

❶ 일반적으로 '지각'이란 몸의 감각 기관을 통해 사물에 대해 아는 것을 의미한다. 이러한 지각을 분석할 때 두 가지 사실에 직면한다. 첫째, 그 사물과 내 몸은 물질세계에 있다. 둘째, 그 사물에 대한 나의 의식은 물질세계가 아닌 다른 세계에 있다. 즉 몸으로서의 나는 사물과 같은 세계에 속하는 동시에 의식으로서의 나는 사물과 다른 세계에 속한다.

❷ 이에 대한 객관주의 철학의 입장은 두 가지로 나뉜다. 의식을 포함한 모든 것을 물질로 환원하여 의식은 물질에 불과하다고 주장하거나, 의식을 물질과 구분되는 독자적 실체로 규정함으로써 의식과 물질의 본질적 차이를 주장한다. 전자에 의하면 지각은 사물로부터의 감각 자극에 따른 주체의 물질적 반응으로 이해되며, 후자에 의하면 지각은 감각된 사물에 대한 주체 즉 의식의 판단으로 이해된다. 이처럼 양자 모두 주체와 대상의 분리를 전제하고 지각을 이해한다. 주체와 대상은 지각 이전에 이미 확정되어 각각 존재한다는 것이다.

❸ 하지만 지각은 주체와 대상이 각자로서 존재하기 이전에 나타나는 얽힘의 체험이다. 예를 들어 다른 사람과 손이 맞닿을 때 내가 누군가의 손을 ⓔ <u>만지는</u> 동시에 나의 손 역시 누군가에 의해 만져진다. 감각하는 것이 동시에 감각되는 것이 되는 얽힘의 순간에, 나는 나와 대상을 확연히 구분한다. 지각이라는 얽힘의 작용이 있어야 주체와 대상이 분리될 수 있다. 다시 말해 주체와 대상은 지각이 일어난 이후 비로소 확정된다. 따라서 ⓛ <u>지각과 감각은 서로 구분되지 않는다.</u>

❹ 지각은 물질적 반응이나 의식의 판단이 아니라, 내 몸의 체험이다. 지각은 나의 몸에 의해 이루어지는 것이고, 지각이 이루어지게 하는 것은 모두 나의 몸이다.

나

문단 중심 내용

❶ 지각의 의미와 지각을 분석할 때 직면하는 두 가지 사실
❷ 지각에 대한 객관주의 철학의 두 가지 입장
❸ 지각에 대한 객관주의 철학의 입장에 대한 비판
❹ 내 몸의 체험으로서의 지각에 대한 주장

지각의 분석

개념	몸의 감각 기관을 통해 사물에 대해 아는 것
직면하는 사실	• 그 사물과 내 몸은 물질세계에 있음. • 그 사물에 대한 나의 의식은 물질세계가 아닌 다른 세계에 있음.

↓

몸으로서의 나는 사물과 같은 세계에, 의식으로서의 나는 사물과 다른 세계에 속함.

객관주의 철학의 입장

의식을 포함한 모든 것을 물질로 환원	의식을 물질과 구분되는 독자적 실체로 규정
의식은 물질에 불과함.	의식과 물질에는 본질적 차이가 있음.
지각은 사물로부터의 감각 자극에 따른 주체의 물질적 반응임.	지각은 감각된 사물에 대한 주체 즉 의식의 판단임.

↓

• 주체와 대상의 분리를 전제하고 지각을 이해함.
• 주체와 대상은 지각 이전에 이미 확정됨.

↑ 비판

• 지각은 주체와 대상이 각자로서 존재하기 이전에 나타나는 얽힘의 체험임.
• 지각과 감각은 서로 구분되지 않음.

01

중심 내용을 파악하는 문제이다. (가)에서 설이 비판한 대상과 (나)에서 주장하는 바를 파악해야 한다. (가)에서 설은 기능주의를 반박하고 있으므로 ㉮에는 기능주의의 주장과 관련된 내용이 들어가고, (나)는 객관주의 철학의 입장을 비판하고 있으므로 ㉯에는 객관주의 철학과 반대되는 내용이 들어갈 것이라고 추측할 수 있다.

01

다음은 윗글을 읽은 학생이 정리한 내용이다. ㉮와 ㉯에 들어갈 말로 가장 적절한 것은?

(가)는 기능주의를 소개한 후 [㉮]은/는 같지 않다는 설(Searle)의 비판을 제시하고 있다. 그리고 인지 과정이 몸 바깥으로까지 확장된다고 주장하는 확장 인지 이론을 설명하고 있다. (나)는 인지 중에서도 감각 기관을 통한 인지, 즉 지각을 주제로 하고 있다. (나)는 지각에 대한 객관주의 철학의 입장을 비판하고, [㉯]으로서의 지각을 주장하고 있다.

	㉮	㉯
①	의식과 함수적 역할	내 몸의 체험
②	의식과 함수적 역할	물질적 반응
③	의식과 뇌의 상태	의식의 판단
④	의식과 뇌의 상태	내 몸의 체험
⑤	입력과 출력	의식의 판단

02

세부 내용을 파악하는 문제이다. (가)는 동일론, 기능주의, 설의 주장과 로랜즈의 확장 인지 이론을 설명하고 있다. 따라서 의식과 인지에 대한 각각의 주장을 파악해야 한다.

02

(가)에서 알 수 있는 내용으로 적절하지 않은 것은?

① 동일론자들은 뇌가 존재하지 않으면 의식도 존재하지 않는다고 볼 것이다.
② 설(Searle)은 '중국어 방' 안의 사람과 중국어를 아는 사람의 의식이 다르다고 볼 것이다.
③ 로랜즈는 기억이 주체의 몸 바깥으로 확장될 수 있다고 볼 것이다.
④ 로랜즈는 인지 과정이 파생적 상태를 조작하는 과정을 포함한다고 볼 것이다.
⑤ 로랜즈는 노트북에 저장된 정보가 그 자체로는 심적 상태가 아니라고 볼 것이다.

03

(나)의 필자의 관점에서 ㉠을 평가한 내용으로 가장 적절한 것은?

① 확장된 인지 과정이 인지 주체의 것일 때에만 성립할 수 있다는 주장은, 지각 이전에 확정된 주체를 전제한 것이므로 타당하지 않다.

② 확장된 인지 과정이 인지 주체의 것일 때에만 성립할 수 있다는 주장은, 의식이 세계를 구성하는 독자적 실체라고 규정하는 것이므로 타당하다.

③ 주체와 통합된 경우에만 확장된 인지 과정이 성립할 수 있다는 주장은, 의식은 물질에 불과하다고 본 것이므로 타당하다.

④ 주체와 통합된 경우에만 확장된 인지 과정이 성립할 수 있다는 주장은, 외부 세계에 대한 지각이 이루어질 수 없다고 보는 것이므로 타당하지 않다.

⑤ 주체와 통합된 경우에만 확장된 인지 과정이 성립할 수 있다는 주장은, 주체와 대상의 분리를 통해서만 지각이 이루어질 수 있다고 보는 것이므로 타당하다.

03

글에 드러난 관점, 내용을 비판하는 문제이다. ㉠은 로랜즈의 확장 인지 이론을 설명하는 내용이고, (나)의 필자는 지각은 주체와 대상이 각자로서 존재하기 이전에 나타나는 얽힘의 체험이라고 주장하고 있다. (나)의 필자의 관점을 바탕으로 ㉠을 타당하다고 평가할 것인지, 타당하지 않다고 평가할 것인지 파악해야 한다.

04

㉡의 이유로 가장 적절한 것은?

① 감각과 지각 모두 물질세계에서 이루어지기 때문에

② 감각하는 것이 동시에 감각되는 것이 되는 얽힘의 작용이 지각이기 때문에

③ 지각은 몸에 의해 이루어지지만 감각은 몸에 의해 이루어지지 않기 때문에

④ 지각은 의식으로서의 주체가 외부의 대상을 감각하여 판단한 결과이기 때문에

⑤ 주체와 대상이 분리되기 이전에 감각과 지각이 분리된 채로 존재하기 때문에

04

내용의 인과관계를 파악하는 문제이다. ㉡은 지각과 감각은 서로 구분되지 않는다는 내용이다. (나)의 필자의 주장을 파악하고, ㉡의 근거를 지문에서 찾아야 한다.

05

구체적 사례에 적용하는 문제이다. <보기>
의 A는 막대기의 진동을 통해, B는 BCI를 통
해 사물의 위치를 파악할 수 있다. (가)의 기능
주의와 확장 인지 이론, (나)의 객관주의 철학
과 필자의 관점에서 <보기>의 상황을 어떻
게 바라볼지 파악해야 한다. 이때, 의식과 지
각, 인지에 대한 각 입장의 관점을 이해하고
있어야 한다.

05

(가), (나)를 바탕으로 <보기>의 상황을 이해한 내용으로 적절하지 않은 것은?

보기

> 빛이 완전히 차단된 암실에 A와 B 두 명의 사람이 있다. A는 막대기로 주변을 더
> 듬어 사물의 위치를 파악한다. 막대기 사용에 익숙한 A는 사물에 부딪친 막대기의
> 진동을 통해 사물의 위치를 파악할 수 있다. B는 초음파 센서로 탐지한 사물의 위
> 치 정보를 '뇌-컴퓨터 인터페이스(BCI)'를 사용하여 전달받는다. 이를 통해 B는
> 사물의 위치를 파악할 수 있다. BCI는 사람의 뇌에 컴퓨터를 연결하여 외부 정보
> 를 뇌에 전달할 수 있는 기술이다.

① (가)의 기능주의에 따르면, A와 B가 암실 내 동일한 사물의 위치를 묻는 질문에 동일
한 대답을 내놓는 경우 이때 둘의 의식은 차이가 없겠군.

② (가)의 확장 인지 이론에 따르면, BCI로 암실 내 사물의 위치를 파악하는 것이 B의 인
지 과정인 경우 B에게 사물의 위치에 대한 심적 상태가 생겨나겠군.

③ (가)의 확장 인지 이론에 따르면, 암실 내 사물에 부딪친 막대기의 진동이 A의 해석에
의존해서만 의미를 나타내는 경우 그 진동 상태는 파생적 상태가 아니겠군.

④ (나)에서 몸에 의한 지각을 주장하는 입장에 따르면, 막대기에 의해 A가 사물의 위치
를 지각하는 경우 막대기는 A의 몸의 일부라고 할 수 있겠군.

⑤ (나)에서 의식을 물질로 환원하는 입장에 따르면, BCI를 통해 입력된 정보로부터 B의
지각이 일어난 경우 BCI를 통해 들어온 자극에 따른 B의 물질적 반응이 일어난 것이
겠군.

06

단어의 의미를 파악하는 문제이다. ⓐ~ⓔ의
단어가 지문에서 어떤 의미로 사용되었는지
파악하고, 선택지에서 제시된 단어 중 유사한
의미로 사용된 것을 찾아야 한다.

06

문맥상 ⓐ~ⓔ의 단어와 가장 가까운 의미로 쓰인 것은?

① ⓐ: 그간의 사정을 봐서 그를 용서해 주었다.

② ⓑ: 이사 후에 가난하던 살림살이가 일어났다.

③ ⓒ: 개발에 따른 자연 훼손 문제가 심각해졌다.

④ ⓓ: 단어의 뜻을 알아보기 위해 사전을 펼쳤다.

⑤ ⓔ: 그는 컴퓨터 프로그램을 제법 만질 줄 안다.

5 Day

문학(현대시) 고3 2023년 3월

장수산 1 _정지용 / **고요를 시청하다** _고재종

※ 다음 글을 읽고 물음에 답하시오.

가

벌목정정(伐木丁丁)* 이랬거니 아름드리 큰 솔이 베어짐직도 하이 골이 울어 **멩아리 소리 쩌르렁** 돌아옴직도 하이 다람쥐도 좇지 않고 멧새도 울지 않아 깊은 산 **고요가 차라리 뼈를 저리우는데 눈과 밤이 종이보담 희고녀!** 달도 보름을 기다려 흰 뜻은 **한밤 이 골을 걸음이란다?** 웃절 중이 여섯 판에 여섯 번 지고 웃고 올라간 뒤 조찰히 늙은 사나이의 남긴 내음새를 줍는다? 시름은 바람도 일지 않는 고요에 심히 흔들리우노니 오오 견디란다 차고 올연히* 슬픔도 꿈도 없이 장수산 속 겨울 한밤내—

 – 정지용, 〈장수산 1〉 –

* 벌목정정: 깊은 산에서 커다란 나무가 베어질 때 쩡쩡하고 나는 큰 소리.
* 올연히: 홀로 우뚝한 모양.

나

초록으로 쓸어 놓은 마당을 낳은 고요는
새암가에 뭉실뭉실 수국송이로 부푼다 [A]

날아갈 것 같은 감나무를 누르고 앉은 **동박새가**
딱 한 번 울어서 넓히는 고요의 면적,
감잎들은 유정무정을 죄다 토설하고 있다

작년에 담가 둔 송순주 한 잔에 생각나는 건
이런 정오, 멸치국수를 말아 소반에 내놓던
어머니의 소박한 고요를
윤기 나게 닦은 마루에 꼿꼿이 앉아 들던
아버지의 묵묵한 고요,

초록의 군림이 점점 더해지는
마당, 담장의 덩굴장미가 내쏘는 향기는 [B]
고요의 심장을 붉은 진동으로 물들인다

사랑은 갔어도 가락은 남아, 그 몇 절을 안주 삼고
삼베올만치나 무수한 고요를 둘러치고 앉은
고금*의 시골집 마루,

핵심정리

가 정지용, 〈장수산 1〉

갈래

자유시, 산문시

성격

감각적, 동양적

제재

장수산의 정경

주제

장수산의 고요한 정경과 탈속적 세계에 대한 염원

특징

① 고요한 자연의 정경을 마주하는 화자의 내면을 표현함.
② 예스럽고 고풍스러운 말투와 시어를 활용하여 동양적인 분위기를 조성함.

해제

이 작품에서 화자는 겨울 산이라는 절대 고요와 부동의 공간 속에서 웃절 중의 맑고 깨끗한 정신적 경지를 뒤따르고 싶어하지만, 바람도 일지 않는 깊은 산에 쉽게 동화되지 못하고 내면의 동요를 느낀다. 그러면서도 차고 올연히 이 겨울을 견디겠다는 견고한 삶의 자세를 드러내며 시상을 마무리한다. 흔들리는 내면의 시름 속에서도 정신적 긴장을 늦추지 않는 화자의 치열한 정신적 고투가 역력히 드러나 있는 작품이다.

나 고재종, 〈고요를 시청하다〉

갈래

자유시, 서정시

성격

감각적, 서정적

제재

시골집의 마루

주제

적막한 시골집 마루에서 마주하는 오월의 고요

특징

① 시선의 이동에 따라 시상을 전개함.
② 색채 이미지를 통해 계절감을 부각함.
③ 관념적 대상인 '고요'를 다양한 감각적 심상을 통해 구체화함.

WEEK 4

113

아무것도 새어 나게 하지 않을 것 같은 고요가

초록바람에 반짝반짝 누설해 놓은 오월의 　　　　　　[C]

날 비린내 나서 **더 은밀한 연주를 듣는다**

- 고재종, 〈고요를 시청하다〉 -

* 고금: 외롭게 홀로 자는 잠자리.

문제풀이 맥

01

01

(가)에 대한 이해로 적절하지 않은 것은?

① '아름드리 큰 솔'과 '베어짐직도 하이'를 관련지어 인간에게 아낌없이 내어 주는 자연의 속성을 환기하고 있다.

② '다람쥐도 좇지 않고'와 '멧새도 울지 않아'를 연달아 제시하여 시적 공간의 적막한 분위기를 부각하고 있다.

③ '여섯 판에 여섯 번 지고'도 '웃고 올라간' 행동을 제시하여 세속적인 욕심에서 벗어난 인물의 모습을 암시하고 있다.

④ '바람도 일지 않는'과 '심히 흔들리우노니'를 대비하여 시적 공간에 동화하지 못하는 화자의 내적 고뇌를 강조하고 있다.

⑤ '오오 견디란다'를 '차고 올연히'와 연결하여 화자가 지향하는 삶의 태도를 드러내고 있다.

02

02

[A]~[C]에 대한 이해로 가장 적절한 것은?

① [A]에서 '새암'은 부푸는 '수국송이'의 모습에 비유되어 풍성한 생명력을 낳는 존재로 인식된다.

② [A]에서 '마당'을 물들인 '초록'은 [B]에서 점점 확산하여 '덩굴장미'의 색채와 어우러지며 계절감을 부각한다.

③ [B]에서 '초록'은 '마당' 위에 군림하는 존재로 묘사되어 마당에 '붉은 진동'을 방해하는 힘으로 인식된다.

④ [B]에서 '마당'에 군림하던 '초록'은 [C]에서 '초록바람'으로 변주되어 다시 계절이 바뀔 것을 암시한다.

⑤ [C]에서 '초록바람'은 '오월'이 누설하는 것들을 감추어 줌으로써 '오월'의 신비로움이 지속되도록 한다.

03

<보기>를 참고하여 (가), (나)를 감상한 내용으로 적절하지 <u>않은</u> 것은?

시에서 조용하고 잠잠한 상태인 '고요'를 형상화하는 방식은 다양하다. 고요한 상태를 직접 드러낼 수도 있지만 오히려 소리를 활용하여 고요를 부각하는 효과를 얻기도 한다. 또한 고요에 어울리는 다양한 소재나 감각적 이미지를 활용하여 고요를 형상화하기도 한다. 이를 통해 고요는 시에서 시적 분위기를 드러낼 뿐만 아니라 화자의 내면세계를 암시하는 역할을 한다.

① (가)의 '눈과 밤이 종이보담 희고녀!'는 색채 이미지를 활용하여 눈 내린 겨울 달밤의 고요한 분위기가 드러나도록 한 것이겠군.

② (나)의 화자가 떠올린 추억 속의 '어머니'와 '아버지'는 시적 상황을 통해 표현하고자 하는 '이런 정오'의 고요에 어울리는 인물로 볼 수 있겠군.

③ (가)의 '멩아리 소리 쩌르렁'과 (나)의 '동박새가 / 딱 한 번 울어서'는 모두 소리를 활용함으로써 오히려 고요한 상황이 부각되도록 한 것이겠군.

④ (가)의 '고요가 차라리 뼈를 저리우는데'는 촉각적 심상을 활용하여, (나)의 '삼베올만치나 무수한 고요'는 시각적 심상을 활용하여 고요를 형상화한 것이겠군.

⑤ (가)의 '한밤 이 골을 걸음이란다?'는 화자 내면의 고요가 외부 세계로 이어지고 있음을, (나)의 '더 은밀한 연주를 듣는다'는 외부 세계의 고요가 화자 내면의 동요를 잠재우게 되었음을 나타낸 것이겠군.

03

외적 준거에 따라 작품을 감상하는 문제이다. <보기>에 따르면 (가), (나)는 모두 '고요'를 형상화하고 있다. 이 내용만 봤을 때 (가), (나)에서 어떠한 방식으로 고요를 형상화였는지를 묻는 것이 예상된다. 따라서 '고요'를 중심으로 (가)와 (나)를 다시 이해하는 것이 중요하다.

핵심정리

갈래

군담소설, 영웅소설

배경

• 시간적 배경 – 명나라 성화연간
• 공간적 배경 – 철마산 아귀의 소굴

시점

전지적 작가 시점

제재

김원의 시련과 영웅적 활약

주제

요괴로부터 공주를 구출해내는 김원의 영웅적 활약

특징

① 전기적 요소를 활용하여 비현실적 장면을 나타냄.
② 대화를 통해 인물 간의 관계와 위계질서를 드러냄.
③ 지하 동굴을 영웅이 거쳐야 할 통과 의례적 공간으로 설정하여 사건을 극적으로 전개함.

해제

이 작품은 작자와 창작 연대가 알려지지 않은 국문 고전소설로, '지하국 대적 퇴치 설화'를 비롯한 다양한 설화를 바탕으로 완성된 소설이다. 괴상한 모습으로 태어난 주인공은 자신의 본래 모습을 회복한 후, 황제의 명을 받아 요괴에게 납치된 공주를 구출하고 용왕의 사위가 되어 부귀영화를 누리게 된다. 천상적 존재가 적강한 것으로 그려져 있다는 점, 주인공이 비인간의 형태로 태어나 고통을 감내하고 능력을 발휘하여 인간의 모습을 찾는 서사로 이루어졌다는 점에서 〈금방울전〉과의 유사성을 확인할 수 있다. 제시된 지문에는 요괴(아귀)에게 납치된 공주를 구출하기 위해 아귀의 소굴로 들어간 주인공(김원)이 공주 등의 도움으로 요괴를 물리치는 장면이 담겨 있다.

※ 다음 글을 읽고 물음에 답하시오.

[A] ┌ 황상과 만조백관이 어찌할 줄 모르더니 좌장군 서경태가 급히 입직군을 동원하여 칼을 들고 내달아 크게 꾸짖길,

"이 몹쓸 흉악한 놈아, 어찌 이런 변을 짓느냐?"

하고 칼을 들어 치니 아귀가 몸을 기울여 피하고 입을 벌려 숨을 들이쉬니 서경태가 날리어 아귀 입으로 들어갔다. 상이 보시다가 크게 놀라,

"짐이 여러 번 **전장**을 지내었으되 이런 일은 보도 듣도 못하였으니 제신 중에 뉘 이 짐승을 잡아 짐의 한을 씻으리오."

정서장군 한세충이 나와 아뢰길,

"소장이 비록 재주 없으나 저것을 베어 황상께 바치리이다."

하고 황금 투구에 엄신갑을 입고 팔 척 장창을 들고 청룡마를 내달아 외쳐 말하길,

"흉적은 목을 늘여 내 칼을 받으라."

아귀가 크게 웃고 말하길,

"아까는 내 숨을 들이쉬니 모기 같은 것도 삼켰으니 지금은 숨을 내쉴 것이니 네 눈을 부릅뜨고 자세히 보라."

하고 입을 벌려 숨을 내부니 황상과 만조백관이 오 리나 밀려갔다. 아귀가 궁중이 텅 빈 것을 보고 세 공주를 등에 업고 돌아갔다.

이때 황상이 제신과 함께 정신을 겨우 차려 환궁하시니 세 공주가 다 없었다. 상께 이 연고를 아뢰니 상이 크게 놀라 하교하시되,

"이런 해괴한 변이 천고에 없으니 경들의 소견이 어떠하뇨?"

└ 하고 용루를 흘리시니 **조정**에 모인 여러 신하가 감히 우러러 보지 못하였다.

이우영이 아뢰길,

"전 좌승상 김규가 지모 넉넉하오니 불러 문의하심이 마땅할까 하나이다."

상이 깨달아 조서를 내려 김규를 부르셨다.

이때 승상이 원을 데리고 평안히 지내더니 천만의외에 사관이 조서를 가지고 왔거늘 받자와 본즉,

"전임 좌승상에게 부치나니 그사이 **고향**에서 무사한가. ⓐ <u>짐은 불행하여 공주를 잃고 종적을 모르니 통한함을 어찌 측량하리오.</u> 경에게 옛 벼슬을 다시 내리나니 바삐 올라와 고명한 소견으로 짐의 아득함을 깨닫게 하라."

하였다. 승상이 사관을 후대하고 ㉠ <u>국변</u>을 물으니 아귀 작란하던 일과 세 공주 잃은 말을 대강 고하니 승상이 못내 슬퍼하며 상경하여 사은숙배하니, 상이 보시고,

"경이 고향에 돌아감은 짐이 불명한 탓이로다. 국운이 불행하여 세 공주를 일시에 잃었으니 짐의 이 원을 어찌하리오? 경의 소견으로 이 일을 도모하면 평생의 한을

풀리로다."

승상이 엎드려 아뢰길,

"소신이 자식이 있삽는데 창법 검술이 일세에 무쌍하와 매일 종적 없이 다니옵기 연고를 물으니 **철마산**에 가 무예를 익히다가 일일은 그 산에서 아귀라 하는 짐승을 만나 겨루고 그 뒤를 좇아 바위 구멍으로 들어감을 보았노라 하옵기 과연 허언이 아닌가 싶사오니 ⓑ 자식을 불러 들으심이 마땅하올까 하나이다."

[중략 부분의 줄거리] 원은 황상을 뵙고 원수가 되어 철마산 아귀의 소굴로 들어간다.

원수가 백계를 생각하다가 갑자기 깨달아 공주께 아뢰기를,

"독한 술을 많이 빚어 좋은 안주를 장만하여야 계교를 베풀리이다."

하고, 약속을 정해 여러 여자를 청하여 여차여차하게 계교를 갖추고 기다리라고 하였다.

이때 아귀가 원의 칼에 상한 머리 거의 나으니 모든 시녀를 불러 말하기를,

"ⓒ 내 병이 조금 나았으니 사오일 후 세상에 나가 남두성을 잡아 죽여 이 원한을 풀리라. 너희는 나를 위하여 마음을 위로하라."

여자들이 이 말을 듣고 크게 기뻐하여 각각 술과 성찬을 권하기를,

"대왕의 상처가 나으시면 첩 등의 복인가 하나이다. ⓓ 수이 차도를 얻사오면 남두성 잡기야 어찌 근심하리오? 주찬을 대령하였사오니 다 드시어 첩 등의 우러르는 마음을 즐겁게 하소서."

아귀가 가져오라 하거늘, 여러 여자가 일시에 한 그릇씩 드리니 아홉 입으로 권하는 대로 먹으니 그 수를 알 수 없었다. 술이 취하매 여러 여자가 거짓으로 위로하여,

"장군은 잠깐 잠을 청하여 아픔을 잊으소서."

아귀가 듣고 잠을 자려 하거늘, 막내 공주가 곁에 앉아 말하길,

"보검을 놓고 주무소서. 취중에 보검을 한번 휘둘러 치면 잔명이 죄 없이 상할까 하나이다."

아귀가 말하기를,

"장수가 잠이 드나 칼을 어찌 손에서 놓으리오마는 혹 실수함이 있을까 하노니 머리맡에 세워 두라."

하고 주거늘, 공주가 받아 놓고 잠들기를 기다렸다. 아귀가 깊이 잠들었거늘, 비수를 가지고 **협실**로 나와 원수에게 잠들었음을 이르고 함께 후원에 이르러 큰 기둥을 가리키며,

"원수의 칼로 저 기둥을 쳐 보소서."

원수가 칼을 들어 기둥을 치니 반쯤 부러졌다. 공주가 크게 놀라 말하기를,

"만일 그 칼을 썼더라면 성사도 못하고 도리어 큰 화가 미칠 뻔하였습니다."

아귀가 쓰던 비수로 기둥을 치니 썩은 풀이 베어지는 듯하였다.

- 작자 미상, 〈김원전〉 -

등장인물

김원	천상계의 '남두성'이 죄를 지어 적강한 인물임. 황상의 원으로 세 공주를 구하고 아귀를 퇴치하러 소굴로 들어감.
막내 공주	아귀에 의해 언니들과 함께 지하국으로 잡혀가지만, 기지를 발휘해 김원이 아귀를 퇴치하는 데 도움을 줌.

전체 줄거리

천상적 존재인 남두성은 하늘나라에서 죄를 짓고 지상으로 쫓겨나, 김수와 부인 유 씨 사이에서 둥근 모양의 괴상한 형태로 태어난다. 둥근 모양으로 태어나 10년 만에 허물을 벗고 미남자로 변신한 김원은 아귀가 황제의 세 공주를 납치하자 도원수가 되어 공주를 구출하기 위해 지하로 내려간다. 지하 동굴로 내려간 김원은 아귀를 죽이는 데 성공하나 부하들은 김원의 공을 가로채기 위해 굴 입구를 막아 버린다. 굴 속을 헤매던 김원은 용왕의 아들을 구하고 이를 계기로 용궁으로 가서 용왕의 딸과 결혼한다. 용왕의 딸과 고국으로 오던 김원은 주점 주인에 의해 살해되지만 선녀의 도움으로 다시 살아난다. 이후 황제는 김원을 부마로 삼고 용녀를 정숙 공주에 봉하고 김원은 두 부인과 함께 부귀공명을 누리다가 승천한다.

핵심 소재

보검	술
• 장수인 아귀의 위력을 보여 줌. • 원수(김원)가 아귀를 처치하도록 도움.	아귀의 경계심을 없애고, 만취하여 잠에 들게 함.
김원을 도와 아귀를 퇴치하려는 막내 공주의 계교와 관련됨.	

인물들의 적대자 대응 양상

아귀

↕

서경태	원수
입직군을 동원하여 칼을 들고 내달아 아귀를 꾸짖으며 칼을 들어 치다 아귀의 입으로 들어감.	백계를 생각하다 계교를 마련해 아귀를 상대하려 함.

↓

압도적 무력을 지닌 적대자인 아귀에 대해서 서로 다른 대응 양상을 보임.

01

시점 및 서술상의 특징을 파악하는 문제이다. 고전소설에서는 인물의 행동과 발화뿐만 아니라 서술자의 서술, 작품 삽입 등을 통해 특정한 효과를 거둔다. 이 문제의 경우 윗글에 활용된 서술 방법과 그 효과가 적절하게 대응하는지를 정확하게 파악해야 한다.

01

[A]의 서술상 특징에 대한 설명으로 가장 적절한 것은?

① 서술자가 개입하여 인물에 대한 평가를 제시하고 있다.

② 대화를 통해 인물 간의 위계나 관계를 보여 주고 있다.

③ 현재와 과거를 교차하여 장면의 전환을 보여 주고 있다.

④ 인물의 회상을 통해 인물 간 갈등의 원인을 암시하고 있다.

⑤ 상황에 대한 인물의 반응을 과장되게 서술하여 사건의 비극성을 완화하고 있다.

02

작품의 내용을 이해하는 문제이다. 작품의 내용을 전체적으로 이해하기 위해서는 사건의 전개 과정분 아니라 인물들의 대사나 행동에 담긴 의미를 파악해야 한다. 이 문제에서는 ㉠ '국변'을 중심으로 인물들의 심리와 행동을 올바르게 이해했는지 묻고 있다. 따라서 윗글에 대한 이해를 바탕으로 각각의 등장인물이 ㉠과 관련하여 어떠한 심리를 가지고 행동하고 있는지, 이로 인해 인물이 특정한 대사나 행동을 한 이유가 무엇인지를 살피며 작품을 감상해야 한다.

02

㉠과 관련하여 윗글을 이해한 내용으로 적절하지 않은 것은?

① 황상은 ㉠의 심각성을 이전의 '전장'과 비교하고, 그때의 경험에 근거하여 ㉠에 대한 대처 방안을 찾아낸다.

② 이우영은 ㉠의 해결을 위해 '조정'에서 황상의 질문에 답하며 ㉠에 대처할 방안을 찾아 줄 지모 있는 인물을 거명한다.

③ 황상은 ㉠의 여파가 미치지 않은 '고향'에서 편안히 지내던 승상에게 ㉠으로 인한 위기 상황을 알린다.

④ 승상은 ㉠의 원흉인 아귀를 원이 '철마산'에서 본 것을 황상에게 아뢰고, ㉠을 해결할 단서를 제공할 인물을 천거한다.

⑤ 원은 ㉠의 해결 방안을 떠올리고, '협실'에서 공주를 만나 ㉠을 해결할 수 있는 기회가 왔음을 알게 된다.

03

ⓐ~ⓓ에 대한 설명으로 가장 적절한 것은?

① ⓐ와 ⓑ에서는 상대에 대한 신뢰를 바탕으로, 숨겨 온 사실을 드러내고 있다.

② ⓑ와 ⓒ에서는 자신의 위세를 드러내어, 상대의 복종을 이끌어 내고 있다.

③ ⓐ에서는 자신의 감정을 상대에게 드러내고, ⓓ에서는 자신들의 의도를 상대에게 숨기고 있다.

④ ⓑ에서는 당위를 내세워 상대의 행위를 요구하고, ⓓ에서는 상대의 안위를 우려하여 자제를 요청하고 있다.

⑤ ⓒ에서는 상대에게 자신의 목표를 위해 행동할 것을 촉구하고, ⓓ에서는 상대의 목표를 위해 행동할 것을 약속하고 있다.

04

<보기>를 참고하여 윗글을 감상한 내용으로 적절하지 <u>않은</u> 것은?

> **보기**
>
> 〈김원전〉은 당대의 보편적 가치인 충군을 주제로, 초월적 능력을 지닌 주인공과 기이한 존재인 적대자의 필연적 대결 관계를 보여 준다. 특히 적대자의 압도적 무력에 맞서는 과정에서 인물에 따라, 혹은 인물이 처한 상황에 따라 다른 대응 방식을 보여 줌으로써 독자의 흥미를 자극한다.

① 서경태가 입직군을 동원해 아귀와 맞서고 원수가 계교를 마련해 아귀를 상대하는 데서, 압도적 무력을 지닌 적대자에 대응하는 양상이 서로 다름을 알 수 있군.

② 한세충이 황상의 한을 씻고자 아귀에게 대항하고 승상이 황상의 불행에 슬퍼하며 상경하는 데서, 인물들이 충군의 가치를 지키고 있음을 알 수 있군.

③ 원이 아귀의 머리를 상하게 한 것과 아귀가 남두성인 원에게 원한을 갚겠다고 다짐하는 데서, 주인공과 적대자의 대결이 피할 수 없는 것임을 알 수 있군.

④ 공주가 황상에게는 국운의 불행으로 잃은 대상이지만 원수에게는 약속대로 아귀를 잠들게 하는 인물인 데서, 여성 인물이 사건의 피해자이자 해결을 돕는 존재임을 알 수 있군.

⑤ 일세에 무쌍한 무예를 갖춘 원수가 아귀의 비수로 기둥을 베어 보는 데서, 주인공이 적대자를 처치하기 위해 자신의 계획대로 초월적 능력을 시험하고 있음을 알 수 있군.

03

인물의 심리, 태도를 파악하는 문제이다. ⓐ~ⓓ는 모두 인물의 대사로, 이때 ⓐ는 황상, ⓑ는 승상, ⓒ는 아귀, ⓓ는 여자들의 발화이다. 각 인물이 이러한 발화를 통해 어떤 의도를 이루고자 하는지 파악하는 것에 제일 중요한데, 이를 위해서는 인물이 현재 처한 상황을 중심으로 행동을 이해해야 한다.

04

외적 준거에 따라 작품을 감상하는 문제이다. <보기>에 제시된 설명에 따라 작품을 이해하는 것이 중요하다. <보기>에 따르면, 윗글은 각 인물들이 기이한 존재인 적대자와 맞서는 과정에서 서로 다른 대응 양상을 보임으로써 독자의 흥미를 자극한다. 이러한 <보기>의 내용을 바탕으로, 제시된 인물의 행동과 서술이 지닌 의미가 선택지에 제시된 내용과 적절하게 대응하는지 파악하는 것이 중요하다.

섹션 SECTION 뽀개기 종합편

스스로 점검하기

Day	공부 시작 시간	공부 종료 시간	틀린 문항 수	틀린 유형
Day 1	시　분　초	시　분　초		
Day 2	시　분　초	시　분　초		
Day 3	시　분　초	시　분　초		
Day 4	시　분　초	시　분　초		
Day 5	시　분　초	시　분　초		
Day 6	시　분　초	시　분　초		

1 일별로 계획에 맞춰 공부하기

하루에 기출 하나씩 매일 꾸준히 공부하는 것이 최선의 방법이다.

2 시작 시간과 종료 시간 체크하기

스스로 시간 제한을 두고 문제를 푸는 것이 실전 대비에 효과적이다.

3 틀린 문항과 유형 분석하기

틀린 문제는 또 틀릴 수 있다. 특정 문항과 유형에서 많이 틀렸다면, 그 이유를 분석해야 한다.

4 보충 학습하기

스스로 점검하기를 통해 자신의 취약한 유형을 확인하고, SLS를 통해 부족한 부분을 보충 학습한다.

	Day 1						Day 2						Day 3						나의 예상 등급은?
번호	1	2	3	4	5	6	1	2	3	4	5	6	1	2	3	4	5	6	
정답률	88%	89%	74%	86%	89%		96%	94%	88%	98%			94%	89%	86%				등급
채점																			

	Day 4						Day 5						Day 6						
번호	1	2	3	4	5	6	1	2	3	4	5	6	1	2	3	4	5	6	**1등급** 23~25개
정답률	68%	65%	41%	70%	59%	85%	35%	64%	65%				86%	65%	76%	72%			**2등급** 21~22개
채점																			**3등급** 19~20개

결과	틀린 문항에는 ✕ 표시, 찍어서 막혔거나 헷갈렸던 문항에는 △표시, 맞춘 문항에는 ○표시
	채점 결과 : 맞은 문항 수 25개중 ☐개

5

WEEK

핵심정리

갈래

논설문

제재

○○시의 인구 감소

주제

○○시의 인구 감소 문제를 해결하기 위한 방안

문단 중심 내용

❶ ○○시 인구 감소의 실태
❷ ○○시 청년층 인구 감소의 원인
❸ 외국의 사례를 근거로 정주 여건의 개선을 위한 제도적 지원의 필요성을 강조
❹ 청년층 인구 증가를 위한 방안을 제시하며 마무리

○○시 인구 감소의 원인

전통적인 섬유 산업의 쇠퇴
↓
양질의 일자리가 지속적으로 감소
↓
지역의 서비스 산업 쇠퇴
↓
정주 여건의 악화
↓
지역 인구 감소를 가속화

○○시 청년층 인구의 증가를 위한 방안

양질의 일자리 제공	고부가 가치 섬유 산업의 육성을 지원, 식품 산업 단지를 확대
+	
청년층에게 필요한 제도의 마련	지역민의 보육·교육 여건의 개선과 문화 콘텐츠 개발 등 제도적 지원의 확대

※ 다음은 작문 상황을 바탕으로 작성한 학생의 초고이다. 물음에 답하시오.

[작문 상황]

　㉠ 지역 사회의 문제에 대한 견해를 담은 글을 작성하여 지역 신문에 기고하려고 함.

[초고]

❶ 얼마 전 지방의 인구 감소 문제를 해결한 외국의 사례를 소개하는 책을 읽고, 지역의 문제 해결을 위해서는 지역민들이 함께 고민하는 것이 중요함을 알 수 있었다. 이에 우리 ○○시의 인구 감소 문제를 함께 살펴보고자 한다. 우리 지역은 전체 인구가 2018년에 비해 2022년에 10% 가까이 감소했다. 이는 무엇보다 우리 지역의 20~30대 청년층 인구 감소 속도가 빠르기 때문에 나타난 결과이다. 우리 지역의 청년층 인구의 감소 속도는 전체 인구의 감소 속도에 비해 2배 이상 빠르다. 이런 추세라면 얼마 지나지 않아 우리 지역은 소멸 위험에 처하게 될 것이다.

❷ 우리 지역의 청년층 인구 감소의 주요 요인은 양질의 일자리 감소이다. 그동안 우리 지역은 섬유 산업, 식품 산업, 자동차 부품 산업 등을 중심으로 경제 활동이 이루어져 왔다. 그런데 근래 들어 전통적인 섬유 산업이 쇠퇴하여 양질의 일자리가 지속적으로 감소하고 그에 따라 지역의 서비스 산업도 함께 쇠퇴해 왔다. 이것은 보육·교육, 문화 등 지역에 자리를 잡고 생활하는 데 필요한 정주 여건의 악화로 이어지고 있다. 이렇게 악화되는 정주 여건은 인구 유입의 장애 요인으로 작용하여 우리 지역의 인구 감소를 가속화하고 있다.

❸ 양질의 일자리를 늘리기 위해 고부가 가치 섬유 산업의 육성을 지원하고 식품 산업 단지를 확대해 기업들을 유치하기 위한 노력이 지방 자치 단체를 중심으로 이루어지고 있다. 그런데 외국의 사례를 보면 산업 진흥 정책과 함께 보육·교육 여건의 개선이 이루어지고 지역의 특색 있는 문화가 발전할 때 청년층 인구 증가의 효과가 컸다. 우리 지역도 이 사례를 참고해 지역민의 보육·교육 여건의 개선과 문화 콘텐츠 개발 등을 위해 제도적인 지원을 늘려야 한다.

❹ 청년층 인구의 증가는 지역의 인구 소멸 위험을 낮추고 지역 경제 발전의 선순환 구조를 만드는 토대가 된다. 이러한 선순환 구조에 우리 지역이 진입하기 위해서는 양질의 일자리가 제공되어야 할 뿐 아니라 청년층에게 필요한 제도가 마련되고 기반 시설이 확충되어야 한다. [A]

01

'초고'에서 ㉠을 제시할 때 활용한 전략으로 가장 적절한 것은?

① 문제를 해결한 사례를 근거로 해결 방안을 제안한다.

② 문제에 관한 쟁점을 바탕으로 문제의 심각성을 강조한다.

③ 문제의 다양한 발생 원인을 근거로 문제 해결의 어려움을 주장한다.

④ 문제 해결을 위한 기존 방안의 한계를 근거로 문제에 대한 논의의 시급성을 주장한다.

⑤ 문제에 대한 여러 연구 결과를 바탕으로 문제를 분석하기 위한 다양한 관점을 제안한다.

01

글쓰기 전략을 파악하는 문제이다. 이러한 유형의 문제는 선택지의 핵심을 파악하고 해당 부분이 지문에 제시되어 있는지 비교하며 문제를 풀어야 한다.

02

다음 선생님의 조언에 따라 [A]에 들어갈 내용을 작성한다고 할 때 가장 적절한 것은?

> **선생님**: 1문단에서 밝힌 작문의 계기에 관한 내용을 포함하고 관용구를 활용하여 글을 마무리하는 것이 좋겠습니다. 이때 대용 표현을 사용하면 앞 문장과의 응집성을 높일 수 있습니다.

① 이와 관련하여 정책 당국은 나이가 들수록 소득이 줄어 발생하는 세대 간 소득 격차 문제를 우선적으로 해결하기 위해 발 빠르게 대처해야 한다.

② 이를 위해서는 백지장도 맞들면 낫듯이 우리 지역민 모두가 함께 고민하며 문제 해결을 위한 노력을 하는 것이 중요하다.

③ 이것은 정주 여건이 좋아야 우리 지역을 떠난 청년층이 우리 지역으로 다시 돌아올 수 있다는 사실을 보여 준다.

④ 우물을 파도 한 우물을 파야 하듯이 정책 당국은 효과가 가장 큰 하나의 정책을 꾸준히 시행해야 한다.

⑤ 인구 감소 문제는 당장 우리 지역민 모두가 당면하고 있는 현실이어서 많은 관심을 필요로 한다.

02

조건에 맞는 글을 쓰는 문제이다. 선생님의 조언은 곧 조건이 되고, 조언에는 여러 개의 조건이 있을 수 있다. 따라서 제시된 조건을 파악하는 것이 우선이다. 선생님의 조언 중 조건은 1문단에서 밝힌 작문의 계기에 관한 내용을 포함해야 하고(조건 ①), 관용구를 사용하여 글을 마무리해야 하고(조건 ②), 대용 표현을 사용해야 한다(조건 ③).

관용 표현	원래의 뜻과는 다른 새로운 뜻으로 굳어져 쓰는 표현 예 관용어, 속담 등
대용 표현	• 동어 반복을 피하기 위해 사용하는 표현 • 앞에 나온 문장, 문단, 내용 전체 등을 대신한다.

03

자료 활용 방안에 대해 파악하는 문제이다. 초고의 각 문단별 중심 내용을 정확하게 숙지하고 각 문단에서 활용하기에 적절한 자료를 분석해야 한다.

(가)	○○시의 인구가 감소하고 있음을 구체적 수치로 제시한 통계 자료이다.
(나)	청년층 주민을 대상으로 한 설문 조사이다. 설문 조사에 따르면 보육·교육 여건의 개선 및 문화 시설 확충에 대한 응답률이 적지 않은 비율을 차지하고 있다.
(다)	양질의 일자리 부족과 함께 열악한 정주 여건을 인구 감소의 원인으로 제시한 전문가의 인터뷰이다.

03

<보기>는 학생이 '초고'를 보완하기 위해 추가로 수집한 자료이다. 자료의 활용 방안으로 적절하지 <u>않은</u> 것은?

보기

(가) 통계 자료

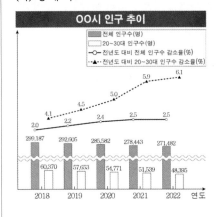

(나) 설문 조사 결과

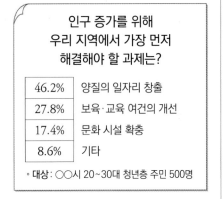

(다) 전문가 인터뷰

"양질의 일자리 부족이 ○○시의 청년층 인구가 타 지역에 비해 빠르게 감소하고 있는 주요 원인임이 틀림없습니다. 하지만 보육·교육, 문화와 같은 정주 여건이 열악한 것에도 주목해야 합니다."

① (가)를 활용하여, 1문단에서 우리 지역의 전체 인구가 2018년에 비해 2022년에 10% 가까이 감소했다고 제시한 것에 대해, 2018년과 2022년의 전체 인구수를 밝혀 구체화한다.

② (나)를 활용하여, 3문단에서 보육·교육 여건의 개선과 문화 발전의 필요성을 언급한 것에 대해, 청년층의 인구 증가를 위해서는 정주 여건을 개선해야 한다는 설문 조사 결과를 추가한다.

③ (다)를 활용하여, 2문단에서 정주 여건이 인구 유입의 장애 요인이라고 언급한 것에 대해, 열악한 정주 여건이 청년층 인구 감소의 주요 요인임을 강조한다.

④ (가)와 (다)를 활용하여, 1문단에서 우리 지역의 청년층 인구와 전체 인구의 감소 속도를 비교한 것에 대해, 우리 지역과 타 지역의 청년층의 인구 감소 속도를 비교한 값을 추가한다.

⑤ (나)와 (다)를 활용하여, 4문단에서 청년층에게 필요한 제도와 기반 시설을 언급한 것에 대해, 보육·교육의 지원을 위한 제도가 마련되고 문화 시설이 확충되어야 한다는 내용으로 구체화한다.

※ (가)는 전자 문서로 된 사용 설명서이고, (나)는 이와 관련하여 나눈 누리 소통망 대화이다. 물음에 답하시오.

핵심정리

가

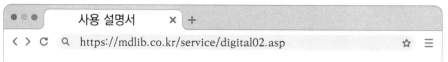

무인 도서 대출 및 반납기 사용 설명서

사용 설명서 pdf 파일 다운로드
(https://mdlib.co.kr/exp02)

◆ 기기 사용 안내

(1) 무인 도서 대출

도서 검색 및 선택 ⇨ 회원증 인식 ⇨ **도서 찾기** ⇨ 대출 정보 확인

(2) 무인 도서 반납

반납 도서 인식 ⇨ 도서 투입 ⇨ 반납 처리 ⇨ 반납 정보 확인

◆ 유의 사항
• 연체된 도서가 있는 경우 도서 대출이 제한됨.
• 훼손된 도서는 무인 도서 대출 및 반납기를 사용할 수 없으며 변상 처리해야 함
 (기타 안내의 '훼손 도서 변상 처리' 참조).

◆ 기타 안내(해당 항목을 클릭하면 안내 페이지로 이동)

야간 예약 대출   예약 대출 취소   훼손 도서 변상 처리

회원 가입 바로 가기

가

갈래

전자 문서

주제

무인 도서 대출 및 반납기 사용 설명서

전자 문서 매체의 특징

• 정보 제공의 속도가 빠름.
• 정보를 디지털화하여 저장함.
• 다수의 정보 제공자가 존재함.
• 전용 기기만 있으면 누구나 쉽게 정보에 접근할 수 있음.
• 하이퍼텍스트를 통해 연결되어 있는 다른 정보로 넘나들 수 있음.

WEEK 5

갈래

누리 소통망(SNS) 대화

화제

스마트 도서관 시스템 회원 가입 방법과 훼손 도서 변상 처리 안내

대화 중심 내용

20××년 ×월 13일	
창윤	스마트 도서관 시스템 회원 가입 방법에 대해 질문함.

↓

용주	전자 사용 설명서 링크 주소를 공유함.

20××년 ×월 15일	
창윤	무인 도서 대출기로 빌린 책을 떨어뜨려 책이 손상되었음을 밝힘.

↓

용주	손상된 책을 변상 처리해야 한다는 정보를 전달함.

↓

창윤	변상 처리 방법에 대해 질문함.

↓

용주	이전에 보내 준 전자 사용 설명서 '기타 항목'에 '훼손 도서 변상 처리' 안내가 있음을 알려 줌.

↓

창윤	이전의 대화 내용을 확인함.

나

20××년 ×월 13일

창윤: 용주야, 너 혹시 우리 학교 도서관에 무인 대출 및 반납기 생긴 거 아니?

용주: 응, 나는 벌써 써 봤는데.

창윤: 나는 회원 가입이 안 되어 있어서 사용하지 못했어.

용주: 지난달에 스마트 도서관 시스템을 도입하면서 회원 가입을 다시 하라는 안내가 있었는데 몰랐어?

창윤: 내가 지난달에 다리 수술을 받고 입원해 있어서 그 안내를 받지 못했어. 회원 가입은 어떻게 하는 거야?

용주: 내가 전자 사용 설명서 링크 주소를 공유할게. 여기 보면 '회원 가입 바로 가기'가 있으니까 그걸 누르면 돼.
https://mdlib.co.kr/service/digital02.asp

창윤: 응, 고마워.

20××년 ×월 15일

용주: 창윤아, 회원 가입은 했니?

창윤: 응, 네 덕분에. 그런데 오늘 무인 도서 대출기로 빌린 책을 떨어뜨리는 바람에 책이 손상되었어. 이를 어쩌지?

용주: 손상된 책은 변상 처리를 해야 한다고 하던데.

창윤: 변상 처리? 그건 어떻게 해야 하는 건데?

용주: 내가 전에 보내 준 사용 설명서 중 '기타 안내' 항목에 '훼손 도서 변상 처리' 안내가 있어.

창윤: 13일에 보내 준 자려에 있다는 거지? 내가 찾아볼게.

창윤: 찾았다. 이 전자 사용 설명서 링크 주소를 말하는 거지?
https://mdlib.co.kr/service/digital02.asp

용주: 맞아, 거기 보면 자세한 안내가 있으니까 참고해.

01

(가)의 정보 구성 및 제작 방식으로 적절하지 않은 것은?

① 사용 설명서는 특정한 파일의 형태로 다운로드할 수 있도록 했다.

② 기기 사용 안내는 사용 목적에 따라 크게 두 항목으로 나누어 구성했다.

③ 기기 사용 안내는 화살표를 활용하여 조작 순서가 드러나도록 안내했다.

④ 유의 사항은 회원 가입 후 관리자의 승인 절차를 거친 후에만 열람이 가능하도록 했다.

⑤ 기타 안내는 관련 정보를 안내 받을 수 있는 페이지로 이동할 수 있도록 했다.

01

매체의 정보 구성 방식에 대해 이해하는 문제이다. (가)는 전자 문서로 된 사용 설명서이다. 종이로 인쇄된 설명서와 다르게 전자 문서는 시공간의 제약을 받지 않으며 기호나 그림 등을 사용하여 정보를 전달할 수 있고, 자료(문서, 영상, 사진 등)를 첨부할 수 있으며 하이퍼텍스트를 통해 매체 자료 생산자가 추가로 수용자에게 정보를 제공할 수 있다. 이러한 점들을 파악하여 선택지의 적절성을 판단해야 한다.

02

(가)와 (나)에서 확인할 수 있는 매체 활용에 대한 이해로 가장 적절한 것은?

① (가)에 제시된 정보를 (나)의 사용자들이 하이퍼링크를 활용하여 내용을 수정하여 유통하고 있군.

② (나)의 사용자들이 정보를 교환하는 과정에서 (가)에서 제시된 정보의 정확성을 점검하고 있군.

③ (가)는 (나)와 달리 정보를 수용한 사용자가 추가로 필요한 정보를 요청하고 있군.

④ (나)는 (가)와 달리 사용자가 필요한 정보를 과거에 소통한 이력에서 가져와 활용하고 있군.

⑤ (가)와 (나)는 모두 사용자가 원하는 시간에 정보를 수용하기 위해서 시간 예약 기능을 활용하고 있군.

02

매체 활용 방안을 이해하는 문제이다. 우선 (가)와 (나)의 매체의 특성을 파악하고, 선택지에서 제시된 매체 활용 방법이 나타나 있는지 확인해야 한다.

3 Day

독서(기술) 고3 2023년 3월

초임계 유체를 이용한 입자 제조

시작시간 시 분 초 / 종료시간 시 분 초

온라인 문제풀이

정답 및 해설 | 62

핵심정리

문단 중심 내용

❶ 결정화와 결정화 공정의 개념

❷ 결정화 공정에서 활용하는 초임계 유체의 개념과 특징

❸ 초임계 이산화 탄소를 반용매로 사용한 GAS 공정의 원리

❹ 결정화 공정에서 석출되는 고체 입자의 크기를 결정하는 원리

❺ 초임계 이산화 탄소를 용매로 사용한 RESS 공정의 원리

❻ 결정화 공정에서 이산화 탄소를 주로 쓰는 이유와 초임계 이산화 탄소의 장점

초임계 유체

임계 온도	어떤 물질이 액체로 존재할 수 있는 최고 온도
임계 압력	어떤 물질이 기체로 존재할 수 있는 최대 압력
초임계 유체	임계 온도와 임계 압력 이상에서 액체도 아니고 기체도 아닌 상태로 존재하는 물질
특징	• 분자 간 거리가 기체보다 가깝고 액체보다 멂. • 압력을 높이면 밀도가 높아져 더 많은 양의 용질을 높일 수 있음.

GAS 공정

결정화하려는 물질을 액체 용매에 녹여서 혼합물을 만듦.

↓

용기에 적당량 채운 뒤 용기를 밀폐함.

↓

용기의 온도와 압력을 이산화 탄소와 액체 용매의 임계 온도와 임계 압력의 사이에 맞춤.

↓

초임계 이산화 탄소를 용기에 주입함.

↓

혼합물이 과포화 상태가 되고 녹아 있던 용질은 고체 입자로 석출됨.

※ 다음 글을 읽고 물음에 답하시오.

❶ 용해도는 일정한 온도에서 일정한 양의 용질에 최대로 녹을 수 있는 용질의 양으로, 보통 용매 100g에 녹을 수 있는 용질의 질량이다. 혼합물의 과포화 상태는 용질이 용해도 이상으로 녹아 있는 상태인데, 과포화 상태의 혼합물은 포화 상태로 돌아가려는 경향이 있다. 결정화는 포화 상태의 혼합물이 과포화 상태가 되어 용질이 고체 입자로 석출되는 것으로 결정화 공정을 거치면 입도*가 작은 고체 입자를 얻을 수 있다. 이러한 결정화 공정은 약물의 생체 흡수율을 높여야 하는 제약 분야 등에서 사용된다.

❷ 결정화 공정에서는 초임계 유체를 쓰는 경우가 많다. 물질은 임계 온도와 임계 압력 이상에서 초임계 상태로 존재한다. 임계 온도는 어떤 물질이 액체로 존재할 수 있는 최고 온도이고, 임계 압력은 어떤 물질이 기체로 존재할 수 있는 최대 압력이다. 온도와 압력이 임계 온도와 임계 압력 이상일 때 물질은 액체도 아니고 기체도 아닌 초임계 상태로 존재한다. 초임계 상태에서 물질의 분자 간 거리는 그 물질이 기체일 때보다는 가깝지만 액체일 때만큼 가깝지는 않다. 물질이 액체일 때보다는 초임계 상태거나 기체일 때 용질이나 용매가 더 자유롭게 이동할 수 있다. 또한 초임계 유체에 가해지는 압력을 높이면 밀도가 높아져 더 많은 양의 용질을 녹일 수 있어 초임계 유체를 이용한 결정화 공정에서는 고체 입자의 입도를 조절할 수 있다.

❸ GAS 공정에서는 초임계 이산화 탄소를 반용매로 사용하여 ㉠ 혼합물에 녹아 있는 용질을 작은 입도의 고체로 석출하는 경우가 많다. 반용매는 용질을 녹이지 않고 용매와는 잘 섞이는 물질로, 반용매를 혼합물에 첨가하면 반용매는 용매와 섞이고 용질은 고체 입자로 석출된다. GAS 공정에서는 결정화하려는 물질을 액체 용매에 녹여서 혼합물을 만들고 용기에 적당량 채운 뒤 용기를 밀폐한다. 이후 용기의 온도와 압력을 이산화 탄소와 액체 용매의 임계 온도와 임계 압력의 사이에 맞추고 초임계 이산화 탄소를 용기에 주입한다. 그러면 혼합물이 과포화 상태가 되고 녹아 있던 용질은 고체 입자로 석출된다. 반용매가 용매와 섞이면서 포화될 수 있는 용질의 양이 줄어드는 것이다. 석출되는 용질의 양은 처음에 채운 혼합물의 양이 같다면 그 농도에 의해 정해진다.

❹ 결정화 공정에서 고체 입자를 석출할 때는 우선 일정한 수의 용질 분자가 모여서 집합체를 이루어 결정핵이 생성되어야 한다. 혼합물의 농도가 높을수록 결정핵을 만들 수 있는 용질 분자의 수가 많아 결정핵이 많이 생긴다. 결정핵이 많이 생성되면 하나의 결정핵에 모일 수 있는 용질 분자의 수가 적어져서 고체 입자의 크기는 작아지게 된다.

❺ 한편 초임계 이산화 탄소를 용매로 사용하는 결정화 공정도 있다. RESS 공정에서는 결정화하려는 물질과 초임계 이산화 탄소가 섞인 ⓛ <u>혼합물</u>을 고압의 용기에서 대기압을 유지하는 용기로 분사한다. 분사 직후 초임계 이산화 탄소는 빠르게 압력이 내려가고 기체로 변화하는 과정에서 용질이 고체 입자로 석출된다. 이때 혼합물에서 결정핵이 생성되는데, 석출되는 고체 입자의 입도가 정해지는 원리는 GAS 공정과 동일하다.

❻ GAS 공정과 RESS 공정 등의 결정화 공정에서는 이산화 탄소가 주로 쓰인다. 이산화 탄소는 임계 온도가 상온과 큰 차이가 없어 온도를 조금만 올리고 압력을 올리면 쉽게 초임계 상태로 만들 수 있기 때문이다. 초임계 이산화 탄소를 이용하면 압력을 조절하여 석출되는 고체 입자의 입도를 작게 만들 수 있을 뿐 아니라 그 자체로 독성이 없어서 안전성 문제에서도 자유롭다.

* 입도: 입자 하나하나의 평균 지름.

결정화 공정에서 고체 입자의 크기

혼합물의 농도가 높음.

↓

결정핵을 만들 수 있는 용질 분자의 수가 많음.

↓

결정핵이 많이 생김.

↓

하나의 결정핵에 모일 수 있는 용질 분자의 수가 적어짐.

↓

고체 입자의 크기가 작아짐.

RESS 공정

결정화하려는 물질과 초임계 이산화 탄소를 혼합함.

↓

혼합물을 고압의 용기에서 대기압을 유지하는 용기로 분사함.

↓

분사 직후 초임계 이산화 탄소가 기체로 변화하는 과정에서 용질이 고체 입자로 석출됨.

01

윗글을 통해 알 수 있는 내용으로 적절하지 않은 것은?

① 초임계 이산화 탄소를 용매로 사용하여 용질을 석출할 수 있다.
② 혼합물에 반용매를 첨가하면 원래 있던 용매의 양이 줄어든다.
③ 이산화 탄소는 액체로 존재할 수 있는 최고 온도가 상온과 큰 차이가 없다.
④ 과포화 상태의 혼합물이 포화 상태로 돌아가려는 경향으로 인해 용질이 석출된다.
⑤ 초임계 이산화 탄소는 안전성 측면에서 문제가 없어 결정화 공정에 쓰이기에 적합하다.

02

㉠과 ⓛ에 대한 설명으로 가장 적절한 것은?

① ㉠과 달리, ⓛ은 초임계 이산화 탄소가 액체가 되는 과정에 사용된다.
② ㉠과 달리, ⓛ은 농도에 따라서 석출되는 고체 입자의 수가 정해진다.
③ ⓛ과 달리, ㉠에는 용질이 초임계 이산화 탄소가 아닌 용매에 녹아 있다.
④ ⓛ과 달리, ㉠에는 임계 온도와 임계 압력 이상의 이산화 탄소가 섞여 있다.
⑤ ㉠과 ⓛ은 모두 결정화 공정에서 용매에 분사된다.

■ 문제풀이 맥 ■

01

글의 세부 정보를 이해하는 문제이다. 이산화 탄소를 이용한 결정화 공정을 이해해야 한다. 구체적으로는 결정화 공정의 원리와 과정, 이산화 탄소를 이용하는 이유 등을 이해해야 한다.

02

글의 세부 내용을 이해하는 문제이다. ㉠은 GAS 공정에 이용되는 혼합물이고, ⓛ은 RESS 공정에 이용되는 혼합물이다. GAS 공정과 RESS 공정의 원리를 파악하고 ㉠과 ⓛ의 공통점과 차이점을 이해해야 한다.

핵심 정보를 구체적으로 이해하는 문제이다.
포화 상태의 혼합물을 만드는 압력과, 결정화
공정을 통해 석출되는 고체 입자의 입도의 관
계를 이해해야 한다. 고체 입자의 크기에 대해
서는 4문단에서 설명하고 있다.

03

윗글을 바탕으로 할 때, Ⓐ에 들어갈 내용으로 가장 적절한 것은?

초임계 유체를 용매로 사용하여 포화 상태의 혼합물을 만들려고 한다. 이때 포화
상태의 혼합물을 더 높은 압력에서 만들면 결정화 공정을 통해 석출되는 고체 입
자의 입도는 더 작아지는데, 이는 [Ⓐ] 때문이다.

① 결정핵이 더 적게 생성되기
② 결정핵이 초임계 상태가 되기
③ 초임계 유체의 임계 온도가 낮아지기
④ 결정핵이 만들어지는 속도가 느려지기
⑤ 일정한 부피당 용질 분자의 수가 많아지기

04

핵심 정보를 구체적 상황에 적용하는 문제이
다. <보기>는 용기에 초임계 이산화 탄소를
주입하여 A를 석출하는 실험을 통해 얻은 결
과를 제시하고 있다. ㉮ / ㉯, ㉰는 혼합물의
농도가 다르고, ㉮, ㉯ / ㉰는 초임계 이산화
탄소를 주입하는 속도가 다르다. 지문을 바탕
으로 혼합물의 농도와 초임계 이산화 탄소를
주입하는 속도에 따른 A의 입도 차이를 파악
해야 한다.

04

윗글을 바탕으로 <보기>를 이해한 내용으로 가장 적절한 것은?

> **보기**
>
> 용질 A를 용매 B에 녹여 혼합물을 만들고 용기에 담은 후 용기의 압력을 높였다.
> 이후 용기에 초임계 이산화 탄소를 주입하여 A를 석출하는 실험을 통해 아래의 ㉮
> ~㉰와 같은 결과를 얻었다. (단, 사용된 혼합물의 양은 같고 혼합물에 녹아 있는
> 용질은 모두 석출된다고 가정한다.)

	혼합물의 농도(g/mL)	초임계 이산화 탄소를 주입하는 속도(mL/s)	석출된 A의 입도(㎛)
㉮	0.01	20	35
㉯	0.03	20	25
㉰	0.03	5	70

① ㉮와 ㉯에서 석출된 A의 입도가 차이가 나는 것은 초임계 이산화 탄소에 녹는 A의 양
이 다르기 때문이겠군.
② ㉮보다 ㉯에서 석출된 A의 입도가 더 작은 것은 하나의 결정핵에 모인 용질 분자의
수가 적기 때문이겠군.
③ ㉯와 ㉰에서 초임계 이산화 탄소와 B가 섞이는 속도는 다르지만 과포화되는 속도는
같겠군.
④ ㉮~㉰에서 석출된 A의 입도는 차이가 나더라도 각각에서 석출된 A의 양은 모두 같
겠군.
⑤ ㉰가 과포화되는 속도는 ㉮와 ㉯보다 느리기 때문에 ㉰에서 석출된 A의 입도가 가장
작겠군.

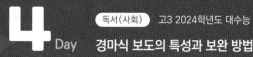
※ 다음 글을 읽고 물음에 답하시오.

❶ ㉠ 경마식 보도는 경마 중계를 하듯 지지율 변화나 득표율 예측 등을 집중 보도하는 선거 방송의 한 방식이다. 경마식 보도는 선거일이 가까워질수록 증가한다. 새롭고 재미있는 정보를 원하는 시청자들의 요구에 부응하고, 방송사로서도 매일 새로운 뉴스를 제공하는 방편이 될 수 있기 때문이다. 경마식 보도는 선거와 정치에 무관심한 유권자들의 선거 참여, 정치 참여를 독려하는 장점이 있다. 하지만 흥미를 돋우는 데 치중하는 경마식 보도는 선거의 주요 의제를 도외시하고 경쟁 결과에 초점을 맞춰 선거의 공정성을 저해할 수 있다.

❷ 경마식 보도의 문제점을 줄이려는 조치가 있다. ㉮ 「공직선거법」의 규정에 따르면, 당선인을 예상케 하는 여론조사를 실시하는 것은 언제든지 가능하지만, 그 결과의 보도는 선거일 6일 전부터 투표 마감 시각까지 금지된다. 이러한 규정이 국민의 알 권리와 언론의 자유를 침해하는지에 대해 헌법재판소는 신뢰할 수 있는 여론조사 결과라 하더라도 선거일에 임박해 보도하면 선거에 영향을 끼칠 수 있다며 합헌 결정을 내렸다. 「공직선거법」에 근거를 둔 ㉯ 「선거방송심의에 관한 특별규정」은 유권자에게 영향을 줄 수 있는 사실의 왜곡 보도를 금지하고, 여론조사 결과가 오차 범위 내에 있을 때에 이를 밝히지 않은 채로 서열이나 우열을 나타내는 보도도 금지하고 있다. 언론 단체의 ㉰ 「선거여론조사보도준칙」은 표본 오차를 감안하여 여론조사 결과를 정확하게 보도하도록 요구한다. 지지율 차이가 오차 범위 내에 있을 때 "경합"이라는 표현은 무방하지만 서열화하거나 "오차 범위 내에서 앞섰다."라는 표현처럼 우열을 나타내어 보도할 수 없다는 것이다.

❸ 경마식 보도로부터 드러난 선거 방송의 한계를 보완하는 방책 중 하나로 선거 방송 토론회가 활용될 수 있다. 이 토론회를 통해 후보자 간 정책과 자질 등의 차이가 드러날 수 있는데, 현실적인 이유로 초청 대상자는 한정된다. ㉡ 「공직선거법」의 선거 방송 토론회 규정은 5인 이상의 국회의원을 가진 정당이나 직전 선거에서 3% 이상 득표한 정당이 추천한 후보자, 또는 언론기관의 여론조사 결과 평균 지지율이 5% 이상인 후보자 등을 초청 기준으로 제시하고 있다. 다만 초청 대상이 아닌 후보자들을 위해 별도의 토론회 개최가 가능하고 시간이나 횟수를 다르게 할 수 있다.

❹ 이러한 규정이 선거 운동의 기회균등 원칙을 침해하는지에 대해 헌법재판소는 위헌이 아니라고 결정했다. ⓐ 다수 의견은 방송 토론회의 효율적 운영을 고려할 때 초청 대상 후보자 수가 너무 많으면 제한된 시간 안에 심층적인 토론이 이루어지기 어렵고, 유권자들도 관심이 큰 후보자들의 정책 및 자질을 직접 비교하기 어렵다는 점을 지적하며, 이 규정은 합리적 제한이라고 보았다. 반면 ⓑ 소수 의견은 이 규정이 가장 효과적인 선거 운동의 기회를 일부 후보자에게서 박탈하며, 유권자에게도

핵심정리

문단 중심 내용

❶ 경마식 보도의 개념과 장단점
❷ 경마식 보도의 문제점을 줄이기 위한 조치
❸ 경마식 보도의 한계를 보완하는 선거 방송 토론회
❹ 선거 방송 토론회 규정에 대한 상반된 의견

경마식 보도

개념	지지율 변화나 득표율 예측 등을 집중 보도하는 선거 방송의 한 방식
장점	선거와 정치에 무관심한 유권자들의 선거 참여, 정치 참여를 독려
단점	선거의 주요 의제를 도외시하고 경쟁 결과에 초점을 맞춰 선거의 공정성을 저해

경마식 보도의 문제점을 줄이기 위한 조치

「공직선거법」
선거일 6일 전부터 투표 마감 시각까지 여론조사 결과 보도 금지

「선거방송심의에 관한 특별규정」
• 유권자에게 영향을 줄 수 있는 사실의 왜곡 보도 금지 • 여론조사 결과가 오차 범위 내에 있을 때에 이를 밝히지 않은 채로 서열이나 우열을 나타내는 보도 금지

「선거여론조사보도준칙」
표본 오차를 감안하여 여론조사 결과를 정확하게 보도하도록 요구

선거 방송 토론회의 초청 대상자 규정

초청 대상자	• 5인 이상의 국회의원을 가진 정당이나 직전 선거에서 3% 이상 득표한 정당이 추천한 후보자 • 언론기관의 여론조사 결과 평균 지지율이 5% 이상인 후보자
찬성	• 초청 대상 후보자 수가 너무 많으면 제한된 시간 안에 심층적인 토론이 이루어지기 어려움. • 유권자들이 관심이 큰 후보자들의 정책 및 자질을 직접 비교하기 어려움.

WEEK 5

반대	• 가장 효과적인 선거 운동의 기회를 일부 후보자에게서 박탈함. • 유권자가 모든 후보자를 동시에 비교하지 못함. • 초청 대상 후보자 토론회에 참여한 후보자와 그렇지 못한 후보자를 차별적으로 인식하게 만듦.

모든 후보자를 동시에 비교하지 못하게 하고, 초청 대상 후보자 토론회에 참여한 후보자와 그렇지 못한 후보자를 차별적으로 인식하게 만든다고 지적하였다. 이 규정을 소수 정당이나 정치 신인 등에 대한 자의적이고 차별적인 침해라고 본 것이다.

문제풀이 맥

01

세부 내용을 파악하는 문제이다. ㉠은 경마식 보도로, 경마 중계를 하듯 지지율 변화나 득표율 예측 등을 집중 보도하는 선거 방송의 한 방식이다. 경마식 보도의 특징과 장점 및 단점을 파악해야 한다.

02

다른 견해와 비교하는 문제이다. ㉡은 「공직선거법」의 선거 방송 토론회 규정이고 ⓐ는 이 규정이 위헌이 아니라는 의견, ⓑ는 위헌이라는 의견이다. 우선적으로 ⓐ와 ⓑ의 근거를 각각 파악해야 한다. 또한 선택지가 '~한다면 ~의 입장은 강화/약화되겠군.'의 형식으로 구성되어 있으므로 선택지에서 가정한 상황이 ⓐ와 ⓑ 중 어느 의견의 근거가 될지를 이해해야 한다.

01

㉠에 대한 설명으로 가장 적절한 것은?

① 선거 기간의 후반기에 비해 전반기에 더 많다.
② 시청자와 방송사의 상반된 이해관계가 반영된다.
③ 당선자 예측과 관련된 정보의 전파에 초점을 맞추지 않는다.
④ 선거의 핵심 의제에 관한 후보자의 입장을 다룬 보도를 중시한다.
⑤ 정치에 관심이 없던 유권자들이 선거에 관심을 갖도록 북돋운다.

02

㉡과 관련하여 ⓐ와 ⓑ의 입장에 대한 반응으로 가장 적절한 것은?

① 선거 방송 초청 대상 후보자 토론회에서 후보자들이 심층적인 토론을 하지 못한 원인이 시간의 제한이나 참여한 후보자의 수와 관계가 없다면 ⓐ의 입장은 강화되겠군.
② 주요 후보자의 정책이 가진 치명적 허점을 지적하고 좋은 대안을 제시해 유명해진 정치 신인이 선거 방송 초청 대상 후보자 토론회에 초청받지 못한다면 ⓐ의 입장은 약화되겠군.
③ 선거 방송 초청 대상 후보자 토론회에 참여할 적정 토론자의 수를 제한하는 기준이 국민의 합의에 의해 결정되었기 때문에 자의적인 것이 아니라고 한다면 ⓑ의 입장은 강화되겠군.
④ 어떤 후보자가 지지율이 낮은 후보자 간의 별도 토론회에서 뛰어난 정치 역량을 보여 주었음에도 그 토론회에 참여했다는 이유만으로 지지율이 떨어진다면 ⓑ의 입장은 약화되겠군.
⑤ 유권자들이 뛰어난 역량을 가진 소수 정당 후보자를 주요 후보자들과 동시에 비교할 수 있는 가장 효율적인 방법이 선거 방송 초청 대상 후보자 토론회라면 ⓑ의 입장은 약화되겠군.

03

윗글에서 알 수 있는 내용으로 적절하지 않은 것은?

① 신뢰할 수 있는 여론조사의 결과를 보도하더라도 선거의 공정성을 위협할 수 있다.

② 정당의 추천을 받지 못해도 선거 방송의 초청 대상 후보자 토론회에 참여할 수 있다.

③ 국민의 알 권리와 언론의 자유가 서로 충돌하는지의 문제를 헌법재판소에서 논의한 적이 있다.

④ 선거일에 당선인 예측 선거 여론조사를 실시하고 투표 마감 시각 이후에 그 결과를 보도할 수 있다.

⑤ 「공직선거법」에는 선거 운동의 기회가 모든 후보자에게 균등하게 배분되지 못하도록 할 가능성이 있는 규정이 있다.

03

생략된 내용을 추론하는 문제이다. 지문을 토대로 선지의 내용을 추론할 수 있는지 따져 보아야 한다. 선택지의 내용이 지문에 그대로 제시되지 않은 경우가 있으므로 선택지의 핵심어를 파악하고 지문에서 해당 핵심어를 설명하는 부분을 찾아야 한다.

04

㉮~㉰에 따라 <보기>에 대한 언론 보도를 평가한 내용으로 적절하지 않은 것은?

> **보기**
>
> 다음은 ○○방송사의 의뢰로 △△ 여론조사 기관에서 세 차례 실시한 당선인 예측 여론조사 결과의 일부이다. (세 조사 모두 신뢰 수준 95%, 오차 범위 8.8%P임.)
>
> | 구분 | | 1차 조사 | 2차 조사 | 3차 조사 |
> |---|---|---|---|---|
> | 조사일 | | 선거일 15일 전 | 선거일 10일 전 | 선거일 5일 전 |
> | 조사 결과 | A 후보 | 42% | 38% | 39% |
> | | B 후보 | 32% | 37% | 38% |
> | | C 후보 | 18% | 17% | 17% |

① 1차 조사 결과를 선거일 14일 전에 "A 후보, 10%P 이상의 차이로 B 후보와 C 후보에 우세"라고 보도하는 것은 ㉯와 ㉰ 중 어느 것에도 위배되지 않겠군.

② 2차 조사 결과를 선거일 9일 전에 "A 후보는 B 후보에 조금 앞서고, C 후보는 3위"라고 보도하는 것은 ㉯에 위배되지만, ㉰에 위배되지 않겠군.

③ 3차 조사 결과를 선거일 4일 전에 "A 후보는 오차 범위 내에서 1위"라고 보도하는 것은 ㉮와 ㉰에 모두 위배되겠군.

④ 1차 조사 결과를 선거일 14일 전에 "A 후보 1위, B 후보 2위, C 후보 3위"라고 보도하는 것은 ㉯에 위배되지 않고, 2차 조사 결과를 선거일 9일 전에 같은 표현으로 보도하는 것은 ㉰에 위배되겠군.

⑤ 2차 조사 결과를 선거일 9일 전에 "B 후보, A 후보와 오차 범위 내 경합"이라고 보도하는 것은 ㉯에 위배되지 않고, 3차 조사 결과를 선거일 4일 전에 같은 표현으로 보도하는 것은 ㉮에 위배되겠군.

04

구체적 사례에 적용하는 문제이다. ㉮는 「공직선거법」, ㉯는 「선거방송심의에 관한 특별규정」, ㉰는 「선거여론조사보도준칙」이다. ㉮~㉰에서 허용하는 것과 금지하는 것을 각각 파악해야 한다. 그리고 <보기>에 제시된 1~3차 조사의 조사일과 조사 결과, 오차 범위를 보고 선택지에 제시된 보도가 ㉮~㉰에 위배되는지 확인해야 한다.

5 Day

문학 (고전시가) 고3 2023년 4월

서호가 _ 이호민 / **애경당십이월가** _ 남극엽

핵심정리

가 이호민, 〈서호가〉

갈래

가사

성격

연군적, 유교적, 자족적

제재

한가로운 삶, 연군

주제

소박하고 여유로운 삶에 대한 만족감과 연군의 정

특징

① 소박한 삶에 만족하는 태도를 드러냄.
② 구체적 장소를 언급하며 시상을 전개함.
③ 임금에 대한 연정과 우국의 심정을 드러내는 유교적 태도를 보임.

해제

이 글은 1599년 5월 사은사 임무를 마치고 귀국한 이호민이 서호의 강 언덕에 있는 자택에 기거하며 쓴 가사이다. 화자는 넉넉하지 못한 생활 속에서도 주변의 자연에 심취하며 만족감을 드러내는 한편, 과거 임진왜란 당시 우국일념으로 분기하였을 때를 회상하며 나라를 걱정하고 임금을 그리워하고 있다.

시어의 의미

사립문, 발, 소루, 처마, 포금	화자의 소박한 삶의 모습
빗발, 꿈자리	임을 향한 화자의 그리움(연군지정)

시간의 경과에 따른 화자의 태도 변화

> **'석양도 들거니와~'**
> • 서호에 위치한 자택에서 경치를 바라봄.
> • 비 오는 모습을 바라보며 나라에 대한 근심을 드러냄.

↓

> **'짧으나 짧은 밤의~'**
> • 임에게 서러운 일을 토로하는 꿈을 꾸었으나, 풍우성에 깸.
> • 촌계의 울음에 이불을 덮고 다시 잠을 청함.

※ 다음 글을 읽고 물음에 답하시오.

가

㉠ 금곡(金谷)의 빈롤타 서호(西湖)의 드러오니
강산은 의구ᄒ고 풍색(風色)이 엇더ᄒ뇨
군은은 그지업서 삼순*을 놀니시니
장하(長夏) **강촌의 와실(蝸室)***이 소조*ᄒ야
사립문이 본디 업서 밤인들 다둘소냐
㉡ 발이 하 성기니 물 보기 더욱 묘타
소루(小樓)의 누어시니 크나큰 천지를
벼개 우희 다 볼노라 처마 하 얕으니
석양도 들거니와 빗발도 드리친다
님 그려 저즌 소매 볕 아니면 뉘 말리며
우국(憂國)ᄒ야 탄 가슴을 비 아니면 어찌 살겠는가
㉢ 동서의 분주ᄒ여 주야를 모르더니
오늘은 어떤 날인가 이 몸이 편안커니
보리밥 몰니겨 아히아 걱정마라
짧으나 짧은 ⓐ 밤의 꿈자리 어즈러워
봉래산 제일봉의 어느 님을 만나보아
반기노라 홀 말 업고 늣기노라 한숨 지어
내ᄒ 셜온 사설 사뢰나 몯내 사뢰어
풍우성(風雨聲)의 잠 깨어 닐어 안자 한숨 짓고
㉣ 촌계(村鷄) 벌써 우니 할 일이 전혀 업서
포금*을 추켜 덮고 위몽(危夢) 새로 드니
동산의 일출토록 호접이 되엿더니
네 밥 곳 수이 되면 이 잠을 채 잘소냐

　　　　(중략)

남산의 우헐(雨歇)커놀 먼 눈을 ᄇ라보니
관악산광*은 만고(萬古)의 한 빛이로다
㉤ 흰 듯 검은 것은 알겠구나 구름이로다
저 구름 지난 후면 저 뫼를 고려 볼까
율도(栗島)의 안개 걷히고 양화(楊花)의 해 지거늘
문군아 내 옷 다오 종문아 막대 다오
전나귀 채찍 없이 종무를 뒤세우고

강변의 내걸으니 **만랑***이 더욱 됴타

- 이호민, 〈서호가〉 -

* 삼순: 한 달.
* 와실: 달팽이 뚜겅 같은 작은 집.
* 소조: 호젓하고 쓸쓸함.
* 포금: 베로 만든 이불.
* 관악산광: 관악산의 경치.
* 만랑: 해 저물 무렵의 물결.

나

시리산 저 뫼 위에 반가울샤 상원달이
풍년 소식 띄워다가 내 창 앞에 먼저 왔다
아마도 이 ⓑ 밤 조흔 경치에 놀지 안코 무솜ᄒ리

<1수>

취훈 잠 **늦게** 깨어 **강가롤 바라보니**
자욱이 펴인 안개 한식 비 개엿도다
아히야 술 부어라 전촌의 취한 노래 졀 일닌가* ᄒ노라

<2수>

녹수 산정 기푼 곳에 벗 부룬다 저 새소리
동풍에 깃을 떨쳐 그치는 곳이 구우*로다
내 엇지 **사람으로 새만 못**ᄒ여 **한**이로다

<4수>

밭 갈아 밥을 먹고 샘을 파 물 마시니
강구연월* 어느 때인가 고잔 들 **노랫 소리** 아름답다 저 **농부야**
태평곡 화답홀 제 내 근심 졀로 업다

<5수>

- 남극엽, 〈애경당십이월가〉 -

* 졀 일닌가: 절기 때를 알리는가.
* 구우: 언덕의 모퉁이.
* 강구연월: 태평스러운 세상을 뜻함.

'동산의 일출토록~'
• 아침이 되어 화자가 일어남.
• 간밤의 꿈에 대해 덧없음을 느낌.

↓

'~양화의 해 지거늘'
전나귀를 타고 강변을 산책하며 자연을 즐김.

나 남극엽, 〈애경당십이월가〉

갈래
평시조, 연시조

성격
풍류적, 한정적

제재
전원생활

주제
한가로운 전원에서의 삶

특징
① 달거리 형식을 취하고 있음.
② 자연물(달)을 의인화하여 친근감을 드러냄.
③ 자연물(새)과 화자의 처지를 대조하여 안타까움을 드러냄.

해제
이 글은 향촌에서의 삶과 열두 달을 바라보는 자연경관을 12장의 월령체 형식으로 노래한 연시조이다. 표면적으로는 자연과 전원생활을 노래하고 있으나, 그 안에는 끊임없이 어떤 세계에 대한 동경과 지향의 갈등 양상을 보여 준다. 현전하는 시조 가운데 유일하게 달거리 형식을 취하고 있는 것이 특징이다.

구성

1수	정월 – 재산에 뜨는 보름달
2수	2월 – 강가에 어린 안개
4수	4월 – 산정에서 듣는 새소리
5수	5월 – 고잔에서 듣는 농부가

WEEK 5

01

작품 간 공통점을 파악하는 문제이다. 특히 이 문제에서는 표현상의 특징을 중심으로 작품을 비교할 것을 요구하고 있다. 따라서 선택지에 제시된 표현법과 작품에 나타난 표현법을 파악한 뒤 비교해 보아야 한다.

문답법	묻고 답하는 형식. 스스로 문제를 제기하며 질문한 후에 스스로 해답하는 자문자답법도 포함함.
연쇄법	앞 구절의 끝부분을 다음 구절의 시작에서 이어받는 형식.
명령형 어미	동사나 보조 동사의 어간에 붙어 명령이나 요구의 뜻을 나타내는 활용 어미. '-아라(어라)', '-게', '-오', '-ㅂ시오'등이 해당함.
직유법	두 개의 사물을 직접적으로 비교하여 표현하는 형식.
음성 상징어	소리, 동작, 형태, 움직임 등을 모사하는 언어. 사물이나 행동에 생동감, 분위기, 음악성, 생생함 등을 부여함.

01

(가)와 (나)의 공통점으로 가장 적절한 것은?

① 문답의 방식을 통해 시상을 전환하고 있다.
② 연쇄의 방식을 통해 시상을 심화하고 있다.
③ 명령형 어미를 활용하여 시상을 전개하고 있다.
④ 직유적 표현을 활용하여 주제를 부각하고 있다.
⑤ 음성 상징어를 활용하여 시적 분위기를 조성하고 있다.

02

작품의 세부 내용을 이해하는 문제이다. 이러한 유형의 문제는 해당 시구만을 살펴보는 것이 아니라 전체적인 맥락을 먼저 이해해야 한다. 즉, 시적 상황과 화자의 태도를 복합적으로 이해하고 이러한 맥락 속에서 시구의 의미 및 기능을 이해해야 한다.

02

㉠~㉤에 대한 이해로 적절하지 않은 것은?

① ㉠: 화자는 구체적인 장소를 밝히며 자신의 여정을 드러내고 있다.
② ㉡: 화자는 자신의 계획을 통해 예상되는 변화를 드러내고 있다.
③ ㉢: 화자는 현재와는 다른 자신의 과거에 대해 떠올리고 있다.
④ ㉣: 화자는 시간의 경과를 언급하며 자신의 처지를 드러내고 있다.
⑤ ㉤: 화자는 자신의 시야에 들어온 대상에 대해 지각하고 있다.

03

ⓐ와 ⓑ에 대한 이해로 가장 적절한 것은?

① ⓐ는 화자의 한계가, ⓑ는 화자의 능력이 부각되는 시간이다.

② ⓐ는 화자의 의구심이, ⓑ는 화자의 기대감이 심화되는 시간이다.

③ ⓐ는 화자의 관찰력이, ⓑ는 화자의 상상력이 강조되는 시간이다.

④ ⓐ는 화자의 안도감이, ⓑ는 화자의 불안감이 나타나는 시간이다.

⑤ ⓐ는 화자의 아쉬움이, ⓑ는 화자의 만족감이 드러나는 시간이다.

03
시어의 기능 및 의미를 이해하는 문제이다. ⓐ와 ⓑ는 모두 '밤'이라는 시어가 쓰였으나, 각각 다른 상황과 의미를 나타내고 있다. 해당 시어뿐만 아니라 전후의 맥락, 전체적인 내용 속에서 화자의 상황과 심정을 복합적으로 파악해야 한다.

04

<보기>를 바탕으로 (가), (나)를 감상한 내용으로 적절하지 않은 것은?

보기

> 사대부들은 시가 작품을 통해 삶의 모습과 자신이 처한 현실에 대한 인식을 드러냈다. (가)는 관료 생활을 영위한 사대부가 자연에서 소박하고 여유로운 삶을 즐기면서 자연물을 통해 연군의 정과 나라에 대한 근심을 그려 낸 작품이다. (나)는 출사하지 못한 사대부가 향촌 공동체에 어우러져 살아가며 자연에서 유유자적하는 일상과 함께 그 속의 고뇌를 자연물을 통해 그려 낸 작품이다.

① (가)에서 '사립문'이 없는 '강촌의 와실'에는 소박하게 살아가는 사대부의 삶의 모습이 드러나 있군.

② (가)에서 '님 그려 저즌 소매'를 '볕'으로 말린다는 것에는 임금을 향한 사대부의 그리움이 드러나 있군.

③ (나)에서 '농부'의 '노랫 소리'에 '태평곡'으로 화답하는 것에는 향촌 공동체의 구성원과 어우러져 살아가는 사대부의 삶의 모습이 드러나 있군.

④ (가)에서 '풍우성'에 '잠 깨어' '한숨 짓'는 것과 (나)에서 '사람으로 새만 못'해 '한'이라는 것에는 모두 자연물과의 대비를 통한 사대부의 내적 갈등이 드러나 있군.

⑤ (가)에서 '강변'을 걸으며 '만랑이 더욱 됴타'는 것과 (나)에서 '늦게' 일어나 '강가를 바라보'는 것에는 모두 자연을 즐기는 사대부의 여유로운 일상이 드러나 있군.

04
외적 준거에 따라 작품을 감상하는 문제이다. 이때 외적 준거로 제시되는 <보기>는 작품에 대한 해설이며, 문제를 풀 수 있는 결정적인 실마리이다. 따라서 <보기>의 내용을 정확하게 이해해야 한다. <보기>에서는 (가)와 (나)의 화자가 처한 현실에 대한 인식과 삶의 모습이 작품을 통해 드러나고 있음을 설명하고 있다.

시작시간　시　분　초 / 종료시간　시　분　초

온라인 문제풀이

b Day　문학(현대소설)　고3 2023년 6월

무성격자 _ 최명익

핵심정리

갈래

단편 소설, 심리 소설

배경

일제 강점기

시점

전지적 작가 시점

제재

아버지의 죽음

주제

근대 지식인의 무성격한 모습

특징

① 인물의 관찰과 내면 의식을 중심으로 사건이 전개됨.

② '물'이라는 소재를 통해 인물의 생에 대한 갈망을 드러냄.

③ 서술자가 중심인물의 시선에 의존하여 사건의 양상을 제한적으로 나타냄.

해제

이 작품은 일제 강점기를 배경으로 근대 지식인이 가진 내면 의식의 추이를 정밀하게 추적하고 있는 작품이다. 동경 유학생 출신의 교사인 주인공 정일은 현실적인 삶에서 무게와 고통을 느끼고 무기력하게 살아간다. 그리고 자신과 관계된 사람들을 경멸의 대상이나 귀찮은 존재로 치부한다. 그러나 그는 돈만 아는 속물로 경멸했던 아버지가 죽음과 사투를 벌이는 과정을 지켜보면서 생활인의 의의를 느낀다. 무성격한 자신의 모습을 고수하는 것이 자기기만일 수밖에 없음을 깨닫게 된 것이다.

등장인물

정일	동경 유학생 출신의 교사로, 아버지가 위독하다는 소식을 듣고 귀향함. 이해타산적인 용팔과 아버지를 속물이라 경멸하지만, 생에 대한 열망을 버리지 않는 아버지를 우러러보게 됨.
정일의 아버지	생사를 오가는 위독한 상황임에도, 자신의 죽음을 받아들이지 못하고 생에 대한 강렬한 희망을 품음.

※ 다음 글을 읽고 물음에 답하시오.

[앞부분의 줄거리]　아버지가 위독하다는 소식을 듣고 귀향한 정일은 용팔에게 재산 상속에 관한 이야기를 듣는다.

아버지가 아직도 지키고 있는 그의 재산을 넘겨다보는 듯한 용팔이가 따지는 산판알이 거침없이 한 자리씩 올라가는 것을 유심히 바라보고 있는 자신을 의식하며 보고 있을 때, 이렇게 대강만 놓아도, 하고 산판을 밀어 놓으며 쳐다보는 용팔의 눈과 마주치게 되자 정일이는 흠칫 놀라게 되는 자신의 얼굴이 붉어지는 것을 깨달았다. ⓐ 여기 대한 상속세만 해도 큰돈인데 안 물고 할 수 있는 이것은 제 말씀대로 하시지요. 이렇게 결정적으로 말하는 용팔이는 정일이의 앞에 위임장을 내놓으며 도장을 치라고 하였다.

[A]
　정일이는 더욱 불쾌하여졌다. 잠이 부족한 신경 탓도 있겠지만 자기의 눈을 기탄없이 바라보는 용팔이의 얼굴에 발라놓은 듯한 그 웃음이 말할 수 없이 미웠다. 이 소인 놈! 하는 의분 같은 ㉠ 심열이 떠오르며, 언제 내가 이런 음모를 하자고 너와 공모를 하였던가? 하고 그의 뺨을 갈기고 싶은 충동을 느끼었다. 그러나 정일이는 금시에 미끄러지는 듯한 웃음이 자기 얼굴에 흐름을 깨달았다. 이러한 심열은 신경 쇠약의 탓이 아닐까? 의분이랄 것도 없고 결벽성도 아니고 그런 것을 공연히 이같이 한순간에 뒤집히는 자기 마음 한 모퉁이에 상식을 놓쳐 뿌린 결과가 어떤가? 해 보자 하는 놓치기 쉬운 어떤 힌트같이 번쩍이는 생각을 보자 정일이는 조급히 도장을 뒤져내며, 자 칠 대로 치우, 나는 어디다 치는 것도 모르니까 하였다. 이렇게 지껄이듯이 말하는 정일이는 자기가 실없이 웃기까지 하는 것을 들을 때 내가 지금 더 심한 심열에 떠 있지 않은가? 하는 생각에 갑자기 말과 웃음과 표정까지 없어지고 말았다.

ⓑ 도장을 치고 난 용팔이는 공손히 정일이에게 돌리며, 잔금은 제가 장인께 말씀드리겠습니다, 하고 일어선다. 중문으로 들어가는 용팔이의 뒷모양을 바라보던 정일이는 갑자기 불러내고 싶었다. 궁둥이를 들먹하고 부르는 손짓까지 하였으나 탄력 없이 벌어진 입에서는 말이 나오지 않았다. 창졸간에 용팔이를 어떻게 불러야 할지 몰라서 주저되는 것같이도 생각되었다. 중문 안으로 들어가는 용팔이의 뒷모양은 마치 심한 장난을 꾸미다가 용기를 못 내는 자기를 남겨 두고 ⓒ 그걸 못 해? 내 하마 하고 나서는 동무의 모양같이 아슬아슬한 것이었다. 종시 용팔이가 중문 안으로 사라져서 불러낼 기회를 놓치고 말았다고 후회하면서도 내가 정말 후회하는 것이라면 지금이라도 따라가서 붙들 수도 있지 않은가? 이렇게 생각하는 정일이는 용팔이가 이 말을 시작하였을 때부터 자기는 육감으로 벌써 예기하였던지도 모를 일

이 지금 일어나리라는 기대가 앞서는 것을 느끼며 ⓓ 정일이는 실험의 결과를 기다리는 듯이 숨을 죽이고 귀를 기울이고 있었다. 예사로운 말소리는 들리지 않는 거리이므로 긴장한 정일이의 귀에도 한참 동안은 아무런 말도 들리지 않았다. 아버지도 종시 죽음에 굴복하고 마는가? 이렇게 생각되어 정일이는 긴장하였더니만큼 허전한 실망에 담배를 붙이려고 성냥을 그었을 때 자기의 귀를 때리는 듯한 아버지의 격분한 고함 소리를 들었다.

(중략)

사실 이렇게 되어서까지도 죽기가 싫은가 하고 아버지를 눈 찌푸리고 바라보는 자기는 죽음의 공포를 해탈한 무슨 수양이 있는 것이 아니라 단지 애써 살려는 의지력이 없는 것뿐이다. ⓔ 아버지는 한 번도 자기의 생활을 회의하거나 죽음을 생각할 필요가 없었던 사람이므로 이같이 죽음과 싸울 수 있는 것이 아닐까 생각하였다. 그래서 정일이는 어떤 위대한 의지력을 우러러보는 듯한 마음으로 아버지의 고통을 바라보고 있는 자기를 발견하는 때가 있었다.

[B]

그때 심한 구토를 한 후부터 한 방울 물도 먹지 못하고 혓바닥을 축이는 것만으로도 심한 구역을 하게 된 만수 노인은 물을 보기라도 하겠다고 하였다. 정일이는 요를 둑여서 병상을 돋우고 아버지가 바라보기 편한 곳에 큰 물그릇을 놓아드렸다. 그러나 그 물그릇을 바라보기에 피곤한 병인은 어디나 눈 가는 곳에는 물이 보이기를 원하였다. 그래서 큰 어항을 병실에 가득 늘어놓고 물을 채워 놓았다. 병인은 이 어항에서 저 어항으로 ⓛ 서늘한 감각을 시선으로 핥듯이 돌려보다가 그도 만족하지 못하여 시원히 흐르는 물이 보고 싶다고 하였다. 정일이는 아버지가 보기 편한 곳에 큰 물그릇을 놓고 대접으로 물을 떠서는 작은 폭포같이 들이 쏟고 또 떠서는 들이 쏟기를 계속하였다. 만수 노인은 꺼멓게 탄 혀를 벌린 입 밖에 내놓고 황홀한 눈으로 드리우는 물줄기를 바라보고 있었다. 그 눈을 볼 때 정일이는 걷잡을 사이도 없이 자기 눈에 눈물이 솟아오름을 참을 수가 없었다. 정일이는 일찍이 그러한 눈을 본 기억이 없다고 생각하였다. 더욱이 아버지의 얼굴에서! 자기 아버지에게서 저러한 동경에 사무친 황홀한 눈을 보게 되는 것은 의외라고 할밖에 없었다.

- 최명익, 〈무성격자〉 -

전체 줄거리

부유한 집안의 외아들로 태어나 대학을 졸업하고 교원으로 일하고 있던 정일은 아버지가 위독하다는 전보를 받고 귀향한다. 자수성가하여 거금을 모은 아버지는 정일이 변호사나 의사가 되지 못하고 교원에 만족하는 걸 못마땅해하고, 데리고 있던 비서 겸 대서사인 용팔이를 한쪽 눈이 먼 딸에게 짝지어 재산을 관리하도록 맡긴다. 아버지는 사위에 비해 자식이 못난 놈이라고 질책하지만 정일은 돈과 눈치밖에 모르는 용팔을 은연중 경멸한다. 용팔 또한 처남이 우수한 교육을 받아 놓고서도 지금까지 집의 돈을 가져다 허랑방탕하게 지내는 걸 마뜩잖게 여긴다. 한편 정일의 애인 문주 또한 결핵에 걸려 병상 신세를 지고 있다. 어느 날 교외로 놀러 나간 둘은 비를 맞고 돌아오고, 문주가 죽음을 직감한 듯 무거운 침묵 속에 잠겨들자, 정일은 문주의 방에서 나와 비를 맞으며 선술집을 찾는다. 정일은 자기 자신에게 역정을 내며 반역하려는 충동에 치받친다. 매부 용팔은 새로 산 토지를 부친의 명의로 하면 상속세가 많이 드니 정일의 명의로 돌려놓을 것을 종용하고, 정일은 이해타산적인 용팔의 면모에 불쾌함을 느끼지만 수락한다. 이를 알게 된 아버지는 크게 화를 내며 자기는 죽지 않을 것이라고 악을 쓰다가 기진하고, 깨어나선 물을 넘기지 못해 까맣게 탄 입속을 달싹인다. 물소리를 들려 달라는 아버지의 말에 정일은 큰 물그릇에 대접으로 물을 들이쏟기를 계속하고, 아버지는 입을 벌린 채 그것을 황홀하게 쳐다본다. 문주가 죽었다는 운학의 전보를 받은 날 저녁에 아버지도 죽게 되고, 정일은 문주의 장례를 치르러 가는 대신 아버지의 관을 맡는다.

정일의 감정 변화

용팔이 중문으로 들어간 이후

↓

후회
중문으로 들어가는 용팔을 불러 용팔의 제안을 거절하지 못한 것에 대한 후회감

↓

기대
아버지가 용팔의 제안을 퇴짜놓으리라하는 기대감

↓

실망
아버지가 용팔의 제안을 거부할 것이라는 기대가 이뤄지지 않았다는 것에 대한 실망

WEEK 5

01

서술상의 특징을 파악하는 문제이다. 소설은 인물의 행동과 발화, 사건 등에 대해 서술할 때 시점, 문체, 구성 등의 여러 가지 방법을 활용하여 특정한 효과를 얻어낸다. 따라서 이러한 유형의 문제를 풀기 위해서는 선택지의 내용을 따라 지문에 드러난 활용 방법을 파악하고, 그로 인한 효과를 파악해야 한다.

01

윗글의 서술상의 특징으로 가장 적절한 것은?

① 회상 장면을 병치하여 사건의 흐름을 반전시킨다.

② 사물의 세부를 구체적으로 묘사하여 장면의 현장성을 강화한다.

③ 중심인물의 반복적인 동작을 강조하여 내적 갈등을 표면화한다.

④ 서술자가 풍자적 어조를 활용하여 중심인물에 대한 비판적 입장을 드러낸다.

⑤ 서술자가 중심인물의 시선에 의존하여 사건의 양상을 제한적으로 나타낸다.

02

인물의 심리와 태도를 파악하는 문제이다. 인물의 심리를 중심으로 작품의 내용을 이해하고 기호에 제시된 문장을 파악해야 한다. 제시된 각 기호에서는 인물의 행동과 발화를 담고 있다.

02

ⓐ~ⓔ에 대한 이해로 적절하지 않은 것은?

① ⓐ는 정일이 주목하는 용팔의 이해타산적인 태도를 드러낸다.

② ⓑ는 용팔이 정일에게 예의를 갖추어야 하는 위치임을 드러낸다.

③ ⓒ는 용팔의 행위에 대한 정일의 실망스러운 마음을 드러낸다.

④ ⓓ는 아버지와 용팔 간 대화의 결과를 정일이 주시하고 있음을 드러낸다.

⑤ ⓔ는 아버지가 보여 주는 삶의 태도에 대한 정일의 평가를 드러낸다.

03

[A], [B]를 고려하여 ㉠과 ㉡을 이해한 내용으로 가장 적절한 것은?

① ㉠은 용팔의 '웃음'에 대한 정일의 불쾌감으로 인해, ㉡은 아버지가 내비치는 '황홀한 눈'으로 인해 발생한다.

② ㉠은 정일이 갈등 끝에 '도장'을 찍음으로써, ㉡은 아버지가 사무치는 '동경'을 포기함으로써 지속된다.

③ ㉠은 정일의 '신경 쇠약'을 일으키는 원인이고, ㉡은 아버지가 '꺼멓게 탄 혀'의 고통을 줄이기 위한 방편이다.

④ ㉠은 용팔에 대한 미움이 '뺨을 갈기고 싶은 충동'으로 격화되는 정일의 마음을, ㉡은 '물그릇'에서 '어항', '드리우는 물줄기'로 심화되는 아버지의 갈망을 함축한다.

⑤ ㉠은 용팔의 '공모' 요구로 인해 표면화된 정일의 물질 지향적인 태도를, ㉡은 '심한 구역' 이후로 아버지가 '물'에서 얻고자 하는 육체적 안정에 대한 추구를 드러낸다.

03
작품의 맥락을 이해하는 문제이다. 윗글에 사용된 단어가 내용의 맥락을 고려했을 때 어떤 기능을 하는지를 확인해야 한다. 소설에서는 내용을 효과적으로 전달하기 위해 다양한 어휘가 사용되므로, 전체적인 맥락 속에서 단어의 의미를 파악하는 것이 필요하다. 윗글에서 ㉠은 '심열', ㉡은 '서늘한 감각'으로, 서로 상반되는 이미지의 단어이다. 이것이 작품에서 어떤 의미로 활용되는지 [A], [B]를 고려하여 이해해야 한다.

04

＜보기＞를 참고하여 윗글을 감상한 내용으로 적절하지 않은 것은?

> **보기**
>
> 〈무성격자〉의 정일은 자신을 구속하는 속물적 욕망을 경멸하고 현실에서의 적극적인 행동을 주저하는 한편, 자신과 주변에 관심을 집중한다. 그는 주변 대상을 관찰하여 그 의미를 파악하고, 파악한 내용에 반응하며, 그런 자신을 분석하기도 한다. 나아가 관찰과 분석을 수행하는 자신의 내면마저 대상화함으로써 인간 심리의 중층적 구조를 드러낸다.

① 산판알을 놓으며 이익을 따지는 상대를 경멸하면서도 산판알이 올라가는 것을 주목하는 데에서, 자신을 구속하는 속물적 욕망으로부터 자유롭지 못한 모습을 찾을 수 있군.

② 상대의 웃음에서 공모 의사를 읽어 내자 얼굴에 흐르는 미끄러지는 듯한 웃음을 깨닫는 데에서, 상대에 대한 불쾌감을 웃음으로 무마하려는 자신을 의식하는 모습을 찾을 수 있군.

③ 중문 안으로 들어가는 상대를 불러내지는 못하고 자신이 그를 부르지 못한 이유를 생각하는 데에서, 행동을 주저하고 자신에게로 관심을 돌리는 모습을 찾을 수 있군.

④ 상대의 고통을 바라보며 의지력을 우러러보는 듯한 마음이 있는 자신을 발견하는 데에서, 상대와의 차이를 인식하는 스스로의 내면마저 대상화하는 모습을 찾을 수 있군.

⑤ 물줄기를 바라보는 상대로부터 이전에는 한 번도 보지 못한 눈을 확인하는 데에서, 주변 대상을 관찰하여 상대가 내비치는 생에 대한 강렬한 동경을 파악하는 모습을 찾을 수 있군.

04
외적 준거에 따라 작품을 감상하는 문제이다. 이러한 유형의 문제에서 ＜보기＞는 작가가 처해 있던 상황, 작가 의식, 시대 현실, 작품의 효용성, 주제 의식, 작품에 대한 평가 등에 관한 정보가 주로 제시된다. 따라서 이를 바탕으로 소설의 인물, 사건, 배경 등을 이해하여 인물이나 사건의 의미를 파악해야 한다. ＜보기＞에 따르면 윗글의 중심인물은 주변 인물을 관찰하고 분석하면서, 나아가서는 자신의 내면까지 대상화하고 있다.

섹션 SECTION 뽀개기 종합편

스스로 점검하기

Day	공부 시작 시간	공부 종료 시간	틀린 문항 수	틀린 유형
Day 1	시 분 초	시 분 초		
Day 2	시 분 초	시 분 초		
Day 3	시 분 초	시 분 초		
Day 4	시 분 초	시 분 초		
Day 5	시 분 초	시 분 초		
Day 6	시 분 초	시 분 초		

WEEK 5

1 일별로 계획에 맞춰 공부하기
하루에 기출 하나씩 매일 꾸준히 공부하는 것이 최선의 방법이다.

2 시작 시간과 종료 시간 체크하기
스스로 시간 제한을 두고 문제를 푸는 것이 실전 대비에 효과적이다.

3 틀린 문항과 유형 분석하기
틀린 문제는 또 틀릴 수 있다. 특정 문항과 유형에서 많이 틀렸다면, 그 이유를 분석해야 한다.

4 보충 학습하기
스스로 점검하기를 통해 자신의 취약한 유형을 확인하고, SLS를 통해 부족한 부분을 보충 학습한다.

	Day 1						Day 2						Day 3					
번호	1	2	3	4	5	6	1	2	3	4	5	6	1	2	3	4	5	6
정답률	70%	79%	64%				98%	95%					59%	58%	45%	39%		
채점																		

	Day 4						Day 5						Day 6					
번호	1	2	3	4	5	6	1	2	3	4	5	6	1	2	3	4	5	6
정답률	86%	56%	40%	44%			31%	87%	83%	79%			64%	80%	77%	54%		
채점																		

결과	틀린 문항에는 ✕ 표시, 찍어서 막혔거나 헷갈렸던 문항에는 △ 표시, 맞춘 문항에는 ○ 표시 채점 결과: 맞은 문항 수 21개중 ☐개

나의 예상 등급은?
등급

1등급 18~21개
2등급 17개
3등급 15~16개

CHECK

1 Day 화법

화법과 작문 고3 2024학년도 대수능

핵심정리

갈래

발표

제재

눈을 개폐하는 물고기

화제

말뚝망둑어와 꾸구리의 눈의 개폐 양상과 역할

문단 중심 내용

❶ 발표 주제 소개
❷ 말뚝망둑어 눈의 개폐 양상과 역할
❸ 꾸구리 눈의 개폐 양상과 역할
❹ 발표 마무리

말뚝망둑어 눈의 개폐

과정	가파른 눈 근육이 수직 방향으로 수축하여 안구를 아래로 잡아당김. ↓ 눈이 아래의 구멍으로 들어가고, 눈 아래 피부가 올라와 눈을 덮음. ↓ 함몰된 눈이 다시 올라오면 피부가 내려가 눈이 열림.
역할	눈을 촉촉하게 하고 이물질을 제거함.

꾸구리 눈의 개폐

과정	밝은 곳에서 눈으로 들어오는 빛의 양을 줄이기 위해 눈 양옆의 피부로 눈을 덮고, 어두운 곳에서 눈이 활짝 열림. → 눈이 좌우로 개폐함.
역할	눈으로 들어오는 빛의 양을 조절함.

※ 다음은 학생의 발표이다. 물음에 답하시오.

❶ 여러분, 물고기가 눈을 감는 모습을 상상해 봅시다. (청중의 반응을 살피며) 잘 떠오르지 않으시죠? 일반적으로 물고기는 눈꺼풀이 없어 눈을 감지 못합니다. 물에 사니 눈을 촉촉하게 하고 이물질을 제거해 주는 역할을 하는 눈꺼풀이 필요 없는 거죠. 그런데 사람의 눈꺼풀처럼 눈을 덮어 주는 피부가 있어, 눈을 개폐하는 물고기가 있다고 합니다. 오늘은 그 물고기에 대해 발표하겠습니다.

❷ 바다와 갯벌을 오가는 말뚝망둑어를 소개해 드리죠. 화면을 봅시다. (자료 제시) 동영상에 보이는 것처럼 말뚝망둑어가 눈을 닫을 때 위로 볼록 솟아 있는 눈이 아래의 구멍으로 들어가고, 이어서 눈 아래 피부가 올라와 눈을 덮어 줍니다. 함몰된 눈이 다시 올라오면 피부가 내려가서 눈이 열리죠. 말뚝망둑어의 눈 구조에 대해 말씀드릴게요. (자료 제시) 말뚝망둑어와 물속에서만 사는 둥근망둑어의 안구와 눈 근육을 각각 그린 그림입니다. 말뚝망둑어 눈 근육은 둥근망둑어에 비해 그 기울기가 훨씬 가파릅니다. 이로 인해 눈 근육이 수직 방향으로 수축하며 안구를 아래로 잡아당길 수 있죠. 그래서 말뚝망둑어는 둥근망둑어와 달리 눈을 닫을 수 있습니다. 한 연구에 따르면 말뚝망둑어 눈의 개폐는 사람의 눈 깜빡임과 같은 역할을 수행하며, 이를 통해 갯벌에서도 살아갈 수 있다고 합니다.

❸ 민물고기 꾸구리도 말뚝망둑어처럼 눈을 개폐합니다. 다만 차이는 눈이 좌우로 개폐된다는 거죠. (자료 제시) 나란히 놓인 두 사진이 보이시죠? 왼쪽 사진은 밝은 곳에서 꾸구리가 눈으로 들어오는 빛을 줄이기 위해 눈 양옆의 피부로 눈을 덮은 모습입니다. 오른쪽 사진에서는 어두운 곳에서 꾸구리의 눈이 활짝 열린 것을 확인할 수 있죠. 꾸구리의 눈 양옆 피부는 눈으로 들어오는 빛의 양을 조절하는 역할을 하는 겁니다. 그렇다면 꾸구리는 낮과 밤 중 언제 주로 활동할까요? (대답을 듣고) 맞습니다. 밤이죠. 야행성인 꾸구리는 어두운 밤에 먹이를 잘 찾을 수 있도록 눈을 여는 겁니다.

❹ 오늘 발표 내용 잘 이해되었나요? 말뚝망둑어와 꾸구리는 모두 눈을 개폐하지만, 그 양상과 역할은 각각 다르죠. 특별한 두 물고기에 대해 알게 된 유익한 시간이 되었길 바랍니다.

01

위 발표자의 말하기 방식으로 가장 적절한 것은?

① 청중의 이해를 돕기 위해 전문 용어의 개념을 정의한다.

② 청중의 요청에 따라 발표 내용에 대한 정보를 추가한다.

③ 청중이 내용을 예측하며 듣도록 발표 진행 순서를 안내한다.

④ 청중의 참여를 이끌어 내기 위해 질문을 하고 청중의 반응을 확인한다.

⑤ 청중과 공유하는 기억을 환기하여 발표 주제를 선정하게 된 계기를 밝힌다.

01

발표의 표현 전략을 사용하는 문제이다. 발표자가 발표 내용을 전달하기 위해 어떠한 방법을 썼는지를 파악하는 것이 중요하다. 발표자는 발표 내용과 관련된 질문을 하며 청중과 상호 작용하고, 청중의 이해도를 점검하고 있다. 또한 내용의 이해를 돕기 위해 세 가지 시각 자료를 활용하고 있다.

02

다음은 발표를 준비하며 참고한 내용이다. ㉠~㉢을 구체화한 발표 계획 중 발표에 반영되지 않은 것은?

> [청중 분석]
> - 청중의 요구, 배경지식, 청중과의 관련성 등
>
> [발표의 구성]
> - 도입부: 청중의 관심 유발 ·· ㉠
> - 전개부: 효과적인 정보 전달을 위한 내용 조직 ························ ㉡
>   전달할 내용에 알맞은 자료 활용 ······················· ㉢
> - 정리부: 내용 요약 및 강조

① ㉠: 청중의 관심을 끌기 위해 물고기에게서 흔히 보기 어려운 모습을 떠올리도록 청중에게 요청해야겠어.

② ㉡: 말뚝망둑어 눈의 개폐 과정을 드러내기 위해 눈과 눈 아래 피부의 움직임을 순서대로 설명해야겠어.

③ ㉡: 말뚝망둑어 눈의 개폐가 가능한 이유를 설명하기 위해 말뚝망둑어와 둥근망둑어의 눈 근육을 비교하여 말해야겠어.

④ ㉢: 두 물고기의 눈 개폐 양상을 보여 주기 위해 말뚝망둑어의 동영상과 꾸구리의 사진을 제시해야겠어.

⑤ ㉢: 꾸구리 눈이 개폐된 모습의 차이를 드러내기 위해 두 사진을 화면에 순차적으로 제시해야겠어.

02

발표 내용 조직 및 자료, 매체를 활용하는 문제이다. 이러한 문제는 발표의 세부적인 내용보다는, 내용을 어떠한 방법을 사용하여 전달하고 있는지 파악하며 발표 계획의 반영 여부를 점검해야 한다. 또한 발표자가 청중의 이해를 돕기 위해 사용한 세 가지의 자료가 발표 내에서 어떻게 활용되고 있는지 파악해야 한다.

발표에서 제시된 자료
① 말뚝망둑어의 눈 개폐 모습을 보여 주는 동영상
② 말뚝망둑어와 둥근망둑어의 안구와 눈 근육을 그린 그림
③ 밝은 곳과 어두운 곳에서 개폐된 꾸구리 눈의 사진

WEEK 6

03

발표의 내용을 이해, 평가하는 문제이다. 발표에 대한 청중의 반응을 확인하는 문제는 발표의 내용을 전체적으로 이해하고 있어야 한다. 또한 청중이 어떠한 반응을 보였는지를 파악하여 선택지에 대입해야 한다.

학생 1	발표 내용과 관련하여 추가적으로 궁금한 점을 제시하고 있다.
학생 2	발표 내용과 관련하여 자신의 배경지식을 상기하며 추가적인 활동을 계획하고 있다.
학생 3	발표 내용에 대해 긍정적으로 평가하는 반면, 발표자가 제시한 자료의 신뢰성에 대해 의구심을 드러내고 있다.

03

발표 내용을 바탕으로 할 때, <보기>에 나타난 학생들의 반응에 대한 이해로 적절하지 않은 것은?

보기

- 학생 1: 눈꺼풀이 없는 다른 물고기들은 눈으로 들어오는 빛의 양을 어떻게 조절하는지에 대한 설명이 빠져 있어서 그것을 알고 싶어.
- 학생 2: 상어에도 눈꺼풀 같은 피부가 있다고 알고 있어. 그 피부가 꾸구리 눈에 있는 피부와 같은 역할을 수행하는지 누리집에서 검색해야지.
- 학생 3: 말뚝망둑어 눈의 개폐가 사람의 눈 깜빡임과 같은 역할을 한다는 정보는 흥미롭지만, 그 연구 결과가 믿을 만한 것일까? 관련 내용을 도서관에서 찾아봐야겠어.

① 학생 1은 발표에 언급되지 않은 정보에 대해 궁금증을 드러내고 있다.
② 학생 2는 발표 내용과 관련하여 자신의 배경지식을 떠올리고 있다.
③ 학생 3은 발표에 제시된 내용을 신뢰할 수 있는지에 대해 의문을 제기하고 있다.
④ 학생 1과 학생 3은 모두, 발표 내용을 통해 알게 된 정보의 효용성을 판단하고 있다.
⑤ 학생 2와 학생 3은 모두, 발표 내용과 관련하여 추가적인 정보를 탐색하려 하고 있다.

※ [01~02] 다음 글을 읽고 물음에 답하시오.

훈민정음 초성자는 발음 기관을 본떠서 만든 기본자 5자가 있고 이를 바탕으로 가획의 원리(예: ㄱ → ㅋ)에 따라 만든 가획자 9자와 그렇지 않은 이체자 3자가 있다. 중성자는 하늘, 땅, 사람의 모습을 본떠서 만든 기본자 3자가 있고 이를 토대로 한 초출자, 재출자가 각 4자가 있다. 종성자는 초성자를 다시 쓰되 종성에서 실제 발음되는 소리에 대응되는 8자만으로 충분하다 보았는데, 이는 ≪훈민정음≫(해례본) 용자례에서 확인된다.

용자례에서는 이들 글자를 위주로 하여 실제 단어를 예로 들고 있다. 예컨대, 용자례에 쓰인 '콩'은 초성자 아음 가획자인 'ㅋ'의 예시 단어이다. 이 방식을 응용하면 '콩'은 중성자 초출자 'ㅗ'와 종성자 아음 이체자 'ㆁ'의 예시로도 쓸 수 있다. 용자례의 예시 단어 일부를 정리하여 제시하면 다음과 같다.

〈초성자 용자례〉

	아음	설음	순음	치음	후음	반설음	반치음
기본자	굴	노로	뫼(산)	셤	ᄇᆞ얌(뱀)		
가획자	콩	뒤(띠)	벌	죠히(종이)			
		고티	파	채	부헝		
이체자	러울(너구리)					어름	아ᅀᆞ(아우)

〈중성자 용자례〉

기본자	톡/ᄃᆞ리	믈/그력(거러기)	깃
초출자	논/벼로	밥	누에	브섭
재출자	쇼	남샹(거북의 일종)	슈룹(우산)	뎔

〈종성자 용자례〉

8종성법	독	굼벙(굼뱅이)	반되(반딧불이)	갇(갓)
	범	섭(섶)	잣	별

이 중 일부 단어들은 오랜 시간이 지나면서 다양한 변화를 겪었다. 여기에는 표기법상의 변화라고 할 수 있는 예와 실제 소리가 변한 예, 그리고 다른 말이 덧붙어 같은 의미의 새 단어가 만들어진 예들이 포함된다. 예를 들어, '어름'을 '얼음'으로 적게 된 것은 표기법상의 변화로 볼 수 있다. 소리의 변화 중 자음이 변화한 경우로는 ⓐ '고티'(>고치)나 '뎔'(>절)처럼 구개음화를 겪은 유형이 있다. 모음이 변화한 경우에는, ⓑ '셤'(>섬)이나 '쇼'(>소)처럼 단모음화한 유형, 'ᄃᆞ리'(>다리)나

핵심정리

훈민정음 제자 원리

① 초성자

기본자	• 발음 기관을 본떠서 만듦. → 상형의 원리 • ㄱ, ㄴ, ㅁ, ㅅ, ㅇ
가획자	• 기본자에 획을 더함. → 가획의 원리 • ㅋ(ㄱ) / ㄷ, ㅌ(ㄴ) / ㅂ, ㅍ(ㅁ) / ㅈ, ㅊ(ㅅ) / ㆆ, ㅎ(ㅇ)
이체자	ㆁ, ㄹ, ㅿ

② 중성자

기본자	• 하늘, 땅, 사람의 모습을 본떠서 만듦. → 상형의 원리 • ·(하늘), ㅡ(땅), ㅣ(사람)
초출자	• '·'와 'ㅡ' / 'ㅣ'를 합성해서 만듦. → 합성의 원리 • ㅗ, ㅜ, ㅏ, ㅓ
재출자	• 초출자와 '·'를 합성해서 만듦. → 합성의 원리 • ㅛ, ㅠ, ㅑ, ㅕ

③ 종성자

• 초성을 다시 사용함. → 종성부용초성
• 실제 발음되는 소리에 대응되는 8자만 사용함. → ㄱ, ㄴ, ㄷ, ㄹ, ㅁ, ㅂ, ㅅ, ㆁ

시간의 경과에 따른 단어의 변화 양상

표기법상의 변화	중세 국어 → '어름' 현대 국어 → '얼음'	
실제 소리의 변화	모음의 변화	중세 국어 → '셤' 현대 국어 → '섬' ⇒ 단모음화 적용
		중세 국어 → 'ᄃᆞ리' 현대 국어 → '다리' ⇒ '·' 소멸
		중세 국어 → '믈' 현대 국어 → '물' ⇒ 원순모음화 적용
		중세 국어 → '노로' 현대 국어 → '노루' ⇒ 끝음절 'ㅗ'가 'ㅜ'로 변화

WEEK 6

		중세 국어 → '뎔'
	자음의 변화	현대 국어 → '절' ⇒ 구개음화 적용
다른 말 이 덧붙 어 같은 의미의 새 단어 를 형성		중세 국어 → '부헝' 현대 국어 → '부엉이' ⇒ 접사의 결합
		중세 국어 → '골' 현대 국어 → '갈대' ⇒ 단어의 결합

'톡'(>턱)처럼 'ㆍ'가 변한 유형, ⓒ '플'(>풀)이나 '브섭'(>부엌)처럼 원순모음화를 겪은 유형, '노로'(>노루)나 '벼로'(>벼루)처럼 끝음절에서 'ㅗ>ㅜ' 변화를 겪은 유형 등이 있다. 다른 말이 덧붙어 같은 의미의 새 단어가 만들어진 경우로는 ⓓ '부헝'(>부엉이)처럼 접사가 결합한 유형과 ⓔ '골'(>갈대)처럼 단어가 결합한 유형이 있다.

※ 본문 예시에서 후음 기본자는 'ㅇ', 아음 이체자는 'ㆁ'으로 표기함.

■ 문제풀이 맥 ■

01

한글의 창제를 이해하는 문제이다. 초성자와 중성자가 어떠한 제자 원리로 만들어지는지, 종성자에 사용할 수 있는 글자에는 무엇이 있는지 파악해야 한다. 또한 지문에서 제시된 용자례를 확인하여 훈민정음의 글자들이 실제로 단어에 쓰인 양상을 확인하여 문제를 해결해야 한다.

01

윗글에 대한 이해로 적절한 것은?

① 훈민정음의 모든 기본자는 발음 기관을 본떠 만든 것이다.

② 초성자 기본자는 모두 용자례 예시 단어의 종성에 쓰인다.

③ 〈초성자 용자례〉의 가획자 중 단어가 예시되지 않은 자음자 하나는 아음에 속한다.

④ 〈초성자 용자례〉 중 아음 이체자의 예시 단어는, 초성자의 반설음자와 종성자의 반설음자의 예시 단어로 쓸 수 있다.

⑤ 〈중성자 용자례〉 중 초출자 'ㅓ'의 예시 단어는, 반치음 이체자와 종성자 순음 기본자의 예시 단어로 쓸 수 있다.

02

국어의 변천을 파악하는 문제이다. 용자례에 수록된 단어들은 시간의 경과에 따라 변화하였다. 선택지에서 제시된 단어가 어떻게 변화하였는지 파악하고 지문에서 제시된 ⓐ~ⓔ의 변화 양상과 비교해 보아야 한다.

ⓐ	소리(자음)의 변화 → 구개음화의 적용
ⓑ	소리(모음)의 변화 → 단모음화 적용
ⓒ	소리(모음)의 변화 → 원순모음화 적용
ⓓ	다른 말이 덧붙어 같은 의미의 새 단어의 형성 → 접사의 결합
ⓔ	다른 말이 덧붙어 같은 의미의 새 단어의 형성 → 단어의 결합

02

윗글을 바탕으로 중세 국어 단어의 변화 양상을 이해한 내용으로 적절하지 않은 것은?

① '벼리 딘'(>별이 진)의 '딘'은 ⓐ에 해당한다.

② '셔울 겨샤'(>서울 계셔)의 '셔울'은 ⓑ에 해당한다.

③ '플 우희'(>풀 위에)의 '플'은 ⓒ에 해당한다.

④ '산 거믜'(>산 거미)의 '거믜'는 ⓓ에 해당한다.

⑤ '닥 닙'(>닥나무 잎) '닥'은 ⓔ에 해당한다.

03

<보기>를 바탕으로 'ㅎ' 말음 용언의 활용 유형을 탐구한 내용으로 적절하지 <u>않은</u> 것은?

보기

다음은 어간의 말음이 'ㅎ'인 용언이 '아/어'로 시작하는 어미와 만날 때 보이는 활용의 유형을 정리한 것이다. 이들은 활용의 규칙성뿐만 아니라 모음조화 적용 여부나 활용형의 줄어듦 가능 여부에 따라 그 유형이 구분된다.

불규칙 활용 유형		규칙 활용 유형	
㉠-1	노랗- + -아 → 노래	㉢-1	닿- + -아 → 닿아(→ *다)
㉠-2	누렇- + -어 → 누레		
㉡	어떻- + -어 → 어때	㉢-2	놓- + -아 → 놓아(→ 놔)

('*'은 비문법적임을 뜻함.)

① '조그맣-, 이렇-'은 '조그매, 이래서'로 활용하므로 ㉠-1과 활용의 유형이 같겠군.
② '꺼멓-, 뿌옇-'은 '꺼메, 뿌옜다'로 활용하므로 ㉠-2와 활용의 유형이 같겠군.
③ '둥그렇-, 멀겋-'은 '둥그렜다, 멀게'로 활용하므로 ㉡과 활용의 유형이 같지 않겠군.
④ '낳-, 땋-'은 활용형인 '낳아서, 땋았다'가 '*나서, *땄다'로 줄어들 수 없으므로 ㉢-1과 활용의 유형이 같겠군.
⑤ '넣-, 쌓-'은 활용형인 '넣어, 쌓아'가 '*너, *싸'로 줄어들 수 없으므로 ㉢-2와 활용의 유형이 같지 않겠군.

03

품사의 특성을 이해하는 문제이다. 용언이 활용할 때 어간, 어미의 형태가 변하지 않거나, 어간의 형태가 변하지만 규칙성이 있어 설명이 가능한 활용을 규칙 활용, 어간, 어미의 형태가 규칙성 없이 변해 설명이 불가능한 활용을 불규칙 활용이라고 한다. <보기>는 어간 말음이 'ㅎ'인 단어에서 일어나는 활용을 ① 활용의 규칙성, ② 모음조화 적용 여부, ③ 활용형의 줄어듦 가능 여부에 따라 정리한 것이다. 따라서 각 기준을 고려하여 표를 이해해야 한다.

㉠-1	어간과 어미가 모두 변했으며 양성 모음이 사용되었다.
㉠-2	어간과 어미가 모두 변했으며 음성 모음이 사용되었다.
㉡	어간과 어미가 모두 변했으며 모음조화가 적용되지 않았다.
㉢-1	어간과 어미의 형태가 유지되며 단어의 일부분이 줄어들지 않았다.
㉢-2	어간과 어미의 형태가 유지되며 단어의 일부분이 줄어들었다.

04

04

<보기>의 ㉠~㉽에 대한 설명으로 적절한 것은?

> **[영민, 평화가 학교 앞에 함께 있다가 지혜를 만난 상황]**
>
> 영민: 너희들, 오늘 같이 영화 보기로 한 거 잊지 않았지?
>
> 평화: 응, ㉠6시 걸로 세 장 예매했어. 근데 너, 어디서 와?
>
> 지혜: 진로 상담 받고 오는 길이야. 너흰 안 가?
>
> 평화: 나는 어제 ㉡미리 받았어.
>
> 영민: 나는 4시 반이야. 그거 마치고 영화관으로 직접 갈게.
>
> 지혜: 알겠어. 그럼 우리 둘이는 1시간 ㉢앞서 만나자. 간단하게 저녁이라도 먹고 거기서 바로 ㉣가지 뭐.
>
> 평화: 좋아. 근데 ㉤미리 먹는 건 좋은데 어디서 볼까?
>
> 지혜: 5시까지 영화관 정문 ㉥왼쪽에 있는 분식집으로 와.
>
> 평화: 왼쪽이면 편의점 아냐? 아, 영화관을 등지고 보면 그렇다는 거구나. 영화관을 마주볼 때는 ㉦오른쪽 맞지?
>
> 지혜: 그러네. 아참! 영민아, 너 상담 시간 됐다. 이따 늦지 않게 영화 ⓞ시간 맞춰서 ㉨와.

① ㉠과 ⓞ은 가리키는 시간이 상이하다.

② ㉡과 ㉤은 발화 시점을 기준으로 과거를 가리킨다.

③ ㉢과 ㉣이 가리키는 시간대는 ⓞ을 기준으로 정해진다.

④ ㉣과 ㉨은 이동의 출발 장소가 동일하다.

⑤ ㉥과 ㉦은 기준으로 삼은 방향이 달라 다른 곳을 의미한다.

04

담화의 특성을 이해하는 문제이다. 담화의 상황 맥락이란 화자와 청자의 처지, 의사소통이 이루어지는 구체적인 시간적·공간적 상황이나 주제, 담화의 의도와 목적 등을 모두 포함한다. 즉, 담화 장면을 구성하는 화자, 청자, 사물, 시간, 장소 등의 요소를 파악하여 담화의 상황 맥락을 이해해야 한다.

05

<학습 활동>을 수행한 결과로 적절한 것은?

> **학습 활동**
>
> 부사어는 부사, 체언+조사, 용언 활용형 등으로 실현된다. 부사어로써 수식하는 문장 성분은 부사어, 관형어, 서술어 등이다. 일례로 '차가 간다.'의 서술어 '간다'를 수식하기 위해 부사 '잘'을 부사어로 쓰면 '차가 잘 간다.'가 된다. [조건] 중 두 가지를 만족하도록, 주어진 문장에 부사어를 넣어 수정해 보자.
>
> [조건]
> ㉠ 부사어를 수식하기 위해 부사를 부사어로 쓴 문장
> ㉡ 관형어를 수식하기 위해 용언 활용형을 부사어로 쓴 문장
> ㉢ 관형어를 수식하기 위해 부사를 부사어로 쓴 문장
> ㉣ 서술어를 수식하기 위해 '체언+조사'를 부사어로 쓴 문장
> ㉤ 서술어를 수식하기 위해 용언 활용형을 부사어로 쓴 문장
>   ⋮

	조건	수정 전 ➡ 수정 후
①	㉠, ㉡	웃는 아기가 귀엽게 걷는다. ➡ 방긋이 웃는 아기가 참 귀엽게 걷는다.
②	㉠, ㉢	화가가 굵은 선을 쭉 그었다. ➡ 화가가 조금 굵은 선을 세로로 쭉 그었다.
③	㉡, ㉤	그를 싫어하는 사람이 있다. ➡ 그를 무턱대고 싫어하는 사람이 많이 있다.
④	㉢, ㉣	딴 사람이 그 문제를 해결했다. ➡ 전혀 딴 사람이 그 문제를 한순간에 해결했다.
⑤	㉣, ㉤	영미는 그 일을 처리했다. ➡ 영미는 그 일을 원칙대로 깔끔히 처리했다.

05

문장 성분 중 부사어의 쓰임을 파악하는 문제이다. <학습 활동>에서는 부사어의 실현과 부사어의 수식 가능 범위를 제시하며, [조건] ㉠~㉤ 중 두 가지를 만족하도록 문장을 수정할 것을 요청하고 있다. 따라서 선택지에 제시된 문장의 수정 전과 후를 비교하여 부사어가 어떻게 실현되고 있는지 파악하고, 추가된 부사어가 수식하고 있는 문장 내의 다른 성분이 무엇인지 복합적으로 이해해야 한다.

①	• 부사 파생 접미사 '이'가 결합한 '방긋이'가 '웃는'을 수식 • 부사 '참'이 '귀엽게'를 수식
②	• 부사 '조금'이 '굵은'을 수식 • 체언에 조사가 결합한 '세로로'가 '쭉'을 수식
③	• 부사 '무턱대고'가 '싫어하는'을 수식 • 부사 '많이'가 '있다'를 수식
④	• 부사 '전혀'가 '딴'을 수식 • 체언에 조사가 결합한 '한순간에'가 '해결했다'를 수식
⑤	체언에 조사가 결합한 '원칙대로'와 부사 파생 접미사 '히'가 결합한 '깔끔히'가 '처리했다'를 수식

핵심정리

문단 중심 내용

❶ 부동산 거래의 번거로운 절차와 그 이유
❷ 부동산 등기의 특성과 등기부 항목별 기재 내역
❸ 등기에 진정한 권리관계를 반영하기 위한 노력
❹ 등기의 신청과 관련된 원칙
❺ 등기의 효력 결정과 관련된 원칙

아파트 매매계약 절차

매수인은 매매대금의 10% 정도를 계약금으로 매도인에게 지급함.

↓

남은 90%의 대금 중 일부를 중도금으로 추가 지급함.

↓

남은 대금인 잔금을 지급함.

↓

매도인으로부터 등기필증을 비롯한 관련 서류를 건네받음.

부동산 등기

등기	당사자의 신청에 따라 등기부에 기재하는 절차 또는 그 기재 자체
특징	• 사회 일반에 공개하여 게시함. • 부동산을 중심으로 등기부를 편성함. • 한 물건에 대하여는 한 개의 등기 기록만 두도록 함.
항목	• 표제부: 부동산의 주소와 건물 상태 • 갑구: 소유권의 성립이나 변동 상황 • 을구: 소유권이 아닌 물권

기입등기와 경정등기

기입등기	새롭게 발생한 등기 원인에 의한 등기 예 소유권이전등기, 저당권설정등기
경정등기	완료된 등기가 신청상의 착오로 말미암아 실체적 법률관계와 불일치한다는 것이 확인되었을 때, 그것을 바로잡기 위한 등기

※ 다음 글을 읽고 물음에 답하시오.

❶ 물건에 대해 지배력을 갖는 권리를 물권이라고 하는데, 점유권, 소유권, 전세권, 저당권 등이 그에 해당한다. 물건 중에서도 부동산은 일반적으로 동산보다 값비싼 재산이다. 따라서 그에 대한 거래는 신중할 수밖에 없어 절차를 다소 번거롭게 하고 있다. 예를 들어 ㉠ 아파트 매매를 할 때 보통 매수인은 매매대금의 10% 정도를 계약금으로 매도인에게 지급한다. 관행상 계약금은 위약금의 역할도 한다고 보기 때문에 매수인이라면 계약금을 포기하고서, 매도인이라면 그 두 배를 물어 주고서 계약을 일방적으로 해제할 수 있다. 남은 90%의 대금 중 일부를 추가적으로 지급할 수도 있는데, 이 대금을 중도금이라고 한다. 중도금이 지급되면 계약은 일방적으로 해제하지 못한다. 이후 남은 대금인 잔금까지 건네면 매매대금의 지급은 마무리되며 그와 동시에 매수인은 매도인으로부터 등기필증을 비롯한 관련 서류를 건네받는다. 이로써 매매계약은 완료되었다고 볼 수 있고 이후 등기를 해야 하는 절차가 남아 있다.

❷ 부동산에 관한 권리관계의 정보는 법률에 따라 등기부에 기재되는데, 당사자의 신청에 따라 등기부에 기재하는 절차 또는 그 기재 자체를 등기라고 한다. 부동산 물권에 관한 사항은 등기로 사회 일반에 공개하여 게시한다. 등기부의 편성은 소유자가 아니라 부동산을 중심으로 하며, 한 물건에 대하여는 한 개의 등기 기록만 두도록 한다. 원칙적으로 한 물건에서 그 일부나 구성 부분에 따로 소유권이 존재할 수 없고, 몇 개의 물건을 포괄하는 하나의 소유권이 성립될 수도 없다. 예로 든 아파트의 경우를 살펴보면, 아파트에 관해서 하나의 등기부만이 존재하며 등기부의 표제부에는 아파트의 주소와 건물 상태와 같은 표시 사항이, 갑구에는 그 아파트에 대한 소유권의 성립이나 변동 상황이 기재된다. 전세권, 저당권과 같이 소유권이 아닌 물권들이 설정되어 있다면 이들은 을구에 기재된다.

❸ 이러한 등기상의 공시를 신뢰하여 거래가 안정적으로 ⓐ 이루어지는 것이기 때문에 등기는 진정한 권리관계를 반영할 수 있도록 해야 한다. 매매를 통해 소유권자가 바뀌는 것과 같이 새롭게 발생한 등기 원인에 의한 등기를 기입등기라고 하는데 소유권이전등기, 저당권설정등기 등이 이에 해당한다. 또 완료된 등기가 신청상의 착오로 말미암아 실체적 법률관계와 불일치한다는 것이 확인되었을 때는 그것을 바로잡기 위한 등기를 신청할 수도 있다. 이를 경정등기라고 한다. 경정등기에는 부동산이나 등기명의인의 표시를 경정하는 등기가 있을 수 있고, 저당권설정등기를 전세권설정등기로 경정하는 것처럼 권리 자체를 경정하는 등기가 있을 수 있다.

❹ 등기 신청은 원칙적으로 등기권리자와 등기의무자가 공동으로 신청하도록 하고 있는데, 이는 등기의 진정성을 확보하려는 목적도 있다. 등기권리자는 등기부에 새

롭게 권리자로 오르게 되는 이를, 등기의무자는 원래 권리자로 기록되었던 이를 가리킨다. 아파트 매매계약에 따른 등기도 매수인과 매도인이 공동으로 신청해야 한다. 흔히 매수인이 등기를 신청한다는 것으로 아는 사람들이 많은데, 실은 매수인이 매도인의 등기 신청을 위임받아 함께 처리하는 것이 일반적이라서 그렇게 보이는 것일 뿐이다.

❺ 등기의 효력을 정하는 것과 관련하여 다음의 두 가지 원칙이 거론된다. 공시를 갖추지 않은 경우에는 제3자와의 관계에서는 물론 당사자 사이에도 물권 변동의 효력이 생기지 않는다는 원칙을 성립요건주의라 한다. 반면에 계약이 완료되면 당사자 사이에 물권 변동은 유효하게 성립하고, 다만 공시를 갖추지 않았을 때는 제3자에게 물권 변동의 효력을 주장하지 못한다는 원칙은 대항요건주의라 한다. 우리 법제는 등기부에 명의가 기재되었을 때 그 부동산의 명의자가 소유권을 취득하는 것으로 되어 있다.

등기의 효력 결정과 관련된 원칙

성립요건 주의	공시를 갖추지 않은 경우에는 제3자와의 관계에서는 물론 당사자 사이에도 물권 변동의 효력이 생기지 않는다는 원칙
대항요건 주의	계약이 완료되면 당사자 사이에 물권 변동은 유효하게 성립하고, 다만 공시를 갖추지 않았을 때는 제3자에게 물권 변동의 효력을 주장하지 못한다는 원칙

↓

우리 법제는 등기부에 명의가 기재되었을 때 그 부동산의 명의자가 소유권을 취득함.

01

윗글을 이해한 내용으로 적절한 것은?

① 소유권과 같은 물권은 물건에 대해 지배력을 갖는 권리이다.

② 부동산에 관한 점유권, 소유권과 같은 사항은 등기부의 을구에 기재된다.

③ 등기부의 편성은 진정한 권리관계를 반영할 수 있도록 권리자를 중심으로 한다.

④ 등기부는 관련된 당사자만 신청하여 확인할 수 있도록 하여 부동산 정보를 보호한다.

⑤ 하나의 물건에 성립한 여러 물권을 표시하기 위하여 그 물건에 대한 복수의 표제부가 붙을 수 있다.

02

㉠에 대한 이해로 적절하지 않은 것은?

① 매수인은 매도인의 등기 신청을 위임받을 수 있다.

② 매수인은 등기의무자이기 때문에 매도인과 공동으로 등기를 신청하여야 한다.

③ 매수인이 매매를 원인으로 등기명의인 변경을 위해 신청하려는 등기는 기입등기이다.

④ 매수인이 매매대금을 완납하면 매도인은 등기에 필요한 관련 서류를 건네주어야 한다.

⑤ 매수인은 중도금을 지급하기 전에 매도인의 동의를 얻지 않더라도 계약을 해제할 수 있다.

■ 문제풀이 맥 ■

01

글의 세부 정보를 이해하는 문제이다. 등기와 관련된 개념을 이해하고, 예시 또한 파악해야 한다. 물권과 등기부에 대해서는 1~2문단에서 주로 설명하고 있다.

02

핵심 정보를 구체적 상황에 적용하는 문제이다. ㉠은 아파트 매매로, 아파트 매매계약의 과정과 함께 매수인과 매도인의 역할을 파악해야 한다. 등기권리자와 등기의무자에 대입하여 적용하는 것도 필요하다.

WEEK 6

03

핵심 정보를 구체적으로 이해하는 문제이다. 등기의 특징과 등기에 진정한 권리관계를 반영하기 위한 노력, 등기의 효력 결정과 관련된 원칙을 이해해야 한다. 지문에 직접적으로 나오지 않았다고 하더라도, 개념을 통해 추론할 수 있는 내용도 있다.

03

등기에 대한 설명으로 적절하지 않은 것은?

① 대항요건주의는 등기가 소유권의 변동을 일으키는 요건이 되지 않는 원칙이다.

② 등기는 물건에 관한 거래의 안전을 확보하기 위해 물권에 관한 사항을 공시한다.

③ 새롭게 발생한 등기 원인에 의해 저당권설정등기를 신청하는 것은 기입등기에 해당한다.

④ 신청상의 착오로 일치하지 않는 등기의 기재가 있으면 경정등기를 신청하여 바로잡을 수 있다.

⑤ 성립요건주의를 채택한 우리 법제에서는 계약의 완료로 소유권을 취득하지만 등기 절차는 필수적이다.

04

어휘의 문맥적 의미를 파악하는 문제이다. ⓐ의 '이루어지다'가 문맥상 어떤 의미로 쓰였는지 파악하고, 선택지에서 동일한 의미로 쓰인 문장을 찾아야 한다.

04

ⓐ의 문맥적 의미와 유사하게 쓰인 것은?

① 합의가 원만히 이루어진다면 이전의 관계를 회복할 수 있다.

② 우리 교향악단은 최정상급의 연주자들로 이루어질 것이다.

③ 이곳은 백삼십여 호로 이루어진 마을입니다.

④ 민희는 기호와의 사랑이 이루어져 행복했다.

⑤ 나의 소원이 이루어지니 기분이 좋다.

※ 다음 글을 읽고 물음에 답하시오.

❶ (+)구면 렌즈를 통과한 광선은 모이게 되고 (-)구면 렌즈를 통과한 광선은 퍼지게 되는데, 이때 광선을 모이게 하거나 퍼지게 하는 정도를 ㉠ 굴절력이라고 한다. 굴절력은 무한히 멀리서 렌즈로 들어온 광선이 렌즈를 통과할 때 렌즈로부터 형성된 초점과 렌즈 사이의 거리인 초점 거리를 역수로 표시하고, 디옵터(D)를 단위로 한다. 예를 들어 무한히 멀리서 렌즈로 들어온 광선이 (+)구면 렌즈를 통과한 후 $1m$ 떨어진 거리에 초점이 맺혔다면 이 구면 렌즈의 굴절력은 $+1D(=+\frac{1}{1m})$가 된다.

❷ 눈은 해부학적으로 크기가 정해진 굴절계로, 물체로부터 반사된 빛이 초점을 맺음으로써 시력을 형성한다. 눈은 굴절력이 일정한 각막과 굴절력이 변할 수 있는 수정체에 의해 초점이 망막에 맺히도록 하는데, 굴절력이 부족하거나 물체가 눈앞 가까이에 있을 경우 초점을 망막에 위치시키기 위해 수정체의 굴절력이 커지는 조절 작용이 일어난다. <그림>에서 정시는 조절 작용이 없는 무조절 상태에서 무한히 멀리서 눈으로 들어온 광선의 초점이 망막에 맺히는 경우(a)로, 이때 최대 시력을 얻을 수 있다. 비정시는 무조절 상태에서 무한히 멀리서 눈으로 들어온 광선의 초점이 망막의 앞쪽(b) 혹은 망막의 뒤쪽(c)에 맺히는 경우이다.

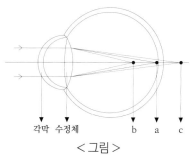

각막 수정체   b a c

<그림>

❸ 그런데 사람마다 눈의 구조와 광학적 특징에 차이가 있기 때문에 눈 굴절력이 다르다. 그래서 정시와 비정시를 이해하기 위해서 평균적인 수치로 만든 모형안이 이용된다. 모형안에서 정시는 수정체의 조절 작용이 0D인 무조절 상태에서 +59D의 눈 굴절력*을 가지며, 0~+14D인 수정체의 조절량에 따라 눈 굴절력은 +73D까지 커질 수 있다. 비정시는 초점이 맺히는 위치에 따라 근시와 원시로 구분된다. 모형안을 기준으로 근시는 눈 굴절력이 +59D보다 커서 초점이 망막보다 앞쪽에 맺히게 되는 경우이다. 반면 원시는 눈 굴절력이 +59D보다 작아서 초점이 망막보다 뒤쪽에 맺히게 되는 경우이다.

❹ 이러한 비정시는 (±)구면 렌즈를 통해 정시로 교정될 수 있다. 예를 들어 모형안을 기준으로 할 때, 눈 굴절력이 +61D인 근시는 -2D인 구면 렌즈를 눈앞에 대면 눈 굴절력과 (-)구면 렌즈의 굴절력이 합해져 +59D가 되기 때문에 정시로 교정되는 것이다. 따라서 눈 굴절력을 정확히 검사하는 것은 비정시를 교정하는 데 매우 중요하다. 실제 임상 검사에서는 정시인지 비정시인지 판정하기 위해, 무한대 거리의 물체를 주시하도록 하며, 무조절 상태를 유지하도록 한다. 이때 주시하는 물체의 거리가 $5m$ 이상이면 무한대 거리로 보며, 무조절 상태를 유지하기 위해 운무법

🗨 핵심정리

문단 중심 내용

❶ 굴절력의 개념
❷ 광선의 초점에 따른 정시와 부정시
❸ 정시와 비정시를 이해하기 위한 모형안
❹ 비정시를 교정하는 방법

굴절력

개념	렌즈를 통과한 광선을 모이게 하거나 퍼지게 하는 정도
표현 방법	1 / 초점 거리
단위	디옵터(D)

정시와 비정시

정시	무조절 상태에서 무한히 멀리서 눈으로 들어온 광선의 초점이 망막에 맺히는 경우
비정시	무조절 상태에서 무한히 멀리서 눈으로 들어온 광선의 초점이 망막의 앞쪽 혹은 망막의 뒤쪽에 맺히는 경우

모형안에서의 정시와 비정시

정시		눈 굴절력 = +59D
비정시	근시	눈 굴절력 > +59D → 초점이 망막보다 앞
	원시	눈 굴절력 < +59D → 초점이 망막보다 뒤

비정시 교정 방법

$5m$ 이상 떨어진 물체를 주시하게 함.

눈앞에 (+)구면 렌즈를 대어 초점이 망막의 앞쪽에 맺히도록 유도함(운무법).

(-)구면 렌즈를 순차적으로 덧대어 가면서 최대 시력을 얻는 최소의 (-)구면 렌즈 값과 운무법에 사용된 렌즈 값을 합하여 비정시의 정도를 판정함.

눈 굴절력과 (±)구면 렌즈의 굴절력이 합해져 +59D가 되게 함.

WEEK 6

이 사용된다. 운무법은 ㉮ 눈앞에 (+)구면 렌즈를 대어 초점이 망막의 앞쪽에 맺히도록 유도하는 것이다. 그런 다음 (−)구면 렌즈를 순차적으로 덧대어 가면서 최대 시력을 얻는 최소의 (−)구면 렌즈 값과 운무법에 사용된 렌즈 값을 합하여 비정시의 정도를 판정한다.

* 눈 굴절력: 각막의 굴절력과 수정체의 굴절력을 포함한 눈 전체의 합성 굴절력.

문제풀이 맥

01

글의 세부 정보를 이해하는 문제이다. 눈 굴절력의 특징과 관련 개념을 정확히 이해하고 있어야 한다. 문제에서는 조절 작용과 무조절 상태, 정시와 비정시, 원시와 근시 등에 대한 선택지가 제시되고 있다.

01

윗글을 이해한 내용으로 적절하지 않은 것은?

① 각막의 굴절력은 일정하지만 수정체의 굴절력은 변할 수 있다.
② 수정체의 조절 작용과 상관없이 초점이 망막에 맺힐 때 최대 시력이 형성된다.
③ 사람마다 눈의 구조와 광학적 특징은 다르지만 눈 굴절력은 +59D로 일정하다.
④ 정시로 교정하기 위해 근시에는 (−)구면 렌즈, 원시에는 (+)구면 렌즈가 필요하다.
⑤ 주시하는 물체가 눈앞 가까이로 다가오면 초점을 망막에 위치시키기 위해 조절량은 커진다.

02

글의 세부 내용을 이해하는 문제이다. ㉠은 굴절력으로, 굴절력과 초점 거리의 관계, (+)구면 렌즈와 (−)구면 렌즈의 특징을 이해해야 한다. 굴절력은 렌즈를 통과한 광선을 모이게 하거나 퍼지게 하는 정도라고 하였다.

02

㉠에 대한 설명으로 가장 적절한 것은?

① 굴절력이 작을수록 초점 거리가 짧아진다.
② 굴절력이 커질수록 초점 거리의 역수도 커진다.
③ (+)구면 렌즈는 굴절력이 클수록 광선을 퍼지게 한다.
④ 무한히 멀리 있는 물체를 주시하는 눈의 굴절력은 0D이다.
⑤ (−)구면 렌즈는 (+)구면 렌즈보다 광선을 모이게 하는 정도가 크다.

03

윗글을 바탕으로 <보기>를 이해한 내용으로 적절하지 <u>않은</u> 것은?

> **보기**
>
> 아래 눈은 모형안을 기준으로 무조절 상태에서 눈 굴절력이 +57D인 비정시이다.
>
>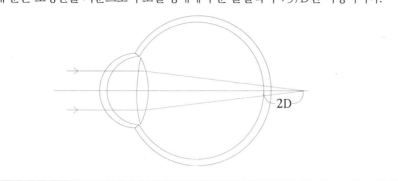

① 수정체의 조절량이 +2D일 때 초점이 망막에 위치해 최대 시력을 얻을 수 있겠군.

② -2D인 구면 렌즈를 눈앞에 대었다면 무조절 상태를 유지할 수 없겠군.

③ +4D인 구면 렌즈를 눈앞에 대어 근시 상태로 유도하였다면 -1D인 구면 렌즈를 덧대어도 무조절 상태를 유지할 수 있겠군.

④ +5D인 구면 렌즈를 눈앞에 대어 무조절 상태를 유도하였다면 -3D인 구면 렌즈를 덧대었을 때 최대 시력을 얻을 수 있겠군.

⑤ 근시 상태를 유도하기 위해 눈앞에 댄 (+)구면 렌즈와 최대 시력을 얻은 최소의 (-)구면 렌즈를 합한 렌즈 값은 +1D가 되겠군.

04

㉮의 이유로 가장 적절한 것은?

① 원시를 근시로 유도하기 위해

② 원시를 정시로 유도하기 위해

③ 근시를 정시로 유도하기 위해

④ 근시를 원시로 유도하기 위해

⑤ 정시를 원시로 유도하기 위해

03

핵심 정보를 구체적 상황에 적용하는 문제이다. <보기>에는 모형안을 기준으로 무조절 상태에서 눈 굴절력이 +57D인 비정시인 눈이 제시되어 있다. 특정 디옵터의 구면 렌즈를 눈앞에 대었을 때 눈의 상태와, 최대 시력을 얻기 위한 구면 렌즈의 디옵터를 파악해야 한다.

04

핵심 정보의 원리를 파악하는 문제이다. ㉮는 눈앞에 (+)구면 렌즈를 대어 초점이 망막의 앞쪽에 맺히도록 유도하는 운무법이다. 초점이 망막의 앞쪽에 맺히는 것이 무엇을 의미하는지 파악해야 한다.

핵심정리

가 김종길, 〈문〉

갈래
자유시, 서정시

성격
상징적, 희망적

제재
시간의 흐름에 따른 문의 변화

주제
암울한 시대가 지나고 희망찬 새 시대를 맞이하는 감격

특징
① 색채어를 반복적으로 제시하여 주제를 강조함.
② 인간 역사의 쇠락과 자연의 순환성을 대조하여 새로운 시대에 대한 희망을 드러냄.

해제
이 작품은 어두운 시대가 지나고 새로운 시대를 맞이하는 희망과 감격을 노래하고 있다. 화자는 '문'이 닫혀 있는 모습에서 암울했던 시절을 떠올리고 있으며, 새벽이 오며 '문'이 열리는 모습을 통해 암울했던 시절이 지나고 희망에 찬 새로운 시대가 오고 있다는 감격을 표출하고 있다. 이 시가 해방 직후인 1947년에 발표되었다는 것을 감안할 때 일제 강점의 암울한 시대가 지나고 해방을 맞이하는 감격을 표출한 작품으로 이해할 수 있다.

나 정끝별, 〈가지가 담을 넘을 때〉

갈래
자유시, 서정시

성격
감각적, 서정적

제재
시골집의 마루

주제
가지가 담을 넘는 과정과 의미

※ 다음 글을 읽고 물음에 답하시오.

가

흰 벽에는 ──
어련히 해들 적마다 나뭇가지가 그림자 되어 떠오를 뿐이었다.
그러한 정밀*이 천년이나 머물렀다 한다.

단청은 연년(年年)이 빛을 잃어 두리기둥에는 틈이 생기고, 볕과 바람이 쓰라리게 스며들었다. 그러나 험상궂어 가는 것이 서럽지 않았다.

기왓장마다 푸른 이끼가 앉고 세월은 소리없이 쌓였으나 ㉠문은 상기 닫혀진 채 멀리 지나가는 바람 소리에 귀를 기울이는 밤이 있었다.

주춧돌 놓인 자리에 가을풀은 우거졌어도 봄이면 돋아나는 푸른 싹이 살고, 그리고 한 그루 진분홍 꽃이 피는 나무가 자랐다.

유달리도 푸른 높은 하늘을 눈물과 함께 아득히 흘러간 별들이 총총히 돌아오고 사납던 비바람이 걷힌 낡은 처마 끝에 찬란히 빛이 쏟아지는 새벽, 오래 닫혀진 문은 산천을 울리며 열리었다.

── 그립던 깃발이 눈뿌리에 사무치는 푸른 하늘이었다.

- 김종길, 〈문〉 -

* 정밀: 고요하고 편안함.

나

이를테면 수양의 늘어진 ㉡가지가 담을 넘을 때
그건 수양 가지만의 일은 아니었을 것이다
얼굴 한번 못 마주친 애먼 뿌리와
잠시 살 붙였다 적막히 손을 터는 꽃과 잎이
혼연일체 믿어주지 않았다면
가지 혼자서는 한없이 떨기만 했을 것이다

[A]

한 닷새 내리고 내리던 고집 센 비가 아니었으면
밤새 정분만 쌓던 도리 없는 폭설이 아니었으면

담을 넘는다는 게

가지에게는 그리 신명 나는 일이 아니었을 것이다

무엇보다 가지의 마음을 머뭇 세우고

담 밖을 가둬두는

저 금단의 담이 아니었으면

담의 몸을 가로지르고 담의 정수리를 타 넘어

담을 열 수 있다는 걸

수양의 늘어진 가지는 꿈도 꾸지 못했을 것이다

[B]

그러니까 목련 가지라든가 감나무 가지라든가

줄장미 줄기라든가 담쟁이 줄기라든가

가지가 담을 넘을 때 가지에게 담은

무명에 획을 긋는

도박이자 도반*이었을 것이다

[C]

- 정끝별, 〈가지가 담을 넘을 때〉 -

* 도반: 함께 도를 닦는 벗.

나는 이홍에게 이렇게 말했다.

"ⓐ 너는 잊는 것이 병이라고 생각하느냐? 잊는 것은 병이 아니다. 너는 잊지 않기를 바라느냐? 잊지 않는 것이 병이 아닌 것은 아니다. ⓑ 그렇다면 잊지 않는 것이 병이 되고, 잊는 것이 도리어 병이 아니라는 말은 무슨 근거로 할까? 잊어도 좋을 것을 잊지 못하는 데서 연유한다. 잊어도 좋을 것을 잊지 못하는 사람에게는 잊는 것이 병이라고 치자. 그렇다면 잊어서는 안 되는 것을 잊는 사람에게는 잊는 것이 병이 아니라고 말할 수 있다. ⓒ 그 말이 옳을까?

천하의 걱정거리는 어디에서 나오겠느냐? 잊어도 좋을 것은 잊지 못하고 잊어서는 안 될 것은 잊는 데서 나온다. 눈은 아름다움을 잊지 못하고, 귀는 좋은 소리를 잊지 못하며, 입은 맛난 음식을 잊지 못하고, 사는 곳은 크고 화려한 집을 잊지 못한다. 천한 신분인데도 큰 세력을 얻으려는 생각을 잊지 못하고, 집안이 가난하건만 재물을 잊지 못하며, 고귀한데도 교만한 짓을 잊지 못하고, 부유한데도 인색한 짓을 잊지 못한다. 의롭지 않은 물건을 취하려는 마음을 잊지 못하고, 실상과 어긋난 이름을 얻으려는 마음을 잊지 못한다.

그래서 잊어서는 안 될 것을 잊는 자가 되면, 어버이에게는 효심을 잊어버리고, 임금에게는 충성심을 잊어버리며, 부모를 잃고서는 슬픔을 잊어버리고, 제사를 지내면서 정성스러운 마음을 잊어버린다. 물건을 주고받을 때 의로움을 잊고, 나아

특징

① 시구의 반복을 통해 시적 상황을 강조함.
② 종결 어미의 반복을 통해 운율을 형성하고 가지가 담을 넘게 도운 존재들을 부각함.

해제

이 작품은 수양의 늘어진 가지가 담을 넘는 과정과 그 의미를 통해 제약을 넘어서서 미지의 영역에 도달하기 위한 용기와 협력의 가치를 탐구한 작품이다. 화자는 '~은/이 아니었을 것이다', '~ 아니었으면', '~ 못했을 것이다'와 같은 부정 표현의 진술들을 활용하여 가지가 담을 넘는 데에 원동력이 되어 준 존재들을 부각하면서, 심지어 가지에게 장애물로 작용할 수도 있는 것들, 즉 비나 폭설, 그리고 담 자체마저도 가지가 신명 나게 담을 넘는 시도를 하는 데에 도움이 되었을 것이라고 긍정적으로 해석하고 있다.

구성

1연	가지가 담을 넘을 수 있게 하는 내적 원동력
2연	가지가 담을 넘을 수 있게 하는 외부 시련들
3연	가지에게 담이 지니는 의미와 가치

다 유현준, 〈잊음을 논함〉

갈래

기, 한문 수필

성격

교훈적

제재

잊어도 되는 것과 잊어서는 안 될 것

주제

잊어야 할 것과 잊지 않아야 할 것을 분별하는 지혜의 필요성

특징

① 중심 제재를 통한 인식의 전환이 드러남.
② 일상적인 소재를 통해 깨달음과 교훈을 얻음.

해제

이 작품은 잊어야 할 것과 잊지 않아야 할 것에 대한 사유를 통해 인간이 지향해야 할 바에 대한 깨달음을 전해 주고 있다. 글쓴이는 천하의 걱정거리가 잊어도 좋을 것은 잊지 못하고, 잊어서는 안 될 것은 잊는 데서 나온다고 말하며,

잊어도 좋을 것과 잊어서는 안 되는 것을 구분하는 삶의 필요성을 역설하고 있다. 아울러 내적인 것을 잊고 외적인 것을 잊지 못하는 삶에 대해 경계해야 한다는 가르침을 전하고 있다.

구성

처음	잊어서는 안 되는 것을 잊는 사람에게 잊는 것이 병이 아니라는 주장에 대한 의문
중간	잊어서는 안 될 것을 잊어버리는 것에서 걱정거리가 생겨남.
끝	잊어도 좋을 것이 무엇인지를 알고 잊어서는 안 되는 것이 무엇인지를 아는 사람을 지향함.

가고 물러날 때 예의를 잊으며, 낮은 지위에 있으면서 제 분수를 잊고, 이해의 갈림길에서 지켜야 할 도리를 잊는다.

ⓓ 먼 것을 보고 나면 가까운 것을 잊고, 새것을 보고 나면 옛것을 잊는다. 입에서 말이 나올 때 가릴 줄을 잊고, 몸에서 행동이 나올 때 본받을 것을 잊는다. 내적인 것을 잊기 때문에 외적인 것을 잊을 수 없게 되고, 외적인 것을 잊을 수 없기 때문에 내적인 것을 더더욱 잊는다.

ⓔ 그렇기 때문에 하늘이 잊지 못해 벌을 내리기도 하고, 남들이 잊지 못해 질시의 눈길을 보내며, 귀신이 잊지 못해 재앙을 내린다. 그러므로 잊어도 좋을 것이 무엇인지를 알고 잊어서는 안 되는 것이 무엇인지를 아는 사람은 내적인 것과 외적인 것을 서로 바꿀 능력이 있다. 내적인 것과 외적인 것을 서로 바꾸는 사람은, 다른 사람의 잊어도 좋을 것은 잊고 자신의 잊어서는 안 될 것은 잊지 않는다."

- 유한준, 〈잊음을 논함〉 -

■ 문제풀이 맥 ■

01

작품 간의 공통점과 차이점을 파악하는 문제이다. (가), (나)는 현대시, (다)는 한문 수필이라는 점을 고려하여 각각의 특징을 분석하고, 이와 더불어 공통적으로 나타나는 표현법을 찾아야 한다. 이를 위해서는 표현 방법에 대한 기본적인 지식이 요구된다.

02

배경 및 소재의 기능을 파악하는 문제이다. 이러한 유형의 문제를 해결하기 위해서는 작품의 주제를 바탕으로 소재의 상징적 의미를 먼저 파악해야 한다. ⊙은 (가)의 '문'이고, ⓒ은 (나)의 '가지'이다. 먼저 (가)의 '문'은 작품의 제재이자 변함없는 영속성을 지닌 대상으로 표현된다. (나)의 '가지'는 담을 넘어 자유를 향해 시련을 딛고 나아가는 존재로 표현된다. 이를 고려하여 선택지를 이해한다면 수월하게 문제를 해결할 수 있다.

01

(가)~(다)에 대한 설명으로 가장 적절한 것은?

① (가)는 명시적 청자에게 말을 건네는 방식으로 화자의 감정을 드러낸다.
② (가)는 동일한 색채어를, (나)는 유사한 문장 구조를 반복적으로 제시하며 시상을 전개한다.
③ (가)와 (나)는 모두, 사라져 가는 대상에 대한 화자의 안타까움을 드러낸다.
④ (나)는 사물을 관조함으로써, (다)는 세태를 관망함으로써 주제 의식을 부각한다.
⑤ (가), (나), (다)는 모두, 대상과 소통하며 문제 해결 과정을 연쇄적으로 제시한다.

02

⊙과 ⓒ에 대한 이해로 가장 적절한 것은?

① ⊙은 주변 대상의 도움을 받으며 미래로 나아가고, ⓒ은 주변 대상에게 도움을 주며 미래를 대비한다.
② ⊙은 자신의 자리를 지켜 내는, ⓒ은 자신의 영역을 확장하는 모습을 보인다.
③ ⊙은 주변과 단절된 상황을 극복하려 하고, ⓒ은 외부의 간섭을 최소화하려 한다.
④ ⊙과 ⓒ은 외면의 변화를 통해 내면의 불안을 감추려 한다.
⑤ ⊙과 ⓒ은 과거의 행위에 대해 반성하는 모습을 보인다.

03

<보기>를 참고하여 (가)를 감상한 내용으로 적절하지 않은 것은?

> **보기**
>
> (가)에서 순환하는 자연이 가진 변화의 힘은 인간 역사의 쇠락과 생성에 관여한다. 인간의 역사는 쇠락의 과정에서도 생성의 기반을 잃지 않고, 자연과 어우러지며 자연의 힘을 탐색하거나 수용한다. 이를 통해 '문'은 새로운 역사를 생성할 가능성을 실현하게 되고, 인간의 역사는 '깃발'로 상징되는 이상을 향해 다시 나아갈 수 있게 된다.

① '흰 벽'에 나뭇가지가 그림자로 나타나는 것은, 천년을 쇠락해 온 인간의 역사가 자연의 힘을 탐색하는 과정에서 자연의 모습에 영향을 미친 결과를 보여 주는군.

② '두리기둥'의 틈에 볕과 바람이 쓰라리게 스며드는 것을 서럽지 않다고 한 것은, 쇠락해 가는 인간의 역사가 자연이 가진 변화의 힘을 수용함을 드러내는군.

③ '기왓장마다' 이끼와 세월이 덮여 감에도 멀리 있는 바람 소리에 귀를 기울이는 것은, 자연의 영향을 받으면서도 자연이 가진 변화의 힘에서 생성의 가능성을 찾는 모습이겠군.

④ '주춧돌 놓인 자리'에 봄이면 푸른 싹이 돋고 나무가 자라는 것은, 생성의 기반을 잃지 않은 인간의 역사가 자연과 어우러져 생성의 힘을 수용하는 모습이겠군.

⑤ '닫혀진 문'이 별들이 돌아오고 낡은 처마 끝에 빛이 쏟아지는 새벽에 열리는 것은, 순환하는 자연 속에서 인간의 역사를 다시 생성할 가능성이 나타남을 보여 주는군.

03
외적 준거에 따라 작품을 감상하는 문제이다. <보기>에 따르면 (가)에서 자연의 변화성은 인간 역사의 쇠락의 과정에서 새로운 역사를 생성할 수 있게 돕는다. 이를 고려하여 작품의 시어와 구절의 의미를 이해하고, 선택지에서 제시한 감상이 적절한지 판단해야 한다.

04

(나)에 대한 이해로 가장 적절한 것은?

① [A]에서는 '얼굴 한번 못 마주친' 상황과 '손을 터는' 행위가 '한없이' 떠는 가지의 마음으로 인한 것임을 드러낸다.

② [B]에서는 '고집 센'과 '도리 없는'을 통해 가지가 '꿈도 꾸지 못'하게 만든 두 대상의 성격을 부각한다.

③ [B]에서는 '가지의 마음을 머뭇 세우'는 대상을 '신명 나는 일'에 연결하여 '정수리를 타 넘'는 행위의 의미를 드러낸다.

④ [A]에서 '가지만의'와 '혼자서는'에 나타난 가지의 상황은, [B]에서 '담 밖'을 가두어 [C]에서 '획'을 긋는 가지의 모습으로 이어진다.

⑤ [A]에서 '않았다면'과 [B]에서 '아니었으면'이 강조하는 대상들의 의미는, [C]에서 '목련'과 '감나무' 사이의 관계에서도 나타난다.

04
시어, 시구의 의미와 기능을 파악하는 문제이다. (나)는 현대시로, [A]~[C]로 구분된 연의 중심 내용을 파악하고, 주제를 바탕으로 시어에 함축된 이면적 의미를 이해하는 것이 중요하다. 또한 각 연들의 의미적 관계를 파악해야 한다.

05

구절의 의미를 파악하는 문제이다. ⓐ~ⓔ는 모두 (다)의 '나'가 인식하는 잊음과 관련된 구절이다. ⓐ~ⓔ의 의미를 파악하기 위해서는 먼저 '잊음'에 대한 '나'의 생각을 바탕으로 '잊어서는 안 될 것'과 '잊어도 되는 것'의 특성을 이해하는 것이 중요하다. 또한 각 구절에 사용된 표현법과 그 효과를 숙지해야 한다.

05

ⓐ~ⓔ에 대한 설명으로 적절하지 <u>않은</u> 것은?

① ⓐ: 잊는 것에 대한 '나'의 생각을 전개하기 위한 물음이다.
② ⓑ: 잊음에 대한 '나'의 생각이 어디에서 비롯된 것인지에 대한 답을 제시하기 위해 던지는 물음이다.
③ ⓒ: 잊음에 대해 '나'가 제시한 가정적 상황이 틀리지 않았음을 강조하기 위한 물음이다.
④ ⓓ: 잊지 못하는 것과 잊어버리는 것의 관계를 대비적 표현을 통해 제시하며 잊음에 대한 '나'의 생각을 드러내는 진술이다.
⑤ ⓔ: 잊음의 대상을 제대로 구분하지 못할 때 일어날 수 있는 일을 열거하여 잊음에 대한 '나'의 생각이 옳음을 강조하는 진술이다.

외적 준거에 따라 작품을 감상하는 문제이다. <보기>에 따르면 (나), (다)는 주체가 대상의 속성에 대한 인식을 바탕으로 시상 또는 내용이 전개된다는 특징이 나타난다. 따라서 선택지에서 제시한, 작품 속 단어 혹은 구절이 어떠한 인식을 드러내고 있는지, 이를 통해 글쓴이가 지향하는 바가 무엇인지를 명확히 파악하는 것이 중요하다.

06

<보기>를 참고하여 (나), (다)를 감상한 내용으로 적절하지 <u>않은</u> 것은?

> **보기**
>
> (나)와 (다)에는 주체가 대상을 바라보고 사유하여 얻은 인식이 드러난다. 이는 대상에서 발견한 새로운 의미를 보여 주는 방식이나, 대상의 속성에 주목하여 얻은 깨달음을 제시하는 방식으로 나타난다.

① (나)는 '수양'을 부분으로 나눠 살피고 부분들의 관계가 '혼연일체'라는 것을 발견해 수양이 하나의 통합된 대상이라는 인식을 드러내는군.
② (다)는 '잊어도 좋을 것'과 '잊어서는 안 될 것'에 대해 사유하여 타인과 자신의 관계 속에서 지켜야 할 자세에 대한 깨달음을 드러내는군.
③ (다)는 '내적인 것과 외적인 것을 서로 바꾸는 사람'의 특성에 주목해 잊음의 본질에 대한 깨달음이 바람직한 삶의 태도를 이끈다는 인식을 드러내는군.
④ (나)는 '담쟁이 줄기'의 속성에 주목해 담쟁이 줄기가 담을 넘을 수 있다는, (다)는 잊어서는 안 될 것을 잊는 데 주목해 '내적인 것'을 잊으면 '외적인 것'에 매몰된다는 인식을 드러내는군.
⑤ (나)는 담의 의미를 사유하여 담이 '도박이자 도반'이라는, (다)는 '예의'나 '분수'를 잊지 않아야 함에 주목해 '잊지 않는 것이 병이 아닌 것은 아니'라는 깨달음을 드러내는군.

※ 다음 글을 읽고 물음에 답하시오.

선군이 한림원에 다녀온 후 편지 먼저 하는지라. 노복이 주야로 내려와 상공께 편지를 드리니, 한 장은 부모님께, 한 장은 낭자에게 부친 편지거늘, 부모님께 올린 편지를 상공이 열어 보니,

[A]
"문안드립니다. 그사이 부모님께서는 평안하셨나이까? 저는 부모님 덕분에 무탈하옵니다. 또한 천은을 입어 금번에 장원 급제하여 한림학사로 입조하여 도문*하니, 일자는 금월 망일이오니 잔치는 알아서 준비해 주옵소서."

하였더라.

낭자에게 온 편지를 부인 정 씨 **춘양**에게 주며,

"ⓐ 이 편지는 네 어미에게 부친 편지라. 네가 잘 간수하라."

하고 부인 통곡하니 춘양이 그 편지를 받고 울며 동춘을 안고 방에 들어가 어미 시신 흔들고 울며, 편지 열어 낯에 대고 통곡 왈,

"어머님 일어나소. 아버님 편지가 왔나이다. 일어나소. 아버님 장원 급제하여 내려오시나이다."

하며 편지로 낯을 덮으며,

"동춘은 연일 젖 먹자고 웁니다. 어머님 평시 글을 좋아하시더니 아버님 편지 왔사온데 어찌 반기지 아니하시나이까? 춘양은 글을 몰라 어머님 영전에 읽어 드리지 못하나니 답답하나이다."

하고 할머님께 빌며,

"할머님께서 어머님 영전에 가 편지를 읽으시면 어머님 영혼이 감동할 듯하나이다."

하니 정 씨 마지못해 방에 들어가 울면서 편지를 읽는지라.

[B]
"낭자께 문안 전하니, 애정 담은 편지 한 장 올리나이다. 우리의 태산 같은 정이 천리에 가림에, 낭자의 얼굴을 보고 싶어도 볼 수 없고, 낭자를 생각하지 않아도 절로 생각이 납니다. 요사이 그대의 그림이 전과 빛이 달라 날로 변하나이다. 무슨 병이 들었는지 몰라 객창 등불 아래에서 수심으로 잠들지 못하니 답답합니다. 낭자의 지극한 정성으로 장원 급제하여 이 몸이 영화롭게 내려가니, 어찌 낭자의 뜻을 맞추지 아니하였으리오? 날짜는 금월 모일이니 바라건대 낭자는 천금 같은 옥체를 보존하소서. 내려가 반갑게 만나사이다."

정 씨 보기를 다함에 더욱 슬픈 마음을 진정치 못하여 통곡하며,

"ⓑ 슬프다, 춘양아! 가련타, 동춘아! 너희 어미 잃고 어찌 살라 하는가?"

핵심정리

갈래
애정소설, 국문소설

배경
조선 후기

시점
전지적 작가 시점

제재
부부간의 사랑과 부모 자식 간의 갈등

주제
유교적 가부장제의 현실적 장애를 넘어선 남녀의 사랑

특징
① 만남-이별-재회의 구조로 사건이 전개됨.
② 애정 지상주의적 가치관을 통해 유교적 가치관에 대한 도전과 탈피를 꾀함.
③ 죽은 사람의 부활, 하늘로의 승천 등 신선 사상에 바탕을 둔 비현실적 애정담임.

해제
이 작품은 안동의 한 양반 가정을 배경으로 하여 부부간의 사랑과 부모 자식 사이의 갈등과 화해를 다룬 고전소설이다. 천상의 선녀였던 숙영이 인간 세상에 내려와 백선군과 사랑하게 되어 부부의 인연을 맺고 살다가 억울한 누명을 쓰고 죽게 되었지만, 부활하여 선군과 함께 승천하는 것이 주요 내용이다. 효를 요구하는 부모와 그에 맞서 부부의 애정을 추구하는 자식의 모습이 조선 후기 사회에서 나타난 가치관의 변모를 보여 준다는 점에서 작품의 문학적 의의를 찾을 수 있다.

등장인물

선군	숙영의 남편으로, 숙영에 대한 사랑이 지극함. 자신이 과거에 응시하러 떠난 사이 숙영이 죽었다는 것을 알게 됨.
숙영	선군의 부인으로, 선군이 과거를 보러 간 사이 가문의 명예를 실추했다는 오해를 받고 자결함.

WEEK 6

선비 백상군과 부인 정 씨는 명산대찰에서 기도를 드린 뒤 외아들 선군을 낳는다. 장성한 선군은 꿈에서 선녀인 숙영을 만난 후 숙영을 그리워하다가 병이 나게 된다. 상사병에 시달리던 선군은 결국 하늘이 정해 준 3년이라는 시간을 채우지 못하고 숙영과 혼인하여 자식을 낳고 행복한 시간을 보낸다. 그러던 중 선군은 부모의 권유로 과거에 응시하기 위해 한양으로 떠난다. 길을 떠나면서도 선군은 숙영을 그리워하여 밤에 몰래 집으로 돌아온다. 한편 선군의 아버지 상공은 밤중 남자의 목소리가 숙영의 방에서 흘러나오는 것을 의아하게 여긴다. 평소 숙영을 질투하던 시비 매월은 숙영의 행실이 부정하다고 거짓으로 상공에게 고하고, 결국 억울한 누명을 쓴 숙영은 자결을 한다. 과거 급제 후 집으로 돌아와 모든 사실을 알게 된 선군은 매월을 처벌하고, 옥황상제의 은덕으로 부활한 숙영과 함께 행복하게 여생을 보낸다.

소재의 기능

편지
• 숙영을 향한 선군의 애정을 드러냄.
• 숙영의 죽음에 대한 비극성을 강화함.
• 선군이 과거에 급제하여 집으로 돌아옴을 알림.
• 선군이 숙영에게 안 좋은 일이 일어났음을 짐작하게 함.

백학선, 약주
상공 부부에 대한 숙영의 효심을 드러냄.

청사자, 연화궁
하늘로 승천하는 숙영 부부의 비현실적 분위기를 심화함.

작품에 드러난 사상

유교	가문의 명예를 실추했다는 이유로 숙영이 자결함. → 유교의 가부장적 가치관
도교	옥황상제의 명으로 숙영 부부가 하늘로 승천하게 됨. → 도교의 신선 사상

[중략 부분의 줄거리] 선군은 숙영이 시아버지로부터 가문의 명예를 실추했다는 오해를 받고 자결한 것을 알게 된다. 숙영은 장례 중 부활해 선군과 집에 돌아온다.

　상공과 정씨 부인 내달아 낭자를 붙들고 통곡하며,

　"낭자는 어디를 갔다 왔느냐?"

하며 참혹한 마음을 이기지 못하더라. 낭자 상공과 정씨 부인 앞에 가 절하고 사뢰되,

　"ⓒ 첩은 천상의 죄 있으니 천명이 아닌 것이 없습니다. 너무 한탄치 마옵소서."

하며,

　"ⓓ 옥황상제님이 우리를 올라오라 하시니 천명을 거스르지 못하여 올라가옵나이다."

하니, 상공 부부 더욱 처량한 심사를 측량치 못할러라. 낭자 백학선과 약주 한 병을 드리며,

　"ⓔ 이 백학선은 몸이 추우면 더운 바람이 나오니 천하 유명한 보배이옵고, 약주는 기운 불편하시거든 드십시오. 백학선과 약주를 몸에 지니시오면 백세 무양하오리다."

하고,

　부모님 돌아가실 때 연화궁의 세계로 모셔 가오이다. 천상 선관이 연화궁에 자주 다니오니 극락 연화궁으로 오시면 반가이 만나 뵈오리다."

하고 선군더러,

　"우리 올라갈 때가 급하였으니, 하직하고 **올라가사이다.**"

하니 선군이 부모지정을 잊지 못하여 새로이 슬퍼하니, 선군과 낭자 **부모를 위로하여 나아가 엎드려 고왈,**

　"소자 등은 세상 연분이 다하였삽기로 오늘 하직하옵나이다."

하고 인하여 **하직**하며,

　"부모님 내내 평안하옵소서."

하고 청사자 한 쌍을 몰아 한림은 동춘을 낭자는 춘양을 안고, 구름에 싸여 올라가는지라.

　상공 부부 낭자와 선군이 천궁에 올라간 후로 망연해하며 **세간을 다 나누어 주고,** 백세를 살다가 한날한시에 별세하더라.

- 작자 미상, 〈숙영낭자전〉 -

* 도문: 과거 급제하고 집에 오던 일.

01

'춘양'에 대한 설명으로 가장 적절한 것은?

① 아버지를 보고 싶은 심정을 어머니 영전에서 언급한다.

② 할머니로부터 아버지의 편지를 받아 어머니에게 읽어 준다.

③ 할머니와 함께 어머니 생전의 일화에 대해 이야기를 나눈다.

④ 동생이 어머니가 살아 있는 줄 알고 찾아가려 하자 동생을 막아선다.

⑤ 아버지의 소식을 어머니에게 전하고 싶은 마음을 행동으로 표출한다.

01

인물의 심리 및 태도를 파악하는 문제이다. 인물의 심리나 태도를 이해하기 위해서는 사건의 전개 과정분 아니라 인물들의 대사나 행동에 담긴 의미를 파악해야 한다. 윗글에 대한 이해를 바탕으로 각각의 등장인물이 특정한 대사나 행동을 한 이유가 무엇인지를 살피며 작품을 감상해야 한다.

02

[A], [B]에 대한 이해로 가장 적절한 것은?

① [A]에서는 자신의 안부를 전한 뒤 곧이어 받는 이의 안부를 묻는다.

② [B]에서는 받는 이를 만나고 싶지만 당장 그럴 수 없는 처지를 언급하며 안타까운 심정을 드러낸다.

③ [B]에서는 받는 이의 건강에 문제가 있다는 소식을 듣고 걱정하는 마음을 드러낸다.

④ [A]와 [B]에서 모두 자신이 뜻한 바를 이루었음을 전하고, 받는 이에게 그 공을 돌리며 감사해한다.

⑤ [A]와 [B] 모두 당부의 말을 전하는데, [A]에서는 받는 이가 글쓴이의 노력을 알아주길 바라고, [B]에서는 받는 이가 스스로 잘 처신하기를 바란다.

02

인물의 심리 및 태도를 파악하는 문제이다. [A], [B]에 드러난 인물의 발화를 중심으로 그 의미를 이해하는 것이 중요하다. [A]와 [B] 모두 선군이 보낸 편지의 내용을 가리키고 있는데, 이때 [A]의 예상 독자는 선군의 부모님이고, [B]의 예상 독자는 선군의 부인인 숙영이다. 이에 따라 인물이 보낸 편지의 내용에 어떠한 의미를 지니는지 파악해야 한다.

03

대화의 특징을 파악하는 문제이다. ⓐ~ⓔ의 발화자가 누군지 분명히 인지한 뒤 앞서 일어난 사건을 고려하여 발화의 의도를 파악해야 한다. ⓐ, ⓑ의 발화자는 선군의 어머니 정 씨이며 ⓒ~ⓔ의 발화자는 숙영이라는 점을 염두에 두고 선택지의 내용을 이해해야 한다.

03

ⓐ~ⓔ를 이해한 내용으로 적절하지 <u>않은</u> 것은?

① ⓐ: 편지의 수신인이 누구인지 말해 주며 상대가 편지의 중요성을 인식하게 하고 있다.

② ⓑ: 손주들을 호명하며 격해진 감정과 그들을 불쌍해하는 마음을 표출하고 있다.

③ ⓒ: 자신의 운명은 하늘의 뜻이라고 함으로써 집에 온 자신을 책망하지 말 것을 부탁하고 있다.

④ ⓓ: 옥황상제의 부름을 거절할 수 없다고 말함으로써 이별이 예정되어 있음을 언급하고 있다.

⑤ ⓔ: 백학선과 약주를 선물함으로써 상대를 걱정하는 마음을 드러내고 있다.

04

외적 준거에 따라 작품을 감상하는 문제이다. <보기>에 제시된 설명에 따라 작품을 이해하는 것이 중요하다. <보기>에 따르면, 윗글에서 승천은 인간 세상의 구조적 문제에 대응하는 한 방식이며 승천 뒤에도 부모를 섬기는 숙영 부부의 행동은 가족 사랑의 보편적 가치를 환기한다. 이러한 <보기>의 내용을 바탕으로, 제시된 인물의 행동과 서술이 지닌 의미가 선택지에 제시된 내용과 적절하게 대응하는지 파악하는 것이 중요하다.

04

<보기>를 참고하여 윗글을 감상한 내용으로 적절하지 <u>않은</u> 것은?

보기

〈숙영낭자전〉에서 승천은 인간 세상의 명분에 구속받지 않는 가족 사랑을 모색한다는 의의를 갖는다. 작품에서는 상공의 잘못이 개인의 문제이기 이전에 가문이라는 명분을 중시하는 인간 세상의 구조적 문제라고 보았다. 그래서 숙영 부부는 가문이라는 명분이 작동하지 않는 천상으로 보내고, 상공 부부는 가문의 무의미함을 깨닫게 하여 구조적 문제에 대응하는 한 방식을 보여 주었다. 하지만 숙영 부부를 천상에 간 뒤에도 부모를 잘 섬기려는 모습으로 그려 낸 것은, 가족 사랑의 보편적 가치를 환기하기 위한 것이다.

① 숙영이 '부모님 돌아가실 때 연화궁'으로 모셔 가겠다고 하는 데에서, 연화궁에서 숙영과 부모를 만나게 하여 가족 사랑의 보편적 가치를 환기하려는 것을 확인할 수 있군.

② 숙영이 선군에게 천궁으로 '올라가사이다'라고 하는 데에서, 숙영 부부를 천상으로 보내 가문이라는 명분이 작동하지 않는 곳에서 살게 하려는 것을 확인할 수 있군.

③ 숙영 부부가 '부모를 위로하여 나아가 엎드려 고'하는 데에서, 승천을 망설이는 모습을 보여 주어 숙영 부부를 부모를 잘 섬기는 인물로 그려 낸 것을 확인할 수 있군.

④ 숙영 부부가 부모에게 '하직' 인사를 하는 데에서, 숙영 부부로 하여금 부모를 떠나게 하여 인간 세상의 구조적 문제에 대응하는 양상을 보여 준 것을 확인할 수 있군.

⑤ '상공 부부'가 '세간을 다 나누어 주'는 데에서, 가족을 잃어 허망해하는 상공 부부의 모습을 보여 주어 가문의 무의미함을 깨닫게 한 것을 확인할 수 있군.

6일간 학습

Day	공부 시작 시간	공부 종료 시간	틀린 문항 수	틀린 유형
Day 1	시　분　초	시　분　초		
Day 2	시　분　초	시　분　초		
Day 3	시　분　초	시　분　초		
Day 4	시　분　초	시　분　초		
Day 5	시　분　초	시　분　초		
Day 6	시　분　초	시　분　초		

1 일별로 계획에 맞춰 공부하기

하루에 기출 하나씩 매일 꾸준히 공부하는 것이 최선의 방법이다.

2 시작 시간과 종료 시간 체크하기

스스로 시간 제한을 두고 문제를 푸는 것이 실전 대비에 효과적이다.

3 틀린 문항과 유형 분석하기

틀린 문제는 또 틀릴 수 있다. 특정 문항과 유형에서 많이 틀렸다면, 그 이유를 분석해야 한다.

4 보충 학습하기

스스로 점검하기를 통해 자신의 취약한 유형을 확인하고, SLS를 통해 부족한 부분을 보충 학습한다.

번호	Day 1						Day 2						Day 3					
	1	2	3	4	5	6	1	2	3	4	5	6	1	2	3	4	5	6
정답률	94%	60%	93%				40%	85%	40%	85%	55%		72%	55%	47%	89%		
채점																		

번호	Day 4						Day 5						Day 6					
	1	2	3	4	5	6	1	2	3	4	5	6	1	2	3	4	5	6
정답률	79%	51%	43%	44%			60%	79%	59%	52%	65%	39%	83%	63%	73%	49%		
채점																		

결과	틀린 문항에는 ✕표시, 찍어서 막혔거나 헷갈렸던 문항에는 △표시, 맞춘 문항에는 ○표시
	채점 결과 : 맞은 문항 수 26개중 ☐개

나의 예상 등급은?

등급

1등급
22~26개

2등급
20~21개

3등급
17~19개

CHECK

WEEK 7

핵심정리

가

갈래

대화

제재

전통 한지

화제

전통 한지에 대한 작문 내용 생성에 관한 논의

대화 중심 내용

화제 ① - 전통 한지의 우수성	
학생 2	유럽에서는 손상된 종이 문화재를 원상태로 돌리는 용도로 전통 한지를 사용함. → 전통 한지의 우수성을 보여 주는 사례를 제시
학생 3	• 서양 종이와 달리 빛에 안정적이어서 변색, 퇴색이 발생하지 않음. • 중국, 일본의 종이와 달리 더 질기고 오래감. → 학생 2의 발언에 추가 정보를 덧붙이며, 전통 한지의 뛰어난 보존성을 강조

화제 ② - 전통 한지 관련 현황	
학생 1	전통 한지가 국내에서는 잘 사용되지 않고 있음.
학생 2	• 전통 한지 제작 업체가 많이 줄어듦. • 전통 한지 기술을 전수받을 사람이 줄어듦.

화제 ③ - 전통 한지를 계승하고 발전시킬 수 있는 방법	
학생 2	• 높은 품질을 유지하기 위해 전통 방식으로 만들고 국내산 닥나무만 사용해야 함. • 전통 한지 기술 전수 교육이 필요함.
↕	
학생 3	품질 유지보다 전통 한지의 사용을 확대하는 것이 더 중요함.

※ (가)는 '전통 문화 연구 동아리' 학생들의 대화이고, (나)는 이를 바탕으로 '학생 1'이 작성한 초고이다. 물음에 답하시오.

가

학생 1: 교지에 우리 동아리 이름으로 글을 싣기로 했잖아. 유네스코 인류 문화유산으로 등재 신청한다는 전통 한지에 대해 쓰기로 한 거 기억하지? 전통 한지의 우수성부터 이야기해 볼까?

학생 2: 조사해 보니 유럽에서는 손상된 종이 문화재를 원상태로 되돌리는 용도로 우리 전통 한지를 사용하고 있대.

학생 3: 나도 봤는데 전통 한지가 보존성이 좋아서 그렇대. 목재 펄프로 만든 서양 종이는 빛에 취약해서 변색, 퇴색이 발생하는데 전통 한지는 빛에 안정적이야.

학생 2: 서양 종이는 빛을 받으면 색이 잘 변하는데 전통 한지는 빛에 더 강하단 말이지?

학생 3: 응. 또 중국, 일본에도 전통 한지처럼 닥나무로 만든 종이가 있지만, 전통 한지는 섬유 조직이 교차로 배열되어 더 질기고 오래간대.

[A]

학생 1: 그런데 이렇게 우수한 전통 한지가 정작 국내에서는 잘 사용되지 않고 있어.

학생 2: 맞아. 잘 사용되지 않으니 제작 업체도 많이 줄었다고 들었어. 또 전통 한지가 계승될 수 있었던 건 장인들 역할이 큰데, 요즘은 기술 전수받을 사람도 별로 없다고 해.

학생 1: 그럼 해결 방안에 대해 이야기해 볼까? 전통 한지를 계승하고 발전시킬 수 있는 방법에는 뭐가 있을까?

학생 2: 우선 높은 품질을 유지해야지. 그러려면 전통 방식으로 만들고 국내산 닥나무만 사용해야 해. 또 기술 전수 교육도 필요해.

학생 3: 품질 유지도 중요하지만, 어떤 식으로든 사용하지 않으면 결국 사라지게 될 거야.

학생 2: 나도 그렇게 생각해. 그래서 전통 한지 사용을 늘리기 위한 정부 차원의 노력이 필요해.

[B]

학생 3: 그것만으로 문제를 해결할 수 있을까? 난 민간에서 많이 사용하는 게 더 중요한 것 같아. 전통 한지로 만든 생활용품이나 공예품도 있잖아.

학생 2: 그런 데에 쓰이는 한지는 기계로 만들거나 수입산 닥나무로 만든 품질 낮은 한지가 대부분이야. 그렇게 해서는 전통을 계승하기 어려워.

학생 3: 민간에서 쓰이는 한지가 대부분 품질이 낮다는 건 확인이 필요할 것 같아. 그리고 옛것을 유지해야만 전통의 계승일까? 보존만이 좋은 건 아니라고 봐.

학생 1 : 그러니까 너희는 각각 전통 한지의 원형을 지켜 나가야 한다는 입장과 두루 사용하는 게 더 중요하다는 입장인 거지? 둘 다 일리가 있는 말이야.

학생 2 : 내가 강조하고 싶은 건, 전통 한지와 그 제작 기술에 자부심을 갖고 명품의 가치를 지켜 나가 전통 한지가 더 사랑받도록 해야 한다는 거야.

학생 3 : 무슨 말인지 알겠어. 근데 난 사용 가치 측면에서도 생각해 봤으면 좋겠어. 비록 품질이 옛 수준에는 못 미치더라도 생활 속에서 다양하게 사용되는 게 더 가치 있다 생각해. 실제로 전통 한지가 친환경 소재, 인체 친화형 소재로도 주목받고 있는 걸로 알고 있어.

학생 1 : 얘기 잘 들었어. 들으면서 메모해 두었으니 잘 정리해서 글을 써 볼게.

나

❶ 우리 고유의 방식으로 제작된 전통 한지는 세계적으로 주목받는 문화유산이다. 이에 문화재청에서는 전통 한지와 그 제작 기술을 유네스코 인류 무형 문화유산 등재 신청 대상으로 선정하였다.

❷ 전통 한지의 장점은 보존성이 우수하다는 것이다. 우리나라는 유네스코 세계 기록 유산을 아시아에서 가장 많이 보유한 나라인데, 그중 대부분이 전통 한지에 기록된 문화유산이라는 것이 이를 증명한다. 전통 한지처럼 닥나무를 원료로 하는 주변 국들의 종이와 비교해도, 전통 한지는 섬유 조직이 교차로 배열되어 더 질기고 보존성이 좋다.

❸ 그러나 국내에서 전통 한지는 사용 부진으로 인한 위기를 겪고 있다. 유럽에서는 우리 전통 한지를 손상된 문화재 복구에 사용하는 등 관심이 높은데 정작 국내에서는 사용하는 사람이 많지 않으니, 제작 업체도 전수자도 줄어들어 향후 전통 한지의 명맥이 끊어질까 염려하는 사람도 많다. 그래서 전통 한지를 계승하고 발전시키기 위한 노력이 필요하다.

❹ 우선 전통 한지의 원형을 지켜 나가기 위해 품질을 유지하는 것이 중요하다. 이를 위해 재료 측면에서는 국내산 닥나무만을 사용해야 한다. 또 제작 기술 측면에서는 전통 방식으로 생산하고 기술 전수 교육도 실시해야 한다. 다음으로 전통 한지 사용을 확대하기 위한 노력도 필요하다. 정부 차원에서 공공 부문에 전통 한지 사용을 장려하고 문화재 수리에도 전통 한지를 사용해야 한다. 민간 차원에서는 전통 한지의 활용 분야를 넓힐 필요가 있다. 일례로 전통 한지는 친환경 소재로 주목받아 의류와 침구류 제작에 사용되고 있어, 그 응용 범위가 점차 확대되어 갈 것으로 기대된다.

❺ 전통 한지와 그 제작 기술은 우리의 자랑스러운 문화유산으로 세계가 주목하고 있다. 따라서 전통 한지가 더욱 사랑받을 수 있도록 전통 한지와 그 제작 기술의 가치를 이어 나가기 위한 우리 모두의 노력이 필요하다.

학생 2	전통 한지 사용을 늘리기 위한 정부 차원의 노력이 필요함. → 학생 3의 의견에 동의하며 자신이 생각하는 문제 해결 방안을 덧붙임.
학생 3	전통 한지로 만든 생활용품이나 공예품 등 민간에서 많이 사용하는 것이 중요함. → 학생 2가 제시한 해결 방안을 지적하며 자신의 생각을 드러냄.

화제 ④ – 전통 한지의 계승 방향	
학생 2	• 민간에서 쓰이는 전통 한지는 기계로 만들거나 수입산 닥나무로 만들어 품질이 낮기 때문에 전통을 계승하기 어려움. • 전통 한지와 그 제작 기술에 자부심을 갖고 명품의 가치를 지켜 나가야 함.
학생 3	• 옛것을 유지하는 것만이 전통을 계승하는 것은 아님. • 사용 가치 측면에서 품질이 옛 수준에 못 미치더라도 생활 속에서 다양하게 사용되어야 함.

나

갈래
논설문

제재
전통 한지

화제
전통 한지의 우수성 및 계승과 발전을 위한 노력의 필요

문단 중심 내용

❶ 세계적으로 주목받는 문화 유산인 전통 한지에 관한 소식
❷ 전통 한지의 장점
❸ 전통 한지의 현황
❹ 전통 한지를 계승하고 발전시키기 위한 방법
❺ 전통 한지의 계승 및 발전을 위한 노력 촉구

WEEK 7

01

대화의 맥락을 분석하는 문제이다. (가)의 대화는 토론처럼 형식적으로 규정되어 있지는 않지만, '학생 1'은 대화를 진행하며 토론과 토의에서의 사회자와 같은 역할을 하고 있다. 선택지에 제시된 내용이 '학생 1'의 발화에 나타나는지를 확인하며 문제를 해결해야 한다.

02

정보 전달 글쓰기의 내용을 생성하는 문제이다. (가)의 내용을 (나)에 어떻게 활용했는지를 파악해야 한다. 따라서 (가)와 (나)의 내용을 모두 이해하고 있어야 하고, (가)의 발화 의미와 기능, (나)의 문단 중심 내용, 핵심 내용을 복합적으로 이해하고 있어야 한다.

01

(가)의 '학생 1'에 대한 설명으로 가장 적절한 것은?

① 대화 참여자에게 대화에 적극적인 태도로 참여할 것을 요청하고 있다.

② 대화 참여자에게 추후 모임에서 논의할 사항을 안내하고 있다.

③ 대화 참여자의 입장을 확인한 후 합의를 이끌어 내고 있다.

④ 대화 참여자에게 질문을 하여 대화 내용을 전환하고 있다.

⑤ 대화 참여자가 제시한 정보에 대해 출처를 요구하고 있다.

02

다음은 (가)에서 '학생 1'이 대화의 내용과 자신이 떠올린 생각을 작성한 메모이다. ㉠~㉤이 (나)에 반영된 양상으로 적절하지 않은 것은?

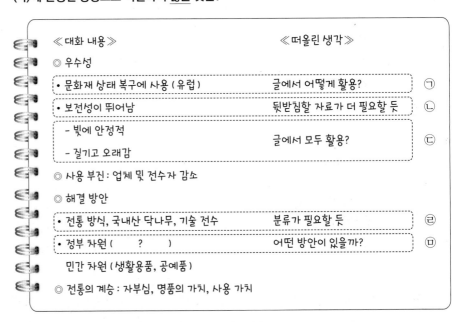

① '학생 2'의 발화를 토대로 작성된 ㉠은, 전통 한지의 우수성을 부각하기 위한 내용으로 (나)에 반영되었다.

② '학생 3'의 발화를 토대로 작성된 ㉡은, 세계 기록 유산과 관련된 내용이 추가되어 (나)에 반영되었다.

③ '학생 3'의 발화를 토대로 작성된 ㉢은, 전통 한지의 보존성을 설명하는 내용 중 일부가 제외되어 (나)에 반영되었다.

④ '학생 2'의 발화를 토대로 작성된 ㉣은, 전통 한지의 품질 유지를 위한 방안이 범주화되어 (나)에 반영되었다.

⑤ '학생 2'의 발화를 토대로 작성된 ㉤은, 전통 한지의 사용 확대를 위한 방안이 구체화되어 (나)에 반영되었다.

03

[A], [B]에서 나타나는 의사소통 방식에 대한 설명으로 적절하지 <u>않은</u> 것은?

① [A]에서 '학생 2'는 '학생 3'의 말을 자신의 표현으로 바꾸어 말하며 이해한 내용을 확인하고 있다.

② [A]에서 '학생 3'은 '학생 2'가 말한 내용에 대해 자신이 알고 있는 정보를 덧붙이고 있다.

③ [B]에서 '학생 2'는 '학생 3'의 의견을 수용한 후, 자신의 의견을 제시하고 있다.

④ [B]에서 '학생 3'은 '학생 2'가 제공한 정보가 정확한지에 대해 의문을 제기하고 있다.

⑤ [B]에서 '학생 3'은 '학생 2'가 제시한 해결 방안이 공정하지 못하다고 지적하고 있다.

03
대화의 내용을 이해, 평가하는 문제이다. [A]에는 전통 한지의 우수성과 관련된 '학생 2'와 '학생 3'의 대화가, [B]에는 전통 한지를 계승하고 발전시킬 수 있는 방법에 관한 '학생 2'와 '학생 3'의 대립되는 의견이 제시되어 있다. 두 사람이 자신의 의견을 어떤 방법으로 전달하고 있는지를 파악한 뒤, 의견을 전달하기 위해 사용한 말하기 방식을 통해 얻을 수 있는 효과를 인지하고 있어야 한다.

04

(나)의 글쓰기 방식에 대한 설명으로 가장 적절한 것은?

① 자신의 특별한 경험을 활용하여 문제의 심각성을 드러내었다.

② 독자에게 익숙한 상황을 들어 예상되는 반론에 대해 반박하였다.

③ 주장을 뒷받침하는 사례를 들어 주장의 실현 가능성을 제시하였다.

④ 제재의 물리적 특성을 분석하여 문제 상황의 원인으로 제시하였다.

⑤ 보도 자료의 내용을 인용하여 제재와 관련한 정책의 변화를 드러내었다.

04
설득 글쓰기 표현 전략을 사용하는 문제이다. (나)는 전통 한지의 우수성과 전통 한지를 계승하고 발전시키기 위한 노력의 필요성을 드러내는 논설문이다. 이러한 주장을 드러내기 위해 (나)에서 어떠한 방법을 썼는지 파악하는 것이 중요하다.

05

다음은 (나)의 마지막 문단을 고쳐 쓴 것이다. 그 과정에서 반영된 수정 계획으로 가장 적절한 것은?

> 전통 한지와 그 제작 기술은 우리가 자부심을 가질 만한 세계적인 문화유산이다. 따라서 전통 한지를 계승하고 발전시키려면 전통 한지와 그 제작 기술의 원형을 보존하여 품질을 유지하는 한편, 전통 한지의 사용을 확대하여 전통 한지가 다양한 방식으로 활용될 수 있도록 해야 한다.

① 전통 한지를 계승하고 발전시켜 예상되는 기대 효과를 제시해야겠군.

② 전통 한지를 계승해야 할 필요성이 드러나지 않으니, 관련된 내용을 추가해야겠군.

③ 전통 한지의 계승 및 발전을 위한 방안을, 앞서 제시한 두 가지 방향이 드러나도록 써야겠군.

④ 전통 한지의 계승 및 발전에 대해 언급하며 사용한 접속 표현이 적절하지 않으니 수정해야겠군.

⑤ 전통 한지의 특성에 관해 앞부분에서 이미 다룬 내용은 삭제하고 다른 내용으로 대체해야겠군.

05
설득 글쓰기의 내용을 점검, 조정하는 문제이다. (나)의 마지막 문단이 어떤 내용으로 수정되었는지를 파악해야 한다. 선택지에 제시된 수정 계획을 기준으로 제시된 내용과 (나)의 마지막 문단을 비교하면 문제를 해결할 수 있다.

WEEK 7

핵심정리

가

갈래

텔레비전 방송 프로그램

주제

언어 사용 실태를 반영한 복수 표준어 선정

대화 중심 내용

진행자	프로그램 대담자를 소개하며 프로그램에서 다룰 내용을 언급함.

↓

전문가	과거의 신문 기사 자료를 사용하여 비표준어였던 '짜장면'이 복수 표준어로 인정된 사례를 설명함.

↓

진행자	전문가가 제시한 신문 기사의 내용을 확인하여 음성 언어로 전달함.

↓

전문가	복수 표준어 선정을 위해 실시한 발음 실태 조사의 결과를 인용하여 어문 규범과 달리 '짜장면'을 많이 사용하는 실태를 드러냄.

↓

진행자	전문가의 발화를 토대로 '짜장면'이 복수 표준어로 인정된 이유를 정리하며 정보 수용자의 이해를 위해 요약하여 정리해 줄 것을 요청함.

↓

전문가	진행자의 요청에 따라 간략하게 정리하여 정보를 재전달하고, 일상에서 자주 사용하다 보면 복수 표준어가 될 수 있음을 밝힘.

↓

진행자	방송 이후에 방송을 시청할 수 있는 방법을 안내하며 방송을 마무리함.

※ (가)는 텔레비전 방송 프로그램이고, (나)는 동아리 누리집이다. 물음에 답하시오.

가

진행자: 시청자 여러분, 안녕하세요? '오늘, 상식' 열 번째 시간입니다. 이번 시간에는 20여 년간 대학에서 어문 규범을 가르쳐 오신 김◇◇ 교수님을 모셨습니다.

전문가: 안녕하세요?

진행자: 오늘 짜장면에 대해 말씀해 주신다고 들었는데요, 어떤 이야기인지 궁금합니다.

전문가: 우리가 맛있게 먹는 짜장면이, 한때는 자장면만 표준어로 인정됐다는 사실을 알고 계신가요?

진행자: ㉠ 아, 예전에 그런 내용을 본 적 있어요.

전문가: 네, 전에는 자장면만 표준어였죠. ㉡ <u>짜장면은 2011년 8월 31일에서야 복수 표준어로 인정되었습니다.</u>

진행자: 그런데 표준어로 인정되기 전에도 짜장면이 흔히 쓰이지 않았나요?

전문가: 그렇습니다. 과거의 신문 기사를 보시죠.

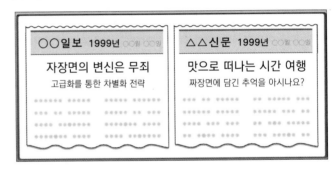

진행자: 음, 화면을 보니 같은 해에 나온 기사인데도 자장면과 짜장면이 둘 다 쓰이고 있네요?

전문가: 네, 보시는 자료 이외에 다른 신문 기사에도 짜장면이라는 표기가 나타납니다. 비교적 어문 규범이 정확하게 적용되는 신문에서 짜장면을 사용할 정도로, 일상에서 짜장면이 널리 쓰였다는 것을 알 수 있습니다. 이 무렵에 복수 표준어 선정을 위해 실시한 발음 실태 조사에서도, 비표준어였던 짜장면이 표준어인 자장면에 비해 세 배 이상 많이 사용된다고 나타났습니다.

진행자: ㉢ <u>그렇다면 어문 규범이 언어 현실을 충분히 반영하지 못한 측면이 있군요.</u>

전문가: 당시 언중들이 일상에서는 어문 규범과 달리 짜장면을 흔하게 사용하고 있었던 거죠.

진행자: 그러면 사람들의 언어 사용 실태를 반영하여 짜장면을 복수 표준어로 인정하게 된 거네요. 시청자 여러분께서 내용을 잘 파악하실 수 있도록 간략하게 말씀해 주시겠어요?

전문가: 네, 많은 사람들이 오랜 시간 짜장면을 자연스럽게 사용해 왔고 자장이라 표기하면서도 짜장으로 발음해 온 언어 현실을 반영하여 짜장면이 자장면의 복수 표준어로 인정되었다고 할 수 있습니다.

진행자: 그럼 짜장면처럼 지금 우리가 사용하는 말 중에서도 현재는 표준어가 아니어도 언젠가 표준어로 인정받을 수 있는 말이 있겠군요.

전문가: 맞습니다. ㉣ 표준어가 아닌 말도 많은 사람들이 일상에서 자주 사용하다 보면 표준어가 될 수 있는 거죠.

진행자: ㉤ 말씀을 듣고 보니 짜장면이 표준어가 된 나름의 이유가 있었네요. 이렇게 오늘은 우리말에 대한 상식을 하나 더 배웠습니다. 말씀 감사합니다.

전문가: 고맙습니다.

진행자: 오늘 방송은 공식 누리집에서 언제든 다시 시청하실 수 있습니다. 그럼 다음 시간에 또 다른 이야기로 찾아오겠습니다.

나

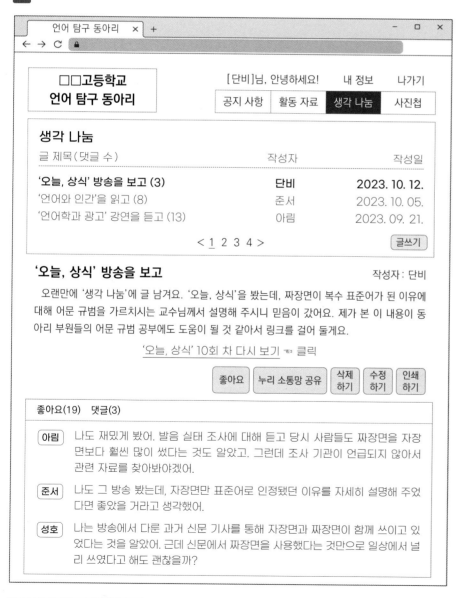

텔레비전 방송 매체의 특징

① 정보 전달이 신속함.
② 수용자는 비교적 수동적 위치에 머무름.
③ 불특정 다수에게 대량의 정보를 전달할 수 있음.
④ 가정에서 편안하게 접할 수 있고, 이용이 편리함.
⑤ 개인적 의사소통의 특성보다 사회적 의사소통의 특성이 강함.
⑥ 현장 화면을 토해 정보를 전달할 수 있어 정보에 대한 실재감이 높음.
⑦ 문자, 음성, 소리, 음악, 영상 등 다양한 언어 양식을 복합적으로 사용함.

나

갈래

동아리 누리집

화제

'오늘, 상식' 방송에 대한 생각 나눔

누리집 매체의 특징

① 언제 어디서나, 누구와도 편리하게 소통할 수 있음.
② 다양한 양식의 정보를 실시간으로 전달할 수 있음.
③ 인터넷을 사용하여 다양한 정보를 수용, 생산, 전달함.
④ 즉각적으로 상호 작용이 가능하여 실제 대화를 하는 듯한 현장감이 느껴짐.
⑤ 매체 수용자와 정보 생산자의 경계가 소멸됨. → 매체 수용자가 정보 생산자가 됨.

WEEK 7

매체의 정보 구성 방식을 이해하는 문제이다. (가)는 방송 프로그램으로, 방송 프로그램의 매체적 성격을 이해한 다음, '진행자'와 '전문가'가 어떤 방법을 통해 내용을 전달하고 있는지를 파악해야 한다.

01

(가)에 나타난 정보 전달 방식으로 가장 적절한 것은?

① '전문가'는 시청자에게 정보가 일방적으로 전달되는 상황에서 방송 내용과 관련된 정보를 방송 이후에 추가적으로 확인할 수 있는 방법을 안내하였다.

② '전문가'는 방송 내용에 대한 시청자의 이해를 돕기 위해 앞서 제시한 정보를 정리하여 전달하였다.

③ '전문가'는 방송의 첫머리에 '진행자'와 문답을 이어 가는 방식으로 주요 용어의 개념을 설명하였다.

④ '진행자'는 방송 내용이 시청자에게 미칠 영향을 언급하며 방송 내용을 재확인할 때 주목해야 할 부분을 안내하였다.

⑤ '진행자'는 방송의 취지를 밝히며 방송에서 소개될 내용의 순서를 안내하였다.

뉴미디어의 특성을 파악하는 문제이다. 제시된 매체 자료는 동아리 누리집 화면이다. 인쇄된 종이 매체와 달리 인터넷 매체는 매체 자료 수용자가 하이퍼링크를 방송 프로그램을 공유할 수 있으며, '좋아요' 등의 기능을 통해 수용자의 선호도를 확인할 수 있다. 또한 게시된 글을 수정하거나 삭제할 수 있으며, 댓글을 통해 정보 수용자 간의 소통이 가능하다. 이러한 점에 유의하여 제시된 선택지를 읽고 해당 매체 자료의 특성에 대해 적절하게 설명하고 있는지 판단해야 한다.

02

(나)에 대한 설명으로 적절하지 않은 것은?

① 게시물 수정 이력을 확인할 수 있는 기능이 제공되고 있다.

② 게시물에 반응할 수 있는 공감 표시 기능이 제공되고 있다.

③ 게시물을 누리 소통망으로 가져갈 수 있는 기능이 제공되고 있다.

④ 게시물을 작성하여 올릴 수 있는 범주가 항목별로 설정되어 있다.

⑤ 게시물에는 다른 누리집에 있는 정보로 연결되는 하이퍼링크가 포함되어 있다.

03

(가)에 대해 (나)의 학생들이 보인 수용 태도에 대한 설명으로 적절하지 <u>않은</u> 것은?

① '단비'는 정보 전달자의 전문성에 주목하여 방송에서 다룬 내용이 신뢰할 만한 것이라고 판단하였다.

② '단비'는 짜장면이 복수 표준어로 인정된 이유에 주목하여 방송에서 언급된 내용이 다른 사람들에게도 유용할 것이라고 판단하였다.

③ '아림'은 발음 실태 조사에 주목하여 방송에서 제시된 정보의 출처를 확인할 수 없다고 판단하였다.

④ '준서'는 자장면만 표준어로 인정됐던 사실에 주목하여 그 사실과 관련된 내용이 충분히 다루어지지 않았다고 판단하였다.

⑤ '성호'는 과거의 신문 기사를 다룬 내용에 주목하여 방송에서 다루는 정보가 최근의 상황을 반영하지 않았다고 판단하였다.

03

매체 자료 수용의 관점과 가치에 대한 문제이다. (나)의 '단비'는 (가)의 방송 프로그램을 하이퍼링크를 사용해 자신의 동아리 누리집에 공유하였고, '단비'가 공유한 프로그램을 시청한 '아림', '준서', '성호'는 댓글을 통해 프로그램에 대해 평가하고 있다. '단비'가 '생각 나눔'에 작성한 글의 내용과 '아림', '준서', '성호'의 댓글 내용을 통해 프로그램 시청자의 수용 태도를 비교해 보며 선택지에서 맞게 설명하고 있는지를 확인해야 한다.

단비	정보 전달자의 전문성에 주목하여 방송 프로그램을 평가하고 있다.
아림	방송 프로그램의 내용을 긍정적으로 평가하는 한편, 발음 실태 조사를 실시한 조사 기관을 밝히지 않은 점을 언급하며 추가적인 활동을 계획하고 있다.
준서	방송 프로그램에서 제공한 정보가 충분하지 않았다는 점을 언급하며 아쉬움을 드러내고 있다.
성호	방송 프로그램에서 보여 준 시각 자료를 언급하며 정보 전달자의 발화 내용에 의문을 제기하고 있다.

04

㉠~㉤에 대한 설명으로 적절하지 <u>않은</u> 것은?

① ㉠: 관형사형 어미 '-ㄴ'을 사용하여, '전문가'의 직전 발화와 관련된 '진행자' 자신의 과거 경험을 드러내고 있다.

② ㉡: 피동 접사 '-되다'를 사용하여, 행위의 주체를 드러내지 않으면서 행위의 대상인 짜장면에 초점을 두고 있다.

③ ㉢: 보조 용언 '못하다'를 사용하여, 어문 규범이 언어 현실을 반영하는 일이 지속될 수 없음을 나타내고 있다.

④ ㉣: '-ㄹ 수 있다'를 사용하여, 표준어가 아닌 말이 표준어가 될 가능성이 있음을 나타내고 있다.

⑤ ㉤: '-고 보다'를 사용하여, '진행자'가 특정 사실을 알게 된 것이 '전문가'의 말을 듣고 난 후임을 드러내고 있다.

04

매체 언어의 표현 방법에 대한 문제이다. 지문의 ㉠~㉤에 사용된 표현을 확인하고 맥락을 파악하여 각 선택지에서 그 표현에 대해 맞게 설명하고 있는지를 파악해야 한다. 덧붙여 선택지에서 제시하고 있는 '관형사형 어미', '피동 접사', '보조 용언' 등의 개념들을 알고 있어야 적절한 설명인지를 파악할 수 있으므로 해당 개념들을 숙지하고 있어야 한다.

관형사형 어미	• 문장에서 용언의 어간에 붙어 관형사와 같은 기능을 수행하게 하는 어미 • '-ㄴ', '-는', '-던', '-ㄹ' 예 예쁜(예쁘-+-ㄴ) 꽃
피동 접사	• 주어가 다른 주체에 의해 동작을 당하게 됨을 표현하기 위해 사용하는 접사 • '-이-', '-히-', '-리-', '-기-', '-아/어지다', '-되다' 예 '소가 농장에서 사육된다.
보조 용언	본용언과 연결되어 그것의 뜻을 보충하는 역할을 하는 용언 예 '가지고 싶다'의 '싶다', '먹어 보다'의 '보다'

핵심정리

문단 중심 내용

❶ 읽기 행동의 특성이나 글에 대한 이해 수준에 따라 나뉘는 읽기 발달 단계
❷ 영·유아가 유의미한 경험을 하는 읽기 준비 단계
❸ 읽기 준비 단계에서 영·유아가 보이는 행동
❹ 읽기 준비 단계의 중요성

읽기 발달 단계

읽기 준비

↓

글자를 익히고 소리 내어 읽기

↓

의미를 이해하며 읽기

↓

학습 목적으로 읽기

↓

다양한 관점으로 읽기

↓

의미를 재구성하며 읽기

영·유아의 읽기 준비 단계

경험	• 글자의 형태에 익숙해짐. • 글자와 소리의 대응 관계를 어렴풋이 알게 됨. • 글자가 뜻이 있고 음성으로 표현된다는 것을 알게 됨.
행동	• 글의 시작 부분, 글자를 읽는 방향, 책장을 넘기는 방식 등을 알게 됨. • 읽어 주는 사람의 표정이나 몸짓을 기억해 모방함.
의사소통 영역의 발달	• 책을 넘기며 중얼거리고 책 읽는 흉내를 내는 것 • 책 읽는 소리를 들으며 따라 말하는 것 • 들은 단어나 구절을 사용해 문장을 지어 말하는 것 • 읽어 주는 것을 들으며 그림이나 글자 형태로 끄적거리는 것

※ 다음 글을 읽고 물음에 답하시오.

❶ 흔히 읽기는 듣기·말하기와 달리 영·유아가 글자를 깨치고 나서야 시작된다고 생각한다. 그러나 대부분의 읽기 발달 연구에서는 그 전에도 읽기 발달이 진행된다고 본다. 이 연구들에서는 읽기 행동의 특성이나 글에 대한 이해 수준 등에 따라 읽기 발달 단계를 위계화한다. 대개 '읽기 준비'를 하나의 단계로 보고, 이후의 단계를 '글자를 익히고 소리 내어 읽기', '의미를 이해하며 읽기', '학습 목적으로 읽기', '다양한 관점으로 읽기', '의미를 재구성하며 읽기'의 순으로 나눈다.

❷ 여기서 읽기 준비 단계는 읽기의 기초가 형성되는 중요한 시기이다. 이 시기의 영·유아는 글자를 깨치지는 못하더라도 글자의 형태에 익숙해지며, 글자와 소리의 대응 관계도 어렴풋이 알게 된다. 이 과정에서 글자가 뜻이 있고 음성으로 표현된다는 것을 알게 되는 유의미한 경험을 한다.

❸ 이 연구들에 따르면 ㉠ 읽기 준비 단계에서 영·유아의 읽기 발달은 타인의 읽기 행위를 관찰하고 글자에 대한 다양한 경험을 쌓으며 진행된다. 영·유아는 타인의 책 읽는 모습을 보며 글의 시작 부분, 글자를 읽는 방향, 책장을 넘기는 방식 등을 알게 된다. 읽어 주는 사람의 표정이나 몸짓을 기억해 모방하기도 한다. 의사소통의 각 영역인 듣기·말하기·읽기·쓰기는 서로 영향을 주며 함께 발달한다. 글자를 모르는 영·유아가 책을 넘기며 중얼거리고 책 읽는 흉내를 내는 것, 책 읽는 소리를 들으며 따라 말하는 것, 들은 단어나 구절을 사용해 문장을 지어 말하는 것, 읽어 주는 것을 들으며 그림이나 글자 형태로 끄적거리는 것이 이에 해당한다.

[A] ┌ ❹ 읽기 발달은 일정한 시기에 급격히 이루어지는 것이 아니라 글자를 깨치기 이전부터 점진적으로 진행된다. 따라서 이 시기에 생활 속에서, 책을 자주 읽어 주며 생각을 묻는 등 의사소통의 각 영역이 같이 발달할 수 있도록 하는 자연스러운 지도가 읽기 발달에 도움을 준다. 읽기 준비 단계에서의 경험은 이후의 단계에 중요한 영향을 미친다. └

01

대부분의 읽기 발달 연구의 내용과 일치하지 **않는** 것은?

① 의미를 재구성하며 읽는 단계는 읽기 발달의 마지막 단계이다.

② 영·유아의 의사소통 각 영역은 상호 간의 작용 없이 발달한다.

③ 영·유아는 글자와 소리가 관계를 맺고 있다는 것을 막연하게 알게 된다.

④ 읽기 행동의 특성이나 글에 대한 이해 수준 등에 따라 읽기 발달의 단계를 나눈다.

⑤ 글자를 습득하고 소리 내어 읽는 단계는 학습을 목적으로 읽는 단계에 선행한다.

02

㉠에 대한 이해로 적절하지 **않은** 것은?

① 타인이 책을 읽어 줄 때 들었던 구절을 사용하여 말하는 행동이 관찰된다.

② 책에서 글이 시작되는 부분을 찾거나 일정한 방향으로 글자를 보는 행위가 관찰된다.

③ 글에 나타난 여러 단어의 뜻을 명확히 알고 소리 내어 글자를 읽는 행동이 관찰된다.

④ 책 읽어 주는 것을 들으며 그림이나 글자와 비슷한 형태로 나타내는 행위가 관찰된다.

⑤ 책을 볼 때 부모가 손가락으로 짚어 가며 읽어 준 행동을 기억하여 유사한 행동을 하는 것이 관찰된다.

03

[A]와 <보기>를 비교한 내용으로 가장 적절한 것은?

> **보기**
>
> 읽기 지도는 신체적, 정신적으로 어느 정도 성숙한 이후에 해야 한다. 그 전에는 읽기 지도를 하지 않는 것이 바람직하다. 듣기·말하기와 달리 읽기 발달은 글자를 읽을 수 있는 기초 기능을 배운 후부터 시작되기 때문이다. 따라서 듣기와 말하기를 먼저 가르친 후 읽기, 쓰기의 순으로 가르치는 것이 효과적이다.

① [A]와 달리 <보기>는 일상에서의 자연스러운 읽기 지도를 강조하는군.

② [A]와 달리 <보기>는 글자를 깨치기 전의 경험이 읽기 발달에 영향을 준다고 보는군.

③ [A]와 달리 <보기>는 글자 읽기의 기초 기능을 배운 후부터 읽기 발달이 시작된다고 보는군.

④ [A]와 <보기>는 모두 읽기 이후에 쓰기를 가르쳐야 한다고 강조하는군.

⑤ [A]와 <보기>는 모두 신체적, 정신적으로 어느 정도 성숙한 이후에 읽기를 가르치는 것이 효과적이라고 보는군.

문제풀이 맥

01

세부 내용을 파악하는 문제이다. 1문단에 따르면, 대부분의 읽기 발달 연구에서는 영·유아가 글자를 깨치기 전부터 읽기 발달이 진행된다고 본다. 이를 바탕으로 지문 전체에 걸쳐 설명하고 있는 읽기 발달 연구의 내용을 파악해야 한다.

02

세부 내용을 추론하는 문제이다. ㉠은 읽기 준비 단계로, 3문단을 통해 읽기 준비 단계에서 영·유아가 보이는 행동을 이해하고 이를 선택지의 예시에 적용하여 추론해야 한다.

03

다른 견해와 비교하는 문제이다. [A]에서는 읽기 발달은 글자를 깨치기 이전부터 점진적으로 진행된다고 하였고, <보기>에서는 읽기 지도는 신체적, 정신적으로 어느 정도 성숙한 이후에 해야 한다고 하였다. [A]와 <보기>의 견해를 비교하여 공통점과 차이점을 파악해야 한다.

WEEK 7

4 Day
독서(인문) 고3 2024학년도 대수능

《노자》의 도에 대한 한비자의 견해 / 《노자》의 도에 대한 유학자들의 견해

시작시간 시 분 초 / 종료시간 시 분 초

온라인 문제풀이

정답 및 해설 | 90

핵심정리

가

문단 중심 내용

❶ 한비자의 사상이 담긴 《한비자》
❷ 도를 만물 생성의 근원으로 본 《노자》와 한비자
❸ 항상성과 가변성을 지닌 도
❹ 욕망에 대한 《노자》와 한비자의 관점의 차이

'도(道)'에 대한 《노자》와 한비자의 관점

《노자》	만물 생성의 근원
한비자	• 천지 만물의 존재와 본질의 근거 • 천지와 더불어 영원히 존재함. • 때와 상황에 따라 유연하게 변화함. → 통치술도 고정되어서는 안 됨. • 구체적인 사물과 사건에 내재한 개별 법칙의 통합 • 개별 법칙 포괄 → 다양한 개별 사건의 시비 판단의 근거

욕망에 대한 《노자》와 한비자의 관점

《노자》	한비자
사회 혼란의 원인	
욕망을 없애야 함.	인간은 욕망을 필연적으로 가짐. ↓ 욕망을 제어하기 위해 법이 필요함.

나

문단 중심 내용

❶ 도를 인간 삶의 올바른 길이라고 본 유학자들
❷ 《노자》에 대한 왕안석의 견해
❸ 《노자》에 대한 오징의 견해
❹ 《노자》에 대한 설혜의 견해

※ 다음 글을 읽고 물음에 답하시오.

가

❶ 《한비자》는 중국 전국 시대의 한비자가 제시한 사상이 ⓐ 담긴 저작이다. 여러 나라가 패권을 다투던 혼란기를 맞아 엄격한 법치를 통해 부국강병을 꾀한 한비자는 《노자》에 대한 해석을 통해 자신의 법치 사상을 뒷받침했고, 이러한 면모는 《한비자》의 〈해로〉, 〈유로〉 등에서 확인할 수 있다.

❷ 《노자》에서 '도(道)'는 만물 생성의 근원으로 묘사된다. 도를 천지 만물의 존재와 본질의 근거라고 본 한비자의 이해도 이와 다르지 않다. 그는 자연과 인간 사회의 모든 현상은 도의 영향을 받지 않을 수 없다고 보고, 인간 사회의 일은 도에 따라 제대로 행했는가의 여부에 따라 그 성패가 드러나는 것이라고 이해했다.

❸ 한비자는 《노자》에 제시된 영구불변하는 도의 항상성에 대해 도가 천지와 더불어 영원히 존재한다는 것을 의미하는 것이지, 도가 모습과 이치를 일정하게 유지하는 것은 아니라고 이해했다. 그리고 도는 형체가 없을 뿐 아니라 일정하게 고정되어 있지 않기 때문에 때와 상황에 따라 유연하게 변화하는 것이라고 파악했다. 도가 가변성을 가지고 있어야 도가 일정한 곳에만 있지 않게 되고, 그래야만 도가 모든 사물의 존재와 본질의 근거가 될 수 있다고 파악한 것이다. 그는 도가 가변적이기 때문에 통치술도 고정되어서는 안 된다고 주장했다.

❹ 한편, 한비자는 도를 구체적인 사물과 사건에 내재한 개별 법칙의 통합으로 보고, 《노자》의 도에 시비 판단의 근거라는 새로운 의미를 부여했다. 항상 존재하는 도는 개별 법칙을 포괄하기 때문에 다양한 개별 사건의 시비를 판단하는 기준이 될 수 있고, 이러한 도에 근거해서 입법해야 다양한 사건을 판단할 수 있다고 본 것이다. 이러한 이해를 바탕으로 그는 만족을 모르는 인간의 욕망을 사회 혼란의 원인으로 지목한 《노자》의 견해에 동의하면서도, 《노자》에서처럼 욕망을 없애야 한다고 주장하지 않고 인간은 욕망을 필연적으로 가질 수밖에 없음을 지적하며 욕망을 제어하기 위해 법이 필요하다고 강조했다.

나

❶ 유학자들은 도를 인간 삶의 올바른 길을 의미하는 것이라고 보았다. 중국 송나라 이후, 유학자들은 이러한 유학의 도를 기반으로 현상 세계 너머의 근원으로서 도가의 도에 주목하여 《노자》 주석을 전개했다.

❷ 혼란기를 거친 송나라 초기에 중앙집권화가 추진된 이후 정치적 갈등이 드러나면서 개혁의 분위기가 조성됐다. 이러한 분위기하에서 유학자이자 개혁 사상가인 왕안석은 《노자주》를 저술했다. 그는 《노자》의 도를 만물의 물질적 근원인 '기

(氣)'라고 파악하고, 현상 세계에 앞서 존재하는 기의 작용에 의해 사물이 형성된다고 보았다. 그는 기가 시시각각 변화하듯 현상 세계도 변화한다고 이해했다. 인위적인 것을 제거해야만 도가 드러나고 인간 사회가 안정된다는 ≪노자≫를 비판한 그는 자연과 달리 인간 사회의 안정을 위해서는 제도와 규범의 제정과 같은 인간의 적극적인 개입이 필요하다고 주장했다. 지혜와 덕이 뛰어난 사람이 제정한 사회 제도와 규범도 현실 사회의 변화에 따라 새롭게 해야 한다고 주장한 것이다. ≪노자≫의 이상 정치가 실현되려면 유학 이념이 실질적 수단으로 사용되어야 한다고 주장하는 등 왕안석은 ≪노자≫를 유학의 실천적 측면과 결부하여 이해했다.

❸ 송 이후 원나라에 이르러 성행하던 도교는 유학과 불교 등을 받아들여 체계화되었지만, 오징에게는 주술적인 종교에 불과했다. ㉠ 유학자의 입장에서 그는 잘못된 가르침을 펴는 도교에 사람들이 빠지는 것을 경계했다. 그는 도교의 시조로 간주된 노자의 가르침이 공자의 학문과 크게 다르지 않음을 밝히고자 ≪도덕진경주≫를 저술했다. 그는 도와 유학 이념을 관련짓는 구절을 추가하는 등 ≪노자≫의 일부 내용을 바꾸고 기존 구성 체제를 재편했다. ≪노자≫의 도를 근원적인 불변하는 도로 본 그는 모든 이치를 내재한 도가 현실화하여 천지 만물이 생성된다고 이해했다. 이런 관점에서 그는 유학의 인의예지가 도의 쇠퇴 때문에 나타난 것이라는 ≪노자≫와 달리 도가 현실화하여 드러난 것으로 해석하고, 인간이 마땅히 따라야 할 사회 규범과 사회 질서 체계도 도가 현실화한 결과로 파악했다.

❹ 원이 쇠퇴하고 명나라가 들어선 이후 유학과 도가 등 여러 사상이 합류하는 사조가 무르익는 가운데, 유학자인 설혜는 자신의 ㉡ 학문적 소신에 따라 ≪노자≫를 주석한 ≪노자집해≫를 저술했다. 그는 공자도 존중했던 스승이 노자이므로 노자 사상에 대한 오해를 불식해야 한다고 보았다. 그는 기존의 주석서가 ≪노자≫의 진정한 의미를 제대로 밝히지 못했기 때문에 유학자들이 노자 사상을 이단으로 치부했다고 파악한 것이다. 다양한 경전을 인용하여 ≪노자≫를 해석하면서 그는 ≪노자≫의 도를 인간의 도덕 본성과 그것의 근거인 천명으로 이해하고, 본성과 천명의 이치를 탐구한다는 점에서 노자 사상과 유학이 다르지 않다고 보았다. 또한 그는 ≪노자≫에서 인의 등을 비판한 것은 도덕을 근본으로 삼게 하기 위한 충고라고 파악했다.

≪노자≫에 대한 왕안석의 견해

저술	≪노자주≫
견해	• ≪노자≫의 도를 만물의 물질적 근원인 '기(氣)'라고 파악함. • 기가 변화하듯 현상 세계도 변화한다고 이해함.

≪노자≫	왕안석
인위적인 것을 제거해야 도가 드러나고 인간 사회가 안정됨.	인간 사회의 안정을 위해 인간의 적극적인 개입이 필요함.

≪노자≫에 대한 오징의 견해

저술	≪도덕진경주≫ : 노자의 가르침이 공자의 학문과 크게 다르지 않음을 밝히고자 함.
견해	• ≪노자≫의 도를 근원적인 불변하는 도로 봄. • 모든 이치를 내재한 도가 현실화하여 천지 만물이 생성된다고 이해함.

≪노자≫	오징
유학의 인의예지는 도의 쇠퇴 때문에 나타난 것임.	유학의 인의예지는 도가 현실화하여 드러난 것임.

≪노자≫에 대한 설혜의 견해

저술	≪노자집해≫ : 노자 사상에 대한 오해를 불식하고자 함.
견해	• ≪노자≫의 도를 인간의 도덕 본성과 그것의 근거인 천명으로 이해함. • 본성과 천명의 이치를 탐구한다는 점에서 노자 사상과 유학은 다르지 않음. • ≪노자≫에서 인의 등을 비판한 것은 도덕을 근본으로 삼게 하기 위한 충고임.

WEEK 7

01

글의 구조와 전개 방식을 파악하는 문제이다. (가)는 ≪노자≫의 도에 대한 한비자의 견해를, (나)는 ≪노자≫의 도에 대한 왕안석, 오징, 설혜의 견해를 설명하고 있다. (가)와 (나)가 각각 어떠한 설명 방식을 활용하여 주제를 설명하고 있는고 있는지 파악해야 한다. 선택지에서 제시된 설명 방식이 여러 개일 경우, 그 근거를 전부 지문에서 찾을 수 있어야 맞는 선택지이다.

01

(가), (나)에 대한 설명으로 가장 적절한 것은?

① (가)는 ≪한비자≫의 철학사적 의의를 설명하고 ≪한비자≫와 ≪노자≫의 사회적 파급력을 비교하고 있다.

② (가)는 한비자가 추구한 이상적인 사회를 소개하고 그 실현을 위해 ≪노자≫를 수용한 입장의 한계를 설명하고 있다.

③ (나)는 특정 개념을 중심으로 ≪노자≫에 대한 여러 학자의 견해를 시간의 흐름에 따라 제시하고 있다.

④ (나)는 여러 유학자가 ≪노자≫를 해석한 의도를 각각 제시하고 그 차이로 인해 발생한 학자 간의 이견을 절충하고 있다.

⑤ (가)와 (나)는 모두, ≪노자≫에 대해 다양한 시각에서 제시된 비판이 심화되는 과정을 구체적 사례와 함께 설명하고 있다.

02

세부 내용을 파악하는 문제이다. (가)는 ≪노자≫의 도에 대한 한비자의 견해를 설명하면서, ≪노자≫와 한비자 사상의 공통점과 차이점을 제시하고 있다. 한비자의 관점을 ≪노자≫와 결부하여 이해해야 한다.

02

(가)에 제시된 한비자의 견해로 적절하지 않은 것은?

① 사건의 시비에 따라 달라지는 도에 근거하여 법이 제정되어야 한다.

② 인간은 무엇을 가지거나 누리고자 하는 마음에서 벗어날 수 없다.

③ 도는 고정된 모습 없이 때와 형편에 따라 변화하며 영원히 존재한다.

④ 인간 사회의 흥망성쇠는 사람이 도에 따라 올바르게 행하였는가의 여부에 좌우되는 것이다.

⑤ 도는 만물의 근원이면서 동시에 현실 사회의 개별 사물과 사건에 내재한 법칙을 포괄하는 것이다.

03

㉠과 ㉡에 대한 이해로 가장 적절한 것은?

① ㉠은 유학 덕목의 등장을 긍정적으로 평가한 ≪노자≫의 견해를 수용하는, ㉡은 유학 덕목에 대한 ≪노자≫의 비판에 담긴 긍정적 의도를 밝히려는 것으로 표출되었다.

② ㉠은 유학에 유입되고 있는 주술성을 제거하는, ㉡은 노자 사상이 탐구하는 대상에 대한 이해를 근거로 노자 사상과 유학의 공통점을 제시하려는 것으로 표출되었다.

③ ㉠은 유학의 가르침을 차용한 종교가 사람들을 현혹하는 상황에 대응하는, ㉡은 ≪노자≫를 해석한 경전들을 참고하여 유학 이론의 독창성을 밝히려는 것으로 표출되었다.

④ ㉠은 유학을 노자 사상과 연관 지어 유교적 사회 질서의 정당성을 확인하는, ㉡은 유학에서 이단으로 치부하는 사상의 진의를 밝혀 오해를 바로잡으려는 것으로 표출되었다.

⑤ ㉠은 특정 종교에서 추앙하는 사상가와 유학 이론의 관련성을 제시하는, ㉡은 유학의 사상적 우위를 입증하여 다른 학문을 통합할 수 있는 근거를 제시하려는 것으로 표출되었다.

03
내용의 인과관계를 파악하는 문제이다. ㉠은 오징과 같은 유학자의 입장이고, ㉡은 설혜의 학문적 소신이다. 따라서 ㉠은 오징, ㉡은 설혜의 관점과 관련이 있다. ㉠과 ㉡이 ≪노자≫의 관점을 어떻게 평가하는지, ㉠과 ㉡이 ≪노자≫ 주석을 전개한 목적은 무엇인지 파악해야 한다.

04

(나)의 왕안석과 오징의 입장에서 다음의 ㄱ~ㄹ에 대해 판단한 것으로 가장 적절한 것은?

> ㄱ. 도는 만물을 통해 드러나는 것이지 만물에 앞서서 존재하는 것은 아니다.
> ㄴ. 인간 사회의 규범은 이치를 내재한 근원적 존재인 도가 현실에 드러난 것이다.
> ㄷ. 도는 현상 세계의 너머에만 머물러 있지 않고 세상일과 유기적으로 관련되는 것이다.
> ㄹ. 도가 변화하듯이 현상 세계가 변하니, 현실 사회의 변화에 따라 인간 사회의 규범도 변해야 한다.

① 왕안석은 ㄱ에 동의하지 않고 ㄴ에 동의하겠군.

② 왕안석은 ㄴ과 ㄹ에 동의하겠군.

③ 왕안석은 ㄷ에 동의하고 ㄹ에 동의하지 않겠군.

④ 오징은 ㄱ과 ㄹ에 동의하지 않겠군.

⑤ 오징은 ㄴ에 동의하고 ㄷ에 동의하지 않겠군.

04
다른 견해와 비교하는 문제이다. 왕안석과 오징의 입장을 이해하고, 왕안석과 오징이 ㄱ~ㄹ에 동의할지, 동의하지 않을지 파악해야 한다. 그러기 위해서는 먼저 왕안석과 오징이 ≪노자≫의 도를 이해한 방식을 알아야 한다.

05

글에 드러난 관점, 내용을 비판하는 문제이다. (가)에는 한비자, (나)에는 왕안석, 오징, 설혜의 관점이 제시되어 있다. <보기>를 통해 ≪노자≫의 관점에 대한 왕부지의 입장을 파악하고, 이를 토대로 (가), (나)에 드러난 관점을 비판해야 한다.

05

<보기>를 참고할 때, (가), (나)의 사상가에 대한 왕부지의 평가로 적절하지 않은 것은?

보기

청나라 초기의 유학자 왕부지는 ≪노자≫의 본래 뜻을 드러내어 노자 사상을 비판하고자 ≪노자연≫을 저술했다. 노자 사상의 비현실성을 드러내어 유학의 실용적 가치를 부각하고자 했던 그는 기존의 ≪노자≫ 주석서가 노자 사상이 아닌 사상을 기준으로 삼았기 때문에 ≪노자≫뿐만 아니라 주석자의 사상마저 왜곡했다고 비판했다. ≪노자≫에서 아무런 행동을 하지 않아도 천하가 다스려진다고 한 것 등을 비판한 그는, ≪노자≫에서처럼 단순히 인간의 이기적 욕망을 없애는 것이 아니라 사회 질서 유지를 위해 유학 규범을 활용해야 한다고 강조했다.

① 왕부지는 인간의 욕망에 대한 ≪노자≫의 대응 방식을 부정적으로 보았으므로, (가)의 한비자가 ≪노자≫와 달리 사회에 대한 인위적 개입이 필요하다고 한 것에 대해서는 수긍하겠군.

② 왕부지는 ≪노자≫에 제시된 소극적인 삶의 태도를 부정적으로 보았으므로, (나)의 왕안석이 사회 제도에 대한 ≪노자≫의 견해를 비판하며 유학 이념의 활용을 주장한 것은 긍정하겠군.

③ 왕부지는 ≪노자≫의 본래 뜻을 파악해야 한다고 보았으므로, (나)의 오징이 ≪노자≫를 주석하면서 자신의 이해에 따라 원문의 구성과 내용을 수정한 것이 잘못이라고 보겠군.

④ 왕부지는 주석자가 유학을 기준으로 ≪노자≫를 이해하면 주석자의 사상도 왜곡된다고 보았으므로, (나)의 오징이 유학의 인의예지를 ≪노자≫의 도가 현실화한 것으로 본 것을 비판하겠군.

⑤ 왕부지는 ≪노자≫에 담긴 비현실성을 드러내야 한다고 보았으므로, (나)의 설혜가 기존의 ≪노자≫ 주석서들을 비판하며 드러낸 학문적 입장이 유학의 실용적 가치를 부각한다고 보겠군.

06

단어의 의미를 파악하는 문제이다. ⓐ는 '담긴'으로, 지문의 문맥상 '담기다'가 어떠한 의미로 쓰였는지 파악해야 한다.

06

ⓐ와 문맥상 의미가 가장 가까운 것은?

① 과일이 접시에 예쁘게 담겨 있다.

② 상자에 탁구공이 가득 담겨 있다.

③ 시원한 계곡물에 수박이 담겨 있다.

④ 화폭에 봄 경치가 그대로 담겨 있다.

⑤ 매실이 설탕물에 한 달째 담겨 있다.

※ 다음 글을 읽고 물음에 답하시오.

가

청강 녹초변에 소 먹이는 아이들이
석양에 흥이 겨워 피리를 빗기 부니
물 아래 잠긴 **용**이 잠 깨어 일어날 듯
내 기운에 나온 **학**이 제 깃을 던져 두고 반공에 솟아 뜰 듯
소선(蘇仙)* 적벽은 추칠월이 좋다 하되
팔월 십오야를 모두 어찌 칭찬하는가
구름이 걷히고 물결이 다 잔 적에
하늘에 돋은 달이 솔 위에 걸렸거든
잡다가 빠진 줄이 **적선(謫仙)***이 헌사할샤
공산에 쌓인 잎을 삭풍이 거둬 불어
떼구름 거느리고 눈조차 몰아오니
천공이 호사로워 옥으로 꽃을 지어
만수천림을 꾸며곰 낼세이고
앞 여울 가리 얼어 독목교(獨木橋) 비꼈는데
막대 멘 늙은 중이 어느 절로 간단 말고
산옹의 이 부귀를 남더러 자랑 마오
경요굴(瓊瑤窟)* 숨은 세계 찾을 이 있을세라　　[A]
산중에 벗이 없어 서책을 쌓아 두고
만고 인물을 거슬러 혜여하니
성현도 많거니와 호걸도 하도 할샤
하늘 삼기실 제 곧 무심할까마는
어찌한 시운(時運)이 흥망이 있었는고
모를 일도 하거니와 애달픔도 그지없다
기산의 늙은 고블* 귀는 어찌 씻었던고
박 소리 핑계하고 지조가 가장 높다
인심이 낯 같아야 볼수록 새롭거늘
세사는 구름이라 험하기도 험하구나
엊그제 빚은 **술**이 얼마나 익었느냐
잡거니 밀거니 실컷 기울이니
마음에 맺힌 시름 조금은 풀리나다

- 정철, 〈성산별곡〉 -

 핵심정리

가 정철, 〈성산별곡〉

갈래
서정가사, 양반가사

성격
전원적, 풍류적

제재
성산의 자연 정경

주제
성산에 묻혀 사는 삶의 흥취

특징
① 한자어와 고사가 빈번하게 사용됨.
② 계절의 흐름에 따라 시상이 전개됨.

해제
이 작품은 정철이 벼슬길에 나서기 전 전라남도 담양의 성산에 있는 서하당과 식영정 주변의 자연 경관과 더불어 그 주인에 해당되는 김성원 등의 은거와 풍류 생활을 예찬한 가사 작품이다. 계절의 변화에 따른 성산 주변의 아름다움을 노래하고 있는 이 작품은 작가 자신으로 추정되는 손님과 김성원으로 추정되는 주인의 문답 형식을 빌려 성산의 외적인 생활 환경과 내적인 정신세계를 그려냈다.

구성

서사	서하당과 식영정의 자연 경관 예찬
본사 1	춘사 - 식영정 주변의 아름다운 경치 예찬
본사 2	하사 - 성산의 여름 풍경과 한가로운 삶
본사 3 (1~9행)	추사 - 성산의 아름다운 가을 풍경
본사 4 (10~17행)	동사 - 눈이 온 성산의 아름다운 풍경
결사 (18~30행)	호걸의 흥망에서 오는 비회와 신선 같은 삶에 대한 예찬

WEEK 7

나 작자 미상, 〈생매 잡아 길 잘 들여〉

갈래

사설시조

성격

자연 친화적, 풍류적

제재

꿩 사냥

주제

꿩 사냥과 물고기잡이를 하며 풍류를 즐기는 삶에 대한 자부심

특징

① 과장적 표현을 통해 시상을 장황하게 전개함.
② 음성 상징어를 활용하여 운율을 형성하고 대상의 역동성을 드러냄.

해제

이 작품은 자연 속에서 꿩 사냥과 고기잡이를 하는 일상적 삶의 즐거움과 풍류를 노래하고 있다. 초장에서는 생매를 풀어 꿩을 사냥하는 모습이, 중장에서는 냇가에서 물고기를 잡는 모습이 생동감 넘치는 장면으로 묘사되고 있는데, 화자는 이렇게 자연 속에서 풍류를 즐기는 삶을 사는 자신을 산중호걸이라 표현하며 자부심을 드러내고 있다.

* 소선: 소동파를 신선에 빗댄 말.
* 적선: 이태백을 신선에 빗댄 말.
* 경요굴: 눈 내린 성산의 모습을 빗댄 말.
* 고블: 기산에 은거한 인물인 허유.

나

　생매 잡아 길 잘 들여 먼 산 두메로 꿩 사냥 보내고 흰 말 구불구종* 갈기 솔질 활활 솰솰 하여 임의 집 송정 뒤 잔디 잔디 금잔디 밭에 말 말뚝 꽝꽝쌍쌍 박아 숭마 바고삐 길게 늘려 매고

　앞내 여울 **고기** 뒷내 여울 고기 오르는 고기 내리는 고기 자나 굵으나 굵으나 자나 주섬주섬 낚아 내여 시내 동으로 뻗은 움버들 가지 와지끈 뚝딱 꺾어 거꾸로 잡고 잎사귀 셋만 남기고 주루룩 훑어 아가미 너슬너슬 꿰어 시내 잔잔 흐르는 물에 납작 실죽 청 바둑돌로 임도 모르고 아무도 모르게 가만히 살짝 자기자 장단 맞춰 지근지지 눌러 놓고 동자야 이 뒤에 학 타신 **선관**이 날 찾거든 그물 낚싯대 종이 종다래끼* 파리 밥풀통 고추장 **술병**까지 가지고 뒷내 여울로 오라고 일러만 주소

　아마도 산중호걸이 **나**뿐인가 하노라

　　　　　　　　　　　　　　　　－ 작자 미상, 〈생매 잡아 길 잘 들여〉 －

* 구불구종: 말 모는 하인.
* 종다래끼: 작은 바구니.

■ **문제풀이 맥** ■

01

표현상의 특징을 파악하는 문제이다. (가)와 (나)의 갈래적 특성을 바탕으로 표현 방법을 이해해야 한다. 이를 위해서는 선택지에 제시된 영탄적 표현, 음성 상징어 등 표현 방법에 대한 선행적 지식이 필요하다. 또한 (가)와 (나)에 공통적으로 나타나는 표현 방법 또한 묻고 있으므로 작품 간 표현 방법의 공통점과 차이점을 숙지해놓는 것도 좋다.

01

(가), (나)에 대한 설명으로 가장 적절한 것은?

① (가)는 영탄적 표현을 통해 인물에 대한 그리움을 드러내고 있다.
② (나)는 음성 상징어를 통해 인물의 역동성을 드러내고 있다.
③ (가)는 (나)와 달리 공간의 이동을 통해 다양한 대상의 면모를 드러내고 있다.
④ (나)는 (가)와 달리 시간의 흐름에 따라 인물의 심리 변화를 드러내고 있다.
⑤ (가)와 (나)는 모두 대구를 사용하여 대조적 대상의 속성을 드러내고 있다.

02

[A]에 대한 이해로 적절하지 <u>않은</u> 것은?

① '삭풍'이 가을 잎을 쓸고 간 자리에 구름을 불러와 '공산'을 눈 세상으로 만들었다고 한 것에는, 인물이 거처한 공간의 아름다움에 대한 인식이 계절에 따른 자연의 변화를 통해 드러난다.

② '앞 여울'을 건너가는 노승을 발견하고 '경요굴'이 들키지 않기를 바라는 것에는, 빼어난 경치를 소중하게 여기는 태도가, 숨어 있는 세계가 알려질 것에 대한 염려를 통해 드러난다.

③ 만족스러운 외적 풍경에서 눈을 돌려 벗이 없는 '산중'에서 '만고 인물'을 생각하는 것에는, 정신적 세계에 주목하는 태도가, 적적한 상황에 놓인 인물의 행위를 통해 드러난다.

④ 하늘의 이치가 제대로 구현되지 못했음을 '시운'의 '흥망'에서 발견하고도 모를 일이 많다고 한 것에는, 인물의 담담한 태도가, 이상에 미치지 못하는 현실을 수용하는 것을 통해 드러난다.

⑤ 세상을 등진 인물의 삶을 '기산'의 '고블'에 비유한 것에는, 험한 세사와의 단절과 은거 지향에 대한 긍정적 인식이 인물의 선택에 대한 평가를 통해 드러난다.

02

작품을 종합적으로 이해, 감상하는 문제이다. [A]는 (가)에 제시된 부분으로, 이러한 유형의 문제를 해결하기 위해서는 먼저 (가)의 주제를 바탕으로 시어의 의미를 이해하는 것이 중요하다. (가)는 성산의 자연 풍경을 제재로 하여 성산에 묻혀 사는 삶의 흥취를 예찬하고 있다.

03

<보기>를 바탕으로 (가)와 (나)를 감상한 내용으로 적절하지 <u>않은</u> 것은?

> **보기**
>
> 고전 시가에서 자연은 작품에 따라 다양하게 그려진다. (가)의 자연은 속세와 구별되는 청정한 이상 세계로 그려지며, 신선의 이미지를 통해 탈속적이고 고고한 가치를 추구하는 곳이다. (나)의 자연은 풍요롭게 그려지는 현실적 풍류의 장으로, 활달하고 흥겹게 놀이를 펼치는 곳이며, 신선의 이미지를 통해 멋이 고조된다.

① (가)의 '용'은 피리 소리로 조성된 탈속적 분위기를 환상적으로 표현하는 소재이고, (나)의 '생매'는 고고한 취향을 사실적으로 보여 주는 소재이군.

② (가)의 '학'은 이상적 세계의 아름다움을 구현하는 소재이고, (나)의 '고기'는 풍요롭고 생동하는 세계를 표현하는 소재이군.

③ (가)의 '소선', '적선'은 청정한 강호의 세계에서 떠올린 인물의 이미지이고, (나)의 '선관'은 '나'가 현재의 행위를 함께 하고 싶은 인물을 멋스럽게 표현한 이미지이군.

④ (가)의 '산옹'은 계절에 따른 산의 모습을 바라보며 이상 세계의 삶을 지향하는 인물이고, (나)의 '나'는 사냥과 고기잡이를 통해 현실의 즐거움을 향유하는 인물이군.

⑤ (가)의 '술'은 강호에서 세상에 대한 시름을 달래 주는 소재이고, (나)의 '술병'은 풍류의 장에 흥취를 더해 줄 소재이군.

03

외적 준거에 따라 작품을 감상하는 문제이다. <보기>에서는 작품에 따라 자연의 이미지가 다양하게 구현될 수 있음을 설명하고 있다. (가), (나) 모두 자연을 중심으로 하는 작품임을 바탕으로 하여 <보기>에서 설명한 작품별 특징을 숙지하고 선택지의 내용이 적절한지를 판단해야 한다.

WEEK 7

b Day

문학(현대소설) 고3 2024학년도 대수능

골목 안 _ 박태원

핵심정리

갈래

중편소설

배경

• 시간적 배경 – 1930년대
• 공간적 배경 – 경성의 한 골목

시점

전지적 작가 시점

제재

골목 안 서민들의 일상사

주제

근대적 질서에 편입하지 못하고 소외되어 가는 가난한 사람들의 일상

특징

① 쉼표를 연이어 사용하여 사건 진행을 지연시키거나 인물의 행동을 묘사함.
② 말을 전하는 종결 어미를 활용하여 특정 인물의 편에 서지 않으려는 서술자의 중립적인 태도를 드러냄.
③ 서술자 시선의 서술과 인물의 시선으로 초점화한 서술을 겹쳐 드러냄으로써 서술자와 인물 간의 거리를 둠.

해제

1939년 《문장(文章)》에 발표한 작품으로 근대적 질서에 편입하지 못하고 소외되어 가는 가난한 사람들의 일상을 묘사한 작품으로 평가받고 있다. 이 작품에서 서사의 대부분은 복덕방을 하는 순이네 영감('집주름 영감') 식구가 사는 '골목 안'에서 일어나는 일들이나 사람들의 대화에 할애되어 있다. 이 작품의 '골목 안'은 당시 경성의 빈곤층이 사는 골목의 전형이지만, 이 골목 안에 사람들의 어려움은 모두 똑같은 것이 아니다. 상대적으로 넉넉한 '불단집'이 있는가 하면, 이 집 집안일을 봐주는 '갑순이 할머니네', 남의 집 행랑에서 사는 '갑득이 어미네' 등에서 이를 알 수 있다. 제시문은 순이네 영감의 딸 '정이'가 '갑득이 어미'와 말다툼을 벌인 후 '갑순이 할머니'가 나와 상황을 수습하는 장면과 '갑득이 어미'의 남편 '양 서방'이 '갑순이 할머니'가 관리하는 뒷간에 갇히는 일이 벌어진 후 '갑순이 할머니'와 '갑득이 어미' 사이에서 벌어진 갈등 장면이다.

※ 다음 글을 읽고 물음에 답하시오.

한참 정이와 별의별 말이 다 오고 가고 하였을 때, '불단집*'에서 마악 설거지를 하고 있던 갑순이 할머니가 뛰어나왔다. 갑득이 어미는, 경우에 따라서는 그들 모녀를 상대하여서도, 할 말에 궁하지는 않다고 은근히 마음에 준비가 있었던 것이나, 뜻밖에도 갑순이 할머니는 자기 딸의 역성을 들려고는 하지 않고,

㉠ "애최에 늬가 말 실수헌 게 잘못이지, 남을 탄해 뭘 허니? 이게 모두 모양만 숭업구……, 온, 글쎄, 그만 허구 들어가아. 늬가 잘못했어. 네 잘못이야."

하고 도리어 딸을 나무라던 것을, 갑득이 어미는 그 당장에는, 귀에 솔깃하여,

"그렇지. 자계가 먼저 말을 냈지. 나야 그저 대꾸헌 죄밖엔 없으니까. 잘했든 잘못했든 자계가 시초를 낸 게니까——"

하고, 뽐내도 보았던 것이나, 나중에 깨달으니, 그것은 얼토당토않은 생각으로, 갑순이 할머니가 그렇게 자기 딸을 꾸짖으며 한사코 집으로 데리고 들어간 것에는,

㉡ "아, 그 배지 못헌 행랑것허구, 쌈이 무슨 쌈이냐?"

"똥이 무서워 피허니? 더러우니까 피허는 게지!"

하고, 그러한 사상이 들어 있었던 것이 분명하였다.

사실, 을득이 녀석이 나중에 보고하는데 들으니까, 저녁때 돌아온 집주름 영감이 그 얘기를 듣고 나자,

"걔두 그만 분별은 있을 아이가, 그래 그런 상것허구 욕지거리를 허구 그러다니……."

쯧, 쯧, 쯧 하고 혀를 차니까, 늙은 마누라는 또 마주 앉아서,

"그렇죠, 그렇구 말구요. 쌈을 허드래두 같은 양반끼리 해야지, 그런 것허구 허는 건, 꼭 하늘 보구 침 뱉기. 그 욕이 다아 내게 돌아오지, 소용 있나요."

㉢ 그리고 후유우 하고 한숨조차 내쉬는데, 방 안에서들 그러는 소리가 대문 밖까지 그대로 들리더라 한다.

[중략 부분의 줄거리] 골목 안 아홉 가구가 공동변소처럼 쓰는 불단집 소유의 뒷간에 양 서방이 갇힌다.

그는 아무리 상고하여 보아도 도무지 나갈 도리가 없는 것에 은근히 울화가 올랐다.

'제 집 뒷간두 아니구 남의 집 것을 그렇게 기가 나서 꼭꼭 잠그구 그럴 건 뭐 있누? 늙은이두 제엔장헐…….'

㉣ 인제는 할 수가 없으니, 소리를 한번 질러 볼까?——하기도 하였으나, 이러한 경우에 있어, 사람들은, 흔히 자기가 꼭 어떠한 수상한 인물인 듯싶게 스스로 느껴지는 경향이 있다. 그래, 그는 생각 끝에,

"아, 누가 문을 잠겄어어어?"

"문 좀 여세요오. 아, 누가……."

하고, 그러한 말을 제법 외치지도 못하고 그저 중얼대며, 한참이나 문을 잡아, 흔들어 자물쇠 소리만 덜거덕거렸던 것이다.

을득이한테 저의 아비가 불단집 뒷간에 가 갇히어 있다는 말을 듣고, 어인 까닭을 모르는 채 그곳까지 뛰어온 갑득이 어미는, 대강 사정을 알자, 곧 이것은 평소에 자기에게 좋지 않은 생각을 품고 있는 갑순이 할머니가 계획적으로 한 일임에 틀림없다고 혼자 마음에 단정하고,

[A]   "아아니, 그래, 애아범이 미우면 으떻게는 못 해서, 그 더러운 뒷간 숙에다 글쎄 가둬야만 헌단 말예요? 그래 노인이 심사를 그렇게 부려야 옳단 말예요?"

하고, 혼자 흥분을 하였다. 갑순이 할머니는, 그것은 전혀 예기하지 못하였던 억울한 말이라, 그래, 눈을 둥그렇게 뜨고, 손조차 내저어 가며,

[B]   "그건, 괜한 소리유, 괜한 소리야. 이 늙은 사람이 미쳐서 남을 뒷간 속에다 가둬? 모르구 그랬지, 모르구 그랬어. 난 꼭 아무두 없는 줄만 알구서, 그래, 모르구 자물쇨 챘지. 온, 알구야 왜 미쳤다구 잠그겠수?"

발명을 하였으나,

[C]   "모르긴 왜 몰라요. 다아 알구서 한 짓이지. 그래 자물쇨 챌 때, 안에서 말하는 소리두 못 들었단 말예요? 듣구두 모른 체했지. 듣구두 그냥 잠가 버린 거야."

하고, 갑득이 어미는 덮어놓고 시비만 걸려는 것을, 구경 나온 이웃 사람들이,

"아무러기서루니 갑순이 할머니께서 아시구야 그러셨겠소?"

"노인이 되셔서 귀두 어두시구 그래 몰르셨지!"

하고 말들이 있었고, 정작, 양 서방이 또 머뭇거리다가,

"자물쇨 채실 때, 내가 얼른 소리를 냈어두 아셨을 텐데, 미처 못 그래 그리 된 거야."

하고, 그러한 말을 매우 겸연쩍게 하여, 갑득이 어미는 집주름집 마누라를 좀더 공박할 것을 단념하여 버릴 수밖에 없는 동시에,

ㅁ "오오, 그러니까, 채, 무어, 말할 새두 없이 문이 잠겨져서, 그냥 갇힌 채, 누구 오기만 기대린 게로군?"

"그래, 얼마 동안이나 들어가 있었어?"

"뭐어 오래야 갇혔겠수? 동안이야 잠깐이겠지만……."

- 박태원, 〈골목 안〉 -

* 불단집: 집 밖에도 전등을 단, 살림이 넉넉한 집.

등장인물

갑순이 할머니	골목에서 유일하게 가로등을 달아 '불단집'으로 불리는 댁의 잔일거리를 도움.
갑득이 어미	골목 안 청대문집 행랑에서 지냄. 갑순이 할머니의 딸인 정이와 말싸움을 벌인 후 남편 양 서방이 뒷간에 갇히자 갑순이 할머니가 고의로 그런 것이라며 성을 냄.

전체 줄거리

정동 골목 안 막다른 집에는 순이네 가족이 모여 산다. 집주름 영감과 갑순이 할머니의 첫째 아들 인섭은 다른 여자와 눈이 맞아 집을 나간 지 7년째 소식이 없고, 둘째 아들 충섭은 권투선수지만 경기로 벌어들이는 몇 푼 수익은 모두 탕진하기 일쑤다. 막내아들 효섭은 중학교 시험에 낙방하여 소학교를 다시 다녀야 하는 처지이다. 오직 큰딸 정이만이 카페 여급으로 일하며 집안의 생계를 책임진다. 어느 날 정이는 사소한 일로 갑득이 어미와 말다툼을 하고, 이후 갑득이 아비가 뜻하지 않게 변소에 갇혀 봉변을 당하자 갑득이 어미는 갑순이 할머니가 고의로 그런 줄 알고 노발대발한다. 한편 둘째 딸 순이는 부잣집 아들 문주와 사귀지만, 집안 형편 때문에 문주의 집안으로부터 이별을 종용당한다. 효섭의 고등소학교 입학식 날, 학부형들이 말쑥하게 차려입은 영감에게 아이들을 어떻게 키웠냐고 물어보자, 영감은 얼마 전 복덕방에서 들었던 어느 노인의 이야기를 자신의 이야기인 양 둘러대며 으스댄다.

골목 안의 다양한 가구 양상

불단집
집 밖에 전등을 달 정도로 살림이 넉넉함.

∨

갑순이 할머니
• 골목 안 막다른 집에 모든 가족이 모여 살며, '불단집'의 잔일거리를 도움. • 행랑에서 사는 '갑득이 어미네'를 무시하는 태도를 보임.

∨

갑득이 어미네
남의 집 행랑에서 얹혀살며 집안일을 봐줌.

↓

'골목 안'은 빈곤층이 사는 골목의 전형이나, 빈곤의 정도는 상대적임.

01

작품의 내용을 이해하는 문제이다. 소설은 인물의 행동과 발화, 사건 등에 대해 서술할 때 시점, 문체, 구성 등의 여러 가지 방법을 활용하여 특정한 효과를 얻어낸다. 따라서 이러한 유형의 문제를 풀기 위해서는 선택지의 내용을 따라 지문에 드러난 활용 방법을 파악하고, 그로 인한 효과를 파악해야 한다.

01

윗글에 대한 설명으로 가장 적절한 것은?

① 집 안에서의 대화가 이웃에 노출되어 인물의 속내가 드러난다.

② 서로의 말실수에 대한 비난이 인물 간 다툼의 원인임이 드러난다.

③ 이웃의 갈등을 곁에서 지켜보고 있는 인물들의 냉담함이 드러난다.

④ 이웃을 무시하는 인물의 차별적 언행을 함께 견뎌 내려는 사람들의 결연함이 드러난다.

⑤ 곤경에 빠진 가족의 상황을 다른 가족에게 전한 것이 이웃 간 앙금을 씻는 계기가 됨이 드러난다.

02

대화의 특징을 파악하는 문제이다. [A]~[C]는 갑순이 할머니와 갑득이 어미의 갈등 상황 속 대화로, [A], [C]는 갑득이 어미의 발화, [B]는 갑순이 할머니의 발화이다. 갈등 상황에 대한 이해를 토대로 각 인물의 발화에서 파악할 수 있는 특징과 발화 의도를 파악해야 한다.

02

[A]~[C]에 대한 설명으로 적절하지 않은 것은?

① [A]에서 인물은 상대의 행위가 옳지 않다고 판단하여, 반복적으로 추궁하며 상대가 잘못했음을 분명히 한다.

② [B]에서 인물은 상대의 주장이 사실과 다르다며, 모르고 그랬다는 말을 반복함으로써 자신의 억울함을 알린다.

③ [C]에서 인물은 추측을 바탕으로 상대의 발언이 신뢰하기 어렵다고 반박하고, 상대의 반응에 아랑곳하지 않고 거짓으로 답했다며 몰아붙인다.

④ [A]에서 인물은 상대의 행위와 동기를 함께 비난하고, [B]에서 인물은 상대의 비난을 파악하지 못해 자신의 행위에 대해서만 인정한다.

⑤ [A]에서 인물이 상대에게 화를 내자, [B]에서 인물은 당황하며 자신을 방어하지만, [C]에서 갈등 상황은 지속된다.

03

집주름 영감과 양 서방에 대한 이해로 가장 적절한 것은?

① 집주름 영감이 딸의 행동을 분별없다고 탓한 이유는 아내가 갑득이 어미 앞에서 딸을 나무란 뒤 남편에게 밝힌 생각과 같다.

② 집주름 영감은 아내와 갑득이 어미의 갈등이 드러나지 않게 하는, 양 서방은 결과적으로 이들의 갈등을 완화하는 역할을 한다.

③ 양 서방이 여러 궁리를 하면서도 뒷간을 빠져나오지 못한 이유는 아내에게 밝힌 사건의 경위와 무관하다.

④ 양 서방은 아내가 갑순이 할머니에게 한 말과 이에 대한 이웃들의 반응을 듣고도 아내에게 무덤덤한 태도를 보이고 있다.

⑤ 양 서방이 자신의 상황을 갑순이 할머니에게 알리지 못했다고 말한 것은 누가 뒷간 문을 잠갔는지에 대한 의문이 풀려서 화가 누그러졌기 때문이다.

03
인물의 태도, 심리를 파악하는 문제이다. '집주름 영감'과 '양 서방'에 대해 묻고 있는데, 이 둘은 각각 갑순이 할머니, 갑득이 어미의 남편으로 갑순이 할머니와 갑득이 어미와의 갈등 상황에 연루된 인물이다. 따라서 이를 바탕으로 인물의 행동과 심리를 파악하고, 선택지의 내용과 대조해야 한다.

04

<보기>를 참고하여 ㉠~㉤을 이해한 내용으로 적절하지 않은 것은?

> **보기**
>
> 서술자는 자신의 시선만으로 서술하기도 하고 인물의 시선으로 초점화하여 서술하기도 한다. 그런데 이 작품에서는 두 서술 방식이 겹쳐 나타나는 경우가 있다. 이때 서술자는 인물과 거리를 둠으로써 그들의 말이나 생각, 감정 등에 대한 태도를 드러낸다. 이 밖에도 쉼표의 연이은 사용은 시간의 지연이나 인물의 상황 등을 드러낸다. 이러한 서술 기법은 문맥 속에서 글의 의미를 다양하게 보충한다.

① ㉠: 말줄임표 이후 쉼표를 연이어 사용한 것은, 인물이 자신의 생각을 감추거나 다른 할 말을 떠올리면서 시간의 지연이 있음을 드러낸 것이겠군.

② ㉡: 서술자 시선의 서술과 인물의 시선으로 초점화한 서술이 겹쳐 나타난 것은, 상황을 잘못 인지한 채 상대의 생각을 추측하는 인물에게 서술자가 거리를 두고 있음을 드러낸 것이겠군.

③ ㉢: 말을 전하는 '~라 한다'의 주체가 인물일 수도 있고 서술자일 수도 있게 서술한 것은, 인물의 경험을 전하기만 하고 특정 인물의 편에 서지 않으려는 서술자의 태도를 드러낸 것이겠군.

④ ㉣: 인물의 생각에 대해 쉼표를 연이어 사용하며 설명한 것은, 인물이 생각을 실행에 옮기지 못하고 망설이는 상황을 드러낸 것이겠군.

⑤ ㉤: 감탄사 이후 쉼표를 연이어 사용한 것은, 인물이 새로운 정보를 바탕으로 사건을 파악하는 상황을 드러낸 것이겠군.

04
외적 준거에 따라 작품을 감상하는 문제이다. 이러한 유형의 문제에서 <보기>는 작가가 처해 있던 상황, 작가 의식, 시대 현실, 작품의 효용성, 주제 의식, 작품에 대한 평가 등에 관한 정보가 주로 제시된다. 따라서 이를 바탕으로 소설의 인물, 사건, 배경 등을 이해하여 인물이나 사건의 의미를 파악해야 한다. <보기>에 따르면 윗글의 서술자는 두 서술 방식의 겹침, 인물과의 거리두기, 쉼표의 사용 등의 서술 방식을 활용하여 글의 의미를 다양하게 보충하고 있다.

WEEK 7

스스로 점검하기

Day	공부 시작 시간	공부 종료 시간	틀린 문항 수	틀린 유형
Day 1	시 분 초	시 분 초		
Day 2	시 분 초	시 분 초		
Day 3	시 분 초	시 분 초		
Day 4	시 분 초	시 분 초		
Day 5	시 분 초	시 분 초		
Day 6	시 분 초	시 분 초		

1 일별로 계획에 맞춰 공부하기
하루에 기출 하나씩 매일 꾸준히 공부하는 것이 최선의 방법이다.

2 시작 시간과 종료 시간 체크하기
스스로 시간 제한을 두고 문제를 푸는 것이 실전 대비에 효과적이다.

3 틀린 문항과 유형 분석하기
틀린 문제는 또 틀릴 수 있다. 특정 문항과 유형에서 많이 틀렸다면, 그 이유를 분석해야 한다.

4 보충 학습하기
스스로 점검하기를 통해 자신의 취약한 유형을 확인하고, SLS를 통해 부족한 부분을 보충 학습한다.

	Day 1						Day 2						Day 3						나의 예상 등급은?
번호	1	2	3	4	5	6	1	2	3	4	5	6	1	2	3	4	5	6	
정답률	77%	36%	77%	86%	87%		76%	92%	93%	92%			94%	96%	91%				등급
채점																			

	Day 4						Day 5						Day 6						
번호	1	2	3	4	5	6	1	2	3	4	5	6	1	2	3	4	5	6	**1등급** 22~25개
정답률	73%	45%	46%	31%	36%	94%	76%	54%	43%				41%	83%	31%	44%			**2등급** 20~21개
채점																			**3등급** 18~19개

결과	틀린 문항에는 ✕ 표시, 찍어서 막혔거나 헷갈렸던 문항에는 △표시, 맞춘 문항에는 ○표시
	채점 결과 : 맞은 문항 수 25개중 ☐ 개

핵심정리

갈래

비평문

제재

기후 변화 대응 활동

주제

기후 변화 대응에 대한 청소년의 참여도를 높이기 위한 방법

문단 중심 내용

❶ 문제 상황 제시 – 기후 변화 대응에 대한 청소년들의 참여도가 저조함.
❷ 청소년의 기후 변화 대응 참여도가 저조한 원인
❸ 청소년의 참여를 유도하는 방법 ① – 청소년이 실천할 수 있는 방안 안내
❹ 청소년의 참여를 유도하는 방법 ② – 기후 변화 대응에 관한 긍정적 인식의 형성
❺ 청소년의 참여도를 높이기 위해 개인 및 공동체의 노력이 필요함을 강조

기후 변화 대응에 대한 청소년의 참여도가 저조한 원인과 해결 방안

①	원인	기후 변화 대응 방안에 무엇이 있는지 제대로 모르는 경우가 많음.
	해결 방안	청소년이 실천할 수 있는 방안을 알려주는 것이 중요함.
②	원인	방안을 알면서도 기후 변화에 대응하는 것이 너무 큰 과제라고 인식하기 때문에 참여하지 않음.
	해결 방안	자신의 활동을 통해 상황을 개선할 수 있다는 인식을 형성하는 것이 중요함.

※ 다음은 작문 상황과 이를 바탕으로 학생이 작성한 초고이다. 물음에 답하시오.

[작문 상황]

학교 신문의 기고란에 기후 변화 대응과 관련된 글을 쓰려 함.

[초고]

제목: [A]

❶ 인류의 생존을 위협하는 기후 변화는 더욱 가속화될 것으로 예측된다. 이에 기후 변화에 대한 대응에 미래 세대인 청소년들이 관심을 가지고 참여해야 한다는 사회적 공감대가 형성되고 있다. 그러나 청소년의 참여도는 여전히 낮은 수준이다.

❷ 청소년이 기후 변화 대응 활동에 참여하지 않는 원인은 여러 가지이다. 청소년들은 기후 변화 대응 방안에 무엇이 있는지 제대로 모르는 경우가 많다. 제대로 모르기 때문에 하고자 하는 의지가 있어도 참여하기 어렵다. 반대로 방안을 알면서 참여하지 않는 경우도 있다. 기후 변화에 대응하는 것이 너무 큰 과제라고 인식하기 때문에 자신의 실천은 효과가 없다고 생각하여 참여하지 않는 것이다.

❸ 이를 고려할 때 청소년의 참여를 이끌어 내려면 우선 청소년이 실천할 수 있는 방안을 알려 주는 것이 중요하다. 이때의 대응 방안은 생활 속에서 실천할 수 있는 것부터 사회적인 차원의 것까지 다양하다. 생활 속에서의 실천과 함께, 그러한 실천들을 사회적인 차원으로 확산시키려는 노력이 중요하다. 구성원 개개인과 공동체의 노력이 어우러질 때 더 효과적인 대응이 될 것이기 때문이다.

❹ 자신의 활동을 통해 상황을 개선할 수 있다는 인식을 형성하는 것도 중요하다. 기후 변화 대응 활동에 관한 긍정적 인식이 형성되어야 자발적 참여를 이끌어 낼 수 있다. 긍정적 인식이 형성되려면, 대응 활동이 효과가 있었다고 체감할 수 있는 성공적인 경험이 쌓여야 한다. 이를 위해서는 체계적이고 지속적인 지원이 필요하다. 학교는 이러한 지원을 할 수 있는 대표적인 곳이다. 그래서 기후 변화 대응 활동에의 참여를 도울 수 있도록 학교 교육에 변화가 필요하다.

❺ 개인 및 공동체 차원에서의 실천과 이에 대한 지원을 통해 기후 변화에 대한 대응이 청소년의 삶에서 멀리 있는 것이 아니라는 생각을 만들어 갈 수 있다.

01

'작문 상황'을 고려하여 구상한 글쓰기 내용으로, 초고에 반영되지 <u>않은</u> 것은?

① 기후 변화 대응에 대한 청소년의 참여를 유도하는 방안
② 기후 변화 대응에 대한 청소년 참여를 위한 지원 정책
③ 기후 변화 대응에 대한 청소년의 참여도가 낮은 원인
④ 기후 변화 대응에 대한 청소년 인식 형성의 중요성
⑤ 기후 변화 대응에 대한 청소년 참여의 필요성

01

설득 글쓰기의 맥락을 분석하는 문제이다. 이 문제는 글쓰기 계획의 반영 여부를 확인하는 문제와 동일한 유형의 문제이다. 적절하지 않은 선택지를 고르는 경우 제시된 글쓰기 내용 중에 지문에 반영된 것을 소거해가며 풀면 문제를 푸는 시간을 단축할 수 있다.

02

<보기>는 초고를 읽은 교사의 조언이다. 이를 반영하여 [A]를 작성한다고 할 때, 가장 적절한 것은?

> 보기

"글의 제목은 글에 대한 독자의 관심을 이끌어 낼 수 있도록 표현하는 게 좋아. 기후 변화의 심각성과 글의 5문단에서 말하고자 하는 바가 잘 드러나는 내용으로 쓰는 게 좋겠어."

① 기후 변화 정책, 학교와 사회의 실천적 연대를 지향할 때
② 기후 변화에 대처하는 삶의 양식 전환, 이제 더 이상은 미룰 수 없다
③ 환경에 위협받는 삶, 인간 중심의 삶에서 환경과 공존하는 생활로 전환
④ 기후 변화 문제, 청소년을 위해 모두가 실천적 노력으로 모여야 할 시기
⑤ 미래를 위협하는 기후 변화, 실천을 도와 청소년의 삶에서 대응을 실현할 때

02

설득 글쓰기의 내용을 점검, 조정하는 문제이다. 교사의 조언은 곧 조건이 되고, 조언에는 여러 개의 조건이 있을 수 있다. 따라서 <보기>에서 제시된 조건이 무엇인지를 파악하는 것이 우선이다. 교사의 조언 중 조건은 독자의 관심을 이끌어 낼 수 있도록 표현해야 하고(조건 ①), 기후 변화의 심각성과 글의 5문단에서 말하고자 하는 바가 드러나는 내용으로 작성해야 한다(조건 ②)는 것이다. 5문단에서는 기후 변화 대응에 대한 청소년의 참여도를 높이기 위해서는 개인 및 공동체 차원에서의 실천과 이에 대한 지원이 중요함을 강조하고 있다.

WEEK 8

설득 글쓰기 자료, 매체를 활용하는 문제이다. 자료가 제시되는 경우 우선 그 자료를 해석하는 능력이 중요하다. 자료를 해석한 뒤에는 선택지의 내용을 바탕을 자료 활용의 적절성을 판단해야 한다.

ㄱ	청소년을 대상으로 실시한 기후 변화 대응 활동과 관련된 설문 조사 결과이다. ㄱ-1에 따르면 다수의 청소년들이 '참여 기회가 없어서' 기후 변화 대응 활동에 참여하지 않고, ㄱ-2에 따르면 기후 변화 대응 활동이 대체적으로 생활 속에서 실천되고 있다.
ㄴ	기후 변화 대응에 대한 청소년의 참여를 유도하기 위한 지원 정책으로 학교 교육의 변화가 필요하다는 내용의 신문 기사이다.
ㄷ	기후 변화의 심각성을 드러내는 인터뷰 자료이다.

03

<보기>는 초고를 보완하기 위해 추가로 수집한 자료이다. 자료의 활용 방안으로 적절하지 <u>않</u>은 것은?

보기

ㄱ. 기후 변화 대응 활동 관련 설문 조사 자료   (대상: 우리 지역 청소년 600명)

ㄱ-1. 참여하지 않은 이유   ㄱ-2. 참여한 활동 (복수 응답)

(참여하지 않은 청소년 431명 응답)   (참여한 청소년 168명 응답)

(단위: %)   (단위: %)

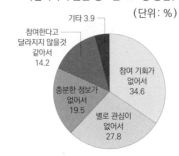

기타 3.9
참여한다고 달라지지 않을것 같아서 14.2
충분한 정보가 없어서 19.5
별로 관심이 없어서 27.8
참여 기회가 없어서 34.6

일회용품 줄이기 및 분리배출 68.0
에너지 절약 55.6
지역 환경 개선 활동 52.7
기후 변화 인식 제고 캠페인 18.9
기후 변화 관련 학교 밖 교육 및 활동 16.6
기후 변화 문제 해결 참여 기업 제품 사용 16.0

ㄴ. 신문 기사

청소년 기후 변화 대응 세미나가 ○○에서 개최되었다. 참여자들은, 기존의 교육이 기후 변화에 관심을 갖도록 만들었으나 청소년들의 실천적 대응을 이끌어 내기에는 한계가 있었다고 지적하며, 청소년들도 적극 참여하고 실천하며 효용을 체감할 수 있도록 학교·사회의 실천 연계형 교육으로 전환해야 한다는 데 의견을 모았다.

ㄷ. 인터뷰 자료

□□ 생태환경연구소 △△△ 박사는 "현재 각 국가가 온실가스 감축을 시행하고 있지만 각국에서 설정한 목표로 감축을 하더라도, 2020년에 출생한 세계 각국의 아이들은 평생 동안 50년 전에 태어난 세대에 비해 7배 수준의 폭염을 겪을 것이라고 예상합니다."라고 말했다.

① ㄱ-1을 활용하여, 청소년들이 대응 방안에 무관심하거나 관련 정보가 충분하지 않은 것을, 방안을 실천하더라도 효과가 없다고 청소년들이 생각하는 이유로 2문단에 구체화해야겠어.

② ㄴ을 활용하여, 기존 교육의 한계를 지적하며 세미나 참여자들이 동의한 내용을, 기후 변화 대응과 관련한 학교 교육의 변화 방향으로 4문단에 보강해야겠어.

③ ㄷ을 활용하여, 미래 세대는 폭염으로 인한 영향을 더 크게 받게 될 것이라는 전문가의 예측을, 청소년들의 활동 참여에 대한 사회적 공감대 형성의 근거로 1문단에 추가해야겠어.

④ ㄱ-1과 ㄱ-2를 활용하여, 청소년 다수가 참여한 활동들을, 참여 기회가 없다고 답한 청소년들이 생활 속에서 실천할 수 있는 기후 변화 대응 활동의 사례로 3문단에 추가해야겠어.

⑤ ㄱ-2와 ㄴ을 활용하여, 지역 환경 개선 활동이나 캠페인 등 지역 사회와 연계될 수 있는 활동들을, 청소년의 긍정적 인식 형성을 위해 학교가 지원할 사례로 4문단에 구체화해야겠어.

※ (가)는 '학교생활 안내 앱'을 최초 실행할 때의 화면이고, (나)는 학생회 누리 소통망 대화이다. 물음에 답하시오.

가

> ○○고등학교
>
> 80% 🔋
>
> ★ 학습&활동 자료   ★ 학습 공간 이용 예약   ★ 진로 진학 상담
>
> 교과별 자료가 여기에 모두.
>
> 컴퓨터실을 예약할 수 있어요.
>
> 상담 가능한 일정을 확인하고 상담을 신청해 보세요.
>
> '더 보기'를 누르면 더 많은 공지 사항을 확인할 수 있어요.
>
> 공지 사항
> • 진로 진학 특강 안내   2023. 11. 08
> • 도서관 이용 변경 안내   2023. 11. 0□
>
> 여러분의 생각을 자유롭게 써 보세요.
>
> 게시판
>
> [다시 보지 않기]

나

> **진아**: 얘들아, 이번 '학교생활 안내 앱' 업데이트에 학생들이 요청했던 사항이 다 반영될 거래!
>
> **미희**: 오!!! 와!!! 그럼 앱에서 도서관 자습실 예약 가능. ⋯⋯⋯ ㉠
>
> **가원**: 좋다! 그럼 앱을 최초 실행할 때 나오는 메뉴 도움말도 바꿔야겠네.
>
> **진아**: 🐱 ⭕ ⋯ ㉡
>
> **진아**: 선생님께서 이번엔 학생회 정보부에서 도움말을 수정해 보라고 하셨어. 어떻게 바꿀까?
>
> **정호**: '진로 진학 상담'에서 상담 예약 가능한 내용도 추가해.
>
> **창규**: '학습&활동 자료' 하위 항목에 자율 활동, 진로 활동이 새로 생기는 거지?

핵심정리

가

갈래

'학교생활 안내 앱' 화면

주제

학교생활 안내 앱 최초 실행 화면

나

갈래

학생회 누리 소통망(SNS) 대화

화제

학교생활 안내 앱 도움말 수정 사항

WEEK 8

앱을 최초 실행할 때 나오는 메뉴 도움말 수정 사항	
정호	'진로 진학 상담'에서 상담 예약 가능한 내용을 추가
↓	
창규	'진로 진학 상담' 항목에서 추가된 사항이 없다는 사실을 전달함.
창규, 정호	'학습&활동 자료' 하위 항목에 새로 생기는 자율 활동, 진로 활동에 대한 도움말을 추가
가원	예약 가능한 곳에 관한 내용을 추가
↓	
동주	기존의 컴퓨터실도 포함해서 예약 가능한 곳을 모두 알려줄 것을 '가원'의 의견에 덧붙임.
미희	• 알림 시간의 변경을 단체 문자로 알려줄 것을 건의 • '게시판' 도움말은 유지
정호	'공지 사항' 도움말 삭제
동주	'검색' 메뉴 추가

정호 : 응. 그것도 반영해야겠네.

창규 : [정호] '진로 진학 상담'에서 …… 가능한 내용도 추가해. …………… ㉢
　　　 ┗ [답장] '진로 진학 상담' 항목에서 추가된 건 없어.

가원 : 예약 가능한 학습 공간에 도서관 자습실과 모둠 활동실이 추가됐지? 예약 가능한 곳을 궁금해할 것 같아.

동주 : 좋아. 기존의 컴퓨터실도 포함해서 예약 가능한 곳을 모두 알려 주자.

또 다른 건 없어? ⟩ 진아

미희 : 아! 업데이트되면 이전과 달리 일과 시간이 아닐 때만 알림이 오도록 바뀐대. 이걸 어떻게 알려 줘야 하지? 난 단체 문자로 알려 주면 좋겠어. ····· ㉣

알림이 오는 시간만 바뀌는 거니까 그렇게 하자! ⟩ 진아

정호 : 좋아. 근데 '공지 사항' 도움말 꼭 필요해?

가원 : 그 정도는 알려 주지 않아도 아니까 없애자.

창규 : 학생들이 조건 검색 넣어 달라고 했는데 반영된 거야?

[앱 업데이트에 반영된 사항]
- 요구 사항: 항목별, 기간별 검색
- 요구 사항 외 추가된 것: 결과 내 검색 ⟩ 진아
····· ㉤

미희 : 자료 찾는 게 빨라지겠네. 그럼 도움말에 이 내용도 넣자.

동주 : '검색' 메뉴 도움말이 없었으니 추가해 줘.

창규 : '게시판' 도움말은? 없애긴 좀 그런데.

미희 : '게시판' 메뉴 조회 수를 보고 있는데 아직도 꽤 많이 클릭하네. 일단 놔두자.

다들 고마워. 지금 나온 의견으로 수정해 볼게. ⟩ 진아

01

㉠~㉤에 드러난 의사소통 방식에 대한 이해로 적절하지 않은 것은?

① ㉠: 느낌표를 반복적으로 사용하여, 자신의 감정 상태를 표현하였다.

② ㉡: 시각적 이미지를 활용하여, 상대방이 제시한 의견에 동의를 표현하였다.

③ ㉢: 대화 내용을 복사하는 기능을 활용하여, 상대방의 질문에 답하였다.

④ ㉣: 묻고 답하는 방식을 활용하여, 변경된 알림 전송 시간대를 안내하는 방법에 대한 자신의 의견을 제시하였다.

⑤ ㉤: 줄을 바꾸는 방식으로 글을 입력하여, 변동 사항을 구분하여 안내하였다.

02

(나)의 대화 내용을 반영하여 (가)를 아래와 같이 수정했다고 할 때, 수정한 화면에 대한 설명으로 적절하지 않은 것은?

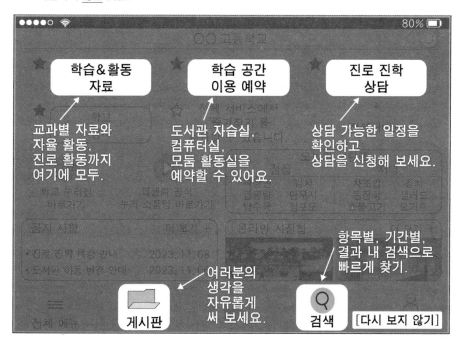

① '학습&활동 자료'에 대한 도움말은 메뉴 항목의 변화에 대한 '창규'와 '정호'의 대화를 반영하여 새로운 내용이 추가되었다.

② '학습 공간 이용 예약'에 대한 도움말은 이용 예약이 가능한 공간 추가에 대한 '가원'과 '동주'의 대화를 반영하여 수정되었다.

③ '공지 사항'에 대한 도움말은 메뉴 도움말의 필요성에 대한 '정호'와 '가원'의 대화를 반영하여 삭제되었다.

④ '게시판'에 대한 도움말은 메뉴 이용 빈도에 대한 '창규'와 '미희'의 대화를 반영하여 그대로 유지되었다.

⑤ '검색'에 대한 도움말은 검색 자료의 변화에 대한 '미희'와 '동주'의 대화를 반영하여 새로운 내용이 추가되었다.

핵심정리

가

문단 중심 내용

❶ 미적 속성이 대상에 실재하느냐에 대한 논쟁
❷ 미적 속성의 실재에 대한 미적 실재론의 입장
❸ 미적 속성의 실재에 대한 미적 반실재론의 입장
❹ 미적 실재론과 미적 반실재론의 공통점

미적 실재론

입장	어떤 미적 속성에 대한 미적 판단이 객관적으로 참일 때, 그 미적 속성이 실재함.
미적 판단	**예** 운명 교향곡 • 실제 속성 중 하나가 장엄함 → 모두가 그것을 지각하는 데 성공 → 장엄하다는 미적 판단 • 지각적 문제, 미적 감수성의 부족 → 실제 속성을 보는 데 실패 → 무기력하다는 미적 판단

미적 반실재론

입장	미적 판단은 대상에 객관적으로 존재하는 속성을 알아차리는 것이 아니라 감상자의 주관적 반응에 관한 것임.
미적 판단	• 사람들이 비슷한 미적 감수성 형성 → 비슷한 방식으로 반응 → 미적 판단의 일치 • 미적 감수성이 서로 다른 사람들이 대상에 대해 각기 다르게 반응 → 미적 판단의 불일치

미적 실재론과 미적 반실재론의 공통점

• 미적 판단은 정당화가 요구되는 진술임.
• 미적 판단에 관한 진술은 일종의 명제임.
　→ 뒷받침하는 합리적인 이유가 제시되어야 함.

※ 다음 글을 읽고 물음에 답하시오.

가

❶ 미학에서 우아함, 장엄함 등 소위 미적 속성이라 ⓐ 간주되는 것들에 관한 논쟁 중 하나는 대상에 대하여 어떤 미적 판단을 진술할 때 그 진술이 가리키는 속성, 즉 미적 속성이 대상에 실재하느냐에 관한 것이다. 이에 대한 대표적인 견해로는 미적 실재론과 미적 반실재론이 있다.

❷ ㉠ 미적 실재론에 따르면 미적 속성은 대상에 실재한다. 이는 어떤 미적 속성에 대한 미적 판단이 객관적으로 참일 때, 그 미적 속성이 실재한다는 의미이다. 예를 들어, 미적 실재론은 우리가 베토벤의 '운명 교향곡'에 대해 장엄하다는 미적 판단을 내리는 데 모두의 의견이 일치하는 경우 '운명 교향곡'의 실제 속성 중 하나가 장엄함이며 우리 모두 그것을 지각하는 데 성공했기 때문이라고 본다. 그런데 우리 중 일부가 '운명 교향곡'을 두고 무기력하다는 미적 판단을 내릴 수도 있을 것이다. 이에 대해 미적 실재론은 우리 중 일부가 그들이 가진 난청과 같은 지각적 문제 혹은 미적 감수성의 부족 때문에 '운명 교향곡'의 실제 속성을 보는 데 실패했기 때문이라고 설명한다.

❸ ㉡ 미적 반실재론은 대상에 객관적으로 존재하는 미적 속성을 인정하지 않는다. 미적 판단은 대상에 객관적으로 존재하는 속성을 알아차리는 것이 아니라 감상자의 주관적 반응에 관한 것이라고 본다. '운명 교향곡'에 대한 미적 판단이 일치하는 이유는 우리가 모두 비슷한 미적 감수성을 ⓑ 형성했고, 그 결과 그 음악에 비슷하게 반응했기 때문이라는 것이다. 즉 미적 판단의 일치가 일어난 것은 비슷한 감수성을 가진 사람들이 비슷한 방식으로 반응했기 때문이라고 본다. 미적 반실재론은 미적 판단의 불일치가 발생하는 이유를 미적 감수성이 서로 다른 사람들이 대상에 대해 각기 다르게 반응하기 때문이라고 설명한다.

❹ 미적 실재론과 미적 반실재론은 이러한 입장 차이에도 불구하고 미적 판단이 정당화가 요구되는 진술이라고 생각한다는 점에서 서로 의견이 일치한다. '운명 교향곡'에 대한 미적 판단을 정당화해 보라는 요구를 받았을 때 어느 입장도 이유를 댈 수 없다고 대답하지는 않는다. 미적 판단에 관한 진술은 일종의 명제라는 점에서 그것을 뒷받침하는 합리적인 이유가 제시될 필요가 있다는 생각에 동의한다는 것이다.

나

❶ '수반'이라는 개념은 어떤 속성들과 다른 속성들 사이의 관계를 설명하는 용어인데, 윤리학 분야에서 ⓒ 논의되기 시작하여 다른 분야로 확산되었다. 수반론에 따르면 도덕적 속성과 비도덕적 속성(자연적 속성)에 관해서 다음과 같이 설명될 수 있다. 예를 들어, "공자는 선한 사람이다."라고 말하면서 공자와 동일한 상황에 처해 있고 그와 동일하게 행동하지만 선한 사람이 아닌 그런 사람이 있다는 주장은 하기 어렵다는 것이다. 즉 도덕적 속성은 비도덕적 속성에 의존하기 때문에 비도덕적 속성에서 동일한 두 개인은 도덕적 속성에서도 동일하다.

❷ 이러한 논의의 영향을 받아 미학에서도 미적 속성과 비미적(非美的) 속성 사이에 미적 수반이 존재한다고 보는 미학자들이 나타났다. 시블리에 따르면 미적 속성은 감상자가 미적 감수성을 ⓓ 발휘해야 지각할 수 있는 속성이고, 비미적 속성은 시각과 청각 등의 지각 능력을 발휘하면 충분히 지각할 수 있는 속성이다. 미적 수반이란 한 작품의 미적 속성이 그 작품의 비미적 속성에 의존하는 관계라고 할 수 있다. 즉 미적 수반론은 비미적 속성의 차이 없이는 미적 속성의 차이도 없다고 본다.

❸ 미적 수반론은 미적 판단의 정당화 문제에 대하여 미적 실재론자들에게 단서를 ⓔ 제공할 수 있다는 점에서 의의가 있다. 예를 들어, 어떤 미적 실재론자는 '운명 교향곡'은 장엄하다는 미적 판단을 정당화하는 데 수반 관계를 이용할 수 있다. 장엄함이 느린 리듬이나 하강하는 멜로디 등의 비미적 속성에 수반하는데, 그 비미적 속성이 '운명 교향곡'에서 발견된다는 것이다. 하지만 미적 수반론을 수용하는 미적 실재론자는 미적 판단의 해소 불가능한 불일치 문제를 설명하기 어렵다. 해소 불가능한 불일치란 대상의 미적 속성을 판단하는 문제에서 감상자들 사이에 심각한 불일치가 있고, 그 불일치가 감상자들이 지각 능력, 지식, 미적 감수성 등이 부족하지 않음에도 발생하는 경우를 말한다. 미적 판단의 해소 불가능한 불일치는 미적 실재론자들이 미적 수반론을 흔쾌히 수용하기 어려움을 보여 준다. 미적 수반론은 미적 실재론자들에게 이런 ㉠ 곤혹스러운 문제를 제기하기 때문이다.

❹ 미적 반실재론 입장에서는 미적 판단의 해소 불가능한 불일치는 자연스러운 현상이다. 그러므로 이러한 현상이 발생한다는 점을 들어 미적 반실재론자들은 미적 수반론을 받아들이기 어렵다고 할 것이다. 그런데 미적 수반론을 수용하지 않는 반실재론자는 미적 판단의 정당화가 어떤 방식으로 가능한지 설명하기 쉽지 않게 된다. 각자마다 다른 미적 판단이 각각 참일 수 있다면 극단적인 주관주의가 되는 수밖에 없기 때문이다. 그래서 어떤 미적 반실재론자들은 미적 수반론을 주목할 만한 가치가 있는 것으로 보기도 한다.

나

문단 중심 내용

❶ 수반론에 따른 도덕적 속성과 비도덕적 속성
❷ 미적 수반론의 입장
❸ 미적 수반론의 의의와 한계
❹ 미적 수반론에 대한 미적 반실재론의 입장

미적 수반론

입장	비미적 속성의 차이 없이는 미적 속성의 차이도 없음.
미적 속성	감상자가 미적 감수성을 발휘해야 지각할 수 있는 속성
비미적 속성	시각과 청각 등의 지각 능력을 발휘하면 충분히 지각할 수 있는 속성
미적 수반	한 작품의 미적 속성이 그 작품의 비미적 속성에 의존하는 관계

미적 실재론자에게 있어 미적 수반론의 의의와 한계

의의	미적 판단의 정당화 문제에 대하여 단서를 제공함.
한계	미적 판단의 해소 불가능한 불일치 문제를 설명하기 어려움.

미적 반실재론자가 겪는 미적 수반론 문제

미적 판단의 해소 불가능한 불일치 현상을 들어 미적 수반론을 받아들이지 않음.

↓

미적 판단의 정당화가 어떤 방식으로 가능한지 설명하기 어려워짐.

↓

어떤 미적 반실재론자들은 미적 수반론을 주목할 만한 가치가 있는 것으로 보기도 함.

01

글의 설명 방식을 이해하는 문제이다. (가)의 설명 방식과 (나)의 설명 방식을 각각 파악하고, 비교할 수 있어야 한다. (가)는 미적 속성이 대상에 실재하느냐에 관한 대표적인 견해를 설명하고 있고, (나)는 미적 수반론에 대한 서로 다른 견해의 입장을 설명하고 있다.

(가), (나)에 대한 설명으로 가장 적절한 것은?

① (가)는 미적 속성을 구분하기 위한 기준을 제시하고 그 구분이 미학 논쟁에서 중요한 까닭을 강조하고 있다.

② (나)는 미적 판단의 정당화와 관련된 문제를 언급하며 서로 충돌되는 견해를 절충하여 새로운 결론을 도출하고 있다.

③ (가)는 통시적으로 두 이론의 논쟁 과정을 보여 주고 있고, (나)는 공시적으로 두 이론이 지역에 따라 달리 전개되는 양상을 보여 주고 있다.

④ (가)는 서로 다른 견해들의 차이점과 공통점을 설명하고 있고, (나)는 서로 다른 견해들이 특정 이론을 어떻게 받아들일 수 있는지를 설명하고 있다.

⑤ (가)와 (나)는 모두 이론가들의 영향 관계를 바탕으로 그들이 미적 판단의 기준을 통합하는 과정을 설명하고 있다.

02

글의 세부 정보를 이해하는 문제이다. ㉠은 미적 실재론, ㉡은 미적 반실재론이다. (가)의 2~4문단에서 베토벤의 '운명 교향곡'을 예시로 들고 있으므로, 미적 실재론과 미적 반실재론의 입장을 '운명 교향곡'에 적용하여 적절하지 않은 선택지를 골라야 한다.

㉠, ㉡에 대한 설명으로 적절하지 않은 것은?

① ㉠은 '운명 교향곡'에 대한 미적 판단의 불일치는 누군가의 지각적 오류 때문이라고 설명할 수 있다고 본다.

② ㉠은 '운명 교향곡'에 대한 장엄하다는 미적 판단이 객관적으로 참이라면 장엄함은 '운명 교향곡'에 실재한다고 본다.

③ ㉡은 '운명 교향곡'에 대한 미적 판단은 '운명 교향곡'에 실재하는 미적 속성을 지각할 때 가능하다고 본다.

④ ㉡은 '운명 교향곡'에 대한 미적 판단의 일치는 비슷한 감수성을 가진 사람들이 비슷하게 반응했기 때문이라고 본다.

⑤ ㉠과 ㉡은 모두 '운명 교향곡'에 대한 미적 판단은 정당화가 요구되는 진술이라고 본다.

03

수반론에 대한 이해로 가장 적절한 것은?

① 비도덕적 속성이 동일한 두 사람 중에서 한 사람은 선하지만 다른 사람은 선하지 않는 경우란 존재하기 어렵다고 본다.

② 도덕적 속성이 일정하게 유지되는 사람은 서로 다른 상황에 놓이더라도 동일한 도덕적 행동을 반복해야 한다고 본다.

③ 어떤 사람이 자신이 처한 상황에 따라 도덕적 속성이 달라진다면 그 사람은 도덕적 수준이 낮은 것이라고 본다.

④ 도덕적 속성은 비도덕적 속성이 발현되고 실현되기 위한 기반과 필요한 조건을 제공한다고 본다.

⑤ 두 사람이 비도덕적 속성에서 동일하더라도 그들의 도덕적 속성은 다를 수 있다고 본다.

03
글의 핵심 정보를 이해하는 문제이다. (나)의 1문단에서 수반론에 따른 도덕적 속성과 비도덕적 속성을 설명하고 있다. 수반론에서 도덕적 속성은 비도덕적 속성에 의존한다는 점을 고려하며 선택지를 이해해야 한다.

04

(가)와 (나)를 바탕으로 <보기>에 대해 보인 반응으로 적절하지 <u>않은</u> 것은?

> **보기**
>
> 길동과 장금은 미술관을 방문하여 화가 몬드리안의 작품 '빨강, 파랑, 노랑의 구성'을 감상하였다. 이 작품은 직선들의 교차를 통해 형성된 수많은 직사각형으로 구성되어 있다. 이 다양한 크기의 직사각형들 중 일부는 선명한 원색으로 채색되어 있다. 길동은 이 작품을 본 소감으로 생동감을, 장금은 지루함을 제시했다.

① 길동이 시블리의 입장을 따른다면, 생동감이나 지루함은 작품의 미적 속성으로 색이나 직선들은 작품의 비미적 속성으로 구분하겠군.

② 장금이 미적 반실재론자라면, 길동과 자신은 미적 감수성이 다르므로 길동과 자신의 소감이 다른 것은 자연스러운 현상이라고 말하겠군.

③ 장금이 미적 수반론을 부정하는 미적 반실재론자라면, 자신과 길동의 미적 판단이 다른 이유를 비미적 속성에서의 차이 때문이라고 설명하겠군.

④ 길동이 미적 수반론을 지지하는 미적 실재론자라면, 생동감이 직선들의 교차 등의 비미적 속성에 수반하는데 그 비미적 속성이 작품에서 발견된다고 설명하겠군.

⑤ 길동이 미적 실재론자라면, 자신이 작품의 미적 속성인 생동감을 지각하는 데 성공했다고 판단할 경우 장금을 지각 능력이나 미적 감수성이 부족한 사람이라고 생각하겠군.

04
핵심 정보를 구체적 상황에 적용하는 문제이다. <보기>에서 길동과 장금은 동일한 작품을 감상하였지만 서로 다른 감상을 제시했다. (가)와 (나)에서 미적 실재론과 미적 반실재론, 미적 수반론의 입장을 파악하고, 길동과 장금이 이러한 견해를 갖는다면 <보기>의 상황에 대해 어떠한 관점을 보일지 파악해야 한다.

05

글의 세부 내용을 이해하는 문제이다. ㉠는 미적 수반론이 미적 실재론자들에게 제기하는 문제이다. 따라서 미적 수반론을 수용하는 미적 실재론자가 겪는 어려움을 파악하고 미적 속성과 비미적 속성의 관계를 이해해야 한다. (나)의 3문단에서는 미적 수반론을 수용하는 미적 실재론자가 미적 판단의 해소 불가능한 불일치 문제를 설명하기 어렵다고 하였다.

05

㉠에 대한 이해로 가장 적절한 것은?

① 미적 속성이 비미적 속성에 의존하는 관계라면 서로 다른 감수성을 가진 사람들이 동일한 미적 판단을 내리는 까닭을 설명하기 어렵다.

② 미적 속성이 비미적 속성에 수반한다면 지각 능력이나 미적 감수성 등이 충분함에도 미적 판단의 불일치가 일어나는 현상을 설명하기 어렵다.

③ 미적 수반이 존재한다면 비미적 속성에서 동일한 대상에 대하여 미적 속성에서 동일한 판단을 내리는 것을 설명하기 어렵다.

④ 미적 속성과 비미적 속성 사이에 수반 관계가 존재한다면 미적 판단의 정당화가 어떤 방식으로 가능한지 설명하기 쉽다.

⑤ 어떤 미적 속성이 수반하는 특정 비미적 속성이 존재한다면 극단적인 주관주의를 설명하기 쉽다.

06

어휘의 사전적 의미를 이해하는 문제이다. 실제로 사전에 등재되어 있는 의미를 알지 못하더라도, 문맥을 통해 어휘의 의미를 이해할 수 있다. 선택지에 제시된 의미를 문맥에 넣어 보고 어색한 것을 골라야 한다.

06

ⓐ~ⓔ의 사전적 의미로 적절하지 않은 것은?

① ⓐ: 상태, 모양, 성질 따위가 그와 같다고 봄. 또는 그렇다고 여김.

② ⓑ: 완전히 다 이룸.

③ ⓒ: 어떤 문제에 대하여 서로 의견을 내어 토의함. 또는 그런 토의.

④ ⓓ: 재능, 능력 따위를 떨치어 나타냄.

⑤ ⓔ: 무엇을 내주거나 갖다 바침.

독서(기술)　고3 2024학년도 대수능

4 Day 데이터에서 결측치와 이상치의 처리 방법

※ 다음 글을 읽고 물음에 답하시오.

❶ 데이터를 처리할 때 데이터의 정확성은 매우 중요하다. 그런데 데이터에 결측치와 이상치가 포함되면 데이터의 특징을 제대로 ⓐ 나타내기 어렵다.

❷ 결측치는 데이터 값이 ⓑ 빠져 있는 것이다. 결측치를 처리하는 방법 중 하나인 대체는 다른 값으로 결측치를 채우는 것인데, 대체하는 값으로는 평균, 중앙값, 최빈값을 많이 사용한다. 중앙값은 데이터를 크기순으로 정렬했을 때 중앙에 위치한 값이다. 크기가 같은 값이 복수일 경우에도 순위를 매겨 중앙값을 찾고, 데이터의 개수가 짝수이면 중앙에 있는 두 값의 평균이 중앙값이다. 또 최빈값은 데이터에 가장 많이 나타나는 값을 이른다. 일반적으로 데이터 값이 연속적인 수치이면 평균으로, 석차처럼 순위가 있는 값에는 중앙값으로, 직업과 같이 문자인 경우에는 최빈값으로 결측치를 대체한다.

❸ 이상치는 데이터의 다른 값에 비해 유달리 크거나 작은 값으로, 데이터를 수집할 때 측정 오류 등에 의해 주로 ⓒ 생긴다. 그러나 정상적인 데이터라도 데이터의 특징을 왜곡하는 데이터 값이 있을 수 있다. 예를 들어, 데이터가 어떤 프로 선수들의 연봉이고 그중 한 명의 연봉이 유달리 많다면, 이상치가 포함된 데이터에 해당한다. 이런 데이터의 특징을 하나의 수치로 나타내려는 경우 ㉠ 대푯값으로 평균보다 중앙값을 주로 사용한다.

❹ 평면상에 있는 점들의 위치를 나타내는 데이터에서도 이상치를 발견할 수 있다. 대부분의 점들이 가상의 직선 주위에 모여 있다면 이 직선은 데이터의 특징을 잘 나타낸다고 할 수 있다. 이 직선을 직선 L이라고 하자. 그런데 직선 L로부터 멀리 떨어진 위치에도 몇 개의 점이 있다. 이 점들이 이상치이다.

❺ ㉡ 이상치를 포함하는 데이터에서 직선 L을 찾는다고 하자. 이때 사용할 수 있는 기법의 하나인 A 기법은 두 점을 무작위로 골라 정상치 집합으로 가정하고, 이 두 점을 ⓓ 지나는 후보 직선을 그어 나머지 점들과 후보 직선 사이의 거리를 구한다. 이 거리가 허용 범위 이내인 점들을 정상치 집합에 추가한다. 정상치 집합의 점의 개수가 미리 정해 둔 기준, 즉 문턱값보다 많으면 후보 직선을 최종 후보군에 넣는다. 반대로 점의 개수가 문턱값보다 적으면 후보 직선을 버린다. 만약 처음에 고른 점이 이상치이면, 대부분의 점들은 해당 후보 직선과의 거리가 너무 ⓔ 멀어 이 직선은 최종 후보군에서 제외되는 것이다. 이 과정을 반복하여 최종 후보군을 구하고, 최종 후보군에 포함된 직선 중에서 정상치 집합의 데이터 개수가 최대인 직선을 직선 L로 선택한다. 이 기법은 이상치가 있어도 직선 L을 찾을 가능성이 높다.

01

01

윗글을 이해한 내용으로 적절하지 <u>않은</u> 것은?

① 데이터가 수치로 구성되지 않아도 최빈값을 구할 수 있다.

② 데이터의 특징이 언제나 하나의 수치로 나타나는 것은 아니다.

③ 데이터가 정상적으로 수집되었다면 이상치가 존재하지 않는다.

④ 데이터에 동일한 수치가 여러 개 있어도 중앙값으로 결측치를 대체할 수 있다.

⑤ 데이터를 수집하는 과정에서 측정 오류가 발생한 값이라도 이상치가 아닐 수 있다.

02

02

윗글을 참고할 때, ㉠의 이유로 가장 적절한 것은?

① 중앙값은 극단에 있는 이상치의 영향을 덜 받기 때문이다.

② 중앙값을 찾기 위해 데이터를 나열할 때 이상치는 제외되기 때문이다.

③ 데이터의 개수가 많아질수록 이상치도 많아지고 평균을 구하기 어렵기 때문이다.

④ 이상치가 포함되면 평균을 구하는 것이 중앙값을 찾는 것보다 복잡하기 때문이다.

⑤ 이상치가 포함되면 평균은 데이터에 포함되지 않는 값일 가능성이 큰 반면 중앙값은 항상 데이터에 포함된 값이기 때문이다.

03

ⓒ과 관련하여 윗글의 A 기법과 <보기>의 B 기법을 설명한 내용으로 가장 적절한 것은?

보기

> 다음과 같은 방법으로 직선 L을 찾는 B 기법을 가정해 보자. 후보 직선을 임의로 여러 개 가정한 뒤에 모든 점에서 각 후보 직선들과의 거리를 구하여 점들과 가장 가까운 직선을 선택한다. 그러나 이렇게 찾은 직선은 직선 L로 적합한 직선이 아니다. 이상치를 포함해서 찾다 보니 대부분 최적의 직선과 이상치 사이에 위치한 직선을 선택하게 된다.

① A 기법과 B 기법 모두 최적의 직선을 찾기 위해 최대한 많은 점을 지나는 후보 직선을 가정한다.

② A 기법은 이상치를 제외하고 후보 직선을 가정하지만 B 기법은 이상치를 제외하는 과정이 없다.

③ A 기법에서 최종적으로 선택한 직선은 이상치를 지나지 않지만 B 기법에서 선택한 직선은 이상치를 지난다.

④ A 기법은 이상치의 개수가 문턱값보다 적으면 후보 직선을 버리지만 B 기법은 선택한 직선이 이상치를 포함할 수 있다.

⑤ A 기법에서 후보 직선의 정상치 집합에는 이상치가 포함될 수 있고 B 기법에서 후보 직선은 이상치를 지날 수 있다.

03
다른 견해와 비교하는 문제이다. ⓒ은 이상치를 포함하는 데이터에서 직선 L을 찾는 기법 중 하나인 A 기법이다. A 기법과 B 기법에서 직선 L을 찾는 과정을 이해하고, 둘을 비교하여 공통점과 차이점을 파악해야 한다.

04

문맥상 ⓐ~ⓔ와 바꿔 쓰기에 가장 적절한 것은?

① ⓐ: 형성(形成)하기
② ⓑ: 누락(漏落)되어
③ ⓒ: 도래(到來)한다
④ ⓓ: 투과(透過)하는
⑤ ⓔ: 소원(疏遠)하여

04
단어 사용의 적절성을 파악하는 문제이다. ⓐ~ⓔ의 단어가 지문에서 어떤 의미로 사용되었는지 파악하고, 선택지에 제시된 한자어로 바꾸었을 때에도 그 의미가 통하는지 따져 보아야 한다.

5 Day

문학(현대시+고전수필)　고3 2023년 9월

월훈 _ 박용래 / **연 1** _ 김영랑 / **문의당기** _ 서영보

※ 다음 글을 읽고 물음에 답하시오.

가

첩첩산중에도 없는 마을이 여긴 있습니다. 잎 진 사잇길 저 모랫둑, 그 너머 강기슭에서도 보이진 않습니다. 허방다리* 들어내면 보이는 마을.

갱 속 같은 마을. ㉠꼴깍, 해가, 노루꼬리 해가 지면 집집마다 봉당에 불을 켜지요. 콩깍지, 콩깍지처럼 후미진 외딴집, 외딴집에도 불빛은 앉아 이슥토록 창문은 모과빛입니다.

기인 밤입니다. 외딴집 노인은 홀로 잠이 깨어 출출한 나머지 무우를 깎기도 하고 고구마를 깎다, 문득 바람도 없는데 시나브로 풀려 풀려 내리는 짚단, 짚오라기의 설레임을 듣습니다. 귀를 모으고 듣지요. ㉡후루룩 후루룩 처마 깃에 나래 묻는 이름 모를 새, 새들의 온기를 생각합니다. 숨을 죽이고 생각하지요.

참 오래오래, 노인의 자리맡에 받은기침 소리도 없을 양이면 벽 속에서 겨울 귀뚜라미는 울지요. 떼를 지어 웁니다, 벽이 무너지라고 웁니다.

어느덧 밖에는 눈발이라도 치는지, 펄펄 함박눈이라도 흩날리는지, 창호지 문살에 돋는 월훈(月暈).

－ 박용래, 〈월훈〉 －

* 허방다리: 짐승 따위를 잡기 위해 풀 등을 덮어 위장한 구덩이.

나

내 어린 날!
아슬한 하늘에 뜬 연같이
바람에 깜박이는 연실같이
내 어린 날! 아슴풀하다*

하늘은 파랗고 끝없고
편편한 연실은 조매롭고*
오! 흰 연 그새에 높이
㉢아실아실* 떠 놀다 내 어린 날!

바람 일어 끊어지던 날
엄마 아빠 부르고 울다
㉣희끗희끗한 실낱이 서러워
아침저녁 나무 밑에 울다

오! 내 어린 날 하얀 옷 입고

외로이 자랐다 하얀 넋 담고

ⓗ 조마조마 길가에 붉은 발자욱

자욱마다 눈물이 고이었었다

- 김영랑, 〈연 1〉 -

* 아슴풀하다: '아슴푸레하다'의 방언.
* 조매롭고: '조마롭다'의 방언. 보기에 마음이 초조하고 불안하다.
* 아실아실: '아슬아슬'의 방언.

다

ⓐ 신위가 **자기 집** 이름을 '문의당'이라 하고 ⓑ 나에게 편지를 보내 말했다.

"내 천성이 물을 좋아하는데, 도성 안이라 **볼만한 샘이나 못이 없어** 비록 **물을 보는 법**을 알고 있어도 **써 볼 데가 없**는 것이 늘 아쉬웠습니다. 그런데 **천하의 지도를 보고** 깨우친 점이 있었습니다.

넘실거리는 큰 바다 사이로 아홉 개 대륙, 일만 개 나라가 퍼져 있는데 큰 나라는 범선이 늘어선 듯하고, 작은 나라는 갈매기와 해오라기가 출몰하는 듯했습니다. 천하만국에 두루 살고 있는 사람들은 모두 물 가운데 있는 존재일 뿐입니다. 이것이 제 집의 이름을 **문의(文漪)***라고 한 까닭입니다. 그대는 저를 위해 이 집의 기문을 지어 주시기 바랍니다."

나는 편지를 보고 웃으며 말했다.

"세상에는 본래 그 실물은 없으면서도 이름을 차지하는 경우가 있으니, 지금 그대가 집에 이름을 붙인 것이 바로 그 실물이 없는 것이라고 할 수 있겠소. 비록 그러하나 그대도 이에 대해 할 말이 있을 것이오. 지금 **바다의 섬 가운데 집을 짓고 사는 사람**이 있다면, 사람들은 반드시 **물에 산다고** 하지 산에 산다고 하지 않겠지요. 섬사람 중에는 담장을 두르고, 집을 짓고, 문을 닫고 **들어앉아 사는 사람**도 있게 마련이니, 그가 날마다 파도와 깊은 물을 가까이 접하지는 않는다고 하여, 물에 사는 게 아니라고 한다면 옳지 않겠지요. 이와 같은 이치를 **사람들**이 모두 그렇다고 인정하는데, 어찌 유독 그대의 말에만 의심을 품겠소?

대지는 하나의 섬이고, 세상 사람들은 섬사람이라오. 비록 **배를 집으로 삼아** 물 위를 떠다니면서 날마다 **물과 더불어** 살아가는 사람이라 하더라도, 그 형편상 눈을 한곳에 두고 꼼짝하지 않을 수는 없을 것이고, 잠시 **눈길을 돌려서** 잠깐 동안이나마 물이 있다는 것을 생각하지 못할 때가 반드시 있을 것이오. 이때에는 겨우 반걸음을 움직인 것이나 천 리를 간 것이나 매한가지라 할 것이오."

- 서영보, 〈문의당기〉 -

* 문의: 물결무늬.

구성

1~2연	하늘에 뜬 연과 연실처럼 아득한 어린 날의 기억
3연	끊어진 연 때문에 서러워 울었던 어린 날
4연	외롭게 지냈던 어린 날의 화자

다 서영보, 〈문의당기〉

갈래

기, 한문 수필

성격

교훈적

제재

'문의당'의 의미

주제

상대적 관점으로 세상을 바라보는 태도의 중요성

특징

① 중심 제재를 통한 인식의 전환이 드러남.
② 일상적인 소재를 통해 깨달음과 교훈을 얻음.

해제

이 작품은 집의 이름을 '문의'라고 지은 것과 관련하여 세상의 본질에 대한 깨달음을 전달하고 있는 고전 수필이다. 신위는 세상 사람들 모두 물 가운데 있는 존재라는 의미에서 자기의 집이름을 '문의'라고 지었다고 밝히며, 글쓴이에게 이 집에 대한 글을 써달라고 부탁한다. 이에 글쓴이는 바다의 섬 가운데 집을 짓고 사는 사람과 배를 집으로 삼고 사는 사람의 예를 들어 신위의 생각에 동의한다는 뜻을 밝히고 있다. 대지의 모든 사람들은 결국 섬사람이므로, 물이 보이는 곳에 집을 짓고 살더라도 늘 물을 보고만 있지 않기 때문에 어쩌다 물을 보는 사람과 다르지 않다고 말하는 것이다. 이를 통해 글쓴이는 상대주의적 시각으로 세상을 보아야 한다는 교훈을 우회적으로 전달하고 있다.

구성

처음	'나'는 집의 이름을 '문의'라고 지은 이유에 관한 신위의 편지를 받게 됨.
중간	'나'는 상대적 관점으로 세상을 바라봐야 한다는 신위의 생각에 동의함.
끝	신위의 논리와 자신의 논리의 유사점을 밝힘.

WEEK 8

01

작품 간의 공통점과 차이점을 파악하는 문제이다. (가), (나)는 현대시, (다)는 고전 수필이라는 점을 고려하여 공통적으로 나타나는 표현법을 찾아야 한다. 이를 위해서는 표현 방법에 대한 기본적인 지식이 요구된다.

01

(가)~(다)의 공통점으로 가장 적절한 것은?

① 설의적 표현을 사용하여 인물의 정서를 강조하고 있다.

② 묘사의 방식을 활용하여 대상의 특징을 구체화하고 있다.

③ 말을 건네는 방식을 사용하여 주제 의식을 심화하고 있다.

④ 과거의 장면을 회상하여 현재 상황에 대한 원인을 포착하고 있다.

⑤ 가상의 상황을 설정하여 현실에 대한 긍정적 인식을 이끌어 내고 있다.

02

외적 준거에 따라 작품을 감상하는 문제이다. <보기>에 따르면 (가)는 노인의 모습을 관찰함으로써 사라져 가는 것들과 인간의 고독을 형상화하고 있다. 이를 고려하여 작품의 시어와 구절의 의미를 이해하고, 선택지에서 제시한 감상이 적절한지 판단해야 한다.

02

<보기>를 참고하여 (가)를 감상한 내용으로 적절하지 <u>않은</u> 것은?

> **보기**
>
> (가)는 적막한 산골 마을을 배경으로 그곳에 사는 한 노인의 모습을 관찰하여 들려주는 시이다. 향토적인 정경 속에서 낯설게 느껴지는 일상에 감각적으로 집중하는 노인을 통해 점점 사라져 가는 것들에 대한 관심을 드러내고, 노인의 삶이 마주한 깊은 정적 속 울음소리를 통해 인간의 쓸쓸함을 고조하고 있다. 이러한 노인의 모습은 외딴집 창호지 문살에 비친 달무리의 이미지로 형상화되고 있다.

① '첩첩산중에도 없는 마을'을 '여긴 있'다고 한 데서, 노인이 살아가는 곳은 쉽게 보기 어려울 것 같은 장소임을 짐작할 수 있겠군.

② '강기슭에서도 보이진 않'는 '후미진 외딴집'이라는 배경 설정에서, 적막한 공간의 분위기를 추측할 수 있겠군.

③ '봉당에 불을 켜'는 분위기와 '콩깍지'의 이미지로 나타낸 향토적 정경에서, 사라져 가는 것들에 대한 관심을 유추할 수 있겠군.

④ '짚오라기의 설레임'을 '귀를 모으고 듣'고 '새들의 온기'를 '숨을 죽이고 생각하'는 것은, 일상을 자연스럽게 받아들이는 노인의 감각을 부각한 것으로 볼 수 있겠군.

⑤ '밭은기침 소리도 없'는데 '겨울 귀뚜라미'가 우는 상황과 눈발이 치는 듯한 '밖'의 달무리 이미지가 어우러져, 노인의 고독을 형상화한 것으로 이해할 수 있겠군.

03

(나)에 대한 설명으로 적절하지 않은 것은?

① 1연에서 '연'과 '연실'의 모습에 빗대어 '내 어린 날'의 기억을 '아슴풀하다'라고 표현하고 있다.

② 2연에서 '조매롭고'로 표현된 '연실'의 긴장은 3연에서 연실이 '바람 일어 끊어지던 날'의 정서를 고조하고 있다.

③ 3연에서 '울다'의 반복과 4연에서 '눈물이 고이었었다'를 통해 '내 어린 날'의 상황을 짐작할 수 있게 하고 있다.

④ 4연에서 '외로이 자랐다'와 이어진 '하얀 넋'은 '붉은 발자욱'에 함축된 정서와 상반되는 의미를 이끌어 내고 있다.

⑤ 1연과 4연의 '내 어린 날'은 2연의 '내 어린 날'의 기억을 통해 떠올린 유년 시절을 표상하는 의미를 지니고 있다.

03

화자의 태도 및 어조, 정서를 파악하는 문제이다. (나)는 현대시로, 주제를 바탕으로 시어에 함축된 이면적 의미를 이해하는 것이 중요하다. 이와 더불어 각 연들의 의미적 관계를 파악해야 한다.

04

㉠~㉤에 대한 설명으로 적절하지 않은 것은?

① ㉠: 아주 짧은 순간에 해가 지는 모습을 나타낸 말로, 시간의 변화를 함축하고 있다.

② ㉡: 소리를 통해 연상되는 새의 모습을 감각적으로 형상화하고 있다.

③ ㉢: 높이 날아오른 연을 동경하는 심리를 드러내고 있다.

④ ㉣: 서러움을 느끼게 하는 대상인 실낱의 모습을 표현하고 있다.

⑤ ㉤: 외롭고 슬픈 어린 시절의 정서를 함께 담아내고 있다.

04

시어, 시구의 의미와 기능을 파악하는 문제이다. ㉠~㉤은 의성어와 의태어를 가리키는데, 이를 통해 작가가 표현하고자 하는 의도가 무엇인지를 추리할 수 있어야 한다. 이를 위해서는 작품 속 화자의 상황과 태도를 연관지어 이해해야 한다.

작품의 내용을 파악하는 문제이다. ⓐ, ⓑ 모두 (다)에 등장하는 인물로, ⓐ는 신위, ⓑ는 '나'에 해당한다. 이러한 문제를 해결하기 위해서는 구성에 따라 글의 내용을 이해하는 것이 중요하다. (다) 처음 부분에서는 자신의 집 이름을 '문의'라고 지은 신위의 생각이, 중간 부분에서는 신위의 생각에 대한 '나'의 생각이, (다)에서는 신위의 생각과 '나'의 생각의 유사점을 밝혀내고 있으므로 이를 바탕으로 인물을 이해해야 한다.

05

ⓐ, ⓑ에 대한 이해로 적절하지 않은 것은?

① ⓐ는 '볼만한 샘이나 못'이 없는 곳에 산다고 생각하다가, '천하의 지도를 보고' 깨달은 바에 따라 자신이 물 가운데 살고 있는 것이나 다름없다는 발상으로 사고를 전환한다.

② ⓐ가 '자기 집'을 '문의'라고 한 것에 ⓑ가 동의한 이유는 ⓐ의 상황이 '배를 집으로 삼아' 사는 사람의 상황보다 집에 '들어앉아 사는 사람'의 상황에 가깝다고 생각했기 때문이다.

③ ⓑ는 '바다의 섬'에 '집을 짓고 사는 사람'의 삶에 주목하여, 바라보는 관점을 달리하면 세상 모든 사람들이 섬에 살고 있다는 논리가 성립한다고 생각한다.

④ ⓑ가 ⓐ의 발상이 타당하다고 하는 이유는, '바다의 섬 가운데' 살더라도 그것을 가리켜 '물에 산다고' 보는 것이 ⓑ의 생각만이 아니라 '사람들'의 판단과도 일치하기 때문이다.

⑤ ⓑ는 '물과 더불어' 사는 사람도 '눈길을 돌'리는 순간이 있는 것과 ⓐ가 '물을 보는 법'을 '써 볼 데가 없'다 하는 것은 물을 보지 못할 때가 있다는 점에서 유사하다고 생각한다.

외적 준거에 따라 작품을 감상하는 문제이다. <보기>에 따르면 (가), (다)는 소재의 유사 혹은 대립의 관계에 따라 의미 생성과 특징 부각이라는 효과를 드러내고 있다. 따라서 선택지에서 제시한, 작품 속 대립되는 시어가 어떠한 기능을 드러내고 있는지 적절하게 이해해야 한다. 또한 이러한 대립이 시각, 촉각 같은 감각적 대립인지, 공간, 크기와 같은 물리적 대립인지를 먼저 파악하는 것도 중요하다.

06

<보기>를 바탕으로 (가), (다)를 이해한 내용으로 가장 적절한 것은?

보기

문학 작품 속의 소재들은 연관성 속에서 서로 유사 혹은 대립의 관계를 이룸으로써 의미를 생성하거나 그 특징을 부각하는 효과를 드러낸다.

① (가)의 '허방다리 들어내면 보이는 마을', '갱 속 같은 마을'은 얕음과 깊음의 대비를 이루어 숨어 있는 두 공간의 차이를 부각하고 있군.

② (가)의 '무우'와 '고구마'는 차가움과 따뜻함의 대비를 이루어 밤에 출출함을 달래기 위해 먹는 다양한 음식의 속성을 부각하고 있군.

③ (다)의 '아홉 개 대륙'과 '일만 개 나라'는 바다 안의 육지라는 유사성으로 관계를 맺으며 '천하의 지도'라는 새로운 의미를 생성하고 있군.

④ (다)의 '파도'와 '깊은 물'은 바다의 형상이라는 유사성으로 관계를 맺으며 물에 사는 사람이 살면서 만나게 되는 환경이라는 의미를 생성하고 있군.

⑤ (가)의 '창문은 모과빛'과 '기인 밤'은 밝음과 어둠의 대비를, (다)의 '갈매기'와 '해오라기'는 크고 작음의 대비를 이루어 각 소재가 가진 특징을 부각하고 있군.

b Day   문학(고전소설)   고3 2023년 4월
현수문전 _ 작자 미상

※ 다음 글을 읽고 물음에 답하시오.

과연 서번국의 대장 진골대가 급히 군사를 몰아 남주성에 들어가니, 백성이 하나도 없고 성 안이 텅 비어 있었다. 진골대가 크게 놀라 도로 진영으로 돌아가고자 하는데, 현후가 서번군이 성 안으로 들어가는 것을 보고서 군사들을 급히 출동시켜 에워싸며 산 위에 올라가 소리쳐 말했다.

"서번이 어찌 감히 우리를 당할소냐? 옛날 양평공과 우골대가 다 내 칼에 죽었거늘, 네 맞아 죽고자 하니 어린 강아지가 맹호를 모르는 격이로다. 제 죽은 혼일망정 나를 원망치 말고 새 황제를 원망하여라."

그리고는 불화살을 재빨리 쏘니, 성 안에 화염이 하늘에 퍼져 가득하여 모두 불길일러라. 적군이 견디지 못하여 불길을 무릅쓰고 달아나는데, 또 위왕의 군진을 만나니 정신을 차리지 못하여 서로 짓밟혀 죽은 자를 이루 다 셀 수가 없었다. 진골대 탄식하며 말했다.

"위왕은 만고의 영웅이라서 사람의 힘으로는 미칠 바가 아니로다."

이렇게 한탄하고 항복하여 말했다.

"우리 왕이 구태여 싸우려 한 것이 아니라 새 황제가 시킨 것이니, 바라건대 위왕은 쇠잔한 목숨을 살리소서."

위왕이 말했다.

"서번국과 과인의 나라는 본디 친하여 꺼리고 미워하는 것이 없기로 놓아 보내거니와, 차후로는 아무리 새 황제의 조서가 있더라도 기병할 마음을 먹지 말라."

그리고는 돌려보내니라.

이때 새 황제의 군대가 구골대의 군대와 합병하여 화음현에 도착하였는데, 백성들이 길에서 울고 있는지라 그 까닭을 물으니 답하여 말했다.

"위왕이 서번국에 패하여 거창산에 들어가 백성들을 모아 군사를 삼으니, 저마다 도망하다가 처자식을 잃고서 절로 슬퍼 우나이다."

구골대가 이 말을 듣고 크게 기뻐하여 위왕을 잡으려 거창산으로 군대를 몰아 들어가니, 길이 험하고 수목이 무성하여 행군하기 꽤 어려웠다. 그래도 점점 들어가니, 과연 산 위에 깃발과 창칼들이 무수히 꽂혔고 진중이 고요하여서 크게 고함치며 쳐들어갔지만, 군사가 다 짚으로 만든 ㉠허수아비였고 사람은 하나도 없었다. 구골대가 몹시 놀라 어찌할 줄 몰랐는데, 문득 산 위에서 대포 쏘는 소리가 나고 불이 사방에서 일어나며 화살과 돌이 비 오듯 하였다. 구골대가 하늘을 우러르며 탄식하여 말했다.

"내 어찌 이곳에 들어와 죽을 줄을 알았으랴?"

그리고는 죽기로써 불길을 무릅쓰고 산의 어귀를 나서니, 또 좌우에서 함성을 크

🔖 핵심정리

갈래

군담소설, 영웅소설

배경

• 시간적 배경 – 중국 송나라 시기
• 공간적 배경 – 남주성 인근

시점

전지적 작가 시점

제재

황제와 위왕의 갈등

주제

이 대에 걸친 위왕의 영웅적 일대기

특징

① 황제와 위왕의 대를 이은 갈등이 전개됨.
② 인물의 영웅적 면모를 드러내기 위해 전기적 요소가 활용됨.

해제

이 작품은 현수문의 영웅적 일대기를 그린 영웅소설로, 그 안에 가난한 사위 박대 이야기를 담고 있다. 이러한 내용은 〈소대성전〉 등에서도 찾을 수 있다. 그러나 이 작품에서는 가난한 사위와 처가와의 갈등 해결보다는 국가의 멸망과 건국에서 보인 주인공의 활약에 중심을 두고 있다는 점에서 차이를 보인다. 특히, 마지막 부분에서 작가가 오랑캐인 원나라의 건국을 인정하는 것은 역사적 사실에 따라 결말을 처리한 것으로 생각된다.

등장인물

현수문 (위왕)	뛰어난 능력으로 진골대와 구골대의 침략을 막음.
황제	위왕을 못마땅하게 여겨 서번왕으로 하여금 군사를 일으켜 위왕을 죽이려 하나, 위왕의 뛰어난 능력에 그 영웅성을 인정함.
현후	아버지 현수문의 죽음으로 새 위왕에 즉위함. 신이한 능력으로 위기를 해결함.
조충	새 위왕을 시기하여 현후와 황제 사이를 이간질하고, 현후를 위기에 빠뜨림.

WEEK 8

게 지르며 뒤쫓아 왔다. 구골대가 능히 대적하지 못하여 투구를 벗고 말에서 내려 땅에 엎드려 살기를 빌자, 위왕이 크게 꾸짖고 중곤으로 볼기를 30대 쳐서 내치니라. 구골대가 거듭 절하며 고맙다는 뜻을 표하고 돌아가다가 인하여 죽었다. 양국의 대병이 대패하자, 서번왕이 탄식하며 말했다.

"내가 새 황제의 조서를 받고서 망령되이 군사를 일으켰다가 아까운 장수와 군졸만 죽였으니, 어찌 분하고 한스럽지 않으랴? 이후로는 위나라 땅을 침범치 못하리로다."

이때 새 황제는 세 방면의 군대가 대패한 것을 듣고서 크게 놀라 탄식하고 한탄하며 말했다.

"위왕은 과연 천신이로니, 뉘 능히 당할 수 있으랴?"

[중략 부분의 줄거리] 새 황제가 위왕 현수문에게 자신의 잘못을 인정하고 둘은 화해한다. 이후 현수문은 죽음을 맞이하고 아들 현후가 새 위왕이 된다.

몇 달이 지난 후에 갑자기 새 황제의 사자가 이르렀다 하여 새 위왕이 그를 맞이하였는데, 사관이 말했다.

"황상께옵서 위왕의 지방이 좁고 길이 멂을 염려하시어 우선 서천의 한 곳을 환수하라 하셨고, 위왕을 보지 못하는 것을 한스럽게 여기셔서 특별히 사관을 보내어 함께 올라오기를 기다리시나이다."

그리고는 조서를 들였는데, 새 위왕이 조서를 보고 황궁을 향해 네 번 절하고 의아해 마지않아서 말했다.

"황상의 망극한 은혜가 이처럼 미쳤으니, 어찌 황공하고 두렵지 않을 수 있겠소?"

그리고서 사관과 함께 길을 떠났는데, 좌승상 석침을 데리고 황성으로 향하니라. 여러 날 만에 황성에 다다랐는데, 갑자기 수천 군마가 힘차게 달려 나와 새 위왕을 에워싸서 말할 수 없이 절박하거늘, 새 위왕이 크게 놀라 문득 일광대사의 가르친 일을 생각하고 단소를 내어 부니라. 소리가 심히 처량하여 사람으로 하여금 마음을 풀어지도록 이끄니, 여러 군사들이 일시에 흩어지니라. 이는 종실 조충이 본디 외람한 뜻을 두었으나 매양 위왕 부자를 꺼리다가, 이제 비록 현수문이 죽었으나 그의 아들 현후를 시기하여 새 황제에게 헐뜯고 죄 있는 것처럼 고하여 바친 것이다. 이 날 가만히 새 위왕 현후를 잡아 없애고자 하다가 갑자기 단소 소리를 듣고 스스로 마음이 풀어진 바가 되었으니, 천도가 무심치 않음을 가히 알지라.

새 위왕이 그 위급한 화를 면하고 바로 궐내에 들어가 새 황제 앞에 엎드리니, 새 황제가 보고 한편으로 반기며 다른 한편으로 부끄러워 말했다.

"경을 차마 잊지 못하여 가까이 두고자 한 것인데, 이제 짐의 몸이 평안치가 않아서 말을 이르지 못하겠노라."

그리고는 도로 용상에 누워 혼절하니, 위급함이 시각에 달려 있었다. 만조백관들이 허둥지둥 어찌할 줄 몰랐는데, 새 위왕 또한 새 황제의 위급함에 크게 놀랐지만 문득 ⓒ 환약을 생각하고 주머니 속에서 꺼내어 새 황제를 받드는 신하에게 주며 말했다.

"이 약이 비록 좋지 못하나 응당 효험이 있을 듯하니, 갈아서 잡수시게 하는 것이 어떠하느뇨?"

만조백관이 다 허둥지둥하는 가운데 혹 다행이라 여기기도 하며 혹 의심을 내기도 하였는데, 곁에 조충이 있다가 이를 보고 생각하였다.

'만일 황상이 깨어나지 못할진대, 새 위왕을 없애려는 일을 이룰 수 있는 조짐을 만남이니 어찌 다행치 않으랴!'

그리고는 급히 환약을 받아 시녀로 하여금 갈아서 새 황제에게 먹이게 하였더니, 오래지 않아 호흡이 능히 통하고 또 정신이 씩씩하여져 오히려 전보다 심사가 상쾌해졌다.

– 작자 미상, 〈현수문전〉 –

새 위왕의 즉위
현수문의 죽음으로 그의 아들 현후가 새 위왕으로 즉위함.

조충의 공격
현후를 시기한 간신 조충이 현후를 모함하여 위기에 빠뜨림.

새 위왕의 위기 해결
현후의 단소 소리를 듣고 마음이 풀어진 조충은 위기를 잠재우고, 현후는 황제에게 약을 건네 기력을 회복하게 함.

01

윗글에 대한 설명으로 가장 적절한 것은?

① 감각적 장면 묘사를 통해 작중 상황을 드러내고 있다.
② 인물의 과장된 말과 행동을 통해 인물을 희화화하고 있다.
③ 꿈과 현실을 교차하여 사건 해결의 실마리를 드러내고 있다.
④ 역순행적 구성을 통해 사건의 경과를 입체적으로 제시하고 있다.
⑤ 천상계와 지상계의 사건을 병치하여 환상적 분위기를 조성하고 있다.

02

윗글에 대한 이해로 적절하지 않은 것은?

① '남주성'에서 진골대는 위왕의 군사로부터 크게 패했다.
② '화음현'에서 백성들은 자신들이 우는 이유에 대해 말했다.
③ '거창산'에서 벌인 전투 이후에 구골대는 죽음을 맞이했다.
④ '황성'에서 사관은 좌승상 석침과 함께 있던 새 위왕을 만났다.
⑤ '궐내'에서 혼절한 새 황제를 보고 만조백관들은 허둥지둥했다.

■ 문제풀이 맥 ■

01

서술상의 특징을 이해하는 문제다. 선택지에 제시된 서술상의 특징이 윗글에 등장하였는지 먼저 파악하는 것이 중요하다. 이후 그로 인한 효과가 적절한지 확인해야 한다.

02

작품의 내용을 이해하는 문제이다. 일반적으로 작품을 묻는 문제는 인물의 성격, 인물 간의 관계를 바탕으로 사건의 전개를 파악하여 줄거리를 이해해야 한다. 그러나 이 문제는 공간적 배경에 따른 내용의 전개를 묻고 있으므로 공간을 중심으로 줄거리를 이해하는 것이 중요하다.

03

소재의 기능을 파악하는 문제이다. 고전소설에서 소재는 사건의 전개를 결정짓는 결정적 기능을 하기도 하므로, 소재와 관련된 인물의 행동과 그 결과를 중심적으로 이해하는 것이 중요하다. ㉠은 '허수아비'로, 위왕이 위기에서 벗어나기 위해 고안한 것이고, ㉡은 '환약'으로, 새 위왕이 새 황제에게 건넨 것이다.

03

㉠과 ㉡에 대한 이해로 가장 적절한 것은?

① ㉠은 구골대가, ㉡은 새 위왕이 과거 경험을 이야기하게 하는 소재이다.

② ㉠은 구골대가, ㉡은 새 황제가 사건의 전모를 밝혀내게 하는 소재이다.

③ ㉠은 위왕이 변신한 소재이고, ㉡은 새 황제를 변신하게 하는 소재이다.

④ ㉠은 위왕의 걱정을 해소시키는 소재이고, ㉡은 새 위왕의 걱정을 심화시키는 소재이다.

⑤ ㉠은 구골대를 위태롭게 하는 소재이고, ㉡은 새 황제를 위태로움에서 구하는 소재이다.

04

외적 준거에 따라 작품을 감상하는 문제이다. <보기>에 제시된 설명에 따라 작품을 이해하는 것이 중요하다. <보기>에 따르면, 윗글은 갈등을 일으키는 인물에 의해 주인공들이 위기에 빠지지만, 주인공은 영웅적 면모를 발휘하여 고난을 극복한다고 하였다. 이러한 <보기>의 내용을 바탕으로, 제시된 인물의 행동과 서술이 지닌 의미가 선택지에 제시된 내용과 적절하게 대응하는지 파악하는 것이 중요하다.

04

<보기>를 참고하여 윗글을 감상한 내용으로 적절하지 않은 것은?

> **보기**
>
> 〈현수문전〉은 제후인 주인공들이 대를 걸쳐 황제와 겪는 갈등 관계가 반복되는 군담 소설이다. 이때 황제는 외부 세력을 활용한 간접적 방식으로 제후국에 군사적 압력을 가하거나 갈등을 조장하는 인물의 영향을 받아 주인공을 위기에 빠뜨리기도 한다. 이 과정에서 주인공들은 영웅적 면모를 발휘해 고난을 극복하면서도 황제와의 관계 개선을 위해 노력한다.

① 조충이 위왕 부자를 꺼려 새 황제에게 헐뜯은 것에서 황제가 갈등을 조장하는 인물의 영향을 받았음을 짐작할 수 있겠군.

② 새 위왕이 일광대사의 가르침을 떠올리며 단소를 불어 군사들을 흩어지게 한 것에서 영웅적 기지를 발휘해 고난을 극복했음을 알 수 있겠군.

③ 서번왕이 위왕에게 패해 장수와 군졸을 잃고 탄식하는 것에서 제후가 황제와의 관계를 개선하기 위해 노력한 이유를 짐작할 수 있겠군.

④ 새 황제가 서번왕에게 군사를 일으키라고 조서를 보냈다는 것에서 황제가 다른 세력을 활용해 간접적으로 제후국에 군사적 압력을 행했음을 짐작할 수 있겠군.

⑤ 위왕이 새 황제로 인해 공격을 받은 것과 위왕의 아들인 새 위왕이 새 황제를 만나러 가서 위험에 빠진 것에서 제후와 황제의 갈등이 대에 걸쳐 나타나고 있음을 알 수 있겠군.

스스로 점검하기

6일간 학습

Day	공부 시작 시간	공부 종료 시간	틀린 문항 수	틀린 유형
Day 1	시 분 초	시 분 초		
Day 2	시 분 초	시 분 초		
Day 3	시 분 초	시 분 초		
Day 4	시 분 초	시 분 초		
Day 5	시 분 초	시 분 초		
Day 6	시 분 초	시 분 초		

1 일별로 계획에 맞춰 공부하기

하루에 기출 하나씩 매일 꾸준히 공부하는 것이 최선의 방법이다.

2 시작 시간과 종료 시간 체크하기

스스로 시간 제한을 두고 문제를 푸는 것이 실전 대비에 효과적이다.

3 틀린 문항과 유형 분석하기

틀린 문제는 또 틀릴 수 있다. 특정 문항과 유형에서 많이 틀렸다면, 그 이유를 분석해야 한다.

4 보충 학습하기

스스로 점검하기를 통해 자신의 취약한 유형을 확인하고, SLS를 통해 부족한 부분을 보충 학습한다.

번호	Day 1						Day 2						Day 3					
번호	1	2	3	4	5	6	1	2	3	4	5	6	1	2	3	4	5	6
정답률	75%	85%	36%				85%	55%					82%	85%	71%	67%	71%	87%
채점																		

번호	Day 4						Day 5						Day 6					
번호	1	2	3	4	5	6	1	2	3	4	5	6	1	2	3	4	5	6
정답률	75%	60%	31%	83%			87%	58%	82%	86%	53%	38%	74%	65%	84%	70%		
채점																		

결과	틀린 문항에는 ✕표시, 찍어서 막혔거나 헷갈렸던 문항에는 △표시, 맞춘 문항에는 ○표시
	채점 결과 : 맞은 문항 수 25개중 ☐ 개

나의 예상 등급은?

등급

1등급
23~25개

2등급
21~22개

3등급
19~20개

섹션별개기 종합편

LEVEL 4

펴 낸 이	주민홍
펴 낸 곳	서울특별시 마포구 월드컵북로 396(상암동) 누리꿈스퀘어 비즈니스타워 10층
	㈜NE능률 (우편번호 03925)
펴 낸 날	2023년 12월 29일 초판 제1쇄
전 화	02 2014 7114
팩 스	02 3142 0356
홈 페 이 지	www.neungyule.com
	www.iap2000.com
등 록 번 호	제 1-68호
정 가	13,000원

NE 능률　IAP BOOKS 아이에이피북스

고객센터

교재 내용 문의 : https://iap2000.com/booksinquiry
제품 구매, 교환, 불량, 반품 문의 : 02-2014-7114
☎ 전화문의는 본사 업무시간 중에만 가능합니다.

섹션 SECTION
별개기
종합편

정답 및 해설

정답 및 해설

레벨 4

Contents

빠른 정답 체크

01 ②　　02 ④　　03 ③

❶ 안녕하세요? 지난 수업 시간에 곰팡이의 생육 환경에 대해 우리가 조사했던 활동이 기억나나요? (청중의 반응을 듣고) 네, 기억하는군요. 자료를 더 찾아보니 <u>식물 뿌리와 함께 사는 곰팡이</u>에 관한 흥미로운 사실이 있어 소개하려 합니다.
[청중과 공유하고 있는 경험을 언급함 / 발표의 주제]

❷ <u>식물 뿌리와 함께 사는 곰팡이가 식물 뿌리와 상호 작용한다는 것을 알고 있나요?</u> (청중의 반응을 살피고) 대부분 모르는군요. 곰팡이와 식물 뿌리의 상호 작용에는 곰팡이의 균사가 중요한 역할을 합니다. (㉠ 화면 제시) 이렇게 식물 뿌리를 감싸고 있는 실처럼 생긴 것이 곰팡이의 균사인데요, <u>균사는 곰팡이의 몸을 이루는 세포가 실 모양으로 이어진 것을 말합니다.</u>
[질문을 통해 청중의 배경지식을 확인함 / 시각 자료를 활용하여 발표 내용에 대한 청중의 이해를 도움 / 균사의 생김새 / 균사의 개념]

❸ <u>식물 뿌리와 연결된 곰팡이의 균사는 양분이 오가는 통로가 됩니다.</u> 마치 서로를 잇는 다리와 같은 역할을 하지요. (㉡ 화면 제시) 이렇게 「곰팡이가 토양에서 흡수한 양분은 식물 뿌리로 전달되고, 식물이 광합성으로 만든 양분도 곰팡이로 전달됩니다.」 또한 균사는 「땅속에서 퍼져 나가면서 거리가 떨어져 있는 식물 뿌리와 연결될 수 있고, 한 식물의 뿌리와 또 다른 식물의 뿌리를 연결할 수도 있습니다. 식물과 식물을 연결한 균사를 통해 양분이 식물 간에 전달되지요.」
[균사의 역할 ① / 균사의 역할을 비유적으로 표현함 / 균사를 통해 오가는 양분 / 「」: 균사의 역할 ②, ③ - 식물과 식물을 연결하는 균사]

❹ 아, 질문이 있네요. (ⓐ 질문을 듣고) 「곰팡이나 식물에 눈이 있어 서로를 찾아가는 것은 아닙니다. 곰팡이와 식물 뿌리는 각각 상대의 생장을 촉진하는 물질을 내놓아 상대를 자기 쪽으로 유인하여 만날 수 있지요.」 이해되었나요? (고개를 끄덕이는 모습을 보고) 그럼 발표를 이어 가겠습니다.
[「」: 청중의 질문에 대한 답변 / 서로 떨어져 있는 곰팡이와 식물 뿌리가 닿는 방법]

❺ 곰팡이의 균사가 식물 뿌리와 연결되는 방식은 곰팡이에 따라 다릅니다. 예를 들어, (㉢ 화면 제시) 화면의 왼쪽처럼 <u>균사가 식물 뿌리 세포의 내부로 들어가는 곰팡이가 있고</u>, 화면의 오른쪽처럼 <u>균사가 식물 뿌리의 겉면이나 식물 뿌리 세포를 감싸는 곰팡이도 있습니다.</u>
[곰팡이와 균사가 식물 뿌리와 연결되는 방식 ① / 곰팡이와 균사가 식물 뿌리와 연결되는 방식 ②]

❻ 곰팡이와 식물 뿌리의 상호 작용이 흥미롭지 않나요? 발표 내용이 잘 이해되었기를 바라며 이만 마치겠습니다.

01

답 | ②

위 발표에 활용된 발표 전략으로 적절하지 않은 것은?

정답 선지 분석

② 청중이 발표 내용을 예측하도록 발표 내용의 제시 순서를 발표 도입에서 밝힌다.

발표의 도입 부분에서 청중이 발표 내용을 예측하도록 발표 내용을 제시할 뿐 그 제시 순서를 밝히고 있지는 않다.

오답 선지 분석

① 청중의 주의를 환기하기 위해 청중과 공유하고 있는 경험을 언급한다.

발표자는 1문단에서 '지난 수업 시간에 곰팡이의 생육 환경에 대해 우리가 조사했던 활동이 기억나나요?'라고 청중에게 묻고 있다. 이는 발표에 대한 청중의 주의를 환기하기 위해 청중과 공유하고 있는 경험을 언급한 것이다.

③ 청중이 발표 내용에 대해 사전에 알고 있었는지 확인하기 위해 발표 내용과 관련된 질문을 한다.

발표자는 2문단에서 '식물 뿌리와 함께 사는 곰팡이가 식물 뿌리와 상호 작용한다는 것을 알고 있나요?'라고 청중에게 묻고 있다. 이는 청중이 발표 내용에 대해 사전에 알고 있었는지 확인하기 위해 식물 뿌리와 함께 사는 곰팡이와 관련된 질문을 한 것이다.

④ 청중이 특정 대상의 개념을 파악하도록 대상의 정의를 제시한다.

발표자는 2문단에서 곰팡이와 식물 뿌리의 상호 작용에는 곰팡이의 균사가 중요한 역할을 한다고 설명하면서 '균사는 곰팡이의 몸을 이루는 세포가 실 모양으로 이어진 것을 말합니다.'라고 설명하고 있다. 이는 청중이 균사의 개념을 파악하도록 균사의 정의를 제시한 것이다.

⑤ 청중의 이해를 돕기 위해 특정 대상을 일상적 소재에 빗대어 표현한다.

발표자는 2문단에서 식물 뿌리를 감싸고 있는 실처럼 생긴 것이 곰팡이의 균사라고 설명하고 있다. 이는 균사의 모양에 대한 청중의 이해를 돕기 위해 이를 일상적 소재인 실의 모양에 빗대어 표현한 것이다. 또한 3문단에서 식물 뿌리와 연결된 곰팡이의 균사는 양분이 오가는 통로가 되어, 마치 서로를 잇는 다리와 같은 역할을 한다고 설명하고 있다. 이는 균사의 역할에 대한 청중의 이해를 돕기 위해 이를 일상적 소재인 다리의 역할에 빗대어 표현한 것이다.

02

답 | ④

다음은 발표자가 보여 준 화면이다. 발표자의 시각 자료 활용에 대한 설명으로 가장 적절한 것은?

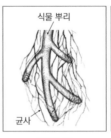  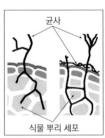

[화면 1]　　[화면 2]　　[화면 3]

정답 선지 분석

④ [화면 2]는 곰팡이가 토양에서 흡수한 양분은 식물 뿌리로 전달되고, 광합성으로 만들어진 양분은 곰팡이로 전달됨을 설명하기 위해 ㉡에 제시하였다.

[화면 2]는 식물 뿌리와 곰팡이 사이에 양분이 오간다는 점을 보여 주는 자료이다. 발표자는 3문단에서 식물 뿌리와 연결된 곰팡이의 균사가 양분이 오가는 통로가 된다고 설명한 뒤, 화면을 제시하여 곰팡이가 토양에서 흡수한 양분은 식물 뿌리로 전달되고, 식물이 광합성으로 만든 양분도 곰팡이로 전달된다고 설명하였다. 이를 통해 [화면 2]가 ㉡에 제시된 자료임을 알 수 있다.

오답 선지 분석

① [화면 1]은 균사가 식물 뿌리를 감싸는 정도가 식물 뿌리의 부위마다 다름을 설명하기 위해 ㉠에 제시하였다.

[화면 1]은 식물 뿌리를 균사가 감싸고 있는 모습을 보여 주는 자료이다. 발표자는 이 화면을 ㉠에 제시하여 식물 뿌리를 감싸고 있는 실처럼 생긴 것이 곰팡이의 균사라고 설명한 뒤, 균사의 정의를 제시하였다.

② [화면 1]은 균사를 통해 한 식물의 양분이 다른 식물에 전달됨을 설명하기 위해 ㉠에 제시하였다.

[화면 1]은 균사가 식물 뿌리를 실처럼 감싸고 있다는 것을 보여 주기 위해 ㉠에서 활용된 자료이다. 3문단에서 식물과 식물을 연결한 균사를 통해 양분이 식물 간에 전달된다고 설명했지만, 이를 설명하기 위해 ㉡에서 [화면 1]을 활용하지는 않았다.

③ [화면 2]는 곰팡이의 몸을 이루는 세포가 실 모양으로 이어진 것이 균사임을 설명하기 위해 ㉡에 제시하였다.

[화면 2]는 식물 뿌리와 곰팡이 사이에 양분이 오간다는 점을 보여 주기 위해 ㉡에서 활용한 자료이다. 2문단에서 곰팡이의 몸을 이루는 세포가 실 모양으로 이어진 것이 균사임을 설명했지만, 이는 [화면 1]을 ㉠에 활용하여 설명한 것이지 [화면 2]를 ㉡에 제시한 것과는 관계가 없다.

⑤ [화면 3]은 땅속에서 퍼져 나가는 특성이 있는 균사가 주변에 서식하는 여러 식물의 뿌리와 연결될 수 있음을 설명하기 위해 ㉢에 제시하였다.

[화면 3]은 곰팡이에 따라 균사가 식물 뿌리와 연결되는 방식이 다르다는 점을 보여 주는 자료이다. 발표자는 이 화면을 ㉢에 제시하여 화면의 왼쪽처럼 균사가 식물 뿌리 세포의 내부로 들어가는 곰팡이가 있고, 화면의 오른쪽처럼 균사가 식물 뿌리의 겉면이나 식물 뿌리 세포를 감싸는 곰팡이도 있다는 점을 설명하였다. 3문단에서 균사가 땅속에서 퍼져 나가면서 주변에 서식하는 여러 식물의 뿌리들을 연결할 수 있음을 설명했지만, 이는 [화면 3]을 ㉢에 제시한 것과는 관계가 없다.

03

답 | ③

위 발표의 흐름을 고려할 때, ⓐ로 가장 적절한 것은?

정답 선지 분석

③ 서로 떨어져 있는 곰팡이와 식물 뿌리가 어떻게 닿을 수 있나요?

발표자는 질문을 듣고 곰팡이나 식물에 눈이 있어 서로를 찾아가는 것은 아니라고 언급하며, 곰팡이와 식물 뿌리는 각각 상대의 생장을 촉진하는 물질을 내놓아 상대를 자기 쪽으로 유인하여 만날 수 있다고 답변하였다. 이는 곰팡이의 균사는 거리가 떨어져 있는 식물 뿌리와 연결될 수 있다는 3문단의 내용과 관련이 있다. 따라서 발표자의 답변 내용을 바탕으로 청중이 '서로 떨어져 있는 곰팡이의 식물 뿌리가 어떻게 닿을 수 있나요?'라고 질문했음을 추측할 수 있다.

오답 선지 분석

① 균사가 식물 뿌리 세포의 내부까지 어떻게 들어가나요?

발표자의 답변에서 균사가 식물 뿌리 세포의 내부까지 어떻게 들어가는지를 설명한 부분은 없다.

② 곰팡이는 식물 이외에 다른 생물과도 상호 작용할 수 있나요?

발표자는 곰팡이와 식물 뿌리의 상호 작용에 대하여 설명하였다. 발표자의 답변에서 곰팡이가 식물 이외에 다른 생물과도 상호 작용할 수 있는지를 설명한 부분은 없다.

④ 곰팡이와 식물 뿌리의 생장을 촉진하는 물질에는 어떤 것이 있나요?

발표자는 곰팡이와 식물 뿌리가 각각 상대의 생장을 촉진하는 물질을 내놓는다고 답변하였다. 하지만 발표자의 답변에서 곰팡이와 식물 뿌리의 생장을 촉진하는 물질에 어떤 것이 있는지를 설명한 부분은 없다.

⑤ 곰팡이와 연결된 식물 뿌리는 그렇지 않은 식물 뿌리보다 빨리 생장하나요?

발표자는 곰팡이와 식물 뿌리가 각각 상대의 생장을 촉진하는 물질을 내놓아 상대를 자기 쪽으로 유인한다고 설명하였다. 하지만 발표자의 답변에서 곰팡이와 연결된 식물 뿌리가 그렇지 않은 식물 뿌리보다 빨리 생장하는지를 설명한 부분은 없다.

빠른 정답 체크

01 ④　　**02** ③　　**03** ⑤　　**04** ②　　**05** ①

[A]
복합어는 합성과 파생을 통해 형성된 합성어와 파생어로 나
뉜다. 의미를 고려하여 어떤 말을 둘로 나누었을 때 그 둘 각
각을 직접 구성 요소라 하는데, 합성어는 직접 구성 요소가
모두 어근인 단어이고, 파생어는 직접 구성 요소가 어근과
접사인 단어이다. 그리고 한 개의 형태소가 직접 구성 요소
가 되기도 하고 두 개 이상의 형태소가 모여 직접 구성 요소
가 되기도 한다. 예를 들어 '꿀벌'은 그 직접 구성 요소 '꿀'과
'벌'이 모두 어근이므로 합성어이다. 그리고 '꿀'과 '벌'은 각
각 한 개의 형태소이다.

일반적으로 합성과 파생을 통해 단어가 형성될 때에는 그 구성 요소의 형태가 유지된다. 그런데 단어가 형성될 때 형태가 줄어드는 경우도 있다. 먼저 ㉠ 한 단어에서 형태가 줄어드는 경우가 있다. '대낚'은 '낚싯대를 써서 하는 낚시질'을 뜻하는 '대낚시'의 일부가 줄어들어 형성된 단어이다. 다음으로 ㉡ 단어 형성에 사용된 말들의 첫음절끼리 결합한 경우가 있다. '고법(高法)'은, '고등(高等)'과 '법원(法院)'이 결합하여 형성된 '고등 법원'이라는 말의 '고(高)'와 '법(法)'이 결합하여 형성되었다. 또한 ㉢ 단어 형성에 사용된 말들에서 어떤 말의 앞부분과 다른 말의 뒷부분이 결합한 경우가 있다. '교과 과정을 이수하기 위하여 일선 학교에 나가 교육 실습을 하는 학생'을 뜻하는 '교생(敎生)'은 '교육(敎育)'의 앞부분과 '실습생(實習生)'의 뒷부분이 결합하여 형성되었다.

이처럼 단어 형성에 사용된 말이 줄어들어 형성된 단어는, 그 단어의 형성에 사용된 말과 여러 의미 관계를 맺을 수 있다. 예를 들어, '대낚'과 '대낚시'는 서로 바꾸어 써도 그 의미에 차이가 거의 없으므로 서로 유의 관계를 맺고, '고법'은 '법원'의 일종이므로, '고법'과 '법원'은 상하 관계를 맺는다. 그러나 '고법'이 형성될 때 사용된 '고등'은 '고법'과 의미 관계를 맺지 않는다.

01

답 | ④

[A]를 바탕으로 추론한 내용으로 적절한 것은?

정답 선지 분석

④ '놀이방'과 '단맛'의 직접 구성 요소 중에는 의존 형태소만으로 이루어진 것이 있군.

'놀이방'은 직접 구성 요소가 '놀이'와 '방'이다. '놀이'는 '놀-'과 '-이'로 형태소를 나눌 수 있으며 이는 모두 의존 형태소이다. '단맛'은 직접 구성 요소가 '단'과 '맛'이다. '단'은 '달-'과 '-ㄴ'으로 형태소를 나눌 수 있으며 이는 모두 의존 형태소이다.

오답 선지 분석

① '용꿈'의 직접 구성 요소는 모두, 한 개의 자립 형태소로 이루어진 어근이군.
'용꿈'은 직접 구성 요소가 '용'과 '꿈'이며, 이 중에서 '꿈'은 '꾸-'와 '-ㅁ'으로 형태소를 나눌 수 있으므로 한 개의 자립 형태소로 이루어진 어근이 아니다.

② '봄날'과 '망치질'은 모두, 직접 구성 요소 중 하나가 접사이므로 파생어이군.
'망치질'은 직접 구성 요소가 '망치'와 '-질'이며, '-질'은 접사이므로 '망치질'은 파생어이다. 그러나 '봄날'은 직접 구성 요소가 '봄', '날'이기 때문에 어근과 어근이 결합한 합성어이다.

③ '필자'를 뜻하는 '지은이'의 직접 구성 요소는 모두, 자립 형태소를 포함하고 있군.
'지은이'의 직접 구성 요소는 '지은'과 '이'이며, '이'는 자립 형태소이다. 그러나 '짓-+ -은'으로 분석되는 '지은'에는 자립 형태소가 없다.

⑤ '꽃으로 장식한 고무신'을 뜻하는 '꽃고무신'을 직접 구성 요소로 분석하면 '꽃고무'와 '신'으로 분석할 수 있군.
의미를 고려할 때 '꽃고무신'의 직접 구성 요소는 '꽃'과 '고무신'이다.

02

답 | ③

윗글을 바탕으로 <보기>의 ⓐ~ⓔ를 이해한 내용으로 적절한 것은?

보기

형성된 단어	뜻	단어 형성에 사용된 말
ⓐ 흰자	알 속의 노른자위를 둘러싼 흰 부분	흰자위
ⓑ 공수	공격과 수비를 아울러 이르는 말	공격, 수비
ⓒ 직선	선거인이 직접 피선거인을 뽑는 선거	직접, 선거
ⓓ 민자	민간이나 사기업이 하는 투자	민간, 투자
ⓔ 외화	다른 나라에서 만든 영화	외국, 영화

정답 선지 분석

③ ⓒ는 ⓛ에 해당하고, 단어 형성에 사용된 두 말 중 어느 하나와 상하 관계를 맺는다.
'직접'과 '선거'의 첫음절끼리 결합한 '직선'은 ⓛ에 해당한다. 또한, '직선'이 여러 선거 방식 중의 하나라는 점에서 '직선'은 '선거'와 상하 관계를 맺는다.

오답 선지 분석

① ⓐ는 ㉠에 해당하고, 단어 형성에 사용된 말과 유의 관계를 맺지 않는다.
'흰자'는 '흰자위'의 일부가 줄어들어 형성되었기 때문에 ㉠에 해당한다. 또한, '흰자'와 '흰자위'는 서로 바꾸어 써도 그 의미에 차이가 거의 없으므로 서로 유의 관계를 맺는다.

② ⓑ는 ㉠에 해당하고, 단어 형성에 사용된 두 말 중 어느 하나와 유의 관계를 맺는다.
'공격'과 '수비'의 첫음절끼리 결합한 '공수'는 ⓛ에 해당한다. 또한, '공수'는 '공격과 수비를 아울러 이르는 말'이기 때문에 '공격', '수비' 각각과 상하 관계를 맺는다.

④ ⓓ는 ⓛ에 해당하고, 단어 형성에 사용된 두 말 중 어느 말과도 유의 관계를 맺지 않는다.
'민간'의 앞부분과 '투자'의 뒷부분이 결합한 '민자'는 ⓒ에 해당한다. 또한, '민자'가 여러 투자 방식 중의 하나라는 점에서 '민자'는 '투자'와 상하 관계를 맺는다.

⑤ ⓔ는 ⓒ에 해당하고, 단어 형성에 사용된 두 말 중 어느 말과도 상하 관계를 맺지 않는다.
'외국'의 앞부분과 '영화'의 뒷부분이 결합한 '외화'는 ⓒ에 해당한다. 또한, '외화'가 영화의 일종이라는 점에서 '외화'는 '영화'와 상하 관계를 맺는다.

03

답 | ⑤

<학습 활동>을 수행한 결과로 적절한 것은?

학습 활동

'교체, 탈락, 첨가, 축약'과 같은 네 가지 유형의 음운 변동을 탐구해 보면, 한 단어에서 서로 다른 유형의 음운 변동이 일어나기도 하고 같은 유형의 음운 변동이 두 번 이상 일어나기도 한다.

- 한 단어에 음운 변동이 한 번 일어난 예
  예 빗[빋], 여덟[여덜], 맨입[맨닙], 축하[추카]
- 한 단어에 서로 다른 유형의 음운 변동이 일어난 예
  예 밟는[밤ː는], 닭장[닥짱]
- 한 단어에 같은 유형의 음운 변동이 두 번 이상 일어난 예
  예 앞날[암날], 벚꽃[벋꼳]

이를 참고하여 ㉠~㉢에 해당하는 예를 두 개씩 생각해 보자.
㉠ '교체가 한 번, 탈락이 한 번' 일어난 것
㉡ '교체가 한 번, 첨가가 한 번' 일어난 것
㉢ '교체가 한 번, 축약이 한 번' 일어난 것
㉣ '교체가 두 번, 탈락이 한 번' 일어난 것
㉤ '교체가 두 번, 첨가가 한 번' 일어난 것

정답 선지 분석

⑤ ㉤ : 버들잎[버들립], 덧입어[던니버]
'버들잎 → [버들립]'에서는 '버들'과 '잎' 사이에 'ㄴ'이 첨가되며, 첨가된 'ㄴ'이 'ㄹ'의 영향으로 'ㄹ'로 교체된다. 또한, 음절의 끝소리 규칙에 따라 'ㅍ'이 'ㅂ'으로 교체된다. 따라서 첨가가 한 번, 교체가 두 번 일어난다. '덧입어 → [던니버]'에서는 '덧'과 '입어' 사이에 'ㄴ'이 첨가된다. 또한, 음절의 끝소리 규칙에 따라 'ㅅ'이 'ㄷ'으로 교체되며, 교체된 'ㄷ'은 'ㄴ'의 영향으로 'ㄴ'으로 교체된다. 따라서 첨가가 한 번, 교체가 두 번 일어난다. 둘 다 ㉤에 해당하는 예이다.

오답 선지 분석

① ㉠ : 재밌는[재민는], 얽매는[엉매는]
'재밌는 → 재믿는 → [재민는]'에서는 교체가 두 번 일어난다. '얽매는 → 억매는 → [엉매는]'에서는 탈락이 한 번, 교체가 한 번 일어난다.

② ㉡ : 불이익[불리익], 견인력[겨닌녁]
'불이익 → 불니익 → [불리익]'에서는 첨가가 한 번, 교체가 한 번 일어난다. '견인력 → [겨닌녁]'에서는 교체가 한 번 일어난다.

③ ㉢ : 똑같이[똑까치], 파묻힌[파무친]
'똑같이 → 똑깥이 → [똑까치]'에서는 교체가 두 번 일어난다. '파묻힌 → 파무틴 → [파무친]'에서는 축약이 한 번, 교체가 한 번 일어난다.

④ ㉣ : 읊조려[읍쪼려], 겉늙어[건늘거]
'읊조려 → 읇조려 → 읍쪼려 → [읍쪼려]'에서는 교체가 두 번, 탈락이 한 번 일어난다. '겉늙어 → 걷늙어 → [건늘거]'에서는 교체가 두 번 일어난다.

04

<보기>의 ㉠~㉢에 들어갈 수 있는 내용으로 적절하지 않은 것은?

보기

선생님: 능동·피동 표현과 주동·사동 표현에서 높임 표현과 시간 표현이 어떻게 나타나는지 알아봅시다.

ⓐ 형이 동생을 업었다.
ⓑ 동생이 형에게 업혔다.
ⓒ 나는 동생에게 책을 읽혔다.
ⓓ 나는 동생이 책을 읽게 했다.

먼저 ⓐ, ⓑ에서 '형'을 높임의 대상인 '어머니'로 바꿀 때, 서술어에는 어떤 차이가 생기는지 말해 볼까요?

학생: ㉠

선생님: 맞아요. 그럼 ⓒ나 ⓓ에서 '동생'을 '할머니'로 바꾸면 어떻게 될까요?

학생: ㉡

선생님: '-(으)시-'가 어떻게 나타나는지를 잘 이해하고 있네요. 그럼 ⓐ, ⓑ, ⓒ의 서술어에서 '-었-'을 '-고 있-'으로 바꾸면 어떤 의미를 나타낼까요? ⓐ와 ⓑ의 차이점이나 ⓐ와 ⓒ의 공통점을 말해 볼까요?

학생: ㉢

선생님: '-고 있-'의 의미가 어떻게 나타나는지도 잘 이해하고 있군요.

정답 선지 분석

② ㉡: ⓒ에서는 '동생에게'를 '할머니께'로 바꾸고, '읽혔다'에 '-시-'를 넣어야 합니다.

ⓒ에서 '동생'을 '할머니'로 바꾸면 '나는 할머니께 책을 읽혔다.'가 된다. 책을 '읽히는' 주체는 '나'이기 때문에 '읽혔다'에 '-시-'를 넣을 수 없다.

오답 선지 분석

① ㉠: ⓐ에서는 서술어에 '-으시-'를 넣어야 하지만, ⓑ에서는 '-시-'를 넣지 않습니다.

ⓐ, ⓑ에서 '형'을 '어머니'로 바꾸면 각각 '어머니께서 동생을 업으셨다.', '동생이 어머니께 업혔다.'가 되므로 적절한 설명이다.

③ ㉡: ⓓ에서는 '동생이'를 '할머니께서'로 바꾸고, '읽게'에 '-으시-'를 넣어야 합니다.

ⓓ에서 '동생'을 '할머니'로 바꾸면 '나는 할머니께서 책을 읽으시게 하였다.'가 된다. '읽는' 주체는 '할머니'이기 때문에 '읽게'에 '-으시-'를 넣어야 한다.

④ ㉢: ⓐ는 동작의 완료 후 상태 지속의 의미를 나타낼 수 있지만, ⓑ는 그럴 수 없습니다.

ⓐ, ⓑ는 각각 '형이 동생을 업고 있다.'와 '동생이 형에게 업히고 있다.'가 된다. 이 중 '형이 동생을 업고 있다.'는 완료상과 진행상으로 모두 해석될 수 있지만 '동생이 형에게 업히고 있다.'는 진행상으로만 해석된다.

⑤ ㉢: ⓐ와 ⓒ는 모두 동작의 진행 의미를 나타낼 수 있습니다.

ⓐ, ⓒ는 각각 '형이 동생을 업고 있다.'와 '나는 동생에게 책을 읽히고 있다.'가 되고, 둘 다 진행상으로 해석될 수 있다.

05

<자료>를 바탕으로 <보기>의 ⓐ~ⓔ 중 체언과 조사가 결합하여 이루어진 부속 성분이 있는 것만을 고른 것은?

보기

ⓐ 내히 이러 바라래 가ᄂᆞ니 [내가 이루어져 바다에 가니]
ⓑ 나랏 말ᄊᆞ미 中國에 달아 [우리나라의 말이 중국과 달라]
ⓒ 生人이 소리 잇도소니 [생인(산 사람)의 소리가 있으니]
ⓓ 나혼 子息이 양ᄌᆞ 端正ᄒᆞ야 [낳은 자식이 모습이 단정하여]
ⓔ 내 닐오리니 네 이대 드르라 [내가 이르리니 네가 잘 들어라]

자료

〈보기〉에 나타난 체언과 조사

• 체언: 내ㅎ, 바ᄅᆞᆯ, 나라ㅎ, 말ᄊᆞᆷ, 中國, 生人, 소리, 子息, 양ᄌᆞ, 나, 너
• 조사: 주격(이, ㅣ, ∅), 관형격(ㅅ, 익), 부사격(애, 에)

정답 선지 분석

① ⓐ, ⓑ, ⓒ

ⓐ 체언 '바ᄅᆞᆯ'에 부사격 조사 '애'가 결합한 '바라래'가 부속 성분인 부사어로 쓰이고 있다.
ⓑ 체언 '나라ㅎ'에 관형격 조사 'ㅅ'이 결합한 '나랏'이 부속 성분인 관형어로 쓰이고 있다. 또한, 체언 '中國'에 부사격 조사 '에'가 결합한 '中國에'가 부속 성분인 부사어로 쓰이고 있다.
ⓒ 체언 '生人'에 관형격 조사 '익'가 결합한 '生人이'가 부속 성분인 관형어로 쓰이고 있다.

오답 선지 분석

ⓓ 체언과 조사가 결합한 것은 '子息이'와 '양ᄌᆞ'인데 둘 다 주성분인 주어로 쓰이고 있다.
ⓔ 체언과 조사가 결합한 것은 '내'와 '네'인데 둘 다 주성분인 주어로 쓰이고 있다.

DAY 3 격치를 통한 율곡 독서방법론의 확장

빠른 정답 체크

01 ⑤   02 ④   03 ⑤

❶ 조선 시대 대표적인 유학자 율곡 이이는 책 속에 담긴 이치를 밝혀 이를 실천하는 독서를 강조했다. 그리고 이러한 독서에서 (율곡이 강조한 독서 방법) 벗어난 그릇된 독서법을 독서 병통이라 부르며, 그 유형과 해결 (독서 병통의 개념) 방안을 크게 네 가지로 나누어 제시했다.

❷ 독서 병통의 첫 번째 유형은 ㉠ 그저 책만 읽는 병통이다. 이 (독서 병통의 유형 ①) 는 「깊은 생각 없이 글자와 글귀 자체의 표면적인 뜻만 밝혀, 글에 『」: 독서 병통의 유형 ①의 의미 숨겨진 이치를 파악하지 못한 경우」이다. 이를 극복하기 위해서 는 「글귀의 옳고 그름을 깊이 따져 보거나, 자신의 일상이 책 속의 『」: 독서 병통의 유형 ①의 해결 방안 이치에 합당한가를 깊이 반성하는 노력」을 해야 한다. 두 번째 유형은 ㉡ 마음만 앞서는 병통으로, 많은 책을 한 번에 탐해서 읽는 (독서 병통의 유형 ②) (독서 병통의 유형 ②의 의미) 경우이다. 일반적으로 다독은 책과 책을 연계하여 서로의 의미

를 이해하고 책의 깊이를 측량할 수 있어 유용하나, 욕심이 지나치면 마음만 분주하여 책을 한 권씩 음미할 여유를 가지지 못하게 된다. 이러한 병통은 <u>책 한 권을 깊이 읽어 그 의미를 모두 알게 된 후에 다른 책을 읽는 독서</u>로 극복할 수 있다. 세 번째 유형
<독서 병통의 유형 ②의 해결 방안>
은 ⓒ 책과 자신이 유리된 병통이다. 이는「독서로 성현의 뜻을 이
<독서 병통의 유형 ③>
해하고 앎을 확장했음에도, 이를 몸과 마음으로 받아들이지 못하
「」: 독서 병통의 유형 ③의 의미
여 실천에 이르지 못한 경우」이다. 이러한 병통은 <u>성현의 가르침</u>
<u>과 자신의 삶이 일치되도록 수양</u>할 때 극복할 수 있다. 마지막 유
<독서 병통의 유형 ③의 해결 방안>
형은 책에 대한 선입관으로 발생하는 병통으로, 두 경우가 있다.
<독서 병통의 유형 ④>
먼저 ② 책에 대한 두려움으로 인한 병통이 있다. 이는「책이 조금
「」: 독서 병통의 유형 ④ – 책에 대한 두려움으로 인한 병통의 의미
만 어려워도 이치에 도달할 수 없을 것이라고 여겨 온 마음을 다
해 읽으려고 하지 않고 독서를 포기하는 경우」이다. 또한 ⑩ 기이
한 것에 현혹되는 병통이 있다. 이는「책에 초월적 지식이 담겨 있
「」: 독서 병통의 유형 ④ – 기이한 것에 현혹되는 병통의 의미
다고 여기고 이를 얻는 데 조바심을 내다가 정작 책에 담겨 있는
지식은 파악하지 못한 경우」이다. 이러한 선입관에 의한 병통들은
<u>한 단락씩 세심하게 읽어, 이치에 한 걸음씩 순차적으로 다가가</u>
<독서 병통의 유형 ④의 해결 방안>
<u>는 독서</u>로 극복할 수 있다.

❸ 한편 율곡은 올바른 독서를 위해 기본적으로 갖추어야 할
독서 자세를 강조했다. 독서 전에는「몸가짐을 단정히 하고,
「」: 올바른 독서 자세 ①
마음을 고요히 하며, 책을 경건하고 공경스런 마음으로 대해
야 한다.」이는 책 속에 담긴 심오한 진리를 대할 때 마음가짐
이 흩어지면 올바른 독서를 할 수 없기 때문이다. 또한 독서
[A] 중 의문이 많아진다고 독서를 포기해서는 안 된다. 독서에 온
<올바른 독서 자세 ②>
마음을 다한다고 해도 늘 이치에 다다를 수는 없고, 때로는
이치를 파고들수록 의문이 꼬리를 물 수도 있다. 하지만 이러
한 고비를 넘겨야 <u>의문이 점점 풀려 글 속의 이치에 이를 수</u>
<율곡이 궁극적으로 지향하는 독서>
있다.

01

답 | ⑤

윗글의 내용과 일치하지 <u>않는</u> 것은?

<정답 선지 분석>

⑤ 다독은 책의 깊이를 측량하기 위한 독서에서 벗어난 독서법이다.

2문단에서 '다독은 책과 책을 연계하여 서로의 의미를 이해하고 책의 깊이를 측량할 수 있어 유용하'다고 하였으므로, 다독이 책의 깊이를 측량하기 위한 독서에서 벗어난 독서법이라는 진술은 적절하지 않다.

<오답 선지 분석>

① 마음가짐이 흩어지면 올바른 독서를 할 수 없다.

3문단에서 '책 속에 담긴 심오한 진리를 대할 때 마음가짐이 흩어지면 올바른 독서를 할 수 없'다고 하였으므로 적절하다.

---

② 율곡은 그릇된 독서법의 유형과 해결책을 제시했다.

1문단에서 율곡은 자신이 강조하는 '독서에서 벗어난 그릇된 독서법을 독서 병통이라 부르며, 그 유형과 해결 방안을 크게 네 가지로 나누어 제시했다'고 하였으므로 적절하다.

③ 율곡은 책 속의 이치를 밝혀 이를 실천하는 독서를 강조했다.

1문단에서 '율곡 이이는 책 속에 담긴 이치를 밝혀 이를 실천하는 독서를 강조했다'고 하였으므로 적절하다.

④ 독서에 온 마음을 다해도 이치에 다다를 수 없는 경우가 있다.

3문단에서 '독서에 온 마음을 다한다고 해도 늘 이치에 다다를 수는 없'다고 하였으므로 적절하다.

02

답 | ④

[A]와 <보기>에서 주장하고 있는 내용의 공통점으로 가장 적절한 것은?

<보기>

학문을 하는 자가 문제를 만났다고 해서 책을 읽는 것을 그만두어서는 안 된다. 책을 읽을수록 수많은 궁금증과 어려움이 생기는 것은 지혜의 문에 도달하려는 신호이기 때문이다.

<정답 선지 분석>

④ 독서 중 의문이 많아진다고 독서를 포기해서는 안 된다.

<보기>에서는 책을 읽을수록 수많은 궁금증과 어려움이 생기는 것은 지혜의 문에 도달하려는 신호이기 때문에 책 읽기를 그만 두어서는 안 된다고 주장한다. 그리고 [A]에서는 독서 중 의문이 많아진다고 독서를 포기해서는 안 된다고 주장하고 있으므로 적절하다.

<오답 선지 분석>

① 독서 전에는 마음을 고요히 해야 한다.

독서 전에는 마음을 고요히 해야 한다는 것은 [A]의 주장에만 해당한다.

② 독서 전에는 몸가짐을 바르게 해야 한다.

독서 전에는 몸가짐을 바르게 해야 한다는 것은 [A]의 주장에만 해당한다.

③ 책에 대한 경건하고 공경스런 마음을 갖추어야 한다.

책에 대한 경건하고 공경스런 마음을 갖추어야 한다는 것은 [A]의 주장에만 해당한다.

⑤ 독서를 할 때는 성인의 심오한 진리를 대한다고 생각해야 한다.

독서를 할 때는 성인의 심오한 진리를 대한다고 생각해야 한다는 것은 [A]의 주장에만 해당한다.

03

답 | ⑤

다음은 독서 동아리 누리집의 일부이다. 윗글을 바탕으로 ⓐ~ⓔ에 대해 보인 반응으로 적절하지 <u>않은</u> 것은?

제5차 독서 - 《중용》

독서 교사   추천 ♥ 2   조회 30   23.04.12   댓글 5

이번에 읽을 책은 유학 경전의 하나인 《중용》입니다. 이 책은 올바른 마음 자세와 관련된 삶의 이치, 형이상학적인 우주의 운행 원리 등에 대한 지식을 담고 있습니다. 책을 읽으면서 어려움이 있는 학생은 댓글을 남기면 도움을 드리도록 하겠습니다.

└ 학생 1: 우주의 미래를 보는 법 같은 초월적 지식을 배울 수 있을 거라고 기대했는데 책에는 그런 내용이 없었고, 정작 책에 담긴 우주의 운행 원리에 대한 지식은 파악하지 못했어요. … ⓐ

└ 학생 2: 깊은 생각 없이 글귀 자체의 뜻만 해석하며 읽었더니, 막상 글 속에 담긴 참뜻은 모르겠더라고요. ………………… ⓑ

└ 학생 3: 저는 첫 장부터 어려워 읽다 포기했어요. 제가 이해할 수 있는 수준이 아닌 책 같아서 읽기가 두려웠거든요. ……… ⓒ

└ 학생 4: 저는 동양사상을 섭렵하고 싶은 욕심에 《논어》, 《대학》을 빌려 동시에 읽었는데요, 오히려 마음만 급하고 어떤 책도 깊이 있게 읽지 못하겠더라고요. ………………………… ⓓ

└ 학생 5: 책을 읽으면서 올바른 마음 자세에 대해 많이 배운 것 같아요. 그런데 책 속의 내용대로 일상생활에서 실천하기가 어렵네요. ………………………………………………… ⓔ

정답 선지 분석

⑤ 율곡의 입장에서 ⓔ는 책에 담긴 성현의 뜻에 대한 선입관으로 발생한 병통이므로, ㉢에 해당한다고 보겠군.

ⓔ는 유학 경전인 《중용》을 읽으면서 올바른 마음 자세에 대해 많이 배웠음에도 이를 실천하지 못한 경우이므로, 율곡의 입장에서는 성현의 뜻을 이해하고 앎을 확장했음에도 몸과 마음으로 받아들이지 못하여 발생한 '책과 자신이 유리된 병통'에 해당한다. 그러므로 율곡의 입장에서 ⓔ를 책에 담긴 성현의 뜻에 대한 선입관으로 발생한 병통으로 보고, ㉢에 해당하겠다고 한 진술은 적절하지 않다.

오답 선지 분석

① 율곡의 입장에서 ⓐ는 책에 초월적 지식이 있다고 여기고 이를 얻으려고 하다가 발생한 병통이므로, ㉤에 해당한다고 보겠군.

ⓐ는 《중용》을 통해 우주의 미래를 보는 법과 같은 초월적 지식을 배울 수 있다고 여기고 읽다 정작 책에 담긴 지식은 파악하지 못한 경우이다. 그러므로, 율곡의 입장에서 책에 초월적 지식이 있다고 여기고 이를 얻으려고 하다가 발생한 '기이한 것에 현혹되는 병통'에 해당하겠다고 한 진술은 적절하다.

② 율곡의 입장에서 ⓑ는 ㉠에 해당하므로, 글귀의 옳고 그름을 깊이 따지며 읽는 독서법을 조언할 수 있겠군.

ⓑ는 깊은 생각 없이 글귀 자체의 뜻만 밝히며 읽어 막상 글에 숨겨진 이치는 파악하지 못한 경우로, 율곡의 입장에서는 '그저 책만 읽는 병통'에 해당한다. 그러므로 글귀의 옳고 그름을 깊이 따지며 읽는 독서법을 조언할 수 있겠다고 한 진술은 적절하다.

③ 율곡의 입장에서 ⓒ는 ㉣에 해당하므로, 책을 한 단락씩 세심하게 읽어 나가는 독서법을 조언할 수 있겠군.

ⓒ는 책이 조금만 어려워도 이치에 도달할 수 없다는 두려움에 온 마음을 다해 읽으려고 하지 않고 독서를 포기한 경우로, 율곡의 입장에서는 '책에 대한 두려움으로 인한 병통'에 해당한다. 그러므로 책을 한 단락씩 세심하게 읽어 나가는 독서법을 조언할 수 있겠다고 한 진술은 적절하다.

④ 율곡의 입장에서 ⓓ는 ㉡에 해당하므로, 책 한 권의 의미를 모두 알게 된 후에 다른 책을 읽는 독서법을 조언할 수 있겠군.

ⓓ는 욕심이 지나친 다독으로 마음만 급하여 어떤 책도 음미하지 못한 경우이므로, 율곡의 입장에서는 '마음만 앞서는 병통'에 해당한다. 그러므로 책 한 권의 의미를 모두 알게 된 후에 다른 책을 읽는 독서법을 조언할 수 있겠다고 한 진술은 적절하다.

DAY 4 유서의 특성과 의의 / 조선 후기 유서 편찬에서 서학의 수용 양상

빠른 정답 체크

01 ④   **02** ⑤   **03** ③   **04** ②   **05** ⑤   **06** ②

가

❶ 중국에서 비롯된 유서(類書)는 「고금의 서적에서 자료를 수집하고 항목별로 분류, 정리하여 이용에 편리하도록 편찬한 서적이다.」 일반적으로 유서는 「기존 서적에서 필요한 부분을 뽑아 배열할 뿐 상호 비교하거나 편찬자의 해석을 가하지 않았다.」 유서는 모든 주제를 망라한 일반 유서와 특정 주제를 다룬 전문 유서로 나눌 수 있으며, 편찬 방식은 책에 따라 다른 경우가 많았다. 중국에서는 대체로 왕조 초기에 많은 학자를 동원하여 국가 주도로 대규모 유서를 편찬하여 간행하였다. 이를 통해 이전까지의 지식을 집성하고 왕조의 위엄을 과시할 수 있었다.
『 』: 유서의 개념
『 』: 유서의 특징
유서의 유형 ① – 일반 유서
유서의 유형 ② – 전문 유서
중국의 유서 편찬 방법
[A]

❷ 고려 때 중국 유서를 수용한 이후, 조선에서는 중국 유서를 활용하는 한편, 중국 유서의 편찬 방식에 ⓐ <u>따라</u> 필요에 맞게 유서를 편찬하였다. 조선의 유서는 대체로 국가보다 개인이 소규모로 편찬하는 경우가 많았고, 목적에 따른 특정 주제의 전문 유서가 집중적으로 편찬되었다. 전문 유서 가운데 편찬자가 미상인 유서가 많은데, 대체로 간행을 염두에 두지 않고 기존 서적에서 필요한 부분을 발췌, 기록하여 시문 창작, 과거 시험 등 개인적 목적으로 유서를 활용하고자 하였기 때문이었다.
실학 등장 이전 조선의 유서 편찬의 특징 ①
실학 등장 이전 조선의 유서 편찬의 특징 ②
편찬자가 미상인 전문 유서가 많은 이유

❸ 이 같은 유서 편찬 경향이 지속되는 가운데 17세기부터 실학의 학풍이 하나의 조류를 형성하면서 유서 편찬에 변화가 나타났다. ㉮ <u>실학자들의 유서</u>는 현실 개혁의 뜻을 담았고, 편찬 의도를 지식의 제공과 확산에 두었다. 또한 단순 정리를 넘어 지식을 재분류하여 범주화하고 평가를 더하는 등 저술의 성격을 드러냈다. 독서와 견문을 통해 주자학에서 중시되지 않았던 지식을 집적했고, 증거를 세워 이론적으로 밝히는 고증과 이에 대한 의견 등 '안설'을 덧붙이는 경우가 많았다. 주자학의 지식을 ⓑ <u>이어받는</u> 한편, 주자학이 아닌 새로운 지식을 수용하는 유연성과 개방성을 보였다. 광범위하게 정리한 지식을 식자층이 ⓒ <u>쉽게</u> 접할 수 있어야 한다고 생각했고, 객관적 사실 탐구를 중시하여 박물학과 자연 과학에 관심을 기울였다.
실학 등장 이후 조선의 유서 편찬의 특징 ①
실학 등장 이후 조선의 유서 편찬의 특징 ②
실학 등장 이후 조선의 유서 편찬의 특징 ③
실학 등장 이후 조선의 유서 편찬의 특징 ④
실학 등장 이후 조선의 유서 편찬의 특징 ⑤
실학자들이 관심을 기울인 분야와 그 이유

❹ 조선 후기 실학자들이 편찬한 유서가 주자학의 관념적 사유에 국한되지 않고 새로운 지식의 축적과 확산을 촉진한 것은 지식의 역사에서 적지 않은 의미를 지닌다.
조선 후기 실학자들이 편찬한 유서의 의의

나

❶ 예수회 선교사들이 중국에 소개한 서양의 학문, 곧 서학은 조선 후기 유서(類書)의 지적 자원 중 하나로 활용되었다. 조선 후기 실학자들 가운데 이수광, 이익, 이규경 등이 편찬한 백과전서식 유서는 『주자학의 지적 영역 내에서 서학의 지식을 어떻게 수용하였는지를 보여 주는 대표적인 사례이다.

├ 조선 후기 편찬된 유서
└ : 백과전서식 유서의 의의

❷ 17세기의 이수광은 주자학뿐 아니라 다른 학문에 대해서도 열린 태도를 가지고 있었다. 주자학에 기초하여 도덕에 관한 학문과 경전에 관한 학문 등이 주류였던 당시 상황에서, 그는 《지봉유설》을 통해 당대 조선의 지식을 망라하여 항목화하고 자신의 견해를 덧붙였을 뿐 아니라 사신의 일원으로 중국에서 접한 서양 관련 지식을 객관적으로 소개했다. 이에 대해 『심성 수양에 절실하지 않을뿐더러 주자학이 아닌 것이 ⓓ 뒤섞여 순수하지 않다는 ㉴ 일부 주자학자의 비판이 있었지만, 그가 소개한 서양 관련 지식은 중국과 큰 시간 차이 없이 주변에 알려졌다.

❸ 18세기의 이익은 서학 지식 자체를 ㉠《성호사설》의 표제어로 삼았고, 기존의 학설을 정당화하거나 배제하는 근거로 서학을 수용하는 등 서학을 지적 자원으로 활용하였다. 특히 그는 『서학의 세부 내용을 다른 분야로 확대하며 상호 참조하는 방식으로 지식을 심화하고 확장하여 소개하였다. 『서학의 해부학과 생리학을 그 자체로 수용하지 않고 주자학 심성론의 하위 이론으로 재분류하는 등 지식의 범주를 ⓔ 바꾸어 수용하였다. 또한 서학의 수학을 주자학의 지식 영역 안에서 재구성하기도 하였다.

❹ 19세기의 이규경도 ㉡《오주연문장전산고》를 편찬하면서 서학을 적극 활용하였다. 그는 《성호사설》의 분류 체계를 적용하였고 이익과 마찬가지로 서학의 천문학, 우주론 등의 내용을 수록하였다. 그가 주로 유서의 지적 자원으로 활용한 중국의 서학 연구서들은 서학을 소화하여 중국의 학문과 절충한 것이었고, 서학이 가지는 진보성의 토대가 중국이라는 서학 중국 원류설을 반영한 것이었다. 이에 따라 이규경은 이 책들에 담긴 『중국화한 서학 지식과 서학 중국 원류설을 받아들였고, 문명의 척도로 여겨진 기존의 중화 관념에서 탈피하지 않으면서도 서학 수용의 이질감과 부담감에서 자유로울 수 있었다. 이렇듯 이규경은 중국의 서학 연구서들을 활용해 매개적 방식으로 서학을 수용하였다.

01
답 | ④

(가)와 (나)에 대한 설명으로 가장 적절한 것은?

정답 선지 분석

④ (가)는 유서의 특성과 의의를 설명하였고, (나)는 유서 편찬에서 특정 학문의 수용 양상을 시기별로 소개하였다.

(가)에서 유서는 고금의 서적에서 자료를 수집하고 항목별로 분류, 정리하여 이용에 편리하도록 편찬한 서적임을 제시하고, 일반적으로 기존 서적에서 필요한 부분을 뽑아 배열할 뿐 상호 비교하거나 편찬자의 해석을 가하지 않았다고 유서의 특성을 설명하였다. 또한 중국에서는 국가 주도로 편찬한 유서를 통해 이전까지의 지식을 집성하고 왕조의 위엄을 과시하였으며, 조선 후기 실학자들의 유서는 새로운 지식의 축적과 확산을 촉진하였다고 유서의 의의를 밝혔다. (나)에서는 17세기 이수광이 편찬한 《지봉유설》, 18세기 이익이 편찬한 《성호사설》, 19세기 이규경이 편찬한 《오주연문장전산고》에 드러난 서학의 수용 양상을 시기별로 소개하였다.

오답 선지 분석

① (가)는 유서의 유형을 분류하였고, (나)는 유서의 분류 기준과 적절성 여부를 평가하였다.

(가)의 1문단에서 유서를 모든 주제를 망라한 일반 유서와 특정 주제를 다룬 전문 유서로 나눌 수 있다고 하였다. 그러나 (나)에서 유서의 분류 기준과 적절성 여부를 평가하지는 않았다.

② (가)는 유서의 개념과 유용성을 소개하였고, (나)는 국가별 유서의 변천 과정을 설명하였다.

(가)에서 유서란 고금의 서적에서 자료를 수집하고 항목별로 분류, 정리하여 이용에 편리하도록 편찬한 서적이라고 그 개념을 밝혔다. 또한 유서가 이전까지의 지식을 집성하고 새로운 지식의 축적과 확산을 촉진하는 등의 의미를 지닌다고 하였다. 그러나 (나)에서 국가별 유서의 변천 과정을 설명하지는 않았다.

③ (가)는 유서의 기원에 대한 다양한 학설을 검토하였고, (나)는 유서 편찬자들 간의 견해 차이를 분석하였다.

(가)에서 유서가 중국에서 비롯되었다고 언급하였을 뿐 유서의 기원에 대한 다양한 학설을 검토하지는 않았다.

⑤ (가)는 유서에 대한 평가가 시대별로 달라진 원인을 분석하였고, (나)는 역사적으로 대표적인 유서의 특징을 제시하였다.

(가)에서 유서에 대한 평가가 시대별로 달라진 원인을 분석하지는 않았다. (나)에서는 조선 후기 실학자들 가운데 이수광, 이익, 이규경이 편찬한 각각의 유서를 통해 서학의 수용 양상을 설명하였다.

02
답 | ⑤

[A]에 대한 이해로 적절하지 않은 것은?

정답 선지 분석

⑤ 중국에서는 주로 서적에서 발췌한 내용을 비교하고 해석을 덧붙여 유서를 편찬하였다.

(가)의 1문단에서 유서는 중국에서 비롯된 것으로, 일반적으로 기존 서적에서 필요한 부분을 뽑아 배열할 뿐 상호 비교하거나 편찬자의 해석을 가하지 않았다고 하였다. 중국에서 주로 서적에서 발췌한 내용을 비교하고 해석을 덧붙여 유서를 편찬하였다는 내용은 적절하지 않다.

오답 선지 분석

① 조선에서 편찬자가 미상인 유서가 많았던 것은 편찬자의 개인적 목적으로 유서를 활용하려 했기 때문이다.

(가)의 2문단에서 조선에서는 전문 유서가 집중적으로 편찬되었고 전문 유서 가운데 편찬자가 미상인 유서가 많다고 하였다. 이는 간행을 염두에 두지 않고 개인적 목적으로 유서를 활용하고자 하였기 때문이라고 하였다.

② 조선에서는 시문 창작, 과거 시험 등에 필요한 내용을 담은 유서가 편찬되는 경우가 적지 않았다.

(가)의 2문단에서 조선에서는 개인이 시문 창작, 과거 시험 등의 목적을 위해 기존 서적에서 필요한 부분을 발췌, 기록한 유서를 편찬하여 활용하고자 하였다고 하였다.

③ 조선에서는 중국의 편찬 방식을 따르면서도 대체로 국가보다는 개인에 의해 유서가 편찬되었다.

(가)의 2문단에서 조선에서는 중국 유서의 편찬 방식에 따라 필요에 맞게 유서를 편찬하였는데, 대체로 국가보다 개인이 소규모로 편찬하는 경우가 많았다고 하였다.

④ 중국에서는 많은 학자를 동원하여 대규모로 편찬한 유서를 통해 왕조의 위엄을 드러내었다.

(가)의 1문단에서 중국에서는 왕조 초기에 많은 학자들을 동원하여 국가 주도로 대규모 유서를 편찬함으로써 이전까지의 지식을 집성하고 왕조의 위엄을 과시하였다고 하였다.

03

답 | ③

㉮에 대한 이해를 바탕으로 ㉠, ㉡에 대해 파악한 내용으로 적절하지 <u>않은</u> 것은?

정답 선지 분석

③ 평가를 더하는 저술로서 ㉮의 성격은, ㉡에서 중국 학문의 진보성을 확인하고자 서학을 활용한 것에서 나타난다.

㉮에는 평가가 더해져 저술의 성격이 있었다. 그러나 이규경이 ㉡에서 중국 학문의 진보성을 확인하고자 서학을 활용한 것이 아니다. 이규경은 중국화한 서학 지식과 서학이 가지는 진보성의 토대가 중국이라는 서학 중국 원류설이 반영된 중국의 서학 연구서들을 통해 기존의 중화 관념을 탈피하지 않으면서 서학을 수용하고자 한 것이다.

오답 선지 분석

① 지식의 제공이라는 ㉮의 편찬 의도는, ㉠에서 지식을 심화하고 확장하여 소개한 것에서 나타난다.

㉮의 편찬 의도는 지식의 제공과 확산이었다. 이는 이익이 ㉠에서 서학의 세부 내용을 다른 분야로 확대하며 상호 참조하는 방식으로 지식을 심화하고 확장하여 소개한 것에서 나타난다고 할 수 있다.

② 지식을 재분류하여 범주화한 ㉮의 방식은, ㉠에서 해부학과 생리학을 주자학 심성론의 하위 이론으로 수용한 것에서 나타난다.

㉮는 단순 정리를 넘어 지식을 재분류하여 범주화하는 방식으로도 편찬되었다. 이는 이익이 ㉠에서 서학의 해부학과 생리학을 주자학 심성론의 하위 이론으로 재분류하는 등 지식의 범주를 바꾸어 수용한 것에서 나타난다고 할 수 있다.

④ 사실 탐구를 중시하며 자연 과학에 대해 드러낸 ㉮의 관심은, ㉡에서 천문학과 우주론의 내용을 수록한 것에서 나타난다.

㉮는 객관적 사실 탐구를 중시하는 경향과 자연 과학에 대한 관심을 반영하였다. 이는 이규경이 ㉡에서 서학의 천문학, 우주론 등의 내용을 수록한 것에서 나타난다고 할 수 있다.

⑤ 새로운 지식을 수용하는 ㉮의 유연성과 개방성은, ㉠과 ㉡에서 서학을 지적 자원으로 받아들인 것에서 나타난다.

㉮는 주자학이 아닌 새로운 지식을 수용하는 유연성과 개방성을 보였다. 이는 이익이 ㉠에서 서학을 지적 자원으로 활용한 것과 이규경이 ㉡에서 중국의 서학 연구서들을 지적 자원으로 활용한 것에서 나타난다고 할 수 있다.

04

답 | ②

㉯를 반박하기 위한 '이수광'의 말로 가장 적절한 것은?

정답 선지 분석

② 주자학에 매몰되어 세상의 여러 이치를 연구하지 않는 것은 널리 배우고 익히는 앎의 바른 방법이 아닐 것이다.

이수광은 주자학뿐 아니라 다른 학문에 대해서도 열린 태도를 가지고 있었고, 이를 바탕으로 당대 조선의 지식을 망라하여 항목화하고 자신이 접한 서양 관련 지식을 객관적으로 소개하였다. 그러므로 일부 주자학자의 비판에 대해 이수광은 주자학이 아닌 다른 학문에 대해서도 열린 태도를 가져야 한다고 말할 수 있다. 주자학에 매몰되어 세상의 여러 이치를 연구하지 않는 것은 학문에 대한 열린 태도, 바람직한 태도가 아님을 강조하여 반박할 수 있는 것이다.

오답 선지 분석

① 학문에서 의리를 앞세우고 이익을 뒤로하는 것보다 중한 것이 없으니, 심성을 수양하는 것은 그다음의 일이다.

《지봉유설》에 대해 심성 수양에 절실하지 않다는 일부 주자학자의 비판이 있었음은 확인할 수 있으나, 이수광이 학문에서 의리를 앞세우고 이익을 뒤로하는 것을 중시했다는 내용은 확인할 수 없다.

③ 주자의 가르침이 쇠퇴하게 되면 주자학이 아닌 학문이 날로 번성하게 되니, 주자의 도가 분명히 밝혀져야 한다.

이수광은 주자학이 아닌 다른 학문에 대해서도 열린 태도를 가지고 있었다. 주자학이 아닌 학문이 번성하는 것을 문제시하는 것은 이수광의 태도에 부합하지 않는다.

④ 유학 경전에서 쓰이지 않은 글자를 한 글자라도 더하는 일을 용납하는 것은 바른 학문을 해치는 길이 될 것이다.

이수광은 학문에 대한 열린 태도를 가지고 《지봉유설》에서 당대 조선의 지식에 자신의 견해를 덧붙이기도 하였다. 유학 경전에서 쓰이지 않은 글자를 한 글자라도 더하는 일을 용납하면 안 된다는 것은 학문에 대한 이수광의 태도에 부합하지 않는다.

⑤ 참되게 알고 참되게 행하는 것이 어려우니, 우리 학문의 여러 경전으로부터 널리 배우고 면밀히 익혀야 할 것이다.

이수광은 《지봉유설》을 통해 당대 조선의 지식뿐만 아니라 서양 관련 지식을 소개하였다. 이수광은 서학을 포함한 다양한 학문의 지식을 수용하고자 한 것이다. 이수광이 배움과 익힘이 우리 학문의 여러 경전으로부터 이루어져야 한다고 본 것은 아니다.

05

답 | ⑤

(가), (나)를 읽은 학생이 <보기>의 《임원경제지》에 대해 보인 반응으로 적절하지 <u>않은</u> 것은?

보기

서유구의 《임원경제지》는 19세기까지의 조선과 중국 서적들에서 향촌 관련 부분을 발췌, 분류하고 고증한 유서이다. 국가를 위한다는 목적의식을 명시한 이 유서에는 향촌 사대부의 이상적인 삶을 제시하는 과정에서 향촌 구성원 전체의 삶의 조건을 개선할 수 있는 방안이 실렸고, 향촌 실생활에서 활용할 수 있는 내용이 집성되었다. 주자학을 기반으로 실증과 실용의 자세를 견지했던 서유구의 입장, 서학 중국 원류설, 중국과 비교한 조선의 현실 등이 반영되었다. 안설을 부기했으며, 제한적으로 색인을 넣어 검색이 가능하도록 하였다.

⑤ ⓔ: 변경(變更)하여
'변경하다'는 '다르게 바꾸어 새롭게 고치다.'라는 뜻으로 ⓔ와 바꾸어 쓰기에 적절하다.

정답 선지 분석

⑤ 중국을 문명의 척도로 받아들였던 (나)의 《오주연문장전산고》와 달리 중화 관념에 구애되지 않고 중국의 현실과 조선의 현실을 비교한 내용이 확인되겠군.

(나)에서 《오주연문장전산고》는 문명의 척도로 여겨진 기존의 중화 관념에서 탈피하지 않았다고 하였다. 또한 〈보기〉에서 《임원경제지》에는 서학이 가지는 진보성의 토대가 중국이라는 서학 중국 원류설, 중국과 비교한 조선의 현실 등이 반영되었다고 하였다. 그러므로 《임원경제지》는 《오주연문장전산고》와 마찬가지로 중화 관념을 탈피하지 않고 중화 관념에 구애되었다고 할 수 있다.

오답 선지 분석

① 현실 개혁의 뜻을 담았던 (가)의 실학자들의 유서와 마찬가지로 현실의 문제를 개선하려는 목적의식이 확인되겠군.

(가)에서 실학자들의 유서에는 현실 개혁의 뜻이 담겼다고 하였다. 〈보기〉에서 《임원경제지》에는 향촌 구성원 전체의 삶의 조건을 개선할 수 있는 방안이 실렸다고 하였다. 그러므로 《임원경제지》에서 (가)의 실학자들의 유서와 마찬가지로 현실의 문제를 개선하려는 목적의식이 확인된다고 할 수 있다.

② 증거를 제시하여 이론적으로 밝히거나 의견을 제시하는 경우가 많았던 (가)의 실학자들의 유서와 마찬가지로 편찬자의 고증과 의견이 반영된 것이 확인되겠군.

(가)에서 실학자들의 유서에는 증거를 세워 이론적으로 밝히는 고증과 이에 대한 의견인 '안설'을 덧붙이는 경우가 많았다고 하였다. 〈보기〉에서 《임원경제지》는 기존의 서적들에서 향촌 관련 부분을 발췌, 분류하고 고증한 유서라고 하였고 안설을 부기했다고 하였다. 그러므로 (가)의 실학자들의 유서와 마찬가지로 《임원경제지》에 편찬자의 고증과 의견이 반영된 것이 확인된다고 할 수 있다.

③ 당대 지식을 망라하고 서양 관련 지식을 소개하고자 한 (나)의 《지봉유설》에 비해 특정한 주제를 중심으로 편찬되는 전문 유서의 성격이 두드러지게 드러나겠군.

(나)에서 《지봉유설》은 당대 조선의 지식을 망라하여 항목화하고 서양 관련 지식을 객관적으로 소개하였다고 하였다. 〈보기〉에서 《임원경제지》에는 기존의 서적들에서 향촌 관련 부분이 발췌되어 있다고 하였다. 그러므로 《임원경제지》는 《지봉유설》에 비해 특정한 주제를 중심으로 편찬되는 전문 유서의 성격이 두드러진다고 할 수 있다.

④ 기존 학설의 정당화 내지 배제에 관심을 두었던 (나)의 《성호사설》에 비해 향촌 사회 구성원의 삶에 필요한 실용적인 지식의 활용에 대한 관심이 드러나겠군.

(나)에서 《성호사설》은 기존의 학설을 정당화하거나 배제하는 근거로 서학을 수용하였다고 하였다. 한편 〈보기〉에서 《임원경제지》에는 향촌 구성원 전체의 삶의 조건을 개선할 수 있는 방안, 향촌 실생활에서 활용할 수 있는 내용이 집성되었다고 하였다. 그러므로 《임원경제지》는 《성호사설》에 비해 향촌 구성원의 삶에 필요한 실용적인 지식의 활용에 대한 관심이 드러난다고 할 수 있다.

06
답 | ②

문맥상 ⓐ~ⓔ와 바꾸어 쓰기에 적절하지 않은 것은?

정답 선지 분석

② ⓑ: 계몽(啓蒙)하는
'계몽하다'는 '지식수준이 낮거나 인습에 젖은 사람을 가르쳐서 깨우치다.'라는 뜻으로, ⓑ와 바꾸어 쓰기에 적절하지 않다. ⓑ는 '계승하다'와 바꾸어 쓸 수 있다.

오답 선지 분석

① ⓐ: 의거(依據)하여
'의거하다'는 '어떤 사실이나 원리 따위에 근거하다.'라는 뜻으로 ⓐ와 바꾸어 쓰기에 적절하다.

③ ⓒ: 용이(容易)하게
'용이하다'는 '어렵지 아니하고 매우 쉽다.'라는 뜻으로 ⓒ와 바꾸어 쓰기에 적절하다.

④ ⓓ: 혼재(混在)되어
'혼재되다'는 '뒤섞이어 있다.'라는 뜻으로 ⓓ와 바꾸어 쓰기에 적절하다.

DAY 5 〈도산십이곡〉_이황 / 〈지수정가〉_김득연 / 〈겸재의 빛〉_김훈

빠른 정답 체크

01 ① **02** ⑤ **03** ③ **04** ③ **05** ④

가

「」: 유사한 어휘 반복, 대구법-운율 형성

이런들 어떠하며 저런들 어떠하료
　　　　달관적 태도
「초야우생(草野愚生)이 이렇다 어떠하료」 「」: 안분지족의 자세
시골에 묻혀 사는 사람(화자 자신을 낮추어 이르는 말)
하물며 천석고황(泉石膏肓)을 고쳐 므슴하료
　　　자연을 매우 사랑하는 성벽이 병처럼 굳어짐　자연에 살고 싶은 마음

[A]
　　　　　　　　　　　　　　　　　　　　<제1수>

연하(烟霞)로 집을 삼고 풍월(風月)로 벗을 삼아
안개와 노을-멋진 자연의 풍경　　　　　의인법
태평성대에 병으로 늙어 가네
자연스러운 삶의 이치, 자연을 사랑하는 마음
이 중에 바라는 일은 허물이나 없고자
자연을 즐기며 사는 것　　　화자가 지향하는 삶
　　　　　　　　　　　　　　　　　　　　<제2수>

춘풍(春風)에 화만산(花滿山)하고 추야(秋夜)에 월만대(月滿臺)라
　　　　　계절에 따른 자연의 모습을 통해 조화로운 자연의 모습 형상화
사시 가흥(佳興)이 사람과 한가지라
　　자연의 이치와 인간이 지향하는 이치가 다르지 않음
「하물며 어약연비(魚躍鳶飛) 운영천광(雲影天光)이야 어느 끝이
　　연못의 고기와 하늘의 솔개처럼 만물이 천성을 얻어 조화를 이룬 상태
있으리」
뛰어난 인재들이 가득함
「」: 자연에 대한 성리학적 관점 반영
　　　　　　　　　　　　　　　　　　　　<제6수>

- 이황, 〈도산십이곡〉 -

나

산가(山家) 풍수설에 동구 못이 좋다 할새
　　　　풍수지리
십 년을 경영하여 한 땅을 얻으니
　　　　　　　　지수정을 지을 땅
형세는 좁고 굵은 암석은 많고 많다
　　험준한 지형으로 개간이 필요함

옛 길을 새로 내고 작은 연못 파서
「」: 지수정을 지을 터를 다짐
[B]
활수*를 끌어 들여 가는 것을 머물게 하니」

맑은 거울 티 없어 산 그림자 잠겨 있다
　　　　　　　　깨끗한 자연의 모습
천고(千古)에 황무지를 아무도 모르더니

일조(一朝)에 진면목을 내 혼자 알았노라
짧은 시간　　　　자연의 가치를 발견한 화자
「처음의 이 내 뜻은 물 머물게 할 뿐이더니
　　　　　　　　　　「」: 정자 터를 다지면서 자연의 아름다움을 체험함
이제는 돌아보니 가지가지 다 좋구나」

백석은 치치(齒齒)하여 은도로 새겨 있고
하얀 돌　　가지런하여　　　은빛 칼로 새긴 듯하고
벽류는 콸콸 흘러 옥 술잔을 때리는 듯
푸른 물
「첩첩한 산들은 좌우의 병풍이요

백백한 소나무는 전후의 울타리로다 『: 대구법, 은유법

구곡 상하대는 층층이 둘러 있고
아홉 개의 누대
삼경(三逕) 송국죽(松菊竹)은 줄지어 벌여 있다
소나무, 국화, 대나무를 심은 세 갈래 길-은자가 기거하는 집
하물며 바위 벼랑 높은 위에 노송이 용이 되어 구부려 누웠거늘

운근(雲根)을 베어 내고 ⓐ 작은 정자 붙여 세워
소나무 뿌리   지수정
띠 풀로 지붕 이고 자르지 않으니 이것이 어떤 집인가

남양의 제갈려인가 무이의 와룡암인가*

다시금 살펴보니 필굉 위언의 그림의 것이로다
중국 당나라 시기 두 화가의 이름
무릉도원을 예 듣고 못 봤더니
이상향
이제야 알겠구나 이 진짜 거기로다
지수정
                        - 김득연, 〈지수정가〉 -

* 활수: 흐르는 물.
* 남양의 제갈려, 무이의 와룡암: 옛 현인이 은거한 거처.

다

　내 초로의 어느 가을날, 나는 겸재가 동해안을 따라 내려가면서
노년에 접어드는 나이   겸재 정선(1676~1759)-조선 숙종 시기의 화가
동해 승경을 화폭에 옮겼던 월송정, 망양정, 청간정, 성류굴을 일
글쓴이는 겸재의 자취를 따라 여행함
삼아 떠돌아다녔다.『망양정은 옛 기성면의 바닷가에서 지금의 근
　　　　　: 시간이 지나 옛 망양정 자리의 모습은 남아있지 않음
남면 산포리로 옮겨 세운 지가 140여 년이 넘어, 기성면의 ⓑ 옛
망양정 자리는 도로 공사로 단애의 허리가 잘리워 나가, 바닷물
화자가 도착한 곳
은 단애 끝으로부터 멀찌감치 쫓겨났고 그 사이는 시멘트 칠갑이
되어 있었다.』정자 터는 사방이 깎여져 나갔고 화폭 속의 소나무
숲도 베어져 버린 채, 그 언덕은 그저 무의미한 흙더미로 변해 있
었다.』마을의 고로(古老)들도 그곳에 들어서 있던 정자를 본 일은
없었고, 다만 그들의 증조나 고조로부터 전해 오는 구전에 의해
그 흙더미가 망양정 옛터였음을 옮길 뿐이었다.

　겸재의 화폭을 마음속에 앞세우고 겸재 실경산수(實景山水)의
　　　　　　　　　　　　　　　　　　　실제 경관을 그린 산수화
자리를 찾을 적에 그곳에 옛 정자가 이미 오래전에 없어져 버린
글쓴이는 옛 망양정 자리에 망양정이 없는 것을 허전해하지 않음
그 허전한 사태는 그다지 허전하지 않았다. 왜 그런가. 현실 속의
정자에 오르면 화폭 속의 정자는 보이지 않는다. 육신의 눈을 앞
화폭 속의 정자는 현실 속의 정자를 있는 그대로 그린 것이 아니기 때문   객관적 척도
세워 정자를 찾아오는 자에게는 풍경 전체 속에서 인간세의 위치
　　　　　　　　　　　　　　　　겸재의 주관이 반영된 정자
와 규모를 대표하는 상징으로서의 정자는 보이지 않는다.

(중략)

　[먼 산을 그릴 때 그는 그 산과 인간 사이의 거리를 그리는
　자연과 인간 사이의 실제 거리
것이 아니라, **그 거리를 들여다보는 시선의 깊이를 그린다.**
　　　　　　　자신의 시선으로 풍경을 인식하여 그려냄
먼 것들은 원근상의 거리에 의해 격리되는 것이 아니라, 깊이
　　　　멀게 그려진 것들은 실제 거리가 먼 것이 아니라 겸재에 의해 재구성된 것임
에 의해 자리 잡는다. 겸재의 화폭 속에서 풍경은 **가깝다는**

[C]
이유만으로 사실성을 부여받지 않고 또 멀다는 이유만으로
　　　　　　겸재의 주관이 개입되었기 때문
사실성을 박탈당하지 않는다. 대체로 그의 그림 속에서는 **인**

간과 인간에 직접 관련된 것들 - 정자, 집, 배, 나귀, 가마, 화

분, 성곽 같은 것들이 **비교적 명료한 사실성을 띠고** 있지만,
그 사실성은 원근에 의해 정립되는 사실성이 아니라, **세계를
관찰하는 인간과의 관계 속에서 정립되는 사실성이다.**

　　　　　　　　　　　　　　　　- 김훈, 〈겸재의 빛〉 -

01   답 | ①

(가)~(다)의 공통점으로 가장 적절한 것은?

정답 선지 분석

① 대상에 주목하여 대상과 관련된 가치를 추구하는 자세를 나타내고 있다.
　(가)에는 조화로운 자연의 모습에 주목하여 이를 지향하고자 하는 자세가 드러나 있다. (나)
　에는 아름다운 자연 풍광의 한가운데 자신의 거처를 정함으로써 자연에 합일하고자 하는 화
　자의 자세가 드러나 있다. (다)의 글쓴이는 겸재의 그림에서 발견되는 사실성이 인간과의 밀
　접한 관련성에 근거하고 있음에 주목하고 이를 드러낸 화가의 시선에 공감하는 자세를 드러
　내고 있다.

오답 선지 분석

② 부정적인 현실을 비판하며 좌절을 극복하려는 의지를 부각하고 있다.
　(가), (나), (다) 모두 부정적인 현실을 비판하거나 좌절을 극복하려는 의지를 드러내고 있지
　않다.

③ 현실을 통찰하며 관용적 삶에 대한 지향을 보여 주고 있다.
　(가), (나), (다) 모두 현실을 통찰하며 관용적 삶에 대한 지향을 보여 주는 작품으로 볼 수 없
　다. (가)와 (나)의 자연 공간은 이상화되어 제시되었으며, (다)에서는 현실에 대한 통찰보다는
　현실 공간이 화폭에 담기는 과정에서 변형되는 이유에 대해 주목하고 있다.

④ 계절감을 활용하여 환경의 다양한 변화를 표현하고 있다.
　(가)의 〈제6수〉에서는 계절감을 활용하여 자연의 다양한 모습을 드러내고 있으나, (나)와
　(다)에서는 이러한 부분을 찾을 수 없다.

⑤ 가상의 상황을 제시하여 환상적 분위기를 강화하고 있다.
　(가), (나), (다) 모두 가상의 상황이 제시되어 있지 않으며, 환상적 분위기가 드러나지도 않는다.

02   답 | ⑤

[A], [B]에 대한 설명으로 적절하지 않은 것은?

정답 선지 분석

⑤ [A]의 '허물이나 없고자'는 미래에 대한 화자의 바람을, [B]의 '티 없어'는 대
　상을 관찰하기 전에 나타난 화자의 심리를 표현하고 있다.
　[A]의 '허물이나 없고자'는 화자가 자연을 벗삼아 늙어가는 과정에서 장차 바라는 바에 해당
　하는 것으로, 미래에 대한 화자의 바람을 보여 준다. [B]의 '티 없어'는 산의 모습을 비춘 '작
　은 연못'을 보고 이를 '맑은 거울'로 비유한 화자의 평가이다. 따라서 '티 없어'를 대상을 관찰
　하기 전에 나타난 화자의 심리를 표현한 구절로 설명한 것은 적절하지 않다.

오답 선지 분석

① [A]의 〈제1수〉 초장은 유사한 어휘의 반복을 통해 리듬감을 형성하고 있다.
　[A]의 〈제1수〉 초장은 '이런들'과 '저런들', '어떠하며'와 '어떠하료' 등 유사한 어휘의 반복을
　통해 리듬감을 조성하고 있다.

② [A]의 〈제2수〉 초장은 〈제1수〉 종장의 시상을 이어받아 자연친화적인 모습
　을 드러내고 있다.
　[A]의 〈제1수〉 종장에서는 천석고황, 즉 자연의 아름다운 경치를 몹시 사랑하고 즐기는 성벽
　을 고쳐 무엇하겠느냐고 반문하며 자연 친화적인 모습을 드러내었으며, 이러한 모습은 자연
　물에 둘러싸인 모습을 묘사한 [A]의 〈제2수〉 초장에서도 나타나고 있다.

③ [B]에서는 '산 그림자'가 담긴 '작은 연못'의 경관을 묘사하여 깨끗한 자연의 형상을 보여 주고 있다.
[B]에서는 '산 그림자'가 담긴 '작은 연못'을 티 없는 '맑은 거울'에 비유하여 깨끗한 자연의 형상을 보여 주고 있다.

④ [A]의 '집을 삼고'와 '벗을 삼아'는 화자와 대상의 가까운 관계를, [B]의 '끌어 들여'와 '머물게 하니'는 화자가 대상을 가까이 하려는 행동을 제시하고 있다.
[A]에서 '연하'와 '풍월'은 각각 '집을 삼고'와 '벗을 삼아'의 대상으로 제시되어 이들과 화자의 가까운 관계를 드러내었으며, [B]의 '활수'는 '끌어 들여' '머물게 하'는 대상으로 제시되어 이를 가까이 끌어들여, 가는 것을 멈추고 머물게 하고자 하는 화자의 행동을 보여 주고 있다.

03

답 | ③

<보기>를 바탕으로 (가), (나)를 이해한 내용으로 적절하지 않은 것은?

보기

〈도산십이곡〉에서 강호는 자연의 이치와 인간이 지향하는 이치가 일치된 이상적 공간으로, 〈지수정가〉에서 강호는 자연에서 생활하면서 자연의 가치를 새롭게 발견할 수 있는 공간으로 나타난다. 〈도산십이곡〉에서는 조화로운 자연과 합일하는 화자가 등장하며, 〈지수정가〉에서는 자연의 구체적인 모습을 묘사하며 자연의 가치를 확인한 화자가 등장한다.

정답 선지 분석

③ (가)의 '천석고황'은 이상적 공간에 다다르지 못한 것에 대한 화자의 아쉬움이, (나)의 '무릉도원'은 현실적 공간을 이상적 공간으로 바라보는 화자의 인식이 나타난 말이겠군.
(나)의 화자는 스스로 지은 정자를 '무릉도원'이라 칭하여 자신이 생활하는 공간에서 이상 자연의 모습을 발견하였음을 드러내고 있으므로, '무릉도원'이 현실적 공간을 이상적 공간으로 바라보는 화자의 인식을 드러낸다는 설명은 적절하다. 반면 (가)의 화자가 '천석고황'을 고칠 필요가 없다고 하는 것은 자연에 처한 자신의 삶에 대한 만족감을 드러낸 것이다. 이로 보아 화자는 자신이 처한 자연 공간을 자연의 이치와 인간이 지향하는 이치가 일치된 이상적 공간으로 인식하고 있음을 알 수 있다. 따라서 '천석고황'을 이상적 공간에 다다르지 못한 것에 대한 아쉬움을 표현한 것으로 설명하는 것은 적절하지 않다.

오답 선지 분석

① (가)의 '초야우생'은 인간이 지향하는 이치와 자연의 이치가 일치된 공간에 존재하는 화자가 스스로를 이르는 말이겠군.
〈보기〉에 의하면 (가)의 강호는 자연의 이치와 인간이 지향하는 이치가 일치된 이상적 공간이다. '초야우생'은 '초야에 묻혀 사는 어리석은 사람'의 뜻으로, 자연에 거하여 이를 지향하는 화자 자신을 가리킨다.

② (나)의 '내 혼자 알았노라'는 자연에서 생활하면서 자연의 가치를 발견한 화자의 심정을 드러내는 말이겠군.
(나)의 '내 혼자 알았노라'는 오랫동안 아무도 몰랐던 '황무지'의 '진면목'을, 즉 자연의 가치를 하루아침에 알아차린 화자의 심정을 드러낸 말이다.

④ (가)의 '사람과 한가지라'는 자연의 이치와 인간이 지향하는 이치가 다르지 않음을 확인한 화자의 인식이, (나)의 '가지가지 다 좋구나'는 자연의 가치를 확인한 화자의 심정이 나타난 말이겠군.
(가)에서는 '사시 가흥'을 '사람과 한가지라'라 표현하여 자연의 이치와 인간이 지향하는 이치가 다르지 않다는 화자의 인식을 드러내고 있다. 또한 (나)의 '가지가지 다 좋구나'는 이어지는 '백석', '벽류', '첩첩한 산들', '빽빽한 소나무' 등 지수정 주변의 아름다운 자연 풍광에서 확인되는 자연의 가치에 대한 화자의 감탄을 드러낸 것이다.

⑤ (가)의 '춘풍에 화만산하고 추야에 월만대라'는 계절의 양상을 통해 조화로운 자연을, (나)의 '벽류는 콸콸 흘러 옥 술잔을 때리는 듯'은 화자가 발견한 자연의 아름다운 모습을 드러낸 말이겠군.
(가)의 '춘풍에 화만산하고 추야에 월만대라'는 꽃이 만발한 봄과 달빛 가득한 가을밤의 모습을 제시하여 조화로운 자연의 모습을 드러내고 있다. (나)의 '벽류는 콸콸 흘러 옥 술잔을 때리는 듯'은 맑고 푸른 물이 힘차게 흐르는 모습을 비유한 것으로, 자연의 구체적인 모습을 묘사함으로써 화자가 발견한 자연물의 아름다움을 드러내고 있다.

04

답 | ③

㉠과 ㉡을 이해한 내용으로 가장 적절한 것은?

정답 선지 분석

③ ㉠은 화자에게 만족하며 머무르는 삶에 대해, ㉡은 글쓴이에게 허전하지 않은 이유에 대해 생각하게 한다.
(나)의 '작은 정자'는 '남양의 제갈려', '무이의 와룡암'과 같은 옛 현인이 은거한 거처를 떠올리게 하는 동시에 '필굉 위연의 그림의 것'이자 '무릉도원'과 같은 이상적 공간으로 인식되는 곳이다. 따라서 ㉠은 화자에게 만족하며 머무르는 삶에 대해 생각하게 하는 장소라 할 수 있다. (다)의 '옛 망양정 자리'에서 글쓴이는 '옛 정자가 이미 오래전에 없어져 버린 그 허전한 사태'가 '그다지 허전하지 않았다'고 하며 그 이유를 자문자답하고 있다. 따라서 ㉡은 글쓴이에게 허전하지 않은 이유에 대해 생각하게 하는 장소라 할 수 있다.

오답 선지 분석

① ㉠은 화자가 노력을 기울여 만든 인공물이고, ㉡은 글쓴이가 의도하지 않게 찾아낸 장소이다.
㉠은 화자가 스스로 세운 정자이므로 '노력을 기울여 만든 인공물'로 볼 수 있지만, ㉡은 글쓴이가 겸재의 화폭에 등장한 공간을 찾아다니는 과정에서 방문하게 된 곳이므로 이를 '글쓴이가 의도하지 않게 찾아낸 장소'라고 설명하는 것은 적절하지 않다.

② ㉠은 현실에서 명예를 실현하려는 의지를, ㉡은 현실에서 편의를 실현한 결과를 보여 준다.
㉠과 결부하여 '현실에서 명예를 실현하려는 의지'를 표현한 내용을 (나)에서 찾을 수 없지만, ㉡은 '도로 공사로 단애의 허리가 잘리워 나가'를 보아 현실에서 편의를 실현한 결과를 보여 준다고 할 수 있다.

④ ㉠은 화자에게 일상적인 유용성을 상실한 공간이고, ㉡은 글쓴이에게 본래적인 유용성을 상실한 공간이다.
㉠은 화자가 자신이 자연에서 거할 공간으로 세운 것이므로 '일상적인 유용성을 상실한 공간'이라 하기 어렵다. ㉡은 실제로 '망양정'을 보고자 하는 사람들에게는 본래적인 유용성을 상실한 공간일 수 있으나, 글쓴이는 ㉡에 대해 '그다지 허전하지 않았다'고 반응하면서 자신이 발견한 겸재 그림의 의미를 진술하고 있다.

⑤ ㉠은 화자에게 자신의 삶을 가다듬는 역할을 수행하고, ㉡은 글쓴이에게 자신의 삶을 비판하는 계기로 작용한다.
(나)의 화자가 ㉠을 통해 '자신의 삶을 가다듬'게 되는지 확인할 수 없으며, (다)의 글쓴이 역시 ㉡을 통해 자신의 삶을 비판하는 모습을 보이고 있지 않다.

05

답 | ④

<보기>를 바탕으로 [C]를 읽은 독자의 반응으로 적절하지 <u>않은</u> 것은?

겸재는 산을 그리면서도 뺄 건 빼고 과장할 것은 과장하면서 필요한 경우에는 자리를 옮겨 가면서까지 자신이 생각하는 구도로 풍경을 재구성하였다. 한 폭의 그림 속에서 물과 바다, 하늘과 땅, 그리고 정자와 인간을 포함한 모든 대상이 화가의 시선에 의해 재구성되어 회화의 구도상 의미를 지닌 자리에 놓일 때야말로 진정한 그림의 요체가 드러나기 때문에, 겸재의 그림은 실물과 똑같이 그리는 것이 능사가 아니라는 점을 증명하고 있다.

정답 선지 분석

④ '인간과 인간에 직접 관련된 것들'을 '비교적 명료한 사실성을 띠'도록 그린다는 뜻은, 대상을 회화의 구도상 의미를 지닌 자리로 옮겨 풍경의 원근감을 보이는 그대로 실현해야 한다는 의미이겠군.

[C]에서 '인간과 인간에 직접 관련된 것들'이 띠고 있는 '비교적 명료한 사실성'은 '원근에 의해 정립되는 사실성이 아니라, 세계를 관찰하는 인간과의 관계 속에서 정립되는 사실성'이라고 하였다. '풍경의 원근감을 보이는 그대로 실현'하는 것은 <보기>의 '실물과 똑같이 그리는 것'에 상응하는 것인데, 이것이 능사가 아니라는 점을 증명한 것이 겸재의 그림이라는 점에서 이는 적절하지 않은 반응이다.

오답 선지 분석

① '먼 산을 그릴 때' 그 거리에 집착하지 않는 까닭은, 실물과 똑같이 그리는 것이 능사가 아니기 때문이겠군.

'먼 산을 그릴 때' 겸재가 그리는 것은 '그 산과 인간 사이의 거리'가 아닌 '그 거리를 들여다보는 시선의 깊이'라고 하였다. 이는 '실물과 똑같이 그리는 것이 능사가 아니라는' <보기>의 진술에서도 확인할 수 있다.

② '그 거리를 들여다보는 시선의 깊이를 그린다'는 뜻은, 화가가 자신의 시선으로 풍경을 재구성하는 작업이 중요하다는 의미이겠군.

<보기>에 의하면 겸재는 산을 그리면서도 자신이 생각한 구도로 풍경을 재구성하였다고 했으며, 모든 대상이 화가의 시선에 의해 재구성되어 회화의 구도상 의미를 지닌 자리에 놓일 때야말로 진정한 그림의 요체가 드러난다고 하였다. [C]에서 '그 거리를 들여다보는 시선의 깊이를 그린다'는 것은 이러한 의미를 반영한 구절로 볼 수 있다.

③ '가깝다는 이유만으로 사실성을 부여받지 않'는 까닭은, 대상을 표현할 때 뺄 건 빼고 과장할 것은 과장할 수 있다는 화가의 생각 때문이겠군.

'가깝다는 이유만으로 사실성을 부여받지 않'는 것은 가까이 있는 대상들 역시 화가의 시선에 의해 재구성되어 빼거나 과장될 수 있다는 <보기>의 설명과 상응하는 것으로 볼 수 있다.

⑤ '세계를 관찰하는 인간과의 관계 속'에서 사실성이 '정립'되는 까닭은, 화가의 의도에 따라 풍경을 재구성하는 창작 작업을 통해 그림의 요체가 드러나기 때문이겠군.

<보기>에 의하면 모든 대상이 화가의 시선에 의해 재구성될 때 진정한 그림의 요체가 드러난다고 하였다. [C]의 '세계를 관찰하는 인간'은 화가를 지칭하는 것으로 화가와 세계의 관계 속에서 사실성이 정립된다는 것은 이러한 의미를 드러내는 것임을 알 수 있다.

DAY 6 〈오래된 일기〉_이승우

빠른 정답 체크

01 ④ **02** ⑤ **03** ③ **04** ⑤

어느 여름날 나는 <u>얼음과자를 사 먹기 위해 아버지의 지갑에서 천 원짜리 한 장을 훔쳤다.</u> 처음에는 아버지가 눈치채지 못할
> 유년 시절 '나'의 내적 갈등의 원인

거라는 생각이 압도적이었다.「천 원짜리가 한 장만 있었다면 몰라도 다섯 장이나 있었다. 다섯 장 가운데 한 장 없어진 걸 어떻
> 「」: 아버지가 자신의 잘못을 모를 것이라고 믿음

게 안단 말인가. 아버지가 그렇게 꼼꼼한 사람은 아니지 않은가. 돈을 빼내고, 얼음과자를 사기 위해 달려가고, 마침내 그 달콤하고 차가운 얼음과자를 입에 넣고 빨 때까지 나의 범죄가 들통나지 않을 거라는 확신으로 충만해 있었다.」그 단단한 확신의 원천은 욕망이었다. <u>달콤하고 시원한 얼음과자를 입에 넣고 빨아먹고 싶은 너무 큰 욕망이 염려와 불안을 잠재웠다.</u> 그러나 얼음과
> 욕망이 염려와 불안을 이김

자의 부피가 줄어들고 숨어 있던 막대가 드러나면서 염려와 불안은 서서히 깨어났다. 그렇게 단단하던 확신은 어느 순간 얼음
> 아버지가 자신의 잘못을 모를 것이라는 확신

과자 녹듯 녹아 흘렀다. 아버지가 천 원짜리 한 장 없어진 걸 눈치채지 못할 리가 없다는 쪽으로 생각이 급격히 기울었다. 안도
> 아버지가 자신의 잘못을 알아챌 것이라고 생각함

의 구실이 되어 주었던 다섯 장이라는 지폐의 숫자도 다르게 해석되었다. ㉠ <u>천 원짜리가 고작 다섯 장밖에 없었지 않은가. 다섯</u>
> 천 원짜리 다섯 장에 대한 '나'의 인식이 변화함

장 가운데 한 장 없어진 걸 어떻게 모른단 말인가. 아버지가 그렇게 주의력이 없는 사람은 아니지 않은가. 얼음이 녹아 손등으로 흐르고 얼음 속에 숨어 있던 동그란 막대가 거의 다 드러날 즈음 <u>얼음과자는 내 입 안에서 다만 얼얼할 뿐 더 이상 아무 맛도 내지</u>
> 염려와 불안 때문에 얼음과자의 맛이 느껴지지 않음

<u>않았다.</u> 잊고 있었던 두려움이 서서히 몰려왔다. <u>막대를 빨고 있는 내 모습을 본 친척 누나가 돈이 어디서 나서 그걸 사 먹느냐</u>
> 돈의 출처를 묻는 친척 누나의 질문에 두려움을 느낌

<u>고 물었을 때 내 얼굴은 하얗게 질렸다.</u> 누나는 고자질을 할 것이다. 아버지가 지갑의 돈이 없어진 사실을 알게 되는 건 시간문제일 뿐이다. ㉡ <u>손에 들고 있는 얼음과자의 막대가 몽둥이처럼 여</u>
> 자신이 저지른 일을 후회하며 두려움을 느낌

<u>겨져서 나는 얼른 길바닥에 버렸다.</u>

그러자 이내 <u>학교 선생님과 같은 반 친구에게 품었던 것과 같은</u>
> '나'가 이전에도 똑같은 심리 변화를 느꼈음을 알 수 있음

<u>바람이 자연스럽게 되살아났다. 아버지가 집에 돌아오지 않았으</u>
> '나'의 바람

<u>면 좋겠다. 아버지가 사라져 버렸으면 좋겠다.</u> ㉢ <u>그 바람은 거의</u>
> '나'의 바람은 본능적이고 즉흥적인 것이었음

<u>무의식적인 것이었다. 나는 내가 무얼 원하는지도 분명하게 알지</u>
>

<u>못했다.</u> 그저 <u>종아리와 엉덩이에 떨어질 몽둥이의 공포로부터 벗</u>
> '나'가 아버지가 돌아오지 않기를 바란 이유 → 아버지에 대한 악의 때문이 아님

<u>어나고 싶을 뿐이었다.</u>

그런데 믿을 수 없는 일이 일어났다. 한 번도 이루어지지 않았던 마음속의 바람이 하필이면 그때 이루어졌다. <u>아버지는 돌아오지 않았다. 아니, 돌아오긴 했다. 그러나 아버지는 나를 야단칠</u>
> '나'의 바람이 이루어지기는 하였으나, 아버지에게 문제가 생겼음

수 없는 몸으로 돌아왔다. 아버지가 타고 있던 이웃 어른의 트럭
_{아버지의 사고 원인}
이 언덕 아래로 굴렀다고 했다. 아버지는 술에 취한 상태였고, 운
전을 한 이웃 역시 취한 상태였다. 아버지가 취한 것은 괜찮지만,
운전자가 취한 것은 괜찮지 않았다. 병원에 옮겨진 아버지는, 의
식을 잃은 채 일주일을 살았다. 그리고 천 원의 행방을 따지지 않
_{아버지는 교통사고로 돌아가시게 됨}
고, 따질 수도 없는 곳으로 사라지고 말았다.

[중략 부분의 줄거리] 아버지의 죽음으로 충격에 빠진 '나'는 큰댁에서 살게
되고, 큰아버지의 도움으로 대학에 진학했다. 이후 방위병으로 근무하기 위해
고향에 내려온 '나'는 동갑내기 사촌인 규와 함께 지내며 소설에 관심을 가지게
되었다.

내 신경의 어떤 부분을 건드린 것은 「소설 속의 소설가, 나아가
「: '나'가 소설을 쓰게 된 이유
그 소설을 쓴 소설가가 그 지루하고 장황한 자기변명을 끈질기
게 되풀이함으로써 얻어 내려 하고 있는, 마침내 얻어 냈을 효과
였다.」확실하고 또렷하게 그 효과의 이름을 부를 수는 없지만, 그
순간 나는 **소설을 왜 쓰는지 온전히 이해했다**고 느꼈다. 어떤 의
식의 반영이었는지 분명치 않은 채로 나는 문득 그 소설을 한 권
의 일기장처럼 인식했다. 아마도 소설가는 따로 일기를 쓰지 않
_{'나'에게 있어 소설은 일기와도 같음}
겠구나, 적어도 이 소설가는 따로 일기를 쓸 필요가 없겠구나, 하
는 생각이, ㉢ 여름 한낮 폭우가 쏟아지듯 느닷없이, 그야말로 불
「: '나'가 소설을 쓰고 싶다는 충동을 느낌
쑥 덮쳤다. 폭우는 조금 더 쏟아졌다. 나는 낡은 일기장을 버리고
_{담임 선생님, 친구, 아버지와 관련된 죄의식이 서사의 동력이 됨}
새 일기장을 가지고 싶어졌다. 그것은 매우 당황스러운 충동이었
다.」생각해 보지 못한 의외의 열망에 사로잡혀서 나는 무언가를
_{새 일기장을 갖고 싶다(소설을 쓰고 싶다는 열망)}
끼적이기 시작했다. 그것이 소설이 된다는 생각은 하지 않았다.
소설이 아니라 일기, ㉤ 새로운 방식의 일기를 쓴다는 의식에 붙
_{'나'는 자신이 소설을 쓰고 있다는 의식 없이 일기를 쓰는 데만 몰두함}
들려 있었을 뿐이었다.

나는 우선 숙제를 하지 않은 날 아침, 담임 선생님이 아파서 학
_{숙제를 하지 않아 담임 선생님이 사라지기를 바랐던 과거의 일}
교에 나오지 못하거나 갑작스럽게 전근을 가는 상상을 하는 장면
부터 써 나갔다. 학교 앞 가게에서 구슬 몇 개를 훔치는 이야기도
썼다. 우연히 눈이 마주친 같은 반 친구의 눈빛에서 시작된 걷잡
을 길 없는 불안과 두려움에 대해서도 썼다.

┌─ ……그가 '우리 반 반장은 도둑놈이래요' 하고 떠들고 다니
│   _{'나'가 두려움을 느낀 이유}
│ 는 장면이 머릿속에서 반복적으로 영사되는 바람에 미칠 것
│ 같았다. 어쩐 일인지 그는 그런 소문을 퍼뜨리지는 않았다.
│ 그런데도 불안은 사라지지 않았다. 오히려 언제 도둑놈 소리
│ 를 듣게 될지 모른다고 생각하니까 마음이 더 불안하고 무서
│ 웠다. 나는 그 친구가 없어져 버렸으면 좋겠다고 간절하게 바
│   _{자신의 잘못을 알고 있는 친구가 사라지기를 바랐던 과거의 일}
└─ 라기 시작했다. 아프든 죽든(세상에! 어떻게 그럴 수 있단 말

인가, 하고 탄식하는 목소리가 들리는 듯하다. 그러나 특별히
┌─
[A] 내 머릿속에만 악마가 살고 있었다고 생각하고 싶지는 않다.
│   _{'나'는 특별한 악의를 가지고 친구가 사라지기를 바란 것이 아님}
│ 사실 꼭 악마에게 떠넘길 일도 아니다. 나는 어린아이들이 순
│ 진하다는 믿음은 어른들이 내놓고 속아 주는 미신이라고 생
│ 각한다. 아니, 순진하다고 해도 달라지는 것은 없다. 순진함
│ 은 때로, 그것이 악인 줄 모르고, 왜냐하면 순진하니까, 악마
│   _{어린아이들이 때로 악한 생각을 품는 이유}
│ 를 연기하곤 한다. 악마가 순진함의 외양을 가지고 있든, 순
│ 진함이 악마의 내용을 가지고 있든 무슨 차이란 말인가!) 어
│ 떻게든 사라져 버리라고 주문을 외기도 했다. 물론 내 바람과
└─ 주문은 이루어지지 않았다……

나는 밤에 쓰고 아침에 출근했다. 지난밤에 쓴 글을 다음날 밤
_{치열한 자아 성찰을 바탕으로 소설 쓰기를 지속함}
에 지우고 **다시 쓰는 일을 반복**했다. 어떤 부분은 **열 번도 더 고
쳐 썼다**. 중간에서 지우고 처음부터 다시 시작하기도 했다. 문장
은 낮은 포복으로 아주 조금씩 나아갔다. 문장을 쓰는 동안 내 안
_{'나'는 천천히 글을 써나감}
에서 드러내려는 욕구와 은폐하려는 욕구가 치열하게 싸운다는
_{자신의 잘못을 드러내려는 욕구와 은폐하려는 욕구}
걸 나는 알았다. 문장들은 서로 부딪치고 충돌하고 갈등했다. 그
때문에 **모순에 가득 찬 피투성이의 문장들이** 만들어졌다. 앞에
_{'나'의 드러내려는 욕구와 은폐하려는 욕구가 끊임없이 갈등함}
쓴 문장을 덮기 위해 새로운 문장을 고르는 식의 글쓰기는 진을
빼내는 작업이었다. 나는 피곤과 수면 부족과 허기 때문에 고통
_{'나'는 소설을 씀으로써 고백을 통해 자기 정화를 경험함}
스러웠지만, 이해할 수 없는 **가학적 열망에 붙들려** 끈기 있게 문
장들과 싸웠다. **무엇에 씐 것 같은 시절이었다.**

― 이승우, 〈오래된 일기〉 ―

01

답 | ④

윗글의 '나'에 대한 이해로 가장 적절한 것은?

정답 선지 분석

④ 학교 앞 가게에서 구슬을 훔치고 난 뒤 불안감에 사로잡혀 지냈다.

'나'는 일기를 쓴다는 생각으로 글을 쓰면서, 과거에 학교 앞 가게에서 구슬 몇 개를 훔쳤던
일과 그때 느꼈던 불안, 두려움 등을 써 나갔다.

오답 선지 분석

① 경제적 형편 때문에 소설가의 꿈을 포기했다.

성인이 된 '나'는 사촌인 규와 함께 지내면서 소설에 관심을 가지게 되었고, 새로운 방식의
일기를 쓴다는 의식에 붙들려 소설을 쓰기 시작한다. 경제적 형편 때문에 소설가의 꿈을 포
기했다는 내용은 윗글을 통해 알 수 없다.

② 어릴 적 친척 누나와 함께 아버지의 돈을 훔치곤 했다.

'나'는 친척 누나가 아버지에게 돈을 훔쳤다는 것을 말하게 될까 봐 두려워했을 뿐, '나'가 친
척 누나와 함께 아버지의 돈을 훔친 것은 아니다.

③ 방위병으로 근무하면서 아버지가 죽게 된 이유를 알게 되었다.

'나'는 아버지의 지갑에서 돈을 훔쳐 얼음과자를 사 먹은 뒤 두려움을 느끼고 아버지가 사라
져 버렸으면 좋겠다고 생각했다. 그런데 '나'가 그런 생각을 한 바로 그날, '나'의 아버지는 교
통사고를 당해 의식을 잃었고 일주일 만에 돌아가셨다. '나'가 방위병으로 근무하면서 아버
지가 죽게 된 이유를 알게 된 것은 아니다.

⑤ 가장의 역할을 제대로 하지 못하고 있는 아버지를 오랫동안 원망했다.
'나'는 아버지의 죽음과 관련하여 죄의식을 갖고 있다. '나'는 가장의 역할을 제대로 하지 못하고 있다는 이유로 아버지를 원망하지 않았다.

02

답 | ⑤

[A]에 대한 설명으로 가장 적절한 것은?

정답 선지 분석

⑤ 과거의 일에 대한 내적 목소리를 삽입하여 인물 자신의 행위를 조명하고 있다.
[A]는 '나'가 쓴 소설에 해당하는 것으로, [A]에는 같은 반 친구가 없어져 버렸으면 좋겠다고 바랐던 과거의 일에 대한 내적 반응이 '나'의 목소리로 삽입되어 있다. '나'는 과거의 그 일이 순진함 때문에 일어난 일이라고 해도 달라지는 것은 없다고 하면서 과거 자신의 행위를 조명하고 있다.

오답 선지 분석

① 공간 이동에 따라 변화하는 인물의 심리를 추적하고 있다.
[A]는 '나'가 과거의 경험을 바탕으로 쓰게 된 소설의 내용 일부로, '나'의 심리가 드러나고는 있으나, 공간 이동에 따라 변화하는 인물의 심리를 추적하고 있지는 않다.

② 인물이 주목한 다른 인물들의 과오에 대한 평가를 나열하고 있다.
[A]는 '나'가 과거 자신의 행동을 고백하는 것으로, 다른 인물들의 과오에 대한 평가를 나열하고 있지는 않다.

③ 인물들 간의 외적 갈등이 심화되는 과정을 요약적으로 제시하고 있다.
[A]는 '나'의 내적 갈등을 드러내는 것으로 볼 수는 있으나, 인물들 간의 외적 갈등이 심화되는 과정을 제시하고 있지는 않다.

④ 동시적 사건들의 병치로 사건에 대한 서로 다른 관점을 드러내고 있다.
[A]에서는 동시적 사건들을 병치하고 있지 않다.

03

답 | ③

㉠~㉤에 대한 이해로 적절하지 <u>않은</u> 것은?

정답 선지 분석

③ ㉢: 아버지에 대한 '나'의 바람이 오래도록 지녀 왔던 생각임을 알 수 있다.
'나'는 얼음과자를 사 먹기 위해 아버지의 지갑에서 돈을 훔치고 난 뒤 두려움과 불안감에 아버지가 사라져 버렸으면 좋겠다고 바랐다. ㉢은 아버지에 대한 '나'의 바람이 본능적이고 즉흥적이었음을 말해 주고 있다. 아버지에 대한 '나'의 바람이 오래도록 지녀 왔던 것은 아니다.

오답 선지 분석

① ㉠: 지갑 속 천 원짜리 다섯 장에 대한 '나'의 인식에 변화가 생겼음을 알 수 있다.
얼음과자를 사 먹고 싶다는 욕망에 사로잡힌 '나'는 아버지의 지갑에 천 원짜리가 다섯 장이나 있으니 아버지가 천 원짜리 한 장이 없어진 것을 알 수는 없을 것이라고 생각했다. 아버지의 돈을 훔쳐 얼음과자를 사 먹은 후에 '나'는 아버지의 지갑에는 천 원짜리가 고작 다섯 장밖에 없었다며 다섯 장이라는 지폐의 숫자를 다르게 해석하게 되었다. 지갑 속 천 원짜리 다섯 장에 대한 '나'의 인식에 변화가 생긴 것이다.

② ㉡: 자신이 저지른 행동을 후회하며 '나'가 두려움을 느꼈음을 알 수 있다.
얼음과자를 먹는 '나'를 보고 '돈이 어디서 나서 그걸 사 먹느냐'는 친척 누나의 질문에, '나'는 친척 누나가 아버지에게 고자질을 하여 아버지가 돈을 훔친 것을 알게 될 것이라고 생각하고 있다. 따라서 '손에 들고 있는 얼음과자의 막대가 몽둥이처럼 여겨'진 것은 자신이 저지른 일을 후회하며 두려움을 느끼는 것으로 볼 수 있다.

④ ㉣: '나'가 글쓰기에 대한 열망을 갖게 된 계기가 갑작스러우면서도 강렬한 것이었음을 알 수 있다.
'나'는 소설가의 창작이 일기처럼 자기 고백의 과정이라는 것을 '여름 한낮 폭우가 쏟아지듯 느닷없이' 느꼈으므로 글쓰기에 대한 열망을 갖게 된 계기가 갑작스러우면서도 강렬한 것이라고 볼 수 있다.

⑤ ㉤: '나'가 소설을 쓰고 있다는 의식 없이 자신을 돌아보는 글을 쓰는 데 몰두하였음을 알 수 있다.
'나'가 소설 쓰기를 '새로운 방식의 일기를 쓴다는 의식에 붙들려 있었'다고 말한 것으로 보아 소설을 쓰고 있다는 의식 없이 자신을 돌아보는 글, 즉 일기를 쓰는 데 몰두하였다고 볼 수 있다.

04

답 | ⑤

<보기>를 바탕으로 윗글을 감상한 내용으로 적절하지 <u>않은</u> 것은?

보기

인간의 내면에 자리한 죄의식은 서사의 출발점이 되고 서사를 지속하게 하는 힘이 될 수 있다. 자아 성찰을 바탕으로 하는 소설 쓰기는 자아의 치부를 드러내려는 욕망과 은폐하려는 욕망의 힘겨루기를 통해 이루어지는데, 이러한 과정은 자기 변명을 통해 고백의 부담을 덜면서 자기 정화를 경험할 수 있게 해 준다.

정답 선지 분석

⑤ '나'가 '가학적 열망에 붙들려' '무엇에 씐 것 같은 시절'을 보낸 것은, 소설 쓰기가 수반하는 피곤과 수면 부족 등의 육체적 고통이 '나'의 고백의 부담을 덜어 주었기 때문이겠군.
'나'는 피곤과 수면 부족과 허기 때문에 고통스러웠지만 무엇에 씐 것 같이 소설 쓰기에 몰두하였다. '나'에게 있어 소설 쓰기는 고백을 통해 자기 정화를 경험하는 일련의 과정으로서 의미가 있었기 때문이다. 육체적 고통이 고백에 대한 부담을 덜어 주었기 때문에 '나'가 치열하게 소설 쓰기를 한 것은 아니다.

오답 선지 분석

① '나'가 '소설을 왜 쓰는지 온전히 이해했다'는 것은, 소설 쓰기가 자기 변명을 통해 자기 정화를 경험하게 할 수 있다는 '나'의 생각이 내포되어 있는 것으로 볼 수 있겠군.
'나'는 소설가가 지루하고 장황한 자기 변명을 끈질기게 되풀이함으로써 얻어 냈을 효과를 생각하다가 소설을 왜 쓰는지 온전히 이해했다고 느꼈고, 그 소설을 한 권의 일기장처럼 인식했다고 하였으므로 '나'는 소설 쓰기가 자기 변명을 통해 자기 정화를 경험하게 할 수 있음을 깨닫게 된 것이다.

② '나'가 '새 일기장을 가지고 싶어'진 것은, 담임 선생님, 친구, 아버지와 관련하여 '나'가 느끼고 있는 죄의식이 서사의 동력이 되었기 때문이겠군.
〈보기〉에서 죄의식은 서사의 출발점이 되고 서사를 지속하게 하는 힘이라고 한 것을 볼 때, '나'가 '낡은 일기장을 버리고 새 일기장을 가지고 싶어'진 것은 담임 선생님, 친구, 아버지에 대한 '나'의 죄의식이 서사의 출발점이자 서사를 지속하게 하는 힘이 되었기 때문이다.

③ '나'가 '다시 쓰는 일을 반복'하며 '열 번도 더 고쳐 썼다'는 것은, '나'가 치열한 자아 성찰을 바탕으로 소설 쓰기를 지속하였다는 것으로 볼 수 있겠군.
'나'가 자신의 과거 경험을 다룬 글을 '다시 쓰는 일을 반복'하며 고쳐 썼다는 것은 '나'의 치열한 자아 성찰의 결과물이라 할 수 있다.

④ '나'가 '모순에 가득 찬 피투성이의 문장들'을 '만들어' 냈다는 것은, '나'의 소설 쓰기가 드러내려는 욕망과 은폐하려는 욕망의 힘겨루기를 통해 이루어졌음을 말해 주는 것이겠군.
'모순에 가득 찬 피투성이의 문장들'은 '드러내려는 욕구'와 '은폐하려는 욕구' 두 가지 상반된 욕구 사이의 갈등으로 완성된 결과물이므로 적절하다.

빠른 정답 체크

01 ④　　**02** ⑤　　**03** ①　　**04** ⑤　　**05** ①

가

진행자: 안녕하십니까? 특별 기획 '박물관에 바란다'입니다. 우리
지역 박물관은 증축을 추진하면서 시민 건의를 받고 있습니다.
오늘은 <u>우리 지역 박물관의 발전적 변화를 모색하고자 전문가</u>
　　　　　　　방송 대담의 목적
두 분을 모셨습니다. 먼저 <u>공간 구성에 관한 사항을 논의하겠</u>
　　　　　　　방송 대담의 논의 주제 ①
습니다.

전문가 1: 이 지역은 ○○ 문화의 중심지였고, 박물관에서는 토
기와 왕릉의 왕관 등 ○○ 문화의 흥망성쇠를 보여 주는 유물
　　　　　　　상설 전시실의 규모를 확대해야 하는 이유
을 다수 보유하고 있습니다. 따라서 <u>○○ 문화권 상설 전시실</u>
<u>의 규모를 확대할 것</u>을 제안합니다.
전문가 1의 주장

진행자: <u>지역의 역사와 유물을 고려해 상설 전시실 규모를</u>　┐
　　　　　전문가 1의 발언을 요약함　　　　　　　　　　　　 [A]
<u>늘리자는 말씀이군요. 이에 대해 어떻게 생각하시나요?</u>　　┘
　　　　　　　　전문가 2의 의견을 물음
전문가 2: 저 역시 동의합니다. 그리고 이번 기회에 교육, 공연,
　　　　　전문가 1의 제안에 동의함
시민 교류 등을 위한 <u>시민 활용 공간들을 확보해서 박물관을</u>
　　　　　　　　　　　　전문가 2의 주장
<u>복합 문화 공간으로 조성</u>해야 합니다.

전문가 1: 「교육 공간의 확보에 대해서는 같은 생각입니다. 하지
「」: 전문가 2의 주장에 일부 동의하며, 자신이 생각하는 우선순위를 밝힘
만 교육 공간 이외의 시민 활용 공간보다 유물 보존을 위한 공
　　공연, 시민 교류 등의 시민 활용 공간보다 유물 보존을 위한 공간이 더 중요함
간을 확보하는 것이 더 중요합니다.」

진행자: <u>보존 공간의 확보가 중요한 이유는 무엇인가요?</u>
　　　　　전문가 1에게 구체적인 설명을 요청함
전문가 1: <u>인류의 귀중한 유산을 보존하는 게 박물관 본연의 기</u>
　　　　　　　보존 공간의 확보가 중요한 이유를 제시함
<u>능이기 때문</u>입니다. 보존 공간이 부족해 5년 만에 재증축한 □
　　　　　　　　　　　　　구체적인 사례를 들어 주장을 뒷받침함
□ 박물관의 전철을 밟으면 곤란합니다. 증축할 공간에 한계
가 있으니 본연의 기능에 집중해야 하지 않을까요?
질문의 형식을 사용하여 자신의 주장을 강조함
전문가 2: 말씀에 공감하지만, 이번 증축을 계기로 박물관이 시
　　　　　유물 보존보다 시민 활용 공간을 확보해야 한다는 주장을 바꾸지 않음
민에게 더 다가가는 공간이 되었으면 합니다.

진행자: <u>공간 구성에 대한 두 분의 좋은 말씀 고맙습니다. 다</u>　┐
　　　　공간 구성에 대한 논의를 마무리함　　　　　　　　　　　[B]
<u>음으로 운영상 중점을 둘 부분을 논의해 볼까요?</u>　　　　　┘
　　　　　방송 대담의 논의 주제 ②
전문가 1: 「박물관의 핵심은 유물 보존과 연구입니다. 특히 충분
「」: 유물 연구를 강화해야 하는 이유
한 연구가 전제되지 않으면 내실 있는 전시가 어렵습니다.」 따
라서 <u>유물 연구를 강화</u>해야 합니다.
전문가 1의 주장
전문가 2: 최근 새로 제시된 박물관의 정의에 공동체의 참여에
관한 내용이 추가되었지요. 이는 <u>박물관 운영 과정에서 시민</u>
　　　　　　　　　　　　　　　　전문가 2의 주장
<u>의 의견을 적극 수용해야 한다</u>는 의미로 볼 수 있습니다. 저는
이 점이 중요하다고 생각합니다.

진행자: 방금 하신 말씀이 어떤 식으로 실현될지 궁금하네요.
　　　　　전문가 2에게 구체적인 설명을 요청함
전문가 2: <u>박물관에서 운영할 교육 프로그램 기획 단계에서 시</u>
　　　　　박물관 운영 과정에서 시민의 의견 수용을 실현하는 방법
<u>민에게 의견을 묻고 이를 운영에 반영</u>할 수 있습니다.

진행자: 시민에게 의견을 묻고 이를 운영에 반영하면 <u>수요자</u>┐
　　　　　　　　　　　　　　　　　　　　　　　　　　　　[C]
<u>의 요구에 맞는 교육 프로그램 운영이 가능</u>하겠군요.　　　┘
　　　　　전문가 2의 주장을 따랐을 때 예상되는 효과를 밝힘

나

학생회장: '박물관에 바란다'를 보고 <u>우리도 박물관에 건의하기</u>
　　　　　　　　　　　　　　　　　대화의 주제
<u>로 했잖아</u>. 무엇을 건의할지 이야기해 보자.

학생 1: <u>전문가가 우리 지역은 ○○ 문화의 중심지였다고 했으</u>
　　　　　전문가 1의 발언을 근거로 삼음 ①
<u>니</u>, 박물관을 왕릉 모양으로 만들면 뜻깊을 거야.
　　　　　학생 1의 건의 ①
학생 2: 흥미롭지만 현실적으로 어렵지 않을까?
　　　　　학생 1의 건의 사항을 실현 가능성 측면에서 판단함
학생 1: 그럼 진로 체험 강좌를 운영해 달라는 건 어때?
　　　　　　　　　　학생 1의 건의 ②
학생 2: 그래. <u>역사학 관련 체험 강좌가 박물관에 없어서 진로 체</u>
　　　　　　현재의 문제 상황을 언급하며 학생 1의 건의 ②에 동의함
<u>험 기회가 부족한 게 문제</u>였잖아.

학생회장: <u>방송에서 유물 보존과 연구가 박물관의 핵심이라고</u>
　　　　　　　　전문가 1의 발언을 근거로 삼음 ②
<u>했는데</u>, 이와 관련한 강좌는 진로 개발에 큰 도움이 될 거야.
예상되는 효과를 제시하며 학생 1의 건의 ②에 동의함
또 다른 건의 사항 있어?

학생 1: <u>설명 위주의 기존 전시 방식에 친구들의 불만이 많잖아</u>.
　　　　　　　　　　건의 ③의 배경
<u>유물 모형을 만져 보며 체험할 수 있는 공간을 만들어 달라고</u>
　　　　　　　　　　　　　학생 1의 건의 ③
건의하자.

학생 2: 맞아. <u>박물관이 다양한 시민 활용 공간을 확보해야 한다</u>
　　　　　　　전문가 2의 발언을 근거로 학생 1의 건의 ③에 동의함
<u>고 전문가도 그랬잖아</u>.

학생회장: 이야기한 내용을 바탕으로 글을 써 볼게.

다

❶ 박물관장님, 안녕하세요? 저는 △△ 고등학교 김◇◇입니다.
　　　　　　　　　　　　　　　　　　　　글쓴이 소개
<u>증축을 앞둔 박물관에 건의 사항이 있습니다.</u>
　　　　　글의 목적
❷ 첫째, <u>유물 모형을 체험할 수 있는 공간을 마련해 주십시오.</u>
　　　　　　　　　　　건의 사항 ①
저희 청소년은 체험해 보는 교육 활동을 좋아합니다. 그런데 기
존 박물관은 유리벽 안의 유물에 대한 설명만 있어서 청소년의
<u>불만이 많습니다.</u> 유물 모형을 만져 보며 체험하는 공간이 생긴
건의 사항 ①의 근거
다면, ㉠ <u>지역의 많은 청소년이 유물의 가치에 대해 더 재미있게</u>
　　　　　　　　건의 사항 ①의 예상 효과 ①
<u>배울 수 있을 것</u>입니다. 또한 <u>박물관을 홍보하는 효과가 있을 것</u>
　　　　　　　　　　　　　　　건의 사항 ①의 예상 효과 ②
입니다. ㉡ <u>체험 중 안전사고를 우려하실 수 있지만 이 문제는 자</u>
　　　　　　예상되는 문제점과 해결 방법, 해결 방법을 따랐을 때의 이점
<u>원봉사자의 참여로 해결 가능하며, 이는 청소년에게 자원봉사의</u>
<u>기회를 제공하는 이점</u>도 있습니다.
❸ 둘째, <u>청소년 대상의 진로 체험 강좌를 운영해 주십시오.</u> 우리
　　　　　　　건의 사항 ②
지역은 ○○ 문화의 중심지여서 많은 청소년이 역사적 자긍심을

느끼고 있습니다. 그래서 역사학에 관심이 있는 청소년이 많은
건의 사항 ②의 근거
편이지만, 진로 체험의 기회는 부족합니다. 유물의 보존과 연구
에 대해 배우는 강좌가 운영된다면, 지역 청소년의 진로 개발에
건의 사항 ②의 예상 효과
큰 도움이 될 것입니다.

❹ 건의를 수용할 경우 ⓒ 박물관 운영에 부담이 된다고 우려하실
상대방이 우려하는 점을 미리 언급하고, 이보다 건의 수용의 기대 효과가 더 클 것을 강조함
수 있지만, 이보다 청소년이 꿈을 키우고 지역에 대한 청소년의
자긍심이 높아지는 효과가 더 클 것입니다. 증축될 박물관은 자
랑스러운 역사를 간직한 참여의 공간이 될 것입니다. 고맙습니다.

01

답 | ④

[A]~[C]에 대한 설명으로 가장 적절한 것은?

정답 선지 분석

④ [B]: '전문가 1'과 '전문가 2'가 밝힌 의견에 대해 감사를 표한 후 이어서 논
의할 사항을 제시하고 있다.

[B]에서 진행자는 앞서 '전문가 1'과 '전문가 2'가 박물관의 공간 구성에 대해 밝힌 의견에 대
하여 '공간 구성에 대한 두 분의 좋은 말씀 고맙습니다.'라며 감사를 표하고 있다. 그런 뒤, 이
어서 논의할 사항으로 '운영상 중점을 둘 부분'을 제시하고 있다.

오답 선지 분석

① [A]: '전문가 1'의 질문 내용을 요약하며 이에 대한 '전문가 2'의 생각을 묻
고 있다.

[A]에 앞서 '전문가 1'은 이 지역이 ○○ 문화의 중심지라는 역사가 있고, 박물관에서는 ○○
문화의 흥망성쇠를 보여 주는 유물을 다수 보유하고 있다는 점을 들어 ○○ 문화권 상설 전
시실의 규모를 확대할 것을 제안하고 있다. 그리고 [A]에서 진행자는 '전문가 1'이 제안한 내
용을 요약하며 이에 대한 '전문가 2'의 생각을 묻고 있다. [A]에서 '전문가 1'이 진행자에게
질문을 하고 있지는 않다.

② [A]: '전문가 1'의 답변 중 이해가 어려운 내용을 밝히며 추가 답변을 요청
하고 있다.

[A]에서 진행자가 '전문가 1'의 답변 중 이해가 어려운 내용을 밝힌 부분은 없고, '전문가 1'
에게 추가 답변을 요청하고 있지도 않다.

③ [B]: '전문가 1'과 '전문가 2'의 제안을 종합한 후 이에 대한 자신의 의견을
제시하고 있다.

[B]에서 진행자는 '전문가 1'과 '전문가 2'의 의견에 대해 감사를 표할 뿐, 두 사람의 제안을
종합하고 있지 않다. 또한 [B]에서 진행자가 공간 구성에 대한 자신의 의견을 제시한 부분은
없다.

⑤ [C]: '전문가 2'가 언급한 내용의 일부를 재진술하며 예상되는 문제를 밝히
고 있다.

[C]에 앞서 '전문가 2'는 박물관에서 운영할 교육 프로그램 기획 단계에서 시민에게 의견을
묻고 이를 운영에 반영할 수 있다는 의견을 제시하고 있다. 진행자는 [C]에서 '전문가 2'가
언급한 내용 중 일부를 재진술하며 그렇게 되면 수요자의 요구에 맞는 교육 프로그램 운영이
가능하겠다며 예상되는 효과를 밝히고 있는 것이지, 예상되는 문제를 밝히는 것은 아니다.

02

답 | ⑤

다음은 (가)의 전문가들이 대담을 준비하며 쓴 메모의 일부이다. ⓐ~ⓔ와 관련하여 계획한 내용 중 (가)에 나타나지 않은 것은?

[전문가 1]	[전문가 2]
• ○○ 문화권 상설 전시실 규모 확대가 필요함. ……… ⓐ	• 박물관 운영 과정에서 시민 의견이 적극 수용되어야 함. … ⓓ
• 유물 연구가 강화될 필요가 있음. ………… ⓑ	• 박물관이 복합 문화 공간이 되어야 함. ………… ⓔ
• 유물 보존 공간이 충분히 확보되어야 함. ……… ⓒ	

정답 선지 분석

⑤ ⓔ: 박물관을 복합 문화 공간으로 만들면 공간별로 시민이 얻을 수 있는 효
과가 다양함을 이유로 제시한다.

ⓔ와 관련하여 (가)의 '전문가 2'는 첫 번째 발화에서 교육, 공연, 시민 교류 등을 위한 시민
활용 공간들을 확보해서 박물관을 복합 문화 공간으로 조성해야 한다고 주장하였다. 하지만
그 근거로 공간별로 시민이 얻을 수 있는 효과가 다양함을 제시하고 있지는 않다.

오답 선지 분석

① ⓐ: 박물관에서 지역의 역사에 중요한 의미가 있는 유물을 다수 보유하고
있음을 이유로 제시한다.

ⓐ와 관련하여 (가)의 '전문가 1'은 첫 번째 발화에서 ○○ 문화권 상설 전시실의 규모를 확
대할 것을 제안하면서 박물관이 토기와 왕릉의 왕관 등 ○○ 문화의 흥망성쇠를 보여 주는
유물을 다수 보유하고 있음을 그 이유로 제시하고 있다.

② ⓑ: 내실 있는 전시는 충분한 연구가 선행되어야 가능함을 언급하며 유물
연구를 강화할 필요가 있음을 제시한다.

ⓑ와 관련하여 (가)의 '전문가 1'은 네 번째 발화에서 충분한 연구가 전제되지 않으면 내실
있는 전시가 어렵다는 점을 들어 유물 연구를 강화해야 한다고 주장하고 있다.

③ ⓒ: 박물관 본연의 기능을 위한 공간을 충분히 확보하지 않아 다시 증축하
게 된 다른 박물관의 사례를 제시한다.

ⓒ와 관련하여 (가)의 '전문가 1'은 세 번째 발화에서 보존 공간이 부족해 5년 만에 재증축한
□□ 박물관의 사례를 제시하며 증축 공간에 한계가 있으니 유산 보존이라는 박물관 본연의
기능에 집중해야 한다는 의견을 밝히고 있다.

④ ⓓ: 박물관의 정의에 새롭게 추가된 내용을 언급하며 시민의 의견을 적극적
으로 수용할 필요가 있음을 제시한다.

ⓓ와 관련하여 (가)의 '전문가 2'는 세 번째 발화에서 최근 새로 제시된 박물관의 정의에 공
동체의 참여에 관한 내용이 추가되었고 이는 박물관 운영 과정에서 시민의 의견을 적극 수용
해야 한다는 의미로 볼 수 있다고 언급하고 있다.

03

답 | ①

(가), (나)의 담화 내용이 (다)에 반영된 양상으로 가장 적절한 것은?

정답 선지 분석

① '학생회장'이 '전문가 1'의 발언을 언급하며 밝힌 의견이 박물관의 진로 체
험 강좌 운영의 기대 효과로 제시되었다.

(가)의 '전문가 1'은 네 번째 발화에서 박물관의 핵심은 유물 보존과 연구라고 언급하였다. 그
리고 (나)의 '학생회장'은 방송에서 유물 보존과 연구가 박물관의 핵심이라고 했는데, 이와
관련한 강좌는 진로 개발에 큰 도움이 될 거라며 자신의 의견을 밝혔다. 이를 바탕으로 (다)
의 3문단에서는 청소년 대상의 진로 체험 강좌를 운영해 달라고 건의하며, 유물의 보존과 연
구에 대해 배우는 강좌가 운영된다면 지역 청소년의 진로 개발에 큰 도움이 될 것이라는 기
대 효과를 제시하였다.

오답 선지 분석

② '학생회장'이 '전문가 2'의 발언을 언급하며 밝힌 의견이 증축될 박물관의 향후 전망으로 제시되었다.

(다)의 4문단에서는 증축될 박물관이 자랑스러운 역사를 간직한 참여의 공간이 될 것이라며 향후 전망을 제시하였다. 이는 (가)의 '전문가 2'가 세 번째 발화에서 박물관의 정의와 관련해 공동체의 참여를 언급한 것과 관계가 있다고 볼 수 있다. 하지만 (나)에서 '학생회장'이 '전문가 2'의 발언을 언급하며 자신의 의견을 밝힌 부분은 없으므로 이는 적절하지 않다.

③ '학생 1'이 '전문가 1'의 발언을 언급하며 밝힌 의견이 박물관 전시 방식의 개선이라는 건의 사항으로 제시되었다.

(가)의 '전문가 1'은 첫 번째 발화에서 박물관이 위치한 지역이 ○○ 문화의 중심지였음을 언급하였다. 그리고 (나)의 '학생 1'은 첫 번째 발화에서 전문가가 우리 지역은 ○○ 문화의 중심지였다고 했으므로, 박물관을 왕릉 모양으로 만들면 뜻깊을 것이라며 자신의 의견을 밝혔다. (다)의 3문단에서는 진로 체험 강좌를 운영해 달라고 건의하며 우리 지역이 ○○ 문화의 중심지여서 많은 청소년이 역사적 자긍심을 느끼고 있는 내용을 제시하였다. 이는 '학생 1'의 의견과는 다른 내용이며, 박물관 전시 방식의 개선과도 관계가 없으므로 적절하지 않다.

④ '학생 1'이 '전문가 2'의 발언을 언급하며 밝힌 의견이 체험 교육 활동에 대한 청소년의 선호라는 건의 이유로 제시되었다.

(다)의 2문단에서는 유물 모형을 체험할 수 있는 공간을 마련해 달라고 건의하며, 청소년이 체험해 보는 교육 활동을 좋아한다는 점을 그 이유로 밝혔다. 이는 (나)의 '학생 1'이 세 번째 발화에서 설명 위주의 기존 전시 방식에 친구들의 불만이 많으므로 유물 모형을 만져 보며 체험할 수 있는 공간을 만들어 달라고 건의하자고 제안한 것과 관계가 있다고 볼 수 있다. 하지만 (나)에서 '학생 1'이 '전문가 2'의 발언을 언급한 부분은 없으므로 이는 적절하지 않다.

⑤ '학생 2'가 '전문가 2'의 발언을 언급하며 밝힌 의견이 역사학 관련 진로 체험 강좌의 부재라는 문제 상황으로 제시되었다.

(가)의 '전문가 2'는 첫 번째 발화에서 이번 기회에 시민 활용 공간들을 확보해서 박물관을 복합 문화 공간으로 조성해야 한다고 언급하였다. 그리고 (나)의 '학생 2'는 전문가도 박물관이 다양한 시민 활용 공간을 확보해야 한다고 했음을 언급하며, 유물 모형을 만져 보며 체험할 수 있는 공간을 만들어 달라고 건의하자는 '학생 1'의 의견에 동의했다. 이를 바탕으로 (다)의 2문단에서는 유물 모형을 체험할 수 있는 공간을 마련해 달라고 건의하였다. (다)의 3문단에서 역사학 관련 진로 체험의 기회가 부족함을 문제 상황으로 제시하였지만, 이는 '학생 2'가 '전문가 2'의 발언을 언급하며 밝힌 의견과는 관계가 없으므로 적절하지 않다.

04

답 | ⑤

<보기>를 바탕으로 (다)의 ㉠~㉢을 이해한 내용으로 가장 적절한 것은?

보기

건의문의 필자는 건의 수용의 기대 효과를 분명하게 밝혀야 한다. 이때, ㉮ 건의가 필자 개인만이 아니라 다수를 위한 것임을 드러냄은 물론, ㉯ 건의를 받는 독자의 이점을 제시하는 것이 좋다. 한편, 건의를 수용할 경우 우려되는 점이 있다는 독자의 반론이 있을 수 있다. 필자가 이를 예상하여 독자가 우려하는 점은 해결 가능하다거나 ㉰ 우려하는 점보다 건의 수용의 기대 효과가 더 크다는 것을 제시하는 것이 좋다.

정답 선지 분석

⑤ ㉢: 박물관 운영상의 부담과 청소년에게 미치는 영향을 비교하고 있다는 점에서, ㉰에 해당한다.

㉢은 독자가 건의를 수용할 경우 박물관 운영에 부담이 된다고 우려할 수도 있지만, 그보다 청소년이 꿈을 키우고 지역에 대한 청소년의 자긍심이 높아지는 효과가 더 클 것이라며 기대 효과를 제시한 것이다. 이는 박물관 운영상의 부담과 청소년에게 미치는 영향을 비교하여, 독자가 우려할 수 있는 점보다 건의 수용의 기대 효과가 더 크다는 것을 제시한 것이므로 ㉰에 해당한다.

오답 선지 분석

① ㉠: 체험 공간 조성으로 청소년이 얻을 수 있는 이점을 제시하고 있다는 점에서, ㉯에 해당한다.

㉠은 유물 모형을 체험할 수 있는 공간이 마련되면 지역의 많은 청소년이 유물의 가치에 대해 더 재미있게 배울 수 있을 것이라며 청소년이 얻을 수 있는 이점을 제시한 것이다. 이는 건의문의 독자인 박물관장이 얻을 수 있는 이점과는 관계가 없으므로 ㉯에 해당하지 않는다.

② ㉡: 체험 중 안전사고의 문제를 해결해 달라는 요구가 청소년을 위한 것임을 드러내고 있다는 점에서, ㉮에 해당한다.

㉡은 체험 공간 조성과 관련해 독자가 체험 중의 안전사고를 우려할 수 있지만 그 문제는 해결이 가능하며, 또 다른 이점도 있음을 제시한 것이다. 체험 중 안전사고의 문제를 해결해 달라는 요구는 건의의 수용과 관련해 예상되는 우려일 뿐 필자의 건의 사항은 아니므로 ㉮에 해당하지 않는다.

③ ㉡: 체험 중 안전사고에 대한 우려와 자원봉사 기회 제공이라는 이점을 비교하고 있다는 점에서, ㉰에 해당한다.

㉡에서 청소년에게 자원봉사의 기회를 제공하는 이점이 있다는 것은 체험 중 안전사고 문제를 해결하기 위해 자원봉사자를 참여시켰을 때 기대할 수 있는 효과이다. ㉡에서 체험 중 안전사고에 대한 우려와 자원봉사 기회 제공이라는 이점을 비교하지 않았고, 독자가 우려하는 점보다 건의 수용의 기대 효과가 더 크다는 것을 제시한 것도 아니므로 ㉰에 해당하지 않는다.

④ ㉢: 박물관 운영상의 부담이 해결된다는 이점을 제시하고 있다는 점에서, ㉯에 해당한다.

㉢은 독자가 건의를 수용할 경우 박물관 운영에 부담이 된다는 우려보다 청소년에게 미치는 영향과 관련해 기대 효과가 더 크다는 것을 제시한 것이다. ㉢에서 독자의 이점과 관련해 박물관 운영상의 부담이 해결된다는 점을 제시한 것은 아니므로 ㉯에 해당하지 않는다.

05

답 | ①

다음은 (다)의 3문단의 초고이다. 3문단에 반영된 수정 사항으로 적절하지 않은 것은?

박물관에서 진로 체험 강좌를 운영해야 합니다. 우리 지역은 역사적 자긍심이 느껴지는 곳입니다. 그래서 역사학에 대한 관심이 높은 편입니다. 진로 체험의 기회가 부족하므로 체험 강좌가 운영된다면 우리 지역에 큰 도움이 될 것입니다. 또한 음악회, 미술전 등 문화 행사도 열어 주셨으면 합니다.

정답 선지 분석

① 청소년 진로 개발의 중요성을 언급한다.

체험 강좌가 운영된다면 우리 지역에 큰 도움이 될 것이라는 초고의 내용이 (다)의 3문단에서 지역 청소년의 진로 개발에 큰 도움이 될 것이라는 내용으로 수정되었다. 이는 지역 청소년의 진로 개발과 관련하여 진로 체험 강좌 운영의 기대 효과를 제시한 것이다. (다)의 3문단에서 청소년 진로 개발의 중요성을 언급한 부분은 없다.

오답 선지 분석

② 진로 체험 강좌의 수강 대상을 제시한다.

박물관에서 진로 체험 강좌를 운영해야 한다는 초고의 내용이 (다)의 3문단에서 청소년 대상의 진로 체험 강좌를 운영해 달라는 내용으로 수정되었다. 이는 진로 체험 강좌의 수강 대상을 제시한 것이다.

③ 청소년이 지역에 자긍심을 느끼는 이유를 추가한다.

우리 지역은 역사적 자긍심이 느껴지는 곳이라는 초고의 내용이 (다)의 3문단에서 우리 지역은 ○○ 문화의 중심지여서 많은 청소년이 역사적 자긍심을 느끼고 있다는 내용으로 수정되었다. 이는 청소년이 지역에 자긍심을 느끼는 이유를 추가한 것이다.

④ 청소년이 진로 체험 강좌에서 배울 수 있는 내용을 밝힌다.

'체험 강좌가 운영된다면'이라는 초고의 내용이 (다)의 3문단에서 '유물의 보존과 연구에 대해 배우는 강좌가 운영된다면'이라는 내용으로 수정되었다. 이는 청소년이 진로 체험 강좌에서 배울 수 있는 내용을 밝힌 것이다.

⑤ 진로 체험 강좌 운영의 요구에서 벗어나는 내용을 삭제한다.

또한 음악회, 미술전 등 문화 행사도 열어 주셨으면 한다는 초고의 내용이 (다)의 3문단에서는 삭제되었다. 이는 진로 체험 강좌 운영의 요구에서 벗어나는 내용을 삭제한 것이다.

DAY 2 | 매체

빠른 정답 체크

01 ⑤   02 ②   03 ⑤   04 ①

가

□□고 학생회 소식 　　접속자 수: 253명

진행자: □□고 학생들, 안녕하세요? '지켰다, 공약!' 세 번째 시간이죠. 현재 접속자 수가 253명인데요, 두 번째 방송보다
_{실시간 방송에 참여한 인원수를 언급함}
100명 더 입장했네요. ⓐ 오늘은 학습실 사용 원칙을 정하겠다
_{방송에서 알릴 학생회 소식}
는 공약에 관해 학생회장이 출연해 직접 알리기로 했습니다.

학생회장: 네, ⓑ 우리 학교 학습실은 개별 및 조별 학습이 가능
_{□□고 학습실이 인기가 많은 이유를 밝힘}
하고 다양한 기자재를 쓸 수 있어서 인기가 많죠. 근데 자리가 많지 않고 특별한 원칙 없이 사용하다 보니 불편함이 많았죠.
_{학습실 사용 시의 문제점}
실시간 대화 창 볼까요?
_{댓글을 통해 학생들과 실시간으로 소통함}

[A]
> 🧑 **동주:** 맞아. 자리 맡고 오느라 종례에 늦을 뻔한 적도 있었는
> _{자신의 경험을 근거로 학생회장의 이야기에 동의함}
> 데. 다른 학년하고 같이 쓰려니 눈치도 보였고.

동주 학생과 같은 경우가 많을 거예요. ⓒ 여러분도 이런 상황에 공감하시겠죠? 그래서 학생회가 나섰습니다.

□□고 학생회 소식

1. 학습실 사용 시 학년 구분이 필요한가?

구분	필요하다	필요없다	모르겠다	합계	전교생
응답 수(명)	512	10	14	536	617

2. 학년 구분이 필요하다면 어떻게 구분하는 것이 좋은가?

구분	합계	3학년	2학년	1학년
요일별 구분(명)	256	174	68	14
시간별 구분(명)	256	14	96	146

지금 화면에 나오는 설문 조사 결과를 바탕으로 학생회 내부
_{사용 원칙을 마련한 근거}
회의를 통해 사용 원칙을 마련했습니다.

[B]
> 🧑 **다예:** 설문 조사에 근거해 원칙을 마련하려고 한 것을 보니까,
> _{학생회의 결정이 타당할 것 같다고 판단함}
> 학생회가 마련한 원칙은 객관적이고 합리적일 것 같아. 학생
> 회, 힘내세요!
>
> 🧑 **재호:** 다들 학년 구분은 필요하다고 생각하는데, 학년별로 선
> 호하는 방법은 다른 게 신기해. 이유가 뭘까?
> _{설문 조사 결과에 대한 궁금증}

다예 학생, 감사합니다. 원칙은 다음과 같습니다. 첫째, 학습

실 사용은 학생회에 신청을 한 학생을 대상으로 합니다. 둘째,
_{학습실 사용 원칙 ① - 신청한 사람만 이용 가능함}
학습실 사용은 학년별로 구분하되 3학년은 월·목, 2학년은
_{학습실 사용 원칙 ② - 학년별, 요일별로 구분하여 사용함}
화·수, 1학년은 금요일에 사용합니다.

[C]
> 🧑 **현지:** 저는 1학년인데요, 금요일엔 일찍 집에 가고 싶은데, 금
> _{학습실 사용 원칙에 대한 아쉬움을 표현함}
> 요일만 사용해야 하는 것은 좀 그래요.
>
> 🧑 **연수:** 학생회장님, 열심히 하는 모습이 보기 좋은데요, 설문
> 결과만으로 끌어내기 어려운 원칙은 어떻게 마련했나요?
> _{요일별 구분을 선택한 근거, 학년별 요일 배정의 근거 등을 질문함}

□□고 학생회 소식 　　접속자 수: 253명

〈합리적 원칙 마련, 드디어 성사〉
회의 등 투명한 절차에 따라!
공약 이행하는 멋진 학생회!

진행자: 그럼 ⓓ 언제부터 새로운 사용 원칙에 따라 학습실 사용을 신청할 수 있나요?

학생회장: ⓔ 네, 다음 대의원회에서 안건이 통과되면 신청을 받을 계획입니다. 학생 여러분께서는 이번 원칙에 대한 의견을 저희 학생회 공식 카페로 보내 주시면, 참고하여 대의원회에서 논의하겠습니다. 화면에 자막으로 나가고 있는 카페 주소를 참
_{학생회 공식 카페 주소를 자막으로 제시함}
고해 주세요!

진행자: □□고 학생들, 다음에 만나요!

나

🧑 **예지**
268명 읽음 　　98%

구분	합계	3학년	2학년	1학년
요일별 구분(명)	256	174	68	14
시간별 구분(명)	256	14	96	146

□□고 친구들 방송 봤어요? 제가 캡처해 둔 화면을 보면 학생회
_{방송에 나왔던 설문 조사 결과}
가 '요일별 구분'을 선택한 이유가 의아한 친구도 있을 것 같아요. 내
_{학생들이 가질 수 있는 의문점 ①}
부 회의의 과정과 내용이 방송에 나오지 않아 궁금해할 친구도 있을
_{학생들이 가질 수 있는 의문점 ②}
거고요. 내부 회의뿐 아니라 설문 조사를 통해 학년별로 사용할 요일
_{현재는 학생회 내부 회의를 통해 학년별로 사용할 요일을 결정함}
을 정하면 더 좋지 않을까요? 그리고 학생회장이 어떤 친구의 말에 반응한 건 좋지만, 다른 친구가 궁금해하는 내용에는 답을 하지 않
_{개인적인 아쉬움을 표현함}
은 건 아쉬웠어요.

학생회 공식 카페 가기 (🖱 클릭: 학생회에 전할 의견은 여기로)
_{학생회 공식 카페로 연결하는 하이퍼링크를 제공함}
댓글 창 열었으니 학습실 사용 원칙에 대해 의견 나눠요.
_{댓글을 통해 학습실 사용 원칙에 대한 의견을 나눌 수 있게 함}

👍 99　댓글　　　　　　　　　　　입력

🧑 **유선**　2학년도 월요일에 쓰고 싶어요.　　21:37

　↳ 🧑 **태민**　나도.　　21:51

01

답 | ⑤

(가)에 나타난 의사소통 방식으로 적절하지 않은 것은?

정답 선지 분석

⑤ 학생회장은 자신의 발언 내용을 요약한 화면을 설명하며, 수용자가 요구한 정보를 강조하고 있다.

학생회장의 발언 내용 중 학생회 내부 회의를 통해 사용 원칙을 마련했다는 내용이 공약 이행과 관련하여 자막으로 제시되고 있다. 그렇지만 학생회장이 화면에 대해 따로 설명하며 수용자가 요구한 정보를 강조하는 부분은 확인할 수 없다.

오답 선지 분석

① 진행자는 방송의 시작에 학교명을 언급하며, 소식을 들을 수용자를 밝히고 있다.

진행자는 '□□고 학생들, 안녕하세요?'라고 말하며 방송을 시작하여, 소식을 들을 수용자가 '□□고 학생들'임을 밝히고 있다.

② 진행자는 접속자 수를 언급하며, 두 번째 방송과의 접속자 수 차이를 알려 주고 있다.

진행자는 '현재 접속자 수가 253명'이라고 말하면서, '두 번째 방송보다 100명 더 입장했'다는 정보도 함께 제시하여 접속자 수 차이를 알려 주고 있다.

③ 학생회장은 학생의 이름을 언급하며, 수용자의 실시간 반응을 살펴보고 있다는 것을 보여 주고 있다.

학생회장은 실시간 대화 창에 글을 올린 학생들 중 '동주'와 '다예'라는 학생의 이름을 언급하며, 수용자의 실시간 반응을 살펴보고 있다는 것을 보여 주고 있다.

④ 학생회장은 발화와 관련한 보충 자료로 표를 제시하며, 수용자에게 구체적인 정보를 전달하고 있다.

학생회장은 학습실 사용과 관련한 설문 조사 결과를 정리한 표를 제시하며, 방송을 시청하는 학생들에게 구체적인 정보를 전달하고 있다.

02

답 | ②

[A]~[C]에서 알 수 있는 학생들의 수용 태도에 대한 설명으로 가장 적절한 것은?

정답 선지 분석

② [B]: 다예는 학생회장의 직전 발화를 듣고 학생회의 결정이 타당할 것 같다고 판단하였다.

[B]에서 다예는 학생회가 설문 조사 결과를 바탕으로 사용 원칙을 마련했다는 학생회장의 발화에 대해, '객관적이고 합리적일 것 같아.'라는 반응을 보이며 학생회의 결정이 타당할 것 같다고 판단하고 있다.

오답 선지 분석

① [A]: 동주는 자신의 경험을 근거로 학생회장의 이야기가 사실에 부합하지 않는다고 판단하였다.

[A]에서 동주는 학습실의 자리를 맡느라 종례에 늦을 뻔했던 자신의 경험을 근거로 들고 있다. 하지만 이를 근거로 학생회장의 이야기가 사실에 부합하지 않는다고 판단한 것이 아니라, 학습실 이용에 불편함이 많았다는 학생회장의 이야기에 동의하는 것으로 볼 수 있다.

③ [B]: 재호는 방송에서 제시된 자료를 보고 학생회의 설문 조사 결과가 잘못되었다고 판단하였다.

[B]에서 재호는 방송에서 제시된 설문 조사 결과를 보고 학년별로 선호하는 방법이 다른 이유에 대해 궁금해했을 뿐, 학생회의 설문 조사 결과가 잘못되었다고 판단하고 있지는 않다.

④ [C]: 현지는 학생회장의 직전 발화를 듣고 발언 내용의 논리적 오류를 점검하였다.

[C]에서 현지는 학습실 사용 원칙에 대한 학생회장의 발화를 듣고 개인적인 아쉬움을 표현했을 뿐, 발언 내용의 논리적 오류를 점검하고 있지는 않다.

⑤ [C]: 연수는 방송에서 제시된 자료를 보고 학생회가 마련한 원칙의 실행 가능성을 점검하였다.

[C]에서 연수는 학생회장이 말한 사용 원칙 중 제시된 자료만으로 끌어내기 어려운 원칙은 어떻게 마련했는지 질문하고 있을 뿐, 학생회가 마련한 원칙의 실행 가능성을 점검하고 있지는 않다.

03

답 | ⑤

다음은 (나)를 작성하기 위한 메모이다. ㉠~㉢이 (나)에 반영된 양상으로 적절하지 않은 것은?

방송에서 학생회가 놓친 부분이 있는 것 같네. 일단 ㉠ 학생회장이 방송에서 보인 아쉬운 점과 사용 원칙 마련에 ㉡ 친구들의 의견이 반영될 수 있는 방법을 언급해야지. 또 ㉢ 친구들이 학생회에 의견을 보내거나 서로 생각을 나눌 수 있는 기능을 활용해야지.

정답 선지 분석

⑤ ㉢: 학생회가 선정한 학습실 사용자들이 사용 원칙에 대해 제시한 의견을 학생회에 보낼 수 있도록 댓글 기능을 활성화하였다.

(나)에서 댓글 기능을 활성화한 것은 학생회의 결정에 대해 친구들이 서로 생각을 나눌 수 있도록 하기 위해서이다. 학생회에 전할 의견은 학생회 공식 카페를 통해 전달하도록 안내하며 카페로 연결하는 하이퍼링크를 제공하고 있다. 그리고 학생회장의 두 번째 발언 중, '다음 대의원회에서 안건이 통과되면 신청을 받을 계획'이라는 내용을 고려할 때 학습실 사용자들은 아직 선정되지 않은 상태라고 볼 수 있다.

오답 선지 분석

① ㉠: '요일별 구분'을 원칙으로 정한 이유를 밝히지 않아 미흡했다는 점을 언급하기 위해, 저장한 방송 화면의 일부를 보여 주었다.

㉠을 반영하여, 방송에서 캡처해 둔 표를 제시하면서 '요일별 구분'을 원칙으로 선택한 이유와 관련한 내용이 방송에 나오지 않은 것에 대해 아쉬움을 드러내고 있다.

② ㉠: 실시간 대화 창에서 학생회를 응원하는 말에는 호응하며 답을 들려주었지만 질문에는 답변이 없었던 모습을 이야기하였다.

㉠을 반영하여, 학생회장이 실시간 대화 창에서 학생회를 응원하는 '다예'의 말에는 호응하고 있지만, '연수'의 질문에는 답을 하지 않은 것에 대해 아쉬움을 드러내고 있다.

③ ㉡: 내부 회의에 대한 정보가 충분하지 않았다는 점을 언급하며, 학년별 사용 요일 결정에 대해 학생들의 의견을 반영할 수 있는 방법을 제안하였다.

㉡을 반영하여, 내부 회의뿐 아니라 설문 조사를 통해 학년별로 사용할 요일을 정하면 더 좋겠다는 의견을 드러내고 있다.

④ ㉢: 자막으로 제공된 주소는 바로 연결하기가 어려우니, 의견을 전달할 수 있도록 학생회 공식 카페로 연결하는 하이퍼링크를 제공하였다.

㉢을 반영하여, 화면에 자막으로 제시한 카페 주소는 바로 연결하기 어려움을 고려하여 학생회 공식 카페로 연결하는 하이퍼링크를 제공하고 학생회에 의견을 전하고자 하는 경우 이를 클릭하도록 안내하고 있다.

04

답 | ①

ⓐ~ⓔ에 대한 설명으로 적절하지 않은 것은?

정답 선지 분석

① ⓐ: 부사 '직접'을 사용하여, 학생회장이 자신의 방송 출연 사실을 학생들에게 전달할 것임을 나타내고 있다.

학생회장이 학생들에게 '직접' 알리는 내용은 '자신의 방송 출연 사실'이 아니라 '학습실 사용 원칙을 정하겠다는 공약'에 관한 것이다.

오답 선지 분석

② ⓑ: 어미 '-어서'를 사용하여, 학습실이 인기가 많은 이유를 밝히고 있다.

이유나 근거를 나타내는 연결 어미 '-어서'를 통해 '개별 및 조별 학습이 가능하고 다양한 기자재를 쓸 수 있다'는 점이 인기가 많은 이유임을 드러내고 있다.

③ ⓒ: 어미 '-겠-'을 사용하여, 학생들이 학습실 사용의 불편에 공감할 것이라는 추측을 드러내고 있다.

추측의 의미를 지니는 선어말 어미 '-겠-'을 통해 학생들이 학습실 사용의 불편에 공감할 것이라는 추측을 드러내고 있다.

④ ⓓ: 보조사 '부터'를 사용하여, 이 질문은 학습실 사용 신청이 시작되는 시점이 언제인지 묻고 있음을 드러내고 있다.

어떤 일이나 상태 따위에 관련된 범위의 시작임을 나타내는 보조사 '부터'를 통해 '언제부터~신청할 수 있나요?'가 학습실 사용 신청의 시작 시점을 묻고 있음을 드러내고 있다.

⑤ ⓔ: 어미 '-면'을 사용하여, 사용 원칙이 적용되기 전에 갖춰져야 할 조건을 언급하고 있다.

뒤의 사실이 실현되기 위한 조건을 나타내는 연결 어미 '-면'을 통해 '대의원회에서의 안건 통과'가 '사용 원칙에 따른 학습실 사용 신청'의 선행 조건임을 드러내고 있다.

DAY 3 | 생명체의 기초 대사량 측정 방법과 그 의미

빠른 정답 체크

01 ③　　**02** ④　　**03** ④　　**04** ①

---

❶ 하루에 필요한 에너지의 양은 하루 동안의 총 열량 소모량인 <u>대사량</u>으로 구한다. 대사량의 개념 그중 기초 대사량은 생존에 필수적인 에너지로, 쾌적한 온도에서 편히 쉬는 동물이 공복 상태에서 생성하는 <u>열량</u>으로 정의된다. 기초 대사량의 개념 이때 체내에서 생성한 열량은 일정한 체온에서 체외로 발산되는 열량과 같다. 기초 대사량은 개체에 따라 대사량의 60~75%를 차지하고, 기초 대사량의 특징 ① 근육량이 많을수록 증가한다. 기초 대사량의 특징 ②

❷ 기초 대사량은 직접법 또는 간접법으로 구한다. ㉠ <u>직접법</u>은 「온도가 일정하게 유지되고 공기의 출입량을 알고 있는 호흡실에 「」: 기초 대사량을 구하는 방법 ① - 직접법 서 동물이 발산하는 열량을 열량계를 이용해 측정하는 방법이다.

㉡ <u>간접법</u>은 「호흡 측정 장치를 이용해 동물의 산소 소비량과 이 「」: 기초 대사량을 구하는 방법 ② - 간접법 산화 탄소 배출량을 측정하고, 이를 기준으로 체내에서 생성된 열량을 추정하는 방법」이다.

❸ 19세기의 초기 연구는 체외로 발산되는 열량이 체표 면적에 19세기 초기 기초 대사량 연구 ① 비례한다고 보았다. 즉 그 둘이 항상 일정한 비(比)를 갖는다는 것이다. 체표 면적은 (체중)$^{0.67}$에 비례하므로, 기초 대사량은 체중이 아닌 (체중)$^{0.67}$에 비례한다고 하였다. 19세기 초기 기초 대사량 연구 ② 어떤 변수의 증가율은 증가율 = (증가 후 값)/(증가 전 값) 증가 후 값을 증가 전 값으로 나눈 값이므로, 체중이 W에서 2W로 커지면 체중의 증가율은 (2W)/(W) = 2이다. 이 경우에 <u>기초 대사량의 증가율은 (2W)$^{0.67}$/(W)$^{0.67}$ = 2$^{0.67}$, 즉 약 1.6이 된다.</u> <span style="font-size:smaller">기초 대사량은 (체중)$^{0.67}$에 비례

❹ 1930년대에 클라이버는 생쥐부터 코끼리까지 다양한 크기의

동물의 기초 대사량 측정 결과를 분석했다. <u>그래프의 가로축 변수로 동물의 체중을, 세로축 변수로 기초 대사량을 두고,</u> X축 = 동물의 체중 / Y축 = 기초 대사량 각 동물별 체중과 기초 대사량의 순서쌍을 점으로 나타냈다.

❺ 가로축과 세로축 두 변수의 증가율이 서로 다를 경우, 그 둘의 증가율이 같을 때와 달리, '일반적인 그래프'에서 이 점들은 직선이 아닌 어떤 곡선의 주변에 분포한다. 그런데 순서쌍의 값에 상용로그를 취해

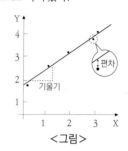

<그림>

새로운 순서쌍을 만들어서 이를 <그림>과 같이 그래프에 표시하면, <u>어떤 직선의 주변에 점들이 분포하는 것으로 나타난다.</u> 가로축과 세로축의 증가율이 서로 다른 경우 그러면 그 직선의 기울기를 이용해 두 변수의 증가율을 비교할 수 있다. <그림>에서 X와 Y는 각각 체중과 기초 대사량에 상용로그를 취한 값이다. L-그래프 이런 방식으로 표현한 그래프를 'L-그래프'라 하자.

❻ 체중의 증가율에 비해, 기초 대사량의 증가율이 작다면 <u>L-그래프에서 직선의 기울기는 1보다 작으며</u> 체중의 증가율 〉 기초 대사량의 증가율 기초 대사량의 증가율이 작을수록 기울기도 작아진다. 만약 체중의 증가율과 기초 대사량의 증가율이 같다면 <u>L-그래프에서 직선의 기울기는 1이 된다.</u> 체중의 증가율 = 기초 대사량의 증가율

❼ 이렇듯 L-그래프와 같은 방식으로 표현할 때, <u>생물의 어떤 형질이 체중 또는 몸 크기와 직선의 관계를 보이며 함께 증가하는 경우 그 형질은 '상대 성장'을 한다고 한다.</u> 상대 성장의 개념 동일 종에서의 심장, 두뇌와 같은 신체 기관의 크기도 상대 성장을 따른다. 상대 성장을 따르는 예시

❽ 한편, 그래프에서 가로축과 세로축 두 변수의 관계를 대변하는 최적의 직선의 기울기와 절편은 최소 제곱법으로 구할 수 있다. 최적의 직선의 기울기와 절편을 구하는 방법 우선, 그래프에 두 변수의 순서쌍을 나타낸 점들 사이를 지나는 임의의 직선을 그린다. 「각 점에서 가로축에 수직 방향으로 직 「」: 편차 제곱 합의 개념 선까지의 거리인 편차의 절댓값을 구하고 이들을 각각 제곱하여 모두 합한 것이 '편차 제곱 합'이며, 편차 제곱 합이 가장 작은 직선을 구하는 것이 최소 제곱법이다. 최소 제곱법의 개념

❾ 클라이버는 이런 방법에 근거하여 L-그래프에 나타난 최적의 직선의 기울기로 0.75를 얻었고, 이에 따라 <u>동물의 (체중)$^{0.75}$에 기초 대사량이 비례한다</u>고 결론지었다. 클라이버의 법칙 이것을 '클라이버의 법칙'이라 하며, (체중)$^{0.75}$을 대사 체중이라 부른다. 대사 체중 대사 체중은 치료제 허용량의 결정에도 이용되는데, 이때 그 양은 대사 체중에 대사 체중을 활용하는 경우 비례하여 정한다. 이는 치료제 허용량이 체내 대사와 밀접한 관련이 있기 때문이다. 치료제 허용량을 대사 체중에 비례하여 정하는 이유

01

답 | ③

윗글의 내용과 일치하지 <u>않는</u> 것은?

정답 선지 분석

③ 'L-그래프'에서 직선의 기울기는 가로축과 세로축 두 변수의 증가율의 차이와 동일하다.

5문단에 따르면, L-그래프에서 X축에는 체중에 상용로그를 취한 값을, Y축에는 기초 대사량에 상용로그를 취한 값 표시하였음을 알 수 있다. 또 6문단에 따르면, L-그래프의 기울기에 체중의 증가율에 대한 기초 대사량의 증가율이 반영되며, 체중의 증가율에 비해 기초 대사량의 증가율이 작을수록 기울기가 작아지고, 체중의 증가율과 기초 대사량의 증가율이 같으면 직선의 기울기가 1이 된다. 즉 L-그래프에서 직선의 기울기는 체중의 증가율에 대한 기초 대사량의 증가율을 나타내는 것으로 볼 수 있다. 그러므로 L-그래프에서 직선의 기울기가 가로축과 세로축 두 변수의 증가율의 차이와 동일하다는 진술은 적절하지 않다.

오답 선지 분석

① 클라이버의 법칙은 동물의 기초 대사량이 대사 체중에 비례한다고 본다.

9문단에서 클라이버는 기초 대사량이 대사 체중에 비례한다고 결론지었으며 이를 '클라이버의 법칙'이라고 한다는 내용을 확인할 수 있다.

② 어떤 개체가 체중이 늘 때 다른 변화 없이 근육량이 늘면 기초 대사량이 증가한다.

1문단에서 기초 대사량은 근육량이 많을수록 증가한다는 내용을 확인할 수 있다.

④ 최소 제곱법은 두 변수 간의 관계를 나타내는 최적의 직선의 기울기와 절편을 알게 해 준다.

8문단에서 가로축과 세로축 두 변수의 관계를 대변하는 최적의 직선의 기울기와 절편은 최소 제곱법으로 구할 수 있다는 내용을 확인할 수 있다.

⑤ 동물의 신체 기관인 심장과 두뇌의 크기는 몸무게나 몸의 크기에 상대 성장을 하며 발달한다.

7문단에서 생물의 어떤 형질이 체중 또는 몸 크기와 L-그래프에서 직선의 관계를 보이며 함께 증가하는 경우 그 형질은 '상대 성장'을 한다고 한다는 부분을 확인할 수 있다. 또 동일 종에서의 심장, 두뇌와 같은 신체 기관의 크기도 상대 성장을 따른다고 하였다. 그러므로 동물의 신체 기관인 심장과 두뇌의 크기는 몸무게나 몸의 크기에 상대 성장을 하며 발달한다고 볼 수 있다.

02

답 | ④

㉠, ㉡에 대한 이해로 가장 적절한 것은?

정답 선지 분석

④ ㉠과 ㉡은 모두 일정한 체온에서 동물이 체외로 발산하는 열량을 구할 수 있다.

㉠은 온도가 일정하게 유지되고 공기의 출입량을 알고 있는 호흡실에서 동물이 발산하는 열량을 열량계를 이용해 측정하는 방법이므로, 일정한 체온에서 동물이 체외로 발산하는 열량을 구할 수 있다. 한편 ㉡은 체내에서 생성된 열량을 추정하는 방법이다. 1문단에서 체내에서 생성된 열량은 일정한 체온에서 체외로 발산되는 열량과 같다고 하였으므로, 결국 ㉡은 일정한 체온에서 동물이 체외로 발산하는 열량을 구할 수 있는 방법이라고 할 수 있다.

오답 선지 분석

① ㉠은 체온을 환경 온도에 따라 조정하는 변온 동물이 체외로 발산하는 열량을 측정할 수 없다.

㉠은 온도가 일정하게 유지되고 공기의 출입량을 알고 있는 호흡실에서 동물이 발산하는 열량을 열량계를 이용해 측정하는 방법이다. 환경 온도에 따라 체온을 조정하는 변온 동물이라고 할지라도 ㉠을 적용할 때에는 온도가 일정하게 유지된 환경에서 열량을 측정하기 때문에 변온 동물이라는 요소가 ㉠에 의한 열량 측정에 영향을 미치지 못한다.

② ㉡은 동물이 호흡에 이용한 산소의 양을 알 필요가 없다.

㉡은 호흡 측정 장치를 이용해 동물의 산소 소비량과 이산화 탄소 배출량을 측정하고, 이를 기준으로 체내에서 생성된 열량을 추정하는 방법이다. 그러므로 ㉡은 동물이 호흡에 이용한 산소의 양을 알아야만 체내에서 생성된 열량을 추정할 수 있다.

③ ㉠은 ㉡과 달리 격한 움직임이 제한된 편하게 쉬는 상태에서 기초 대사량을 구한다.

1문단에서 기초 대사량은 생존에 필수적인 에너지로, 쾌적한 온도에서 편히 쉬는 동물이 공복 상태에서 생성하는 열량으로 정의된다고 하였다. 그러므로 ㉠과 ㉡ 모두 격한 움직임이 제한된 편하게 쉬는 상태에서 기초 대사량을 구한다.

⑤ ㉠과 ㉡은 모두 생존에 필수적인 최소한의 에너지를 공급하면서 기초 대사량을 구한다.

1문단에서 기초 대사량은 생존에 필수적인 에너지로, 쾌적한 온도에서 편히 쉬는 동물이 공복 상태에서 생성하는 열량으로 정의된다고 하였다. 공복 상태에서 생성하는 열량이라고 하였으므로, 기초 대사량에 해당하는 에너지를 공급하면서 기초 대사량을 구해야 한다고 보기 어렵다.

03

답 | ④

윗글을 읽고 추론한 내용으로 적절하지 <u>않은</u> 것은?

정답 선지 분석

④ 코끼리에게 적용하는 치료제 허용량을 기준으로, 체중에 비례하여 생쥐에게 적용할 허용량을 정한 후 먹이면 과다 복용이 될 수 있겠군.

코끼리에게 적용하는 치료제 허용량을 기준으로, 체중이 아니라 대사 체중에 비례하여 생쥐에게 적용할 허용량을 정하면 적정량을 결정할 수 있다. 코끼리의 체중을 100, 생쥐의 체중을 1로 가정할 때 코끼리의 대사 체중은 $100^{0.75}$, 생쥐의 대사 체중은 $1^{0.75}$이므로 체중에 비례하여 정한 양은 대사 체중에 비례하여 정한 양보다 적다. 따라서 체중에 비례하여 허용량을 정하는 경우 적정량보다 적은 양을 먹이게 된다.

오답 선지 분석

① 일반적인 경우 기초 대사량은 하루에 소모되는 총 열량 중에 가장 큰 비중을 차지하겠군.

1문단에서 기초 대사량은 개체에 따라 대사량의 60~75%를 차지한다고 하였으므로, 기초 대사량은 하루에 소모되는 총 열량 중에 가장 큰 비중을 차지한다고 볼 수 있다.

② 클라이버의 결론에 따르면, 기초 대사량이 동물의 체표 면적에 비례한다고 볼 수 없겠군.

9문단에서 클라이버는 기초 대사량이 $(체중)^{0.75}$에 비례한다고 보았음을 알 수 있다. 그리고 3문단에서 체표 면적은 $(체중)^{0.67}$에 비례한다는 내용을 확인할 수 있다. 그러므로 클라이버의 결론에 따르면, 기초 대사량은 동물의 체표 면적에 비례한다고 볼 수 없다.

③ 19세기의 초기 연구자들은 체중의 증가율보다 기초 대사량의 증가율이 작다고 생각했겠군.

3문단에서 19세기의 초기 연구에서는 기초 대사량이 $(체중)^{0.67}$에 비례한다고 보았으며, 이에 따르면 체중이 2배 증가할 때 기초 대사량은 $2^{0.67}$인 약 1.6배가 된다는 사실을 알 수 있다. 그러므로 19세기 초기 연구자들은 체중의 증가율보다 기초 대사량의 증가율이 작다고 생각했음을 알 수 있다.

⑤ 클라이버의 법칙에 따르면, 동물의 체중이 증가함에 따라 함께 늘어나는 에너지의 필요량이 이전 초기 연구에서 생각했던 양보다 많겠군.

3문단의 내용을 통해 19세기의 초기 연구에서는 기초 대사량이 $(체중)^{0.67}$에 비례한다고 보았음을 알 수 있다. 또 9문단의 내용을 통해 클라이버는 기초 대사량이 $(체중)^{0.75}$에 비례한다고 보았음을 알 수 있다. 그러므로 동물의 체중이 증가함에 따라 함께 늘어나는 에너지의 필요량은 19세기 초기 연구에 비해 클라이버의 법칙을 따를 때 더 많다는 것을 알 수 있다.

04

답 | ①

윗글을 바탕으로 <보기>를 탐구한 내용으로 가장 적절한 것은?

보기

농게의 수컷은 집게발 하나가 매우 큰
데, 큰 집게발의 길이는 계딱지의 폭에
'상대 성장'을 한다. 농게의 ⓐ 계딱지
폭을 이용해 ⓑ 큰 집게발의 길이를 추정하기 위해, 다양한 크기의 농게
의 계딱지 폭과 큰 집게발의 길이를 측정하여 다수의 순서쌍을 확보했다.
그리고 'L-그래프'와 같은 방식으로, 그래프의 가로축과 세로축에 각각
계딱지 폭과 큰 집게발의 길이에 해당하는 값을 놓고 분석을 실시했다.

큰 집게발

계딱지

정답 선지 분석

① 최적의 직선을 구한다고 할 때, 최적의 직선의 기울기가 1보다 작다면 ⓐ에
ⓑ가 비례한다고 할 수 없겠군.

6문단에 따르면, L-그래프의 X축에 표시된 체중의 증가율에 비해 Y축에 표시된 기초 대사
량의 증가율이 작다면 그래프의 직선의 기울기가 1보다 작다고 하였다. 그리고 체중의 증가
율과 기초 대사량의 증가율이 같다면 직선의 기울기는 1이 된다고 하였다. 그러므로 <보기>
에서 최적의 직선의 기울기가 1보다 작다면 가로축인 ⓐ의 증가율이 세로축인 ⓑ의 증가율
보다 크다는 것을 알 수 있다. 또한 ⓐ에 상용로그를 취한 값과 ⓑ에 상용로그를 취한 값으로
만든 순서쌍이 직선을 나타내므로 ⓐ와 ⓑ는 지문의 5문단에 제시된 것처럼 직선이 아닌 어
떤 곡선의 주변에 분포한다. 따라서 ⓐ에 ⓑ가 비례한다고 할 수 없다.

오답 선지 분석

② 최적의 직선을 구하여 ⓐ와 ⓑ의 증가율을 비교하려고 할 때, 점들이 최적
의 직선으로부터 가로축에 수직 방향으로 멀리 떨어질수록 편차 제곱 합은
더 작겠군.

점들이 최적의 직선으로부터 가로축에 수직 방향으로 멀리 떨어진다는 것은 곧 편차가 커진
다는 것을 의미한다. 편차가 더 커지면 편차의 제곱 합도 더 커진다.

③ ⓐ의 증가율보다 ⓑ의 증가율이 크다면, 점들의 분포가 직선이 아닌 어떤
곡선의 주변에 분포하겠군.

5문단에 따르면, '일반적인 그래프'에서 가로축과 세로축 두 변수의 증가율이 서로 다를 경
우 순서쌍을 나타낸 점들이 어떤 곡선의 주변에 분포한다. 그러나 <보기>와 같은 L-그래프에
서는 직선의 주변에 점들이 분포한다.

④ ⓐ의 증가율보다 ⓑ의 증가율이 작다면, 점들 사이를 지나는 최적의 직선의
기울기는 1보다 크겠군.

6문단의 내용에 따르면, L-그래프에서 체중의 증가율에 비해 기초 대사량의 증가율이 작으
면 직선의 기울기가 1보다 작고, 둘의 증가율이 같으면 기울기가 1이 된다. 그러므로 ⓐ의
증가율보다 ⓑ의 증가율이 작다면, 점들 사이를 지나는 최적의 직선의 기울기는 1보다 작다
고 할 수 있다.

⑤ ⓐ의 증가율과 ⓑ의 증가율이 같고 '일반적인 그래프'에서 순서쌍을 점으로
표시한다면, 점들은 직선이 아닌 어떤 곡선의 주변에 분포하겠군.

5문단에 따르면, '일반적인 그래프'에서 가로축과 세로축 두 변수의 증가율이 서로 다를 경
우, 그 둘의 증가율이 같을 때와 달리 순서쌍을 나타낸 점들은 어떤 곡선의 주변에 분포한다.
둘의 증가율이 같다면 점들은 직선의 주변에 분포한다.

빠른 정답 체크

01 ⑤   **02** ⑤   **03** ③   **04** ③   **05** ③   **06** ①

가

❶ 특허 제도는 발명을 보호, 장려함으로써 국가 산업의 발전을
도모하기 위한 제도로, 일정 기간 해당 발명에 대한 독점적 권리
특허 제도의 개념
를 가질 수 있도록 보장하는 특허권을 특허 출원인에게 부여한
특허권의 기능
다. 특허 출원을 희망하는 자가 발명에 대해 특허권을 받기 위해
서는 일정한 요건을 갖추어야 하는데, 이를 심사할 때 대상이 되
는 문서가 특허 출원 명세서이다.
특허 출원 명세서의 개념

❷ 특허 출원 명세서에 기재된 내용 중 '특허청구범위'는「특허 출
원인이 특허권으로 보호받고자 하는 사항, 즉 권리 범위를 명확
「」: 특허청구범위의 개념
히 하는 항목」이다. 이 항목은 해당 발명을 설명하는 데에 필요한
청구항의 내용
방법, 기능, 구조 및 결합 관계 등이 서술된 하나 이상의 청구항
으로 구성되어 있는데, 그 예시는 다음과 같다.

> [청구항 1] 금속, 플라스틱으로 구성된 의자
> [청구항 2] 제1항에 있어서, 상기 금속은 철인 의자
> [청구항 3] 제2항에 있어서, 목재를 포함하여 구성된 의자

❸ 위 예시의 [청구항 1]은 발명의 범위를 단독으로 나타내는 독
[청구항 1]의 내용
립항이고, [청구항 2]와 [청구항 3]은 다른 항을 인용한 종속항이
다. [청구항 2]는 다른 항에 기재된 발명의 구성 일부를 한정
[청구항 2]의 내용
한 경우이고, [청구항 3]은 다른 항에 기재된 발명에 새로운 특징
[청구항 3]의 내용
을 추가한 경우이다. 종속항은 독립항은 물론 또 다른 종속항을
종속항의 특징 ①
인용할 수 있으며, 여러 가지 기술적 특징과 한정 사항 등의 구성
요소를 제시하기 때문에 독립항보다 좁은 보호 범위를 갖는다는
종속항의 특징 ②
특징이 있다.

❹ 또한 특허청구범위는「특허 심사를 위한 발명을 널리 알려진
「」: 특허청구범위의 기능
선행 발명과 비교하여 특허의 성립 요건인 신규성과 진보성을 판
특허의 성립 요건
단하는 기준」이 된다. 이 요건들을 특허청구범위에 기재된 발명의
내용과 선행 발명을 비교하여 심사할 때, 신규성은 선행 발명과
의 동일성 여부를 판단하고, 진보성은 선행 발명으로부터 용이하
특허의 성립 요건 ① - 신규성   특허의 성립 요건 ② - 진보성
게 발명할 수 있는지 여부를 판단하는 것이다.

❺ 신규성을 인정받기 위해서는「발명의 구성 요소가 선행 발명의
물리적 동일성의 개념
구성 요소에 포함되어 완전히 일치하는 물리적 동일성뿐만 아니
라, 발명의 효과 면에서 선행 발명과 유사함을 의미하는 실질적
실질적 동일성의 개념
동일성도 부정되어야 한다.」이에 따라「특허청구범위에 기재된 발
「」: 신규성을 인정받기 위한 조건   「」: 신규성이 부정되는 경우

명의 구성 요소가 상위 개념이고 선행 발명의 구성 요소가 하위 개념인 경우에는 동일성이 있는 것으로 판단하여 원칙적으로 신규성이 부정된다.

❻ 발명이 신규성을 갖추었다면, 다음으로는 진보성을 갖추었는지 심사한다. 해당 분야에 종사하는 사람이 통상적으로 아는 지식 수준에서 선행 발명을 토대로 해당 발명을 쉽게 예측할 수 있거나 따라할 수 있다고 판단되면 진보성을 갖춘 것으로 인정하지 않는다. 따라서 '선행 발명의 구성 요소를 단순히 치환하거나 선
└ : 진보성이 부정되는 경우
행 발명에 다른 요소를 단순히 결합시키는 경우에는, 신규성을 갖추더라도 진보성을 갖추지 못하기 때문에 발명에 대한 특허권을 획득할 수 없다.

나

❶ 특허권자는 특허권을 획득한 발명에 대해 독점적이고 배타적인 권리를 인정받는다. 따라서 정당한 권한이 없는 자가 자신의
특허권이 없는 사람
특허권을 침해했다고 판단할 경우, 특허 제도를 통해 그 권리를 보호받을 수 있다. 특허권은 일반적인 사물과 달리 형체가 없어서 모방과 도용이 쉬운 반면, 침해 사실을 발견하기 어렵기 때문
특허 제도에서 앞으로의 직접 침해가 예상되는 행위를 간접 침해로 규정하는 이유
에 특허 제도에서는 직접 침해뿐만 아니라 앞으로의 직접 침해가 예상되는 행위 역시 간접 침해로 규정하여 특허권 침해로 보고 있다.

❷ 직접 침해란 '특허 발명의 권리 범위에 속하는 발명을 특허권
└ : 직접 침해의 개념
자의 허가 없이 상업적으로 실시*하는 것이다. 기존 특허 발명을 침해했는지 판단을 받는 '확인 대상 발명'이 특허권을 침해하였는지 증명하기 위해서는 먼저 기존 특허 발명의 특허청구범위를
특허권 침해를 증명하기 위한 방법
확인하고 해석하여 특허권자의 권리 범위를 확정해야 한다. 이렇게 특허권자의 권리 범위를 해석할 때 적용되는 원칙으로는 구성 요소 완비의 원칙과 균등론의 원칙이 있다.
특허권자의 권리 범위를 해석할 때 적용되는 원칙
❸ 구성 요소 완비의 원칙은 '확인 대상 발명이 기존 특허 발명
└ : 구성 요소 완비의 원칙의 개념
의 특허청구범위에 기재된 구성 요소 전부를 실시하는 경우에만 특허권자의 권리 범위에 속한다는 원칙이다. 예를 들어, 기존 특허 발명의 특허청구범위에 기재된 구성 요소가 「X+Y」라면,
구성 요소 완비의 원칙을 설명하기 위한 예시
확인 대상 발명에서 「X」나 「Y」만을 실시하거나 「X+Y′」를 실
침해로 인정되지 않는 경우 ①   침해로 인정되지 않는 경우 ②
시한 경우에는 침해로 인정하지 않지만, 「X+Y」를 실시하거나
침해로 인정되는 경우 ①
「X+Y+Z」를 실시한 경우에는 침해로 인정한다. 그런데 이 원칙
침해로 인정되는 경우 ②
에는 '확인 대상 발명이 기존 특허 발명의 본질적 기능은 유지한
구성 요소 완비의 원칙의 문제
채 부차적인 요소만 변형하거나 삭제할 경우에는 특허권 침해가 인정되지 않는다'는 문제가 있다.

❹ 이러한 문제를 보완하기 위해 적용하는 것이 균등론의 원칙이

다. 이 원칙에 따르면 확인 대상 발명이 「X+Y′」로 실시될 경우,
구성 요소 완비의 원칙에 의해서는 침해로 인되하지 않음
기존 특허 발명의 구성 요소와 완전히 일치하지는 않더라도 「Y와
└ : 기존 특허 발명의 특허청구범위에 기재된 구성 요소 전부를 실시하는 경우로 봄
Y′」의 원리나 효과가 동일하다면 Y와 Y′를 균등한 것으로 ㉠ 보기 때문에, 확인 대상 발명이 기존 특허 발명을 침해하고 있음을 인정한다.

❺ 한편, 간접 침해는 직접 침해는 아니지만 그대로 방치할 경우
간접 침해의 개념
특허권의 침해가 예상되는 행위를 의미하는데, 이는 '물건의 발명'에 대한 경우와 '방법의 발명'에 대한 경우로 구분할 수 있다. 기존 특허 발명이 물건인 경우, 해당 물건 생산을 위해서만 필요한 다른 요소를 상업적 목적으로 실시한다면 이는 간접 침해에 해당한다. 이에 따르면, 특허권을 지닌 완성품이 아닌 해당 물건
'물건의 발명'에서 간접 침해에 해당하는 행위
의 구성품 일체를 판매하는 행위는, 최종적으로 해당 물건의 조립을 가능하게 하여 특허 발명의 실시를 유도할 수 있기 때문에 간접 침해에 해당한다. 마찬가지 이유로 기존 특허 발명이 방법인 경우, 그 방법을 실시하는 데에만 사용하는 물건을 상업적으
'방법의 발명'에서 간접 침해에 해당하는 행위
로 실시하는 행위는 간접 침해에 해당한다.

* 실시: 물건을 생산하거나 판매하거나 사용하는 행위. 또는 방법을 사용하는 행위.

01
답 | ⑤

(가)와 (나)에 대한 설명으로 가장 적절한 것은?

정답 선지 분석

⑤ (가)는 특허 출원 시 특허권을 인정받기 위한 요건을, (나)는 특허권 침해 여부를 판단할 때 적용하는 원칙을 설명하고 있다.
(가)는 특허 출원 시 특허권을 인정받기 위한 요건인 신규성과 진보성에 대해, (나)는 특허권이 침해되었는지 판단할 때 적용하는 원칙인 구성 요소 완비의 원칙과 균등론의 원칙에 대해 설명하고 있으므로 적절하다.

오답 선지 분석

① (가)는 특허 출원에 따른 혜택을, (나)는 특허권 침해에 따른 제재 조치를 설명하고 있다.
(가)는 특허를 출원하면 일정 기간 해당 발명에 대한 독점적 권리를 가질 수 있도록 보장하는 특허권을 부여받음을 언급하고 있지만, (나)는 특허권 침해의 유형을 설명할 뿐 특허권 침해에 따른 제재 조치를 설명하고 있지 않다.

② (가)는 특허 출원인의 자격을, (나)는 특허권 침해 여부를 판단하는 심사자의 의무를 밝히고 있다.
(가)는 특허 출원인의 자격이 아니라 특허권을 인정받기 위한 요건을 밝히고 있으며, (나)는 특허권 침해 여부를 판단하는 심사자의 의무를 밝히고 있지 않다.

③ (가)는 특허 출원된 발명을 심사하는 과정을, (나)는 특허권 침해를 예방하기 위한 방법을 제시하고 있다.
(가)는 발명이 신규성을 갖추었는지 먼저 심사하고 다음으로 진보성을 갖추었는지 심사한다고 제시하고 있지만, (나)는 특허권 침해를 예방하기 위한 방법을 제시하고 있지 않다.

④ (가)는 특허 출원 과정에서 나타나는 문제점을, (나)는 특허 제도에서 특허권 침해와 관련된 원칙의 한계를 설명하고 있다.
(가)는 특허 출원 시 인정받기 위한 요건을 설명하고 있으며, (나)는 특허 제도에서 특허권 침해와 관련된 원칙인 균등론의 원칙을 설명하고 있을 뿐 그 한계를 설명하고 있지는 않다.

02

답 | ⑤

(가), (나)를 읽고, 특허 제도에 대해 이해한 내용으로 적절하지 <u>않은</u> 것은?

⑤ 특허 제도에서는 선행 발명과 구성 요소가 완전히 일치하고 발명의 효과가 다르다면 실질적 동일성이 있다고 간주한다.

(가)의 5문단에서 실질적 동일성은 '발명의 효과 면에서 선행 발명과 유사함을 의미'한다고 하였으므로 선행 발명과 발명의 효과가 다르다면 실질적 동일성이 있다고 간주한다는 진술은 적절하지 않다.

① 특허 제도에서 특허 출원 명세서는 특허권 심사의 대상이 된다.

(가)의 1문단에서 특허권을 심사할 때 대상이 되는 문서가 특허 출원 명세서라고 하였으므로 적절하다.

② 특허 제도는 발명을 보호하고 장려함으로써 국가 산업의 발전을 도모하는 기능을 한다.

(가)의 1문단에서 '특허 제도는 발명을 보호, 장려함으로써 국가 산업의 발전을 도모하기 위한 제도'라고 하였으므로 적절하다.

③ 특허 제도를 통해 특허권자는 자신의 특허 발명에 대한 독점적 권리를 일정 기간 보장받는다.

(가)의 1문단에서 특허 제도는 '일정 기간 해당 발명에 대한 독점적 권리를 가질 수 있도록 보장하는 특허권을 특허 출원인에게 부여한다'고 하였으므로 적절하다.

④ 특허 제도에서는 특허권이 모방과 도용이 용이하기 때문에 침해가 예상되는 행위도 특허권 침해로 보고 있다.

(나)의 1문단에서 특허권은 '모방과 도용이 쉬운 반면~특허권 침해로' 본다고 하였으므로 적절하다.

※ 다음은 윗글을 이해하기 위한 학습지의 일부이다. 윗글과 다음을 바탕으로 3번과 4번의 물음에 답하시오.

'갑'은 아래의 특허 출원 명세서에 기재된 바와 같은 발명의 특허권자이다.

<**특허 출원 명세서**>

【발명의 명칭】목재로 만들어진 연필

【특허청구범위】·· ⓐ

[청구항 1]
　목재로 만들어진 몸체
　상기 몸체의 내부 중앙에 형성된 흑심을 포함하는 연필

[청구항 2]
　제1항에 있어서, 상기 몸체의 형상이 육각형인 연필

[청구항 3]
　제2항에 있어서, 상기 몸체의 한쪽 끝에 부착된 지우개를 포함하는 연필

03

답 | ③

윗글을 바탕으로 학습지의 내용을 이해한 것으로 적절하지 <u>않은</u> 것은?

③ ⓐ에서 '갑'이 발명한 연필에 대한 보호 범위는 [청구항 1]보다 [청구항 3]이 더 넓다.

(가)의 3문단에서 종속항은 '여러 가지 기술적 특징과 한정 사항 등의 구성 요소를 제시하기 때문에 독립항보다 좁은 보호 범위를 갖는다'라고 하였다. 또한 [청구항 1]은 발명의 범위를 단독으로 나타내는 독립항이고, [청구항 3]은 [청구항 2]를 인용한 종속항이므로 적절하지 않다.

① ⓐ는 '갑'이 발명한 연필에 대한 권리 범위를 명확히 하는 기능을 한다.

(가)의 2문단에서 특허청구범위는 특허 출원인의 '권리 범위를 명확히 하는 항목'이라고 하였으므로 적절하다.

② ⓐ는 특허 심사를 할 때 '갑'이 발명한 연필이 신규성과 진보성을 갖추었는지 판단하는 기준이 된다.

(가)의 4문단에서 특허청구범위는 특허의 성립 요건인 신규성과 진보성을 판단하는 기준이 된다고 하였으므로 적절하다.

④ ⓐ에서 [청구항 2]는 [청구항 1]을 인용하면서 '갑'이 발명한 연필의 몸체의 특징을 한정하는 종속항이다.

(가)의 3문단에서 종속항이 '다른 항에 기재된 발명의 구성 일부를 한정'할 수 있음을 알 수 있고, 학습지 내용에서 [청구항 2]가 상기 몸체의 형상을 육각형으로 한정하고 있으므로 적절하다.

⑤ ⓐ에서 [청구항 3]은 [청구항 2]를 인용하면서 '갑'이 발명한 연필을 설명하는 데 필요한 결합 관계를 서술하고 있다.

(가)의 2문단에서 특허청구범위는 '해당 발명을~결합 관계 등이 서술'되었다고 하였고, 학습지 내용에서 [청구항 3]이 [청구항 2]를 인용하면서 몸체의 한쪽 끝에 지우개가 부착되었다는 구조 및 결합 관계를 드러내고 있으므로 적절하다.

04

답 | ③

윗글을 읽은 학생이 학습지와 <보기>에 대해 보인 반응으로 적절하지 <u>않은</u> 것은?

'갑'이 목재로 만들어진 연필에 대해 특허권을 획득한 후 '을', '병', '정'이 다음과 같은 발명을 하였다.

· '을'의 발명: 목재로 만들어지며, 육각형 형상의 몸체의 내부 중앙에 흑심을 포함하는 연필
· '병'의 발명: 목재로 만들어지며, 다각형 형상의 몸체의 내부 중앙에 흑심을 포함하는 연필에 있어서, 몸체의 한쪽 끝에 지우개가 부착된 연필
· '정'의 발명: 목재로 만들어지며, 육각형 형상의 몸체의 내부 중앙에 흑심을 포함하는 연필에 있어서, 몸체의 한쪽 끝에 지우개가 부착되어 있고, 반대쪽에 뚜껑을 포함하는 연필

③ '병'이 자신의 발명을 특허 출원하였을 때, 일부 구성 요소가 '갑'의 발명의 해당 요소보다 상위 개념에 속하므로 신규성을 인정받을 수 있겠군.

(가)의 5문단에서 '특허청구범위에 기재된~신규성이 부정된다'라고 하였고, <보기>에서 '병'의 발명의 구성 요소 중 '다각형 형상의 몸체'는 '갑'의 발명의 해당 요소인 '육각형'의 몸체 형상보다 상위 개념이므로 적절하지 않다.

오답 선지 분석

① '을'이 자신의 발명을 특허 출원하였을 때, '갑'의 발명과 비교하여 구성 요소의 동일성이 있으므로 신규성을 인정받지 못하겠군.

(가)의 5문단에서 '신규성을 인정받기 위해서는~물리적 동일성'이 부정되어야 한다고 하였고, 〈보기〉에서 '을'의 발명의 구성 요소는 '갑'의 발명의 구성 요소에 포함되어 동일성이 있으므로 적절하다.

② '을'이 자신의 발명을 '갑'의 허가 없이 제품으로 생산하였을 때, 구성 요소 완비의 원칙에 따르면 '갑'의 권리 범위에 속하지 않으므로 침해라고 할 수 없겠군.

(나)의 3문단에서 '구성 요소 완비의 원칙은~권리 범위에 속한다'고 하였고, 〈보기〉의 '을'의 발명과 '갑'의 발명을 비교하였을 때 '을'의 발명에는 구성 요소 중 하나인 지우개가 없으므로 적절하다.

④ '병'이 자신의 발명을 '갑'의 허가 없이 제품으로 생산하였을 때, 균등론의 원칙에 따르면 '갑'의 발명과 비교하여 원리나 효과가 동일할 경우에는 침해라고 할 수 있겠군.

(나)의 4문단에서 균등론의 원칙에 따르면 '확인 대상 발명이~균등한 것으로' 본다고 하였으므로 적절하다.

⑤ '정'이 자신의 발명을 특허 출원하였을 때, 특허 심사 과정에서 신규성을 인정받더라도, '갑'의 발명에 다른 요소를 단순히 결합시킨 것으로 판단된다면 진보성을 인정받을 수 없겠군.

(가)의 6문단에서 '선행 발명의 구성 요소를~특허권을 획득할 수 없다'라고 하였고, 〈보기〉에서 '정'의 발명이 '갑'의 발명과 비교하였을 때 반대쪽에 뚜껑을 포함하고 있어 신규성을 인정받더라도 이것이 다른 요소를 단순히 결합시킨 것으로 판단된다면 진보성을 인정받을 수 없으므로 적절하다.

05

답 | ③

(나)를 바탕으로 〈보기〉를 이해한 것으로 적절하지 않은 것은?

보기

[사례 1] 소매업자 A는 자전거의 완성품에 특허가 등록되어 있자 자전거 완성품으로만 조립할 수 있도록 해당 자전거의 구성품 일체를 세트로 구성하여 판매하였다.

[사례 2] 일반인 B가 특정 농약을 사용하여 해충을 제거하는 방법에 대하여 특허권을 얻은 후, 농약 회사 C가 해충 제거 용도로만 사용되는 이 농약을 판매할 상품으로 생산하였다.

정답 선지 분석

③ [사례 2]에서 C가 해당 농약을 생산은 하고 판매는 하지 못했다면 간접 침해에 해당하지 않는다.

(나)의 5문단에서 간접 침해에 대해 '기존 특허 발명이 방법인 경우~물건을 상업적으로 실시하는' 것이라고 하였고, 〈보기〉의 [사례 2]에서 C가 판매할 상품으로 생산한 것은 상업적 목적을 가지고 있어 간접 침해로 볼 수 있으므로 적절하지 않다.

오답 선지 분석

① [사례 1]에서 A가 자전거의 완성품을 판매한 것은 아니므로 직접 침해에 해당하지 않는다.

(나)의 2문단에서 직접 침해는 '특허 발명의~상업적으로 실시하는 것'이라고 하였고, 〈보기〉의 [사례 1]에서 A는 특허가 등록된 자전거의 완성품을 판매한 것이 아니기 때문에 직접 침해에 해당하지 않으므로 적절하다.

② [사례 1]에서 A의 행위는 최종적으로 특허 발명의 실시를 유도할 수 있기 때문에 간접 침해에 해당할 수 있다.

(나)의 5문단에서 '특허권을 지닌 완성품이~판매하는 행위'는 최종적으로 특허 발명의 실시를 유도할 수 있으므로 간접 침해에 해당한다고 하였고, 이는 〈보기〉의 [사례 1]에서 A의 행위에 해당하므로 적절하다.

④ [사례 2]에서 C의 행위는 그대로 방치할 경우 특허권 침해가 예상되는 행위이므로 간접 침해에 해당한다.

(나)의 5문단에서 간접 침해는 그대로 방치할 경우 특허권의 침해가 예상되는 행위라고 하였고, 〈보기〉의 [사례 2]에서 C의 행위는 이에 해당하므로 적절하다.

⑤ [사례 2]에서 C의 행위는 해당 농약으로 B가 획득한 발명을 실시한 것이 아니므로 직접 침해에 해당하지 않는다.

(나)의 2문단에서 직접 침해는 '특허 발명의~상업적으로 실시하는 것'이라고 하였고, 〈보기〉의 [사례 2]에서 일반인 B의 특허 발명은 '특정 농약을 사용하여 해충을 제거하는 방법'이다. 그런데 C의 행위는 해당 농약을 판매할 상품으로 생산한 것에 불과하므로 적절하다.

06

답 | ①

문맥상 의미가 ㉠과 가장 가까운 것은?

정답 선지 분석

① 그의 행동은 실수로 보고 감싸 주어야 한다.

㉠은 문맥상 '대상을 평가하다.'의 의미로 사용되었고, '그의 행동은 실수로 보고 감싸 주어야 한다.'에서 '보고' 역시 같은 의미로 사용되었으므로 적절하다.

오답 선지 분석

② 그녀가 처한 사정을 보니 딱한 생각이 든다.

'상대편의 형편 따위를 헤아리다.'의 의미이므로 적절하지 않다.

③ 기회를 보고 천천히 부모님께 말씀드려야겠다.

'기회, 때, 시기 따위를 살피다.'의 의미이므로 적절하지 않다.

④ 그 마을의 풍경은 사진으로 보니 실제만 못하다.

'눈으로 대상의 존재나 형태적 특징을 알다.'의 의미이므로 적절하지 않다.

⑤ 아무리 급해도 손해를 보고 물건을 팔기는 어렵다.

'어떤 일을 당하거나 겪거나 얻어 가지다.'의 의미이므로 적절하지 않다.

DAY 5   〈간〉_윤동주 / 〈신라의 무명 시인 지귀〉_문정희

빠른 정답 체크

01 ④   **02** ①   **03** ④

가

바닷가 햇빛 바른 바위 위에
□ : 생명과 같은 인간의 양심, 존엄성 - 훼손될 수 없는 자아
습한 간을 펴서 말리우자,
　　　양심과 존엄성의 회복 의지

코카서스 산중에서 도망해 온 토끼처럼
　　　귀토지설과 프로메테우스 설화의 결합
둘러리를 ㉠ 빙빙 돌며 간을 지키자,
　　　　　　　　양심과 존엄성을 지키려는 태도

내가 오래 기르던 여윈 독수리야!
　　　　　　정신적 자아
와서 뜯어 먹어라, 시름없이
　　양심을 지키기 위한 내적 고통

「너는 살찌고
독수리(정신적 자아)
나는 ㉡ 여위어야지, 그러나,」「」: 육체를 희생해 정신을 지키려는 의지
육체적 자아

거북이야!
화자를 유혹하는 존재
다시는 용궁의 유혹에 안 떨어진다.
세속적 욕망을 추구하지 않겠다는 의지적 표현

프로메테우스 불쌍한 프로메테우스

불 도적한 죄로 **목에 맷돌을 달고**
화자가 감내해야 할 현실적 고난
끝없이 침전하는 프로메테우스.
끝없는 고통을 감내하는 프로메테우스 – 자기희생에 대한 화자의 각오

- 윤동주, 〈간〉 -

나

「큰일났다. 가만히 있어도 목구멍으로
「」: 주체할 수 없는 사랑의 감정
시가 술술 쏟아져 나오니,」

천기누설이다.
신분을 초월한 진실한 사랑이 새어나감

「머리에 이가 있고
「」: 지귀와 신분적으로 어울리는 상대
거북 등처럼 손이 튼 계집애가

제 짝이라는 것을

누군 모르랴.
설의법 – 신분에 맞게 사는 것이 당연하다는 의미 강화

그런데 감히 여왕을 사모함은

전생에 지은 이 무슨 **아름다운 업보**인가.
불교의 윤회 사상을 바탕으로 지귀의 사랑을 표현

세상에 못 맺을 사랑이란 없다는 것을

떠꺼머리, 너는 © 무엄하게도 알아 버렸구나.
지귀

길 비켜라.

사랑이 사랑을 찾아간다.

이 ㉣ 준엄한 힘 앞에
사랑
세상의 지위쯤은 한낱 재미에 불과하리.
신분 등의 사회적 제약

지금은 오후 두 시,

「그대의 선덕은 ㉤ 이미 온몸이 흔들려
「」: 지귀를 향한 선덕의 사랑
다보탑 아래 깜박 잠든 지귀에게 가 있느니」

지귀여, 지귀여, 사랑하는 지귀여
돈호법의 반복 – 시적 대상에 주목하게 함
네 가슴에 던진 **선덕의 금팔찌**에
신분을 초월한 사랑의 증표
「**큰 불이 일어**
「」: 모든 제약을 극복하고 사랑을 이루기 바람
다보탑 석가탑 다 태우고

신라땅 모든 사슬 끊어 버려라.」
사랑을 방해하는 것들

- 문정희, 〈신라의 무명 시인 지귀〉 -

01
답 | ④

(가)와 (나)에 대한 설명으로 가장 적절한 것은?

정답 선지 분석

④ (가)와 (나)는 모두 특정한 대상을 부르는 방식을 사용하여 대상에 주목하게 한다.
(가)는 '여윈 독수리야!', '거북이야!'라고 부르는 방식을, (나)는 '지귀여, 지귀여, 사랑하는 지귀여'라고 부르는 방식을 사용하여 대상에 주목하게 하고 있다.

오답 선지 분석

① (가)와 달리, (나)는 마지막 연을 명사로 끝을 맺어 시적 여운을 준다.
마지막 연을 명사로 끝을 맺어 시적 여운을 주는 것은 (가)이다.

② (나)와 달리, (가)는 시간적 표지를 사용하여 시상을 전환한다.
시간적 표지를 사용하여 시상을 전환한 것은 (나)이다.

③ (가)와 (나)는 모두 의문의 방식을 활용하여 시적 의미를 강조한다.
(나)는 '누군 모르랴.', '이 무슨 아름다운 업보인가.'라는 의문의 방식을 활용하여 시적 의미를 강조하고 있으나 (가)는 의문의 방식을 활용하지 않았다.

⑤ (가)와 (나)는 모두 공감각적 이미지를 활용하여 다양한 사물의 역동성을 부각한다.
(가)와 (나) 모두 공감각적 이미지를 활용하여 사물의 역동성을 부각하지 않았다.

02
답 | ①

㉠~㉤에 대한 이해로 가장 적절한 것은?

정답 선지 분석

① ㉠을 활용하여 소중한 대상을 지키려는 의지를 드러낸다.
㉠은 '둘러리'를 자꾸 돌며 간을 지키는 것과 관련이 있다. 이는 위기의 상황에서도 간을 지켜낸 토끼처럼 화자가 간으로 상징되는 자신의 소중한 양심과 신념을 지키려는 의지를 드러낸 것으로 볼 수 있다.

오답 선지 분석

② ㉡을 활용하여 현재 상황에서 벗어날 수 없는 절망감을 드러낸다.
'너'는 '내가 오래 기르던 여윈 독수리'이다. 이것은 화자가 오랫동안 간직하고 있었지만 더는 살찌우지 못한 자아로 볼 수 있다. '나'가 뜯어 먹히고 여위는 고통을 감수하면서도 자아를 살찌게 하려는 것이지, 현재 상황에서 벗어날 수 없는 절망감을 드러내는 것은 아니다.

③ ㉢을 활용하여 사랑의 진리를 깨닫지 못한 이에 대한 질책을 드러낸다.
'떠꺼머리'는 지귀를 가리킨다. ㉢은 신분 차이에 얽매이지 않고 세상에 못 맺을 사랑이 없다는 진리를 깨달은 것에 대한 반응으로 볼 수 있다.

④ ㉣을 활용하여 사랑의 성취를 방해하는 사회적 질서의 절대성을 드러낸다.
'준엄한 힘'은 선덕에 대한 지귀의 사랑을 가리킨다. ㉣은 사회적 제약을 초월하는 사랑의 절대성을 드러낸다고 볼 수 있다.

⑤ ㉤을 활용하여 선덕 자신의 사랑이 상대에게 전해지지 못해 단념한 상황을 드러낸다.
㉤은 선덕 또한 지귀를 사랑하고 있음을 가리키는 표현이다. 선덕의 사랑이 지귀에게 전해지지 못해 단념한 상황을 드러내는 것은 아니다.

WEEK 2

03

답 | ④

<보기>를 바탕으로 (가), (나)를 감상한 내용으로 적절하지 않은 것은?

보기

(가)와 (나)는 설화를 모티프로 한 작품이다. (가)는 토끼가 유혹에 빠져 위기에 처했다가 지혜를 발휘해 간을 지킨 '귀토지설'과, 프로메테우스가 인간에게 불을 알려 준 죄로 제우스의 벌을 받아 코카서스 산에서 독수리에게 간을 쪼이는 설화를 소재로 활용했다. (가)는 두 설화를 재구성하여 간을 지키려는 토끼의 노력과 프로메테우스의 희생을 연결하였으며, 이를 바탕으로 일제 강점기에서 세속적 욕망을 추구하지 않고 양심을 지키려는 자기희생의 의지를 드러내고 있다. (나)는 천한 신분으로 선덕 여왕을 사모하던 지귀가 불공을 드리던 여왕을 기다리다가 잠이 들었고, 그사이 여왕이 그를 동정하여 가슴에 놓고 간 금팔찌를 보고 몸이 타올라 불귀신이 되었다는 '지귀 설화'를 소재로 활용했다. (나)는 이 내용을 변용하여 신분의 장벽을 뛰어넘는 진실한 사랑의 중요성을 드러내고 있다.

정답 선지 분석

④ (나)의 '아름다운 업보'는 지귀 설화를 변용한 것으로, 현세에서 이루지 못한 여왕과의 진실한 사랑이 내세에서 이루어지기를 바라는 지귀의 마음이 함축된 것으로 볼 수 있겠군.

(나)의 '아름다운 업보'는 '전생에 지은'과 관련지어 불교의 윤회 사상을 바탕으로 여왕에 대한 지귀의 사모를 빗댄 것임을 알 수 있다. (나)의 내용은 현세에서의 사랑을 다루고 있으며, 내세에서 여왕과의 진실한 사랑이 이루어지기를 바라는 것은 아니다.

오답 선지 분석

① (가)의 '코카서스 산중에서 도망해 온 토끼'는 귀토지설과 프로메테우스 설화를 연결한 것으로, '토끼'는 일제 강점기에서 양심을 지키려는 존재로 볼 수 있겠군.

(가)의 '코카서스 산중'은 프로메테우스가 벌을 받는 공간이고, '토끼'는 귀토지설의 관련된 동물로 볼 수 있다. 이를 <보기>의 '양심을 지키려는 자기희생의 의지'와 관련지어 일제 강점기에서 양심을 지키려는 존재로 볼 수 있다.

② (가)의 '다시는 용궁의 유혹에 안 떨어진다'는 귀토지설을 재구성한 것으로, 세속적 욕망을 추구하지 않겠다는 의지를 드러낸 것으로 볼 수 있겠군.

(가)의 '용궁'은 귀토지설 속 토끼가 유혹에 빠져 간을 뺏길 뻔한 공간으로, 이를 <보기>의 '자기희생의 의지'와 관련지어 세속적 욕망을 추구하지 않겠다는 의미를 드러낸 것으로 볼 수 있다.

③ (가)의 '목에 맷돌을 달고'는 프로메테우스가 벌을 받았다는 설화를 재구성한 것으로, 화자가 감수하고자 하는 희생을 상징하는 것으로 볼 수 있겠군.

(가)의 '목에 맷돌을 달고'는 설화에서 프로메테우스가 독수리에게 간을 쪼이는 상황을 재구성한 것으로 볼 수 있다. 이를 <보기>의 '자기희생의 의지'와 관련지어 화자가 감수하고자 하는 희생을 상징하는 것으로 볼 수 있다.

⑤ (나)의 '큰 불이 일어'서 '신라땅 모든 사슬 끊어 버려라'는 지귀가 불귀신이 되었다는 지귀 설화를 변용한 것으로, 신분의 장벽을 극복하고 사랑을 이루기 바라는 화자의 생각을 드러낸 것으로 볼 수 있겠군.

(나)의 '큰 불'은 설화에서 지귀가 불귀신이 된 내용과 관련이 있다. '큰 불'을 통해 신분의 장벽을 의미하는 '신라땅 모든 사슬'을 극복하고 사랑을 이루기 바라는 화자의 생각을 드러낸 것이다.

DAY 6 〈최척전〉_조위한

빠른 정답 체크

01 ④ **02** ③ **03** ③ **04** ⑤

혼례를 마친 후 최척이 아내와 함께 장모를 모시고 집으로 돌아
　　　　　　　　　　　옥영
오매 하인들이 기뻐했다. 대청에 오르자 **친척들**이 축하하여 온 집
안에 기쁨이 넘쳤고, 이들을 기리는 소리가 사방의 이웃으로 퍼졌
　　최척과 옥영의 결혼을 모두 경사로 받아들임
다. 「시집에 온 옥영은 소매를 걷고 머리를 빗어 올린 채 손수 물을
「 」: 시집에 정성을 다하는 옥영
긷고 절구질을 했으며, 시아버지를 봉양하고 남편을 대할 때 효와
정성을 다하고, 윗사람을 받들고 아랫사람을 대할 때는 성의와 예
　　　　　　　　　　　　　　　　　남편을 극진히 내조한 '맹광'
의를 두루 갖췄다.」 「이웃 사람들이 이를 듣고는 모두 양홍의 처나
　　　　　　　　　「 」: 고사의 인물을 언급하여 옥영의 인물을 칭찬함
포선의 아내도 이보다 낫지 않을 것이라고 칭찬했다.」
청빈한 남편을 따라 소박한 삶을 산 '환씨'
　　최척은 결혼한 후 구하는 것이 뜻대로 되어 재산이 점차 넉넉히
불었으나, 다만 일찍이 자식이 없는 것이 걱정이었다. 최척 부부
　　　　　　　　　　　　　최척 부부의 근심
는 후사를 염려하여 ⊙ 「매월 초하루가 되면 몸과 마음을 깨끗이
　　　　　　　　　　　　「 」: 최척 부부의 간절함
하고 함께 만복사에 올라 부처께 기도를 올렸다.」 다음 해 갑오년
⊙ 정월 초하루에도 만복사에 올라 기도를 했는데, 이날 밤 장육
금불이 옥영의 꿈에 나타나 말했다.
신이한 존재

"나는 **만복사의 부처**로다. 너희 정성이 가상해 기이한 **사내 아이**
　　　　　　　　　　　　　　　　장육금불의 예언
를 점지해 주니, 태어나면 반드시 특이한 징표가 있을 것이다."

옥영은 ⓒ 그달에 바로 잉태해 열 달 뒤 과연 아들을 낳았는데,
등에 어린아이 손바닥만 한 **붉은 점**이 있었다. 그래서 최척은 아
　　　　　　　　장육금불이 예언한 특이한 징표
들 이름을 몽석(夢釋)이라고 지었다.

「최척은 피리를 잘 불었으며, ⓔ 매양 꽃 피는 아침과 달 뜬 밤이
「 」: 훗날 최척과 옥영이 다시 만날 수 있게 되는 요소 ①-최척의 피리 소리
되면 아내 곁에서 피리를 불곤 했다.」 일찍이 날씨가 맑은 ⓜ 어느
봄날 밤이었는데, 「어둠이 깊어 갈 무렵 미풍이 잠깐 일며 밝은 달
　　　　　　　　「 」: 감각적 배경 묘사-낭만적 분위기 강조
이 환하게 비췄으며, 바람에 날리던 꽃잎이 옷에 떨어져 그윽한
향기가 코끝에 스며들었다.」 이에 최척은 옥영과 술을 따라 마신
후, 침상에 기대 피리를 부니 그 여음이 하늘거리며 퍼져 나갔다.
옥영이 한동안 침묵하다 말했다.

"저는 평소 여인이 시 읊는 것을 좋게 여기지 않습니다. 그런데
이처럼 맑은 정경을 대하니 도저히 참을 수가 없군요."
　　　　아름다운 봄날 밤의 경치
옥영은 마침내 절구 한 수를 읊었다.

「왕자진이 피리를 부니 달도 내려와 들으려는데,
「 」: 훗날 최척과 옥영이 다시 만날 수 있게 되는 요소 ②-옥영이 읊은 시
바다처럼 푸른 하늘엔 이슬이 서늘하네.

때마침 날아가는 푸른 난새를 함께 타고서도,

안개와 노을이 가득해 봉도 가는 길 찾을 수 없네.」

최척은 애초에 자기 아내가 이리 시를 잘 읊는 줄 모르고 있던 터라 놀라 감탄하였다.

[중략 부분의 줄거리] 전란으로 가족과 이별한 최척은 명나라 배를 타고 안남에 이르러 처량한 마음에 피리를 불었다.

최척은 동방이 밝아 오자, 강둑을 내려가 **일본인 배에 이르러 조선말로 물었다.**
<u>현재 최척이 위치한 곳은 조선이 아님</u>

"어젯밤 시를 읊던 사람은 조선 사람 아닙니까? 나도 조선 사람이어서 한번 만나 보았으면 합니다. 멀리 **다른 나라를 떠도는 사람**이 비슷하게 생긴 **고국 사람을 만나**는 것이 어찌 그저 기쁘
<u>타국에서 고국 사람을 만나는 것만큼 기쁜 일이 없음</u>
기만 한 일이겠습니까?"

「옥영도 생각하기를 어젯밤 들은 **피리 소리**가 조선의 곡조인 데
「⌐: 지난 밤 옥영이 시를 읊게 된 사연   최척의 피리 소리
다, 평소 익히 들었던 것과 너무나 흡사했다. 그래서 남편 생각에
과거 최척이 옥영에게 들려주었던 곡조
감회가 일어 절로 시를 읊게 되었던 것이다.」옥영은 자기를 찾는
예전에, 옥영이 최척의 피리 소리를 듣고 읊은 시
사람의 목소리를 듣고는 황망히 뛰쳐나와 최척을 보았다. 「둘은
헤어졌던 최척과 옥영이 다시 만나게 됨
서로 마주하고 놀라 **소리를 지르며 끌어안고** 백사장을 뒹굴었다.
목이 메고 기가 막혀 마음을 안정할 수 없었으며, 말도 할 수 없었다. 눈에서는 **눈물이 다하자 피가 흘러내려** 서로를 볼 수도 없을 지경이었다.」양국의 **뱃사람들**이 저잣거리처럼 모여들어 구경
「⌐: 최척과 옥영이 재회한 기쁨을 표현함
했는데, 처음에는 친척이나 잘 아는 친구인 줄로만 알았다. 뒤에 그들이 부부 사이라는 것을 알고 서로 돌아 보며 소리쳐 말했다.

「"이상하고 기이한 일이로다! 이것은 하늘의 뜻이요, 사람이 이
「⌐: 최척과 옥영의 재회에 대한 사람들의 반응
룰 수 있는 일이 아니로다. 이런 일은 옛날에도 들어 보지 못하였다."」

최척은 옥영에게 그간의 소식을 물었다.

"산속에서 붙들려 강가로 끌려갔다는데, 그때 아버지와 장모님
전란 당시 비극적 상황
은 어찌 되었소?"

옥영이 말했다.

"날이 어두워진 뒤 배에 오른 데다 정신이 없어 서로 잃어버렸
전란으로 온 가족이 뿔뿔이 흩어짐
으니, 제가 두 분의 안위를 어떻게 알겠습니까?"

두 사람이 손을 붙들고 통곡하자, 옆에서 지켜보던 사람들도 슬
퍼하며 눈물을 닦지 않는 이가 없었다.
최척과 옥영의 사연에 안타까워함

- 조위한, 〈최척전〉 -

01

답 | ④

윗글에 대한 설명으로 가장 적절한 것은?

【 정답 선지 분석 】

④ 감각적인 배경 묘사를 통해 인물의 행동이 전개되는 상황의 낭만적 분위기를 부각하고 있다.

'어느 봄날 밤'의 풍경을 '어둠이 깊어 갈 무렵 미풍이 잠깐 일며 밝은 달이 환하게 비췄으며, 바람에 날리던 꽃잎이 옷에 떨어져 그윽한 향기가 코끝에 스며들었다'고 감각적으로 묘사하고 있으며, 이런 풍경 속에서 최척의 피리 소리를 듣던 옥영이 '절구 한 수'를 읊는 행위를 하고 있으므로 감각적인 배경 묘사로 시를 읊는 낭만적 분위기를 부각하고 있다고 할 수 있다.

【 오답 선지 분석 】

① 시를 삽입하여 인물 간의 갈등 양상이 구체화되는 상황을 드러내고 있다.

'어느 봄날 밤' 옥영이 최척의 피리 소리를 듣고 절구 한 수를 읊었는데, 이는 '맑은 정경'을 대한 자신의 감흥을 주체하지 못하고 시를 읊은 것이지 인물 간의 갈등에서 비롯한 일로 볼 수 없다.

② 인물의 행위가 연속적으로 나열된 장면을 통해 신분의 변화 과정을 드러내고 있다.

'둘은 서로 마주하고 놀라 소리를 지르며 끌어안고 백사장을 뒹굴었다.', '목이 메고 기가 막혀 마음을 안정할 수 없었으며, 말도 할 수 없었던' 부분에서 인물의 행위가 연속적으로 나열된 장면이 있지만 신분의 변화 과정이 나타나 있지 않다.

③ 주변 인물이 알고 있는 사례를 근거로 주요 인물에 대해 상반된 평가를 내리게 하고 있다.

최척과 옥영의 결혼을 '친척들'이 축하해 주었으며, 정성을 다해 가족 구성원들을 대했던 옥영에 대해 '이웃 사람들'이 칭찬하고 있을 뿐이지 옥영에 대한 상반된 평가가 나타나 있지 않다.

⑤ 인물 간 대화가 오가는 장면을 보여 주어 이전 사건에 따른 다른 인물들의 현재 행선지를 드러내고 있다.

최척은 전란으로 가족과 이별해 명나라 배를 타고 안남에 이르렀다. 안남에서 옥영과 재회한 최척은 전란에서 헤어진 아버지와 장모님의 안위를 묻지만 옥영은 두 분의 안위를 알지 못하고 있으므로 전란이라는 이전 사건에 따른 다른 인물들의 현재 행선지가 드러나 있다고 할 수 없다.

02

답 | ③

윗글의 인물에 대한 이해로 적절하지 않은 것은?

【 정답 선지 분석 】

③ '최척'은 옥영의 시에 대한 재능을 결혼 전에 알고 있었지만, 옥영이 시를 읊기 전까지 이를 모른 척했다.

최척은 '어느 봄날 밤' 자신의 피리 소리를 듣던 옥영이 읊은 절구 한 수를 들으며 '애초에 자기 아내가 이리 시를 잘 읊는 줄 모르고 있던 터라 놀라 감탄하'고 있다. 따라서 최척이 옥영의 시에 대한 재능을 결혼 전에 알고 있지 않았으며, 옥영이 시를 읊기 전까지 이를 모른 척했다고 볼 수 없다.

【 오답 선지 분석 】

① '뱃사람들'은 최척과 옥영의 관계가 자신들이 생각하던 것과 달라 놀라워했다.

양국의 뱃사람들은 최척과 옥영이 처음에는 친척이나 잘 아는 친구인 줄로만 알았다가 뒤에 그들이 부부 사이라는 것을 알고는 '이런 일은 옛날에도 들어 보지 못하였다'며 놀라고 있다.

② '최척'은 강둑을 내려가 자신을 '다른 나라를 떠도는 사람'이라 말하며 자신의 처지와 심정을 드러냈다.

최척은 강둑을 내려가 일본인 배에 이르러 어젯밤 시를 읊던 사람이 조선 사람이 아니냐고 물으며, 자신을 '다른 나라를 떠도는 사람'이라고 자신의 처지를 밝힌 후에 '고국 사람을 만나는 것이 어찌 그저 기쁘기만 한 일이겠'냐고 자신의 심정을 드러내며 그 조선 사람을 만나기를 청하고 있다.

④ '옥영'은 가정의 구성원들을 정성스러운 마음으로 대했고, 옥영이 시집온 후 최척의 집안은 점차 부유해졌다.

시집에 온 옥영은 '시아버지를 봉양하고 남편을 대할 때 효와 정성을 다하고, 윗사람을 받들고 아랫사람을 대할 때는 성의와 예의를 두루 갖추'었으므로 그녀가 가정의 구성원들을 정성스러운 마음으로 대했다고 할 수 있다. 또한 최척은 '결혼 후 구하는 것이 뜻대로 되어 재산이 점차 넉넉히 불었'다고 하였으므로 옥영이 시집온 후 최척의 집안이 점차 부유해졌다고 할 수 있다.

⑤ '친척들'은 최척의 결혼을 경사로 받아들였고, '이웃 사람들'은 옥영의 행실을 칭찬했다.

혼례를 마친 후 대청에 오른 최척과 옥영을 '친척들이 축하하여 온 집안에 기쁨이 넘쳤'다고 하였으므로 친척들이 최척의 결혼을 경사로 받아들였다고 할 수 있다. 또한 정성을 다해 가족 구성원들을 대하는 옥영을 향해 이웃 사람들이 '양홍의 처나 포선의 아내도 이보다 낫지 않을 것'이라고 하였으므로 이웃 사람들이 옥영의 행실을 칭찬하였다고 할 수 있다.

03

답 | ③

㉠~㉤에 대한 이해로 가장 적절한 것은?

정답 선지 분석

③ ㉣은 인물의 행위가 반복적으로 일어나는, ㉤은 ㉣ 중 한 시점을 특정하는 시간의 표지이다.

㉣에 최척은 아내 곁에서 피리를 불곤 했다고 하였으므로 ㉣은 인물의 행위가 반복적으로 일어나는 시간의 표지라 할 수 있고, ㉤은 그런 날들 중의 하나로 옥영이 절구 한 수를 읊은 때이므로 ㉤은 ㉣ 중 한 시점을 특정하는 시간의 표지라고 할 수 있다.

오답 선지 분석

① ㉠은 인물의 심리적 갈등이 발생하는, ㉡은 ㉠에서 발생한 갈등이 심화되는 시간의 표지이다.

㉠은 후사에 대한 염려로 최척 부부가 만복사에 올라 부처께 기도를 올리는 날이므로 인물의 심리적 갈등이 발생하는 시간의 표지로 볼 수 없다. ㉡에 옥영은 아이를 잉태하여 후사에 대한 염려에서 벗어날 수 있었으므로 ㉠에서 발생한 갈등이 심화되는 시간의 표지로 볼 수 없다.

② ㉢과 ㉤은 모두 과거의 행위를 통해 인물의 성격이 변화됨을 드러내는 시간의 표지이다.

㉢에 옥영은 아이를 잉태하여 후사에 대한 염려에서 벗어났으므로 인물이 심리적 갈등에서 벗어났다고 할 수 있다. ㉤에 옥영은 최척의 피리 소리에 절구 한 수를 읊었으며, 최척은 이런 옥영의 시 읊는 실력에 놀라 감탄하고 있다. 따라서 ㉢과 ㉤은 과거의 행위를 통해 인물의 성격이 변화되었음을 드러내는 시간의 표지로 볼 수 없다.

④ ㉡은 ㉠에서부터 이어진 행위를 알려 주는, ㉤은 그 행위가 완결된 순간을 지시하는 시간의 표지이다.

㉡은 최척 부부가 만복사에 올라 부처께 기도를 올렸던 ㉠ 중 하루에 해당하는 시간의 표지에 해당한다. 한편 ㉤은 최척이 자신의 피리 소리에 절구 한 수를 읊는 옥영에 감탄한 날이므로 ㉠에 행해지던 행위가 완결된 순간을 지시하는 시간의 표지로 볼 수 없다.

⑤ ㉡과 ㉢은 인물의 소망이 실현되어 가는 과정에 포함되는, ㉤은 인물의 소망이 좌절된 시간의 표지이다.

㉠에 행해지던 행위가 ㉡을 거쳐 ㉢에 이르러 그 결실을 보아 자식을 잉태해 아들을 낳았으므로 ㉡과 ㉢은 인물의 소망이 실현되어 가는 과정에 포함되는 시간의 표지라고 할 수 있다. 그러나 ㉤은 최척이 자신의 피리 소리에 절구 한 수를 읊는 옥영에 감탄한 날이므로 ㉤을 인물의 소망이 좌절된 시간의 표지라고 볼 수 없다.

04

답 | ⑤

<보기>를 바탕으로 윗글을 감상한 내용으로 적절하지 않은 것은?

보기

〈최척전〉에는 하나의 문제 상황이 해결되면 또 다른 문제가 확인되는 서사 구조가 나타나고 있다. 이 과정에서 도움을 주는 신이한 존재를 나타나게 하거나, 예언의 실현을 보여 주는 특이한 증거를 활용하거나, 문제 해결의 계기가 되는 소재를 제시하거나, 공간적 배경을 확장하여 다양한 국적의 사람들을 등장시키는 등의 서사적 장치들이 확인된다. 이러한 서사 구조와 다양한 서사적 장치는 독자가 이야기에 흥미를 가지고 그것을 자연스럽게 수용하는 데 기여한다.

정답 선지 분석

⑤ 최척과 옥영이 '소리를 지르며 끌어안'는 것은 문제의 해결에 따른 기쁨과, '눈물이 다하자 피가 흘러내'리는 것은 또 다른 문제 확인에 따른 인물의 불안감과 관련이 있겠군.

최척과 옥영은 전혀 예상치 못한 공간에서 의외의 만남을 하고 있다. 그 기쁨을 감추지 못하고 둘은 '소리를 지르며 끌어안'았으며, 헤어져 있는 동안 쌓아 두었던 감정이 북받쳐 올라 '눈물이 다하자 피가 흘러내'리는 지경에까지 이르게 되었다. 이는 재회의 기쁨이 그만큼 크다는 것을 강조한 과장된 표현으로 '눈물이 다하자 피가 흘러내'리는 것을 또 다른 문제 확인에 따른 인물의 불안감과 관련이 있다고 본 감상 내용은 적절하지 않다.

오답 선지 분석

① 옥영의 꿈에 나타난 '만복사의 부처'는, 옥영이 겪고 있는 현실적인 문제를 해결하는 데 도움을 주는 신이한 존재로서 역할을 한다고 볼 수 있겠군.

최척과 옥영은 결혼한 후 자식이 없는 것을 걱정하여 만복사에 올라 정성을 다해 부처께 기도를 올렸다. 많은 시간이 흐른 후 옥영의 꿈에 나타난 장육금불은 본인을 '만복사의 부처'라고 하며 사내아이를 점지해 주고 있다. 이후 최척과 옥영 사이에서는 아들이 태어났으므로 옥영의 꿈에 나타난 '만복사의 부처'는 옥영이 아들을 갖는 데 도움을 주는 신이한 존재라고 할 수 있다.

② 몽석의 몸에 나타난 '붉은 점'은, '사내아이'의 출생과 관련한 예언이 실제로 이루어졌음을 확인할 수 있는 특이한 증거로 활용된다고 볼 수 있겠군.

옥영의 꿈에 나타난 장육금불은 옥영에게 사내아이를 점지해 주면서 그 사내아이에게 특이한 징표가 있을 것이라고 예언했는데, 옥영이 낳은 아들의 등에 어린아이 손바닥만 한 '붉은 점'이 있었다. 따라서 '붉은 점'은 장육금불이 예언한 대로 '사내아이'가 태어났음을 보여 주는 특이한 증거라고 할 수 있다.

③ 최척이 '일본인 배에 이르러 조선말로 물'어보는 것과 '고국 사람을 만나'려 하는 것은, 서사 전개 과정에서 공간적 배경을 조선뿐 아니라 다른 나라로도 확장한 것과 관련이 있겠군.

최척은 명나라 배를 타고 안남(오늘날의 베트남)에 도착하였고, 그곳에서 어젯밤 시를 읊던 사람을 찾아 '일본인 배에 이르러 조선말로' 그 사람이 조선 사람인지 물어보고 그 사람을 만나고자 한다. 그가 다른 나라에서 '고국 사람을 만나'려 하는 것은 공간적 배경이 조선에 국한되지 않고 다른 나라로까지 확장되었음을 보여 준다고 할 수 있다.

④ 옥영이 들은 '피리 소리'는, 옥영이 최척을 떠올리게 하여 이별의 상황을 해결하는 계기가 되는 소재로 작용하고 있다고 볼 수 있겠군.

옥영은 어젯밤 '피리 소리'를 들으면서 자신의 남편인 최척을 떠올리며 감회에 젖어 절로 시를 읊게 되었다. 최척이 어젯밤 시를 읊던 사람을 찾으러 일본인 배에 왔고, 서로 헤어졌던 두 사람이 비로소 만나게 되었으므로 '피리 소리'는 이별 상황이라는 문제가 해결되는 계기가 되는 소재라고 할 수 있다.

빠른 정답 체크

01 ①   02 ④   03 ①

❶ 안녕하세요? 발표를 맡은 ○○○입니다. 여러분, 지난 수업 시간에 세포의 자기 복제에 대해 공부했죠? 이번 시간에 저는 세포의 자기 복제와 관련 있는 콘웨이의 '생명 게임'을 여러분에게 9칸의 격자판으로 설명하려 합니다. (㉠ [화면 1] 제시) 여기 화면처럼 각각의 칸에 a부터 i까지 기호를 붙이겠습니다. 그리고 a처럼 음영을 넣지 않은 칸은 살아 있는 세포가 없는 칸으로 0이라고 정의하고, b처럼 음영을 넣은 칸은 살아 있는 세포가 있는 칸으로 1이라고 정의하겠습니다. 이에 따라 b, e, h는 1, 그 이외의 것들은 0입니다.

❷ 생명 게임은 규칙이 있습니다. 첫째, 1은 이웃 중에 1이 한 개 이하이면 다음 세대에서 0이 됩니다. (㉡ [화면 2] 제시) 여기 1인 a의 이웃은 무엇일까요? (대답을 듣고) b, d뿐만 아니라 e도 이웃입니다. 덧붙이자면 e는 a, b, c, d, f, g, h, i 모두가 이웃입니다. 여기 2세대의 이 a는 1인 이웃이 없는 것이죠. 그래서 3세대에서 0이 됩니다. 이것은 세포가 고립되면 죽기 때문입니다. 둘째, 1은 이웃 중에 1이 네 개 이상이면 세포 과잉으로 다음 세대에서 0이 됩니다. 셋째, 1 또는 0이 이웃 중에 1이 세 개 있으면 다음 세대에서 1은 1이 되고, 0은 1이 됩니다. 넷째, 1인 이웃이 두 개면 1이든 0이든 그 상태가 변하지 않습니다. 그래서 (㉢ [화면 3] 제시) 이 화면의 a와 b는 모두 세대가 바뀌어도 상태가 변하지 않고 있습니다.

❸ 사례에 따라 격자판에서 1과 0이 나타나는 양상이 세대별로 다양하게 드러나는데요, 그것을 몇 가지 유형으로 설명할 수 있습니다. 여기서는 '주기', '멸종', '안정'의 세 가지 유형만 소개하겠습니다. (㉣ [화면 1] 제시) '1세대의 e는 1인 이웃이 두 개, d, f는 모두 1인 이웃이 세 개입니다. 그래서 2세대에서는 d, e, f가 1이 되고, 3세대에서는 1세대처럼 다시 b, e, h가 1이 됩니다.』이러한 양상을 주기 유형이라고 합니다. 이번에는 9칸이 모두 1인 경우와 b, d, f, h가 1인 경우를 함께 보겠습니다. (㉤ [화면 2]와 [화면 3] 제시) 두 경우는 2세대가 되면 어떻게 될까요? (대답을 듣고) 맞아요. 서로 다르게 변하겠죠. 두 경우를 비교해 보면, e 이외의 칸들에 1, 0이 상반되게 나타납니다. 이에 따라 3세대에서 모든 칸이 0이 되는 경우도 있고, b, d, f, h가 1인 것이 그대로 이어지는 경우도 있습니다. 전자는 멸종 유형이고, 후자는 안

정 유형입니다.

❹ 지금까지 생명 게임을 설명했습니다. 「생명 게임은 복잡한 생명 현상에 모종의 질서가 있음을 설명하는 하나의 방법이라는 점에서 의미가 있습니다.」 발표를 들어 주셔서 감사합니다.

01

답 | ①

위 발표에 대한 설명으로 가장 적절한 것은?

정답 선지 분석

① 질문을 통해 청중과 상호 작용하며 정보를 제공하고 있다.

발표자는 화면을 설명하면서 청중에게 질문을 하고 답을 듣는 상호 작용을 통해 정보를 제공하고 있다.

오답 선지 분석

② 청중과 공유한 경험을 활용하여 청중의 관심 분야를 확인하고 있다.

발표자는 청중과 공유한 경험을 언급하긴 했지만, 이를 활용하여 청중의 관심 분야를 확인하지는 않았다.

③ 전문가들의 서로 다른 견해를 인용하며 발표 내용을 설명하고 있다.

발표자는 전문가들의 서로 다른 견해를 인용하고 있지는 않다.

④ 발표 중간중간에 내용을 요약하며 청중이 알아야 하는 정보를 강조하고 있다.

발표자는 발표 중간중간에 내용을 요약하고 있지는 않다.

⑤ 발표를 시작할 때 청중에게 기대하는 바를 언급하며 발표 목적을 제시하고 있다.

발표자는 발표를 시작할 때 청중에게 기대하는 바를 언급하지 않았다.

02

답 | ④

다음은 발표자가 보여 준 화면이다. 발표자의 시각 자료 활용에 대한 설명으로 적절하지 않은 것은?

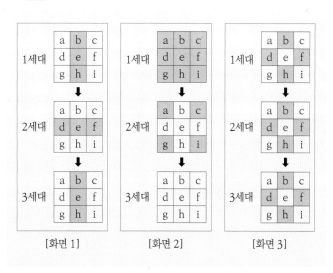

[화면 1]   [화면 2]   [화면 3]

정답 선지 분석

④ ㉣을 활용하여, 1세대와 3세대의 격자판의 양상이 서로 다르다는 것을 보여 주었다.

발표자는 ㉣을 활용하여 주기 유형을 설명하면서, 1세대에서 b, e, h가 1이었다가 2세대에서 d, e, f가 1이 되고 3세대에서 다시 b, e, h가 1이 됨을 설명했다. 따라서 1세대와 3세대의 격자판의 양상이 서로 다르다는 것을 보여 주었다고 할 수 없다.

오답 선지 분석

① ㉠을 활용하여, 격자판의 칸에 표시된 음영의 의미를 설명하였다.

㉠을 활용하여, 격자판의 칸에 음영을 표시한 칸은 살아 있는 세포가 있는 칸이고 음영을 표시하지 않은 칸은 살아 있는 세포가 없는 칸임을 설명하였다.

② ㉡을 활용하여, 세포가 고립되었을 때 1이 다음 세대에서 0이 되는 경우를 설명하였다.

㉡을 활용하여, 2세대에서 1인 이웃이 없는 a가 3세대에서 0이 되는 것을 세포의 고립에서 비롯된 결과로 설명하였다.

③ ㉢을 활용하여, 1과 0 모두 이웃 중에 1이 두 개이면 상태가 변하지 않는다는 것을 제시하였다.

㉢을 활용하여, 1인 이웃이 두 개이면 1이든 0이든 그 상태가 변하지 않는다는 규칙을 바탕으로 1인 이웃이 2개(b, d) 있는 a와 1인 이웃이 2개(d, f) 있는 b 모두 세대가 바뀌어도 상태가 변하지 않았음을 제시하였다.

⑤ ㉤을 활용하여, 멸종 유형과 안정 유형의 사례에서 발견할 수 있는 차이점을 언급하였다.

㉤을 활용하여, [화면 2]는 1세대에서 모든 칸이 1이었다가 3세대에서 모든 칸이 0이 되는 멸종 유형이고, [화면 3]은 1세대에서 b, d, f, h가 1이었던 것이 3세대까지 그대로 이어지는 안정 유형이라는 점에서 두 유형이 차이가 있음을 언급하였다.

03

답 | ①

<보기>는 위 발표를 들은 학생들의 반응이다. 발표의 내용을 고려하여 학생의 반응을 이해한 내용으로 가장 적절한 것은?

보기

학생 1 : 이웃에 살아 있는 세포가 많을수록 세포 생존에 유리할 거라고 생각했는데, 오히려 불리하군. 그런데 왜 1인 이웃이 네 개인 경우부터 세포 과잉으로 볼까?

학생 2 : 격자판에서 1과 0이 나타나는 양상을 세 가지 유형으로만 설명해서 아쉬웠어. 관련 서적을 찾아봐야겠어.

학생 3 : 복잡한 생명 현상에 모종의 질서가 있음을 새롭게 알게 되어서 좋았어. 그런데 이 모형이 실제 현실에서도 적용되는지 확인해 봐야겠군.

정답 선지 분석

① '학생 1'은 자신이 짐작했던 바를 발표 내용을 바탕으로 수정하고 있다.

이웃에 살아 있는 세포가 많을수록 세포의 생존에 불리하다는 발표 내용을 바탕으로, 학생 1은 이웃에 살아 있는 세포가 많을수록 세포의 생존에 유리하다고 짐작했던 자신의 생각을 수정하고 있다.

오답 선지 분석

② '학생 2'는 발표 내용이 사실에 부합하는지 의문을 제기하고 있다.

학생 2는 발표에서 다루어지지 않은 정보가 있음을 아쉬워할 뿐, 발표 내용이 사실에 부합하는지 의문을 제기하는 것은 아니다.

③ '학생 3'은 자신의 의문이 해소되었다는 점에서 발표 내용을 긍정적으로 평가하고 있다.

학생 3은 발표를 듣고 새롭게 알게 된 정보를 바탕으로 발표 내용을 긍정적으로 평가하고 있을 뿐, 자신의 의문이 해소되었다는 점에서 긍정적으로 평가한 것은 아니다.

④ '학생 1'과 '학생 3'은 발표 내용이 적용되지 않은 예외적 상황이 있는지 검토하고 있다.

학생 1은 발표에서 언급된 세포 과잉과 관련하여 1인 이웃이 네 개인 경우부터 세포 과잉으로 보는 이유에 대해 의문을 제기하고 있을 뿐, 발표 내용이 적용되지 않은 예외적 상황이 있는지 검토하는 것은 아니다. 또한, 학생 3은 해당 모형이 실제 현실에 적용되는지 확인해 보겠다고 했을 뿐, 발표 내용이 적용되지 않은 예외적 상황이 있는지 검토하는 것은 아니다.

⑤ '학생 2'와 '학생 3'은 발표에서 자신에게 필요한 내용이 다루어지지 않아 아쉬워하고 있다.

학생 3이 발표에서 자신에게 필요한 내용이 다루어지지 않아 아쉬워하고 있다고 볼 수는 없다.

DAY 2 　언어

빠른 정답 체크

01 ③　　**02** ②　　**03** ④　　**04** ①　　**05** ⑤

어떤 말의 앞이나 뒤에 다른 말이 올 수 있는 말들의 관계를 결합 관계라 한다. **결합 관계의 의미** 현대 국어의 의존 명사와 결합하는 선행 요소의 유형에는 관형사, 체언, 체언에 관형격 조사가 붙은 것, 용언의 관형사형 등이 있다. **의존 명사와 결합하는 선행 요소의 유형** 의존 명사 중에는 ㉠ 다양한 유형의 선행 요소와 결합하는 것도 있으나, 그렇지 않은 것도 있다. 즉 '것'과 같이 '어느 것, 언니 것, 생각한 것' 등 다양한 유형의 선행 요소와 **선행 요소와의 결합에 따른 의존 명사의 구분 ① - 선행 요소와의 결합이 자유로움** 두루 결합하는 의존 명사가 있는 반면, '가 본 데'의 '데'나, '요리할 줄'의 '줄'과 같이 ㉡ 선행 요소로 용언의 관형사형과만 결합 **선행 요소와의 결합에 따른 의존 명사의 구분 ② - 선행 요소와의 결합이 제한적임** 하는 의존 명사도 있다.

의존 명사와 결합하는 후행 요소로는 격 조사와 용언 등이 있 **의존 명사와 결합하는 후행 요소의 유형** 다. 의존 명사 중에는 ㉢ 다양한 격 조사와 결합하여 여러 문장 **의존 명사와 격 조사의 결합에 따른 구분 ①** 성분으로 쓰이는 것도 있으나, ㉣ 특정 격 조사와만 결합하는 것 **의존 명사와 격 조사의 결합에 따른 구분 ②** 도 있다. 예를 들어, '데'는 다양한 격 조사와 결합하여 여러 문장 성분으로 두루 쓰이지만, 「만난 지(가) 오래되었다」의 '지'는 주 **「」: 특정 격 조사와만 결합하는 예** 격 조사와만 결합하여 주어로 쓰인다. '요리할 줄(을) 몰랐다', '그런 줄(로) 알았다'의 '줄'은 주로 목적격 조사나 부사격 조사와 결합하여 목적어나 부사어로 쓰이고 주어로는 쓰이지 않는다. 또한 '뿐'은 '읽을 뿐이다'처럼 서술격 조사 '이다'와 결합하거나 '그럴 뿐(이) 아니라'처럼 보격 조사와만 결합하여 쓰인다.」 한편 의존 명사가 용언과 결합할 때는 ㉤ 다양한 용언과 결합하여 쓰 **의존 명사와 용언의 결합에 따른 구분 ①** 일 수 있는 것과 ㉥ 특정 용언과만 결합하는 것이 있다. 예를 들 **의존 명사와 용언의 결합에 따른 구분 ②** 어, '것'은 다양한 용언과 두루 결합하지만, '줄'은 주로 '알다, 모르다'와 결합한다.

중세 국어에서도 선행 요소나 후행 요소와 결합할 때 제약 없이 **현대 국어에서의 의존 명사의 결합 관계와 비슷함** 두루 결합하는 의존 명사와 그렇지 않은 의존 명사가 있었다. 가령 중세 국어 '것'은 '어느 거시 이 가온디 가물[어느 것이 이 가 **의존 명사와 선행 요소 및 후행 요소의 결합이 자유로운 예시** 운데 감일]', '奇異훈 거슬 머구머[기이한 것을 머금어]' 등과 같이 여러 유형의 선행 요소 및 후행 요소와 두루 결합하여 쓰였다. 반면 현대 국어의 '지'에 해당하는 중세 국어 '디'는 선행 요소 및 **의존 명사와 선행 요소 및 후행 요소의 결합이 제한적인 예시** 후행 요소와의 결합에 제약이 있었다. 즉 '믈 돌여 딘니건 디 스믈 ᄒ니[말 달려 다닌 지 스믈 ᄒ니]', '여희연 디 ᄒ마 다ᄉᆞᆺ ᄒ로 디[헤어진 지 벌써 다섯 해로되]'와 같이 '디'는 선행 요소로 용언 의 관형사형과만 결합할 수 있었고, 문장에서는 주어로만 쓰였다.

④ ⓑ의 '디'는 중세 국어 '디'와 달리, 목적격 조사와 결합할 수 있었군.
ⓑ의 '디'는 목적격 조사와 결합할 수 있었다. 반면 중세 국어 '디'는 주어로만 사용되기 때문에 목적격 조사와 결합하여 쓰이지 않았다.

⑤ ⓒ의 '뿐'은 현대 국어 '뿐'과 달리, 부사격 조사와 결합할 수 있었군.
ⓒ의 '뿐'은 부사격 조사와 결합할 수 있었다. 반면 현대 국어 '뿐'은 서술격 조사와 보격 조사와 결합하여 쓰인다.

01

답 | ③

⊙~ⓗ 중 <보기>의 '바'에 해당하는 것만을 고른 것은?

보기

의존 명사 '바'
∘ 우리가 나아갈 바를 밝혔다.
∘ 이것이 우리가 생각한 바이다.
∘ 그것은 *그/*생각의 바와 다르다.
∘ 그것에 대해 내가 아는 바가 없다.
∘ 그가 우리 사회에 공헌한 바가 크다.

※ '*'는 어법에 맞지 않음을 나타냄.

정답 선지 분석

③ ⓛ, ⓒ, ⓜ
의존 명사 '바'는 선행 요소로 용언의 관형사형과만 결합한다. 후행 요소로는 주격 조사, 목적격 조사, 부사격 조사, 서술격 조사 등의 다양한 격 조사와 결합하여 쓰일 수 있다. 또한 의존 명사 '바'는 후행 요소로 다양한 용언과 결합하여 쓰일 수 있다.

02

답 | ②

윗글과 <보기>의 중세 국어 자료를 이해한 내용으로 적절하지 않은 것은?

보기

∘ 달옳 ⓐ 주리 업스시니이다
 [다를 줄이 없으십니다]
∘ 眞光이 어드우며 ᄇᆞᆯ근 ⓑ ᄃᆡᆯ 다 비취샤
 [진광이 어두우며 밝은 데를 다 비추시어]
∘ 부텻 일훔 念ᄒ올 ⓒ 뿐 이런 功德 됴ᄒᆞᆫ 利룰 어드리오
 [부처님의 이름을 생각할 뿐에 이런 공덕 좋은 이로움을 얻으리오]

정답 선지 분석

② ⓐ의 '줄'은 중세 국어 '것'과 달리, 선행 요소로 용언의 관형사형과 결합할 수 있었군.
ⓐ의 '줄'은 선행 요소로 용언의 관형사형과 결합할 수 있었다. 중세 국어 '것'은 여러 유형의 선행 요소 및 후행 요소와 두루 결합하여 쓰였다.

오답 선지 분석

① ⓐ의 '줄'은 현대 국어 '줄'과 달리, 주격 조사와 결합할 수 있었군.
ⓐ의 '줄'은 주격 조사 '이'와 결합하고 있으나, 현대 국어의 '줄'은 목적격 조사나 부사격 조사와 결합하여 목적어나 부사어로 쓰이고 주어로 쓰이지 않는다.

③ ⓑ의 '디'는 현대 국어 '데'와 같이, 선행 요소로 용언의 관형사형과 결합할 수 있었군.
ⓑ의 '디'는 현대 국어 '데'와 같이, 선행 요소로 용언의 관형사형과 결합할 수 있었다.

03

답 | ④

⊙과 ⓛ에 모두 해당하는 예만을 <보기>의 [탐구 자료]에서 고른 것은?

보기

[탐구 내용]
 국어의 음운 변동은 교체, 탈락, 첨가, 축약의 네 가지 유형으로 나눌 수 있다. 어떤 단어는 여러 음운 변동이 일어나는데 위의 네 가지 유형 중 ⊙ 두 유형 이상의 음운 변동이 일어나는 경우, ⓛ 한 유형의 음운 변동이 여러 번 일어나는 경우도 있다.

[탐구 자료]

꽃향기[꼬턍기], 똑같이[똑까치], 흙냄새[흥냄새],
첫여름[천녀름], 넙죽하다[넙쭈카다], 읊조리다[읍쪼리다]

정답 선지 분석

④ 첫여름, 읊조리다
'첫여름[천녀름]'은 첨가('ㄴ' 첨가)가 한 번, 교체(음절의 끝소리 규칙, 비음화)가 두 번 일어나고, '읊조리다[읍쪼리다]'는 탈락(자음군 단순화)이 한 번, 교체가 두 번(음절의 끝소리 규칙, 된소리되기) 일어나므로 ⊙과 ⓛ에 모두 해당한다.

오답 선지 분석

① 꽃향기, 똑같이
'꽃향기[꼬턍기]'는 교체(음절의 끝소리 규칙)가 한 번, 축약(거센소리되기)이 한 번 일어나고, '똑같이'는 교체(구개음화)가 한 번 일어난다.

② 꽃향기, 흙냄새
'꽃향기[꼬턍기]'는 교체(음절의 끝소리 규칙)가 한 번, 축약(거센소리되기)이 한 번 일어나고, '흙냄새[흥냄새]'는 탈락(자음군 단순화)이 한 번, 교체(비음화)가 한 번 일어난다.

③ 첫여름, 넙죽하다
'첫여름[천녀름]'은 첨가('ㄴ' 첨가)가 한 번, 교체(음절의 끝소리 규칙, 비음화)가 두 번 일어나고, '넙죽하다[넙쭈카다]'는 교체(된소리되기)가 한 번, 축약(거센소리되기)이 한 번 일어난다.

⑤ 넙죽하다, 읊조리다
'넙죽하다[넙쭈카다]'는 교체(된소리되기)가 한 번, 축약(거센소리되기)이 한 번 일어나고, '읊조리다[읍쪼리다]'는 탈락(자음군 단순화)이 한 번, 교체가 두 번(음절의 끝소리 규칙, 된소리되기) 일어난다.

04

답 | ①

<보기>의 @~ⓒ에 들어갈 말을 바르게 짝지은 것은?

보기

학생 1: 우리 스무고개 할래? [자료]에 있는 단어 중에서 내가 무얼 생각하는지 맞혀 봐.

> [자료]
>
> 높이다   접히다   여닫다

학생 2: 좋아. 그 단어는 어근과 어근으로 구성되었니?
학생 1: 아니, 어근과 접사로 이루어져 있어.
학생 2: 그렇다면 ⓐ 는 아니겠군. 그러면 단어의 품사가 어근의 품사와 같니?
학생 1: 아니, 이 단어의 품사는 어근의 품사와 달라.
학생 2: ⓑ 는 접사가 결합하며 품사가 달라지지 않았고, ⓒ 는 접사가 결합하며 품사가 달라졌네. 그렇다면 네가 생각하는 단어는 ⓒ 이구나!
학생 1: 맞아, 바로 그거야.

정답 선지 분석

	ⓐ	ⓑ	ⓒ
①	여닫다	접히다	높이다

'여닫다'는 어근과 어근으로 이루어진 합성어이고, '접히다'는 동사 '접다'의 어근에 접미사 '-히-'가 결합하며 만들어진 동사이다. '높이다'는 형용사 '높다'의 어근에 접미사 '-이-'가 결합해 만들어진 동사이다.

05

답 | ⑤

<보기>에 대한 설명으로 적절하지 않은 것은?

보기

ㄱ. 동생이 내가 읽던 책을 가져갔다.
ㄴ. 그는 자신이 그 일의 적임자임을 주장했다.
ㄷ. 무장 강도가 은행에 침입한 사건이 발생했다.
ㄹ. 이곳의 따뜻한 기후는 옥수수가 자라기에 적합하다.

정답 선지 분석

⑤ ㄷ은 ㄹ과 달리 문장 성분이 생략된 안긴문장이 있다.
  'ㄷ'은 문장 성분이 생략되지 않은 관형사절을 가진 안은문장이며 'ㄹ'은 주어가 생략된 관형사절을 가진 안은문장이다.

오답 선지 분석

① ㄱ은 목적어가 생략된 안긴문장이 있다.
  'ㄱ'은 목적어가 생략된 관형사절을 가진 안은문장이다.

② ㄴ은 조사와 결합하여 목적어의 기능을 하는 안긴문장이 있다.
  'ㄴ'은 목적격 조사 '을'과 결합한 명사절을 가진 안은문장이다.

③ ㄱ과 ㄷ은 체언을 수식하는 기능을 하는 안긴문장이 있다.
  'ㄱ'은 '책'을 수식하는, 'ㄷ'은 '사건'을 수식하는 관형사절을 가진 안은문장이다.

④ ㄴ과 ㄹ은 명사형 어미가 결합된 안긴문장이 있다.
  'ㄴ'은 명사형 어미 '-(으)ㅁ'이, 'ㄹ'은 명사형 어미 '-기'가 결합한 명사절을 가진 안은문장이다.

DAY 3   법학개론

빠른 정답 체크

01 ②   **02** ③   **03** ④   **04** ①

❶ 법은 가능한 한 많은 구체적인 사안들에 적용될 수 있도록 일반적·추상적인 규범 명제로 기술되어 있다. 따라서 법을 구체적 〔최대한 많은 구체적인 사안들에 적용되게 하기 위함〕 사안에 적용하기 위해서는 법의 내용을 분명히 파악하고 적용 범위를 확정하는 법의 해석이 필요하다. 〔법을 구체적 사안에 적용하기 위해서는 먼저 법을 해석해야 함〕 법의 해석 방법에는 입법부, 사법부, 행정부 등 국가 기관에 의한 유권 해석과 학자들의 〔법의 해석 방법 ① - 유권 해석〕 학문 연구를 통하여 이루어지는 학리 해석의 두 종류가 있다. 이 〔법의 해석 방법 ② - 학리 해석〕 중 학리 해석과 관련하여 전통적으로 문리적 해석 방법, 역사적 해석 방법, 목적론적 해석 방법 등이 활용되고 있다. 〔학리 해석의 종류〕

❷ 우선 법조문의 해석은 법문에 사용되고 있는 문자의 의미와 〔문리적 해석 방법〕 문장의 구조에 대한 문법적 이해를 기초로 하여 이루어져야 한다. 이러한 해석을 ㉠ 문리적 해석 방법이라고 한다. 어떠한 법조문이든 1차적으로는 이러한 방법으로 해석되어야 한다. 그런데 〔모든 법조문은 1차적으로는 문리적으로 해석됨〕 「법문에 사용되고 있는 문자 또는 법률 용어의 의미는 일반적으로 〔「」: 문리적 해석 시의 주의점 ①〕 사용되고 있는 의미와는 다른 경우가 많기 때문에 법을 해석할 때 주의해야 한다.」 그리고 법의 의미는 그 법이 적용되는 구체적 〔법이 적용되는 시점의 의미로 해석해야 함〕 현실과의 관련 속에서 확정되어야 하므로, 「법조문에 사용되고 있 〔「」: 문리적 해석 시의 주의점 ②〕 는 문자의 의미는 제정 당시의 의미가 아닌 법이 적용되는 시점에서의 의미로 해석하는 것이 타당하다.」

❸ ㉡ 역사적 해석 방법은 「입법자가 입법 당시에 ⓐ 가지고 있었 〔「」: 역사적 해석 방법〕 던 입법 의사를 확인하고 탐구하여 해석하는 방법」이다. 입법자의 입법 의사는 「법제도의 연혁을 살펴보거나, 법률안을 발의하게 된 〔「」: 입법자의 입법 의사를 파악하는 방법〕 취지를 밝힌 법안이유서, 관련 기관의 입법의견서, 회의록 등의 입법 기초 자료를 ⓑ 가지고 파악」할 수 있다. 그런데 법은 제정 당시의 상황과 적용되는 시점의 상황이 많이 달라지는 것이 대부 〔입법자의 입법 의사는 결정적인 해석 수단이 될 수 없음〕 분이므로 「입법자의 입법 의사는 결정적인 해석 수단이라기보다 〔「」: 역사적 해석 방법의 한계〕 는 구속력이 없는 보조 해석 자료에 머물 수밖에 없다.」

❹ ㉢ 목적론적 해석 방법은 「현행 법질서 안에서 이성적 논의를 〔「」: 목적론적 해석 방법〕 바탕으로 해석 주체가 법문의 의미와 입법의 목적, 입법을 통해서 추구하려는 이념과 가치, 현재의 상황에 대한 인식과 분석 등을 고려하여 법규의 의미를 찾는 해석 방법」이다. 이러한 목적론적 해석 방법에 의할 때 법해석이란 단지 과거의 입법자가 이미 고려했던 것을 단순히 반복하는 것이 아니라 상황에 따라서 입법의 취지를 새롭게 밝혀내는 것이라 할 수 있다. 법의 참된 의미는 〔목적론적 해석 방법에서의 법해석〕 과거의 입법에 의해서 결정되는 것이 아니라 현재의 상황에 맞게 입법 정신을 계승하는 것이므로 법률의 문언도 단순 의미 해석을 〔목적론적 해석 방법에서의 법의 참된 의미〕 〔단순히 문리적 해석에서 그치면 안 됨〕

넘어 탄력적으로 해석할 수 있어야 한다고 본다. 또한 입법 정신에 따라 법률의 문언을 보충하고 또 필요한 경우에는 <u>입법 정신을 실현하기 위해 법률의 문언에 엄격히 구속되지 않는 법해석이</u>
목적론적 해석 방법에서는 유연한 법해석을 인정함
인정된다고 할 수 있다.

❺ 이러한 방법들은 기본적으로 법적 판단이 요구되는 사안에 대
세 종류의 학리 해석을 활용할 수 있는 상황
하여 적용 가능한 법규가 분명히 존재하는 경우에 활용된다. 하지만「법문을 구성하는 법 개념 및 범주 속에 규율의 대상인 다양
「」: 법의 흠결이 발생하는 이유 ①
하고도 발생 가능한 모든 현상과 행위들을 완벽하게 포함시킬 수는 없다.」또한「법 제정 시점에서 그 이후에 발생 가능한 모든 경
「」: 법의 흠결이 발생하는 이유 ②
우들을 예측하여 법으로 규정하는 것도 가능하지 않다.」이로 인해 법의 적용 과정에서 문제점이 발생하게 되는데 이를 법의 흠
법의 흠결의 개념
결이라 한다. 해당 사안을 규율할 법규정이 명백히 존재하지 않
법의 흠결 ① - 명시적 흠결
는 경우를 '명시적 흠결', '해당 사안을 규율할 법규정이 존재하지
「」: 법의 흠결 ② - 은폐된 흠결
만 이를 그대로 적용할 경우 매우 불합리한 결과가 나타나는 경우를 '은폐된 흠결'이라 부른다. 법관은 이러한 법의 흠결을 이유로 재판을 거부할 수 없으므로, 법의 흠결을 보충하기 위해 다양
법의 흠결이 존재하더라도 법관은 재판을 거부할 수 없기 때문
한 방법들이 활용되고 있다.

❻ 일반적으로는 유추가 법의 흠결을 보충하는 방법으로 활용되
법의 흠결을 보충하는 방법 ①
고 있다. 유추는「직접적으로 적용 가능한 규칙이 아닌 다른 개별
「」: 유추의 개념
적인 규칙을 문제가 되고 있는 사례에 적용하여 판단을 내리는 것을 말한다. 따라서 유추 적용한 법적 판단이 적법하게 이루어지고 그 타당성을 인정받기 위해서는 우선 법적 판단이 요구되는
유추가 가능하기 위한 전제 조건 ①
사안과 유사한 사안을 규율하는 법규가 존재해야만 한다. 그리고 두 사안 사이에 상당한 유사성이 있어야 한다. 최종적으로 유추
유추가 가능하기 위한 전제 조건 ②
를 통해 문제가 되는 사안에 대한 타당한 해결이 가능하다는 법
유추가 가능하기 위한 전제 조건 ③
관의 판단이 필요하다.

❼ 유추가 일반적으로 법의 흠결을 보충하기 위한 방법으로 활용되고 있지만, 이는 기본적으로 법의 명시적 흠결을 보충하기 위
유추를 활용하더라도 은폐된 흠결을 보충하기는 어려움
한 하나의 대안에 불과하다. 이 때문에「유추의 결과는 목적론적
「」: 유추의 한계
해석 방법 등 별도의 방법을 통하여 그 정당성이 평가되어야 하는 한계가 있다. 또한 법의 흠결은 많은 경우에 은폐된 형태로 존
은폐된 흠결
재하기 때문에 법관은 법의 흠결을 보충하기 위한 방법을 모색해야 한다. 이와 관련하여 학자들은 법관이 '정의', '이성', '형평' 등 법원리적 규범을 법적 판단의 근거로 활용하여 그 흠결을 보충할
법의 흠결을 보충하는 방법 ②
수 있다고 본다. 이러한 원리들은 법적인 판단이 요구되는 사안에 대하여 법관이 자의적으로 판단하는 것을 제어하면서 합리적
법원리적 규범을 법적 판단의 근거로 활용할 때의 효과
으로 문제의 해결에 접근할 수 있는 방법으로 제시되고 있다. 하지만 법관이 감정적이거나 자의적으로 판단하는 것을 완전히 배
법원리적 규범을 법적 판단의 근거로 활용할 때의 한계
제할 수 없는 것도 사실이다. 따라서 가능한 한, 입법 정책 차원
법의 흠결을 보충하는 것이 어렵기 때문

에서 법의 흠결을 최소화하는 것이 필요하다.

01

답 | ②

윗글에 대한 이해로 가장 적절한 것은?

정답 선지 분석

② 법원리적 규범을 활용하여 법의 흠결을 보충할 수 있다.

7문단에서 '정의', '이성', '형평' 등의 법원리적 규범으로 법의 흠결을 보충할 수 있다는 내용을 확인할 수 있다.

오답 선지 분석

① 국가 기관은 법을 해석하는 주체가 될 수 없다.

1문단에서 입법부, 사법부, 행정부 등 국가 기관이 유권 해석의 주체임을 확인할 수 있다.

③ 구체적 사안에 대한 법의 적용이 법의 해석에 선행한다.

1문단에서 법을 적용하기 위해서는 법의 해석이 먼저 필요하다는 점을 확인할 수 있다.

④ 적용할 법규정이 없다면 법관은 재판을 거부할 수 있다.

5문단에서 법관은 법의 흠결을 이유로 재판을 거부할 수 없다는 내용을 확인할 수 있다.

⑤ 문리적 해석에서 문자는 법 제정 당시의 의미로 해석된다.

2문단에서 법조문에 사용되는 문자는 법이 적용되는 시점에서의 의미로 해석하는 것이 타당하다는 내용을 확인할 수 있다.

02

답 | ③

㉠~㉢의 예로 적절하지 않은 것은?

정답 선지 분석

③ ㉡: 법률 용어로 '선의(善意)'라는 말은 법률관계에 영향을 미치는 어떠한 사실을 모르는 것으로 해석하고, '악의(惡意)'는 그러한 사실을 알고 있는 것으로 해석한다.

'선의(善意)'와 '악의(惡意)'는 일반적으로 각각 '착한 마음', '나쁜 마음'이라는 뜻이지만, 법률 용어로 쓰일 때는 다른 뜻을 지닌다. 따라서 법률에서 '선의'와 '악의'를 일반적으로 사용하는 의미와 다르게 해석하는 것은 문리적 해석 방법에 해당한다.

오답 선지 분석

① ㉠: 보통 '사람'이라고 하면 육체를 가지고 있는 자연인을 의미하지만, 법률 상 '사람'은 자연인뿐만 아니라 재단 법인이나 사단 법인 같은 '법인'도 포함하여 해석한다.

일반적으로 '육체를 가지고 있는 자연인'을 의미하는 '사람'을 법률에서는 자연인뿐만 아니라 '법인'도 포함하여 해석한다. 이는 일반적으로 사용하는 단어의 의미를 법률에서는 다르게 해석하는 것이므로 문리적 해석 방법에 해당한다.

② ㉡: 국회 누리집을 활용하여 고등학교 무상 교육을 위한 법률안이 발의된 취지를 조사함으로써 국민의 기본권을 강화하고자 하는 입법 의사를 탐구하여 해석한다.

입법 의사를 확인하기 위해 '국회 누리집'을 활용하여 입법 당시에 제출된 서류를 참고하는 것은 역사적 해석 방법에 해당한다.

④ ㉢: 의료인의 비밀 누설 금지 의무 규정에 따라 환자의 민감한 개인 정보는 보호되어야 하는데, 이는 사후에도 마찬가지이기 때문에 환자뿐만 아니라 사망한 사람의 개인 정보도 포함하는 규정으로 해석한다.

의료인이 환자의 비밀을 누설하지 못하게 하는 규정은 환자의 개인 정보를 보호하기 위한 목적이 있다. 이 규정이 환자가 사망한 이후에도 적용된다고 해석하는 것은 목적론적 해석 방법에 해당한다.

⑤ ⓒ: 실험실 공장의 설치에 대한 규정은 교원이나 연구원 등 개인의 창의적 노력을 지원하기 위한 목적으로 만들어진 것이기 때문에, 자연인이 아닌 법인은 실험실 공장을 설치할 수 있는 자에 해당하지 않는 것으로 해석한다.

실험실 공장의 설치에 대한 규정은 교원이나 연구원 등 개인의 창의적 노력을 지원하기 위한 목적이 있다. 이 규정의 목적을 고려하여 자연인이 아닌 법인은 실험실 공장을 설치할 수 있는 자에 해당하지 않는다고 해석하는 것은 목적론적 해석 방법에 해당한다.

03

답 | ④

윗글을 바탕으로 <보기>를 이해한 내용으로 적절하지 않은 것은?

보기

∘ 법적 판단이 요구되는 사안: 타인의 전기를 무단으로 사용하는 사건이 발생함.
∘ 사안의 배경: 19세기 말 A국과 B국의 형법은 절도죄의 대상인 재물(財物)을 타인의 돈이나 물건이라고 규정하고 있었음. 그런데 당시에는 전기를 재물로 볼 만한 법 규정이 명백히 존재하지 않았음.
∘ 사안에 대한 판단
- A국: 절도죄를 적용하지 못하고 무죄를 선고함. 이 무죄 판결을 계기로 A국의 입법자는 전기 절도죄를 처벌할 수 있는 특별법을 제정함.
- B국: 전기가 재물에 해당한다고 해석하여 절도죄로 처벌함. 이 과정에서 법적 판단은 적법하게 이루어졌으며 그 타당성 또한 인정받음.

정답 선지 분석

④ A국은 B국과 달리 형법이 제정될 당시에 전기 절도 같은 행위를 예측하여 법으로 규정할 수 없었겠군.

A국과 B국 두 나라의 형법에는 전기 절도가 규정되어 있지 않았다. 따라서 B국이 형법이 제정될 당시 전기 절도 같은 행위를 예측하여 법으로 규정했다는 진술은 적절하지 않다.

오답 선지 분석

① A국의 법원은 법의 명시적 흠결을 이유로 타인의 전기를 무단으로 사용한 자를 처벌하지 못했군.

A국의 법원이 타인의 전기를 무단으로 사용한 자를 처벌하지 못한 것은, 전기는 절도죄의 대상으로 법에 명시되지 않았기 때문이다.

② B국의 법원은 전기 절도 사건에 절도죄에 대한 법을 유추 적용함으로써 법의 흠결을 보충했군.

B국의 법원은 절도죄의 대상인 재물에 전기를 포함하면 전기 절도 사건도 절도죄에 해당한다고 판단하였다. 이는 전기 절도와 재물 절도의 유사성을 바탕으로 절도죄에 대한 법을 전기 절도 사건에 유추 적용한 것이다.

③ B국의 법원은 전기 절도 사건에 적용할 법이 존재하지 않아 유사한 사안을 규율하는 법의 존재 여부를 확인했겠군.

B국의 법원은 전기 절도 사건에 대해 법의 명시적 흠결을 유추 적용으로 보충했다. 유추 적용을 위해서는 먼저 유사한 사안을 규율하는 법규가 존재해야 하므로, B국의 법원은 절도죄에 대한 법이 있는지 확인했을 것이다.

⑤ B국은 A국의 특별법 제정처럼 전기 절도와 관련된 법의 흠결을 최소화하는 입법 정책이 필요하겠군.

A국은 특별법을 제정해서 전기 절도와 관련된 법의 흠결을 최소화하였으므로, B국도 전기 절도와 관련된 법의 흠결을 최소화하기 위해서는 특별법 제정 등의 입법 정책이 필요하다고 볼 수 있다.

04

답 | ①

ⓐ, ⓑ의 의미로 쓰인 예가 바르게 짝지어진 것은?

정답 선지 분석

① ┌ ⓐ: 자신의 일에 자부심을 **가져야** 한다.
  └ ⓑ: 빈 깡통을 **가지고** 연필꽂이를 만들었다.

ⓐ는 '생각, 태도, 사상 따위를 마음에 품다.'의 의미로 사용되었고, ⓑ는 '앞에 오는 말이 수단이나 방법이 됨을 강조하여 나타'내는 말로 사용되었다.

오답 선지 분석

② ┌ ⓐ: 그는 사업체를 여럿 **가진** 사업가다.
  └ ⓑ: 두 나라는 동반자적 관계를 **가지기**로 합의했다.

ⓐ는 '거느리거나 모시거나 두다.', ⓑ는 '관계를 맺다.'의 의미로 사용되었다.

③ ┌ ⓐ: 그들은 나에게 호의를 **가지고** 있다.
  └ ⓑ: 운전면허증을 **가진** 사람을 찾는다.

ⓐ는 '생각, 태도, 사상 따위를 마음에 품다.', ⓑ는 '직업, 자격증 따위를 소유하다.'의 의미로 사용되었다.

④ ┌ ⓐ: 동생이 축구공을 **가지고** 학교에 갔다.
  └ ⓑ: 환경 문제에 대한 토론회를 **가졌다.**

ⓐ는 '손이나 몸 따위에 있게 하다.', ⓑ는 '모임을 치르다.'의 의미로 사용되었다.

⑤ ┌ ⓐ: 내 집을 **가지게** 된 기쁨은 이루 말할 수가 없다.
  └ ⓑ: 요즘은 기계를 가지고 농사를 짓는다.

ⓐ는 '자기 것으로 하다.', ⓑ는 '앞에 오는 말이 수단이나 방법이 됨을 강조하여 나타'내는 말로 사용되었다.

DAY 4 | 고체 촉매의 구성 요소

빠른 정답 체크

01 ②   **02** ①   **03** ④   **04** ③

❶ 분자들이 만나 화학 반응을 진행하는 데 필요한 최소한의 운동 에너지를 활성화 에너지라 한다. [활성화 에너지의 개념] 활성화 에너지가 작은 반응은, 반응의 활성화 에너지보다 큰 운동 에너지를 가진 분자들이 많아 반응이 빠르게 진행된다. 활성화 에너지를 조절하여 반응 속도에 변화를 주는 물질을 촉매라고 하며, [촉매의 개념] 반응 속도를 빠르게 하는 능력을 촉매 활성이라 한다. [촉매 활성의 개념] 촉매는 촉매가 없을 때와는 활성화 에너지가 다른, 새로운 반응 경로를 제공한다. [촉매의 역할] 화학 산업에서는 주로 고체 촉매가 이용되는데, 액체나 기체인 생성물을 촉매로부터 분리하는 별도의 공정이 필요 없기 때문이다. [화학 산업에서 주로 고체 촉매가 이용되는 이유] 고체 촉매는 대부분 활성 성분, 지지체, 증진제로 구성된다. [고체 촉매의 구성]

❷ 활성 성분은 그 표면에 반응물을 흡착시켜 촉매 활성을 제공하는 물질이다. [활성 성분의 개념] 고체 촉매의 촉매 작용에서는 반응물이 먼저 활성 성분의 표면에 화학 흡착되고, 흡착된 반응물이 표면에서 반응하여 생성물로 변환된 후, 생성물이 표면에서 탈착되는 과정을 거쳐 반응이 완결된다. 금속은 다양한 물질들이 표면에 흡착될

수 있어 여러 반응에서 활성 성분으로 사용된다. 예를 들면, 암모니아를 합성할 때 철을 활성 성분으로 사용하는데, 이때 반응물인 수소와 질소가 철의 표면에 흡착되어 각각 원자 상태로 분리된다. 흡착된 반응물은 전자를 금속 표면의 원자와 공유하여 안정화된다.
<u>암모니아 합성에서 철 표면에 흡착된 수소가 전자를 철 원자와 공유함</u>
정화된다. 반응물의 흡착 세기는 금속의 종류에 따라 달라진다. 이때 흡착 세기가 적절해야 한다. 흡착이 약하면 흡착량이 적어
<u>반응물의 흡착 세기가 약할 때의 문제</u>
촉매 활성이 낮으며, 흡착이 너무 강하면「흡착된 반응물이 지나치
「」: 반응물의 흡착 세기가 너무 강할 때의 문제
게 안정화되어 표면에서의 반응이 느려지므로 촉매 활성이 낮다.」
일반적으로 고체 촉매에서는「반응에 관여하는 표면의 활성 성분
「」: 고체 촉매에서 촉매 활성이 높아지는 조건
원자가 많을수록 반응물의 흡착이 많아 촉매 활성이 높아진다.」

❸ 금속은 열적 안정성이 낮아,「화학 반응이 일어나는 고온에서
금속의 특징   「」: 소결의 개념
금속 원자들로 이루어진 작은 입자들이 서로 달라붙어 큰 입자를 이루게 되는데」이를 소결이라 한다. 입자가 소결되면 금속 활
소결로 인한 문제
성 성분의 전체 표면적은 줄어든다. 이러한 문제를 해결하는 것이 지지체이다. 작은 금속 입자들을 표면적이 넓고 열적 안정성
지지체의 특성
이 높은 지지체의 표면에 분산하면 소결로 인한 촉매 활성 저하
지지체의 역할
가 억제된다. 따라서 소량의 금속으로도 ㉠ 금속을 활성 성분으로 사용하는 고체 촉매의 활성을 높일 수 있다.

❹ 증진제는 촉매에 소량 포함되어 활성을 조절한다. 활성 성분
증진제의 역할
의 표면 구조를 변화시켜 소결을 억제하기도 하고, 활성 성분의
증진제의 활용 ①   증진제의 활용 ②
전자 밀도를 변화시켜 흡착 세기를 조절하기도 한다. 고체 촉매
는「활성 성분이 반드시 있어야 하지만 경우에 따라 증진제나 지
「」: 활성 성분은 필수적이지만 증진제나 지지체는 아님
지체를 포함하지 않기도 한다.」

⑤ 증진제나 지지체 없이 촉매 활성을 갖는 고체 촉매가 있다.
4문단에 따르면 고체 촉매는 활성 성분이 반드시 있어야 하지만 경우에 따라 증진제나 지지체를 포함하지 않기도 한다. 그러므로 증진제나 지지체 없이 촉매 활성을 갖는 고체 촉매가 있다는 진술은 적절하다.

02   답 | ①

㉠의 촉매 활성을 높이는 방법으로 가장 적절한 것은?

정답 선지 분석

① 반응물을 흡착하는 금속 원자의 개수를 늘린다.
2문단에서 고체 촉매에서는 반응에 관여하는 표면의 활성 성분 원자가 많을수록 반응물의 흡착이 많아 촉매 활성이 높아진다고 하였으므로, 반응물을 흡착하는 금속 원자의 개수를 늘리는 것은 촉매 활성을 높이는 방안으로 적절하다.

오답 선지 분석

② 활성 성분의 소결을 촉진하는 증진제를 첨가한다.
3문단에 따르면 입자가 소결되면 금속 활성 성분의 전체 표면적은 줄어든다. 소결이 일어나면 촉매 활성이 저하되므로, 소결을 촉진하는 것은 촉매 활성을 높이는 방법으로 적절하지 않다.

③ 반응물의 반응 속도를 늦추는 지지체를 사용한다.
1문단에 따르면 촉매 활성은 반응물의 반응 속도를 빠르게 하는 것이다. 그러므로 반응물의 반응 속도를 늦추는 것은 촉매 활성을 높이는 방법으로 적절하지 않다.

④ 반응에 대한 활성화 에너지를 크게 하는 금속을 사용한다.
1문단에 따르면 활성화 에너지가 작으면 활성화 에너지보다 큰 운동 에너지를 가진 분자가 많아 반응이 빠르게 진행된다. 활성화 에너지를 크게 할 경우 반응이 느려지므로, 활성화 에너지를 크게 하는 금속을 사용하는 것은 촉매 활성을 높이는 방법으로 적절하지 않다.

⑤ 활성 성분의 금속 입자들을 뭉치게 하여 큰 입자로 만든다.
활성 성분의 금속 입자들이 뭉쳐져 큰 입자를 이루는 것을 소결이라 한다. 입자가 소결되면 촉매 활성이 저하되므로, 금속 입자들을 뭉치게 하여 크게 만드는 것은 촉매 활성을 높이는 방법으로 적절하지 않다.

01   답 | ②

윗글의 내용과 일치하지 <u>않는</u> 것은?

정답 선지 분석

② 고체 촉매는 기체 생성물과 촉매의 분리 공정이 필요하다.
1문단에 따르면 화학 산업에서 고체 촉매가 주로 이용되는 이유는 액체나 기체인 생성물을 촉매로부터 분리하는 별도의 공정이 필요 없기 때문이다. 그러므로 고체 촉매는 기체 생성물과 촉매의 분리 공정이 필요하다는 진술은 적절하지 않다.

오답 선지 분석

① 촉매를 이용하면 화학 반응이 새로운 경로로 진행된다.
1문단에 따르면 촉매는 촉매가 없을 때와는 활성화 에너지가 다른, 새로운 반응 경로를 제공한다. 그러므로 촉매를 이용하면 화학 반응이 새로운 경로로 진행된다는 진술은 적절하다.

③ 고체 촉매에 의한 반응은 생성물의 탈착을 거쳐 완결된다.
2문단에 따르면 고체 촉매의 촉매 작용에서는 반응물이 먼저 반응하여 생성물로 변환된 후, 생성물이 표면에서 탈착되는 과정을 거쳐 반응이 완결된다. 그러므로 고체 촉매에 의한 반응은 생성물의 탈착을 거쳐 완결된다는 진술은 적절하다.

④ 암모니아 합성에서 철 표면에 흡착된 수소는 전자를 철 원자와 공유한다.
2문단에 따르면 암모니아 합성 과정에서 수소와 질소가 철의 표면에 흡착되어 각각 원자 상태로 분리되며, 흡착된 반응물은 전자를 금속 표면의 원자와 공유하여 안정화된다. 그러므로 암모니아 합성 과정에서 철 표면에 흡착된 수소는 전자를 철 원자와 공유한다는 진술은 적절하다.

03   답 | ④

윗글을 바탕으로 <보기>를 이해한 내용으로 적절하지 <u>않은</u> 것은?

보기

아세틸렌은 보통 선택적 수소화 공정을 통하여 에틸렌으로 변환된다. 이 공정에서 사용되는 고체 촉매는 팔라듐 금속 입자를 실리카 표면에 분산하여 만들며, 아세틸렌과 수소는 팔라듐 표면에 흡착되어 반응한다. 여기서 실리카는 표면적이 넓고 열적 안정성이 높다. 이때, 촉매에 규소를 소량 포함시키면 활성 성분의 표면 구조가 변화되어 고온에서 팔라듐의 소결이 억제된다. 또한 은을 소량 포함시키면 팔라듐의 전자 밀도가 높아지고 팔라듐 표면에 반응물이 흡착되는 세기가 조절되어 원하는 반응을 얻을 수 있다.

정답 선지 분석

④ 실리카는 낮은 온도에서 활성 성분을 소결한다.
<보기>에서 실리카는 표면적이 넓고 열적 안정성이 높다고 하였으며, 실리카의 표면에 금속 입자를 분산한다고 하였다. 3문단에 따르면 작은 금속 입자들을 '표면적이 넓고 열적 안정성이 높은' 지지체에 분산하면 소결로 인한 촉매 활성 저하가 억제된다. 따라서 지지체인 실리카는 낮은 온도에서 활성 성분을 소결하는 것이 아니라, 소결로 인한 촉매 활성 저하를 억제한다.

WEEK 3

⑤ ㉮의 화학 반응에서 촉매 활성만을 고려하면 가장 적합한 활성 성분은 ⓓ 이다.

ⓓ에 흡착되는 경우 흡착 세기가 너무 강하여 촉매 활성이 낮아지므로 화학 반응에서 촉매 활성만을 고려하면 가장 적합한 활성 성분은 ⓓ가 아니라 ⓒ이다.

오답 선지 분석

① 아세틸렌은 반응물에 해당한다.

〈보기〉에서 아세틸렌은 화학 반응을 통해 에틸렌으로 변환이 된다. 2문단에 따르면 화학 반응을 하기 전의 물질을 반응물이라고 하고, 화학 반응을 통해 생성된 물질을 생성물이라고 한다. 그러므로 아세틸렌은 반응물에 해당한다.

② 팔라듐은 활성 성분에 해당한다.

〈보기〉에서 수소는 팔라듐 표면에 흡착되어 반응한다. 2문단에서 활성 물질은 반응물을 흡착시켜 촉매 활성을 제공하는 물질이라고 하였으므로, 수소를 흡착시키는 팔라듐은 활성 성분에 해당한다.

③ 규소와 은은 모두 증진제에 해당한다.

〈보기〉에서 규소는 활성 성분의 표면 구조를 변화시켜 소결을 억제하고, 은은 전자의 밀도를 변화시켜 흡착 세기를 조절한다. 4문단에서 증진제이 이와 같은 역할을 한다고 하였으므로 규소와 은은 모두 증진제에 해당한다.

⑤ 실리카는 촉매 활성 저하를 억제하는 기능을 한다.

〈보기〉에서 실리카는 지지체에 해당한다. 지지체는 소결로 인한 촉매 활성 저하를 억제하는 역할을 한다.

04

답 | ③

윗글을 바탕으로 할 때, <보기>의 금속 ⓐ~ⓓ에 대한 설명으로 가장 적절한 것은?

보기

다음은 여러 가지 금속에 물질 ㉮가 흡착될 때의 흡착 세기와 ㉮의 화학 반응에서 각 금속의 촉매 활성을 나타낸다.

(단, 흡착에 영향을 주는 다른 요소는 고려하지 않음.)

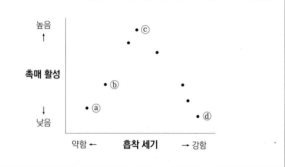

정답 선지 분석

③ ㉮는 ⓐ보다 ⓓ에 흡착될 때 안정화되는 정도가 더 크다.

2문단에 따르면 흡착이 약하면 흡착량이 적어 촉매 활성이 낮으며, 흡착이 너무 강하면 흡착된 반응물이 지나치게 안정화되어 표면에서의 반응이 느려지므로 촉매 활성이 낮다. ⓓ에 흡착되는 경우 흡착 세기가 너무 강하여 촉매 활성이 낮아지므로 ⓐ에 흡착될 때보다 안정화되는 정도가 더 크다.

오답 선지 분석

① ㉮의 화학 반응은 ⓐ보다 ⓑ를 활성 성분으로 사용할 때 더 느리게 일어난다.

ⓑ에 흡착되는 경우 ⓐ에 흡착될 때에 비해 촉매 활성이 높고 흡착 세기도 강하다. 촉매 활성이 높다는 것은 반응 속도를 빠르게 하는 능력이 크다는 것을 의미하므로, ㉮가 ⓑ를 활성 성분으로 할 때 ⓐ를 활성 성분으로 사용할 때보다 화학 반응이 빠르게 일어난다.

② ㉮는 ⓐ보다 ⓒ에 흡착될 때 흡착량이 더 적다.

ⓒ에 흡착되는 경우 ⓐ에 흡착될 때에 비해 촉매 활성이 높고 흡착 세기도 강하다. 흡착 세기가 강하면 흡착량이 많아 촉매 활성도 높으므로, ㉮가 ⓒ에 흡착될 때가 ⓐ에 흡착될 때보다 흡착량이 더 많다.

④ ㉮는 ⓑ보다 ⓒ에 더 약하게 흡착된다.

ⓒ에 흡착되는 경우 ⓑ에 흡착될 때에 비해 촉매 활성이 높고 흡착 세기도 강하다. 그러므로 ㉮는 ⓑ보다 ⓒ에 더 강하게 흡착된다.

DAY 5 〈어부단가〉_이현보 / 〈소유정가〉_박인로

빠른 정답 체크

01 ④   **02** ③   **03** ②

가

이 중에 시름없으니 **어부(漁父)**의 생애로다
　　　　　　　　어부로서의 삶에 대한 만족감
일엽편주를 만경파(萬頃波)에 띄워 두고
나뭇잎과 같이 작은 배　　한없이 넓고 넓은 바다
인세(人世)를 다 잊었거니 날 가는 줄을 아는가
인간 세상(속세)　　　　　　자연에 파묻혀 시간 가는 줄 모름(설의법)
　　　　　　　　　　　　　　　　　　　　　　　　　〈제1수〉

　　　『 』: 대구법
┌ 「굽어보면 **천심 녹수** 돌아보니 **만첩 청산**」
│　　　천 길이나 되는 푸른 물　　만 겹이나 둘러 싸인 푸른 산
[A] **십장 홍진(十丈紅塵)**이 얼마나 가렸는가
│　　붉은 티끌(속세)
└ 강호에 월백(月白)하거든 더욱 무심(無心)하여라
　　　　　　　　　　　　　　　　　　　　　　　　　〈제2수〉

청하(靑荷)에 밥을 싸고 **녹류(綠柳)**에 고기 꿰어
푸른 연잎　　　　　　　　푸른 버드나무잎
노적 화총(蘆荻花叢)에 배 매어 두고
갈대와 꽃이 가득한 곳
일반 청의미(一般淸意味)를 어느 분이 아실까
　　　자연의 참된 의미
　　　　　　　　　　　　　　　　　　　　　　　　　〈제3수〉

㉠ 산두(山頭)에 한운(閑雲) 일고 수중(水中)에 백구(白鷗) 난다

무심코 다정한 것 이 두 것이로다
　　　　　　　　한운(구름)과 백구(갈매기)
㉡ 일생에 시름을 잊고 너를 좇아 놀리라
　　　　　　물아일체의 경지
　　　　　　　　　　　　　　　　　　　　　　　　　〈제4수〉

- 이현보, 〈어부단가〉 -

나

때마침 부는 **추풍(秋風)** 반갑게도 보이도다
　　　　　　계절적 이미지-가을
말술이 다나 쓰나 술병 메고 벗을 불러
풍류의 도구　　　　　　함께 흥취를 즐길 대상
언덕 너머 어촌에 내 놀이 가자꾸나
　　　　　　풍류를 즐기려는 곳
흰 두건을 젖혀 쓰고 **소정(小艇)**을 타고 오니
　　　　　　　　　　작은 배
㉢ 바람에 떨어진 갈대꽃 갠 하늘에 눈이 되어
　　　　해질녘(시간적 배경)의 어촌에 갈대꽃이 흩날리는 모습
석양에 높이 날아 어지러이 뿌리는데

「갈잎에 닻 내리고 **그물로**
　　물고기를 잡기 위한 준비
잔잔한 강물 속 자린은순(紫鱗銀脣)* **수없이 잡아내어**」
　　　　　　　　　　　「」: 술안주를 마련하기 위해 물고기를 잡음
연잎에 담은 회와 항아리에 채운 술을

실컷 먹은 후에

태기 넓은 돌에 높이 베고 누웠으니
　　이끼
희황천지(羲皇天地)*를 오늘 다시 보는구나
　　자연에서의 만족감을 태평성대에 비유함
잠시 잠들어 뱃노래에 깨어 보니

┌ 추월(秋月)이 만강(滿江)하여 밤빛을 잃었거늘
│ 　　달빛이 밝아 밤인데도 마치 낮처럼 환함
│ 반쯤 취해 시 읊으며 배 위로 건너오니
│
│ 강물 아래 잠긴 달은 또 어인 달인 게오
│ 　　　달이 강물에 비친 모습
[B] 달 위에 배를 타고 달 아래 앉았으니
│ 　　달이 비친 강에 배를 타고 지나감
│ 문득 의심은 월궁(月宮)에 올랐는 듯
│ 　　　달 속에 있다는 전설의 궁전
└ 물외(物外)의 기이한 경관 넘치도록 보이도다
　　세상 밖
청경(淸景)을 다투면 내 분에 두랴마는
　　맑은 경치
즐겨도 말리는 이 없으니 나만 둔가 여기노라
　　자연의 주인이 없으므로
놀기를 탐하여 돌아갈 줄 잊었도다

ⓡ 아이야 닻 들어라 만조(晚潮)에 띄워 가자
　　　　　　풍류를 끝내고 돌아가는 모습
푸른 물풀 위로 강풍(江風)이 짐짓 일어

귀범(歸帆)을 재촉하는 듯
　　돛을 펴고 배가 귀향함
「아득하던 앞산이 뒷산처럼 보이도다
「」: 비유적 표현을 통해 빠른 배의 속도감 제시
잠깐 사이 날개 돋아 연잎배 탄 신선된 듯」

연파(煙波)를 헤치고 월중(月中)에 돌아오니
안개가 자욱한 수면　　밤중
ⓜ 동파(東坡) 적벽유(赤壁遊)*인들 이내 흥(興)에 미치겠는가
　　　　　　뱃놀이의 만족감
강호 흥미(興味)는 나만 둔가 여기노라

　　　　　　　　　　　- 박인로, 〈소유정가〉 -

* 자린은순: 물고기를 아름답게 표현하는 말.
* 희황천지: 복희씨(伏羲氏) 때의 태평스러운 세상.
* 동파 적벽유: 중국 송나라 때 소식(蘇軾)이 적벽에서 했던 뱃놀이.

01
답 | ④

ⓐ~ⓜ에 대한 이해로 적절하지 <u>않은</u> 것은?

정답 선지 분석

④ ⓡ은 명령형 어미를 사용하여 '아이'가 해야 할 행동을 제시함으로써 자연
경물에 대한 인식의 변화를 촉구하고 있다.

　ⓡ은 '~어라'라는 명령형 어미를 사용하여 '아이'가 해야 할 '닻'을 드는 행동을 제시하고 있
다. 이는 배의 운항이 다시 시작되는 것을 나타내는 표현일 뿐 자연 경물에 대한 인식의 변화
를 촉구하는 것과는 관련이 없다.

오답 선지 분석

① ⓐ은 대구를 통해 자연 경물의 모습을 제시함으로써 한적한 분위기를 조성
하고 있다.

　ⓐ은 '산두에~일고'와 '수중에~난다'가 서로 대구를 이루며 '산', '운(구름)', '수(강)', '백구'
와 같은 자연 경물의 모습을 제시함으로써 한가롭고 고요한 분위기를 조성하고 있다.

② ⓑ은 자연 경물을 '너'로 지칭하여 관계를 맺음으로써 이들과 동화하려는
의지를 표출하고 있다.

　ⓑ은 자연 경물인 '한운'과 '백구'를 '너'로 지칭하면서 화자가 이들과 관계를 맺고, '일생'에
걸쳐 '좇아 놀리라'라며 동화하려는 의지를 표출하고 있다.

③ ⓒ은 자연 경물의 모습을 감각적으로 표현함으로써 물가의 아름다운 풍경
을 묘사하고 있다.

　ⓒ은 '바람에 떨어진 갈대꽃'이라는 자연 경물이 '석양에', '눈'과 같이 어지럽게 흩날리는 모
습을 시각적으로 표현함으로써 물가의 아름다운 풍경을 묘사하고 있다.

⑤ ⓜ은 유사한 놀이를 즐겼던 과거 인물과 비교함으로써 화자의 자긍심을 드
러내고 있다.

　ⓜ은 화자와 유사하게 강에서 뱃놀이를 즐겼던 과거 인물인 중국 송나라 때의 소식도 화자의
흥에는 미치지 못할 것이라고 비교하여 말함으로써 뱃놀이를 맘껏 즐기는 자긍심을 드러내
고 있다.

02
답 | ③

[A], [B]에 대한 설명으로 가장 적절한 것은?

정답 선지 분석

③ [B]에서 화자는 하늘의 달과 강물에 비친 달 사이에 놓임으로써 '월궁'에 오
른 듯한 신비로움을 표현하고 있다.

　[B]에서 화자는 가을날 밤에 뱃놀이를 하던 중 하늘에 떠 있는 달과, 강물에 비쳐 마치 강물
에 잠긴 것처럼 보이는 달 사이에 놓여 '달 위에 배를 타고 달 아래 앉'아 있다고 생각한다. 이
에 화자는 '월궁'에 오른 듯한 신비로운 느낌을 표현하고 있다.

오답 선지 분석

① [A]에서 화자는 달을 절대적 존재로 인식하고 강호 자연에서 '무심'한 삶을
살 수 있도록 기원하고 있다.

　[A]에서 달은 시공간적 배경과 그 분위기를 조성하는 소재로 나타나 있다. 화자는 달을 절대
적 존재로 인식하고 있지 않으며, 현재 강호 자연에서 '무심(욕심이 없음)'을 느낄 뿐 '무심'한
삶을 살 수 있도록 기원하고 있지도 않다.

② [A]에서 화자는 달에 인격을 부여하여 '녹수'와 '청산'으로 둘러싸인 강호
자연의 가을 달밤 정경을 묘사하고 있다.

　[A]에서 화자는 '녹수'와 '청산'으로 둘러싸인 강호 자연의 가을 달밤 정경을 묘사하고 있지
만, 달에 인격을 부여하고 있지는 않다.

④ [B]에서 화자는 시간의 흐름에 따라 모양을 달리 하는 달의 특성을 활용하
여 계절의 변화를 다채롭게 나타내고 있다.

　[B]에서 화자는 가을의 계절감을 느끼고 있다. 하지만 시간의 흐름에 따라 모양을 달리 하는
달의 특성을 활용하거나, 이를 통해 계절의 변화를 다채롭게 나타내고 있지는 않다.

⑤ [A]와 [B]에서 강호 자연에 은거한 화자는 달을 대화 상대이면서 동시에 위
안의 대상으로 여기고 있다.

　[A]와 [B] 모두 화자가 자연에 은거하고 있는 것은 맞지만, 두 화자 모두 달을 대화 상대로 삼
고 있지 않고 위안의 대상으로 여기고 있지도 않다.

03

답 | ②

<보기>를 바탕으로 (가), (나)를 감상한 내용으로 적절하지 <u>않은</u> 것은?

보기

'어부'는 정치 현실과 거리를 둔 은자로 형상화된다. 이때 '어부 형상'은 어부 관련 소재, 행위, 정서 등의 어부 모티프와 연관하여 작품별로 공통적인 속성을 가지면서 다양한 변주를 보인다. (가)는 어부와 관련된 상황의 일부를 초점화하여 유유자적한 삶을 사는 어부를, (나)는 어부와 관련된 여러 상황을 이어 가며 흥취 있는 삶을 사는 어부를 형상화하고 있다.

정답 선지 분석

② (나)의 '추풍'은 뱃놀이의 흥취를 북돋우는 자연 현상이고, '강풍'은 흥취의 대상을 강에서 산으로 옮겨 가는 자연 현상이라 볼 수 있군.

(나)의 '추풍'은 '때마침 부는' 것으로서 화자가 '반갑게' 생각하며, 어촌으로 '내 놀이'를 가는 계기가 된다는 점에서 뱃놀이의 흥취를 북돋우는 자연 현상으로 볼 수 있다. 하지만 '강풍'은 귀범(멀리 나갔던 돛단배가 돌아옴)을 돕는 자연 현상으로서 뱃놀이의 흥취를 유지시키고 있으나, 흥취의 대상을 강에서 산으로 옮겨 가고 있지는 않다.

오답 선지 분석

① (가)의 '어부'는 '십장 홍진'으로 표현된 정치 현실에서 벗어나 뱃놀이를 즐기며 '인세'의 근심과 시름을 다 잊고 한가로움을 추구하려고 하는군.

(가)의 '어부'는 십장 홍진으로 표현된 속세의 정치 현실에서 벗어나 뱃놀이를 즐기면서 '인세(인간 세상)'의 근심과 시름을 다 잊고 한가로움을 추구하려고 한다.

③ (가)의 '일엽편주'와 (나)의 '소정'은 화자가 소박한 뱃놀이를 즐기고 있다는 것을 알려 주는 어부 형상 관련 소재라고 할 수 있군.

(가)의 '일엽편주'와 (나)의 '소정'은 모두 작은 배에 속한다. 이는 화자가 강호 자연 속에서 소박한 뱃놀이를 즐기고 있다는 것을 알려 주는 어부 형상 관련 소재라고 할 수 있다.

④ (가)의 '녹류에 고기 꿰어'에는 어부의 삶과 관련된 일부 행위를 통해 유유자적한 삶이, (나)의 '그물로', '수없이 잡아내어', '실컷 먹은'에는 뱃놀이의 여러 상황들이 연결되어 흥취를 즐기는 삶이 나타나고 있군.

(가)의 '녹류에 고기 꿰어'는 강에서 잡은 고기들을 버드나무 가지에 꿰어 모아두는 어부의 삶과 관련된 일부 행위이며, 이는 강호 자연 속에서 유유자적한 삶을 나타낸다. 그리고 (나)의 '그물로', '수없이 잡아내어', '실컷 먹은'에는 뱃놀이에서 일어나는 여러 상황들이 연결되어 강호 자연 속에서 흥취를 즐기는 삶이 나타나고 있다.

⑤ (가)의 '어부'는 강호 자연의 삶 속에서 홀로 자족감을 표출하고 있고, (나)의 어부는 벗들과 함께한 흥겨운 뱃놀이를 통해 만족감을 표출하고 있군.

(가)의 '어부'는 강호 자연의 삶 속에서 홀로 '일반 청의미를 어느 분이 아실까'라고 노래하며 자족감을 표출하고 있다. 반면 (나)의 어부는 '벗'을 불러 어촌에 와서 함께 흥겨운 뱃놀이를 하였으며, 이로부터 '희황천지를 오늘 다시 보는', 동파 적벽유도 미치지 못할 정도의 흥을 느끼고 그 만족감을 표출하고 있다.

DAY 6 〈관촌수필〉_이문구

빠른 정답 체크

01 ① **02** ④ **03** ③ **04** ②

오수길이가 먼저 용모에게 알은체를 했다.

"워디 가나?"

"심심해서 예까지 나와봤구먼."

용모가 다가가며 대꾸하자 조순만이도 얼굴을 걷으며,

"장보러 나가남?"

하고 물었다.

"아침버텀 장에 가봤자 별 볼일 있간디. 나이타에 지름이나 늫

까 허구……"
└ 용모가 가려는 곳

[A] 하는데 옆에 있던 아이가 고개를 꾸뻑 하여 여겨보니 느름새

위뜸 고학성이 아들 성문이었다. 아이는 겨드랑이에 장끼를

물리고 있었다.

"웬 게냐. 니라 잡었는데?"

용모가 물었다.

"으만무지루 쥑녕쿨 올무를 해 놨더니 오늘 아침에 가봉께 모가

지가 옭혀 죽었더라너먼그려."

오가 아이 대신 그렇다고 일러주었다.

"잡었으면 앓구 있는 아버지나 볶어 디리지 워디 가지구 가는 겨?"
                    성문의 아버지 고학성은 병에 걸려 위중한 상태임
용모가 나무라는 투로 한 말에 오는,

"학생이가 여적지 못 일어났나 벼. 워디가 워째서 못 일어난다
        오수길이 성문 대신 학성의 상태를 전달함
나? 누운 지두 달포 가차이나 될 텐디."

하며 염려하였고 조는,

"원체 읎는 살림에 약을 먹을라니 되게 째는가 벼. 담뱃값 허게
              성문이 장끼(꿩)를 팔러 가는 이유
팔어 오라더랴."

장끼를 어루만져가며 성문이 말로 대꾸했다.

"좀 들헌지 그저 그 타령인지, 나두 자주 못 들여다봐서…… 늬

아빠가 팔어 오라더란 말여?"

용모가 성문이더러 물으니 녀석도 그렇다고 대답했다.

"얼마나 나가나?"

조가 묻고,

"누가 팔어 봤으야지."
오수길과 조순만은 장끼를 내다 팔아본 적이 없음
오가 고개를 가웃하는데,

"삼천 원 아래루는 안 팔 거유."

성문이가 어린 것답지 않게 흰소리를 했다.

"글쎄 말여, 드문 것이긴 해두 그 돈 주구 먹을 사람이 있으
        장끼(꿩)가 접하기 힘든 것이지만 삼천 원 이상의 가치를 지니지는 않음

까……"

용모는 막연하게 중얼거리고 나서 가던 길을 다시 이었는데, 성문이가 졸래졸래 뒤따라오고 있었다.

[B] 용모가 성문이 손에서 꿩을 넘겨 받아 든 것은 읍내 초입에 들어서기 직전이었다. 그것은 물건을 흥정하기에는 애가 너무 어리고, 뿐만 아니라 곁에서 말마디나 거들어 다다 한 푼이라도 더 받아 쥐게 해 주고 싶었기 때문이었다.
용모의 따뜻한 품성 - 어린 성문 대신 꿩을 팔아주고자 함

용모는 꿩 날갯죽지를 쥐고 앞뒤로 내둘거리며 장꾼들 틈으로 들어갔다. 보자는 사람만 나서면 아무라도 붙들고 흥정하여 웬만하면 얼른 넘겨주고 아이를 일찍 들여보낼 셈이었다. 그는 하던 대
애당초 용모의 계획
로 먼저 어리전에 들렀다. 그날도 돼지 새끼 염소 닭 오리부터 억지로 젖 뗀 강아지, 생쥐만 한 고양이 새끼까지 고루 나왔는데, 용모가 그곳을 먼저 찾아간 것은 꿩 임자가 있으리라고 여겨서가 아니라 장에 나오면 으레 거기서부터 둘러보았던 습관으로서였다.
용모가 장에 오자마자 어리전에 들른 이유

[중략 부분의 줄거리] 장터에서 '용모'는 꿩을 잡았다는 오해로 조사를 받는다. 경찰은 용모를 폭행하고, 자신의 추측대로 진술서를 작성한다. 결국 용모는 수렵 금지 조치 위반으로 재판을 받게 된다.

다음 차례가 용모였다. 용모는 대답을 하고 일어서면서,

"암만 생각해 봐두 말여, 고연히 덧낼 게 아니라 내가 헌 짓이라
용모는 성모 대신 재판을 받기로 함
구 뒤집어쓰는 수밖에 옳겄다."

내게 귓속말을 하고 나갔다. 그가 움직이자 새삼 점심에 마신
서술자 '나'-시점의 전환
술 냄새가 물씬했다. 판사는 기록을 한눈으로 훑고 나더니,

"야생 조류나 야생 동물뿐 아니라 입산 금지와 낙엽 채취를 비롯해서 자연을 보호하자는 것이 우리 모두의 당면 과제라는 것을 알 만한 분이 왜 이런 짓 했어요?"

[C] 판사는 앞서보다 훨씬 부드러운 어조였으나 그만큼 위엄이 서리어 있는 것 같기도 했다. 용모는 거듭 읍한 뒤에도 잔뜩
용모는 판사의 위엄에 아무 말도 하지 못함
지르숙어 가지고 입을 못 열고 있었다.

"꿩이 천연기념물은 아니지만, 비록 참새 한 마리라도 그것이 보호할 만한 가치가 있어서 보호하자는 건데, 보호하는 사람 따로 있고 해치는 사람 따로 있고 해서야 되겠습니까?"

판사가 거듭 나무라서야 용모가 대답했다. 그런데 뜻밖에도 주
'나'의 예상과 다른 용모의 반응
눅이 들었거나 겁에 질린 음성이 아니었다.

"물런 그렇지유. 그러나 말입니다, 꿩은 말입니다, 과연 현재 보호헐 만한 가치가 있느냐 하는 것두 문제란 말입니다. 보호헐
판사의 말에 대한 용모의 반박
건 보호허야 마땅허지만 그렇지 않은 것은 그렇지 않단 말입니다. 「실지 농작물을 망치는 해조는 으레 참새만 긴 줄 아시는데
「」: 농군의 입장에서 꿩은 참새보다 더 큰 피해를 가져다 줌
말입니다. 꿩의 피해는 말입니다, 사실 농군에게는 말입니다,

훨씬 심각하다 이 말입니다.」이것은 그냥 참고로 아시라구 말씀드리는 말입니다."

[D] 용모는 아무것도 꿀릴 게 없다는 투로 원기 있게 말했다. 그것은 술기운 덕도 아닌 것 같았다. 지은 죄 없이 고개 조이고
용모는 자신이 무고하다는 것을 근거로 당당하게 판사의 말을 반박하고 있음
살아온 사람이 오랜만에 켜보는 기지개와 같은 몸짓으로 믿어야 될 성싶었다.

판사가 고개를 갸웃하고 나서 용모를 쏘아보며 말했다.

"그래서 꿩은 잡아도 무방하다, 해조를 퇴치했다— 이겁니까?"

"도낏자루 감으로 나무를 찍을 때는 쥐고 있는 도낏자루를 기준
해조를 퇴치하기 위해서는 해조를 다루는 농군의 입장을 들어봐야 함
해서 찍는다는 말도 있지만 말입니다, 물런 그건 아닙니다."

"뭐가 아니오? 당신 같은 생각을 하는 사람 등쌀에 야생 동물이 안 남아나니까 보호하자고 하는 것 아니오?"

"제가 한 말씀 드리겠는디유, 제가 뭐 처벌이 무서워서가 아니라 말입니다, 예. 제가 잘못한 것은 제가 벌을 받아야 옳습니다. 예, 받겠습니다. 그러나 말입니다. 저도 법의 보호를 받고 싶습니
용모는 재판까지의 과정에서 아무런 법의 보호를 받지 못했음
다…… 이런 말씀을 드려도 괜찮을는지 모르겠습니다마는……"

"괜찮으니까 당신이 지금 말하고 있는 거 아니오?"

"예, 그러믄유. 여기는 바깥허구 달러서 여러 가지 것을 보호허는 법정이라 이런 말씀도 드릴 수 있는디 말입니다. 「동물에 물
「」: 용모는 사람임에도 불구하고 야생 동물인 꿩보다 법의 보호를 받지 못함
격이 있으면 저두 인격이 있으니 말입니다, 저두 야생 동물— 아니 그게 아니라, 야생 인간인디 말입니다…… 야생 인격이 물격보다두 거시기허면 말입니다…… 그럴 수는 읎기 때문에 말씀드리는 것입니다.」

[E] 나는 용모의 뒷모습을 지켜보다가 문득, 물은 부드러우나 추운 겨울에 얼면 굳어져 부러진다던, 어디서 들은 말이 떠올
동빙가절 - 매섭고 모진 시대에는 올곧은 행동도 쉽게 해를 입을 수 있음
랐다.

판사가 기록집을 젖혀놓으며 판결했다.

「피의자가 개전의 정이 전혀 안 보여…… 법정에 출두하는데 술
「」: 올바른 말을 했음에도 공권력에 순응하지 않는다는 이유로 과도한 처벌을 내림
에 취해 가지고 와서 횡설수설하고, 정상을 참작할 여지가 없으니까…… 이런 사람 일벌백계로 다스려서 본보기를 삼아야 해요. 벌금 2만 원—」

- 이문구, 〈관촌수필〉 -

01

답 | ①

윗글에 대한 이해로 가장 적절한 것은?

정답 선지 분석

① 조순만은 성문이 장에 가는 이유를 용모에게 이야기하고 있다.

용모가 꿩을 들고 가는 성문에게 '워디 가지구 가'느냐고 묻는 말에 조순만은 아버지가 '담뱃값 허게 팔어 오라'고 했다는 성문의 말을 용모에게 전하고 있다.

오답 선지 분석

② 용모는 장을 보고 돌아오는 길에 성문을 돕겠다고 나서고 있다.

용모는 '나이타에 지름이나' 넣으려고 장에 가는 길에 성문을 만나 꿩을 팔러 가는 이유를 들은 후 성문을 돕고자 마음먹은 것이다.

③ 오수길은 고학성이 병에 걸렸다는 사실을 성문의 말을 통해 알게 된다.

용모가 성문을 나무라는 투로 한 말에 오수길은 '학생이 여적지 못 일어났나 봬', '누운 지 두 달포' 가까이 된다고 말하고 있는 것으로 보아 고학성이 병에 걸린 것을 이미 알고 있었다고 볼 수 있다.

④ 고학성은 아들을 장에 보내 자신의 병을 치료할 약을 사 오도록 한다.

고학성이 아들에게 '담뱃값 허게' 꿩을 팔아오라고 시켰다는 말을 통해 아들을 장에 보내 자신의 병을 치료할 약을 사 오도록 한 것이 아님을 알 수 있다.

⑤ 성문은 조순만의 말을 듣고 거래를 통해 받을 수 있는 금액을 알게 된다.

조순만이 '얼마나 나가'냐고 꿩값에 대해 묻자 오수길은 '누가 팔어 봤어야지'라며 가격을 모른다고 말한다. 즉, 조순만도 꿩의 가격을 모른다.

02

답 | ④

꿩에 대한 이해로 가장 적절한 것은?

정답 선지 분석

④ 용모에게 예상치 못한 어려움을 안겨 주는 사건의 원인이 되는 소재이다.

용모는 성문을 도와주려다가 '꿩'을 잡았다는 오해로 인해 재판과 벌금형을 받는 어려움을 겪게 된다.

오답 선지 분석

① 용모가 농민으로서의 지난 삶을 반성하는 계기가 된 소재이다.

용모는 꿩으로 인해 재판을 받으면서 꿩과 같은 해조로 인해 농민들이 겪는 어려움을 이야기하고 있으므로 농민으로서의 지난 삶을 반성한다는 진술은 적절하지 않다.

② 경제적 어려움에 처한 용모의 이기적 욕망이 투영된 대상이다.

용모가 꿩을 넘겨 받은 것은 어린 성문을 돕기 위한 배려이다.

③ 마을 사람들에게 외면당하고 있는 용모의 처지를 드러내는 소재이다.

용모가 마을 사람들에게 외면당하고 있는 내용은 나오지 않으며 마을 사람들과 일상적인 대화를 주고받고 있다.

⑤ 흥정의 상대를 찾으려는 마을 사람들 사이에 갈등을 유발하는 대상이다.

용모가 장에서 꿩을 흥정하려는 모습은 나오지만, 흥정 상대를 찾는 부분은 나오지 않는다.

03

답 | ③

[A]~[E]의 서술 방식에 대한 설명으로 적절하지 않은 것은?

정답 선지 분석

③ [C]: '판사는'과 '용모는'으로 시작되는 문장을 보면, 서술자가 다양한 인물의 시선을 통해 사건을 입체적으로 제시하고 있음을 알 수 있다.

[C]의 '판사는'으로 시작하는 문장은 판사의 위엄이 서린 듯한 말투에 대해 서술자가 서술한 것이고, '용모는'으로 시작하는 문장은 판사의 말에 입을 못 여는 용모의 모습을 서술자가 서술한 것이다. 즉 서술자가 직접 두 인물의 모습을 서술한 것이므로 다양한 인물의 시선을 통해 사건을 입체적으로 서술하는 것이 아니다.

오답 선지 분석

① [A]: '여겨보니'와 '성문이었다'를 보면, 서술자가 특정 인물의 시각에서 다른 인물에 대한 정보를 제공하고 있음을 알 수 있다.

[A]에서 '고개를 꾸뻑' 하는 아이를 '여겨' 본 용모에 의해 그 아이가 '고학성이 아들 성문'임이 밝혀지고 있다. 즉 용모의 시각에서 다른 인물에 대한 정보를 제공하고 있다.

② [B]: '해 주고 싶었기 때문이었다'를 보면, 서술자가 특정 인물의 행동과 관련된 의도를 파악하고 있음을 알 수 있다.

[B]에서 용모가 '성문이 손에게 꿩을 넘겨 받아 든' 행동에 대해 '한 푼이라도 더 받아 쥐게 해 주고 싶었기 때문'이라고 서술자가 용모의 의도를 파악하여 제시하고 있다.

④ [D]: '아닌 것 같았다'와 '믿어야 될 성싶었다'를 보면, 서술자가 특정 인물의 발화에 담긴 의미를 추측하여 서술하고 있음을 알 수 있다.

[D]에서 '용모'가 '윙기 있게 말'하는 모습에 대해 서술자는 '술기운 덕도 아닌 것 같'고, '기지개와 같은 몸짓으로 믿어야 될 성싶'다고 그 발화에 담긴 의미를 추측하여 서술하고 있다.

⑤ [E]: '지켜보다가'와 '떠올랐다'를 보면, 작품 속 서술자가 인물을 관찰하며 떠오른 생각을 드러내고 있음을 알 수 있다.

[E]에서 '나는 용모의 뒷모습을 지켜보'고 있으므로 작품 속 서술자가 인물을 관찰하고 있으며, 이를 통해 꿩과 관련한 '어디서 들은 말이 떠올랐다'라고 서술자가 떠오른 생각을 서술하고 있다.

04

답 | ②

다음은 이 작품이 발표된 시기의 신문 기사이다. 이를 참고하여 윗글을 감상한 내용으로 적절하지 않은 것은?

○○일보

1974년 △월 △일

조수 보호는 됐지만 농가 보호는 어디로

지난 1972년부터 조수 보호 정책에 따라 야생 동물의 전면적인 수렵 금지 조치가 시행 중이다. 해당 조치 이후 야생 동물 보호라는 목적은 이루었지만, 이 정책에 대한 농민들의 인식은 부족한 실정이다. 수렵 금지 조치를 위반한 사람은 1년 이하의 징역 또는 10만 원 이하의 벌금에 처하는데, 강제적 규제에 대한 농민들의 반발 또한 거세다. 농가 1가구당 월 평균 수입이 3만 원을 웃도는 것을 감안하면 벌금의 부담이 크기 때문이다. 한편 늘어난 야생 동물로 인한 경제적 피해도 심각한데, □□군의 경우 농작물 생산량이 계획보다 30% 정도 감소할 전망이다. 농촌 현실에 대한 이해를 바탕으로 한 농민 보호 대책을 마련해 달라는 진정도 쏟아지고 있어, 야생 동물을 자율적으로 보호하기 위한 사회적 합의가 필요한 상황이다.

정답 선지 분석

② 야생 동물의 자율적 보호를 위한 사회적 합의가 필요하다는 기사 내용을 통해, 판사가 용모에게 자연 보호가 당면 과제임을 부드러운 어조로 말하는 의도를 파악할 수 있겠군.

판사가 자연 보호가 당면 과제임을 부드러운 어조로 말한 것은 올무에 잡힌 꿩을 팔려고 한 용모의 행동을 조수 보호 정책에 근거하여 나무라기 위한 것이다. 그러므로 조수 보호 정책이 갖는 문제점을 근거로 야생 동물의 자율적 보호를 위한 사회적 합의가 필요하다는 기사의 내용을 통해 판사의 발화 의도를 파악할 수 있다는 이해는 적절하지 않다.

오답 선지 분석

① 조수 보호 정책에 대한 농민들의 인식이 부족했다는 기사 내용을 보니, 용모는 올무에 잡힌 꿩을 파는 것이 큰 문제가 되지 않을 것이라고 생각했겠군.

용모가 올무에 잡힌 꿩을 파는 것이 문제가 되지 않다고 여긴 것은 조수 보호 정책에 대한 인식이 부족했기 때문이라고 볼 수 있다.

③ 늘어난 야생 동물로 인한 경제적 피해가 심각했다는 기사 내용을 통해, 용모가 꿩도 농작물을 해치는 해조이므로 보호할 가치가 없다고 말한 이유를 이해할 수 있겠군.

용모가 야생 동물인 꿩이 농산물을 해치는 해조인데 보호할 가치가 있냐고 반문한 이유를 늘어난 야생 동물로 인한 경제적 피해가 심각했던 당시의 상황을 통해 이해할 수 있다.

④ 강제적 규제에 대한 농민들의 반발이 거셌다는 기사 내용을 통해, 자신도
법의 보호를 받고 싶다고 반발하는 용모의 심리를 파악할 수 있겠군.
　야생 동물이 법의 보호를 받듯 자신도 법의 보호를 받고 싶다고 반발한 용모의 심리는 징역
이나 벌금과 같은 강제적 규제에 대한 농민들의 반발이 거셌다는 당시 상황을 통해 이해할
수 있다.

⑤ 농가 1가구당 월 평균 수입이 3만 원을 웃돌았다는 기사 내용을 보니, 판사
가 용모에게 내린 2만 원의 벌금형이 용모의 가계에 부담이 될 수 있었겠군.
　판사가 용모에게 내린 2만 원의 벌금이 용모의 가계에 부담이 되었다는 감상은 당시 농가의
월 평균 수입이 3만 원을 웃돌았다는 당시의 상황을 통해 이해할 수 있다.

DAY 1   화법과 작문

빠른 정답 체크

01 ③   02 ②   03 ④   04 ⑤   05 ③

가

❶ 안녕하세요. 저는 2학년 ○○○입니다. 학생회에서 '에너지 하베스팅 체험전'을 <u>작년과 동일한 프로그램으로 구성하여 다음 달</u>
└ 건의자 소개
에 여는 것으로 알고 있습니다. 저는 에너지 하베스팅 체험전 행사의 취지에 동의하기에 올해도 행사에 참여하고자 합니다. 그런데 저는 올해 행사가 작년과 동일해서는 안 된다고 봅니다. <u>학생</u>
└ 건의문을 쓰게 된 계기
<u>회의 준비 기간을 생각할 때 지금이 건의하기에 적절한 시기라고</u>
<u>판단해서</u> 학생회 누리집 게시판에 ⊙ <u>작년 행사의 문제점을 개선</u>
└ 학생회의 준비 기간을 고려하여 건의문을 작성함   □: 건의문 주제
<u>하기 위한 방안</u>을 건의합니다.

❷ 올해 초 작년 행사에 대한 설문 조사 결과를 학교 신문에서 보았습니다. 「응답자의 50% 정도가 '에너지 하베스팅'이라는 용어
└ 「」: 작년 행사에 대한 설문 조사 결과를 인용하여 문제점을 드러냄
에 친숙해졌다고 답했지만, 일상생활에서 버려지거나 소모되는 에너지를 에너지 하베스팅으로 어떻게 모아 활용하는지는 구체적으로 이해하기 어려웠다고 답한 학생들이 60%를 넘었습니다. 그래서 행사에 대해 만족한다고 답한 학생들이 30%밖에 안 된다고 봅니다.」이와 같은 설문 조사의 결과는 작년 행사가 에너지 하
└ 건의자가 생각한 행사의 만족도가 낮은 이유
베스팅에 대한 사진이나 영상 자료를 전시하는 데 치우쳤기 때문에 나타난 것이라고 생각합니다.

❸ 에너지 하베스팅 체험전의 목적은 일상에서 쓰임이 확대되고 있는 에너지 하베스팅에 대한 이해도를 높여서 학생들이 에너지
└ 에너지 하베스팅 체험전의 목적
<u>를 효율적으로 쓰도록 유도하기 위함</u>이라고 알고 있습니다. 이러한 목적을 달성하기 위해서는 <u>학생들에게 에너지 하베스팅이 적</u>
<u>용된 제품을 직접 제작하고 사용하는 기회를 제공하는 프로그램</u>
└ 목적 달성을 위한 방법을 제시
<u>을 추가</u>해야 합니다.

❹ 제가 건의한 대로 에너지 하베스팅 체험전의 프로그램을 개선한다면 <u>행사에 대한 학생들의 만족도가 높아질 것</u>입니다. 실제로
└ 건의가 받아들여질 시 기대 효과 ①
□□ 과학 체험관에서 에너지 하베스팅을 직접 체험하는 프로그
└ 기대 효과 ①을 뒷받침하기 위해 □□ 과학 체험관의 사례를 언급함
램을 진행했는데, 참여자의 80%가 에너지 하베스팅을 구체적으로 이해하는 데 유익했다고 답했습니다. <u>에너지 하베스팅에 대한</u>
<u>구체적 이해는 우리가 에너지를 효율적으로 활용할 수 있도록 도</u>
└ 건의가 받아들여질 시 기대 효과 ②
<u>와줄 것</u>입니다. 학생들에게 소중한 경험을 제공하기 위해 노력해주셔서 감사합니다.

나

학생 1: 학교의 누리집 게시판에 에너지 하베스팅 체험전에 대해 건의한 글 봤지? 건의 내용에 대해 논의해 보자.

학생 2: 올해 행사를 <u>작년과 동일하게 치러서는 안 된다</u>는 건의
└ 학교의 누리집 게시판에 올라온 건의문의 내용
였지. 나도 그 생각에 동의해.

학생 1: 우리가 작년 행사의 문제점을 충분히 고려하지 못했 ┐
던 것 같아. <u>작년 행사의 문제점부터 논의해 보자.</u>
└ 논의 사항 ①
학생 3: <u>학생들의 만족도가 낮은 것</u>이 문제였어.
└ 학생 3이 생각한 작년 행사의 문제점
학생 2: 맞아.「나도 건의한 글처럼 학생들의 만족도가 낮은
└ 「」: 건의문의 내용에 동의하며 학생들의 만족도가 낮은 이유에 대해 언급함
이유가 프로그램이 자료를 전시하는 데 치우쳐서 에너지 하베스팅을 일상생활과 관련지어 구체적으로 이해하기 어 **[A]**
려웠기 때문이라고 생각해.」

학생 3: 동의해. 그런데 우리가 사용한 <u>사진과 영상 자료에</u>
└ 문제에 대한 추가적인 논의의 필요성을 제기
<u>는 문제가 없었을까?</u>

학생 1: 사진은 에너지 하베스팅이 적용된 다양한 제품들을 보여 주는 것이었고, 영상은 에너지 하베스팅의 원리를 구체적으로 설명해 주는 것이었잖아. <u>사진이나 영상 자료에는</u>
└ 학생 3의 질문에 대한 학생 1의 의견
<u>문제가 없었던 것 같아.</u>   ┘

학생 2: <u>일부이기는 하지만 유사한 내용이 반복되는 사진이나</u>
└ 학생 3의 질문에 대해 학생 1과 다른 의견을 보임
<u>영상 자료가 있었던 것은 문제라고 봐.</u>

학생 1: 그럼 <u>작년 자료들은 선별해서 사용하자.</u> 프로그램의 다
└ 학생 2의 의견을 수용하여 행사의 자료를 수정할 것을 계획함
양화에 모두 동의하는 것 같으니, 이제 <u>건의 내용을 수용할 것</u>
└ 논의 사항 ②
<u>인지 논의해 보자.</u>

학생 2: 에너지 하베스팅 체험전의 목적에 부합하는 프로그램을
└ (가)의 건의 내용
마련하기 위해 수용해야 하는 건의라고 생각해. 건의 내용을 수용하면 □□ 과학 체험관의 경우처럼 행사에 대한 만족도가 높을 거야.

학생 1: 그러면 <u>어떤 프로그램을 마련할지 말해 보자.</u>   ┐
└ 건의 내용 수용과 관련된 추가적인 논의 사항
학생 2: 학생들이 <u>신발 발전기를 직접 제작해서 사용하게 하</u>
└ 에너지 하베스팅 체험전의 목적에 부합하는 프로그램을 제안함
<u>면 어떨까?</u> 신발 발전기는 압전 소자, 전선, 발광 다이오드 등의 부속만 있으면 간단하게 만들 수 있고, 전기가 생산되는 것을 발광 다이오드로 바로 확인할 수 있어.

학생 3: 근데 <u>제품을 제작하는 체험까지 해야 할까?</u>
└ 학생 2가 제시한 프로그램에 대한 의문을 제기
학생 2:「학생들이 신발 발전기를 직접 제작하면, 장치의 구
└ 「」: 학생 3의 질문에 답하며 신발 발전기 제작 체험의 타당성을 드러냄
조를 알게 되어 압력 에너지가 어떻게 전기로 변환되는지 구체적으로 더 잘 이해할 수 있을 거야.」   **[B]**

학생 1: 신발 발전기를 제작해서 신고 걷는 <u>체험만 하면 단</u>
└ 학생 2의 제안의 우려 사항을 언급하며 제안을 보완할 방법에 대한 설명을 요청함
<u>조롭지 않을까?</u> 좋은 의견 있어?

학생 3: 에너지 하베스팅을 통해 생산되는 전기로 휴대 전화
└ 학생 1의 우려 사항을 해결하기 위한 방안을 제시함

를 충전하는 체험을 해 보는 것은 어때? 전기를 생산할 수 있는 장치가 되어 있는 평평한 판에 휴대 전화 충전기를 연결하는 것은 어렵지 않아.

학생 2: 「좋은 생각이네. 평평한 판 위를 뛰면서 휴대 전화를 ┌「 」: 학생 3의 방안을 구체화하며 긍정적 의사를 표현함
충전하면 학생들이 일상적인 활동을 통해 전기를 생산할 수 있다는 것을 직접 확인할 수 있을 거야.」

학생 1: 행사 취지에 잘 맞는 체험인 것 같아. 지금까지 논의한 내용을 종합하면, 작년에 사용한 자료들은 선별해서 사용하 ──── 논의 내용을 요약하여 정리함
고, 학생들이 직접 체험하는 프로그램을 추가하기로 했어.

학생 3: 그럼 지금까지 논의한 대로 잘 준비해 보자.

학생 2: 응, 논의한 내용은 내가 정리해서 회의록을 작성할게.

학생 1, 3: 그래, 고마워.

01

답 | ③

㉠과 관련하여 (가)의 작문 맥락을 파악한 내용으로 가장 적절한 것은?

정답 선지 분석

③ ㉠을 참고하여 행사의 목적에 부합하는 프로그램을 구성해야 한다고 제안하는 것을 작문 목적으로 설정했다.

(가)는 작년 행사의 문제점을 개선하기 위한 방안을 건의하는 글이다. (가)에서 작문 목적은 작년 행사의 문제점을 참고하여 행사 목적에 부합하는 프로그램을 구성해야 한다고 제안하는 것으로 설정했다.

오답 선지 분석

① ㉠에 대해 동일한 문제의식을 갖고 프로그램을 변경한 주체를 예상 독자로 설정했다.

(가)에서 프로그램을 변경한 주체를 예상 독자로 설정하고 있지 않다.

② ㉠을 해결하기 위해 행사의 취지에 대한 학생들의 인식 개선이 필요함을 글의 주제로 삼았다.

(가)에서 글의 주제를 행사의 취지에 대한 학생들의 인식 개선이 필요함으로 삼고 있지 않다.

④ ㉠과 관련하여 행사에 대한 자신의 생각을 진솔하게 기록하기 위해 개인적인 성격이 강한 작문 매체를 선정했다.

(가)는 학생회 누리집 게시판에 올라온 건의문이므로 여러 사람들에게 공개되는 공적인 성격의 글에 해당한다. 즉 개인적인 성격이 강한 작문 매체를 선정했다고 볼 수 없다.

⑤ ㉠의 실상을 객관적으로 드러내기 위해 주관적인 견해를 배제하고 사실을 있는 그대로 설명하는 글의 유형을 선택했다.

주관적인 견해를 배제하고 사실을 있는 그대로 설명하는 글은 설명문이다. (가)는 문제 상황의 해결을 위해 논리적으로 설득하기 위한 건의문이다.

02

답 | ②

[A]와 [B]에 대한 이해로 가장 적절한 것은?

정답 선지 분석

② [A]에서 '학생 2'는 문제의 원인을 제시한 후, [B]에서 문제 해결을 위한 방안을 제시하고 있다.

[A]의 대화에서 '학생 2'는 프로그램이 자료를 전시하는 데 치우쳐서 에너지 하베스팅을 일상생활과 관련지어 구체적으로 이해하기 어려웠다는 점을 만족도가 낮은 원인으로 제시하고 있다. 그리고 [B]의 대화에서 '학생 2'는 학생들이 신발 발전기를 직접 제작해서 사용하게 하는 프로그램을 마련하는 것을 문제 해결 방안으로 제시하고 있다.

오답 선지 분석

① [A]에서 '학생 1'은 문제점을 살피기 위한 여러 관점을 소개한 후, [B]에서 여러 관점에서 논의된 내용을 종합하고 있다.

[A]에서 '학생 1'은 문제점을 살피기 위해 여러 관점을 소개하고 있지 않으며, [B]에서 여러 관점에서 논의된 내용을 종합하고 있지 않다.

③ [A]에서 '학생 3'은 문제에 대한 추가적인 논의의 필요성을 제기한 후, [B]에서 추가적인 논의의 의미를 강조하고 있다.

[A]에서 '학생 3'은 행사에 사용한 사진과 영상 자료에는 문제가 없었는지에 대해 언급하며 추가적인 논의의 필요성을 제기하고 있으나, [B]에서 추가적인 논의의 의미를 강조하고 있지 않다.

④ [A], [B] 모두에서 '학생 1'은 논의한 내용을 정리하면서 '학생 2'와 '학생 3'이 문제에 대한 의견을 내도록 요청하고 있다.

[A]와 [B]에서 '학생 1'은 '학생 2'와 '학생 3'이 문제에 대한 의견을 내도록 요청하고 있으나, 논의한 내용을 정리한 것은 [B] 이후의 발화에서 확인할 수 있다.

⑤ [A], [B] 모두에서 '학생 2'는 '학생 3'의 질문에 답하면서 문제에 대한 자신의 의견이 타당함을 주장하고 있다.

[B]에서 '학생 2'는 '학생 3'의 질문에 답하며 문제에 대한 자신의 의견의 타당함을 주장하고 있으나, [A]에서 '학생 3'의 질문에 답한 것은 '학생 1'이며 의견을 제시하고 있을 뿐, 자신의 의견이 타당함을 주장하고 있지는 않다.

03

답 | ④

<보기>를 기준으로 하여 (가)를 평가한 내용으로 적절하지 <u>않은</u> 것은?

보기

ⓐ 적절한 건의 시기를 고려했는가?
ⓑ 사실에 근거하여 문제를 제기했는가?
ⓒ 문제가 발생한 이유를 제시했는가?
ⓓ 해결 방안의 실행 가능성을 점검하여 제시했는가?
ⓔ 방안을 시행했을 때 기대되는 효과를 제시했는가?

정답 선지 분석

④ 3문단에서 에너지 하베스팅이 적용된 제품의 제작과 사용을 언급한 내용은, 에너지 하베스팅에 대한 이해도를 높이기 위한 체험의 실행 가능성 여부를 점검한 것이라는 점에서 ⓓ를 충족하는군.

3문단에서 에너지 하베스팅이 적용된 제품의 제작과 사용을 언급하며 문제 해결 방안을 제시하고 있다. 하지만 에너지 하베스팅에 대한 이해도를 높이기 위한 체험의 실현 가능성 여부를 점검하여 제시하고 있지 않다.

오답 선지 분석

① 1문단에서 학생회의 행사 준비 기간을 생각했다는 내용은, 건의 시기의 적절성을 고려했다는 점에서 ⓐ를 충족하는군.

1문단에서 학생회의 행사 준비 기간을 생각했다는 내용은, 학생회의 준비 기간을 생각할 때 지금이 건의하기에 적절한 시기라고 판단했다는 점에서 <보기>의 ⓐ를 충족한다고 할 수 있다.

② 2문단에서 작년 행사에 대한 설문 조사 결과를 인용한 내용은, 올해 행사를 위해 개선해야 할 문제를 사실에 근거하여 제기했다는 점에서 ⓑ를 충족하는군.

2문단에서 작년 행사에 대한 설문 조사 결과를 인용한 내용은, 설문 조사 결과라는 사실에 근거하여 올해 행사를 위해 개선해야 할 문제를 제기했다는 점에서 〈보기〉의 ⓑ를 충족한다고 할 수 있다.

③ 2문단에서 작년 행사가 자료를 전시하는 데 치우쳤다고 언급한 내용은, 작년 행사에 만족한 학생의 비율이 30%밖에 안 된 이유에 관한 것이라는 점에서 ⓒ를 충족하는군.

2문단에서 작년 행사가 자료를 전시하는 데 치우쳤다고 언급한 내용은, 작년 행사에 만족한 학생의 비율이 30%밖에 안 된 이유에 관한 것이라는 점에서 〈보기〉의 ⓒ를 충족한다고 할 수 있다.

⑤ 4문단에서 학생들의 만족도가 높아질 것이라고 언급한 내용은, 건의한 방안을 시행했을 때 기대되는 효과를 제시했다는 점에서 ⓔ를 충족하는군.

4문단에서 학생들의 만족도가 높아질 것이라고 언급한 내용은, 건의한 대로 에너지 하베스팅 체험전의 프로그램을 개선한다면 행사에 대한 학생들의 만족도가 높아질 것이라는 점에서 〈보기〉의 ⓔ를 충족한다고 할 수 있다.

04

답 | ⑤

〈보기〉는 (가)의 마지막 문단의 초고이다. 〈보기〉를 고쳐 쓰는 과정에서 반영된 친구의 조언으로 적절하지 않은 것은?

보기

제가 건의한 대로 에너지 하베스팅 체험전의 프로그램을 개조한다면 행사에 대한 학생들의 만족도가 높아질 것입니다. 그러나 실제로 □□ 과학 체험관에서 에너지 하베스팅을 직접 체험하는 프로그램을 진행했는데, 참여자의 80%가 에너지 하베스팅을 구체적으로 이해하는 데 유익했다고 답했습니다. 화석 에너지의 고갈에 대한 우려가 있습니다. 에너지 하베스팅에 대한 구체적 이해는 우리가 효율적으로 활용할 수 있도록 도와줄 것입니다. 학생들을 소중한 경험을 제공하기 위해 노력해 주셔서 감사합니다.

정답 선지 분석

⑤ 다섯 번째 문장은 목적어에 맞게 서술어를 수정하는 게 어때?

〈보기〉의 다섯 번째 문장에서 목적어에 맞게 서술어를 수정하라는 조언을 반영하지 않고, 해당 문장을 수정하였다.

오답 선지 분석

① 첫 번째 문장은 부적절하게 사용된 어휘를 바꾸는 게 어때?

〈보기〉의 첫 번째 문장에서 부적절하게 사용된 '개조한다면'을 대신하여 '개선한다면'으로 어휘를 바꾸었으므로, 부적절하게 사용된 어휘를 바꾸라는 조언을 반영하였다.

② 두 번째 문장은 잘못된 접속어를 사용했으므로 접속어를 삭제하는 게 어때?

〈보기〉의 두 번째 문장에서 잘못된 접속어인 '그러나'를 삭제하였으므로, 잘못된 접속어를 삭제하라는 조언을 반영하였다.

③ 세 번째 문장은 글의 자연스러운 흐름을 해치고 있는 문장이므로 삭제하는 게 어때?

글의 자연스러운 흐름에서 어긋나는 〈보기〉의 세 번째 문장을 삭제하였으므로, 글의 자연스러운 흐름을 해치고 있는 문장을 삭제하라는 조언을 반영하였다.

④ 네 번째 문장은 필요한 문장 성분이 빠져 있으므로 추가하는 게 어때?

〈보기〉의 네 번째 문장에서 목적어인 '에너지를'을 추가했으므로, 필요한 문장 성분을 추가하라는 조언을 반영하였다.

05

답 | ③

(가)와 (나)를 고려할 때 '학생 2'가 쓴 회의록의 내용 중 적절하지 않은 것은?

정답 선지 분석

일시: 20××. ××. ××	장소: 학생회실
회의 주제: 에너지 하베스팅 체험전의 개선 방안 마련	

건의 내용 점검	건의 내용이 행사에 참여하는 학생의 수를 늘리기 위한 방안으로 적합함. ……………… ③
	건의 내용을 점검하는 논의에서 건의 내용이 행사에 참여하는 학생의 수를 늘리기 위한 방안으로 적합하다는 언급이 없었으므로, 이러한 내용은 회의록의 내용으로 적절하지 않다.

오답 선지 분석

작년 행사 점검	전시에 치우쳐 프로그램이 다양하지 않았음. ………… ①
	작년 행사를 점검하는 논의에서 전시에 치우쳐 프로그램이 다양하지 않았다는 언급이 있으므로, 이러한 내용은 회의록의 내용으로 적절하다.
	유사한 내용이 반복되는 자료가 일부 있었음. ………… ②
	작년 행사를 점검하는 논의에서 유사한 내용이 반복되는 자료가 일부 있었다는 언급이 있으므로, 이러한 내용은 회의록의 내용으로 적절하다.
추가 프로그램 마련	학생들이 신발 발전기를 제작해서 신고 걸으며 전기가 생산되는 것을 직접 확인할 수 있도록 함. ……………… ④
	추가 프로그램을 마련하는 논의에서 학생들이 전기가 생산되는 것을 직접 확인할 수 있는 신발 발전기를 제작해서 신고 걷는 프로그램에 대한 언급이 있으므로, 이러한 내용은 회의록의 내용으로 적절하다.
	학생들이 평평한 판 위에서 뛰어 휴대 전화를 충전할 수 있도록 함. ……………… ⑤
	추가 프로그램을 마련하는 논의에서 신발 발전기를 제작해서 신고 걷는 체험만 하면 발생할 수 있는 단조로움을 피하기 위한 방안으로 학생들이 평평한 판 위를 뛰면서 휴대 전화를 충전하는 프로그램에 대한 언급이 있으므로, 이러한 내용은 회의록의 내용으로 적절하다.

DAY 2　매체

빠른 정답 체크

01 ②　　**02** ①　　**03** ①　　**04** ③

가

수요일마다 마을을 탐방하는 '뚜벅뚜벅 마을 여행'의 뚜벅입니
다. 지난주에는 □□궁의 동쪽에 있는 ▽▽ 마을에 다녀왔는데요,
오늘은 □□궁의 서쪽에 있는 △△ 마을에 가 보겠습니다. 여러분
도 실시간 채팅을 통해 함께해 주세요.

여기가 △△ 마을 입구입니다. △△역에서 딱 5분 걸렸어요.
「(실시간 채팅 창을 보고) 제 목소리가 잘 안 들린다는 분들이 많
네요. 주변이 시끄러워서 그런 것 같은데, 제가 카메라에 있는 소
음 제거 장치를 조절해 볼게요. (방송 장비를 조작하며) 이제 잘
들리죠? (실시간 채팅 창을 보고) 네, 다행이네요.」

마을 입구에 이렇게 밑동만 남은 나무가 있네요. 무슨 사연이
있나 알아볼게요. 여기 안내문이 있는데, 글씨가 너무 작아서 여
러분이 보기에 불편할 것 같으니까 제가 읽어 드릴게요. "이 나무
는 수령이 300년 된 백송으로 △△ 마을을 지키는 당산나무의 역
할을 해 왔으나, 20××년 태풍에 그만 쓰러지고 말았다." 아! 이
런 사연이 있었군요. ⓐ 300년 동안이나 한결같이 이 자리에서
△△ 마을을 지켜 주었는데, 태풍에 쓰러져 이렇게 밑동만 남은
걸 보니 안타깝네요.

자, 이제 골목길로 들어가 볼게요. 여기 작은 문방구도 있고, 예
쁜 카페도 있고……. 저기 예쁜 한옥이 한 채 있는데 가까이 가
서 볼게요. (잠시 두리번거리다가) 여기 안내 표지판을 보니까
1930년대에 지어진 것으로 지금은 민속 문화재로 지정된 한옥이
래요. 잠깐 들어가 볼게요. 행랑채를 지나 사랑채로 들어섰는데
요, 여러분, 보이시죠? 마당이 정말 예뻐요. 이 문을 지나면 안채
가 나오는데, 별로 크지는 않아도 한옥의 아름다움을 아주 잘 간
직한 곳이네요.「아, ⓑ 그런데 벌써 배가 고파졌어요. ⓒ 우선 뭐
좀 먹어야겠어요.」, 제가 미리 알아봤는데, △△ 시장에는 맛있는
먹거리가 많다고 하더라고요. (두리번거리며) 어디로 가야 할까
요? 이 길이 맞는 것 같은데……. 표지판을 보니까 이 길로 가라

고 되어 있네요. 아, 저기 보여요. (한참 걸어간 후) 그런데 여기
와서 보니까 아까 우리가 처음에 갔던 백송 바로 옆인데요. 괜히
빙 돌아서 왔네요. 여러분은 저처럼 고생하지 말고 백송을 보고 △
△ 시장을 먼저 들러 본 다음에 한옥으로 가는 게 좋겠어요. ⓓ 백
송에서 시장까지는 5분, 시장에서 한옥까지는 10분 정도 걸리겠
어요.

드디어 시장에 도착했어요. 전통 시장이라 그런지 과거의 시간
이 머무는 곳 같아요. 참 정겹네요. 그리고 먹거리도 참 많네요.
「여러분은 어떤 게 제일 먹고 싶으세요? (실시간 채팅창을 보고)
떡볶이가 어떤 맛인지 알려 달라는 분들이 많네요. ⓔ 제가 먹어
보고 맛이 어떤지 알려 드릴게요.」, (떡볶이 맛을 보고) 다른 떡볶
이보다 훨씬 쫄깃해서 식감이 좋고 매콤달콤하네요.

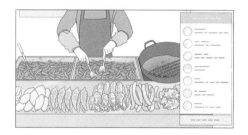

나

지역 문화 탐구 동아리에서 △△ 마을을 탐방하기 전에 뚜
벅 님 방송을 참고해 사전 안내용 슬라이드를 제작해야겠어.
「⊙ 탐방 경로를 안내하는 슬라이드에서는 탐방 경로를 한눈
에 볼 수 있도록 안내하되, 이동의 편의성을 고려한 순서로
제시하고 각 장소로 이동하는 소요 시간도 제시해야지.「ⓒ △
△ 시장을 안내하는 슬라이드에서는 대상의 특징이 드러나
는 문구를 넣어 주고 시장 이용에 유용한 정보도 함께 제시
해야겠어.」

01
답 | ②

(가)에 나타난 정보 전달 방식으로 적절하지 않은 것은?

정답 선지 분석

② 수용자 이탈을 막으려면 흥미를 유지해야 하므로 사전에 제작된 자료 화면
을 활용하여 흥미를 유발한다.

(가)의 방송 진행자는 수용자 이탈을 막기 위해 흥미를 유지할 필요성이 있지만, 이를 위해
사전에 제작된 자료 화면을 사용하지는 않았다.

오답 선지 분석

① 실시간으로 방송이 진행되므로 현장의 상황에 맞추어 음질의 문제를 즉각
적으로 개선해 정보를 전달한다.

(가)의 방송 진행자는 실시간 채팅을 통해 카메라에 있는 소음 제거 장치를 조절하고 있다.

③ 수용자가 실시간으로 참여하는 것이 가능하므로 방송 진행자가 수용자의 요구에 따라 정보를 구성하여 전달한다.

(가)에서는 수용자가 실시간 채팅을 통해 떡볶이 맛을 알려 달라고 한 요구에 따라 방송 진행자가 그와 관련된 정보를 구성하여 전달하고 있다.

④ 방송은 시각과 음성의 사용이 모두 가능하므로 안내문의 텍스트 정보를 방송 진행자가 읽어서 음성 언어로 전달한다.

(가)의 방송 진행자는 마을 입구에 있는 백송과 한옥에 관한 안내문의 텍스트 정보를 음성 언어로 전달하고 있다.

⑤ 일정한 주기로 정보가 제공되고 있으므로 방송 진행자가 지난주에 했던 방송과 현재 진행되는 방송의 연관성을 제시한다.

(가)의 방송 진행자는 방송을 시작하면서, 수요일마다 마을을 탐방하며 지난주에는 □□궁의 동쪽에 있는 ▽▽ 마을을 다녀왔고, 오늘은 □□궁의 서쪽에 있는 △△ 마을에 갈 것임을 안내하고 있다.

02

답 | ①

다음은 (가)가 끝난 후의 댓글 창이다. 참여자들의 소통 양상으로 가장 적절한 것은?

> **낮달** 1일 전
> 방송 잘 봤어요. 그런데 300년 된 백송이 쓰러진 걸 보니 대단한 태풍이었나 봐요. 그게 무슨 태풍이었나요?　👍 👎 댓글
> 　└ **뚜벅** 1일 전
> 　20XX년에 있었던 태풍 '○○'였대요. 우리나라에서 기상을 관측한 이래 가장 강력한 것으로 기록된 태풍이에요.　👍 👎 댓글
> 　　└ **낮달** 1일 전
> 　　아! 고마워요.　👍 댓글
>
> **별총** 1일 전
> 어렸을 적에 그 마을에서 살았는데, 이제는 백송을 다시는 볼 수 없다니 너무 아쉽네요.　👍 👎 댓글
> 　└ **뚜벅** 1일 전
> 　그 백송의 씨앗을 발아시켜서 지금 어린 백송이 자라고 있어요. 그러니 너무 아쉬워 마시길…….　👍 👎 댓글
> 　　└ **별총** 1일 전
> 　　그렇군요. 좋은 정보 감사해요.　👍 👎 댓글

정답 선지 분석

① '낮달'과 '별총'은 '뚜벅'의 댓글을 통해 방송에서 언급된 내용과 관련된 정보를 추가로 얻고 있다.

'낮달'과 '별총'은 방송에서 언급된 '백송'과 관련해 추가된 정보인 '태풍'과 '어린 백송'에 대한 정보를 '뚜벅'의 댓글을 통해 얻고 있다.

오답 선지 분석

② '뚜벅'은 방송에서 자신이 잘못 전달한 정보를 바로잡아 '낮달'에게 댓글로 전달하고 있다.

'뚜벅'은 '낮달'의 댓글과 관련하여 '태풍'에 대한 정보를 제공하고 있으나, 자신이 잘못 전달한 정보를 바로잡고 있지는 않다.

③ '뚜벅'과 '별총'은 '낮달'의 생각에 동조함으로써 세 사람이 공통의 관심사를 형성하고 있다.

'뚜벅'과 '별총'은 '낮달'의 생각에 동조하고 있지 않다.

④ '별총'은 자신이 겪은 개인적인 경험을 언급함으로써 '뚜벅'이 제공한 정보에 대해 의문을 드러내고 있다.

'별총'은 자신이 겪은 개인적인 경험을 언급하고 있으나 '뚜벅'이 제공한 정보에 의문을 드러내고 있지는 않다.

⑤ '별총'은 더 알고 싶은 내용을 질문함으로써 '뚜벅'이 추가적인 설명을 하도록 유도하고 있다.

'뚜벅'이 '별총'의 댓글과 관련하여 '백송'에 대한 추가적인 설명을 하였으나, '뚜벅'이 추가적인 설명을 하도록 유도하기 위해 '별총'이 더 알고 싶은 내용을 질문한 것은 아니다.

03

답 | ①

다음은 (나)에 따라 제작한 사전 안내용 슬라이드이다. 제작 과정에서 고려한 내용으로 적절하지 않은 것은?

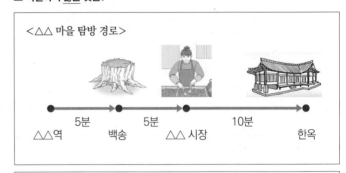

<△△ 마을 탐방 경로>
△△역 —5분→ 백송 —5분→ △△ 시장 —10분→ 한옥

<△△ 시장>

과거의 시간이 머무는 정겨운 △△ 시장
◆ 교통편
· 지하철: X호선 △△역
· 버스: 6X, 4X 백송 앞 하차
◆ 이용 시간
· 08:00~21:00
· 매주 화요일 정기 휴업

정답 선지 분석

① 탐방 경로를 한눈에 볼 수 있게 하자고 한 ㉠에는 뚜벅 님이 언급하지 않은 소재를 추가하여 그림 자료로 보여 주자.

㉠에 탐방 경로를 한눈에 볼 수 있게 하자고 한 것은 맞지만, 이를 위해 '뚜벅 님'이 언급하지 않은 소재를 추가하여 그림 자료로 보여 주지는 않았다. ㉠에 그림 자료로 제시된 '백송', '△△ 시장', '한옥'은 모두 '뚜벅 님'이 방송에서 언급한 소재이다.

오답 선지 분석

② 이동의 편의성을 고려해 탐방 순서를 정하기로 한 ㉠에는 뚜벅 님이 추천한 경로를 제시하자.

㉠에는 '백송', '△△ 시장', '한옥'의 순으로 탐방 경로를 안내하고 있다. 이는 (가)에서 '뚜벅 님'이 추천한 경로이므로 적절하다.

③ 각 장소로 이동하는 소요 시간을 제시하기로 한 ㉠에는 뚜벅 님이 안내해 준 이동 시간을 구간별로 나타내 주자.

(가)에서 '뚜벅 님'은 '백송에서 시장까지는 5분, 시장에서 한옥까지는 10분 정도 걸'린다는 것을 언급하고 있고 ㉠에서 각 장소로 이동하는 소요 시간을 제시하고 있으므로 적절하다.

④ 대상의 특징을 보여 주는 문구를 넣기로 한 ㉡에는 뚜벅 님이 방송에서 언급한 말을 활용하여 만든 문구를 넣어 주자.

(가)에서 '뚜벅 님'은 '△△ 시장'을 보고 '과거의 시간이 머무르는 곳 같'다고 언급하였고 이를 ㉡에 반영하고 있으므로 적절하다.

⑤ 시장 이용에 유용한 정보를 넣어 주기로 한 ⓒ에는 뚜벅 님이 방송에서 언급하지 않은 교통편과 이용 시간에 대한 정보를 넣어 주자.

ⓒ에는 시장 이용을 위한 교통편과 이용 시간을 제시하고 있다. 이는 (가)의 '뚜벅 님'이 언급하지 않은 내용이므로 적절하다.

04

답 | ③

ⓐ~ⓔ에 대한 설명으로 적절하지 않은 것은?

정답 선지 분석

③ ⓒ: 지시 대명사 '뭐'를 사용하여 수용자에게 먹거리에 대한 정보를 요청하고 있다.

'우선 뭐 좀 먹어야겠어요.'에 사용된 '뭐'는 정하지 않은 대상을 이르는 부정칭 대명사로, 방송 진행자가 아직 무엇을 먹을지 정하지 않은 상태임을 나타내는 것이지 수용자에게 먹거리에 대한 정보를 요청하기 위해 사용한 것은 아니다.

오답 선지 분석

① ⓐ: 보조사 '이나'를 사용하여 백송이 △△ 마을을 지켜 주었던 긴 시간을 강조하고 있다.

'300년 동안이나 한결같이 이 자리에서 △△ 마을을 지켜 주었는데'에 사용된 '이나'는 강조의 의미를 갖는 보조사로, 백송이 △△ 마을을 지켜 주었던 시간이 길었음을 강조하기 위해 사용하였다.

② ⓑ: 접속 부사 '그런데'를 사용하여 한옥에 대한 화제를 먹거리에 대한 화제로 전환하고 있다.

'그런데 벌써 배가 고파졌어요.'에 사용된 '그런데'는 화제를 다른 방향으로 이끌어 나갈 때 쓰는 접속 부사로, 방송 진행자가 한옥에 대한 화제를 먹거리로 전환하기 위해 사용하였다.

④ ⓓ: 선어말 어미 '-겠-'을 사용하여 이동 소요 시간에 대한 추측을 드러내고 있다.

'백송에서 시장까지는 5분, 시장에서 한옥까지는 10분 정도 걸리겠어요.'에 사용된 '-겠-'은 추측을 나타내는 선어말 어미로, 백송에서 시장, 시장에서 한옥까지의 이동 소요 시간에 대한 추측을 드러내기 위해 사용하였다.

⑤ ⓔ: 인칭 대명사 '제'를 사용하여 수용자에게 공손한 태도로 말하고 있다.

'제가 먹어 보고 맛이 어떤지 알려 드릴게요.'에 사용된 '제'는 자신을 낮추어 부르는 인칭 대명사로, 정보 수용자에게 공손한 태도로 말하기 위해 사용하였다.

DAY 3 읽기 과정에서 초인지의 역할

빠른 정답 체크

01 ⑤   02 ③   03 ①

❶ 독서는 <u>독자가 목표한 결과에 도달하기 위해 글을 읽고 의미를 구성하는 인지 행위</u>이다. <u>독서의 개념</u>
성공적인 독서를 위해서는 초인지가 중요하다. 독서에서의 초인지는 <u>독자가 자신의 독서 행위에 대해 인지하는 것으로서 자신의 독서 과정을 점검하고 조정하는 역할</u>을 한다. <u>독서에서의 초인지의 개념과 역할</u>

❷ 초인지는 글을 읽기 시작한 후 지속적으로 이루어지는 점검 과정에 동원된다. <u>독서에 초인지가 동원되는 상황 ①</u>
독자는 가장 적절하다고 판단한 독서 전략을 사용하여 독서를 진행하는데, <u>그 전략이 효과적이고 문</u>
<u>독자는 독서 중 자신의 독서 전략을 점검함</u>

제가 없는지를 평가하며 점검한다. 효과적이지 않거나 문제가 있다고 판단하면 이를 해결해야 한다. 문제가 무엇인지 분명하지 않은 경우에는 독서 중에 떠오르는 생각들을 살펴보고 <u>독서 전략의 문제점을 파악하기 위한 방법</u>
그중 독서의 진행을 방해하는 생각들을 분류해 보는 방법으로 문제점이 무엇인지 파악할 수 있다. 독서가 중단 없이 이어지는 상태이지만 문제가 발생한 것을 독자 자신이 인지하지 못하는 경우도 있다. <u>의도한 목표에 부합하지 않는 방법으로 읽기를 진행하거나 자신이 이해한 정도를 판단하지 못하는 예가 그것이다.</u> <u>독자가 자신의 독서 전략의 문제점을 인지하지 못하는 경우</u>
문제 발생 여부의 점검을 위해서는 독서 진행 중간중간에 이해한 내용을 정리하는 방법을 사용할 수 <u>독서의 문제 발생 여부를 점검하기 위한 방법</u>
있다.

[A]

❸ 초인지는 문제를 해결하기 위해 독서 전략을 조정하는 과정에도 동원된다. <u>독서에 초인지가 동원되는 상황 ②</u>
「독서 목표를 고려하여, 독자는 ㉠ 지금 사용하고 있는 전략을 계속 사용할 것인지를 판단해야 한다.」 또 <u>독자는 사용 중인 독서 전략의 중단 여부를 결정해야 함</u> 「㉡ 문제 해결을 위한 다른 전략에는 무엇이 있는지, ㉢ 각 전략의 특징과 사용 절차, 조건 등은 무엇인지 알아야 한다.」 또한 독자 자신이 사용할 수 있는 전략이 무엇인지, <u>독서 전략의 선택을 위해 개별 전략에 대한 지식이 필요함</u> ㉣ 전략들의 적절한 적용 순서가 무엇인지, ㉤ 현재의 상황에서 최적의 전략이 무엇인지 판단하여 새로운 전략을 선택한다.」 선택한 전략을 수행하는 과정에서 독자는 초인지를 활용하여 점검과 조정을 되풀이하며 능동적으로 의미를 구성해 간다.

01

답 | ⑤

윗글을 이해한 내용으로 적절하지 않은 것은?

정답 선지 분석

⑤ 독서 문제를 해결하기 위해 새로 선택한 전략은 점검과 조정의 대상에서 제외할 필요가 있다.

3문단에 따르면, 초인지는 문제를 해결하기 위해 독서 전략을 점검하고 조정하는 과정에 동원된다. 이때 현재의 상황에서 최적의 전략이 무엇인지 판단하여 새로운 전략을 선택할 수 있다. 따라서 독서 문제를 해결하기 위해 새로 선택한 전략을 점검과 조정의 과정에서 제외할 필요가 있다고 이해하는 것은 적절하지 않다.

오답 선지 분석

① 독서 전략을 선택할 때 독서의 목표를 고려할 필요가 있다.

3문단에서 독서 목표를 고려하여 독자가 지금 사용하고 있는 전략을 계속 사용할 것인지를 판단해야 한다고 제시하고 있다.

② 독서 전략의 선택을 위해 개별 전략들에 대한 지식이 필요하다.

3문단에서 독서 전략의 점검과 조정을 위해 각 전략의 특징과 사용 절차, 조건 등이 무엇인지 알아야 한다고 제시하고 있다. 이를 통해 독서 전략의 선택을 위해 개별 전략들에 대한 지식이 필요하다고 이해할 수 있다.

③ 독서 목표의 달성을 위해 독자는 자신의 독서 행위에 대해 인지해야 한다.

1문단에서 독서는 독자가 목표한 결과에 도달하기 위해 글을 읽고 의미를 구성하는 인지 행위라고 제시하고 있다.

④ 독서 문제의 해결을 위해 독자는 자신이 사용할 수 있는 전략이 무엇인지 알아야 한다.

3문단에서 독서 문제의 해결을 위해 초인지가 동원되며, 독자 자신이 사용할 수 있는 전략이 무엇인지 판단하여 새로운 전략을 선택해야 한다고 제시하고 있다. 이는 독서 문제의 해결을 위해 독자가 자신이 사용할 수 있는 전략이 무엇인지 알아야 함을 나타낸다.

02

답 | ③

[A]에서 알 수 있는 내용으로 가장 적절한 것은?

정답 선지 분석

③ 독서 진행에 문제가 없어 보이더라도 목표에 부합하지 않는 독서가 이루어지는 경우가 있다.

[A]에서 독서가 중단 없이 이어지는 상태이지만 문제가 발생한 것을 독자 자신이 인지하지 못하는 경우도 있다고 하였다. 그리고 이러한 경우의 예로, 의도한 목표에 부합하지 않는 방법으로 읽기를 진행하는 것을 들고 있다. 따라서 독서 진행에 문제가 없어 보이더라도 목표에 부합하지 않는 독서가 이루어지는 경우가 있음을 알 수 있다.

오답 선지 분석

① 독서 진행 중 이해한 내용을 정리하는 것은 독자 스스로 독서 진행의 문제를 점검하는 데에 적합하지 않다.

[A]에서 독서 진행 중간중간에 이해한 내용을 정리하는 방법을 사용하여 문제 발생 여부를 점검할 수 있다고 하였다.

② 독서 진행 중 독자가 자신이 얼마나 이해하고 있는지 파악하지 못할 때에는 점검을 잠시 보류해야 한다.

[A]에서 독서 진행 중 독자가 자신이 얼마나 이해하고 있는지 파악하지 못하는 경우에 독서 진행 중간중간에 이해한 내용을 정리하는 방법을 사용하여 문제 발생 여부를 점검할 수 있다고 하였다. 즉 독서 진행 중 독자가 자신이 얼마나 이해하고 있는지 파악하지 못할 때에도 점검이 필요하다.

④ 독서 중에 떠오르는 생각을 분류하는 것은 독서 문제의 발생을 막는다.

[A]에서 독서 중에 떠오르는 생각들을 살펴보고 그중 독서의 진행을 방해하는 생각들을 분류하는 방법을 통해 문제점이 무엇인지 파악할 수 있다고 하였다. 따라서 독서 중에 떠오르는 생각을 분류하는 것은 독서 문제의 발생을 막는 방법은 아니다.

⑤ 독서가 멈추지 않고 진행될 때에는 초인지의 역할이 필요 없다.

[A]에서 독서가 중단 없이 이어지는 상태이지만 문제가 발생한 것을 독자 자신이 인지하지 못하는 경우도 있다고 하였다. 그리고 문제 발생 여부의 점검을 위해 독서 진행 중간중간에 이해한 내용을 정리하는 방법을 사용할 수 있다고 제시하고 있다. 따라서 독서가 멈추지 않고 진행될 때에도 초인지의 역할이 필요함을 알 수 있다.

03

답 | ①

<보기>는 윗글을 읽은 학생이 독서 중 떠올린 생각이다. ㉠~㉤과 관련하여 ⓐ~ⓔ를 설명한 내용으로 적절하지 않은 것은?

보기

- 이 용어가 무슨 뜻인지 모르겠어.
- 처음 나왔을 때는 무시하고 읽었는데 다시 등장했으니, 문맥을 통해 의미를 가정하고 읽어 봐야겠어. ……………………………… ⓐ

↓

- 더 읽어 보았지만 여전히 정확한 뜻을 모르겠네. 그럼 어떻게 하지?
- 관련된 내용을 앞부분에서 다시 찾아 읽든가, 인터넷 자료를 검색해 보든가, 다른 책들을 찾아볼 수 있겠네. ………………… ⓑ
- 검색을 하려면 인터넷 접속이 필요하겠네. ………………… ⓒ
- 검색은 나중에 하고, 먼저 앞부분을 다시 읽어 봐야겠다. 그다음에 다른 책을 찾아봐야지. ……………………………… ⓓ
- 그럼 일단 앞부분에 관련된 내용이 있었는지 읽어 보자.

↓

- 앞부분에는 관련된 내용이 없어서 도움이 안 되네.
- 이 용어와 관련된 분야의 책을 찾아보는 것이 가장 좋겠어. …… ⓔ

↓

- 이제 이 용어의 뜻이 이해되네. 그럼 계속 읽어 볼까?

정답 선지 분석

① ⓐ: ㉠을 판단하여 사용 중인 전략을 계속 사용하기로 결정했다.

ⓐ에서 학생은 뜻 모르는 용어가 처음 나왔을 때는 무시하고 읽었으나, 다시 등장했을 때에는 문맥을 통해 의미를 가정하고 읽는 새로운 전략을 사용하고 있다. 따라서 ⓐ에 대해 ㉠을 판단하여 사용 중인 전략을 계속 사용하기로 결정했다고 설명하는 것은 적절하지 않다.

오답 선지 분석

② ⓑ: ㉡을 고려하여 선택할 수 있는 전략들을 떠올렸다.

ⓑ는 관련된 내용을 앞부분에서 다시 찾아 읽든가, 인터넷 자료를 검색해 보든가, 다른 책들을 찾아 읽는 등의 여러 전략 중 문제 해결을 위한 전략으로 무엇이 있는지 생각한 것이다.

③ ⓒ: ㉢을 고려하여 전략의 사용 조건을 확인했다.

ⓒ는 인터넷 자료를 검색하여 읽는 전략을 사용하기 위해 인터넷 접속이라는 조건이 필요하다고 생각한 것이다. 그러므로 ⓒ에서 말한 조건을 확인한 것이라고 볼 수 있다.

④ ⓓ: ㉣을 판단하여 전략들의 적용 순서를 결정했다.

ⓓ에서 먼저 앞부분을 다시 읽고 그다음에 다른 책을 찾아봐야겠다고 한 것은 ㉣을 판단하여 전략들의 적용 순서를 결정한 것이다.

⑤ ⓔ: ㉤을 판단하여 최적이라고 생각한 전략을 선택했다.

ⓔ에서 학생은 용어와 관련된 분야의 책을 찾아보는 것이 가장 좋겠다고 결정하고 있다. 이는 현재의 상황에서 최적의 전략이 무엇인지 선택한 것이다.

DAY 4 심리 철학에서의 의식을 설명하는 여러 가지 관점 / 체험으로서의 지각

빠른 정답 체크

01 ①　　02 ③　　03 ①　　04 ②　　05 ③　　06 ④

가

❶ 심리 철학에서 동일론은 <u>의식이 뇌의 물질적 상태와 동일하</u>
다고 ⓐ 본다. 이와 달리 기능주의는 <u>의식은 기능이며, 서로 다</u>
<u>른 물질에서 같은 기능이 구현될 수 있다고 주장</u>한다. 이때 기능
이란 어떤 입력이 주어졌을 때 특정한 출력을 내놓는 <u>함수적 역</u>
<u>할</u>로 정의되며, <u>함수적 역할의 일치는 입력과 출력의 쌍이 일치</u>
함을 의미한다. 실리콘 칩으로 구성된 로봇이 찔림이라는 입력에
대해 고통을 출력으로 내놓는 기능을 가진다면, 로봇과 우리는
같은 의식을 가진다는 것이다. 이처럼 기능주의는 <u>의식을 구현하</u>
<u>는 물질이 무엇인지는 중요하지 않다고 본다.</u>

❷ 설(Searle)은 <u>기능주의를 반박하는 사고 실험을 제시</u>한다. '중
국어 방' 안에 중국어를 모르는 한 사람만 있다고 하자. 그는 중
국어로 된 입력이 들어오면 정해진 규칙에 따라 중국어로 된 출
력을 내놓는다. 설에 의하면 방 안의 사람은 중국어 사용자와 함
수적 역할이 같지만 중국어를 아는 것은 아니다. <u>기능이 같으면</u>
<u>서 의식은 다른 사례가 있다</u>는 것이다.

❸ 동일론, 기능주의, 설은 모두 <u>의식에 대한 논의를 의식을 구현</u>
<u>하는 몸의 내부로만 한정</u>하고 있다. 하지만 「의식의 하나인 '인지'
즉 '무언가를 알게 됨'은 몸 바깥에서 ⓑ 일어나는 일과 맞물려
벌어진다.」 기억나지 않는 정보를 노트북에 저장된 파일을 열람하
여 확인하는 것이 한 예이다. <u>로랜즈의 확장 인지 이론은 이를 설</u>
<u>명하는 이론</u>이다.

❹ 그에 ⓒ 따르면 인지 과정은 <u>주체에게 '심적 상태'가 생겨나게</u>
<u>하는 과정</u>이다. 기억이나 믿음이 심적 상태의 예이다. <u>심적 상태</u>
<u>는 어떤 것에도 의존함이 없이 주체에게 의미를 나타낸다.</u> 예를
들어, 무언가를 기억하는 사람은 자기의 기억이 무엇인지 ⓓ 알아
보기 위해 아무것도 의존할 필요가 없다. 이와 달리 '파생적 상
태'는 <u>주체의 해석에 의존해서만 또는 사회적 합의에 의존해서만</u>
<u>의미를 나타내는 상태</u>로 정의된다. 앞의 예에서 <u>노트북에 저장된</u>
<u>정보는 전자적 신호가 나열된 상태로서 파생적 상태</u>이다. <u>주체에</u>
<u>의해 열람된 후에도 노트북의 정보는 여전히 파생적 상태</u>이다.
하지만 열람 후 주체에게는 기억이 생겨난다. 로랜즈에게 인지
과정은 파생적 상태가 심적 상태로 변환되는 과정이 아니라, 파
생적 상태를 조작함으로써 심적 상태를 생겨나게 하는 과정이다.
심적 상태가 주체의 몸 외부로 확장되는 것이 아니라, 심적 상태

를 생겨나게 하는 인지 과정이 확장되는 것이다. 이러한 ㉠ <u>확장</u>
<u>된 인지 과정은 인지 주체의 것일 때에만, 다시 말해 환경의 변화</u>
<u>를 탐지하고 그에 맞춰 행위를 조절하는 주체와 통합되어 있을</u>
<u>때에만 성립</u>할 수 있다. 즉 로랜즈에게 주체 없는 인지란 있을 수
없다. 확장 인지 이론은 <u>의식의 문제를 몸 안으로 한정하지 않고</u>
<u>바깥으로까지 넓혀 설명한다는 의의를 지닌다.</u>

나

❶ 일반적으로 '지각'이란 <u>몸의 감각 기관을 통해 사물에 대해 아</u>
<u>는 것</u>을 의미한다. 이러한 지각을 분석할 때 두 가지 사실에 직면
한다. 첫째, <u>그 사물과 내 몸은 물질세계에 있다.</u> 둘째, <u>그 사물에</u>
<u>대한 나의 의식은 물질세계가 아닌 다른 세계에 있다.</u> 즉 몸으로
서의 나는 사물과 같은 세계에 속하는 동시에 의식으로서의 나는
사물과 다른 세계에 속한다.

❷ 이에 대한 객관주의 철학의 입장은 두 가지로 나뉜다. <u>의식을</u>
<u>포함한 모든 것을 물질로 환원하여 의식은 물질에 불과하다고 주</u>
<u>장</u>하거나, 「<u>의식을 물질과 구분되는 독자적 실체로 규정함으로써</u>
<u>의식과 물질의 본질적 차이를 주장</u>」한다. 전자에 의하면 지각은
<u>사물로부터의 감각 자극에 따른 주체의 물질적 반응</u>으로 이해되
며, 후자에 의하면 지각은 <u>감각된 사물에 대한 주체 즉 의식의 판</u>
<u>단</u>으로 이해된다. 이처럼 양자 모두 <u>주체와 대상의 분리를 전제</u>
<u>하고 지각을 이해</u>한다. <u>주체와 대상은 지각 이전에 이미 확정되</u>
<u>어 각각 존재한다</u>는 것이다.

❸ 하지만 지각은 <u>주체와 대상이 각자로서 존재하기 이전에 나타</u>
<u>나는 얽힘의 체험</u>이다. 예를 들어 다른 사람과 손이 맞닿을 때 내
가 누군가의 손을 ⓔ 만지는 동시에 나의 손 역시 누군가에 의해
만져진다. <u>감각하는 것이 동시에 감각되는 것이 되는 얽힘의 순</u>
간에, 나는 나와 대상을 확연히 구분한다. 지각이라는 얽힘의 작
용이 있어야 주체와 대상이 분리될 수 있다. 다시 말해 <u>주체와 대</u>
<u>상은 지각이 일어난 이후 비로소 확정</u>된다. 따라서 ㉡ <u>지각과 감</u>
<u>각은 서로 구분되지 않는다.</u>

❹ 지각은 <u>물질적 반응이나 의식의 판단이 아니라, 내 몸의 체험</u>
이다. 「<u>지각은 나의 몸에 의해 이루어지는 것이고, 지각이 이루어</u>
<u>지게 하는 것은 모두 나의 몸이다.</u>」

01

답 | ①

다음은 윗글을 읽은 학생이 정리한 내용이다. ㉮와 ㉯에 들어갈 말로 가장 적절한 것은?

> (가)는 기능주의를 소개한 후 ㉮ 은/는 같지 않다는 설(Searle)의 비판을 제시하고 있다. 그리고 인지 과정이 몸 바깥으로까지 확장된다고 주장하는 확장 인지 이론을 설명하고 있다. (나)는 인지 중에서도 감각 기관을 통한 인지, 즉 지각을 주제로 하고 있다. (나)는 지각에 대한 객관주의 철학의 입장을 비판하고, ㉯ 으로서의 지각을 주장하고 있다.

정답 선지 분석

	㉮	㉯
①	의식과 함수적 역할	내 몸의 체험

(가)의 1문단에 따르면 기능주의는 의식이 기능이라고 주장하며, 이때 기능이란 입력과 출력의 함수적 역할로 정의된다. 또한 (가)의 2문단에 따르면 '설'은 '중국어 방' 사고 실험을 통해 기능이 같으면서 의식은 다를 수 있다는 점에서 기능주의를 비판한다. 즉 '설'은 의식과 기능이 같다는 기능주의를 비판하고 있으므로, '의식과 함수적 역할'이 ㉮에 들어가는 것이 적절하다. (나)의 2문단에 따르면 객관주의 철학은 지각을 사물로부터의 감각 자극에 따른 주체의 물질적 반응으로 이해하거나, 감각된 사물에 대한 주체 즉 의식의 판단으로 이해한다. 이에 대해 (나)의 4문단에서 필자는 지각이 물질적 반응이나 의식의 판단이 아니라 내 몸의 체험이라고 주장한다. 따라서 '내 몸의 체험'이 ㉯에 들어가는 것이 적절하다.

오답 선지 분석

| ② | 의식과 함수적 역할 | 물질적 반응 |

(나)는 지각에 대한 객관주의 철학의 입장을 비판하며 4문단에서 지각은 물질적 반응이나 의식의 판단이 아니라고 주장하고 있다. 따라서 '물질적 반응'이 ㉯에 들어가는 것은 적절하지 않다.

| ③ | 의식과 뇌의 상태 | 의식의 판단 |

(가)의 1문단에 따르면 동일론은 의식이 뇌의 물질적 상태와 동일하다고 본다. (가)의 2문단에 따르면 '설'은 기능이 같으면서 의식은 다를 수 있다는 점에서 기능주의를 비판한다. '설'의 비판 대상은 의식과 뇌의 상태가 동일하다고 주장하는 동일론이 아니라 의식과 기능이 같다고 주장하는 기능주의이므로, '의식과 뇌의 상태'가 ㉮에 들어가는 것은 적절하지 않다. 또한 (나)의 4문단에 따르면 필자는 지각이 의식의 판단이 아니라고 주장하므로 '의식의 판단'이 ㉯에 들어가는 것도 적절하지 않다.

| ④ | 의식과 뇌의 상태 | 내 몸의 체험 |

(가)의 1문단에 따르면 동일론은 의식이 뇌의 물질적 상태와 동일하다고 본다. (가)의 2문단에 따르면 '설'은 기능이 같으면서 의식은 다를 수 있다는 점에서 기능주의를 비판한다. '설'의 비판 대상은 의식과 뇌의 상태가 동일하다고 주장하는 동일론이 아니라 의식과 기능이 같다고 주장하는 기능주의이므로, '의식과 뇌의 상태'가 ㉮에 들어가는 것은 적절하지 않다.

| ⑤ | 입력과 출력 | 의식의 판단 |

(가)의 1문단에 따르면 기능주의는 의식이란 기능이라고 주장하는데, 이때 기능이 같다는 것은 입력과 출력의 쌍이 일치함을 의미한다. 즉 기능주의의 주장은 입력과 출력의 쌍이 같으면 의식 역시 같다는 것이지 입력과 출력이 같다는 것을 주장하는 것이 아니므로, '입력과 출력'이 ㉮에 들어가는 것은 적절하지 않다. 또한 (나)의 4문단에 따르면 필자는 지각이 의식의 판단이 아니라고 주장하므로, '의식의 판단'이 ㉯에 들어가는 것도 적절하지 않다.

02

답 | ③

(가)에서 알 수 있는 내용으로 적절하지 않은 것은?

정답 선지 분석

③ 로랜즈는 기억이 주체의 몸 바깥으로 확장될 수 있다고 볼 것이다.

(가)의 4문단에 따르면 로랜즈는 기억이나 믿음과 같은 심적 상태가 주체의 몸 외부로 확장되는 것이 아니라, 심적 상태를 생겨나게 하는 인지 과정이 몸 외부로 확장된다고 본다. 따라서 로랜즈는 기억이 주체의 몸 바깥으로 확장될 수 있다고 볼 것이라는 설명은 적절하지 않다.

오답 선지 분석

① 동일론자들은 뇌가 존재하지 않으면 의식도 존재하지 않는다고 볼 것이다.

(가)의 1문단에 따르면 동일론은 의식이 뇌의 물질적 상태와 동일하다고 본다. 따라서 동일론자들은 뇌가 존재하지 않으면 의식도 존재하지 않는다고 볼 것이다.

② 설(Searle)은 '중국어 방' 안의 사람과 중국어를 아는 사람의 의식이 다르다고 볼 것이다.

(가)의 2문단에 따르면 '설'은 중국어로 된 입력에 대해 중국어로 된 출력을 내놓는다고 해서 '중국어 방' 안의 사람이 중국어를 아는 것이 아니며, 이는 기능이 같더라도 의식은 다를 수 있음을 보여주는 사례라고 보았다. 따라서 '설'은 중국어로 된 입력에 대해 중국어로 된 출력을 내놓는 동일한 기능을 하더라도 '중국어 방' 안의 중국어를 모르는 사람과 중국어를 아는 사람의 의식은 다르다고 볼 것이다.

④ 로랜즈는 인지 과정이 파생적 상태를 조작하는 과정을 포함한다고 볼 것이다.

(가)의 4문단에 따르면 로랜즈에게 인지 과정은 파생적 상태를 조작함으로써 심적 상태를 생겨나게 하는 과정이다. 따라서 로랜즈는 인지 과정이 파생적 상태를 조작하는 과정을 포함한다고 볼 것이다.

⑤ 로랜즈는 노트북에 저장된 정보가 그 자체로는 심적 상태가 아니라고 볼 것이다.

(가)의 4문단에 따르면 노트북에 저장된 정보는 전자적 신호가 나열된 상태로서 파생적 상태이며, 주체에 의해 열람된 후에도 여전히 파생적 상태이다. 따라서 로랜즈는 노트북에 저장된 정보가 그 자체로는 심적 상태가 아니라 파생적 상태라고 볼 것이다.

03

답 | ①

(나)의 필자의 관점에서 ㉠을 평가한 내용으로 가장 적절한 것은?

정답 선지 분석

① 확장된 인지 과정이 인지 주체의 것일 때에만 성립할 수 있다는 주장은, 지각 이전에 확정된 주체를 전제한 것이므로 타당하지 않다.

(나)의 3문단에 따르면 지각은 주체와 대상이 각자로서 존재하기 이전에 나타나는 얽힘의 체험이며, 지각이라는 얽힘의 작용이 있어야 주체와 대상이 분리될 수 있다. 즉, 지각이 일어난 이후 주체와 대상이 비로소 확정되는 것이다. 그러나 ㉠에 따르면 확장된 인지 과정은 인지 주체의 것일 때에만 성립할 수 있다. 또한 ㉠에 이어진 내용에서도 로랜즈는 주체 없는 인지란 있을 수 없다고 보았다고 하였다. 이는 인지 이전에 확정된 주체를 전제하고 주체에 의해 인지가 일어난다고 보는 입장이다. 따라서 (나)의 필자는 확장된 인지 과정이 인지 주체의 것일 때에만 성립할 수 있다는 ㉠에 대해, 지각 이전에 확정된 주체를 전제한 것이므로 타당하지 않다고 평가할 것이다.

오답 선지 분석

② 확장된 인지 과정이 인지 주체의 것일 때에만 성립할 수 있다는 주장은, 의식이 세계를 구성하는 독자적 실체라고 규정하는 것이므로 타당하다.

(나)의 2문단에 따르면 객관주의 철학은 의식은 물질에 불과하다고 주장하거나 의식을 물질과 구분되는 독자적 실체로 보아 의식과 물질의 본질적 차이를 주장한다. 이처럼 객관주의 철학은 전자든 후자든 모두 주체와 대상의 분리를 전제하고 지각을 이해한다. 이에 대해 (나)의 3문단에서 필자는 지각은 주체와 대상이 각자로서 존재하기 이전에 나타나는 얽힘의 체험이라는 점에서 객관주의 철학을 비판하고 있다. 따라서 (나)의 필자는 의식이 세계를 구성하는 독자적 실체라는 객관주의 철학의 입장을 근거로 ㉠을 타당하다고 판단하지 않을 것이다.

③ 주체와 통합된 경우에만 확장된 인지 과정이 성립할 수 있다는 주장은, 의식은 물질에 불과하다고 본 것이므로 타당하다.

(나)의 2문단에 따르면 의식은 물질에 불과하다는 주장은 객관주의 철학의 입장이다. 이에 대해 (나)의 필자는 이는 주체와 대상의 분리를 전제하고 지각을 이해하는 입장이라고 비판하고 있으므로 (나)의 필자는 의식이 물질에 불과하다는 주장을 근거로 ㉠을 타당하다고 판단하지 않을 것이다.

④ 주체와 통합된 경우에만 확장된 인지 과정이 성립할 수 있다는 주장은, 외부 세계에 대한 지각이 이루어질 수 없다고 보는 것이므로 타당하지 않다.

㉠에 따르면 로랜즈는 주체와 통합된 경우에만 확장적 인지 과정이 성립할 수 있다고 주장한다. 이때의 확장적 인지 과정이란 외부의 파생적 상태를 조작함으로써 심적 상태를 생겨나게 하는 과정이다. 즉 로랜즈는 외부 세계에 대한 지각이 이루어질 수 있다는 입장이므로, 외부 세계에 대한 지각이 이루어질 수 없다고 본다는 점에서 타당하지 않다는 평가는 적절하지 않다.

⑤ 주체와 통합된 경우에만 확장된 인지 과정이 성립할 수 있다는 주장은, 주체와 대상의 분리를 통해서만 지각이 이루어질 수 있다고 보는 것이므로 타당하다.

(나)의 3문단에 따르면 (나)의 필자는 지각이라는 얽힘의 작용이 있어야 주체와 대상이 분리될 수 있다는 입장이므로, 주체와 대상의 분리를 통해서만 지각이 이루어질 수 있다는 것에 근거해 ㉠을 타당하다고 판단하지 않을 것이다.

04 답 | ②

㉡의 이유로 가장 적절한 것은?

정답 선지 분석

② 감각하는 것이 동시에 감각되는 것이 되는 얽힘의 작용이 지각이기 때문에

(나)의 3문단에 따르면 감각하는 것이 동시에 감각되는 것이 되는 얽힘의 순간에 나는 주체와 대상을 확연히 구분한다. 그리고 지각이라는 얽힘의 작용이 있어야 주체와 대상이 분리될 수 있다. 즉 주체와 대상이 확정되기 이전에 나타나는 지각의 얽힘은 곧 감각의 얽힘이다. 따라서 지각과 감각이 구분되지 않는 이유는 감각하는 것이 동시에 감각되는 것이 되는 얽힘의 작용이 곧 지각이기 때문이다.

오답 선지 분석

① 감각과 지각 모두 물질세계에서 이루어지기 때문에

(나)의 2문단에 따르면 의식을 포함한 모든 것을 물질로 환원하는 객관주의 철학의 입장은 감각과 지각이 모두 물질세계에서 이루어진다고 본다. 하지만 감각을 사물로부터의 자극으로, 지각을 이에 대한 주체의 물질적 반응으로 이해하여 감각과 지각을 구분하고 있다. 따라서 감각과 지각이 모두 물질세계에서 이루어진다는 것이 감각과 지각이 구분되지 않는 이유가 될 수 없다.

③ 지각은 몸에 의해 이루어지지만 감각은 몸에 의해 이루어지지 않기 때문에

(나)의 1문단에 따르면 지각은 몸의 감각 기관을 통해 사물에 대해 아는 것이며, 4문단에 따르면 지각은 내 몸의 체험이다. 따라서 감각과 지각 모두 몸에 의해 이루어진다.

④ 지각은 의식으로서의 주체가 외부의 대상을 감각하여 판단한 결과이기 때문에

(나)의 필자는 지각은 주체와 대상이 각자로서 존재하기 이전에 나타나는 얽힘의 체험이라고 보았다. 따라서 의식으로서의 주체를 전제하여 지각을 이해하는 것은 ㉡의 이유가 될 수 없다.

⑤ 주체와 대상이 분리되기 이전에 감각과 지각이 분리된 채로 존재하기 때문에

(나)의 3문단에 따르면 감각하는 것이 동시에 감각되는 것이 되는 얽힘의 순간, 즉 지각이라는 얽힘의 작용이 일어난 이후 주체와 대상이 분리된다. 즉 주체와 대상이 분리되기 이전에 감각과 지각은 구분되지 않는다.

05 답 | ③

(가), (나)를 바탕으로 <보기>의 상황을 이해한 내용으로 적절하지 않은 것은?

보기

빛이 완전히 차단된 암실에 A와 B 두 명의 사람이 있다. A는 막대기로 주변을 더듬어 사물의 위치를 파악한다. 막대기 사용에 익숙한 A는 사물에 부딪친 막대기의 진동을 통해 사물의 위치를 파악할 수 있다. B는 초음파 센서로 탐지한 사물의 위치 정보를 '뇌-컴퓨터 인터페이스(BCI)'를 사용하여 전달받는다. 이를 통해 B는 사물의 위치를 파악할 수 있다. BCI는 사람의 뇌에 컴퓨터를 연결하여 외부 정보를 뇌에 전달할 수 있는 기술이다.

정답 선지 분석

③ (가)의 확장 인지 이론에 따르면, 암실 내 사물에 부딪친 막대기의 진동이 A의 해석에 의존해서만 의미를 나타내는 경우 그 진동 상태는 파생적 상태가 아니겠군.

(가)의 4문단에 따르면 심적 상태는 어떤 것에도 의존함이 없이 주체에게 의미를 나타내지만, 파생적 상태는 주체의 해석에 의존해서만 또는 사회적 합의에 의존해서만 의미를 나타내는 상태로 정의된다. 또한 로랜즈에게 인지 과정이란 파생적 상태를 조작함으로써 심적 상태를 생겨나게 하는 과정이다. 한편 <보기>의 A는 사물에 부딪친 막대기의 진동을 통해 사물의 위치를 지각한다. 따라서 암실 내 부딪친 막대기의 진동이 A의 해석에 의존해서만 의미를 나타내는 경우, 막대기의 진동 상태는 파생적 상태이며, A가 사물의 위치를 파악하는 것은 막대기의 진동 상태를 조작하여 사물의 위치에 대한 심적 상태가 생겨나는 인지 과정으로 이해할 수 있다. 따라서 막대기의 진동 상태가 파생적 상태가 아니라는 진술은 적절하지 않다.

오답 선지 분석

① (가)의 기능주의에 따르면, A와 B가 암실 내 동일한 사물의 위치를 묻는 질문에 동일한 대답을 내놓는 경우 이때 둘의 의식은 차이가 없겠군.

(가)의 1문단에 따르면 기능주의는 의식을 기능으로 보며, 이때 기능은 어떤 입력이 주어졌을 때 특정한 출력을 내놓는 함수적 역할이다. 또한 함수적 역할의 일치는 입력과 출력의 쌍이 일치함을 의미한다. 따라서 기능주의에 따르면 A와 B가 동일한 사물의 위치를 묻는 질문, 즉 동일한 입력에 대해 동일한 대답, 즉 동일한 출력을 내놓는다면 기능이 동일하므로 A와 B의 의식 역시 차이가 없다.

② (가)의 확장 인지 이론에 따르면, BCI로 암실 내 사물의 위치를 파악하는 것이 B의 인지 과정인 경우 B에게 사물의 위치에 대한 심적 상태가 생겨나겠군.

(가)의 4문단에 따르면 로랜즈의 확장 인지 이론에서 인지 과정이란 주체에게 믿음이나 기억과 같은 심적 상태가 생겨나게 하는 과정이다. 이에 따르면 BCI로 암실 내 사물의 위치를 파악하는 것이 B의 인지 과정인 경우, B에게 사물의 위치에 대한 믿음이라는 심적 상태가 생겨날 것이다.

④ (나)에서 몸에 의한 지각을 주장하는 입장에 따르면, 막대기에 의해 A가 사물의 위치를 지각하는 경우 막대기는 A의 몸의 일부라고 할 수 있겠군.

(나)의 4문단에 따르면 지각은 나의 몸에 의해 이루어지며 지각이 이루어지게 하는 것은 모두 나의 몸이다. 따라서 막대기에 의해 A가 사물의 위치를 지각하는 경우, 지각이 이루어지게 한 막대기는 A의 몸의 일부라고 할 수 있다.

⑤ (나)에서 의식을 물질로 환원하는 입장에 따르면, BCI를 통해 입력된 정보로부터 B의 지각이 일어난 경우 BCI를 통해 들어온 자극에 따른 B의 물질적 반응이 일어난 것이겠군.

(나)의 2문단에 따르면 의식을 포함한 모든 것을 물질로 환원하는 입장에서는 지각을 사물로부터의 감각 자극에 따른 주체의 물질적 반응으로 이해한다. 이러한 입장에 따르면 BCI를 통해 입력된 정보로부터 B의 지각이 일어난 경우 BCI를 통해 들어온 감각 자극에 따른 주체인 B의 물질적 반응이 일어난 것이다.

WEEK 4

06

답 | ④

문맥상 ⓐ~ⓔ의 단어와 가장 가까운 의미로 쓰인 것은?

정답 선지 분석

④ ⓓ: 단어의 뜻을 알아보기 위해 사전을 펼쳤다.

ⓓ의 '알아보다'는 '조사하거나 살펴보다.'라는 뜻을 지니므로, '단어의 뜻을 알아보기 위해 사전을 펼쳤다.'의 '알아보다'와 문맥상 의미가 유사한 단어이다.

오답 선지 분석

① ⓐ: 그간의 사정을 봐서 그를 용서해 주었다.

ⓐ의 '보다'는 '대상을 평가하다.'의 뜻을 지니지만, '그간의 사정을 봐서 그를 용서해 주었다.'의 '보다'는 '상대편의 형편 따위를 헤아리다.'의 뜻을 지니므로 문맥상 의미가 유사하지 않다.

② ⓑ: 이사 후에 가난하던 살림살이가 일어났다.

ⓑ의 '일어나다'는 '어떤 일이 생기다.'의 뜻을 지니지만, '이사 후에 가난하던 살림살이가 일어났다.'의 '일어나다'는 '약하거나 희미하던 것이 성하여지다.'의 뜻을 지니므로 문맥상 의미가 유사하지 않다.

③ ⓒ: 개발에 따른 자연 훼손 문제가 심각해졌다.

ⓒ의 '따르다'는 '어떤 경우, 사실이나 기준 따위에 의거하다.'의 뜻을 지니지만, '개발에 따른 자연 훼손 문제가 심각해졌다.'의 '따르다'는 '어떤 일이 다른 일과 더불어 일어나다.'의 뜻을 지니므로 문맥상 의미가 유사하지 않다.

⑤ ⓔ: 그는 컴퓨터 프로그램을 제법 만질 줄 안다.

ⓔ의 '만지다'는 '손을 대어 여기저기 주무르거나 쥐다.'의 뜻을 지니지만, '그는 컴퓨터 프로그램을 제법 만질 줄 안다.'의 '만지다'는 '물건을 다루어 쓰다.'의 뜻을 지니므로 문맥상 의미가 유사하지 않다.

DAY 5 〈장수산 1〉_정지용/〈고요를 시청하다〉_고재종

빠른 정답 체크

01 ① **02** ② **03** ⑤

가

『」: 소나무가 베어지면서 쓰러지는 소리가 메아리가 되어 돌아올 정도로 고요한 장수산
『벌목정정(伐木丁丁)* 이랬거니 아름드리 큰 솔이 베어짐직도 하
예스러운 말투 활용 / 베어질 법도 하다
이 골이 울어 멩아리 소리 쩌르렁 돌아옴직도 하이,다람쥐도 좇지
청각적 이미지 / 장수산의 적막함
않고 멧새도 울지 않어 깊은 산 **고요가 차라리 뼈를 저리우는데**
청각의 촉각화
눈과 밤이 종이보담 희고녀! 달도 보름을 기다려 흰 뜻은 **한밤 이**
시간적 배경(겨울 밤)
골을 걸음이란다? 웃절 중이 여섯 판에 여섯 번 지고 웃고 올라간
승패에 연연하지 않는 초월적 경지에 다다른 모습
뒤 조찰히 늙은 사나이의 남긴 내음새를 줍는다? 시름은 바람도 일
지 않는 고요에 심히 흔들리우노니 『오오 견디란다 차고 올연히* 슬
『」: 장수산의 적막을 통해 시름을 견뎌낼 의지를 드러냄
픔도 꿈도 없이 장수산 속 겨울 한밤내—』
세상과 단절된 절대 고요의 공간

- 정지용, 〈장수산 1〉 -

* 벌목정정: 깊은 산에서 커다란 나무가 베어질 때 쩡쩡하고 나는 큰 소리.
* 올연히: 홀로 우뚝한 모양.

나

『」: 풀과 나무가 우거진 마당의 모습
『초록으로 쓸어 놓은 마당을 낳은 고요는
의인법-생성의 이미지를 지닌 대상
새암가에 뭉실뭉실 수국송이로 부푼다』
샘 / 풍성한 생명력을 낳는 존재

[A]

『날아갈 것 같은 감나무를 누르고 앉은 **동박새가**
『」: 청각적 이미지를 통한 고요의 이미지 강조
딱 한 번 울어서 넓히는 고요의 면적,』

감잎들은 유정무정을 죄다 토설하고 있다
의인화-동박새의 울음소리로 감잎이 흔들릴 정도로 고요함

작년에 담가 둔 송순주 한 잔에 생각나는 건

이런 정오, 멸치국수를 말아 소반에 내놓던

어머니의 소박한 고요를
송순주를 통해 떠올리는 것①
윤기 나게 닦은 마루에 꼿꼿이 앉아 들던

아버지의 묵묵한 고요,
송순주를 통해 떠올리는 것②

『」: 색채 대비를 통한 계절감 부각
『**초록의 군림**이 점점 더해지는
계절의 심화
마당, 담장의 덩굴장미가 내쏘는 향기는
후각적 이미지
고요의 심장을 붉은 진동으로 물들인다』
공감각적 이미지(시각의 촉각화)

[B]

사랑은 갔어도 가락은 남아, 그 몇 절을 안주 삼고
사랑의 기억
삼베올만치나 무수한 고요를 둘러치고 앉은
고요의 구체적 형상화
고금*의 시골집 마루,

아무것도 새어 나게 하지 않을 것 같은 고요가

초록바람에 반짝반짝 누설해 놓은 오월의   [C]
초록바람에 들려오는 오월의 여러 가지 소리

날 비린내 나서 **더 은밀한 연주를 듣는다**
후각적 이미지   고요가 화자 내면의 동요를 잠재움

                    - 고재종, 〈고요를 시청하다〉 -

* 고금: 외롭게 홀로 자는 잠자리.

④ [B]에서 '마당'에 군림하던 '초록'은 [C]에서 '초록바람'으로 변주되어 다시 계절이 바뀔 것을 암시한다.
[B]에서 '마당'에 군림하는 '초록'과 '초록바람' 모두 오월의 이미지를 환기한다.

⑤ [C]에서 '초록바람'은 '오월'이 누설하는 것들을 감추어 줌으로써 '오월'의 신비로움이 지속되도록 한다.
[C]에서 '아무것도 새어 나게 하지 않을 것 같은 고요'는 '오월'의 '은밀한 연주'를 '초록바람'에 누설해 놓는다.

01
답 | ①

(가)에 대한 이해로 적절하지 않은 것은?

▣ 정답 선지 분석

① '아름드리 큰 솔'과 '베어짐직도 하이'를 관련지어 인간에게 아낌없이 내어 주는 자연의 속성을 환기하고 있다.
'아름드리 큰 솔'이 '베어짐직도 하이'라고 한 것은 깊은 산속에서 큰 나무들이 베어지며 내는 소리를 환기하여 깊은 산속의 고요를 부각하기 위한 것이다. 이것을 통해 인간에게 아낌없이 내어 주는 자연의 속성이 환기된 것은 아니다.

▣ 오답 선지 분석

② '다람쥐도 좇지 않고'와 '멧새도 울지 않아'를 연달아 제시하여 시적 공간의 적막한 분위기를 부각하고 있다.
'다람쥐도 좇지 않고 멧새도 울지 않'는 것은 장수산의 고요하고 적막한 분위기를 드러낸다.

③ '여섯 판에 여섯 번 지고'도 '웃고 올라간' 행동을 제시하여 세속적인 욕심에서 벗어난 인물의 모습을 암시하고 있다.
'여섯 판에 여섯 번 지고 웃고 올라간' 웃절 중은 승패에 연연하지 않으므로 세속적인 욕심에서 벗어난 인물이라 볼 수 있다.

④ '바람도 일지 않는'과 '심히 흔들리우노니'를 대비하여 시적 공간에 동화하지 못하는 화자의 내적 고뇌를 강조하고 있다.
화자의 '시름'은 '바람도 일지 않는' 고요와 달리 '심히 흔들리'므로, 이는 시적 공간에 동화하지 못하는 화자의 내적 고뇌를 강조한다.

⑤ '오오 견디랸다'를 '차고 올연히'와 연결하여 화자가 지향하는 삶의 태도를 드러내고 있다.
화자는 '오오 견디랸다'를 통해 '차고 올연'한 장수산에서 시름을 견딜 의지를 드러낸다.

02
답 | ②

[A]~[C]에 대한 이해로 가장 적절한 것은?

▣ 정답 선지 분석

② [A]에서 '마당'을 물들인 '초록'은 [B]에서 점점 확산하여 '덩굴장미'의 색채와 어우러지며 계절감을 부각한다.
[A]에서는 고요가 초록을 낳았다는 표현을 통해 마당을 물들인 초록에 주목하도록 한다. 이어지는 [B]에서는 초록의 군림이 점점 더해진다는 표현을 통해 마당에 초록이 점점 확산하고 있음을 보여 준다. 여기에 고요의 심장을 붉은 진동으로 물들이는 덩굴장미의 붉은 색채가 어우러지면서 오월의 계절감이 부각된다.

▣ 오답 선지 분석

① [A]에서 '새암'은 부푸는 '수국송이'의 모습에 비유되어 풍성한 생명력을 낳는 존재로 인식된다.
[A]에서 '수국송이'의 모습에 비유되는 것은 '새암'이 아닌 '고요'이다.

③ [B]에서 '초록'은 '마당' 위에 군림하는 존재로 묘사되어 마당에 '붉은 진동'을 방해하는 힘으로 인식된다.
[B]에서 '초록'은 '붉은 진동'과 함께 계절적 분위기를 환기하는 기능을 한다.

03
답 | ⑤

〈보기〉를 참고하여 (가), (나)를 감상한 내용으로 적절하지 않은 것은?

▣ 보기

시에서 조용하고 잠잠한 상태인 '고요'를 형상화하는 방식은 다양하다. 고요한 상태를 직접 드러낼 수도 있지만 오히려 소리를 활용하여 고요를 부각하는 효과를 얻기도 한다. 또한 고요에 어울리는 다양한 소재나 감각적 이미지를 활용하여 고요를 형상화하기도 한다. 이를 통해 고요는 시에서 시적 분위기를 드러낼 뿐만 아니라 화자의 내면세계를 암시하는 역할을 한다.

▣ 정답 선지 분석

⑤ (가)의 '한밤 이 골을 걸음이랸다?'는 화자 내면의 고요가 외부 세계로 이어지고 있음을, (나)의 '더 은밀한 연주를 듣는다'는 외부 세계의 고요가 화자 내면의 동요를 잠재우게 되었음을 나타낸 것이겠군.
(가)의 화자는 바람도 일지 않는 장수산의 고요에도 심히 흔들리는 시름을 안고 있는 인물이다. 따라서 화자 내면의 고요가 외부 세계로 이어지고 있다는 설명은 적절하지 않다.

▣ 오답 선지 분석

① (가)의 '눈과 밤이 종이보담 희고녀!'는 색채 이미지를 활용하여 눈 내린 겨울 달밤의 고요한 분위기가 드러나도록 한 것이겠군.
(가)의 '눈과 밤이 종이보담 희고녀'는 흰색의 색채 이미지를 활용하여 하얗게 눈이 내린 겨울 달밤의 고요한 장수산의 분위기가 잘 드러나도록 하고 있다.

② (나)의 화자가 떠올린 추억 속의 '어머니'와 '아버지'는 시적 상황을 통해 표현하고자 하는 '이런 정오'의 고요에 어울리는 인물로 볼 수 있겠군.
(나)의 화자가 송순주 한 잔에 떠올린 추억 속의 '어머니'와 '아버지'는 각각 '소박한 고요'와 '묵묵한 고요'를 담고 있는 인물로, 화자가 마주하고 있는 '이런 정오'의 고요에 잘 어울리는 인물로 볼 수 있다.

③ (가)의 '메아리 소리 쩌르렁'과 (나)의 '동박새가 / 딱 한 번 울어서'는 모두 소리를 활용함으로써 오히려 고요한 상황이 부각되도록 한 것이겠군.
'쩌르렁'하고 들릴 것 같은 깊은 산속의 메아리 소리와 딱 한 번 들린 동박새의 울음 소리는 모두 고요한 상황을 강조하기 위해 활용된 소리이다. 고요한 상황을 표현하기 위해 소리를 활용함으로써 오히려 고요가 부각되는 효과를 얻는 것이다.

④ (가)의 '고요가 차라리 뼈를 저리우는데'는 촉각적 심상을 활용하여, (나)의 '삼베올만치나 무수한 고요'는 시각적 심상을 활용하여 고요를 형상화한 것이겠군.
(가)의 '고요가 차라리 뼈를 저리우는데'는 촉각적 심상을 활용하여 고요를 표현한 것이고, (나)의 '삼베올만치나 무수한 고요'는 시각적 심상을 활용하여 고요를 형상화한 것이다.

WEEK 4

빠른 정답 체크

01 ②   02 ①   03 ③   04 ⑤

황상과 만조백관이 어찌할 줄 모르더니 좌장군 서경태가 급
히 입직군을 동원하여 칼을 들고 내달아 크게 꾸짖길,
_{조정의 모든 벼슬아치}

"이 몹쓸 흉악한 놈아, 어찌 이런 변을 짓느냐?"
하고 칼을 들어 치니 아귀가 몸을 기울여 피하고 입을 벌려
_{아귀}
숨을 들이쉬니 서경태가 날리어 아귀 입으로 들어갔다. 상이
_{아귀의 신이한 능력을 드러내어 상대하기 힘든 상대라는 것을 나타냄}
보시다가 크게 놀라,

"짐이 여러 번 **전장**을 지내었으되 이런 일은 보도 듣도 못
하였으니 제신 중에 뉘 이 짐승을 잡아 짐의 한을 씻으리오."
_{아귀가 쳐들어온 일}

정서장군 한세충이 나와 아뢰길,

"소장이 비록 재주 없으나 저것을 베어 황상께 바치리이다."
_{아귀를 직접 대적하여 제거하려는 데서 황상에 대한 충정이 드러남}
하고 황금 투구에 엄신갑을 입고 팔 척 장창을 들고 청룡마를
내달아 외쳐 말하길,

[A] "흉적은 목을 늘여 내 칼을 받으라."
_{아귀}
아귀가 크게 웃고 말하길,

"아까는 내 숨을 들이쉬니 모기 같은 것도 삼켰으니 지금은
_{좌장군 서경태}
숨을 내쉴 것이니 네 눈을 부릅뜨고 자세히 보라."
하고 입을 벌려 숨을 내부니 황상과 만조백관이 오 리나 밀려
_{신이한 능력으로 황상과 만조백관을 궁 밖으로 쫓아냄}
갔다. 아귀가 궁중이 텅 빈 것을 보고 세 공주를 등에 업고 돌
_{황상과 만조백관이 혼란스러워하는 사이 공주를 납치함}
아갔다.

이때 황상이 제신과 함께 정신을 겨우 차려 환궁하시니 세
공주가 다 없었다. 상께 이 연고를 아뢰니 상이 크게 놀라 하
교하시되,

"이런 해괴한 변이 천고에 없으니 경들의 소견이 어떠하뇨?"
하고 용루를 흘리시니 **조정**에 모인 여러 신하가 감히 우러러
보지 못하였다.

이우영이 아뢰길,
"전 좌승상 김규가 지모 넉넉하오니 불러 문의하심이 마땅할까
_{슬기로운 꾀}
하나이다."
_{김원의 아버지}

상이 깨달아 조서를 내려 김규를 부르셨다.

이때 승상이 원을 데리고 평안히 지내더니 천만의외에 사관이
_{김원}
조서를 가지고 왔거늘 받자와 본즉,

"전임 좌승상에게 부치나니 그사이 **고향**에서 무사한가. ⓐ 짐은
불행하여 공주를 잃고 종적을 모르니 통한함을 어찌 측량하리
_{아귀에게 공주를 잃은 심정을 상대에게 직접적으로 드러냄}
오. 경에게 옛 벼슬을 다시 내리나니 바삐 올라와 고명한 소견

으로 짐의 아득함을 깨닫게 하라."
하였다. 승상이 사관을 후대하고 ㉠ 국변을 물으니 아귀 작란하
_{국변의 내용}
던 일과 세 공주 잃은 말을 대강 고하니 승상이 못내 슬퍼하며 상
경하여 사은숙배하니, 상이 보시고,
_{임금의 은혜에 감사하여 공손하게 절을 올림}

"경이 고향에 돌아감은 짐이 불명한 탓이로다. 국운이 불행하여
세 공주를 일시에 잃었으니 짐의 이 원을 어찌하리오? 경의 소
견으로 이 일을 도모하면 평생의 한을 풀리로다."

승상이 엎드려 아뢰길,

"소신이 자식이 있삽는데 창법 검술이 일세에 무쌍하와 매일 종
_{김원}   _{김원의 비범한 능력}
적 없이 다니옵기 연고를 물으니 **철마산**에 가 무예를 익히다가
_{원은 일전에 아귀를 본 적이 있음}
일일은 그 산에서 아귀라 하는 짐승을 만나 겨루고 그 뒤를 좇
아 바위 구멍으로 들어감을 보았노라 하옵기 과연 허언이 아닌
가 싶사오니 ⓑ 자식을 불러 들으심이 마땅하올까 하나이다."
_{황상의 문제를 해소하고자 하는 승상의 충정이 드러남}

[중략 부분의 줄거리] 원은 황상을 뵙고 원수가 되어 철마산 아귀의 소굴로
들어간다.

원수가 백계를 생각하다가 갑자기 깨달아 공주께 아뢰기를,
_{여러 가지의 꾀 또는 계교}
"독한 술을 많이 빚어 좋은 안주를 장만하여야 계교를 베풀리
이다."
_{독한 술과 좋은 안주로 아귀의 경계를 풀려 함}
하고, 약속을 정해 여러 여자를 청하여 여차여차하게 계교를 갖
추고 기다리라고 하였다.

이때 아귀가 원의 칼에 상한 머리 거의 나으니 모든 시녀를 불
_{아귀는 일전에 김원과 겨루다 머리를 다쳤음}
러 말하기를,

"ⓒ 내 병이 조금 나았으니 사오일 후 세상에 나가 남두성을
_{김원}
_{자신의 위세를 드러내어 시녀들의 복종을 이끌어냄}
잡아 죽여 이 원한을 풀리라. 너희는 나를 위하여 마음을 위로
하라."

여자들이 이 말을 듣고 크게 기뻐하여 각각 술과 성찬을 권하
기를,

"대왕의 상처가 나으시면 첩 등의 복인가 하나이다. ⓓ 수이 차
도를 얻사오면 남두성 잡기야 어찌 근심하리오? 주찬을 대령하
_{자신의 의도를 아귀에게 숨겨 안심시킴}
였사오니 다 드시어 첩 등의 우러르는 마음을 즐겁게 하소서."

아귀가 가져오라 하거늘, 여러 여자가 일시에 한 그릇씩 드리니
_{의중을 모르는 아귀가 술을 마시고 만취함}
아홉 입으로 권하는 대로 먹으니 그 수를 알 수 없었다. 술이 취하
매 여러 여자가 거짓으로 위로하여,

"장군은 잠깐 잠을 청하여 아픔을 잊으소서."

아귀가 듣고 잠을 자려 하거늘, 막내 공주가 곁에 앉아 말하길,

"보검을 놓고 주무소서. 취중에 보검을 한번 휘둘러 치면 잔명
_{김원이 아귀를 물리치는 데 방해가 될 만한 것을 제거하고자 함}
이 죄 없이 상할까 하나이다."

아귀가 말하기를,

"장수가 잠이 드나 칼을 어찌 손에서 놓으리오마는 혹 실수함이
막내 공주의 제안just 공주가 보검을 놓고 자게 됨
있을까 하노니 머리맡에 세워 두라."

하고 주거늘, 공주가 받아 놓고 잠들기를 기다렸다. 아귀가 깊이

잠들었거늘, 비수를 가지고 협실로 나와 원수에게 잠들었음을 이
아귀의 보검   김원

르고 함께 후원에 이르러 큰 기둥을 가리키며,

"원수의 칼로 저 기둥을 쳐 보소서."

원수가 칼을 들어 기둥을 치니 반쯤 부러졌다. 공주가 크게 놀
김원의 칼은 아귀를 상대하기에 너무 약함

라 말하기를,

"만일 그 칼을 썼더라면 성사도 못하고 도리어 큰 화가 미칠 뻔

하였습니다."

아귀가 쓰던 비수로 기둥을 치니 썩은 풀이 베어지는 듯하였다.
김원이 아귀의 칼로 아귀를 처치할 것을 예상할 수 있음

- 작자 미상, 〈김원전〉 -

01

답 | ②

[A]의 서술상 특징에 대한 설명으로 가장 적절한 것은?

정답 선지 분석

② 대화를 통해 인물 간의 위계나 관계를 보여 주고 있다.

[A]에서는 황상과 여러 신하들의 대화를 통해 인물 간의 상하관계를 보여 주고 있으며, 아귀
를 향해 달려드는 한세충과 아귀의 대화를 통해 그들 사이의 적대관계를 보여 주고 있다. 따
라서 [A]는 대화를 통해 인물 간의 위계나 관계를 보여 주고 있다고 할 수 있다.

오답 선지 분석

① 서술자가 개입하여 인물에 대한 평가를 제시하고 있다.

[A]는 서술자가 개입하여 인물을 평가하는 내용을 담고 있지 않다.

③ 현재와 과거를 교차하여 장면의 전환을 보여 주고 있다.

[A]는 황상의 부하 장수들과 아귀가 싸우는 사건과 아귀가 세 공주를 납치하는 사건이 시간
순서대로 진행되고 있을 뿐 현재와 과거를 교차하여 장면의 전환을 보여 주고 있지 않다.

④ 인물의 회상을 통해 인물 간 갈등의 원인을 암시하고 있다.

[A]는 황상의 부하 장수들과 아귀가 싸우는 사건과 아귀가 세 공주를 납치하는 사건이 진행
되고 있을 뿐, 인물의 회상이 나타나 있지 않다.

⑤ 상황에 대한 인물의 반응을 과장되게 서술하여 사건의 비극성을 완화하고
있다.

[A]에서는 서경태가 아귀 입으로 들어가는 장면을 목격한 것과 세 공주가 납치되었음을 알게
된 것에 대한 황상의 충격이 나타나 있으며, 그로 인한 충격과 슬픔에서 헤어나오지 못하고
있는 황상의 모습이 그려지고 있다. 그러므로 상황에 대한 인물의 반응을 과장되게 서술하여
사건의 비극성을 완화하고 있다고 할 수 없다.

02

답 | ①

㉠과 관련하여 윗글을 이해한 내용으로 적절하지 않은 것은?

정답 선지 분석

① 황상은 ㉠의 심각성을 이전의 '전장'과 비교하고, 그때의 경험에 근거하여
㉠에 대한 대처 방안을 찾아낸다.

황상은 좌장군 서경태가 아귀 입으로 들어가자 크게 놀라며 본인이 여러 번 전장을 지냈었지
만 이런 일은 보도 듣도 못하였다고 하면서 여러 신하들 중에서 누가 아귀를 잡아 한을 씻을
수 있을지 묻고 있다. 따라서 황상이 ㉠의 심각성을 이전의 '전장'과 비교하고 있기는 하지
만, 그때의 경험에 근거하여 ㉠에 대한 대처 방안을 찾아내었다고 볼 수 없다.

오답 선지 분석

② 이우영은 ㉠의 해결을 위해 '조정'에서 황상의 질문에 답하며 ㉠에 대처할
방안을 찾아 줄 지모 있는 인물을 거명한다.

'조정'에 모인 여러 신하 중 이우영은 ㉠을 해결하기 위해서는 지모가 넉넉한, 전 좌승상 김
규를 불러 문의해야 한다고 황상에게 아뢰고 있다. 따라서 이우영은 ㉠의 해결을 위해 '조정'
에서 황상의 질문에 답하며 ㉠에 대처할 방안을 찾아 줄 지모 있는 인물을 거명하였다고 할
수 있다.

③ 황상은 ㉠의 여파가 미치지 않은 '고향'에서 편안히 지내던 승상에게 ㉠으
로 인한 위기 상황을 알린다.

황상이 조서를 내려 전 좌승상 김규를 부를 때 승상은 원을 데리고 '고향'에서 편안히 지내고
있었다. 따라서 황상은 ㉠의 여파가 미치지 않은 '고향'에서 편안히 지내던 승상에게 ㉠으로
인한 위기 상황을 알리고 있다고 할 수 있다.

④ 승상은 ㉠의 원흉인 아귀를 원이 '철마산'에서 본 것을 황상에게 아뢰고, ㉠
을 해결할 단서를 제공할 인물을 천거한다.

황상을 찾은 승상은, 세 공주를 일시에 잃은 황상이 자신에게 도움을 청하자 '철마산'에서 무
예를 익히던 자기 자식이 아귀를 만나 겨루고 그 뒤를 좇아 바위 구멍으로 들어간 일을 보았
음을 아뢰면서 자기 자식을 황상에게 천거하고 있다. 따라서 승상은 ㉠의 원흉인 아귀를 원
이 '철마산'에서 본 것을 황상에게 아뢰고, ㉠을 해결할 단서를 제공할 인물을 천거하고 있다
고 할 수 있다.

⑤ 원은 ㉠의 해결 방안을 떠올리고, '협실'에서 공주를 만나 ㉠을 해결할 수 있
는 기회가 왔음을 알게 된다.

철마산 아귀의 소굴로 들어간 원수는 백계를 생각하다가 좋은 계교를 생각해 내고 이를 공
주와 공유하고, 공주는 '협실'에서 아귀가 잠들었음을 알려 준다. 따라서 원(원수)은 ㉠의 해
결 방안을 떠올리고, '협실'에서 공주를 만나 ㉠을 해결할 수 있는 기회가 왔음을 알게 되었
다고 할 수 있다.

03

답 | ③

ⓐ~ⓓ에 대한 설명으로 가장 적절한 것은?

정답 선지 분석

③ ⓐ에서는 자신의 감정을 상대에게 드러내고, ⓓ에서는 자신들의 의도를 상
대에게 숨기고 있다.

황상은 조서를 승상 김규에게 보내면서 ⓐ를 통해 공주를 잃은 통한을 승상에게 드러내고 있
고, 여자들은 원수의 계교에 따라 ⓓ와 같이 말하여 아귀를 속이고 그를 안심시켜 잠들게 하
려 하고 있다. 따라서 ⓐ에서는 자신의 감정을 상대에게 드러내고, ⓓ에서는 자신들의 의도
를 상대에게 숨기고 있다고 할 수 있다.

오답 선지 분석

① ⓐ와 ⓑ에서는 상대에 대한 신뢰를 바탕으로, 숨겨 온 사실을 드러내고 있
다.

ⓐ에는 아귀에게 공주를 잃은 황상의 통한이 담겨 있는 반면, ⓑ에는 세 공주를 잃은 황상의
원을 풀어드리기 위한 승상의 충정이 담겨 있다. 따라서 ⓐ와 ⓑ는 상대에 대한 신뢰를 바탕
으로 하고 있다고 할 수 있지만, 숨겨 온 사실을 드러내고 있다고 볼 수 없다.

② ⓑ와 ⓒ에서는 자신의 위세를 드러내어, 상대의 복종을 이끌어 내고 있다.

ⓑ에는 세 공주를 잃은 황상의 원을 풀어드리기 위한 승상의 충정이 담겨 있는 반면, ⓒ에는
남두성(김원)을 죽여 원한을 풀고자 하는 아귀의 다짐과 시녀들에게 자신을 위로하라는 강압
적인 명령이 담겨 있다. 그러므로 ⓒ에서는 아귀가 자신의 위세를 드러내어 시녀들의 복종을
이끌어내고 있다고 볼 수 있지만, ⓑ는 승상이 황상에게 올리는 충언이라는 점을 고려할 때
자신의 위세를 드러내어 상대의 복종을 이끌어내고 있는 말로 볼 수 없다.

④ ⓑ에서는 당위를 내세워 상대의 행위를 요구하고, ⓓ에서는 상대의 안위를
우려하여 자제를 요청하고 있다.

승상은 자기 자식인 원이 아귀라 하는 짐승을 만나 겨루고 그 뒤를 좇아 바위 구멍으로 들어
가는 것을 보았다고 하면서 ⓑ에서 무예가 뛰어난 자기 자식을 불러 사태를 해결할 것을 청
하고 있으므로 ⓑ가 당위를 내세워 상대의 행위를 요구하고 있다고 볼 수 없다. 여자들은 원
수의 계교에 따라 ⓓ를 통해 아귀를 속이고 그를 안심시켜 술에 취하게 하려 하고 있으므로
ⓓ가 상대의 안위를 우려하여 자제를 요청한 말로 볼 수 없다.

⑤ ⓒ에서는 상대에게 자신의 목표를 위해 행동할 것을 촉구하고, ⓓ에서는 상대의 목표를 위해 행동할 것을 약속하고 있다.

ⓒ에는 남두성을 죽여 원한을 풀고자 하는 아귀의 다짐과 시녀들에게 자신을 위로하라는 강압적인 명령이 담겨 있다. 따라서 ⓒ는 상대에게 자신의 목표를 위해 행동할 것을 촉구한다고 할 수 있다. 그러나 여자들은 원수의 계교에 따라 ⓓ와 같이 말하며 아귀를 속이고 그를 안심시켜 잠들게 하려 한다는 점을 고려할 때, ⓓ는 상대의 목표를 위해 행동할 것을 약속하는 말로 볼 수 없다.

④ 공주가 황상에게는 국운의 불행으로 잃은 대상이지만 원수에게는 약속대로 아귀를 잠들게 하는 인물인 데서, 여성 인물이 사건의 피해자이자 해결을 돕는 존재임을 알 수 있군.

정서장군 한세충이 아귀를 치러 나가자 아귀는 입을 벌려 숨을 내불어 황상과 만조백관을 오리나 밀어낸다. 그런 후에 궁중이 텅 빈 것을 본 아귀는 세 공주를 등에 업고 돌아가는데, 이에 황상은 공주를 잃은 일에 대한 통한을 느낀다. 한편 철마산 아귀의 소굴로 들어간 원수는 공주에게 계교를 일러주고 약속을 정해 여러 여자를 청하여 아귀를 잠들게 하는 계교를 갖추고 기다리라고 하였는데, 공주는 이 계교에 따라 아귀를 잠들게 하고 아귀의 비수를 원수에게 가져다 준다. 따라서 공주는 사건의 피해자이면서 사건 해결을 돕는 인물이라 할 수 있다.

04

답 | ⑤

<보기>를 참고하여 윗글을 감상한 내용으로 적절하지 않은 것은?

보기

〈김원전〉은 당대의 보편적 가치인 충군을 주제로, 초월적 능력을 지닌 주인공과 기이한 존재인 적대자의 필연적 대결 관계를 보여 준다. 특히 적대자의 압도적 무력에 맞서는 과정에서 인물에 따라, 혹은 인물이 처한 상황에 따라 다른 대응 방식을 보여 줌으로써 독자의 흥미를 자극한다.

정답 선지 분석

⑤ 일세에 무쌍한 무예를 갖춘 원수가 아귀의 비수로 기둥을 베어 보는 데서, 주인공이 적대자를 처치하기 위해 자신의 계획대로 초월적 능력을 시험하고 있음을 알 수 있군.

원수는 원수 자신의 칼로 기둥을 쳐 보라고 하는 막내 공주의 말에 기둥을 쳤으나 반쯤 부러지는 데 그쳤다. 이에 공주가 크게 놀라 아귀에게 그 칼을 썼더라면 큰 화가 미칠 뻔하였다고 하였으며, 이후 아귀가 쓰던 비수로 기둥을 치니 썩은 풀이 베어지는 듯하였다고 하였다. 따라서 원수가 아귀를 처치하기 위해서는 자신의 칼이 아니라 아귀가 쓰던 비수가 필요하다고 할 수 있다. 그러므로 일세에 무쌍한 무예를 갖춘 원수가 아귀의 비수로 기둥을 베어보는 데서, 주인공이 적대자를 처치하기 위해 자신의 계획대로 초월적 능력을 시험하고 있다고 볼 수 없다.

오답 선지 분석

① 서경태가 입직군을 동원해 아귀와 맞서고 원수가 계교를 마련해 아귀를 상대하는 데서, 압도적 무력을 지닌 적대자에 대응하는 양상이 서로 다름을 알 수 있군.

좌장군 서경태는 급히 입직군을 동원하여 칼을 들고 내달아 아귀를 꾸짖으며 칼을 들어 치다가 아귀 입으로 들어갔으나, 황상을 뵙고 아귀의 소굴로 들어간 원수는 백계를 생각하다가 갑자기 깨닫고는 계교를 마련해 아귀를 상대하려 하고 있다. 따라서 서경태와 원수는 압도적 무력을 지닌 적대자인 아귀에 대응하는 양상이 서로 다르다고 할 수 있다.

② 한세충이 황상의 한을 씻고자 아귀에게 대항하고 승상이 황상의 불행에 슬퍼하며 상경하는 데서, 인물들이 충군의 가치를 지키고 있음을 알 수 있군.

좌장군 서경태가 아귀에게 당하자 황상은 크게 놀라 '제신 중에 뉘 이 짐승을 잡아 짐의 한을 씻으리오'라고 한다. 이에 정서장군 한세충은 아귀를 베어 황상께 바치겠다며 아귀에 대적하러 나간다. 아울러 황상이 조서를 내려 전 좌승상이었던 김규를 부르자 승상은 나라에 발생한 변란에 못내 슬퍼하며 상경하여 황상을 뵙고 자신의 자식을 불러 아귀에게 대적하도록 충언을 올린다. 따라서 한세충과 승상은 당대의 보편적 가치인 충군을 지키고 있는 인물이라고 할 수 있다.

③ 원이 아귀의 머리를 상하게 한 것과 아귀가 남두성인 원에게 원한을 갚겠다고 다짐하는 데서, 주인공과 적대자의 대결이 피할 수 없는 것임을 알 수 있군.

아귀는 원의 칼에 상한 머리가 거의 낫자 사오일 후 세상에 나가 남두성을 잡아 죽여 원한을 풀고자 한다. 따라서 주인공인 원과 적대자인 아귀는 피할 수 없는 대결 관계에 놓여 있다고 할 수 있다.

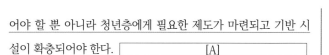

빠른 정답 체크

01 ①   **02** ②   **03** ④

[작문 상황]

ㄱ 지역 사회의 문제에 대한 견해를 담은 글을 작성하여 지역 신문에 기고하려고 함.

[초고]

❶ 「얼마 전 지방의 인구 감소 문제를 해결한 외국의 사례를 소
「」: 지역 신문에 ○○시의 인구 감소 문제에 대한 글을 기고하게 된 배경
개하는 책을 읽고, 지역의 문제 해결을 위해서는 지역민들이 함
께 고민하는 것이 중요함을 알 수 있었다.」 이에 우리 ○○시의 인
글의 주제
구 감소 문제를 함께 살펴보고자 한다. 우리 지역은 전체 인구가
○○시 인구 감소의 실태
2018년에 비해 2022년에 10% 가까이 감소했다. 이는 무엇보다
우리 지역의 20~30대 청년층 인구 감소 속도가 빠르기 때문에
○○시의 인구 감소의 이유
나타난 결과이다. 우리 지역의 청년층 인구의 감소 속도는 전체
인구의 감소 속도에 비해 2배 이상 빠르다. 이런 추세라면 얼마
지나지 않아 우리 지역은 소멸 위험에 처하게 될 것이다.
○○시 인구 감소 문제의 심각성을 드러냄
❷ 우리 지역의 청년 인구 감소의 주요 요인은 양질의 일자리
청소년 인구 감소의 주요 요인
감소이다. 그동안 우리 지역은 섬유 산업, 식품 산업, 자동차 부
기존 ○○시의 경제 활동 양상
품 산업 등을 중심으로 경제 활동이 이루어져 왔다. 그런데 근래
들어 「전통적인 섬유 산업이 쇠퇴하여 양질의 일자리가 지속적으
「」: 문제가 연쇄적으로 발생함
로 감소하고 그에 따라 지역의 서비스 산업도 함께 쇠퇴해 왔다.
이것은 보육·교육, 문화 등 지역에 자리를 잡고 생활하는 데 필요
한 정주 여건의 악화로 이어지고 있다.」 이렇게 악화되는 정주 여
○○시의 인구 감소의 원인
건은 인구 유입의 장애 요인으로 작용하여 우리 지역의 인구 감
소를 가속화하고 있다.
❸ 양질의 일자리를 늘리기 위해 고부가 가치 섬유 산업의 육성
양질의 일자리를 늘리기 위한 지방 자치 단체의 노력
을 지원하고 식품 산업 단지를 확대해 기업들을 유치하기 위한
노력이 지방 자치 단체를 중심으로 이루어지고 있다. 그런데
「외국의 사례를 보면 산업 진흥 정책과 함께 보육·교육 여건의 개
「」: 문제를 해결한 외국의 사례를 언급
선이 이루어지고 지역의 특색 있는 문화가 발전할 때 청년층 인
구 증가의 효과가 컸다.」 우리 지역도 이 사례를 참고해 지역민의
보육·교육 여건의 개선과 문화 콘텐츠 개발 등을 위해 제도적인
외국의 사례를 참고하여 정주 여건을 갖추기 위한 제도적 방안을 제시함
지원을 늘려야 한다.
❹ 청년층 인구의 증가는 지역의 인구 소멸 위험을 낮추고 지역
청년층 인구 증가가 가져오는 선순환 구조
경제 발전의 선순환 구조를 만드는 토대가 된다. 이러한 선순환
구조에 우리 지역이 진입하기 위해서는 양질의 일자리가 제공되
청년층 인구의 증가를 위한 지원을 강조함

어야 할 뿐 아니라 청년층에게 필요한 제도가 마련되고 기반 시
설이 확충되어야 한다. [A]

01

답 | ①

'초고'에서 ㉠을 제시할 때 활용한 전략으로 가장 적절한 것은?

정답 선지 분석

① 문제를 해결한 사례를 근거로 해결 방안을 제안한다.

3문단에서 산업 진흥 정책과 함께 보육·교육 여건의 개선이 이루어지고, 지역의 특색 있는
문화가 발전할 때 청년층 인구 증가의 효과가 컸던 외국의 사례를 근거로 ○○시 청년층 인
구 감소 문제에 대한 해결 방안을 제안하고 있다.

오답 선지 분석

② 문제에 관한 쟁점을 바탕으로 문제의 심각성을 강조한다.

구체적인 수치를 활용하여 청년층 인구 감소 문제의 심각성을 강조하고 있다. 하지만 문제에
관한 쟁점을 바탕으로 문제의 심각성을 강조한 것은 아니다.

③ 문제의 다양한 발생 원인을 근거로 문제 해결의 어려움을 주장한다.

청년층 인구 감소와 관련된 복합적인 문제 양상을 '초고'에서 다루었지만, 문제의 다양한 발
생 원인을 근거로 문제 해결의 어려움을 주장하고 있지 않다.

④ 문제 해결을 위한 기존 방안의 한계를 근거로 문제에 대한 논의의 시급성을
주장한다.

양질의 일자리를 늘리기 위한 지방 자치 단체의 노력을 언급하지만 기존 방안의 한계라는 관
점에서 문제에 대한 논의의 시급성을 주장하고 있지 않다.

⑤ 문제에 대한 여러 연구 결과를 바탕으로 문제를 분석하기 위한 다양한 관점
을 제안한다.

청년층 인구 감소 문제의 여러 연구 결과를 바탕으로 문제를 분석하기 위한 다양한 관점을
제안하고 있지 않다.

02

답 | ②

다음 선생님의 조언에 따라 [A]에 들어갈 내용을 작성한다고 할 때 가장 적절한 것은?

선생님: 1문단에서 밝힌 작문의 계기에 관한 내용을 포함하고 관용구를
활용하여 글을 마무리하는 것이 좋겠습니다. 이때 대용 표현을 사용하
면 앞 문장과의 응집성을 높일 수 있습니다.

정답 선지 분석

② 이를 위해서는 백지장도 맞들면 낫듯이 우리 지역민 모두가 함께 고민하며
문제 해결을 위한 노력을 하는 것이 중요하다.

문제 해결을 위해 지역민 모두가 함께 고민하는 것이 중요하다는 작문의 계기가 포함되었고,
'백지장도 맞들면 낫다'는 관용구를 활용하였다. 그리고 '이를 위해서는'에서 앞 문장과의 응
집성을 높일 수 있는 대용 표현을 사용하였다.

오답 선지 분석

① 이와 관련하여 정책 당국은 나이가 들수록 소득이 줄어 발생하는 세대 간
소득 격차 문제를 우선적으로 해결하기 위해 발 빠르게 대처해야 한다.

1문단에서 밝힌 작문의 계기에 관한 내용을 포함하고 있지 않다.

③ 이것은 정주 여건이 좋아야 우리 지역을 떠난 청년층이 우리 지역으로 다시
돌아올 수 있다는 사실을 보여 준다.

관용구를 활용하지 않고 있다.

④ 우물을 파도 한 우물을 파야 하듯이 정책 당국은 효과가 가장 큰 하나의 정책을 꾸준히 시행해야 한다.

1문단에서 밝힌 작문의 계기에 관한 내용을 포함하고 있지 않고, 대용 표현도 사용하지 않았다.

⑤ 인구 감소 문제는 당장 우리 지역민 모두가 당면하고 있는 현실이어서 많은 관심을 필요로 한다.

관용구를 활용하지 않았고, 대용 표현도 활용하지 않았다.

03

답 | ④

<보기>는 학생이 '초고'를 보완하기 위해 추가로 수집한 자료이다. 자료의 활용 방안으로 적절하지 <u>않은</u> 것은?

보기

(가) 통계 자료

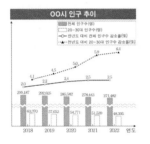

○○시 인구 추이

(나) 설문 조사 결과

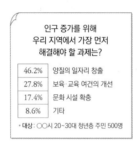

인구 증가를 위해
우리 지역에서 가장 먼저
해결해야 할 과제는?

46.2%	양질의 일자리 창출
27.8%	보육·교육 여건의 개선
17.4%	문화 시설 확충
8.6%	기타

* 대상 : ○○시 20~30대 청년층 주민 500명

(다) 전문가 인터뷰

"양질의 일자리 부족이 ○○시의 청년층 인구가 타 지역에 비해 빠르게 감소하고 있는 주요 원인임이 틀림없습니다. 하지만 보육·교육, 문화와 같은 정주 여건이 열악한 것에도 주목해야 합니다."

정답 선지 분석

④ (가)와 (다)를 활용하여, 1문단에서 우리 지역의 청년층 인구와 전체 인구의 감소 속도를 비교한 것에 대해, 우리 지역과 타 지역의 청년층의 인구 감소 속도를 비교한 값을 추가한다.

<보기>의 (가)는 2018년부터 2022년 사이 ○○시의 전체 인구수 변동 추이와 전년도 대비 인구 감소율 및 20~30대 청년층 인구수 변동 추이와 전년도 대비 청년층 인구 감소율을 보여 주는 통계 자료이다. (다)는 ○○시의 청년층 인구가 타 지역보다 빠르게 감소하는 주요 원인을 제시한 전문가 인터뷰 자료이다. 이 인터뷰에서는 양질의 일자리 부족과 함께 정주 여건의 악화를 청년층 인구 감소의 핵심적인 요인으로 꼽고 있다. 이러한 (가)와 (다)를 활용하더라도 우리 지역과 타 지역의 청년층의 구체적인 인구 감소 속도를 비교한 값을 추가할 수는 없다.

오답 선지 분석

① (가)를 활용하여, 1문단에서 우리 지역의 전체 인구가 2018년에 비해 2022년에 10% 가까이 감소했다고 제시한 것에 대해, 2018년과 2022년의 전체 인구수를 밝혀 구체화한다.

(가)의 2018년과 2022년의 전체 인구수 감소 추이를 활용하여 약 30만 명의 인구가 약 27만 명으로, 10% 가까이 줄었다는 사실을 확인할 수 있고, 1문단에서 ○○시의 전체 인구가 2018년에 비해 2022년에 10% 가까이 감소했다고 제시한 것에 대해 구체적인 수치를 활용해 나타낼 수 있다.

② (나)를 활용하여, 3문단에서 보육·교육 여건의 개선과 문화 발전의 필요성을 언급한 것에 대해, 청년층의 인구 증가를 위해서는 정주 여건을 개선해야 한다는 설문 조사 결과를 추가한다.

(나)는 인구 증가를 위해 우리 지역에서 가장 먼저 해결해야 할 과제에 대한 ○○시 20~30대 청년층 주민들의 응답을 보여 주는 설문 조사 결과이다. 이는 양질의 일자리 창출뿐만 아니라 정주 여건을 개선할 필요성도 보여 준다. 이러한 점에서 (나)는 3문단에서 보육·교육 여건의 개선과 문화 발전의 필요성을 언급한 것과 관련해 추가 자료로 활용할 수 있다.

③ (다)를 활용하여, 2문단에서 정주 여건이 인구 유입의 장애 요인이라고 언급한 것에 대해, 열악한 정주 여건이 청년층 인구 감소의 주요 요인임을 강조한다.

2문단에서 정주 여건이 인구 유입의 장애 요인이라고 언급한 것에 대해, (다)의 전문가 인터뷰를 활용하여 청년층 인구가 타 지역에 비해 빠르게 감소하고 있는 상황에서 보육·교육, 문화와 같은 정주 여건의 열악함을 청년층 단위에서 인구 감소의 주요 원인으로 추가할 수 있다.

⑤ (나)와 (다)를 활용하여, 4문단에서 청년층에게 필요한 제도와 기반 시설을 언급한 것에 대해, 보육·교육의 지원을 위한 제도가 마련되고 문화 시설이 확충되어야 한다는 내용으로 구체화한다.

(나)는 인구 증가를 위해 우리 지역에서 가장 먼저 해결해야 할 과제에 대한 ○○시 20~30대 청년층 주민들의 응답을 보여 주는 설문 조사 결과이다. 이는 양질의 일자리 창출뿐만 아니라 정주 여건을 개선할 필요성도 보여 준다. (다)는 ○○시의 청년층 인구가 타 지역보다 빠르게 감소하는 주요 원인을 제시한 전문가 인터뷰 자료이다. 이 인터뷰에서는 양질의 일자리 부족과 함께 정주 여건의 악화를 청년층 인구 감소의 핵심적인 요인으로 꼽고 있다. 이러한 점에서 (나)와 (다)는 4문단에서 보육·교육의 지원을 위한 제도가 마련되고 문화 시설이 확충되어야 한다는 내용으로 구체화할 수 있다.

DAY 2   매체

빠른 정답 체크

01 ④   02 ④

가

사용 설명서   ✕   ＋

◀ ▶ C   🔍 https://mdlib.co.kr/service/digital02.asp ☆ ☰

무인 도서 대출 및 반납기 사용 설명서

사용 설명서 pdf 파일 다운로드
(https://mdlib.co.kr/exp02)
사용 설명서를 pdf 파일로 제공하여 사용자가 다운받을 수 있도록 함

◆ 기기 사용 안내
기기 사용 안내를 두 가지 항목으로 나누어서 제시

(1) 무인 도서 대출
시각 자료와 방향을 나타내는 기호를 활용하여 안내함

도서 검색 및 선택 ⇨ 회원증 인식 ⇨ 도서 찾기 ⇨ 대출 정보 확인

(2) 무인 도서 반납

반납 도서 인식 ⇨ 도서 투입 ⇨ 반납 처리 ⇨ 반납 정보 확인

◆ 유의 사항
• 연체된 도서가 있는 경우 도서 대출이 제한됨.
• 훼손된 도서는 무인 도서 대출 및 반납기를 사용할 수 없으며 변상 처리해야 함(기타 안내의 '훼손 도서 변상 처리' 참조).

◆ **기타 안내**(해당 항목을 클릭하면 안내 페이지로 이동)
관련 정보를 안내 받을 수 있는 페이지로 이동할 수 있도록 하이퍼텍스트를 제시함
야간 예약 대출　　예약 대출 취소　　훼손 도서 변상 처리

회원 가입 바로 가기

나

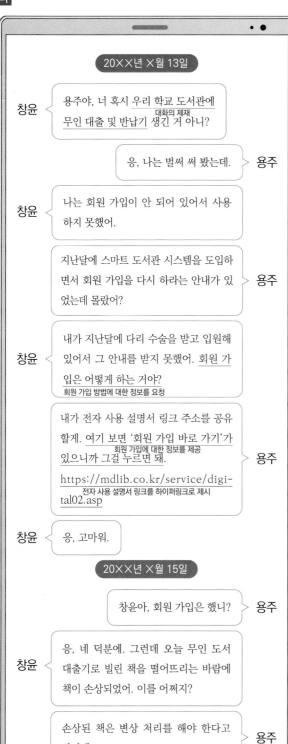

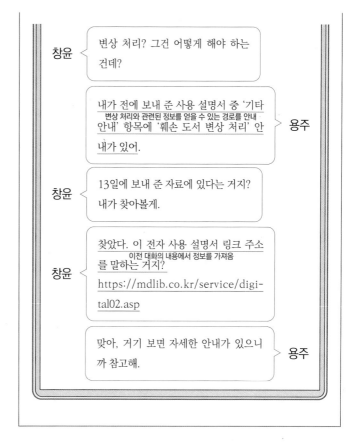

01

답 | ④

(가)의 정보 구성 및 제작 방식으로 적절하지 <u>않은</u> 것은?

정답 선지 분석

④ 유의 사항은 회원 가입 후 관리자의 승인 절차를 거친 후에만 열람이 가능하도록 했다.
(가)를 보면 '유의 사항' 아래에 '회원 가입 바로 가기'가 있으므로, 회원 가입을 하지 않은 상태에서도 유의 사항을 읽는 것이 가능함을 알 수 있다. 따라서 회원 가입 후 관리자의 승인 절차를 거친 후에만 '유의 사항'의 열람이 가능하도록 한 것은 아니다.

오답 선지 분석

① 사용 설명서는 특정한 파일의 형태로 다운로드할 수 있도록 했다.
(가)에서는 PDF 파일의 형태로 '사용 설명서'를 다운받을 수 있다.

② 기기 사용 안내는 사용 목적에 따라 크게 두 항목으로 나누어 구성했다.
'기기 사용 안내'는 사용자가 '무인 도서 대출 및 반납기'를 사용하는 목적에 따라 '무인 도서 대출'과 '무인 도서 반납'이라는 두 항목으로 나누어 구성했다.

③ 기기 사용 안내는 화살표를 활용하여 조작 순서가 드러나도록 안내했다.
'기기 사용 안내'는 화살표를 활용하여 사용 목적에 따라 기기를 조작하는 순서가 잘 드러나도록 안내했다.

⑤ 기타 안내는 관련 정보를 안내 받을 수 있는 페이지로 이동할 수 있도록 했다.
해당 항목을 클릭하면 안내 페이지로 이동할 수 있다는 안내 문구를 통해, '기타 안내'의 각 항목은 관련 정보를 안내받을 수 있는 페이지로 이동하게 되어 있음을 알 수 있다.

02

답 | ④

(가)와 (나)에서 확인할 수 있는 매체 활용에 대한 이해로 가장 적절한 것은?

정답 선지 분석

④ (나)는 (가)와 달리 사용자가 필요한 정보를 과거에 소통한 이력에서 가져와 활용하고 있군.

(나)에서는 '20XX년 X월 15일'에 필요한 정보를 활용하기 위해 '20XX년 X월 13일'에 소통했던 과거의 이력에서 전자 사용 설명서 링크 주소를 가져왔다.

오답 선지 분석

① (가)에 제시된 정보를 (나)의 사용자들이 하이퍼링크를 활용하여 내용을 수정하여 유통하고 있군.

(나)의 사용자들이 (가)에 제시된 정보를 유통하며 하이퍼링크를 활용하였으나, (가)에 제시된 내용을 수정하여 유통한 것은 아니다.

② (나)의 사용자들이 정보를 교환하는 과정에서 (가)에서 제시된 정보의 정확성을 점검하고 있군.

(나)의 사용자들이 정보를 교환하고 있으나 이 과정에서 (가)에서 제시된 정보의 정확성을 점검한 것은 아니다.

③ (가)는 (나)와 달리 정보를 수용한 사용자가 추가로 필요한 정보를 요청하고 있군.

(가)에서 정보를 수용한 사용자가 추가로 필요한 정보를 요청하는 것은 확인할 수 없다.

⑤ (가)와 (나)는 모두 사용자가 원하는 시간에 정보를 수용하기 위해서 시간 예약 기능을 활용하고 있군.

(가)와 (나) 모두 시간 예약 기능을 활용하고 있지 않다.

DAY 3 초임계 유체를 이용한 입자 제조

빠른 정답 체크

01 ② **02** ③ **03** ⑤ **04** ②

❶ 용해도는 일정한 온도에서 일정한 양의 용질에 최대로 녹을 수 있는 용질의 양으로, 보통 용매 100g에 녹을 수 있는 용질의
　　　　　　　　　용해도의 개념
질량이다. 혼합물의 과포화 상태는 용질이 용해도 이상으로 녹아 있는 상태인데, 과포화 상태의 혼합물은 포화 상태로 돌아가려는
　　　　　　　　　과포화 상태의 개념
경향이 있다. 결정화는 포화 상태의 혼합물이 과포화 상태가 되
이를 이용하여 용질을 고체화하는 것이 결정화 공정임
어 용질이 고체 입자로 석출되는 것으로 결정화 공정을 거치면
　　　　　　　　　　　　결정화의 개념
입도*가 작은 고체 입자를 얻을 수 있다. 이러한 결정화 공정은
결정화 공정을 통해 얻으려는 것
약물의 생체 흡수율을 높여야 하는 제약 분야 등에서 사용된다.
　　　　　결정화 공정이 활용되는 분야
❷ 결정화 공정에서는 초임계 유체를 쓰는 경우가 많다. 물질은 임계 온도와 임계 압력 이상에서 초임계 상태로 존재한다. 임계
　　　　　　초임계 유체의 개념
온도는 어떤 물질이 액체로 존재할 수 있는 최고 온도이고, 임계
　　　　　　임계 온도의 개념
압력은 어떤 물질이 기체로 존재할 수 있는 최대 압력이다. 온도
　　　　　임계 압력의 개념
와 압력이 임계 온도와 임계 압력 이상일 때 물질은 액체도 아니
초임계 유체를 만드는 조건
고 기체도 아닌 초임계 상태로 존재한다. 초임계 상태에서 물질

의 분자 간 거리는 그 물질이 기체일 때보다는 가깝지만 액체일
　　　　　　　　　　　초임계 유체의 특징 ①
때만큼 가깝지는 않다. 물질이 액체일 때보다는 초임계 상태거나 기체일 때 용질이나 용매가 더 자유롭게 이동할 수 있다. 또한 초
분자 간 거리가 액체보다 멀기 때문
임계 유체에 가해지는 압력을 높이면 밀도가 높아져 더 많은 양
　　　　　　　　　　　초임계 유체의 특징 ②
의 용질을 녹일 수 있어 초임계 유체를 이용한 결정화 공정에서
압력을 조절하여 고체 입자의 입도를 조절함
는 고체 입자의 입도를 조절할 수 있다.

❸ GAS 공정에서는 초임계 이산화 탄소를 반용매로 사용하여
　　　　　　　　　　　　GAS 공정의 특징
㉠ 혼합물에 녹아 있는 용질을 작은 입도의 고체로 석출하는 경우가 많다. 반용매는 용질을 녹이지 않고 용매와는 잘 섞이는 물
　　　　　　　　　　　　　반용매의 개념
질로, 반용매를 혼합물에 첨가하면 반용매는 용매와 섞이고 용질
혼합물이 반용매에 의해 과포화 상태가 됨
은 고체 입자로 석출된다. GAS 공정에서는「결정화하려는 물질을
　　　　　　　　　　　　　　　　　　「」: GAS 공정의 과정
액체 용매에 녹여서 혼합물을 만들고 용기에 적당량 채운 뒤 용기를 밀폐한다. 이후 용기의 온도와 압력을 이산화 탄소와 액체 용매의 임계 온도와 임계 압력의 사이에 맞추고 초임계 이산화 탄소를 용기에 주입한다. 그러면 혼합물이 과포화 상태가 되고 녹아 있던 용질은 고체 입자로 석출된다.」반용매가 용매와 섞이
혼합물이 과포화 상태가 되어 결정화하려는 물질이 석출됨
면서 포화될 수 있는 용질의 양이 줄어드는 것이다. 석출되는 용질의 양은 처음에 채운 혼합물의 양이 같다면 그 농도에 의해 정
혼합물에 포함된 용질의 농도가 높을수록 석출되는 용질의 양이 많아짐
해진다.

❹ 결정화 공정에서 고체 입자를 석출할 때는 우선 일정한 수의 용질 분자가 모여서 집합체를 이루어 결정핵이 생성되어야 한다.
「혼합물의 농도가 높을수록 결정핵을 만들 수 있는 용질 분자의
「」: 혼합물의 농도가 높을수록 고체 입자의 크기는 작아짐
수가 많아 결정핵이 많이 생긴다. 결정핵이 많이 생성되면 하나의 결정핵에 모일 수 있는 용질 분자의 수가 적어져서 고체 입자의 크기는 작아지게 된다.」

❺ 한편 초임계 이산화 탄소를 용매로 사용하는 결정화 공정도
　　　　　　　　　　RESS 공정의 특징
있다. RESS 공정에서는「결정화하려는 물질과 초임계 이산화 탄
　　　　　　　　　　「」: RESS 공정의 과정
소가 섞인 ㉡ 혼합물을 고압의 용기에서 대기압을 유지하는 용기로 분사한다. 분사 직후 초임계 이산화 탄소는 빠르게 압력이 내려가고 기체로 변화하는 과정에서 용질이 고체 입자로 석출된다.」이때 혼합물에서 결정핵이 생성되는데, 석출되는 고체 입자의 입
혼합물의 농도가 높을수록 고체 입자의 입도가 작아짐
도가 정해지는 원리는 GAS 공정과 동일하다.

❻ GAS 공정과 RESS 공정 등의 결정화 공정에서는 이산화 탄소가 주로 쓰인다.「이산화 탄소는 임계 온도가 상온과 큰 차이가 없
　　　　　　　　　　「」: 결정화 공정에서 이산화 탄소를 주로 이용하는 이유
어 온도를 조금만 올리고 압력을 올리면 쉽게 초임계 상태로 만들 수 있기 때문이다.」초임계 이산화 탄소를 이용하면 압력을 조절하여 석출되는 고체 입자의 입도를 작게 만들 수 있을 뿐 아니
결정화 공정에서 초임계 이산화 탄소를 이용할 때의 장점 ①
라 그 자체로 독성이 없어서 안전성 문제에서도 자유롭다.
결정화 공정에서 초임계 이산화 탄소를 이용할 때의 장점 ②

* 입도: 입자 하나하나의 평균 지름.

01

답 | ②

윗글을 통해 알 수 있는 내용으로 적절하지 <u>않은</u> 것은?

② 혼합물에 반용매를 첨가하면 원래 있던 용매의 양이 줄어든다.

3문단에서 반용매는 용질을 녹이지 않고 용매와는 잘 섞이는 물질이라고 하였다. GAS 공정에서 반용매를 혼합물에 첨가하면 반용매는 혼합물의 용매와 섞이고 반용매와 섞이지 않은 용질은 혼합물의 용매와 섞여 있다. 따라서 반용매를 첨가한다고 하여 원래 있던 용매의 양이 줄어드는 것은 아니다.

① 초임계 이산화 탄소를 용매로 사용하여 용질을 석출할 수 있다.

5문단에서 RESS 공정에서는 결정화하려는 물질과 초임계 이산화 탄소가 섞인 혼합물을 분사하여 고체 입자를 석출한다고 하였다.

③ 이산화 탄소는 액체로 존재할 수 있는 최고 온도가 상온과 큰 차이가 없다.

6문단에서 이산화 탄소는 임계 온도가 상온과 큰 차이가 없다고 하였다.

④ 과포화 상태의 혼합물이 포화 상태로 돌아가려는 경향으로 인해 용질이 석출된다.

1문단에서는 과포화 상태의 혼합물은 포화 상태로 돌아가려는 경향이 있다고 했고, 결정화는 혼합물이 과포화 상태가 되어 용질이 고체 입자로 석출되는 것이라고 하였다.

⑤ 초임계 이산화 탄소는 안정성 측면에서 문제가 없어 결정화 공정에 쓰이기에 적합하다.

6문단에서 초임계 이산화 탄소는 그 자체로 독성이 없어서 안정성 문제에서 자유롭다고 하였다.

02

답 | ③

㉠과 ㉡에 대한 설명으로 가장 적절한 것은?

③ ㉡과 달리, ㉠에는 용질이 초임계 이산화 탄소가 아닌 용매에 녹아 있다.

㉠은 결정화하려는 용질이 액체 용매에 녹아 있는 것이다. ㉡은 결정화하려는 용질이 초임계 이산화 탄소에 녹아 있는 것이다. 5문단에 따르면 결정화 과정에서 ㉡의 초임계 유체는 기체가 된다.

① ㉠과 달리, ㉡은 초임계 이산화 탄소가 액체가 되는 과정에 사용된다.

㉡은 결정화하려는 물질과 초임계 이산화 탄소가 섞인 것이다. 5문단에서는 대기압을 유지하는 용기로 ㉡을 분사하여 고체 입자를 석출하는 과정에서 초임계 이산화 탄소는 기체가 된다고 하였다.

② ㉠과 달리, ㉡은 농도에 따라서 석출되는 고체 입자의 수가 정해진다.

5문단을 통해 GAS 공정에서도 RESS 공정과 마찬가지로 처음 채운 혼합물의 농도에 따라 석출 가능한 용질의 양은 정해져 있음을 알 수 있다.

④ ㉡과 달리, ㉠에는 임계 온도와 임계 압력 이상의 이산화 탄소가 섞여 있다.

㉠은 결정화하려는 물질을 액체 용매에 녹인 것이고, ㉡은 결정화하려는 물질과 초임계 이산화 탄소가 섞인 것이다.

⑤ ㉠과 ㉡은 모두 결정화 공정에서 용매에 분사된다.

5문단에 따르면 ㉡은 결정화 공정에서 용매가 아니라 대기압을 유지하는 용기로 분사된다.

03

답 | ⑤

윗글을 바탕으로 할 때, Ⓐ에 들어갈 내용으로 가장 적절한 것은?

> 초임계 유체를 용매로 사용하여 포화 상태의 혼합물을 만들려고 한다. 이때 포화 상태의 혼합물을 더 높은 압력에서 만들면 결정화 공정을 통해 석출되는 고체 입자의 입도는 더 작아지는데, 이는 ⎣ Ⓐ ⎦ 때문이다.

⑤ 일정한 부피당 용질 분자의 수가 많아지기

결정화 공정에서 초임계 유체의 밀도를 조절하면 석출되는 고체 입자의 입도를 작게 할 수 있다. 고체 입자의 석출은 일정한 수의 용질 분자가 모여 집합체를 이루어 결정핵이 생성되는 데서 시작한다. 결정화 공정에서 초임계 유체가 용매로 사용될 때, 초임계 유체에 가해지는 압력을 높이면 더 많은 양의 용질을 녹일 수 있다. 이것은 과포화가 되면 단위 부피당 석출될 수 있는 용질 분자의 수가 많아진다는 의미이다. 그러면 결정핵을 만들 수 있는 용질 분자의 수가 많아져서 결정핵이 많이 생성된다. 이렇게 되면 하나의 결정핵에 모일 수 있는 용질 분자의 수가 적어지므로 고체 입자의 크기는 작아진다.

① 결정핵이 더 적게 생성되기

4문단에서 결정핵이 많이 생성되면 고체 입자의 입도가 작아진다고 하였다.

② 결정핵이 초임계 상태가 되기

결정핵이 초임계 상태가 되는 것은 고체 입자의 입도와는 관련이 없다.

③ 초임계 유체의 임계 온도가 낮아지기

6문단에서 초임계 유체의 임계 온도는 상온과 큰 차이가 없다고 하였다. 초임계 유체의 임계 온도는 물질별로 그 수치가 정해져 있다.

④ 결정핵이 만들어지는 속도가 느려지기

초임계 유체의 밀도를 조절하여 초임계 유체가 다른 물질과 섞이는 정도를 조절할 수 있는데, 4문단에서는 혼합물의 농도가 높을수록 만들어지는 결정핵의 수가 많다고 하였다.

04

답 | ②

윗글을 바탕으로 <보기>를 이해한 내용으로 가장 적절한 것은?

> 용질 A를 용매 B에 녹여 혼합물을 만들고 용기에 담은 후 용기의 압력을 높였다. 이후 용기에 초임계 이산화 탄소를 주입하여 A를 석출하는 실험을 통해 아래의 ㉮~㉰와 같은 결과를 얻었다. (단, 사용된 혼합물의 양은 같고 혼합물에 녹아 있는 용질은 모두 석출된다고 가정한다.)
>
> | | 혼합물의 농도(g/mL) | 초임계 이산화 탄소를 주입하는 속도(mL/s) | 석출된 A의 입도(μm) |
> |---|---|---|---|
> | ㉮ | 0.01 | 20 | 35 |
> | ㉯ | 0.03 | 20 | 25 |
> | ㉰ | 0.03 | 5 | 70 |

② ㉮보다 ㉯에서 석출된 A의 입도가 더 작은 것은 하나의 결정핵에 모인 용질 분자의 수가 적기 때문이겠군.

하나의 결정핵에 모일 수 있는 용질 분자의 수가 적어지면 석출되는 고체 입자의 크기가 작아진다. ㉮보다 ㉯에서 석출된 A의 입도가 더 작은 것은 하나의 결정핵에 모인 용질 분자의 수가 더 적기 때문이다.

오답 선지 분석

① ㉮와 ㉯에서 석출된 A의 입도가 차이가 나는 것은 초임계 이산화 탄소에 녹는 A의 양이 다르기 때문이겠군.
㉮와 ㉯에서 석출되는 A는 초임계 이산화 탄소에 녹지 않는다.

③ ㉯와 ㉰에서 초임계 이산화 탄소와 B가 섞이는 속도는 다르지만 과포화되는 속도는 같겠군.
㉯와 ㉰에서 초임계 이산화 탄소가 B와 섞이는 속도가 다르고 이에 따라 과포화되는 속도도 다르다.

④ ㉮~㉰에서 석출된 A의 입도는 차이가 나더라도 각각에서 석출된 A의 양은 모두 같겠군.
GAS 공정과 같은 결정화 공정에서는 처음 채운 혼합물의 농도에 따라 석출될 수 있는 용질의 양이 정해져 있다.

⑤ ㉯가 과포화되는 속도는 ㉮와 ㉰보다 느리기 때문에 ㉯에서 석출된 A의 입도가 가장 작겠군.
㉯는 ㉮와 비교하면 혼합물의 농도가 높고 ㉰와 비교하면 초임계 이산화 탄소를 주입하는 속도가 빠르다. 혼합물의 농도가 높으면 결정핵을 만들 수 있는 용질 분자의 수가 많아 결정핵의 생성이 빨라져 결정핵의 수가 많아지고 더 작은 고체 입자를 석출할 수 있다. 초임계 이산화 탄소를 주입하는 속도가 빠르면 과포화도가 빠르게 증가하여 더 작은 고체 입자를 석출할 수 있다.

DAY 4 경마식 보도의 특성과 보완 방법

빠른 정답 체크

01 ⑤   **02** ②   **03** ③   **04** ②

---

❶ ㉠ 경마식 보도는 경마 중계를 하듯 지지율 변화나 득표율 예측 등을 집중 보도하는 선거 방송의 한 방식이다. <u>경마식 보도의 개념</u> 경마식 보도는 선거일이 가까워질수록 증가한다. 새롭고 재미있는 정보를 원하는 시청자들의 요구에 부응하고, <u>경마식 보도가 선거일이 가까워질수록 증가하는 이유</u> 방송사로서도 매일 새로운 뉴스를 제공하는 방편이 될 수 있기 때문이다. 경마식 보도는 선거와 정치에 무관심한 유권자들의 선거 참여, 정치 참여를 독려하는 <u>경마식 보도의 장점</u> 장점이 있다. 하지만 흥미를 돋우는 데 치중하는 경마식 보도는 선거의 주요 의제를 도외시하고 경쟁 결과에 초점을 맞춰 선거의 <u>경마식 보도의 단점</u> 공정성을 저해할 수 있다.

❷ 경마식 보도의 문제점을 줄이려는 조치가 있다. ㉮ 「공직선거법」의 규정에 따르면, 당선인을 예상케 하는 여론조사를 실시하는 것은 언제든지 가능하지만, 그 결과의 보도는 선거일 6일 전 <u>「공직선거법」의 내용</u> 부터 투표 마감 시각까지 금지된다. 이러한 규정이 국민의 알 권리와 언론의 자유를 침해하는지에 대해 헌법재판소는 신뢰할 수 있는 여론조사 결과라 하더라도 선거일에 임박해 보도하면 선거에 영향을 끼칠 수 있다며 합헌 결정을 내렸다. <u>「공직선거법」이 합헌 결정을 받은 근거</u> 「공직선거법」에 근거를 둔 ㉯ 「선거방송심의에 관한 특별규정」은 「유권자에게 영향을 줄 수 있는 사실의 왜곡 보도를 금지하고, 여론조사 결과가 오 <u>「선거방송심의에 관한 특별규정」의 내용</u> 차 범위 내에 있을 때에 이를 밝히지 않은 채로 서열이나 우열을

나타내는 보도도 금지하고 있다. 언론 단체의 ㉰ 「선거여론조사보도준칙」은 표본 오차를 감안하여 여론조사 결과를 정확하게 보도하도록 요구한다. <u>「선거여론조사보도준칙」의 내용</u> 지지율 차이가 오차 범위 내에 있을 때 "경합"이라는 표현은 무방하지만 서열화하거나 "오차 범위 내에서 앞섰 <u>지지율 차이가 오차 범위 내라면 이는 정확한 표현이 아님</u> 다."라는 표현처럼 우열을 나타내어 보도할 수 없다는 것이다.

❸ 경마식 보도로부터 드러난 선거 방송의 한계를 보완하는 방책 중 하나로 선거 방송 토론회가 활용될 수 있다. <u>선거 방송 토론회의 기능</u> 이 토론회를 통해 후보자 간 정책과 자질 등의 차이가 드러날 수 있는데, 현실적인 이유로 초청 대상자는 한정된다. <u>선거에서 중요하고 본질적인 내용</u> ㉡ 「공직선거법」의 선거 방송 토론회 규정은 「5인 이상의 국회의원을 가진 정당이나 직전 선거에서 3% 이상 득표한 정당이 추천한 후보자, <u>「」: 「공직선거법」에서 제시한 선거 방송 토론회의 후보자 초청 기준</u> 또는 언론기관의 여론조사 결과 평균 지지율이 5% 이상인 후보자 등」을 초청 기준으로 제시하고 있다. 다만 초청 대상이 아닌 후보자들을 위해 별도의 토론회 개최가 가능하고 시간이나 횟수를 다르게 할 수 있다.

❹ 이러한 규정이 선거 운동의 기회균등 원칙을 침해하는지에 대해 <u>모든 선거 참여자에게 균등한 기회가 보장되어야 한다는 것</u> 헌법재판소는 위헌이 아니라고 결정했다. ⓐ 다수 의견은 방송 토론회의 효율적 운영을 고려할 때 「초청 대상 후보자 수가 너무 많으면 제한된 시간 안에 심층적인 토론이 이루어지기 어렵 <u>「」: 위헌이 아니라는 의견의 근거</u> 고, 유권자들도 관심이 큰 후보자들의 정책 및 자질을 직접 비교하기 어렵다는 점」을 지적하며, 이 규정은 합리적 제한이라고 보았다. 반면 ⓑ 소수 의견은 이 규정이 「가장 효과적인 선거 운동의 기회를 일부 후보자에게서 박탈하며, <u>「」: 위헌이라는 의견의 근거</u> 유권자에게도 모든 후보자를 동시에 비교하지 못하게 하고, 초청 대상 후보자 토론회에 참여한 후보자와 그렇지 못한 후보자를 차별적으로 인식하게 만든다」고 지적하였다. 이 규정을 소수 정당이나 정치 신인 등에 대한 자의적이고 차별적인 침해라고 본 것이다.

01

답 | ⑤

㉠에 대한 설명으로 가장 적절한 것은?

정답 선지 분석

⑤ 정치에 관심이 없던 유권자들이 선거에 관심을 갖도록 북돋운다.
1문단에서 경마식 보도가 선거와 정치에 무관심한 유권자들의 선거 참여, 정치 참여를 독려한다는 장점이 있다고 하였다.

오답 선지 분석

① 선거 기간의 후반기에 비해 전반기에 더 많다.
경마식 보도는 선거일이 가까워질수록 증가한다고 했으므로, 선거 기간의 후반기에 더 많아진다고 볼 수 있다.

② 시청자와 방송사의 상반된 이해관계가 반영된다.
경마식 보도는 새롭고 재미있는 정보를 원하는 시청자들의 요구에 부응하고, 방송사로서도 매일 새로운 뉴스를 제공하는 방편이 될 수 있다고 하였으므로, 시청자와 방송사의 상반된 이해관계가 반영된다고 볼 수 없다.

③ 당선자 예측과 관련된 정보의 전파에 초점을 맞추지 않는다.

경마식 보도는 지지율 변화나 득표율 예측 등을 집중 보도하는 선거 방송의 한 방식으로 경쟁 결과에 초점을 맞춘다고 하였으므로, 당선자 예측과 관련된 정보의 전파에 초점을 맞춘다고 볼 수 있다.

④ 선거의 핵심 의제에 관한 후보자의 입장을 다룬 보도를 중시한다.

경마식 보도는 선거의 주요 의제를 도외시하고 경쟁 결과에 초점을 맞춘다고 했으므로, 선거의 핵심 의제에 관한 후보자의 입장을 다룬 보도를 중시한다고 보기 어렵다.

02

답 | ②

ⓒ과 관련하여 ⓐ와 ⓑ의 입장에 대한 반응으로 가장 적절한 것은?

정답 선지 분석

② 주요 후보자의 정책이 가진 치명적 허점을 지적하고 좋은 대안을 제시해 유명해진 정치 신인이 선거 방송 초청 대상 후보자 토론회에 초청받지 못한다면 ⓐ의 입장은 약화되겠군.

선거 방송 토론회의 초청 대상을 제한하는 「공직선거법」의 규정에 대해, ⓐ(다수 의견)는 방송 토론회의 효율적 운영을 고려할 때 합리적인 제한이라고 보며, ⓑ(소수 의견)는 자의적이고 차별적인 침해가 있다고 본다. 주요 후보자의 정책이 가진 치명적 허점을 지적하고 좋은 대안을 제시해 유명해진 정치 신인이 선거 방송 초청 대상 후보자 토론회에 초청받지 못하는 상황은 이 규정의 차별성을 부각하는 것이다. 따라서 이러한 상황이 발생하면 ⓐ의 입장은 약화된다고 볼 수 있다.

오답 선지 분석

① 선거 방송 초청 대상 후보자 토론회에서 후보자들이 심층적인 토론을 하지 못한 원인이 시간의 제한이나 참여한 후보자의 수와 관계가 없다면 ⓐ의 입장은 강화되겠군.

다수 의견은 초청 대상 후보자 수가 너무 많으면 제한된 시간 안에 심층적인 토론이 이루어지기 어렵기 때문에 선거 방송 토론회에서 초청 대상을 제한하는 것에 대해 합헌 결정을 한 것이다. 따라서 후보자들이 심층적인 토론을 하지 못한 원인이 시간의 제한이나 참여한 후보자의 수와 관계가 없다면, ⓐ의 입장은 약화된다고 볼 수 있다.

③ 선거 방송 초청 대상 후보자 토론회에 참여할 적정 토론자의 수를 제한하는 기준이 국민의 합의에 의해 결정되었기 때문에 자의적인 것이 아니라고 한다면 ⓑ의 입장은 강화되겠군.

소수 의견은 선거 방송 토론회에서 초청 대상을 제한하는 규정이 자의적 침해라고 보았다. 따라서 적정 토론자의 수를 제한하는 기준이 국민의 합의에 의해 결정되었기 때문에 자의적인 것이 아니라고 한다면, ⓑ의 입장은 약화된다고 볼 수 있다.

④ 어떤 후보자가 지지율이 낮은 후보자 간의 별도 토론회에서 뛰어난 정치 역량을 보여 주었음에도 그 토론회에 참여했다는 이유만으로 지지율이 떨어진다면 ⓑ의 입장은 약화되겠군.

3문단에서 초청 대상이 아닌 후보자들을 위해 별도의 토론회 개최가 가능하다고 하였고, 4문단에서 선거 방송 토론회 규정이 초청 대상 토론회에 참여한 후보자와 그렇지 못한 후보자를 차별적으로 인식하게 만든다는 소수 의견의 지적이 언급되었다. 어떤 후보자가 지지율이 낮은 후보자 간의 별도 토론회에서 뛰어난 정치 역량을 보여 주었음에도 그 토론회에 참여했다는 이유만으로 지지율이 떨어진다는 것은 소수 의견에서 지적된 내용과 부합하는 것이다. 따라서 이러한 상황이 발생하면 ⓑ의 입장은 강화된다고 볼 수 있다.

⑤ 유권자들이 뛰어난 역량을 가진 소수 정당 후보자를 주요 후보자들과 동시에 비교할 수 있는 가장 효율적인 방법이 선거 방송 초청 대상 후보자 토론회라면 ⓑ의 입장은 약화되겠군.

4문단에서 소수 의견은 선거 방송 토론회 규정이 가장 효과적인 선거 운동의 기회를 일부 후보자에게서 박탈하며, 유권자가 모든 후보자를 동시에 비교하지 못하게 함을 지적하였다고 하였다. 따라서 유권자들이 뛰어난 역량을 가진 소수 정당 후보자를 주요 후보자들과 동시에 비교할 수 있는 가장 효율적인 방법이 선거 방송 초청 대상 후보자 토론회라면, ⓑ의 입장은 강화된다고 볼 수 있다.

03

답 | ③

윗글에서 알 수 있는 내용으로 적절하지 <u>않은</u> 것은?

정답 선지 분석

③ 국민의 알 권리와 언론의 자유가 서로 충돌하는지의 문제를 헌법재판소에서 논의한 적이 있다.

2문단에서 헌법재판소는 여론조사 결과의 보도를 일정 기간 금지하는 규정이 국민의 알 권리와 언론의 자유를 침해하는지에 대해 합헌 결정을 내렸다고 하였다. 이에 따르면 헌법재판소에서 논의한 것은 '국민의 알 권리'와 '언론의 자유'가 충돌하는지의 문제가 아니라, '여론조사 결과의 보도를 일정 기간 금지하는 규정'이 '국민의 알 권리와 언론의 자유'와 충돌하는지의 문제임을 알 수 있다.

오답 선지 분석

① 신뢰할 수 있는 여론조사의 결과를 보도하더라도 선거의 공정성을 위협할 수 있다.

2문단의 '헌법재판소는 신뢰할 수 있는 여론조사 결과라 하더라도 선거일에 임박해 보도하면 선거에 영향을 끼칠 수 있다며'에서 알 수 있듯이 여론조사 결과를 선거일에 임박해 보도하면 선거의 공정성을 위협할 수 있다.

② 정당의 추천을 받지 못해도 선거 방송의 초청 대상 후보자 토론회에 참여할 수 있다.

3문단에서 언론기관의 여론조사 결과 평균 지지율이 5% 이상인 후보자를 초청 기준으로 제시하고 있다고 하였으므로, 정당의 추천을 받지 못해도 초청 대상 후보자 토론회에 참여할 수 있음을 알 수 있다.

④ 선거일에 당선인 예측 선거 여론조사를 실시하고 투표 마감 시각 이후에 그 결과를 보도할 수 있다.

2문단에서 당선인을 예상케 하는 여론조사를 실시하는 것은 언제든지 가능하다고 하였으므로, 선거일에도 여론조사를 실시할 수 있음을 알 수 있다. 그러나 그 결과의 보도는 선거일 6일 전부터 투표 마감 시각까지 금지된다고 하였으므로, 투표 마감 시각 이후에 그 결과를 보도할 수 있음을 알 수 있다.

⑤ 「공직선거법」에는 선거 운동의 기회가 모든 후보자에게 균등하게 배분되지 못하도록 할 가능성이 있는 규정이 있다.

4문단에서는 3문단에 제시된 「공직선거법」의 선거 방송 토론회 규정이 기회균등 원칙을 침해하는지에 대한 헌법재판소의 입장을 제시하고 있다. 이 중 소수 의견은 선거 방송 토론회 규정을 소수 정당이나 정치 신인 등에 대한 자의적이고 차별적인 침해로 보았으므로, 「공직선거법」의 선거 방송 토론회 규정은 선거 운동의 기회가 모든 후보자에게 균등하게 배분되지 못하도록 할 가능성이 있다고 볼 수 있다.

04

답 | ②

㉮~㉱에 따라 <보기>에 대한 언론 보도를 평가한 내용으로 적절하지 <u>않은</u> 것은?

보기

다음은 ○○방송사의 의뢰로 △△ 여론조사 기관에서 세 차례 실시한 당선인 예측 여론조사 결과의 일부이다. (세 조사 모두 신뢰 수준 95%, 오차 범위 8.8%P임.)

구분		1차 조사	2차 조사	3차 조사
조사일		선거일 15일 전	선거일 10일 전	선거일 5일 전
조사 결과	A 후보	42%	38%	39%
	B 후보	32%	37%	38%
	C 후보	18%	17%	17%

정답 선지 분석

② 2차 조사 결과를 선거일 9일 전에 "A 후보는 B 후보에 조금 앞서고, C 후보는 3위"라고 보도하는 것은 ㉯에 위배되지만, ㉰에 위배되지 않겠군.

㉮(공직선거법)에 따르면, 당선인을 예상케 하는 여론조사를 실시하는 것은 언제든지 가능하지만, 그 결과의 보도는 선거일 6일 전부터 투표 마감 시각까지 금지된다. ㉯(선거방송심의에 관한 특별규정)에 따르면, 여론조사 결과가 오차 범위 내에 있을 때에 이를 밝히지 않은 채로 서열이나 우열을 나타내는 보도를 하는 것도 금지된다. ㉰(선거여론조사보도준칙)에 따르면, 지지율 차이가 오차 범위 내에 있을 때 "경합"이라는 표현은 무방하지만 서열화하거나 "오차 범위 내에서 앞섰다."라는 표현처럼 우열을 나타내어 보도할 수 없다. 〈보기〉의 2차 조사 결과에서 A 후보와 B 후보의 지지율은 오차 범위(8.8%P) 내에 있으며, B 후보와 C 후보의 지지율은 오차 범위 밖에 있다. 따라서 'A 후보는 B 후보에 조금 앞서고'라고 보도하는 것은, 오차 범위 내에 있을 때에 이를 밝히지 않은 채로 서열이나 우열을 나타내는 것이므로, ㉯와 ㉰에 모두 위배된다. '9일 전'이라는 시기는 ㉯, ㉰의 위배 여부를 판단하는 것과 무관하다.

오답 선지 분석

① 1차 조사 결과를 선거일 14일 전에 "A 후보, 10%P 이상의 차이로 B 후보와 C 후보에 우세"라고 보도하는 것은 ㉯와 ㉰ 중 어느 것에도 위배되지 않겠군.

1차 조사 결과는 A 후보의 지지율이 B 후보에 대해, 그리고 B 후보의 지지율이 C 후보에 대해 모두 오차 범위 밖에서 앞서고 있다. 그러므로 1차 조사 결과를 선거일 14일 전에 "A 후보, 10%P 이상의 차이로 B 후보와 C 후보에 우세"라고 보도하는 것은 ㉯와 ㉰ 중 어느 것에도 위배되지 않는다.

③ 3차 조사 결과를 선거일 4일 전에 "A 후보는 오차 범위 내에서 1위"라고 보도하는 것은 ㉮와 ㉰에 모두 위배되겠군.

3차 조사 결과를 선거일 4일 전에 보도하는 것은 선거일 6일 전부터 여론조사 결과의 보도를 금지하는 ㉮에 위배된다. 그리고 A 후보와 B 후보의 지지율이 오차 범위 내에 있으므로, A 후보를 1위라고 우열을 나타내어 보도하는 것은 '오차 범위 내에서'라는 표현을 삽입하더라도 ㉰에 위배된다.

④ 1차 조사 결과를 선거일 14일 전에 "A 후보 1위, B 후보 2위, C 후보 3위"라고 보도하는 것은 ㉯에 위배되지 않고, 2차 조사 결과를 선거일 9일 전에 같은 표현으로 보도하는 것은 ㉯에 위배되겠군.

1차 조사 결과는 A 후보가 B 후보에 대해, 그리고 B 후보가 C 후보에 대해 지지율이 모두 오차 범위 밖에서 앞서고 있다. 그러므로 1차 조사 결과를 선거일 14일 전에 "A 후보 1위, B 후보 2위, C 후보 3위"라고 보도하는 것은 ㉯에 위배되지 않는다. 한편 2차 조사 결과에서 A 후보와 B 후보의 지지율은 오차 범위 내에 있으며, B 후보와 C 후보의 지지율은 오차 범위 밖에 있다. 그러므로 오차 범위 내에 있는 A 후보와 B 후보를 서열화하는 보도는 ㉯에 위배된다.

⑤ 2차 조사 결과를 선거일 9일 전에 "B 후보, A 후보와 오차 범위 내 경합"이라고 보도하는 것은 ㉯에 위배되지 않고, 3차 조사 결과를 선거일 4일 전에 같은 표현으로 보도하는 것은 ㉮에 위배되겠군.

2차 조사 결과에서 A 후보와 B 후보의 지지율은 오차 범위 내에 있다. 그러므로 2차 조사 결과를 서열화하지 않고 "B 후보, A 후보와 오차 범위 내 경합"이라고 보도하는 것은 ㉯에 위배되지 않는다. 한편 3차 조사 결과를 선거일 4일 전에 보도하는 것은 선거일 6일 전부터 여론조사 결과의 보도를 금지하는 ㉮에 위배된다.

빠른 정답 체크

01 ③   02 ②   03 ⑤   04 ④

가

㉠ 금곡(金谷)의 비롤타 서호(西湖)의 드러오니
　　　구체적인 지명을 드러냄
강산은 의구ᄒ고 풍색(風色)이 엇더ᄒ뇨
　　　　　　　　　　　　　　설의법
「군은은 그지업서 삼순*을 놀니시니」
임금의 은혜 - 유교적 사상　「」: 화자의 현재 상황 - 서호에서 휴식을 취하고 있음
장하(長夏) 강촌의 와실(蝸室)*이 소조*ᄒ야
　　　　　　화자가 살고 있는 집을 겸손하게 표현함
사립문이 본디 업서 밤인들 다툴소냐
　　　소박한 생활 - 사립문조차 없는 집에서 살아감
㉡ 발이 하 성기니 물 보기 더욱 됴타
　　「」: 넉넉하지 않은 살림에 좌절하지 않고 긍정적인 인식을 드러냄
소루(小樓)의 누어시니 크나큰 천지를

벼개 우히 다 볼노라 처마 하 얕으니

석양도 들거니와 빗발도 드리친다
　　　누운 화자의 눈에 보이는 광경
님 그려 져즌 소매 볕 아니면 뉘 말리며

우국(憂國)ᄒ야 탄 가슴을 비 아니면 어찌 살겠는가」
　　　나라에 대한 근심
㉢ 동서의 분주ᄒ여 주야를 모르더니
　　　임진왜란 때 활약했던 화자의 과거 모습
오늘은 어떤 날인가 이 몸이 편안커니
　　　과거와 달리 한가한 화자의 현재 모습
보리밥 몰니겨 아ᄒ아 걱정마라
　소박한 음식　　　명령형 어미
짧으나 짧은 ⓐ 밤의 꿈자리 어즈러워
　　　　　화자의 아쉬움이 드러나는 시간
「봉래산 제일봉의 어느 님을 만나보아
반기노라 홀 말 업고 늣기노라 한숨 지어
「」: 화자의 꿈 내용-임금을 그리워함(연군지정)

내히 셜온 사셜 사뢰나 몯내 사뢰어」
　자신의 서러운 일을 이야기함
풍우성(風雨聲)의 잠 깨어 닐어 안자 한숨 짓고

㉣ 촌계(村鷄) 벌써 우니 할 일이 전혀 업서
　　　　　　시간의 경과-새벽
포금*을 추켜 덮고 위몽(危夢) 새로 드니

동산의 일출토록 호접이 되엿더니
　　　시간의 경과-아침
네 밥 곳 수이 되면 이 잠을 채 잘소냐

　　　　　　　　　(중략)

「남산의 우헐(雨歇)커눌 먼 눈을 ᄇ라보니
「」: 비가 갠 후의 관악산과 구름을 관찰함
관악산광*은 만고(萬古)의 한 빛이로다

㉤ 흰 듯 검은 것은 알겠구나 구름이로다

저 구름 지난 후면 저 뫼를 고텨 볼까」

율도(栗島)의 안개 걷히고 양화(楊花)의 해 지거늘

문군아 내 옷 다오 종문아 막대 다오
　　　　　　　　외출 준비를 함
전나귀 채찍 없이 종무를 뒤세우고

강변의 내걸으니 만랑*이 더욱 됴타
　자연을 즐기는 사대부의 여유로운 일상이 드러남

　　　　　　　　　　　- 이호민, 〈서호가〉 -

*삼순: 한 달.

* 와실: 달팽이 뚜껑 같은 작은 집.
* 소조: 호젓하고 쓸쓸함.
* 포금: 베로 만든 이불.
* 관악산광: 관악산의 경치.
* 만랑: 해 저물 무렵의 물결.

나

시리산 저 뫼 위에 반가울샤 상원달이
　　　　　　　　　화자가 반가워하는 대상
풍년 소식 띄워다가 내 창 앞에 먼저 왔다
　상원달이 풍년 소식을 전해주러 왔다고 생각함 - 의인법
아마도 이 ⓑ 밤 조흔 경치에 놀지 안코 무슴ᄒ리
　시간적 배경　　놀지 않을 수 없을 만큼 좋은 경치임 - 설의법
<1수>

취흔 잠 늦게 깨어 강가룰 바라보니
　자연을 즐기는 사대부의 여유로운 일상이 드러남
자욱이 펴인 안개 한식 비 개엿도다
　비 갠 강가에 안개가 낀 풍경
「아히야 술 부어라 전촌의 취한 노래 졀 일닌가* ᄒ노라」
　명령형 어미　　　　　　　「」: 술을 마시며 풍류를 즐김
<2수>

녹수 산졍 기푼 곳에 벗 부룬다 저 새소리
　공간적 배경　　　　　청각적 이미지, 의인법
동풍에 깃을 떨쳐 그치는 곳이 구우*로다
내 엇지 사룸으로 새만 못ᄒ여 한이로다
　자연물과의 대비를 통해 사대부의 내적 갈등을 드러냄 - 영탄법
<4수>

밭 갈아 밥을 먹고 샘을 파 물 마시니
　자연에 순응하며 살아가는 농부의 삶
강구연월* 어느 때인가 고잔 들 노랫 소리 아름답다 저 농부야
　현재가 태평 시절임을 강조함　　　　　　농부에 대한 긍정적 인식
태평곡 화답홀 제 내 근심 절로 업다
　근심 없이 살아감 - 향촌 공동체에 어우러져 살아가는 사대부의 삶의 모습이 드러남
<5수>

- 남극엽, 〈애경당십이월가〉 -

* 졀 일닌가: 절기 때를 알리는가.
* 구우: 언덕의 모퉁이.
* 강구연월: 태평스러운 세상을 뜻함.

01

답 | ③

(가)와 (나)의 공통점으로 가장 적절한 것은?

정답 선지 분석

③ 명령형 어미를 활용하여 시상을 전개하고 있다.

(가)의 '아히아 걱정마라'에서, (나)의 '아히야 술 부어라'에서 명령형 어미를 활용하여 시상을 전개하고 있으므로 적절하다.

오답 선지 분석

① 문답의 방식을 통해 시상을 전환하고 있다.

(가)와 (나)는 문답의 방식을 통해 시상을 전환하고 있지 않다.

② 연쇄의 방식을 통해 시상을 심화하고 있다.

(가)와 (나)는 연쇄의 방식을 통해 시상을 심화하고 있지 않다.

④ 직유적 표현을 활용하여 주제를 부각하고 있다.

(가)와 (나)는 직유적 표현을 활용하여 주제를 부각하고 있지 않다.

⑤ 음성 상징어를 활용하여 시적 분위기를 조성하고 있다.

(가)와 (나)는 음성 상징어를 활용하여 시적 분위기를 조성하고 있지 않다.

02

답 | ②

㉠~㉤에 대한 이해로 적절하지 않은 것은?

정답 선지 분석

② ㉡: 화자는 자신의 계획을 통해 예상되는 변화를 드러내고 있다.

㉡에서 '발이 하 성기'다는 것은 화자가 거하는 거처의 모습을 드러내는 것일 뿐 화자의 계획을 드러내는 것이라 할 수 없으므로 적절하지 않다.

오답 선지 분석

① ㉠: 화자는 구체적인 장소를 밝히며 자신의 여정을 드러내고 있다.

㉠에서 화자는 '금곡', '서호'라는 구체적인 장소를 밝히며, 배를 타고 이동한 여정을 드러내고 있으므로 적절하다.

③ ㉢: 화자는 현재와는 다른 자신의 과거에 대해 떠올리고 있다.

㉢에서 화자는 '편안'한 '오늘'과 달리 '동서'로 '분주'하여 '주야'를 몰랐던 과거를 떠올리고 있으므로 적절하다.

④ ㉣: 화자는 시간의 경과를 언급하며 자신의 처지를 드러내고 있다.

㉣에서 화자는 '춘계'가 어느새 운다고 시간의 경과를 언급하며 할 일이 전혀 없는 처지를 드러내고 있으므로 적절하다.

⑤ ㉤: 화자는 자신의 시야에 들어온 대상에 대해 지각하고 있다.

㉤에서 화자는 시야에 들어온 '흰 듯 검은 것'이 구름이라는 것을 지각하고 있으므로 적절하다.

03

답 | ⑤

ⓐ와 ⓑ에 대한 이해로 가장 적절한 것은?

정답 선지 분석

⑤ ⓐ는 화자의 아쉬움이, ⓑ는 화자의 만족감이 드러나는 시간이다.

(가)에서 ⓐ는 '짧으나 짧은' 시간으로 꿈에서 만난 '님'에게 '사설'을 '사뢰나 몯내 사뢰어' 아쉬움이 드러나는 시간이고, (나)에서 ⓑ는 '조흔 경치'에 '놀지 안코 무슴ᄒ'냐고 하며 만족감이 드러나는 시간이므로 적절하다.

오답 선지 분석

① ⓐ는 화자의 한계가, ⓑ는 화자의 능력이 부각되는 시간이다.

ⓐ는 꿈에서 그리는 대상인 '님'을 만났으나 그리워하는 마음을 다 풀지 못한 화자의 아쉬움이 드러나는 시간이고, ⓑ는 아름다운 풍경에 대한 화자의 만족감이 드러나는 시간이다. 따라서 ⓐ에서 화자의 한계가, ⓑ에서 화자의 능력이 부각되고 있지 않다.

② ⓐ는 화자의 의구심이, ⓑ는 화자의 기대감이 심화되는 시간이다.

ⓐ는 꿈에서 그리는 대상인 '님'을 만났으나 그리워하는 마음을 다 풀지 못한 화자의 아쉬움이 드러나는 시간이고, ⓑ는 아름다운 풍경에 대한 화자의 만족감이 드러나는 시간이다. 따라서 ⓑ에서는 아름다운 풍경에 대한 화자의 기대감이 나타난다고 볼 수 있으나 ⓐ에서는 화자의 의구심이 심화되고 있지 않다.

③ ⓐ는 화자의 관찰력이, ⓑ는 화자의 상상력이 강조되는 시간이다.

ⓐ는 꿈에서 그리는 대상인 '님'을 만났으나 그리워하는 마음을 다 풀지 못한 화자의 아쉬움이 드러나는 시간이고, ⓑ는 아름다운 풍경에 대한 화자의 만족감이 드러나는 시간이다. 따라서 ⓐ에서 화자의 관찰력이, ⓑ에서 화자의 상상력이 강조되고 있지 않다.

④ ⓐ는 화자의 안도감이, ⓑ는 화자의 불안감이 나타나는 시간이다.

ⓐ는 꿈에서 그리는 대상인 '님'을 만났으나 그리워하는 마음을 다 풀지 못한 화자의 아쉬움이 드러나는 시간이고, ⓑ는 아름다운 풍경에 대한 화자의 만족감이 드러나는 시간이다. 따라서 ⓐ에서 화자의 안도감이, ⓑ에서 화자의 불안감이 나타나고 있지 않다.

WEEK 5

04

답 | ④

<보기>를 바탕으로 (가), (나)를 감상한 내용으로 적절하지 않은 것은?

보기

사대부들은 시가 작품을 통해 삶의 모습과 자신이 처한 현실에 대한 인식을 드러냈다. (가)는 관료 생활을 영위한 사대부가 자연에서 소박하고 여유로운 삶을 즐기면서 자연물을 통해 연군의 정과 나라에 대한 근심을 그려 낸 작품이다. (나)는 출사하지 못한 사대부가 향촌 공동체에 어우러져 살아가며 자연에서 유유자적하는 일상과 함께 그 속의 고뇌를 자연물을 통해 그려 낸 작품이다.

정답 선지 분석

④ (가)에서 '풍우성'에 '잠 깨어' '한숨 짓'는 것과 (나)에서 '사람으로 새만 못'해 '한'이라는 것에는 모두 자연물과의 대비를 통한 사대부의 내적 갈등이 드러나 있군.

(나)에서 '사람으로 새만 못하여 한'이라는 것에는 자연물과의 대비를 통한 사대부의 고뇌가 드러나고 있으나 (가)에서 '풍우성'에 잠을 깨고 '한숨 짓'는 것에는 자연과의 대비가 드러나 있지 않으므로 적절하지 않다.

오답 선지 분석

① (가)에서 '사립문'이 없는 '강촌의 와실'에는 소박하게 살아가는 사대부의 삶의 모습이 드러나 있군.

(가)에서 '사립문'이 본래 없는 '강촌의 와실'에는 자연에서 소박하게 살아가는 사대부의 삶의 모습이 드러나 있으므로 적절하다.

② (가)에서 '님 그려 저즌 소매'를 '볕'으로 말린다는 것에는 임금을 향한 사대부의 그리움이 드러나 있군.

(가)에서 '님 그려' 젖은 '소매'를 '볕'으로 말린다는 것에는 임금을 향한 사대부의 그리움이 드러나 있으므로 적절하다.

③ (나)에서 '농부'의 '노랫 소리'에 '태평곡'으로 화답하는 것에는 향촌 공동체의 구성원과 어우러져 살아가는 사대부의 삶의 모습이 드러나 있군.

(나)에서 농부의 '노랫 소리'를 아름답다고 하며 '태평곡'으로 화답하는 것에는 향촌 공동체의 구성원과 어우러져 살아가는 사대부의 삶의 모습이 드러나 있으므로 적절하다.

⑤ (가)에서 '강변'을 걸으며 '만랑이 더욱 묘타'는 것과 (나)에서 '늦게' 일어나 '강가를 바라보'는 것에는 모두 자연을 즐기는 사대부의 여유로운 일상이 드러나 있군.

(가)에서 '강변'을 걸으며 '만랑이 더욱 묘타'고 하는 것에, (나)에서 취한 잠에서 '늦게 깨어 강가'를 바라보는 것에 자연을 즐기는 사대부의 여유로운 일상이 드러나 있으므로 적절하다.

DAY 6 　〈무성격자〉_최명익

빠른 정답 체크

01 ⑤　　**02** ③　　**03** ④　　**04** ②

[앞부분의 줄거리] 아버지가 위독하다는 소식을 듣고 귀향한 정일은 용팔에게 재산 상속에 관한 이야기를 듣는다.

아버지가 아직도 지키고 있는 그의 재산을 넘겨다보는 듯한 ┌용
　　정일의 매부로, 법무사임　　　　　　┌」: 정일 또한 용팔처럼 속물적 욕망에서 벗어나지 못함
팔이가 따지는 산판알이 거침없이 한 자리씩 올라가는 것을 유
　　수판에서 셈을 하는 단위가 되는 작은 알맹이

심히 바라보고 있는 자신을 의식하며, 보고 있을 때, 이렇게 대강만 놓아도, 하고 산판을 밀어 놓으며 쳐다보는 용팔의 눈과 마주치게 되자 정일이는 흠칫 놀라게 되는 자신의 얼굴이 붉어지는
　　　　　　　　　　용팔에게 자신의 속물적인 면모를 들킨 것 같아 수치심을 느낌
것을 깨달았다. ⓐ┌여기 대한 상속세만 해도 큰돈인데 안 물고 할
　　　　　　　「」: 장인이 위독한 상황에도 상속세를 물지 않을 궁리를 함 – 이해타산적 태도
수 있는 이것은 제 말씀대로 하시지요. 이렇게 결정적으로 말하는 용팔이는 정일이의 앞에 위임장을 내놓으며 도장을 치라고 하였다.」

┌　　정일이는 더욱 불쾌하여졌다. 잠이 부족한 신경 탓도 있겠
│　　　　용팔의 이해타산적인 태도 때문
│ 지만 자기의 눈을 기탄없이 바라보는 용팔이의 얼굴에 발라
│ 놓은 듯한 그 웃음이 말할 수 없이 미웠다. ┌이 소인 놈! 하는
│　　　　　　　　　　　　　　　　　　「」: 속물적인 용팔에 대한 정일의 분노
│ 의분 같은 ㉠ 심열이 떠오르며, 언제 내가 이런 음모를 하자
│ 고 너와 공모를 하였던가? 하고 그의 뺨을 갈기고 싶은 충동
│ 을 느끼었다.」그러나 정일이는 금시에 미끄러지는 듯한 웃음
│ 이 자기 얼굴에 흐름을 깨달았다. 이러한 심열은 신경 쇠약의
[A]│ 탓이 아닐까? 의분이랄 것도 없고 결벽성도 아니고 그런 것
│ 을 공연히 이같이 한순간에 뒤집히는 자기 마음 한 모퉁이에
│　　　　　　　　용팔을 증오하면서 웃음을 짓는 모습
│ 상식을 놓쳐 뿌린 결과가 어떤가? 해 보자 하는 놓치기 쉬운
│　　　　　　　　　　　　　용팔의 제안을 따르려 함
│ 어떤 힌트같이 번쩍이는 생각을 보자 정일이는 조급히 도장
│ 을 뒤져내며, 자 칠 대로 치우, 나는 어디다 치는 것도 모르니
│　　　　　　　　　　　용팔에게 결정권을 맡김
│ 까 하였다. 이렇게 지껄이듯이 말하는 정일이는 자기가 실없
│ 이 웃기까지 하는 것을 들을 때 내가 지금 더 심한 심열에 떠
│　　　　　　　　　　　자신이 용팔보다 속물적이고 이해타산적이라고 생각함
│ 있지 않은가? 하는 생각에 갑자기 말과 웃음과 표정까지 없
└ 어지고 말았다.

　ⓑ 도장을 치고 난 용팔이는 공손히 정일이에게 돌리며, 잔금은 제가 장인께 말씀드리겠습니다, 하고 일어선다. 중문으로 들어가는 용팔이의 뒷모양을 바라보던 정일이는 갑자기 불러내고
　　　　　　　　　용팔의 제안을 거절하고 싶은 마음이 듦
싶었다. 궁둥이를 들먹하고 부르는 손짓까지 하였으나 탄력 없이
　　　　　　　　　　　내적 갈등을 겪지만 행동으로 이어지지는 않음
벌어진 입에서는 말이 나오지 않았다. 창졸간에 용팔이를 어떻게
　　　　　　　　　　　미처 어찌할 수 없이 매우 급작스러운 사이
불러야 할지 몰라서 주저되는 것같이도 생각되었다. 중문 안으로
들어가는 용팔이의 뒷모양은 마치 심한 장난을 꾸미다가 용기를
못 내는 자기를 남겨 두고 ⓒ 그걸 못 해? 내 하마 하고 나서는 동
　　　　　　　　　　　　자신 대신 아버지에게 재산에 대한 이야기하러 간 용팔에 대한 생각
무의 모양같이 아슬아슬한 것이었다. 종시 용팔이가 중문 안으로
사라져서 불러낼 기회를 놓치고 말았다고 후회하면서도 내가 정
　　　　　　　　　적극적으로 행동하지 않은 것에 대한 후회
말 후회하는 것이라면 지금이라도 따라가서 붙들 수도 있지 않은
가? 이렇게 생각하는 정일이는 용팔이가 이 말을 시작하였을 때
부터 자기는 육감으로 벌써 예기하였던지도 모를 일이 지금 일어
　　　　　　　　아버지가 용팔의 제안에 화를 내며 거절하는 것
나리라는 기대가 앞서는 것을 느끼며 ⓓ 정일이는 실험의 결과를
기다리는 듯이 숨을 죽이고 귀를 기울이고 있었다. 예사로운 말
소리는 들리지 않는 거리이므로 긴장한 정일이의 귀에도 한참 동

안은 아무런 말도 들리지 않았다. 아버지도 종시 죽음에 굴복하
<u>아버지와 용팔의 대화가 순조롭게 이어짐</u>
고 마는가? 이렇게 생각되어 정일이는 긴장하였더니만큼 허전한
<u>아버지가 용팔의 제안을 수락한 것이라고 생각함</u>
실망에 담배를 붙이려고 성냥을 그었을 때 자기의 귀를 때리는
<u>아버지가 용팔의 제안에 화를 내며 거절함</u>
듯한 아버지의 격분한 고함 소리를 들었다.

(중략)

사실 이렇게 되어서까지도 죽기가 싫은가 하고 아버지를 눈 찌
푸리고 바라보는 자기는 죽음의 공포를 해탈한 무슨 수양이 있는
<u>정일은 삶의 의지가 없기 때문에 죽음에 거부감이 없음</u>
것이 아니라 단지 애써 살려는 의지력이 없는 것뿐이다. ⓔ 아버
지는 한 번도 자기의 생활을 회의하거나 죽음을 생각할 필요가
<u>아버지의 삶에 대한 정일의 평가</u>
없었던 사람이므로 이같이 죽음과 싸울 수 있는 것이 아닐까 생
각하였다. 그래서 정일이는 <u>어떤 위대한 의지력을 우러러보는 듯</u>
한 마음으로 아버지의 고통을 바라보고 있는 자기를 발견하는 때
<u>생에 대한 강한 열망을 지닌 아버지에 대한 정일의 감정</u>
가 있었다.

┌─ 그때 심한 구토를 한 후부터 한 방울 물도 먹지 못하고 혓바
    <u>아버지의 병세가 악화됨</u>
    닥을 축이는 것만으로도 심한 구역을 하게 된 만수 노인은 물
    을 보기라도 하겠다고 하였다. 정일이는 요를 둑여서 병상을
    <u>물(생명력)에 대한 아버지의 갈망</u>
    돋우고 아버지가 바라보기 편한 곳에 큰 물그릇을 놓아 드렸
    <u>삶에 대한 의지</u>
    다. 그러나 그 물그릇을 바라보기에 피곤한 병인은 어디나 눈
    가는 곳에는 물이 보이기를 원하였다. 그래서 큰 어항을 병실
    에 가득 늘어놓고 물을 채워 놓았다. 「병인은 이 어항에서 저
    「」: 생명력이 넘치는 물을 보며 대리만족함
    어항으로 ⓛ 서늘한 감각을 시선으로 핥듯이 돌려 보다가 그
    도 만족하지 못하여 시원히 흐르는 물이 보고 싶다고 하였다.」
[B] 정일이는 아버지가 보기 편한 곳에 큰 물그릇을 놓고 대접으
    로 물을 떠서는 작은 폭포같이 들이 쏟고 또 떠서는 들이 쏟
    기를 계속하였다. 만수 노인은 꺼멓게 탄 혀를 벌린 입 밖에
    <u>생에 대한 강렬한 열망</u>
    내놓고 황홀한 눈으로 드리우는 물줄기를 바라보고 있었다.
    그 눈을 볼 때 정일이는 걷잡을 사이도 없이 자기 눈에 눈물
    <u>죽음을 거부하고 생을 갈망하는 아버지에 대한 안타까움</u>
    이 솟아오름을 참을 수가 없었다. 정일이는 일찍이 그러한 눈
    을 본 기억이 없다고 생각하였다. 더욱이 아버지의 얼굴에서!
    자기 아버지에게서 저러한 동경에 사무친 황홀한 눈을 보게
    <u>생에 대한 동경</u>
└─ 되는 것은 의외라고 할밖에 없었다.

- 최명익, 〈무성격자〉 -

01

답 | ⑤

윗글의 서술상의 특징으로 가장 적절한 것은?

⑤ 서술자가 중심인물의 시선에 의존하여 사건의 양상을 제한적으로 나타낸다.

서술자는 이야기 밖에서 중심인물인 정일의 시선에 의존하여 사건을 전개하고 있다. 그리고
이로 인해 정일이 경험하거나 감각한 일과 정일의 내면으로 사건의 양상이 제한되어 나타나
고 있다.

---

① 회상 장면을 병치하여 사건의 흐름을 반전시킨다.

지문에 회상 장면이 나타나 있지 않으므로, 회상 장면을 병치하고 있다고 볼 수 없다.

② 사물의 세부를 구체적으로 묘사하여 장면의 현장성을 강화한다.

산판알, 도장, 물그릇, 어항 등의 사물이 지문에 제시되어 있기는 하지만, 사물의 세부를 구
체적으로 묘사하고 있지는 않다.

③ 중심인물의 반복적인 동작을 강조하여 내적 갈등을 표면화한다.

정일이 큰 물그릇을 놓고 대접으로 물을 떠서 들이 쏟기를 계속하는 대목에서, 중심인물의
반복적인 동작을 강조하고 있다고 볼 수 있다. 그러나 정일의 반복적인 행동은 병을 앓는 아
버지의 바람을 충족하기 위한 것으로, 내적 갈등에서 비롯된 것이라고 볼 수 없다. 따라서 중
심인물의 반복적인 동작을 강조하여 내적 갈등을 표면화한다는 내용은 적절하지 않다.

④ 서술자가 풍자적 어조를 활용하여 중심인물에 대한 비판적 입장을 드러낸다.

서술자는 중심인물인 정일의 시선에 의존하여 사건을 서술하고 있을 뿐, 풍자적 어조를 활용
하여 정일에 대한 비판적 입장을 드러내고 있지는 않다.

02

답 | ③

ⓐ~ⓔ에 대한 이해로 적절하지 않은 것은?

③ ⓒ는 용팔의 행위에 대한 정일의 실망스러운 마음을 드러낸다.

ⓒ는 '용기를 못 내는 자기'와 달리, 재산 상속에 대한 이야기를 하고자 아버지가 있는 중문
안으로 들어가는 용팔의 모습을 정일의 관점에서 비유적으로 드러낸 것이다. 따라서 ⓒ가 용
팔의 행위에 대한 정일의 실망스러운 마음을 드러낸다고 보는 것은 적절하지 않다.

① ⓐ는 정일이 주목하는 용팔의 이해타산적인 태도를 드러낸다.

ⓐ는 용팔이 상속세를 물지 않을 방안을 정일에게 제안하면서 한 말이다. 장인이 위독한 상
황인데도 계산을 하며 상속세 물지 않을 궁리를 하는 용팔의 모습에서 이해타산적인 태도가
드러나며, 정일이 이러한 용팔의 모습에 주목했다고 볼 수 있다.

② ⓑ는 용팔이 정일에게 예의를 갖추어야 하는 위치임을 드러낸다.

ⓑ에서 용팔이 정일에게 '공손히' 행동하고 존댓말을 하는 상황이 드러나며, 이를 통해 용팔
이 정일에게 예의를 갖추어야 하는 위치임이 드러난다고 볼 수 있다.

④ ⓓ는 아버지와 용팔 간 대화의 결과를 정일이 주시하고 있음을 드러낸다.

ⓓ에는 용팔이 정일의 아버지에게 재산 상속에 대한 이야기를 하고자 '중문 안'으로 들어가
자, 정일이 어떤 결과가 빚어질지에 대해 '귀를 기울이'며 주시하는 상황이 나타나 있다.

⑤ ⓔ는 아버지가 보여 주는 삶의 태도에 대한 정일의 평가를 드러낸다.

ⓔ에는 아버지의 모습을 바라보면서 아버지가 '생활을 회의하거나 죽음을 생각할 필요가 없
는 삶을 살았다고 평가하는 정일의 심리가 나타나 있다.

03

답 | ④

[A], [B]를 고려하여 ㉠과 ㉡을 이해한 내용으로 가장 적절한 것은?

④ ㉠은 용팔에 대한 미움이 '뺨을 갈기고 싶은 충동'으로 격화되는 정일의 마
음을, ㉡은 '물그릇'에서 '어항', '드리우는 물줄기'로 심화되는 아버지의 갈
망을 함축한다.

[A]에서 정일은 상속세를 물지 않기 위해 자신과 공모하려는 용팔의 언행을 접하며 불쾌함
과 미움을 느낀다. 나아가 이러한 감정은 ㉠을 일으켜 '뺨을 갈기고 싶은 충동'으로 격화된
다. [B]에서 정일은 '물을 보기라도 하겠다'는 아버지에게 '물그릇'을 놓아 주었다가 '어디나
눈 가는 곳'에 물이 보이도록 '어항'을 늘어놓고, 아버지가 그로 인한 ㉡에도 만족하지 못하자
'흐르는 물'이 보일 수 있게 '드리우는 물줄기'를 만드는 행동을 한다. 이를 통해 볼 때 ㉡은
'물그릇'에서 '어항', 드리우는 물줄기'로 심화되는 아버지의 갈망을 함축한다고 볼 수 있다.

오답 선지 분석

① ㉠은 용팔의 '웃음'에 대한 정일의 불쾌감으로 인해, ㉡은 아버지가 내비치는 '황홀한 눈'으로 인해 발생한다.

[A]에서 정일이 용팔의 '웃음'을 미워하며 느낀 불쾌감으로 인해 ㉠이 발생한다고 볼 수 있다. 그러나 [B]에서 '황홀한 눈'은 ㉡을 갈구하는 아버지의 눈을 나타낸 것이므로, 아버지가 내비치는 '황홀한 눈'으로 인해 ㉡이 발생한다고 볼 수 없다.

② ㉠은 정일이 갈등 끝에 '도장'을 찍음으로써, ㉡은 아버지가 사무치는 '동경'을 포기함으로써 지속된다.

[A]에서 정일이 용팔에게 '도장'을 내어 준 후 '내가 지금 더 심한 심열에 떠 있지 않은가? 하는 생각'을 하는 것으로 보아 정일이 갈등 끝에 도장을 찍음으로써 ㉠이 지속된다고 볼 수 있다. 그러나 [B]에서 아버지는 ㉡을 느끼려는 '동경'을 지속하고 있으므로, 아버지가 사무치는 '동경'을 포기함으로써 ㉡이 지속된다고 볼 수 없다.

③ ㉠은 정일의 '신경 쇠약'을 일으키는 원인이고, ㉡은 아버지가 '꺼멓게 탄혀'의 고통을 줄이기 위한 방편이다.

[B]에서 '꺼멓게 탄 혀'는 심하게 앓다가 물도 마시지 못하게 된 아버지의 고통을 보여 주는데, 아버지는 '어항'이 환기하는 ㉡을 방편으로 삼아 이러한 고통을 줄이고자 한다고 볼 수 있다. 그러나 [A]에서 정일이 '이러한 심열은 신경 쇠약의 탓이 아닐까?' 하고 생각하는 것으로 보아, ㉠은 정일의 '신경 쇠약'으로 인한 결과로 볼 여지는 있지만 '신경 쇠약'을 일으킨 원인이라고 보기는 어렵다.

⑤ ㉠은 용팔의 '공모' 요구로 인해 표면화된 정일의 물질 지향적인 태도를, ㉡은 '심한 구역' 이후로 아버지가 '물'에서 얻고자 하는 육체적 안정에 대한 추구를 드러낸다.

[B]에서 아버지는 '심한 구역' 이후 '한 방울 물도 먹지 못하'는 처지에 놓인다. 아버지는 이러한 상황에서 느끼는 갈증을 ㉡을 통해서나마 해소하려 하고 있으므로, ㉡은 '심한 구역' 이후로 아버지가 '물'에서 얻고자 하는 육체적 안정에 대한 추구를 드러낸다고 볼 수 있다. 그러나 [A]에서 ㉠은 용팔이 '공모' 요구를 하며 물질 지향적인 태도를 보이는 데에 정일이 느낀 반감에서 비롯된 것이므로, 용팔의 '공모' 요구로 인해 표면화된 정일의 물질 지향적인 태도를 드러낸다고 볼 수 없다.

오답 선지 분석

① 산판알을 놓으며 이익을 따지는 상대를 경멸하면서도 산판알이 올라가는 것을 주목하는 데에서, 자신을 구속하는 속물적 욕망으로부터 자유롭지 못한 모습을 찾을 수 있군.

정일은 아버지가 위독한 상황에서 산판알을 놓으며 이익을 따지는 용팔을 속으로 '이 소인 놈!'이라고 하며 경멸한다. 하지만 그러면서도 '용팔이가 따지는 산판알이 거침없이 한 자리씩 올라가는 것을 유심히 바라보'는 모습을 보이기도 하는데, 〈보기〉를 참고하면 정일의 이러한 행동은 그 자신을 구속하는 속물적 욕망에서 비롯되었다고 볼 수 있다.

③ 중문 안으로 들어가는 상대를 불러내지는 못하고 자신이 그를 부르지 못한 이유를 생각하는 데에서, 행동을 주저하고 자신에게로 관심을 돌리는 모습을 찾을 수 있군.

정일은 용팔이 벌이는 행동에 반감을 느끼고 중문 안으로 들어가는 그를 불러내고 싶어하지만, 행동을 주저하며 붙잡지 않고 자신이 그를 부르지 못한 이유에 대해 생각한다. 그러면서 용팔을 불러낼 기회를 놓친 것을 자신이 '정말 후회하'는지에 대해 자문하며 자신에게로 관심을 돌리는 모습을 보인다.

④ 상대의 고통을 바라보며 의지력을 우러러보는 듯한 마음이 있는 자신을 발견하는 데에서, 상대와의 차이를 인식하는 스스로의 내면마저 대상화하는 모습을 찾을 수 있군.

정일은 '애써 살려는 의지력이 없는' 자신과 달리 고통 속에서 죽음과 싸우는 아버지를 바라보며 '위대한 의지력'을 느낀다. 또한 그런 의지력을 '우러러보는 듯한 마음으로 아버지의 고통을 바라보고 있는 자기를 발견'하는데, 〈보기〉를 참고하면 정일의 이러한 모습은 상대와의 차이를 인식하는 스스로의 내면마저 대상화하는 모습으로 볼 수 있다.

⑤ 물줄기를 바라보는 상대로부터 이전에는 한 번도 보지 못한 눈을 확인하는 데에서, 주변 대상을 관찰하여 상대가 내비치는 생에 대한 강렬한 동경을 파악하는 모습을 찾을 수 있군.

정일은 아버지가 죽음과 싸우는 모습에서 '위대한 의지력'을 느끼고 그런 아버지가 '물줄기를 바라보'는 눈을 '동경에 사무친 황홀한 눈'이라고 표현하며 '일찍이 그러한 눈을 본 기억이 없다고 생각'한다. 〈보기〉를 참고하면 주인공의 이러한 모습은 주변 대상을 관찰하여 상대가 내비치는 생에 대한 강렬한 동경을 파악하는 모습으로 이해할 수 있다.

04

답 | ②

〈보기〉를 참고하여 윗글을 감상한 내용으로 적절하지 않은 것은?

보기

〈무성격자〉의 정일은 자신을 구속하는 속물적 욕망을 경멸하고 현실에서의 적극적인 행동을 주저하는 한편, 자신과 주변에 관심을 집중한다. 그는 주변 대상을 관찰하여 그 의미를 파악하고, 파악한 내용에 반응하며, 그런 자신을 분석하기도 한다. 나아가 관찰과 분석을 수행하는 자신의 내면마저 대상화함으로써 인간 심리의 중층적 구조를 드러낸다.

정답 선지 분석

② 상대의 웃음에서 공모 의사를 읽어 내자 얼굴에 흐르는 미끄러지는 듯한 웃음을 깨닫는 데에서, 상대에 대한 불쾌감을 웃음으로 무마하려는 자신을 의식하는 모습을 찾을 수 있군.

용팔이 정일에게 위임장을 내놓고 도장을 치라고 하면서 웃음을 짓자, 정일은 그러한 상대의 웃음에서 공모 의사를 읽어 내고 불쾌감에서 비롯된 '심열'을 느꼈다고 볼 수 있다. 이후 정일은 '미끄러지는 듯한 웃음이 자기 얼굴에 흐름'을 깨달으면서도 용팔에게 도장을 건네다가 '실없이 웃'는 자신이 '더 심한 심열에 떠 있'다는 생각을 하는데, 이러한 내용을 고려할 때 정일이 상대에 대한 불쾌감을 웃음으로 무마하려는 자신을 의식했다고 보는 것은 적절하지 않다.

WEEK 6

본문 | 148

DAY 1   화법

빠른 정답 체크

01 ④   02 ⑤   03 ④

---

❶ 여러분, 물고기가 눈을 감는 모습을 상상해 봅시다. (청중의
<u>물고기에게서 흔히 보기 어려운 모습을 떠올려 볼 것을 요청함 – 청중의 관심을 유발함</u>
반응을 살피며) 잘 떠오르지 않으시죠? 일반적으로 물고기는 눈
<u>청중의 반응을 살피며 청중과 상호 작용함</u>
꺼풀이 없어 눈을 감지 못합니다. 물에 사니 눈을 촉촉하게 하고
<u>눈꺼풀의 역할</u>
이물질을 제거해 주는 역할을 하는 눈꺼풀이 필요 없는 거죠. 그
런데 사람의 눈꺼풀처럼 눈을 덮어 주는 피부가 있어, 눈을 개폐
<u>발표의 화제를 소개함</u>
하는 물고기가 있다고 합니다. 오늘은 그 물고기에 대해 발표하
겠습니다.

❷ 바다와 갯벌을 오가는 말뚝망둑어를 소개해 드리죠. 화면을
<u>말뚝망둑어의 생태</u>   <u>눈을 개폐하는 물고기 ①</u>
봅시다. (자료 제시) 동영상에 보이는 것처럼「말뚝망둑어가 눈을
<u>시각 자료 활용 ① – 말뚝망둑어의 눈 개폐 모습을 보여 주는 동영상</u>
닫을 때 위로 볼록 솟아 있는 눈이 아래의 구멍으로 들어가고, 이
어서 눈 아래 피부가 올라와 눈을 덮어 줍니다. 함몰된 눈이 다시
올라오면 피부가 내려가서 눈이 열리죠.」말뚝망둑어의 눈 구조
<u>「」: 말뚝망둑어의 눈 개폐 과정</u>
에 대해 말씀드릴게요. (자료 제시) 말뚝망둑어와 물속에서만 사
<u>시각 자료 활용 ② – 말뚝망둑어와 둥근망둑어의 안구와 눈 근육을 그린 그림</u>
는 둥근망둑어의 안구와 눈 근육을 각각 그린 그림입니다. 말뚝
망둑어 눈 근육은 둥근망둑어에 비해 그 기울기가 훨씬 가파릅니
<u>말뚝망둑어 눈 근육과 둥근망둑어 눈 근육의 차이점</u>
다. 이로 인해 눈 근육이 수직 방향으로 수축하며 안구를 아래로
<u>둥근망둑어와 달리 말뚝망둑어 눈의 개폐가 가능한 이유</u>
잡아당길 수 있죠. 그래서 말뚝망둑어는 둥근망둑어와 달리 눈을
닫을 수 있습니다. 한 연구에 따르면 말뚝망둑어 눈의 개폐는 사
<u>말뚝망둑어의 눈의 개폐의 역할 – 눈을 촉촉하게 하고 이물질을 제거하는 역할을 함</u>
람의 눈 깜빡임과 같은 역할을 수행하며, 이를 통해 갯벌에서도
<u>말뚝망둑어가 눈을 개폐할 수 있도록 진화한 이유</u>
살아갈 수 있다고 합니다.

❸ 민물고기 꾸구리도 말뚝망둑어처럼 눈을 개폐합니다. 다만 차
<u>눈을 개폐하는 물고기 ②</u>   <u>시각 자료 활용 ③ – 밝은 곳과 어두운 곳에서 개폐된 꾸구리 눈의 사진</u>
이는 눈이 좌우로 개폐된다는 거죠. (자료 제시) 나란히 놓인 두
<u>말뚝망둑어와 꾸구리의 차이점 – 눈의 개폐 양상</u>
사진이 보이시죠? 왼쪽 사진은 밝은 곳에서 꾸구리가 눈으로 들
어오는 빛을 줄이기 위해 눈 양옆의 피부로 눈을 덮은 모습입니
<u>꾸구리의 눈 개폐 방법</u>
다. 오른쪽 사진에서는 어두운 곳에서 꾸구리의 눈이 활짝 열린
것을 확인할 수 있죠. 꾸구리의 눈 양옆 피부는 눈으로 들어오는
<u>꾸구리 눈의 개폐의 역할 – 빛의 양을 조절</u>
빛의 양을 조절하는 역할을 하는 겁니다. 그렇다면 꾸구리는 낮
과 밤 중 언제 주로 활동할까요? (대답을 듣고) 맞습니다. 밤이
<u>청중에게 질문을 던지며 청중의 참여를 이끌어 냄</u>
죠. 야행성인 꾸구리는 어두운 밤에 먹이를 잘 찾을 수 있도록 눈
<u>꾸구리가 눈을 개폐할 수 있도록 진화한 이유</u>
을 여는 겁니다.

❹ 오늘 발표 내용 잘 이해되었나요? 말뚝망둑어와 꾸구리는 모
<u>발표 내용에 대한 청중의 이해도를 점검함</u>
두 눈을 개폐하지만, 그 양상과 역할은 각각 다르죠. 특별한 두
물고기에 대해 알게 된 유익한 시간이 되었길 바랍니다.

01

답 | ④

위 발표자의 말하기 방식으로 가장 적절한 것은?

정답 선지 분석

④ 청중의 참여를 이끌어 내기 위해 질문을 하고 청중의 반응을 확인한다.

발표자는 민물고기 꾸구리가 눈을 개폐하는 양상을 설명한 후, 이 내용을 바탕으로 꾸구리가 낮과 밤 중 언제 주로 활동하는지를 질문함으로써 청중의 답변을 이끌어 내고 그 적절성을 판단하였다.

오답 선지 분석

① 청중의 이해를 돕기 위해 전문 용어의 개념을 정의한다.

발표자는 주로 평이하고 일상적인 용어를 사용하여 발표하였으며, 전문 용어의 개념을 정의하고 있지 않다.

② 청중의 요청에 따라 발표 내용에 대한 정보를 추가한다.

청중이 발표 내용에 대한 정보를 추가할 것을 요청하는 부분은 찾아볼 수 없다.

③ 청중이 내용을 예측하며 듣도록 발표 진행 순서를 안내한다.

발표의 처음 부분에서 발표의 중심 제재를 소개하고 있을 뿐, 발표의 진행 순서를 안내하고 있지 않다.

⑤ 청중과 공유하는 기억을 환기하여 발표 주제를 선정하게 된 계기를 밝힌다.

발표 주제를 선정하게 된 계기를 밝히고 있지 않으며, 이를 위해 청중과 공유하는 기억을 환기하고 있지도 않다.

02

답 | ⑤

다음은 발표를 준비하며 참고한 내용이다. ㉠~㉢을 구체화한 발표 계획 중 발표에 반영되지 않은 것은?

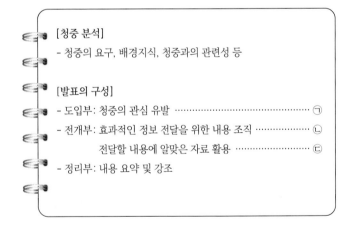

정답 선지 분석

⑤ ㉢: 꾸구리 눈이 개폐된 모습의 차이를 드러내기 위해 두 사진을 화면에 순차적으로 제시해야겠어.

발표자는 꾸구리 눈이 개폐된 모습의 차이를 드러내기 위해 두 사진을 나란히 놓아 제시하였다. 따라서 '두 사진을 화면에 순차적으로 제시해야겠어.'라는 발표 계획은 발표에 반영되지 않았음을 알 수 있다.

오답 선지 분석

① ㉠: 청중의 관심을 끌기 위해 물고기에게서 흔히 보기 어려운 모습을 떠올리도록 청중에게 요청해야겠어.

발표자는 발표를 시작하면서 청중에게 물고기가 눈을 감는 모습을 상상해 볼 것을 요청하였으며, '잘 떠오르지 않으시죠?'라고 질문하며 일반적으로 물고기는 눈꺼풀이 없어 눈을 감지 못한다는 설명을 덧붙이고 있다.

WEEK 6

本 내용의 이미지 설명:

[청중 분석]
- 청중의 요구, 배경지식, 청중과의 관련성 등

[발표의 구성]
- 도입부: 청중의 관심 유발 ┄┄┄┄┄┄┄ ㉠
- 전개부: 효과적인 정보 전달을 위한 내용 조직 ┄┄┄ ㉡
         전달할 내용에 알맞은 자료 활용 ┄┄┄┄ ㉢
- 정리부: 내용 요약 및 강조

정답 및 해설 | 71

② ○: 말뚝망둑어 눈의 개폐 과정을 드러내기 위해 눈과 눈 아래 피부의 움직임을 순서대로 설명해야겠어.

발표자는 말뚝망둑어 눈의 개폐 과정을 드러내기 위해 '말뚝망둑어가 눈을 닫을 때 위로 볼록 솟아 있는 눈이 아래의 구멍으로 들어가고, 이어서 눈 아래 피부가 올라와 눈을 덮어 줍니다.'와 같이 눈의 움직임과 눈 아래 피부의 움직임을 순서대로 설명하고 있다.

③ ○: 말뚝망둑어 눈의 개폐가 가능한 이유를 설명하기 위해 말뚝망둑어와 둥근망둑어의 눈 근육을 비교하여 말해야겠어.

발표자는 말뚝망둑어의 눈 근육이 둥근망둑어에 비해 그 기울기가 훨씬 가파르기 때문에 눈의 개폐가 가능하다고 설명하고 있다.

④ ○: 두 물고기의 눈 개폐 양상을 보여 주기 위해 말뚝망둑어의 동영상과 꾸구리의 사진을 제시해야겠어.

발표자는 '(자료 제시) 동영상에 보이는 것처럼'에서 확인할 수 있듯이 동영상을 보여 주며 말뚝망둑어 눈의 개폐를 설명한 후, '(자료 제시) 나란히 놓인 두 사진이 보이시죠?'라는 말과 함께 사진을 제시하여 꾸구리 눈의 개폐 양상을 설명하고 있다.

03

답 | ④

발표 내용을 바탕으로 할 때, <보기>에 나타난 학생들의 반응에 대한 이해로 적절하지 않은 것은?

보기

• 학생 1: 눈꺼풀이 없는 다른 물고기들은 눈으로 들어오는 빛의 양을 어떻게 조절하는지에 대한 설명이 빠져 있어서 그것을 알고 싶어.

• 학생 2: 상어에도 눈꺼풀 같은 피부가 있다고 알고 있어. 그 피부가 꾸구리 눈에 있는 피부와 같은 역할을 수행하는지 누리집에서 검색해야지.

• 학생 3: 말뚝망둑어 눈의 개폐가 사람의 눈 깜박임과 같은 역할을 한다는 정보는 흥미롭지만, 그 연구 결과가 믿을 만한 것일까? 관련 내용을 도서관에서 찾아봐야겠어.

정답 선지 분석

④ 학생 1과 학생 3은 모두, 발표 내용을 통해 알게 된 정보의 효용성을 판단하고 있다.

학생 1은 눈꺼풀이 없는 다른 물고기들이 눈으로 들어오는 빛의 양을 조절하는 방법에 대한 설명이 빠져 있음을 언급하며 이에 대한 궁금증을 드러내고 있지만, 발표 내용을 통해 알게 된 정보의 효용성을 판단하고 있지는 않다. 학생 3은 발표에서 전달한 정보가 흥미롭다고 평가하고 있을 뿐, 정보의 효용성을 판단하고 있지는 않다.

오답 선지 분석

① 학생 1은 발표에 언급되지 않은 정보에 대해 궁금증을 드러내고 있다.

학생 1은 눈꺼풀이 없는 다른 물고기들이 눈으로 들어오는 빛의 양을 조절하는 방법에 대한 설명이 빠져 있음을 언급하며 이에 대한 궁금증을 드러내고 있다. 이는 발표에서 언급되지 않은 정보에 대해 궁금증을 드러낸 것으로 볼 수 있다.

② 학생 2는 발표 내용과 관련하여 자신의 배경지식을 떠올리고 있다.

학생 2는 눈꺼풀 같은 피부가 있는 물고기의 또 다른 예로 상어를 떠올리고 있다. 이는 발표 내용과 관련하여 자신의 배경지식을 떠올리고 있는 것으로 볼 수 있다.

③ 학생 3은 발표에 제시된 내용을 신뢰할 수 있는지에 대해 의문을 제기하고 있다.

학생 3은 말뚝망둑어 눈의 개폐에 대한 연구 결과가 믿을 만한 것인지를 궁금해하였다. 이는 발표에 제시된 내용을 신뢰할 수 있는지에 대한 의문을 제기한 것으로 볼 수 있다.

⑤ 학생 2와 학생 3은 모두, 발표 내용과 관련하여 추가적인 정보를 탐색하려 하고 있다.

학생 2는 상어의 눈꺼풀 같은 피부가 꾸구리 눈에 있는 피부와 같은 역할을 수행하는지 누리집에서 검색해야겠다고 말했으며, 학생 3은 말뚝망둑어 눈의 개폐에 대한 연구 결과와 관련된 내용을 도서관에서 찾아봐야겠다고 말했다. 따라서 학생 2와 학생 3 모두 발표 내용과 관련하여 추가적인 정보를 탐색하려 하고 있음을 알 수 있다.

DAY 2 언어

빠른 정답 체크

01 ④ — **02** ④ — **03** ① — **04** ③ — **05** ④

훈민정음 초성자는 발음 기관을 본떠서 만든 기본자 5자가 있고 (ㄱ, ㄴ, ㅁ, ㅅ, ㅇ - 상형의 원리(발음 기관을 본뜸)) 이를 바탕으로 가획의 원리(예: ㄱ→ㅋ)에 따라 만든 가획자 9자와 (ㅋ, ㄷ, ㅌ, ㅂ, ㅍ, ㅈ, ㅊ, ㆆ, ㅎ - 가획의 원리) 그렇지 않은 이체자 3자가 있다. 중성자는 하늘, 땅, 사람의 (ㆁ, ㄹ, ㅿ) 모습을 본떠서 만든 기본자 3자가 있고, 이를 토대로 한 초출자, (ㆍ, ㅡ, ㅣ: 중성자 3자 - 상형의 원리(하늘, 땅, 사람)) (초출자, 재출자 - 합성의 원리) 재출자가 각 4자가 있다. 종성자는 초성자를 다시 쓰되 종성에서 (종성부용초성) 실제 발음되는 소리에 대응되는 8자만으로 충분하다 보았는데, (ㄱ, ㄴ, ㄷ, ㄹ, ㅁ, ㅂ, ㅅ, ㆁ) 이는 《훈민정음》(해례본) 용자례에서 확인된다.

용자례에서는 이들 글자를 위주로 하여 실제 단어를 예로 들고 있다. (용자례 - 각 낱소리 글자들을 실제로 사용한 보기를 든 것) 예컨대, 용자례에 쓰인 '콩'은 초성자 아음 가획자인 'ㅋ'의 예시 단어이다. 이 방식을 응용하면 '콩'은 중성자 초출자 'ㅗ'와 종성자 아음 이체자 'ㆁ'의 예시로도 쓸 수 있다. 용자례의 예시 단어 일부를 정리하여 제시하면 다음과 같다.

〈초성자 용자례〉

	아음	설음	순음	치음	후음	반설음	반치음
기본자	굴	노로	뫼(산)	셤	부얌(뱀)		
가획자	콩	뒤(띠)	별	죠히(종이)			
		고티	파	채	부헝		
이체자	러울(너구리)					어름	아ᅀᆞ(아우)

〈중성자 용자례〉

기본자	톡/ᄃᆞ리	믈/그력(기러기)	깃
초출자	논/벼로	밥 누에	브섭
재출자	쇼	남샹(거북의 일종)	슈룹(우산) 뎔

〈종성자 용자례〉

8종성자	독 굼벙(굼벵이) 반되(반딧불이) 갇(갓)
	범 섭(섶) 잣 별

이 중 일부 단어들은 오랜 시간이 지나면서 다양한 변화를 겪었 (시간의 경과에 따른 단어의 변화 양상 ①) 다. 여기에는 표기법상의 변화라고 할 수 있는 예와 실제 소리가 (시간의 경과에 따른 단어의 변화 양상 ②) 변한 예, 그리고 다른 말이 덧붙어 같은 의미의 새 단어가 만들어 (시간의 경과에 따른 단어의 변화 양상 ③) 진 예들이 포함된다. 예를 들어, '어름'을 '얼음'으로 적게 된 것은 표기법상의 변화로 볼 수 있다. 소리의 변화 중 자음이 변화한 경우로는 ⓐ '고티'(>고치)나 '뎔'(>절)처럼 구개음화를 겪은 유형이 있다. 모음이 변화한 경우에는, ⓑ '셤'(>섬)이나 '쇼'(>소)처

럼 단모음화한 유형, '드리'(>다리)나 '특'(>턱)처럼 'ㆍ'가 변한 유형, ⓒ '믈'(>물)이나 '브섭'(>부엌)처럼 원순모음화를 겪은 유형, '노로'(>노루)나 '벼로'(>벼루)처럼 끝음절에서 'ㅗ>ㅜ' 변화를 겪은 유형 등이 있다. 다른 말이 덧붙어 같은 의미의 새 단어가 만들어진 경우로는 ⓓ '부헝'(>부엉이)처럼 접사가 결합한 유형과 ⓔ '골'(>갈대)처럼 단어가 결합한 유형이 있다.

※ 본문 예시에서 후음 기본자는 'ㅇ', 아음 이체자는 'ㆁ'으로 표기함.

01

답 | ④

윗글에 대한 이해로 적절한 것은?

정답 선지 분석

④ 〈초성자 용자례〉 중 아음 이체자의 예시 단어는, 초성자의 반설음자와 종성자의 반설음자의 예시 단어로 쓸 수 있다.

〈초성자 용자례〉 중 아음 이체자의 예시 단어는 '러울'인데, 이 단어의 초성자와 종성자의 'ㄹ'은 반설음자이다. 따라서 '러울'로 초성자의 반설음자와 종성자의 반설음자를 예시할 수 있다.

오답 선지 분석

① 훈민정음의 모든 기본자는 발음 기관을 본떠 만든 것이다.

초성자의 기본자 5자는 발음 기관을 본떠서 만들었지만 종성자의 기본자 3자는 하늘, 땅, 사람의 모습을 본떠서 만들었다.

② 초성자 기본자는 모두 용자례 예시 단어의 종성에 쓰인다.

초성자 기본자 'ㄱ, ㄴ, ㅁ, ㅅ, ㅇ' 중 'ㅇ'은 종성자에 쓰이지 않았다. 용자례에 제시된 '콩, 부헝, 남샹, 굼벙'에는 종성자로 'ㆁ'이 쓰였다.

③ 〈초성자 용자례〉의 가획자 중 단어가 예시되지 않은 자음자 하나는 아음에 속한다.

가획자는 9자인데 〈초성자 용자례〉에는 8자만 단어가 예시되어 있다. 단어가 예시되지 않은 가획자는 'ㆆ'으로 'ㅇ, ㅎ'과 같이 후음에 속한다.

⑤ 〈중성자 용자례〉 중 초출자 'ㅓ'의 예시 단어는, 반치음 이체자와 종성자 순음 기본자의 예시 단어로 쓸 수 있다.

〈중성자 용자례〉 중 초출자 'ㅓ'의 예시 단어는 '브섭'인데, 'ㅿ'은 반치음 이체자이지만 'ㅂ'은 순음 가획자이다.

02

답 | ④

윗글을 바탕으로 중세 국어 단어의 변화 양상을 이해한 내용으로 적절하지 <u>않은</u> 것은?

정답 선지 분석

④ '산 거믜'(>산 거미)의 '거믜'는 ⓓ에 해당한다.

'거믜'(>거미)는 'ㅢ → ㅣ'의 변화가 드러날 뿐 접사가 결합하여 새로운 단어가 만들어지지는 않았다.

오답 선지 분석

① '벼리 딘'(>별이 진)의 '딘'은 ⓐ에 해당한다.

'딘'(>진)에서는 '뎔'(>절)과 같이 'ㄷ → ㅈ'의 구개음화가 일어났다.

② '셔울 겨샤'(>서울 계셔)의 '셔울'은 ⓑ에 해당한다.

'셔울'(>서울)에서는 '셤'(>섬)과 같이 'ㅕ → ㅓ'의 단모음화가 일어났다.

③ '플 우희'(>풀 위에)의 '플'은 ⓒ에 해당한다.

'플'(>풀)에서는 '믈'(>물)과 같이 'ㅡ → ㅜ'의 원순모음화가 일어났다.

⑤ '닥 닙'(>닥나무 잎)의 '닥'은 ⓔ에 해당한다.

'닥'(>닥나무)에서는 '골'(>갈대)에서 '골'에 '대'가 결합한 것과 같이 '닥'에 '나무'라는 단어가 결합하여 새로운 단어가 만들어졌다.

03

답 | ①

〈보기〉를 바탕으로 'ㅎ' 말음 용언의 활용 유형을 탐구한 내용으로 적절하지 <u>않은</u> 것은?

보기

다음은 어간의 말음이 'ㅎ'인 용언이 '아/어'로 시작하는 어미와 만날 때 보이는 활용의 유형을 정리한 것이다. 이들은 활용의 규칙성뿐만 아니라 모음조화 적용 여부나 활용형의 줄어듦 가능 여부에 따라 그 유형이 구분된다.

불규칙 활용 유형		규칙 활용 유형	
㉠-1	노랗-+-아 → 노래	㉢-1	닿-+-아 → 닿아 (→ *다)
㉠-2	누렇-+-어 → 누레		
㉡	어떻-+-어 → 어때	㉢-2	놓-+-아 → 놓아 (→ 놔)

(*'은 비문법적임을 뜻한다.)

정답 선지 분석

① '조그맣-, 이렇-'은 '조그매, 이래서'로 활용하므로 ㉠-1과 활용의 유형이 같겠군.

㉠의 '노랗-+-아 → 노래'는 불규칙 활용이면서 양성 모음끼리의 모음조화가 적용된 경우이다. '조그맣-+-아 → 조그매'는 이 유형에 해당한다. 그러나 '이렇-+-어서 → 이래서'는 불규칙 활용이면서 모음조화가 적용되지 않는 ㉡ 유형에 해당한다.

오답 선지 분석

② '꺼멓-, 뿌옇-'은 '꺼메, 뿌옜다'로 활용하므로 ㉠-2와 활용의 유형이 같겠군.

'꺼멓-+-어 → 꺼메', '뿌옇-+-었다 → 뿌옜다'는 불규칙 활용이면서 음성 모음끼리의 모음조화가 적용되므로 ㉠-2 유형에 해당한다.

③ '둥그렇-, 멀겋-'은 '둥그렜다, 멀게'로 활용하므로 ㉡과 활용의 유형이 같지 않겠군.

㉡의 '어떻-+-어 → 어때'는 불규칙 활용이면서 모음조화가 적용되지 않은 경우이다. '둥그렇-+-었다 → 둥그렜다', '멀겋-+-어 → 멀게'는 불규칙 활용이면서 음성 모음끼리의 모음조화가 적용되므로 ㉠-2 유형에 해당한다.

④ '낳-, 땋-'은 활용형인 '낳아서, 땋았다'가 '*나서, *땄다'로 줄어들 수 없으므로 ㉢-1과 활용의 유형이 같겠군.

㉢-1의 '닿아'는 규칙 활용이면서 활용형의 줄어듦이 불가능한 경우이다. '낳-+-아서 → 낳아서', '땋-+-았다 → 땋았다' 역시 '*나서, *땄다'로 줄어들 수 없기 때문에 ㉢-1 유형에 해당한다.

⑤ '넣-, 쌓-'은 활용형인 '넣어, 쌓아'가 '*너, *싸'로 줄어들 수 없으므로 ㉢-2와 활용의 유형이 같지 않겠군.

㉢-2의 '놓아(→ 놔)'는 규칙 활용이면서 활용형의 줄어듦이 가능한 경우이다. '넣어', '쌓아'는 '*너, *싸'로 줄어들 수 없으므로 ㉢-2가 아닌 ㉢-1 유형에 해당한다.

WEEK 6

04

답 | ③

<보기>의 ㉠~㉨에 대한 설명으로 적절한 것은?

보기

[영민, 평화가 학교 앞에 함께 있다가 지혜를 만난 상황]

영민: 너희들, 오늘 같이 영화 보기로 한 거 잊지 않았지?

평화: 응, ㉠6시 걸로 세 장 예매했어. 근데 너, 어디서 와?

지혜: 진로 상담 받고 오는 길이야. 너흰 안 가?

평화: 나는 어제 ㉡미리 받았어.

영민: 나는 4시 반이야. 그거 마치고 영화관으로 직접 갈게.

지혜: 알겠어. 그럼 우리 둘이는 1시간 ㉢앞서 만나자. 간단하게 저녁이라도 먹고 거기서 바로 ㉣가지 뭐.

평화: 좋아. 근데 ㉤미리 먹는 건 좋은데 어디서 볼까?

지혜: 5시까지 영화관 정문 ㉥왼쪽에 있는 분식집으로 와.

평화: 왼쪽이면 편의점 아냐? 아, 영화관을 등지고 보면 그렇다는 거구나. 영화관을 마주볼 때는 ㉦오른쪽 맞지?

지혜: 그러네. 아참! 영민아, 너 상담 시간 됐다. 이따 늦지 않게 영화 ㉧시간 맞춰서 ㉨와.

정답 선지 분석

③ ㉢과 ㉤이 가리키는 시간대는 ㉧을 기준으로 정해진다.

㉧의 '시간'은 영화가 시작하는 시간인 6시를 뜻한다. ㉢의 '1시간 앞서'는 ㉧의 영화 시간 6시를 기준으로 하며, ㉤의 '미리'도 ㉧의 영화 시간 6시를 기준으로 그보다 앞선 때를 가리킨다.

오답 선지 분석

① ㉠과 ㉧은 가리키는 시간이 상이하다.

영화의 시작 시간을 가리키는 ㉠과 ㉧은 같은 시간이다.

② ㉡과 ㉤은 발화 시점을 기준으로 과거를 가리킨다.

㉡의 '미리'는 '어제'라는 과거를 가리키지만, ㉤의 '미리'는 지혜와 평화가 영화가 시작하기 전 만나서 저녁을 먹기로 한 5시에서 6시 사이를 의미하기 때문에 미래를 가리킨다.

④ ㉣과 ㉨은 이동의 출발 장소가 동일하다.

㉣의 '가지'는 지혜와 평화가 영화관 인근에서 저녁을 먹고 영화관으로 이동하는 것을 가리킨다. ㉨의 '와'는 영민이 학교에서 상담을 마치고 영화관으로 이동하는 것을 가리킨다. 따라서 이동의 출발 장소는 서로 다르다.

⑤ ㉥과 ㉦은 기준으로 삼은 방향이 달라 다른 곳을 의미한다.

동일한 장소인 분식집이 영화관을 등지느냐, 마주보느냐에 따라 영화관을 기준으로 왼쪽에 있는가, 오른쪽에 있는가가 결정된다.

05

답 | ④

<학습 활동>을 수행한 결과로 적절한 것은?

학습 활동

부사어는 부사, 체언+조사, 용언 활용형 등으로 실현된다. 부사어로써 수식하는 문장 성분은 부사, 관형어, 서술어 등이다. 일례로 '차가 간다.'의 서술어 '간다'를 수식하기 위해 부사 '잘'을 부사어로 쓰면 '차가 잘 간다.'가 된다. [조건] 중 두 가지를 만족하도록, 주어진 문장에 부사어를 넣어 수정해 보자.

[조건]

㉠ 부사어를 수식하기 위해 부사를 부사어로 쓴 문장

㉡ 관형어를 수식하기 위해 용언 활용형을 부사어로 쓴 문장

㉢ 관형어를 수식하기 위해 부사를 부사어로 쓴 문장

㉣ 서술어를 수식하기 위해 '체언+조사'를 부사어로 쓴 문장

㉤ 서술어를 수식하기 위해 용언 활용형을 부사어로 쓴 문장

⋮

정답 선지 분석

조건	수정 전 ➡ 수정 후
④ ㉢, ㉣	딴 사람이 그 문제를 해결했다. ➡ 전혀 딴 사람이 그 문제를 한순간에 해결했다.

'전혀'는 부사로, 관형어 '딴'을 수식하는 부사어로 쓰인다(㉢). '한순간에'는 '체언+조사'로, 서술어 '해결했다'를 수식하는 부사어로 쓰인다(㉣).

오답 선지 분석

①	㉠, ㉡	웃는 아기가 귀엽게 걷는다. ➡ 방긋 웃는 아기가 참 귀엽게 걷는다.

'방긋이'는 부사로, 관형어 '웃는'을 수식하는 부사어로 쓰인다(㉢). '참'은 부사로, 부사어 '귀엽게'를 수식하는 부사어로 쓰인다(㉠).

②	㉠, ㉢	화가가 굵은 선을 쭉 그었다. ➡ 화가가 조금 굵은 선을 세로로 쭉 그었다.

'조금'은 부사로, 관형어 '굵은'을 수식하는 부사어로 쓰인다(㉢). '세로로'는 '체언+조사'로, 서술어 '그었다'를 수식하는 부사어로 쓰인다(㉣).

③	㉡, ㉤	그를 싫어하는 사람이 있다. ➡ 그를 무턱대고 싫어하는 사람이 많이 있다.

'무턱대고'는 부사로, 관형어 '싫어하는'을 수식하는 부사어로 쓰인다(㉢). '많이'는 부사로, 서술어 '있다'를 수식하는 부사어로 쓰인다.

⑤	㉣, ㉤	영미는 그 일을 처리했다. ➡ 영미는 그 일을 원칙대로 깔끔히 처리했다.

'원칙대로'는 '체언+조사'로, 서술어 '처리했다'를 수식하는 부사어로 쓰인다(㉣). '깔끔히'는 부사로, 서술어 '처리했다'를 수식하는 부사어로 쓰인다.

DAY 3 물권법 강의

빠른 정답 체크

01 ①   **02** ②   **03** ⑤   **04** ①

❶ 물건에 대해 지배력을 갖는 권리를 물권이라고 하는데, 점유권, 소유권, 전세권, 저당권 등이 그에 해당한다. （물권의 개념） 물건 중에서도 부동산은 일반적으로 동산보다 값비싼 재산이다. （물권의 예시） 따라서 그에 대한 거래는 신중할 수밖에 없어 절차를 다소 번거롭게 하고 있다. （부동산 거래 절차가 번거로운 이유） 예를 들어 ㉠ 아파트 매매를 할 때 보통 매수인은 매매대금의 10% 정도를 계약금으로 매도인에게 지급한다. （아파트 매매계약 절차 ①） 관행상 계약금은 위약금의 역할도 한다고 보기 때문에 매수인이라면 계약금을 포 （계약금 지급 단계에서는 계약을 해제할 수 있음） 기하고서, 매도인이라면 그 두 배를 물어 주고서 계약을 일방적으로 해제할 수 있다. 남은 90%의 대금 중 일부를 추가적으로 지 （아파트 매매계약 절차 ②）

급할 수도 있는데, 이 대금을 중도금이라고 한다. 중도금이 지급되면 계약은 일방적으로 해제하지 못한다. 이후 남은 대금인 잔금까지 건네면 매매대금의 지급은 마무리되며 그와 동시에 매수 _{아파트 매매계약 절차 ③} 인은 매도인으로부터 등기필증을 비롯한 관련 서류를 건네받는 _{아파트 매매계약 절차 ④} 다. 이로써 매매계약은 완료되었다고 볼 수 있고 이후 등기를 해야 하는 절차가 남아 있다.

❷ 부동산에 관한 권리관계의 정보는 법률에 따라 등기부에 기재되는데, 당사자의 신청에 따라 등기부에 기재하는 절차 또는 그 _{등기의 개념} 기재 자체를 등기라고 한다. 부동산 물권에 관한 사항은 등기로 사회 일반에 공개하여 게시한다. 등기부의 편성은 소유자가 아니 _{부동산 등기의 특징 ①} 라 부동산을 중심으로 하며, 한 물건에 대하여는 한 개의 등기 기 _{부동산 등기의 특징 ②} 록만 두도록 한다. 원칙적으로 한 물건에서 그 일부나 구성 부분 _{부동산 등기의 특징 ③} 에 따로 소유권이 존재할 수 없고, 몇 개의 물건을 포괄하는 하나의 소유권이 성립될 수도 없다. 예로 든 아파트의 경우를 살펴보면, 아파트에 관해서 하나의 등기부만이 존재하며 등기부의 표제부에는 아파트의 주소와 건물 상태와 같은 표시 사항이, 갑구에 _{등기부의 항목-표제부} 는 그 아파트에 대한 소유권의 성립이나 변동 상황이 기재된다. _{등기부의 항목-갑구} 전세권, 저당권과 같이 소유권이 아닌 물권들이 설정되어 있다면 이들은 을구에 기재된다. _{등기부의 항목-을구}

❸ 이러한 등기상의 공시를 신뢰하여 거래가 안정적으로 ⓐ 이루어지는 것이기 때문에 등기는 진정한 권리관계를 반영할 수 있 _{부동산과 관련된 권리관계의 변화를 반영하여 공시해야 함} 도록 해야 한다. 매매를 통해 소유권자가 바뀌는 것과 같이 새롭게 발생한 등기 원인에 의한 등기를 기입등기라고 하는데 소유권 _{기입등기의 개념} 이전등기, 저당권설정등기 등이 이에 해당한다. 또「완료된 등기 _{기입등기의 예시}   _{」: 경정등기의 개념} 가 신청상의 착오로 말미암아 실체적 법률관계와 불일치한다는 것이 확인되었을 때는 그것을 바로잡기 위한 등기」를 신청할 수도 있다. 이를 경정등기라고 한다. 경정등기에는 부동산이나 등기명 의인의 표시를 경정하는 등기가 있을 수 있고, 저당권설정등기를 _{경정등기의 예시 ①} 전세권설정등기로 경정하는 것처럼 권리 자체를 경정하는 등기가 있을 수 있다. _{경정등기의 예시 ②}

❹ 등기 신청은 원칙적으로 등기권리자와 등기의무자가 공동으 _{등기 신청 시 원칙} 로 신청하도록 하고 있는데, 이는 등기의 진정성을 확보하려는 _{등기권리자와 등기의무자가 공동으로 신청해야 하는 이유} 목적도 있다. 등기권리자는 등기부에 새롭게 권리자로 오르게 되 _{등기권리자의 개념} 는 이를, 등기의무자는 원래 권리자로 기록되었던 이를 가리킨 _{등기의무자의 개념} 다. 아파트 매매계약에 따른 등기도 매수인과 매도인이 공동으로 _{등기권리자   등기의무자} 신청해야 한다. 흔히 매수인이 등기를 신청한다는 것으로 아는 사람들이 많은데, 실은 매수인이 매도인의 등기 신청을 위임받아 _{매수인은 매도인의 등기 신청을 위임받을 수 있음} 함께 처리하는 것이 일반적이라서 그렇게 보이는 것일 뿐이다.

❺ 등기의 효력을 정하는 것과 관련하여 다음의 두 가지 원칙이

거론된다.「공시를 갖추지 않은 경우에는 제3자와의 관계에서는 물론 당사자 사이에도 물권 변동의 효력이 생기지 않는다는 원칙」을 _{「 」: 성립요건주의의 개념} 성립요건주의라 한다. 반면에「계약이 완료되면 당사자 사이에 물권 변동은 유효하게 성립하고, 다만 공시를 갖추지 않았을 때는 _「 제3자에게 물권 변동의 효력을 주장하지 못한다는 원칙은 대항 _{」: 대항요건주의의 개념} 요건주의라 한다. 우리 법제는 등기부에 명의가 기재되었을 때 그 부동산의 명의자가 소유권을 취득하는 것으로 되어 있다. _{성립요건주의를 채택함}

01

답 | ①

윗글을 이해한 내용으로 적절한 것은?

〔 정답 선지 분석 〕

① 소유권과 같은 물권은 물건에 대해 지배력을 갖는 권리이다.

> 1문단에서 물권은 물건에 대해 지배력을 갖는 권리로, 점유권, 소유권, 전세권 등이 그에 해당한다고 하였다.

〔 오답 선지 분석 〕

② 부동산에 관한 점유권, 소유권과 같은 사항은 등기부의 을구에 기재된다.

> 2문단에서 을구에는 전세권, 저당권과 같이 소유권이 아닌 물권들이 설정되어 있다면 기재된다고 하였다.

③ 등기부의 편성은 진정한 권리관계를 반영할 수 있도록 권리자를 중심으로 한다.

> 2문단에서 등기부의 편성은 소유자가 아니라 부동산을 중심으로 한다고 하였다.

④ 등기부는 관련된 당사자만 신청하여 확인할 수 있도록 하여 부동산 정보를 보호한다.

> 2문단에서 부동산 물권에 관한 사항은 등기로 사회 일반에 공개하여 게시한다고 하였다. 따라서 관련 당사자만 신청하여 확인할 수 있는 것이 아니다.

⑤ 하나의 물건에 성립한 여러 물권을 표시하기 위하여 그 물건에 대한 복수의 표제부가 붙을 수 있다.

> 2문단에서 한 물건에 대하여는 한 개의 등기 기록만 두도록 한다고 하였다. 따라서 하나의 물건에 여러 물권을 표시하기 위한 복수의 표제부가 붙을 수 없다.

02

답 | ②

㉠에 대한 이해로 적절하지 않은 것은?

〔 정답 선지 분석 〕

② 매수인은 등기의무자이기 때문에 매도인과 공동으로 등기를 신청하여야 한다.

> 등기권리자는 등기부에 새롭게 권리자로 오르게 되는 이를 가리키므로 아파트를 구입한 매수인에 해당한다. 따라서 매수인은 등기권리자이지 등기의무자가 아니다. 등기의무자는 매도인에 해당한다.

〔 오답 선지 분석 〕

① 매수인은 매도인의 등기 신청을 위임받을 수 있다.

> 등기 신청은 원칙적으로는 매도인과 매수인이 공동으로 신청하도록 하고 있으나, 매수인이 매도인의 등기 신청을 위임받아 함께 처리하는 것이 일반적이라고 하였다. 따라서 매수인은 매도인의 등기 신청을 위임받을 수 있다고 할 수 있다.

③ 매수인이 매매를 원인으로 등기명의인 변경을 위해 신청하려는 등기는 기입등기이다.

> 매매를 통해 소유권자가 바뀌는 것과 같이 새롭게 발생한 등기 원인에 의한 등기를 기입등기라고 한다.

④ 매수인이 매매대금을 완납하면 매도인은 등기에 필요한 관련 서류를 건네주어야 한다.

매매대금의 지급이 마무리되면 매수인은 등기를 해야하기 때문에 등기필증을 비롯한 관련 서류를 건네받는다. 이는 매도인이 등기에 필요한 관련 서류를 건네주어야 한다는 것이다.

⑤ 매수인은 중도금을 지급하기 전에 매도인의 동의를 얻지 않더라도 계약을 해제할 수 있다.

'중도금을 지급하기 전'이라면 계약금을 지급한 상태이다. 관행상 계약금은 위약금의 역할도 한다고 보기 때문에 매수인이라면 계약금을 포기하고서, 매도인이라면 그 두 배를 물어주고서 계약을 일방적으로 해제할 수 있다고 하였다.

03

답 | ⑤

등기에 대한 설명으로 적절하지 **않은** 것은?

정답 선지 분석

⑤ 성립요건주의를 채택한 우리 법제에서는 계약의 완료로 소유권을 취득하지만 등기 절차는 필수적이다.

성립요건주의는 공시를 갖추어야 물권 변동의 효력이 생긴다는 원칙이다. 따라서 우리 법제가 따르는 성립요건주의에서는 계약의 완료로 소유권을 취득하는 것이 아니다.

오답 선지 분석

① 대항요건주의는 등기가 소유권의 변동을 일으키는 요건이 되지 않는 원칙이다.

대항요건주의는 계약이 완료되면 당사자 사이에 물권 변동이 유효하게 성립하고, 공시를 갖추지 않을 때는 제3자에게 물권 변동의 효력을 주장하지 못한다는 원칙이다. 따라서 대항요건주의에서는 등기를 통해 공시하지 않더라도 소유권 변동이 유효하게 성립한다.

② 등기는 물건에 관한 거래의 안전을 확보하기 위해 물권에 관한 사항을 공시한다.

부동산에 관한 권리관계의 정보는 법률에 따라 등기부에 기재되며 이를 사회 일반에 공개하여 게시하는데, 이러한 등기상의 공시를 신뢰하여 거래가 안정적으로 이루어진다고 하였다.

③ 새롭게 발생한 등기 원인에 의해 저당권설정등기를 신청하는 것은 기입등기에 해당한다.

매매를 통해 소유권자가 바뀌는 것과 같이 새롭게 발생한 등기 원인에 의한 등기를 기입등기라고 하는데 소유권이전등기, 저당권설정등기 등이 이에 해당한다고 하였다.

④ 신청상의 착오로 일치하지 않는 등기의 기재가 있으면 경정등기를 신청하여 바로잡을 수 있다.

완료된 등기가 신청상의 착오로 말미암아 실체적 법률관계와 불일치한다는 것이 확인되었을 때는 그것을 바로잡기 위한 등기를 신청할 수도 있는데, 이를 경정등기라고 한다고 하였다.

04

답 | ①

ⓐ의 문맥적 의미와 유사하게 쓰인 것은?

정답 선지 분석

① 합의가 원만히 이루어진다면 이전의 관계를 회복할 수 있다.

'거래가 안정적으로 이루어지는'의 '이루어지다'는 '어떤 대상에 의하여 일정한 상태나 결과가 생기거나 만들어지다.'의 의미로 쓰인 것이다.

오답 선지 분석

② 우리 교향악단은 최정상급의 연주자들로 이루어질 것이다.

'몇 가지 부분이나 요소가 모여 일정한 성질이나 모양을 가진 존재가 되다.'의 의미로 쓰였다.

③ 이곳은 백삼십여 호로 이루어진 마을입니다.

'몇 가지 부분이나 요소가 모여 일정한 성질이나 모양을 가진 존재가 되다.'의 의미로 쓰였다.

④ 민희는 기호와의 사랑이 이루어져 행복했다.

'뜻한 대로 되다.'의 의미로 쓰였다.

⑤ 나의 소원이 이루어지니 기분이 좋다.

'뜻한 대로 되다.'의 의미로 쓰였다.

DAY 4 | 안경학개론

빠른 정답 체크

01 ③　　02 ②　　03 ⑤　　04 ①

❶ (+)구면 렌즈를 통과한 광선은 모이게 되고 (-)구면 렌즈를 통과한 광선은 퍼지게 되는데, 이때 광선을 모이게 하거나 퍼지게 하는 정도를 ㉠ <u>굴절력</u>이라고 한다. _{굴절력의 개념} 굴절력은 무한히 멀리서 렌즈로 들어온 광선이 렌즈를 통과할 때 렌즈로부터 형성된 초점과 렌즈 사이의 거리인 <u>초점 거리</u>를 역수로 표시하고, _{초점 거리의 개념} 디옵터(D)를 단위로 한다. _{굴절력의 표시 방법}　_{굴절력의 단위} 예를 들어 무한히 멀리서 렌즈로 들어온 광선이 (+)구면 렌즈를 통과한 후 $1m$ 떨어진 거리에 초점이 맺혔다면 이 구면 렌즈의 굴절력은 $+1D(=+\dfrac{1}{1m})$가 된다.

❷ 눈은 해부학적으로 크기가 정해진 굴절계로, 물체로부터 반사된 빛이 초점을 맺음으로써 시력을 형성한다. 눈은 굴절력이 일정한 각막과 굴절력이 변할 수 있는 수정체에 의해 초점이 망막에 맺히도록 하는데, _{눈의 기능} 굴절력이 부족하거나 물체가 눈앞 가까이에 있을 경우 <u>초점을 망막에 위치시키기 위해 수정체의 굴절력이 커지는 조절 작용</u>이 일어난다. _{조절 작용의 개념}

<그림>

<그림>에서 정시는 조절 작용이 없는 무조절 상태에서 무한히 멀리서 눈으로 들어온 광선의 초점이 망막에 맺히는 경우(a)로, _{정시의 개념} 이때 최대 시력을 얻을 수 있다. 비정시는 무조절 상태에서 무한히 멀리서 눈으로 들어온 광선의 초점이 망막의 앞쪽(b) 혹은 망막의 뒤쪽(c)에 맺히는 경우이다. _{비정시의 개념}

❸ 그런데 사람마다 눈의 구조와 광학적 특징에 차이가 있기 때문에 눈 굴절력이 다르다. _{평균적인 수치로 만든 모형안을 이용하는 이유} 그래서 정시와 비정시를 이해하기 위해서 평균적인 수치로 만든 모형안이 이용된다. 모형안에서 정시는 「수정체의 조절 작용이 0D인 무조절 상태에서 +59D의 눈 굴절력*」을 가지며, _{「」: 모형안에서의 정시} 0~+14D인 수정체의 조절량에 따라 눈 굴절력은 +73D까지 커질 수 있다.」 비정시는 초점이 맺히는 위치에 따라 근시와 원시로 구분된다. 모형안을 기준으로 근시는 눈 굴절력이 +59D보다 커서 초점이 망막보다 앞쪽에 맺히게 되는 경우이다. _{모형안에서의 비정시 중 근시} 반면 원시는 눈 굴절력이 +59D보다 작아서 초점이 망막보다 _{모형안에서의 비정시 중 원시}

다 뒤쪽에 맺히게 되는 경우이다.

❹ 이러한 비정시는 (±)구면 렌즈를 통해 정시로 교정될 수 있다. 예를 들어 모형안을 기준으로 할 때, 「눈 굴절력이 +61D인 근시는 -2D인 구면 렌즈를 눈앞에 대면 눈 굴절력과 (-)구면 렌즈의 굴절력이 합해져 +59D가 되기 때문에 정시로 교정되는 것이다.」 따라서 눈 굴절력을 정확히 검사하는 것은 비정시를 교정하는 데 매우 중요하다. 실제 임상 검사에서는 정시인지 비정시인지 판정하기 위해, 무한대 거리의 물체를 주시하도록 하며, 무조절 상태를 유지하도록 한다. 이때 주시하는 물체의 거리가 $5m$ 이상이면 무한대 거리로 보며, 무조절 상태를 유지하기 위해 운무법이 사용된다. 운무법은 ㉠ 눈앞에 (+)구면 렌즈를 대어 초점이 망막의 앞쪽에 맺히도록 유도하는 것이다. 그런 다음 「(-)구면 렌즈를 순차적으로 덧대어 가면서 최대 시력을 얻는 최소의 (-)구면 렌즈 값과 운무법에 사용된 렌즈 값을 합하여 비정시의 정도를 판정」한다.

* 눈 굴절력: 각막의 굴절력과 수정체의 굴절력을 포함한 눈 전체의 합성 굴절력.

01
답 | ③

윗글을 이해한 내용으로 적절하지 않은 것은?

정답 선지 분석

③ 사람마다 눈의 구조와 광학적 특징은 다르지만 눈 굴절력은 +59D로 일정하다.
3문단에서 사람마다 눈의 구조와 광학적 특성에 차이가 있기 때문에 눈 굴절력이 다르다고 하였다. 따라서 눈 굴절력이 +59D로 일정하다는 이해는 적절하지 않다는 것을 알 수 있다.

오답 선지 분석

① 각막의 굴절력은 일정하지만 수정체의 굴절력은 변할 수 있다.
2문단에서 눈은 굴절력이 일정한 각막과 굴절력이 변할 수 있는 수정체에 의해 초점이 망막에 맺히도록 한다고 하였다.

② 수정체의 조절 작용과 상관없이 초점이 망막에 맺힐 때 최대 시력이 형성된다.
2문단에서 눈은 물체로부터 반사된 빛이 수정체의 조절 작용에 의해 망막에 초점이 맺히도록 한다고 하였고, 이때 최대 시력을 얻을 수 있다고 하였다. 정시의 경우는 수정체의 조절 작용이 없는 무조절 상태에서 망막에 초점이 맺히지만 비정시의 경우 무조절 상태에서 망막에 초점이 맺히지 않는다. 그러나 수정체의 조절 작용이 일어나면 망막에 초점이 맺힐 수 있고, 이때가 최대 시력이라고 할 수 있다.

④ 정시로 교정하기 위해 근시에는 (-)구면 렌즈, 원시에는 (+)구면 렌즈가 필요하다.
4문단에서 눈 굴절력이 +61D인 근시는 -2D인 구면 렌즈를 눈앞에 대어 +59D인 정시로 교정된다고 하였다. 따라서 눈 굴절력이 +59D보다 큰 근시는 (-)구면 렌즈로, 눈 굴절력이 +59D보다 작은 원시는 (+)구면 렌즈로 교정될 수 있다는 것을 알 수 있다.

⑤ 주시하는 물체가 눈앞 가까이로 다가오면 초점을 망막에 위치시키기 위해 조절량은 커진다.
2문단에서 물체가 눈앞 가까이에 있을 경우 초점을 망막에 위치시키기 위해 수정체의 굴절력이 커지는 조절 작용이 일어난다고 하였다.

02
답 | ②

㉠에 대한 설명으로 가장 적절한 것은?

정답 선지 분석

② 굴절력이 커질수록 초점 거리의 역수도 커진다.
굴절력은 초점 거리를 역수로 표시한다고 하였다. 초점 거리는 평행한 광선이 렌즈를 통과한 후 형성된 초점과 렌즈 사이의 거리이다. 따라서 굴절력이 커지면 초점 거리의 역수도 커진다는 것을 알 수 있다.

오답 선지 분석

① 굴절력이 작을수록 초점 거리가 짧아진다.
굴절력은 초점 거리의 역수이므로 굴절력이 작을수록 초점 거리는 길어진다.

③ (+)구면 렌즈는 굴절력이 클수록 광선을 퍼지게 한다.
(+)구면 렌즈는 광선을 모이게 한다.

④ 무한히 멀리 있는 물체를 주시하는 눈의 굴절력은 0D이다.
수정체의 조절 작용이 0D인 무조절 상태에서 무한히 멀리서 눈으로 들어오는 광선의 초점이 망막에 맺힐 때 눈 굴절력은 +59D를 가진다. 광선의 초점이 망막의 앞쪽 혹은 뒤쪽에 맺히는 경우 눈 굴절력은 +59D보다 크거나 작아진다.

⑤ (-)구면 렌즈는 (+)구면 렌즈보다 광선을 모이게 하는 정도가 크다.
(+)구면 렌즈를 통과한 광선은 모이게 되고 (-)구면 렌즈를 통과한 광선은 퍼지게 된다.

03
답 | ⑤

윗글을 바탕으로 <보기>를 이해한 내용으로 적절하지 않은 것은?

보기

아래 눈은 모형안을 기준으로 무조절 상태에서 눈 굴절력이 +57D인 비정시이다.

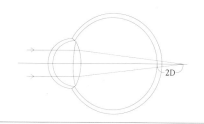

정답 선지 분석

⑤ 근시 상태를 유도하기 위해 눈앞에 댄 (+)구면 렌즈와 최대 시력을 얻은 최소의 (-)구면 렌즈를 합한 렌즈 값은 +1D가 되겠군.
<보기>에 제시된 눈은 모형안을 기준으로 +57D인 비정시이므로 초점이 망막 뒤쪽에 맺히는 원시이다. 운무법을 사용한다면 눈앞에 (+)구면 렌즈를 대어 인위적인 근시를 유도할 것이다. 그런 다음 (-)구면 렌즈를 순차적으로 덧대어 가면서 초점이 망막에 맺히게 되는 순간의 렌즈 값들을 합할 것이다. <보기>의 눈은 +57D의 원시이므로 +3D, +4D, +5D……와 같은 (+)구면 렌즈를 눈앞에 대면 인위적인 근시 상태를 유도할 수 있으며, +59D의 눈 굴절력을 갖도록 (-)구면 렌즈를 덧대야 망막에 초점이 맺힐 수 있다. 예를 들어 +3D인 구면 렌즈를 사용할 때는 -1D인 구면 렌즈를, +4D일 때는 -2D인 구면 렌즈를, +5D일 때는 -3D인 구면 렌즈를 덧대어야 망막에 초점이 맺힐 수 있다. 따라서 (+)구면 렌즈와 (-)구면 렌즈를 합한 값은 +2D라는 것을 알 수 있다.

오답 선지 분석

① 수정체의 조절량이 +2D일 때 초점이 망막에 위치해 최대 시력을 얻을 수 있겠군.
눈 굴절력이 +57D이므로 수정체의 조절량이 +2D만큼 커진다면 +59D가 되어 망막에 초점이 맺혀 최대 시력을 얻을 수 있다.

WEEK 6

정답 및 해설 | 77

② -2D인 구면 렌즈를 눈앞에 대었다면 무조절 상태를 유지할 수 없겠군.

눈앞에 (+)구면 렌즈를 대어 초점이 망막의 앞쪽에 맺히도록 유도해야 무조절 상태를 유지할 수 있다고 하였으므로, +57D에 -2D인 구면 렌즈를 눈앞에 대었다면 +55D가 되어 초점이 망막의 뒤쪽에 맺혀 무조절 상태를 유지할 수 없다.

③ +4D인 구면 렌즈를 눈앞에 대어 근시 상태로 유도하였다면 -1D인 구면 렌즈를 덧대어도 무조절 상태를 유지할 수 있겠군.

+57D에 +4D인 구면 렌즈를 대었다면 +61D가 될 것이고, 이 상태에 -1D인 구면 렌즈를 덧대어도 +60D가 되어 근시 상태가 될 것이다. 따라서 -1D인 구면 렌즈를 덧대어도 무조절 상태를 유지할 것이다.

④ +5D인 구면 렌즈를 눈앞에 대어 무조절 상태를 유도하였다면 -3D인 구면 렌즈를 덧대었을 때 최대 시력을 얻을 수 있겠군.

+57D에 +5D인 구면 렌즈를 대었다면 +62D가 될 것이고, 이 상태에 -3D인 구면 렌즈를 덧대면 +59D가 되어 정시로 교정되므로 최대 시력을 얻을 수 있다.

04
답 | ①

㉮의 이유로 가장 적절한 것은?

정답 선지 분석

① 원시를 근시로 유도하기 위해

눈앞에 (+)구면 렌즈를 대어 초점이 망막의 앞쪽에 맺히도록 유도하는 것은 무조절 상태를 유지하기 위해 인위적인 근시 상태를 만드는 것이다. 근시의 경우는 인위적으로 근시 상태를 유도할 필요가 없지만, 원시의 경우 수정체의 조절 작용을 통해 정시인 상태를 유지할 수도 있기 때문이다.

DAY 5 〈문〉_김종길 / 〈가지가 담을 넘을 때〉_정끝별 / 〈잊음을 논함〉_유한준

빠른 정답 체크

01 ② 02 ② 03 ① 04 ③ 05 ③ 06 ⑤

가

흰 벽에는 ──
색채어(시각적 심상)
어련히 해를 적마다 나뭇가지가 그림자 되어 떠오를 뿐이었다.
흰 벽에 나뭇가지가 그림자로 나타나는 모습
그러한 정밀*이 천년이나 머물렀다 한다.
시간의 흐름 - 인간 역사의 흐름

「단청은 연년(年年)이 빛을 잃어 두리기둥에는 틈이 생기고, 볕
「」: 세월의 흐름에 따라 단청과 두리기둥에 나타난 변화
과 바람이 쓰라리게 스며들었다. 그러나 험상궂어 가는 것이 서
촉각적 심상   세월이 흘러 쇠락해 가는 것
럽지 않았다.」
쇠퇴하는 인간의 역사에 서러워하지 않음

「」: 자연에 영향을 받아 쇠퇴하고 있으면서도 자연의 변화성에서 생성의 희망을 찾음
「기왓장마다 푸른 이끼가 앉고 세월은 소리없이 쌓였으나 ㉠문
쇠퇴하는 인간 역사   변함없는 것, 새로운 역사를 생성할 수 있다는 희망
은 상기 닫혀진 채 멀리 지나가는 바람 소리에 귀를 기울이는 밤
문의 의인화
이 있었다.」

주춧돌 놓인 자리에 가을풀은 우거졌어도 봄이면 돋아나는 푸
인간의 역사   계절의 변화 -자연의 순환
른 싹이 살고, 그리고 한 그루 진분홍 꽃이 피는 나무가 자랐다.

유달리도 푸른 높은 하늘을 눈물과 함께 아득히 흘러간 별들이
색채 이미지 - 민족의 밝은 미래   일제에서 해방된 우리 민족이 고향으로 다시 돌아오는 모습
총총히 돌아오고 사납던 비바람이 걷힌 낡은 처마 끝에 찬란히
민족을 억압하던 외부의 시련   서광이 비치는 모습 - 역사의 부흥 상징
빛이 쏟아지는 새벽, 오래 닫혀진 문은 산천을 울리며 열리었다.
자신의 자리를 굳게 지키는 문의 속성

「」: 밝은 미래가 도래한 것에 대한 기쁨
──「그립던 깃발이 눈뿌리에 사무치는 푸른 하늘이었다.」
민족의 소망(해방)   색채 이미지
- 김종길, 〈문〉 -

* 정밀: 고요하고 편안함.

나

이를테면 「수양의 늘어진 ㉡ 가지가 담을 넘을 때」
「」: 제약을 넘어 미지의 영역에 도달할 때   ㅁ: 부정적 진술을 통해
그건 수양 가지만의 일은 아니었을 것이다   가지가 담을 넘게 도운
미지의 영역에 도달한 것은 수양 가지 혼자 이룬 것이 아님 내적 요인을 강조
얼굴 한번 못 마주친 애먼 뿌리와
서로 닿아 있지 않은 가지와 뿌리   △: 가지가 담을 넘게 도와준 내적 요인   [A]
잠시 살 붙였다 적막히 손을 터는 꽃과 잎
한 가지에 달렸다 떨어지는 꽃과 잎
혼연일체 믿어주지 않았다면

가지 혼자서는 한없이 떨기만 했을 것이다
담을 넘을 용기를 내지 못했을 것임

△: 가지가 담을 넘을 때 겪은 시련
한 닷새 내리고 내리던 고집 센 비가 아니었으면
의인화
밤새 정분만 쌓던 도리 없는 폭설이 아니었으면
의인화
담을 넘는다는 게

가지에게는 그리 신명 나는 일이 아니었을 것이다
시련을 극복하는 과정을 신명 나는 일이라고 봄 - 긍정적 인식
무엇보다 가지의 마음을 머뭇 세우고   [B]

담 밖을 가둬두는
담을 넘어야 만날 수 있는 세상
저 금단의 담이 아니었으면
가지의 장애물이면서 도전 의식을 고취하는 대상
「담의 몸을 가로지르고 담의 정수리를 타 넘어
「」: 자유를 얻는 행위
담을 열 수 있다는 걸」

수양의 늘어진 가지는 꿈도 꾸지 못했을 것이다
담이 있었기 때문에 가지가 담을 넘고자 하는 꿈을 꾸게 된 것임

그러니까 「목련 가지라든가 감나무 가지라든가
가지가 담을 넘는 식물들 - 대상의 범위 확장
줄장미 줄기라든가 담쟁이 줄기라든가」

가지가 담을 넘을 때 가지에게 담은   [C]

무명에 획을 긋는
「」: 어형의 유사성을 활용한 시구를
「도박이자 도반*이었을 것이다」   구성함으로써 가지에게 담이
담을 넘는 행위의 성공이 보장되지 않는다는 의미   지닌 이중적 가치를 부각함
- 정끝별, 〈가지가 담을 넘을 때〉 -

* 도반: 함께 도를 닦는 벗.

다

나는 이홍에게 이렇게 말했다.

"ⓐ 너는 잊는 것이 병이라고 생각하느냐? 잊는 것은 병이 아니
잊음에 대한 '나'의 생각 ①
다. 너는 잊지 않기를 바라느냐? 잊지 않는 것이 병이 아닌 것은
잊음에 대한 '나'의 생각 ①

아니다. ⓑ 그렇다면 잊지 않는 것이 병이 되고, 잊는 것이 도리어 병이 아니라는 말은 무슨 근거로 할까? 잊어도 좋을 것을 잊지 못하는 데서 연유한다. 잊어도 좋을 것을 잊지 못하는 사람에게는 잊는 것이 병이라고 치자. 그렇다면 잊어서는 안 되는
<small>잊지 않는 것이 병이 되고, 잊는 것이 병이 아닌 바탕</small>
것을 잊는 사람에게는 잊는 것이 병이 아니라고 말할 수 있다.
ⓒ 그 말이 옳을까?
<small>잊어서는 안 되는 것을 잊는 사람에게는 잊는 것이 병이 아니라는 주장에 대한 의문</small>

　천하의 걱정거리는 어디에서 나오겠느냐? 잊어도 좋을 것은
<small>사람에게 걱정거리가 생기는 이유</small>
잊지 못하고 잊어서는 안 될 것은 잊는 데서 나온다. 눈은 아름다움을 잊지 못하고, 귀는 좋은 소리를 잊지 못하며, 입은 맛난 음식을 잊지 못하고, 사는 곳은 크고 화려한 집을 잊지 못한다.
천한 신분인데도 큰 세력을 얻으려는 생각을 잊지 못하고, 집안
<small>자신의 처지와 맞지 않는 생각을 잊지 못할 때 걱정거리가 생김</small>
이 가난하건만 재물을 잊지 못하며, 고귀한데도 교만한 짓을 잊지 못하고, 부유한데도 인색한 짓을 잊지 못한다. 의롭지 않은 물건을 취하려는 마음을 잊지 못하고, 실상과 어긋난 이름을 얻으려는 마음을 잊지 못한다.

　그래서 잊어서는 안 될 것을 잊는 자가 되면,「어버이에게는 효심
을 잊어버리고, 임금에게는 충성심을 잊어버리며, 부모를 잃고
<small>□ : 사람이 절대 잊어서는 안 될 것</small>
서는 슬픔을 잊어버리고, 제사를 지내면서 정성스러운 마음을 잊어버린다. 물건을 주고받을 때 의로움을 잊고, 나아가고 물러날 때 예의를 잊으며, 낮은 지위에 있으면서 제 분수를 잊고, 이해의 갈림길에서 지켜야 할 도리를 잊는다.」
<small>「」: 구체적인 예시를 열거하여 내용을 전개함</small>
ⓓ 먼 것을 보고 나면 가까운 것을 잊고, 새것을 보고 나면 옛것을 잊는다. 입에서 말이 나올 때 가릴 줄을 잊고, 몸에서 행동이 나올 때 본받을 것을 잊는다. 내적인 것을 잊기 때문에 외적인
<small>잊어서는 안 될 것　　　　잊어도 되는 것</small>
것을 잊을 수 없게 되고, 외적인 것을 잊을 수 없기 때문에 내적인 것을 더더욱 잊는다.

　ⓔ 그렇기 때문에 하늘이 잊지 못해 벌을 내리기도 하고, 남들이 잊지 못해 질시의 눈길을 보내며, 귀신이 잊지 못해 재앙을 내린다. 그러므로 잊어도 좋을 것이 무엇인지를 알고 잊어서는
<small>'나'가 궁극적으로 지향하는 바</small>
안 되는 것이 무엇인지를 아는 사람은 내적인 것과 외적인 것을 서로 바꿀 능력이 있다. 내적인 것과 외적인 것을 서로 바꾸는
<small>잊어서는 안 될 것을 잊지 않는 사람</small>
사람은, 다른 사람의 잊어도 좋을 것은 잊고 자신의 잊어서는
<small>잊어야 할 것과 잊어서는 안 될 것을 구별할 수 있음</small>
안 될 것은 잊지 않는다.”

- 유한준, 〈잊음을 논함〉 -

01
답 | ②

(가)~(다)에 대한 설명으로 가장 적절한 것은?

정답 선지 분석

② (가)는 동일한 색채어를, (나)는 유사한 문장 구조를 반복적으로 제시하며 시상을 전개한다.
　(가)에서는 색채어 '푸른'이 3연, 4연, 5연, 6연에 반복적으로 제시되어 있다. (나)에서는 1연과 3연에서 '가지가 담을 넘을 때 ~을 것이다'와 2연에서 '~이(가) 아니었으면'에서 유사한 문장 구조의 반복을 확인할 수 있다.

오답 선지 분석

① (가)는 명시적 청자에게 말을 건네는 방식으로 화자의 감정을 드러낸다.
　(가)에서는 명시적 청자로 설정된 대상이 제시되어 있지 않다.

③ (가)와 (나)는 모두, 사라져 가는 대상에 대한 화자의 안타까움을 드러낸다.
　(가)는 '단청은 연년이 빛을 잃어'에서 사라져 가는 대상이 나타나기는 하지만 이에 대해 화자가 안타까움의 감정을 나타내는 것은 아니다. (나)에서는 사라져 가는 대상이나 이에 대한 화자의 안타까움을 확인할 수 없다.

④ (나)는 사물을 관조함으로써, (다)는 세태를 관망함으로써 주제 의식을 부각한다.
　(나)는 수양의 늘어진 가지가 담을 넘어가는 모습을 관조하여 주제 의식을 부각한다고 볼 수 있지만 (다)에서는 세태를 관망하는 글쓴이의 태도를 확인할 수 없다.

⑤ (가), (나), (다)는 모두, 대상과 소통하며 문제 해결 과정을 연쇄적으로 제시한다.
　(가), (나)의 경우 대상과 소통하는 모습을 확인할 수 없을 뿐만 아니라 문제 해결 과정이 연쇄적으로 제시되고 있다고 보는 것 역시 적절하지 않다. (다)의 경우 글쓴이가 이홍에게 자신의 생각을 전달하고 있으므로 대상과 소통을 시도하는 모습이 나타난다고 해석할 여지가 있다. 또한 글쓴이가 제기한 문제를 해결하는 과정이 논리적 흐름에 따라 나타나므로 문제 해결 과정이 연쇄적으로 제시되어 있다고 볼 여지가 있다.

02
답 | ②

㉠과 ㉡에 대한 이해로 가장 적절한 것은?

정답 선지 분석

② ㉠은 자신의 자리를 지켜 내는, ㉡은 자신의 영역을 확장하는 모습을 보인다.
　(가)에서 '문'은 '기왓장마다 푸른 이끼가 앉고 세월은 소리없이 쌓'여 있는 '천 년'이라는 오랜 시간 동안 자신의 자리를 지켜 내는 모습을 보인다. (나)에서 '가지'는 담을 넘는 모습을 보이는데, 이는 자신의 영역을 '담 밖'으로 확장하는 것으로 이해할 수 있다.

오답 선지 분석

① ㉠은 주변 대상의 도움을 받으며 미래로 나아가고, ㉡은 주변 대상에게 도움을 주며 미래를 대비한다.
　(가)에서 '문'은 시간의 흐름에 따라 새벽이 오는 순간 닫힌 문을 열었다고 말하고 있을 뿐이므로 주변 대상의 도움을 받으며 미래로 나아간다고 말하는 것은 적절하지 않다. (나)에서 '가지'는 주변 대상에게 도움을 주는 모습을 보이고 있지 않다.

③ ㉠은 주변과 단절된 상황을 극복하려 하고, ㉡은 외부의 간섭을 최소화하려 한다.
　(가)에서 '문'이 주변과 단절된 상황에 놓여 있다고 판단할 근거가 없다. (나)에서 화자는 '가지'가 다른 존재의 도움을 받아 담을 넘는다고 인식하고 있으므로 가지가 외부의 간섭을 최소화하려 한다고 말하는 것은 적절하지 않다.

④ ㉠과 ㉡은 외면의 변화를 통해 내면의 불안을 감추려 한다.
　(가)에서 '문'이 외면의 변화를 보이고 있지 않으며, 내면의 불안을 감추려는 모습 역시 확인할 수 없다. (나)에서 '가지' 역시 외면의 변화나 내면의 불안을 감추려는 모습을 확인할 수 없다.

⑤ ㉠과 ㉡은 과거의 행위에 대해 반성하는 모습을 보인다.
　(가)에서 '문'이 과거의 행위를 반성하는 모습을 확인할 수 없으며, (나)에서 '가지'가 과거의 행위를 반성하는 모습 역시 확인할 수 없다.

03

답 | ①

<보기>를 참고하여 (가)를 감상한 내용으로 적절하지 않은 것은?

보기

   (가)에서 순환하는 자연이 가진 변화의 힘은 인간 역사의 쇠락과 생성에 관여한다. 인간의 역사는 쇠락의 과정에서도 생성의 기반을 잃지 않고, 자연과 어우러지며 자연의 힘을 탐색하거나 수용한다. 이를 통해 '문'은 새로운 역사를 생성할 가능성을 실현하게 되고, 인간의 역사는 '깃발'로 상징되는 이상을 향해 다시 나아갈 수 있게 된다.

정답 선지 분석

① '흰 벽'에 나뭇가지가 그림자로 나타나는 것은, 천년을 쇠락해 온 인간의 역사가 자연의 힘을 탐색하는 과정에서 자연의 모습에 영향을 미친 결과를 보여 주는군.

'흰 벽'에 나뭇가지가 그림자로 나타나는 것은 '해들 적마다' 벽에 나뭇가지의 그림자가 나타나는 상황을 나타내는 것으로 볼 수 있다. 그리고 화자는 이러한 모습이 천년을 이어왔다고 말하고 있다. 이는 오랜 시간 동안 인간의 역사와 자연이 관련되어 있음을 나타내는 것일 뿐 이를 인간의 역사가 자연의 힘을 탐색하는 과정에서 자연의 모습에 영향을 미친 결과를 보여 주는 것으로 해석하는 것은 적절하지 않다.

오답 선지 분석

② '두리기둥'의 틈에 볕과 바람이 쓰라리게 스며드는 것을 서럽지 않다고 한 것은, 쇠락해 가는 인간의 역사가 자연이 가진 변화의 힘을 수용함을 드러내는군.

'단청은 연년이 빛을 잃는' 것은 인간 역사의 쇠락을 의미한다고 볼 수 있다. 그런데 화자는 단청의 '두리기둥'의 틈에 볕과 바람이 쓰라리게 스며드는 것을 서럽지 않다고 말하고 있다. 이는 자연이 가진 변화의 힘을 수용하는 것을 의미한다고 볼 수 있다.

③ '기왓장마다' 이끼와 세월이 덮여 감에도 멀리 있는 바람 소리에 귀를 기울이는 것은, 자연의 영향을 받으면서도 자연이 가진 변화의 힘에서 생성의 가능성을 찾는 모습이겠군.

'기왓장마다' 이끼와 세월이 덮여 가는 것은 자연의 영향을 받는 모습으로, '멀리 지나가는 바람 소리에 귀를 기울이는' 것은 자연이 가진 변화의 힘에서 생성의 가능성을 찾는 모습으로 해석할 수 있다.

④ '주춧돌 놓인 자리'에 봄이면 푸른 싹이 돋고 나무가 자라는 것은, 생성의 기반을 잃지 않은 인간의 역사가 자연과 어우러져 생성의 힘을 수용하는 모습이겠군.

'주춧돌'은 인간의 역사를 의미한다고 볼 수 있다. 따라서 '주춧돌 놓인 자리'에 '푸른 싹이 살고, 그리고 한 그루 진분홍 꽃이 피는 나무가 자'란다는 것은 생성의 기반을 잃지 않는 인간의 역사가 자연과 어우러져 생성의 힘을 수용하는 것으로 해석할 수 있다.

⑤ '닫혀진 문'이 별들이 돌아오고 낡은 처마 끝에 빛이 쏟아지는 새벽에 열리는 것은, 순환하는 자연 속에서 인간의 역사를 다시 생성할 가능성이 나타남을 보여 주는군.

'별들이 총총히 돌아오'는 것과 '찬란한 빛이 쏟아지는 새벽'은 순환하는 자연의 모습으로 이해할 수 있다. 이러한 시간에 '닫혀진 문'이 열리는 것은 순환하는 자연 속에서 인간의 역사를 다시 생성할 가능성이 나타나는 것을 보여 주는 것으로 이해할 수 있다.

04

답 | ③

(나)에 대한 이해로 가장 적절한 것은?

정답 선지 분석

③ [B]에서는 '가지의 마음을 머뭇 세우'는 대상을 '신명 나는 일'에 연결하여 '정수리를 타 넘'는 행위의 의미를 드러낸다.

'가지의 마음을 머뭇 세우'는 대상은 '담'이라고 볼 수 있다. 화자는 가지가 담을 넘는 것을 '신명 나는 일'이라고 말하고 있는데, 이는 가지가 '담의 정수리를 타 넘'는 행위의 의미를 드러낸 것으로 해석할 수 있다.

오답 선지 분석

① [A]에서는 '얼굴 한번 못 마주친' 상황과 '손을 터는' 행위가 '한없이' 떠는 가지의 마음으로 인한 것임을 드러낸다.

'얼굴 한번 못 마주친' 것은 수양의 가지와 뿌리가 서로 떨어져 있는 상황을, '손을 터는' 것은 꽃과 잎이 가지에서 떨어지는 상황을 나타낸 것이므로 이를 '한없이' 떠는 가지의 마음으로 인한 것이라고 해석하는 것은 적절하지 않다.

② [B]에서는 '고집 센'과 '도리 없는'을 통해 가지가 '꿈도 꾸지 못'하게 만든 두 대상의 성격을 부각한다.

'고집 센'은 '비'의 성격을, '도리 없는'은 '폭설'의 성격을 나타낸 것으로 볼 수 있다. 그런데 가지로 하여금 '꿈도 꾸지 못'하게 하는 대상은 '비'나 '폭설'이 아니라 '담'이다. 따라서 '고집 센'과 '도리 없는'이 가지가 '꿈도 꾸지 못'하게 만든 두 대상의 성격을 부각한다고 설명하는 것은 적절하지 않다.

④ [A]에서 '가지만의'와 '혼자서는'에 나타난 가지의 상황은, [B]에서 '담 밖'을 가두어 [C]에서 '획'을 긋는 가지의 모습으로 이어진다.

'가지만의'와 '혼자서는'은 가지가 다른 존재의 도움 없이 홀로 무엇인가를 이루려는 모습을 나타낸 것으로 볼 수 있다. 그리고 '담 밖을 가두는' 것은 가지가 담을 넘지 못하는 상황을, '무명에 획을 긋는' 것은 가지가 담을 넘는 상황을 나타내고 있다. 화자는 가지가 혼자만의 힘으로는 담을 넘지 못할 것이라 생각하고 있으므로 '가지만의'와 '혼자서는'에 나타난 가지의 상황이 '획'을 긋는 가지의 모습으로 이어진다고 설명하는 것은 적절하지 않다.

⑤ [A]에서 '않았다면'과 [B]에서 '아니었으면'이 강조하는 대상들의 의미는, [C]에서 '목련'과 '감나무' 사이의 관계에서도 나타난다.

'않았다면'이 강조하는 대상들은 혼연일체의 모습을 보이는 대상들, 즉 뿌리, 꽃과 잎 등으로 볼 수 있다. 그리고 '아니었으면'이 강조하는 대상들은 비, 폭설, 담으로 볼 수 있다. 그런데 '목련'과 '감나무'는 수양과 마찬가지로 담을 넘어서려는 존재들을 나타내므로 이들의 관계를 앞에서 언급한 뿌리, 꽃과 잎의 의미나 비, 폭설, 담의 의미와 관련지어 해석하는 것은 적절하지 않다.

05

답 | ③

@~@에 대한 설명으로 적절하지 않은 것은?

정답 선지 분석

③ ©: 잊음에 대해 '나'가 제시한 가정적 상황이 틀리지 않았음을 강조하기 위한 물음이다.

'잊어도 좋을 것을 잊지 못하는 사람에게는 잊는 것이 병이라고 치'는 것과 '잊어서는 안 되는 것을 잊는 사람에게는 잊는 것이 병이 아니라고 말'하는 것은 모두 그릇된 상황이다. 글쓴이는 그릇된 가정적 상황을 먼저 제시한 후 ©와 같은 질문을 던져 이 상황이 옳지 않다는 것을 강조하고 있다. 따라서 ©가 글쓴이가 제시한 가정적 상황이 틀리지 않았음을 강조하기 위한 질문이라고 해석하는 것은 적절하지 않다.

오답 선지 분석

① @: 잊는 것에 대한 '나'의 생각을 전개하기 위한 물음이다.

@에서 글쓴이는 '잊는 것이 병이라고 생각하느냐?'는 질문을 던지고 있는데, 이는 잊는 것에 대한 '나'의 생각을 전개하기 위해 상대방에게 던진 물음이라고 볼 수 있다.

② ⓑ: 잊음에 대한 '나'의 생각이 어디에서 비롯된 것인지에 대한 답을 제시하기 위해 던지는 물음이다.

ⓑ에서 글쓴이는 '잊지 않는 것이 병이 되고, 잊는 것이 도리어 병이 아니라는 말'의 근거가 무엇인지에 대해 질문을 던지고 있다. 이는 잊음에 대한 '나'의 생각의 근거를 제시하기 위해 던진 질문이라고 볼 수 있다.

④ ⓓ: 잊지 못하는 것과 잊어버리는 것의 관계를 대비적 표현을 통해 제시하며 잊음에 대한 '나'의 생각을 드러내는 진술이다.

'먼 것'과 '가까운 것', 그리고 '새것'과 '옛것'은 모두 '잊지 못하는 것'과 '잊어버리는 것'의 관계처럼 서로 대조적 의미를 지니고 있다. 따라서 ⓓ는 잊지 못하는 것과 잊어버리는 것의 관계를 대비적 표현을 통해 제시한 것으로 볼 수 있다. 이를 통해 글쓴이는 잊음에 대한 생각, 즉 대조적 관계를 지닌 대상 중에 하나를 취하면 다른 하나를 잊게 된다는 생각을 드러내고 있다.

⑤ ⓔ: 잊음의 대상을 제대로 구분하지 못할 때 일어날 수 있는 일을 열거하여 잊음에 대한 '나'의 생각이 옳음을 강조하는 진술이다.

글쓴이는 잊어야 할 대상을 제대로 구분하지 못하면 하늘이 내리는 벌을 받거나, 남들로부터 질시의 눈길을 받거나, 귀신이 내리는 재앙을 당할 수 있다고 말하고 있다. 따라서 ⓔ는 잊음의 대상을 제대로 구분하지 못할 때 일어날 수 있는 일을 열거한 것으로 볼 수 있으며, 이를 통해 잊음에 대한 자신의 생각이 옳다는 것을 강조하는 것으로 볼 수 있다.

06

답 | ⑤

<보기>를 참고하여 (나), (다)를 감상한 내용으로 적절하지 않은 것은?

보기

(나)와 (다)에는 주체가 대상을 바라보고 사유하여 얻은 인식이 드러난다. 이는 대상에서 발견한 새로운 의미를 보여 주는 방식이나, 대상의 속성에 주목하여 얻은 깨달음을 제시하는 방식으로 나타난다.

정답 선지 분석

⑤ (나)는 담의 의미를 사유하여 담이 '도박이자 도반'이라는, (다)는 '예의'나 '분수'를 잊지 않아야 함에 주목해 '잊지 않는 것이 병이 아닌 것은 아니'라는 깨달음을 드러내는군.

(나)에서 화자는 '담'이 가지에게는 넘고자 하는 대상이라는 점에서 '도박'의 의미를 지님과 동시에 '담'이 없으면 넘어설 대상조차 없기 때문에 '도반'이 될 수 있다고 말하고 있다. 이는 '담'이 '가지'에게 양면적 속성의 대상이라는 인식을 표출한 것으로 볼 수 있다. (다)에서 '예의'나 '분수'는 잊지 않아야 할 대상이므로 '잊지 않는 것이 병이 아닌 것은 아니'라는 깨달음을 주는 것이 아니라 반대로 잊지 않는 것이 병이 아니라는 깨달음을 주는 존재로 볼 수 있다.

오답 선지 분석

① (나)는 '수양'을 부분으로 나눠 살피고 부분들의 관계가 '혼연일체'라는 것을 발견해 수양이 하나의 통합된 대상이라는 인식을 드러내는군.

(나)에서 화자는 '수양'을 '가지', '뿌리', '꽃과 잎'으로 나눠 살피고 있다. 그리고 이들을 '혼연일체'라고 말하여 수양이 하나의 통합된 대상이라는 인식을 보이고 있다.

② (다)는 '잊어도 좋을 것'과 '잊어서는 안 될 것'에 대해 사유하여 타인과 자신의 관계 속에서 지켜야 할 자세에 대한 깨달음을 드러내는군.

(다)의 2문단에서는 '잊어도 좋을 것'에 대해, 3문단에서는 '잊어서는 안 될 것'에 대해 말하고 있다. 특히 잊어서는 안 될 것을 말하는 3문단에서 글쓴이는 효심, 충성심, 의로움, 예의, 분수, 도리 등 타인과 자신의 관계 속에서 지켜야 할 자세에 대한 깨달음을 드러내고 있다.

③ (다)는 '내적인 것과 외적인 것을 서로 바꾸는 사람'의 특성에 주목해 잊음의 본질에 대한 깨달음이 바람직한 삶의 태도를 이끈다는 인식을 드러내는군.

(다)의 마지막 문단에서 글쓴이는 '내적인 것과 외적인 것을 서로 바꾸는 사람은, 다른 사람의 잊어도 좋을 것은 잊고 자신의 잊어서는 안 될 것은 잊지 않는다'고 말하고 있다. 이는 '내적인 것과 외적인 것을 서로 바꾸는 사람'의 특성으로 잊음의 본질에 대한 깨달음을 통해 바람직한 삶의 태도를 갖게 되었음을 꼽는 것이라고 해석할 수 있다.

④ (나)는 '담쟁이 줄기'의 속성에 주목해 담쟁이 줄기가 담을 넘을 수 있다는, (다)는 잊어서는 안 될 것을 잊는 데 주목해 '내적인 것'을 잊으면 '외적인 것'에 매몰된다는 인식을 드러내는군.

(나)에서 화자는 '담쟁이 줄기'가 담을 타고 올라가 담을 넘는 속성을 가지고 있다는 것에 주목하고 있다. (다)의 4문단에서 글쓴이는 '내적인 것'을 잊으면 '외적인 것'에 매몰된다는 인식을 표출하고 있다. 여기서 '내적인 것'은 잊어서는 안 될 것을, '외적인 것'은 잊어야 할 것을 나타낸다.

DAY 6 〈숙영낭자전〉_작자 미상

빠른 정답 체크

01 ⑤   **02** ②   **03** ③   **04** ③

선군이 한림원에 다녀온 후 편지 먼저 하는지라. 노복이 주야로
_{부모님과 숙영에게 한 장씩 편지를 씀}
내려와 상공께 편지를 드리니, 한 장은 부모님께, 한 장은 낭자에게 부친 편지거늘, 부모님께 올린 편지를 상공이 열어 보니,

[A]
"문안드립니다. 그사이 부모님께서는 평안하셨나이까? 저
_{부모님의 안부를 먼저 물은 뒤 자신의 안부를 전함}
는 부모님 덕분에 무탈하옵니다. 또한 천은을 입어 금번에
장원 급제하여 한림학사로 입조하여 도문*하니, 일자는 금
월 망일이오니 잔치는 알아서 준비해 주옵소서."

하였더라.

낭자에게 온 편지를 부인 정 씨 춘양에게 주며,
_{숙영과 선군의 딸}
"ⓐ 이 편지는 네 어미에게 부친 편지라. 네가 잘 간수하라."

하고 부인 통곡하니 춘양이 그 편지를 받고 울며 동춘을 안고 방
_{숙영과 선군의 아들. 춘양의 동생}
에 들어가 어미 시신 흔들고 울며, 편지 열어 낯에 대고 통곡 왈,
_{숙영은 상공으로부터 가문의 명예를 실추했다는 오해를 받고 자결함}
"어머님 일어나소. 아버님 편지가 왔나이다. 일어나소. 아버님

장원 급제하여 내려오시나이다."

하며 편지로 낯을 덮으며,

"동춘은 연일 젖 먹자고 웁니다. 어머님 평시 글을 좋아하시더

니 아버님 편지 왔사온데 어찌 반기지 아니하시나이까? 춘양은

글을 몰라 어머님 영전에 읽어 드리지 못하나니 답답하나이다."
_{춘양은 선군이 보낸 편지를 죽은 숙영에게 읽어 줄 수 없음}
하고 할머님께 빌며,
_{정 씨}
"할머님께서 어머님 영전에 가 편지를 읽으시면 어머님 영혼이
_{정 씨에게 편지를 읽어 달라고 부탁하고 있음}
감동할 듯하나이다."

하니 정 씨 마지못해 방에 들어가 울면서 편지를 읽는지라.

"낭자께 문안 전하니, 애정 담은 편지 한 장 올리나이다. 「우
_{「 」: 숙영에 대한 그리움}
리의 태산 같은 정이 천리에 가림에, 낭자의 얼굴을 보고 싶

어도 볼 수 없고, 낭자를 생각하지 않아도 절로 생각이 납니

다.」 요사이 그대의 그림이 전과 빛이 달라 날로 변하나이다.
_{숙영에게 좋지 않은 일이 생겼음을 짐작함}
[B] 무슨 병이 들었는지 몰라 객창 등불 아래에서 수심으로 잠
_{선군은 숙영이 병이 들었다고 생각함}

들지 못하니 답답합니다. 낭자의 지극한 정성으로 장원 급
제하여 이 몸이 영화롭게 내려가니, 어찌 낭자의 뜻을 맞추
지 아니하였으리오? 날짜는 금월 모일이니 바라건대 낭자는
천금 같은 옥체를 보존하소서. 내려가 반갑게 만나사이다."

자신이 장원 급제한 것을 숙영의 공으로 돌림
숙영과의 재회를 기대함

정 씨 보기를 다함에 더욱 슬픈 마음을 진정치 못하여 통곡하며,

"ⓑ 슬프다, 춘양아! 가련타, 동춘아! 너희 어미 잃고 어찌 살라
하는가?"

[중략 부분의 줄거리] 선군은 숙영이 시아버지로부터 가문의 명예를 실추했
다는 오해를 받고 자결한 것을 알게 된다. 숙영은 장례 중 부활해 선군과 집
에 돌아온다.

비현실적 요소

상공과 정씨 부인 내달아 낭자를 붙들고 통곡하며,

"낭자는 어디를 갔다 왔느냐?"

부활하여 돌아온 숙영에게 하는 말

하며 참혹한 마음을 이기지 못하더라. 낭자 상공과 정씨 부인 앞
에 가 절하고 사뢰되,

"ⓒ 첩은 천상의 죄 있으니 천명이 아닌 것이 없습니다. 너무 한
탄치 마옵소서."

하며,

"ⓓ 옥황상제님이 우리를 올라오라 하시니 천명을 거스르지 못
하여 올라가옵나이다."

숙영이 하늘로 올라가야 하는 이유

하니, 상공 부부 더욱 처량한 심사를 측량치 못할러라. 낭자 백학
선과 약주 한 병을 드리며,

"ⓔ 이 백학선은 몸이 추우면 더운 바람이 나오니 천하 유명한
보배이옵고, 약주는 기운 불편하시거든 드십시오. 백학선과 약
주를 몸에 지니시오면 백세 무양하오리다."

하고,

"**부모님 돌아가실 때 연화궁**의 세계로 모셔 가오이다. 천상 선
관이 연화궁에 자주 다니오니 극락 연화궁으로 오시면 반가이
만나 뵈오리다."

사후의 일을 기약함

하고 선군더러,

"우리 올라갈 때가 급하였으니, 하직하고 **올라가사이다**."

하니 선군이 부모지정을 잊지 못하여 새로이 슬퍼하니, 선군과
낭자 **부모를 위로하여** 나아가 엎드려 고왈,

"소자 등은 세상 연분이 다하였삽기로 오늘 하직하옵나이다."

숙영과 선군이 하직 인사를 올림

하고 인하여 **하직**하며,

"부모님 내내 평안하옵소서."

하고 청사자 한 쌍을 몰아 한림은 동춘을 낭자는 춘양을 안고, 구
름에 싸여 올라가는지라.

숙영 가족이 모두 하늘로 올라감

상공 부부 낭자와 선군이 천궁에 올라간 후로 망연해하며 **세간**

가족을 잃고 허망해함

을 다 나누어 주고, 백세를 살다가 한날한시에 별세하더라.

— 작자 미상, 〈숙영낭자전〉 —

*도문: 과거 급제하고 집에 오던 일.

01

답 | ⑤

'춘양'에 대한 설명으로 가장 적절한 것은?

정답 선지 분석

⑤ 아버지의 소식을 어머니에게 전하고 싶은 마음을 행동으로 표출한다.
춘양은 '어미 시신 흔들고 울며, 편지 열어 낯에 대고 통곡'하며, '아버님 편지가 왔'다고 말한
다. 이로부터 아버지의 소식을 어머니에게 전하고 싶은 마음을 행동으로 표출함을 알 수 있다.

오답 선지 분석

① 아버지를 보고 싶은 심정을 어머니 영전에서 언급한다.
춘양은 '어미 시신 흔들고 울며, 편지 열어 낯에 대고 통곡'하며, '아버님 편지가 왔'다고 말한
다. 이로부터 아버지의 소식을 어머니에게 전하고 싶은 마음을 행동으로 표출함을 알 수 있다.

② 할머니로부터 아버지의 편지를 받아 어머니에게 읽어 준다.
할머니로부터 아버지의 편지를 받았지만 '춘양은 글을 몰라 어머님 영전에 읽어 드리지 못'
해 답답해한다. 이를 통해, 춘양이 어머니에게 편지를 읽어 주지는 않았음을 알 수 있다.

③ 할머니와 함께 어머니 생전의 일화에 대해 이야기를 나눈다.
춘양은 할머니께 편지를 읽어 주기를 요청할 뿐, 할머니와 함께 어머니 생전의 일화에 대해
이야기를 나누지는 않는다.

④ 동생이 어머니가 살아 있는 줄 알고 찾아가려 하자 동생을 막아선다.
춘양은 동생인 '동춘을 안고' 어머니의 시신이 있는 '방에 들어'갔으며, 동춘은 '젖 먹자고' 울
뿐 어머니가 살아 있는 줄 알고 찾아가려 하거나 이를 춘양이 막아서는 모습은 나타나지 않
는다.

02

답 | ②

[A], [B]에 대한 이해로 가장 적절한 것은?

정답 선지 분석

② [B]에서는 받는 이를 만나고 싶지만 당장 그럴 수 없는 처지를 언급하며 안
타까운 심정을 드러낸다.
[B]에서 선군은 '태산 같은 정이~볼 수 없고'라며, 받는 이를 만나고 싶지만 당장 그럴 수 없
는 처지를 언급하며 안타까운 심정을 드러내고 있다.

오답 선지 분석

① [A]에서는 자신의 안부를 전한 뒤 곧이어 받는 이의 안부를 묻는다.
[A]에서는 '그사이 부모님께서는 평안하셨나이까?'라며 받는 이의 안부를 먼저 묻고 나서
'저는 부모님 덕분에 무탈하'다는 자신의 안부를 전하고 있다.

③ [B]에서는 받는 이의 건강에 문제가 있다는 소식을 듣고 걱정하는 마음을
드러낸다.
[B]에서 글쓴이는 받는 이의 건강에 문제가 있다는 소식을 들은 것이 아니라, '그대의 그림이
전과~달라 날로 변하'는 것을 보고 짐작을 통해 받는 이를 걱정하는 마음을 드러내고 있다.

④ [A]와 [B]에서 모두 자신이 뜻한 바를 이루었음을 전하고, 받는 이에게 그
공을 돌리며 감사해한다.
글쓴이는 [B]에서 '낭자의 지극한 정성으로~뜻을 맞추지 아니하였으리오?'라고 하며 상대방
의 뜻에 합당한 일을 이루었음을 말하면서 받는 이에게 그 공을 돌리며 감사하지만, [A]에
서는 '천은을 입'었다고 말할 뿐 받는 이에게 그 공을 돌리며 감사하지는 않는다.

⑤ [A]와 [B] 모두 당부의 말을 전하는데, [A]에서는 받는 이가 글쓴이의 노력을 알아주길 바라고, [B]에서는 받는 이가 스스로 잘 처신하기를 바란다.
[B]에서는 '천금 같은 옥체를 보존하'라면서 받는 이가 스스로 잘 처신하기를 바라는 당부의 내용이 나오지만, [A]에서 '잔치는 알아서 준비해' 달라는 부탁을 전할 뿐 받는 이가 글쓴이의 노력을 알아주길 바라는 당부는 나타나지 않는다.

03
답 | ③

ⓐ~ⓔ를 이해한 내용으로 적절하지 않은 것은?

정답 선지 분석

③ ⓒ: 자신의 운명은 하늘의 뜻이라고 함으로써 집에 온 자신을 책망하지 말 것을 부탁하고 있다.
ⓒ에서 숙영이 '천명이 아닌 것이 없'다고 말하는 데에서 자신의 운명은 하늘의 뜻으로 생각하고 있음을 알 수 있다. 그러나 숙영이 '너무 한탄치' 말라고 말하는 것은 시아버지의 오해로 인해 자신이 죽었다가 다시 살아나게 된 일 때문에 너무 괴로워하지 말라는 것이지 집에 돌아온 자신을 책망하지 말라고 부탁하는 것으로 볼 수는 없다.

오답 선지 분석

① ⓐ: 편지의 수신인이 누구인지 말해 주며 상대가 편지의 중요성을 인식하게 하고 있다.
정 씨는 편지의 수신인이 '네 어미'임을 말해 주고 있으며 상대에게 '잘 간수 하라'면서 상대가 편지의 중요성을 인식하게 하고 있다.

② ⓑ: 손주들을 호명하며 격해진 감정과 그들을 불쌍해하는 마음을 표출하고 있다.
정 씨는 '춘양아', '동춘아'라고 손주들을 호명하면서 '슬픈 마음을 진정치 못하여 통곡'할 만큼 격해진 감정과 '너희 어미 잃고 어찌 살라하는가?'라며 그들을 불쌍해하는 마음을 표출하고 있다.

④ ⓓ: 옥황상제의 부름을 거절할 수 없다고 말함으로써 이별이 예정되어 있음을 언급하고 있다.
숙영은 옥황상제의 '올라오라'는 부름에 '천명을 거스르지 못하여 올라'간다고 말함으로써 예정된 이별에 대해 언급하고 있다.

⑤ ⓔ: 백학선과 약주를 선물함으로써 상대를 걱정하는 마음을 드러내고 있다.
숙영은 부모가 춥지 않게 지내고 기운이 불편하지 않도록 걱정하는 마음으로 '백세 무양'을 기원하며 백학선과 약주를 선물하고 있다.

04
답 | ③

<보기>를 참고하여 윗글을 감상한 내용으로 적절하지 않은 것은?

보기

〈숙영낭자전〉에서 승천은 인간 세상의 명분에 구속받지 않는 가족 사랑을 모색한다는 의의를 갖는다. 작품에서는 상공의 잘못이 개인의 문제이기 이전에 가문이라는 명분을 중시하는 인간 세상의 구조적 문제라고 보았다. 그래서 숙영 부부는 가문이라는 명분이 작동하지 않는 천상으로 보내고, 상공 부부는 가문의 무의미함을 깨닫게 하여 구조적 문제에 대응하는 한 방식을 보여 주었다. 하지만 숙영 부부를 천상에 간 뒤에도 부모를 잘 섬기려는 모습으로 그려 낸 것은, 가족 사랑의 보편적 가치를 환기하기 위한 것이다.

정답 선지 분석

③ 숙영 부부가 '부모를 위로하여 나아가 엎드려 고'하는 데에서, 승천을 망설이는 모습을 보여 주어 숙영 부부를 부모를 잘 섬기는 인물로 그려 낸 것을 확인할 수 있군.
숙영 부부가 '부모를 위로하여 나아가 엎드려 고'하는 것은 선군이 부모와의 이별을 앞둔 상황에서 '부모지정을 잊지 못하여 새로이 슬퍼'했을 뿐이지, 숙영 부부가 승천을 망설이는 모습을 보여 주는 것은 아니다. 숙영 부부는 '천명을 거스르지 못하'며 '세상 연분이 다하였'다고 말하면서 승천을 당연한 것으로 받아들이고 있다.

오답 선지 분석

① 숙영이 '부모님 돌아가실 때 연화궁'으로 모셔 가겠다고 하는 데에서, 연화궁에서 숙영과 부모를 만나게 하여 가족 사랑의 보편적 가치를 환기하려는 것을 확인할 수 있군.
숙영이 '부모님 돌아가실 때 연화궁'으로 모셔 가겠다고 하는 것은 숙영 부부가 먼저 천상으로 올라가고 지상에서 부모님의 생애가 끝나면 그때 부모님을 천상으로 모셔 가겠다는 것이다. 이렇게 연화궁에서 숙영과 부모를 다시 만나게 하는 것은 〈보기〉에 따르면 숙영 부부를 천상에 간 뒤에도 부모를 잘 섬기려는 모습으로 그려냄으로써 가족 사랑의 보편적 가치를 환기하려는 것과 관련지을 수 있다.

② 숙영이 선군에게 천궁으로 '올라가사이다'라고 하는 데에서, 숙영 부부를 천상으로 보내 가문이라는 명분이 작동하지 않는 곳에서 살게 하려는 것을 확인할 수 있군.
숙영이 선군에게 천궁으로 '올라갈 때가 급하였으니', '올라가사이다'라고 하는 것은 숙영이 선군에게 인간 세상에서 빨리 벗어나자고 재촉하는 것이다. 이러한 숙영 부부의 승천은 〈보기〉에 따라 감상할 때, 숙영 부부를 인간 세상의 구조적 문제인 가문이라는 명분에 구속받지 않으면서 가족 사랑을 실천할 수 있는 천상으로 보내서 살게 하려는 것과 관련지을 수 있다.

④ 숙영 부부가 부모에게 '하직' 인사를 하는 데에서, 숙영 부부로 하여금 부모를 떠나게 하여 인간 세상의 구조적 문제에 대응하는 양상을 보여 준 것을 확인할 수 있군.
숙영 부부가 부모에게 '하직' 인사를 하고 부모를 떠나는 것은 〈보기〉에 따라 감상할 때, 가문이라는 명분을 중시하는 구조적 문제를 가진 인간 세상에서 벗어나는 것을 의미하며 동시에 인간 세상의 구조적 문제에 대응하는 방식을 보여 준 것과 관련지을 수 있다.

⑤ '상공 부부'가 '세간을 다 나누어 주'는 데에서, 가족을 잃어 허망해하는 상공 부부의 모습을 보여 주어 가문의 무의미함을 깨닫게 한 것을 확인할 수 있군.
숙영 부부가 '천궁에 올라간 후', 상공 부부가 '망연해하며 세간을 다 나누어 주'는 것은 가문의 명분을 추구하다가 결국은 가족을 잃어 허망해하는 상공 부부의 모습에 해당한다. 이러한 상공 부부의 모습은 〈보기〉에 따라 감상할 때 가문의 무의미함을 깨닫게 하는 것과 관련지을 수 있다.

DAY 1 화법과 작문

빠른 정답 체크

01 ④　　02 ①　　03 ⑤　　04 ③　　05 ③

가

학생 1: 교지에 우리 동아리 이름으로 글을 싣기로 했잖아. 유네스코 인류 문화유산으로 등재 신청한다는 전통 한지에 대해 쓰기로 한 거 기억하지? 『전통 한지의 우수성부터 이야기해 볼까?』
대화 참여자들에게 대화의 배경에 대해 환기함
화제 ①
『 」: 질문을 통해 화제에 대한 정보를 요청함

학생 2: 조사해 보니 유럽에서는 손상된 종이 문화재를 원상태로 되돌리는 용도로 우리 전통 한지를 사용하고 있대.
전통 한지의 우수성을 보여 주는 사례를 제시함

학생 3: 『나도 봤는데 전통 한지가 보존성이 좋아서 그렇대. 목재 펄프로 만든 서양 종이는 빛에 취약해서 변색, 퇴색이 발생하는데 전통 한지는 빛에 안정적이야.』
전통 한지의 우수성
전통 한지가 보존성이 뛰어난 이유 ①
『 」: 서양 종이와 비교하여 전통 한지의 우수성을 강조함　　[A]

학생 2: 서양 종이는 빛을 받으면 색이 잘 변하는데 전통 한지는 빛에 더 강하단 말이지?
학생 3이 언급한 내용에 대해 자신이 이해한 의미가 맞는지 확인함

학생 3: 응. 또 『중국, 일본에도 전통 한지처럼 닥나무로 만든 종이가 있지만, 전통 한지는 섬유 조직이 교차로 배열되어 더 질기고 오래간대.』
『 」: 중국과 일본의 종이와 비교하여 전통 한지의 우수성을 강조함
전통 한지가 보존성이 뛰어난 이유 ②

학생 1: 그런데 이렇게 우수한 전통 한지가 정작 국내에서는 잘 사용되지 않고 있어.
화제 ② - 전통 한지 관련 현황

학생 2: 맞아. 『잘 사용되지 않으니 제작 업체도 많이 줄었다고 들었어. 또 전통 한지가 계승될 수 있었던 건 장인들 역할이 큰데, 요즘은 기술 전수받을 사람도 별로 없다고 해.』
『 」: 학생 1의 발언에 덧붙여 전통 한지 관련 현황에 대한 정보를 전달함

학생 1: 그럼 해결 방안에 대해 이야기해 볼까? 전통 한지를 계승하고 발전시킬 수 있는 방법에는 뭐가 있을까?
질문을 통해 화제를 전환함　　*화제 ③*

학생 2: 우선 높은 품질을 유지해야지. 그러려면 전통 방식으로 만들고 국내산 닥나무만 사용해야 해. 또 기술 전수 교육도 필요해.
학생 2가 생각하는 문제 해결을 위한 방안
높은 품질을 유지하기 위한 방법을 나열함

학생 3: 품질 유지도 중요하지만, 어떤 식으로든 사용하지 않으면 결국 사라지게 될 거야.
학생 3이 생각하는 문제 해결을 위한 방안 - 전통 한지 사용의 확대

학생 2: 나도 그렇게 생각해. 그래서 전통 한지 사용을 늘리기 위한 정부 차원의 노력이 필요해.
학생 3의 의견에 동의하며 학생 3의 의견에 자신이 생각하는 문제 해결 방안을 덧붙임

학생 3: 『그것만으로 문제를 해결할 수 있을까? 난 민간에서 많이 사용하는 게 더 중요한 것 같아. 전통 한지로 만든 생활용품이나 공예품도 있잖아.』
학생 2가 제시한 문제 해결 방안을 지적하며 자신의 생각을 드러냄　　[B]

학생 2: 그런 데에 쓰이는 한지는 기계로 만들거나 수입산 닥나무로 만든 품질 낮은 한지가 대부분이야. 그렇게 해서는 전통을 계승하기 어려워.
화제 ④ - 전통 한지의 계승 방향

학생 3: 민간에서 쓰이는 한지가 대부분 품질이 낮다는 건 확인이 필요할 것 같아. 그리고 옛것을 유지해야만 전통의 계승일까? 보존만이 좋은 건 아니라고 봐.
학생 2가 언급한 정보의 정확성에 대해 의문을 제기함
학생 2의 주장에 대해 의문을 제기하며 학생 2의 의견에 동의하지 않음을 드러냄

학생 1: 『그러니까 너희는 각각 전통 한지의 원형을 지켜 나가야 한다는 입장과 두루 사용하는 게 더 중요하다는 입장인 거지? 둘 다 일리가 있는 말이야.』
『 」: 학생 2와 3의 입장을 확인하고 양측 모두 타당하다는 자신의 생각을 드러냄

학생 2: 내가 강조하고 싶은 건, 전통 한지와 그 제작 기술에 자부심을 갖고 명품의 가치를 지켜 나가 전통 한지가 더 사랑받도록 해야 한다는 거야.
학생 2의 입장

학생 3: 무슨 말인지 알겠어. 근데 난 사용 가치 측면에서도 생각해 봤으면 좋겠어. 비록 품질이 옛 수준에는 못 미치더라도 생활 속에서 다양하게 사용되는 게 더 가치 있다 생각해. 실제로 전통 한지가 친환경 소재, 인체 친화형 소재로도 주목받고 있는 걸로 알고 있어.
학생 3의 입장
자신의 의견을 뒷받침할 수 있는 사례를 제시함

학생 1: 얘기 잘 들었어. 들으면서 메모해 두었으니 잘 정리해서 글을 써 볼게.

나

❶ 우리 고유의 방식으로 제작된 전통 한지는 세계적으로 주목받는 문화유산이다. 이에 문화재청에서는 전통 한지와 그 제작 기술을 유네스코 인류 무형 문화유산 등재 신청 대상으로 선정하였다.
전통 한지와 관련된 소식을 소개함

❷ 전통 한지의 장점은 보존성이 우수하다는 것이다. 우리나라는 유네스코 세계 기록 유산을 아시아에서 가장 많이 보유한 나라인데, 그중 대부분이 전통 한지에 기록된 문화유산이라는 것이 이를 증명한다. 전통 한지처럼 닥나무를 원료로 하는 주변국들의 종이와 비교해도, 전통 한지는 섬유 조직이 교차로 배열되어 더 질기고 보존성이 좋다.
전통 한지의 장점
전통 한지의 우수한 보존성을 보여 주는 사례 - (가)에서 언급되지 않은 내용이 추가됨
(가)에서 언급된 내용을 바탕으로 전통 한지의 장점을 강조함

❸ 그러나 국내에서 전통 한지는 사용 부진으로 인한 위기를 겪고 있다. 유럽에서는 우리 전통 한지를 손상된 문화재 복구에 사용하는 등 관심이 높은데 정작 국내에서는 사용하는 사람이 많지 않으니, 제작 업체도 전수자도 줄어들어 향후 전통 한지의 명맥이 끊어질까 염려하는 사람도 많다. 그래서 전통 한지를 계승하고 발전시키기 위한 노력이 필요하다.
전통 한지와 관련된 문제 상황을 제시함
(가)의 학생 2의 첫 번째 발화를 인용함
(가)의 학생 2의 세 번째 발화를 인용함 - 위기 상황을 구체적으로 드러냄

❹ 우선 『전통 한지의 원형을 지켜 나가기 위해 품질을 유지하는 것이 중요하다. 이를 위해 재료 측면에서는 국내산 닥나무만을 사용해야 한다. 또 제작 기술 측면에서는 전통 방식으로 생산하고 기술 전수 교육도 실시해야 한다.』 다음으로 전통 한지 사용을 확대하기 위한 노력도 필요하다. 정부 차원에서 공공 부문에 전통 한지 사용을 장려하고 문화재 수리에도 전통 한지를 사용해야
『 」: 전통 한지를 계승하고 발전시키기 위한 방법 ① - (가)의 학생 2의 의견을 반영함
전통 한지를 계승하고 발전시키기 위한 방법 ②
(가)의 학생 2의 의견을 반영함

한다. 민간 차원에서는 전통 한지의 활용 분야를 넓힐 필요가 있
<small>(가)의 학생 3의 의견을 반영함</small>
다. 일례로 전통 한지는 친환경 소재로 주목받아 의류와 침구류
<small>주장을 뒷받침하는 사례를 제시하여 주장의 실현 가능성을 드러내고 설득력을 높임</small>
제작에 사용되고 있어, 그 응용 범위가 점차 확대되어 갈 것으로
기대된다.

❺ 전통 한지와 그 제작 기술은 우리의 자랑스러운 문화유산으로
세계가 주목하고 있다. 따라서 전통 한지가 더욱 사랑받을 수 있
<small>학생 3이 언급한 사용 가치의 측면에 대해서는 언급하지 않음</small>
도록 전통 한지와 그 제작 기술의 가치를 이어 나가기 위한 우리
모두의 노력이 필요하다.

01

답 | ④

(가)의 '학생 1'에 대한 설명으로 가장 적절한 것은?

정답 선지 분석

④ 대화 참여자에게 질문을 하여 대화 내용을 전환하고 있다.

'학생 1'은 첫 번째 발화에서 이전 대화의 내용을 환기하고 우선 이야기할 내용을 제시하였
으며, 이후 두 번째 발화에서는 문제 상황을 언급하고 있다. 이어 세 번째 발화에서는 이러한
문제 상황의 해결 방안에 대해 이야기해 볼 것을 질문의 방식을 통해 요청하였다. 따라서 '학
생 1'은 질문을 통해 문제 상황에 대한 것에서 해결 방안에 대한 것으로 대화 내용을 전환하
고 있음을 확인할 수 있다.

오답 선지 분석

① 대화 참여자에게 대화에 적극적인 태도로 참여할 것을 요청하고 있다.

'학생 1'의 요청은 첫 번째 발화와 세 번째 발화에서 제시되었으며, 이들은 모두 이야기할 내
용에 대한 요청으로 한정되어 있다. 대화에 적극적인 태도로 참여할 것을 요청하고 있지는
않다.

② 대화 참여자에게 추후 모임에서 논의할 사항을 안내하고 있다.

'학생 1'은 마지막 발화에서 대화의 내용을 정리해 글을 작성할 것임을 밝히고 있다. 추후 모
임에서 논의할 사항을 안내하고 있지는 않다.

③ 대화 참여자의 입장을 확인한 후 합의를 이끌어 내고 있다.

'학생 1'은 네 번째 발화에서 '학생 2'와 '학생 3'의 입장을 요약 정리하면서 이들 간의 차이
점을 확인하고 양쪽 모두 일리가 있음을 인정하고 있다. 그러나 양쪽의 합의를 이끌어 내고
있지는 않다.

⑤ 대화 참여자가 제시한 정보에 대해 출처를 요구하고 있다.

대화 참여자가 제시한 정보에 대해 '학생 1'이 출처를 요구하는 발화는 찾아볼 수 없다.

02

답 | ①

**다음은 (가)에서 '학생 1'이 대화의 내용과 자신이 떠올린 생각을 작성한 메모이다.
㉠~㉤이 (나)에 반영된 양상으로 적절하지 않은 것은?**

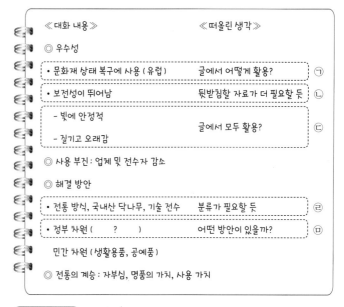

정답 선지 분석

① '학생 2'의 발화를 토대로 작성된 ㉠은, 전통 한지의 우수성을 부각하기 위
한 내용으로 (나)에 반영되었다.

유럽에서는 손상된 종이 문화재를 복구하는 용도로 우리 전통 한지를 사용하고 있다는 '학생
2'의 첫 번째 발화는, 전통 한지에 대한 관심이 높은 유럽의 상황과 대조를 이루는 국내의 현
실에 대한 우려를 부각하기 위한 내용으로 (나)의 3문단에 반영되었다. 따라서 '학생 2'의 해당
발화가 전통 한지의 우수성을 부각하기 위한 내용으로 반영되었다는 설명은 적절하지 않다.

오답 선지 분석

② '학생 3'의 발화를 토대로 작성된 ㉡은, 세계 기록 유산과 관련된 내용이 추
가되어 (나)에 반영되었다.

전통 한지가 보존성이 뛰어나다는 '학생 3'의 첫 번째 발화 내용은, (나)의 2문단에 유네스코
세계 기록 유산을 아시아에서 가장 많이 보유한 나라가 우리나라이며 이들 대부분이 전통 한
지에 기록된 문화유산이라는 내용이 추가되어 반영되었다.

③ '학생 3'의 발화를 토대로 작성된 ㉢은, 전통 한지의 보존성을 설명하는 내
용 중 일부가 제외되어 (나)에 반영되었다.

'학생 3'은 첫 번째 발화에서 전통 한지가 빛에 안정적이라고 하였으며, 두 번째 발화에서 전
통 한지의 질기고 오래가는 특성을 언급하였다. (나)의 2문단에는 이 중 두 번째 발화의 내용
만이 반영되고 첫 번째 발화의 내용은 제외되었다.

④ '학생 2'의 발화를 토대로 작성된 ㉣은, 전통 한지의 품질 유지를 위한 방안
이 범주화되어 (나)에 반영되었다.

'학생 2'는 네 번째 발화에서 전통 한지의 높은 품질을 유지하기 위한 방법으로 전통 방식으
로 만들고 국내산 닥나무만 사용할 것을 제시하고, 또한 기술 전수 교육이 필요함을 주장하
였다. 이 중 국내산 닥나무만 사용해야 한다는 것은 '재료 측면'으로, 전통 방식으로 만들고
기술 전수 교육을 해야 한다는 내용은 '제작 기술 측면'으로 범주화되어 (나)의 4문단에 반영
되었다.

⑤ '학생 2'의 발화를 토대로 작성된 ㉤은, 전통 한지의 사용 확대를 위한 방안
이 구체화되어 (나)에 반영되었다.

전통 한지 사용을 늘리기 위한 정부 차원의 노력이 필요하다는 '학생 2'의 다섯 번째 발화 내
용은, (나)의 4문단 후반부에 공공 부문에서의 전통 한지 사용 장려와 문화재 수리에서의 활
용이 전통 한지 사용의 확대를 위한 정부 차원의 방안으로 제시됨으로써 구체화되었다.

WEEK 7

⑤ 보도 자료의 내용을 인용하여 제재와 관련한 정책의 변화를 드러내었다.
　보도 자료의 내용을 인용하고 있지 않다.

03
답 | ⑤

[A], [B]에서 나타나는 의사소통 방식에 대한 설명으로 적절하지 않은 것은?

정답 선지 분석

⑤ [B]에서 '학생 3'은 '학생 2'가 제시한 해결 방안이 공정하지 못하다고 지적하고 있다.
　[B]에서 전통 한지를 계승하고 발전시킬 수 있는 방법으로 높은 품질의 유지와 정부 차원의 노력이 필요하다고 주장하는 '학생 2'의 말에 대해, '학생 3'은 그것만으로는 문제를 해결하기 어렵다고 지적하며 민간에서 전통 한지를 두루 사용하는 것이 더 중요하다는 입장을 밝히고 있다. 또한 생활용품이나 공예품에 쓰이는 한지는 품질이 낮은 경우가 대부분이라는 '학생 2'의 말에 대해, '학생 3'은 확인이 필요할 것 같다고 말하고 있다. 즉 '학생 3'은 '학생 2'의 주장에 대해 한계를 지적하거나 정보의 확인이 필요함을 지적하고 있을 뿐, 해결 방안이 공정하지 못하다고 지적하고 있지 않다.

오답 선지 분석

① [A]에서 '학생 2'는 '학생 3'의 말을 자신의 표현으로 바꾸어 말하며 이해한 내용을 확인하고 있다.
　[A]에서 '학생 2'는 전통 한지가 빛에 안정적이기 때문에 보존성이 좋다는 '학생 3'의 말을 받아 '서양 종이는 빛을 받으면 색이 잘 변하는데 전통 한지는 빛에 더 강하'다는 표현으로 바꾸어 말하면서 자신의 이해가 맞는지를 질문하고 있다.

② [A]에서 '학생 3'은 '학생 2'가 말한 내용에 대해 자신이 알고 있는 정보를 덧붙이고 있다.
　[A]에서 '학생 3'은 서양 종이와 전통 한지를 비교하는 '학생 2'의 말에 대해, 닥나무로 만든 중국, 일본의 종이와 전통 한지를 비교하며 전통 한지의 우수성을 추가적으로 설명하고 있다.

③ [B]에서 '학생 2'는 '학생 3'의 의견을 수용한 후, 자신의 의견을 제시하고 있다.
　[B]에서 '학생 2'는 전통 한지를 어떤 식으로든 사용하지 않으면 사라지게 될 것이라는 '학생 3'의 말을 '나도 그렇게 생각해.'라며 수용한 후, 전통 한지 사용을 늘리기 위한 정부 차원의 노력을 강조하는 자신의 의견을 제시하고 있다.

④ [B]에서 '학생 3'은 '학생 2'가 제공한 정보가 정확한지에 대해 의문을 제기하고 있다.
　[B]에서 '학생 3'은 민간에서 만든 생활용품이나 공예품에 쓰이는 한지는 품질 낮은 한지가 대부분이라는 '학생 2'의 말에 대해, '민간에서 쓰이는 한지가 대부분 품질이 낮다는 건 확인이 필요할 것 같아.'라고 하며 정보의 정확성에 의문을 제기하고 있다.

04
답 | ③

(나)의 글쓰기 방식에 대한 설명으로 가장 적절한 것은?

정답 선지 분석

③ 주장을 뒷받침하는 사례를 들어 주장의 실현 가능성을 제시하였다.
　4문단에서 전통 한지 사용을 확대하기 위한 노력이 필요하다고 하며, 민간 차원에서는 전통 한지의 활용 분야를 넓힐 필요가 있다고 주장하고 있다. 그리고 '일례로 전통 한지는~의류와 침구류 제작에 사용되고 있어, 그 응용 범위가 점차 확대되어 갈 것으로 기대된다.'라고 사례를 들어 민간 차원에서 전통 한지의 활용 분야를 넓힐 필요가 있다는 주장의 실현 가능성을 제시하고 있다.

오답 선지 분석

① 자신의 특별한 경험을 활용하여 문제의 심각성을 드러내었다.
　자신의 특별한 경험을 언급하고 있지는 않다.

② 독자에게 익숙한 상황을 들어 예상되는 반론에 대해 반박하였다.
　자신의 주장에 대한 예상 반론과 그에 대한 반박은 언급되지 않았다.

④ 제재의 물리적 특성을 분석하여 문제 상황의 원인으로 제시하였다.
　2문단에서 전통 한지의 섬유 조직에 대한 언급을 하고 있으므로 제재의 물리적 특성을 분석한 내용은 있다고 볼 수 있으나, 이를 통해 한지의 우수성을 언급하고 있는 것이지 문제 상황의 원인을 제시한 것은 아니다.

05
답 | ③

다음은 (나)의 마지막 문단을 고쳐 쓴 것이다. 그 과정에서 반영된 수정 계획으로 가장 적절한 것은?

> 전통 한지와 그 제작 기술은 우리가 자부심을 가질 만한 세계적인 문화유산이다. 따라서 전통 한지를 계승하고 발전시키려면 전통 한지와 그 제작 기술의 원형을 보존하여 품질을 유지하는 한편, 전통 한지의 사용을 확대하여 전통 한지가 다양한 방식으로 활용될 수 있도록 해야 한다.

정답 선지 분석

③ 전통 한지의 계승 및 발전을 위한 방안을, 앞서 제시한 두 가지 방향이 드러나도록 써야겠군.
　(나)의 마지막 문단에는 전통 한지의 계승 및 발전과 관련하여 전통 한지와 그 제작 기술의 가치를 이어 나가기 위한 노력이 필요하다는 점만 언급된 반면, 고쳐 쓴 글에는 '전통 한지와 그 제작 기술의 원형을 보존하여 품질을 유지하는 한편, 전통 한지의 사용을 확대하여 전통 한지가 다양한 방식으로 활용될 수 있도록 해야 한다.'와 같이 전통 한지의 사용을 확대하기 위한 노력의 방향이 추가로 언급되어 있다. 따라서 고친 글에 반영된 수정 계획은 전통 한지의 계승 및 발전을 위한 두 가지 방향을 모두 드러내는 방향으로 수정하자는 것이었음을 알 수 있다.

오답 선지 분석

① 전통 한지를 계승하고 발전시켜 예상되는 기대 효과를 제시해야겠군.
　고친 글에는 전통 한지를 계승하고 발전시킴으로써 예상되는 기대 효과가 언급되어 있지 않다.

② 전통 한지를 계승해야 할 필요성이 드러나지 않으니, 관련된 내용을 추가해야겠군.
　(나)의 마지막 문단에도 '우리의 자랑스러운 문화유산'이라는 진술에 전통 한지를 계승해야 할 필요성이 드러나 있다고 볼 수 있다.

④ 전통 한지의 계승 및 발전에 대해 언급하며 사용한 접속 표현이 적절하지 않으니 수정해야겠군.
　(나)의 마지막 문단에서 사용한 접속 표현인 '따라서'는 적절한 표현이며, 고친 글에서 수정되지 않았다.

⑤ 전통 한지의 특성에 관해 앞부분에서 이미 다룬 내용은 삭제하고 다른 내용으로 대체해야겠군.
　(나)의 마지막 문단에도 전통 한지의 특성에 대한 내용은 언급되어 있지 않다.

빠른 정답 체크

01 ② **02** ① **03** ⑤ **04** ③

가

진행자: 시청자 여러분, 안녕하세요? '오늘, 상식' 열 번째 시간입
<u>니다.</u> 이번 시간에는 20여 년간 대학에서 어문 규범을 가르쳐
_{방송 프로그램의 이름}
<u>오신 김◇◇ 교수님을 모셨습니다.</u>
_{방송 프로그램 대담자를 소개함}

전문가: 안녕하세요?

진행자: 오늘 짜장면에 대해 말씀해 주신다고 들었는데요, 어떤
_{방송 프로그램의 화제를 언급함}
이야기인지 궁금합니다.

전문가: <u>우리가 맛있게 먹는 짜장면이, 한때는 자장면만 표준어</u>
_{질문을 통해 사전 지식을 점검함}
<u>로 인정됐다는 사실을 알고 계신가요?</u>

진행자: ㉠ 아, 예전에 그런 내용을 본 적 있어요.

전문가: 네, 전에는 자장면만 표준어였죠. ㉡ <u>짜장면은 2011년 8</u>
_{짜장면의 복수 표준어로 인정된 시기}
<u>월 31일에서야 복수 표준어로 인정되었습니다.</u>

진행자: 그런데 표준어로 인정되기 전에도 짜장면이 흔히 쓰이지
않았나요?

전문가: 그렇습니다. 과거의 신문 기사를 보시죠.
_{비표준어인 '짜장면'이 사용된 기사를 보여 줌}

진행자: 음, 화면을 보니 같은 해에 나온 기사인데도 자장면과 짜
_{전문가가 제시한 신문 기사의 내용을 확인함}
장면이 둘 다 쓰이고 있네요?

전문가: 네, 보시는 자료 이외에 다른 신문 기사에도 짜장면이라
는 표기가 나타납니다. 비교적 어문 규범이 정확하게 적용되는
신문에서 짜장면을 사용할 정도로, 일상에서 짜장면이 널리 쓰
였다는 것을 알 수 있습니다. 이 무렵에 복수 표준어 선정을 위
_{조사 기관을 밝히지 않음}
해 실시한 발음 실태 조사에서도, 비표준어였던 짜장면이 표준
어인 자장면에 비해 세 배 이상 많이 사용된다고 나타났습니다.
_{발음 실태 조사의 결과를 인용하여 '짜장면'을 많이 사용했던 실태를 드러냄}

진행자: ㉢ <u>그렇다면 어문 규범이 언어 현실을 충분히 반영하지</u>
_{정보 제공자의 발화를 바탕으로 자신이 이해한 내용을 확인함}
<u>못한 측면이 있군요.</u>

전문가: 당시 언중들이 일상에서는 어문 규범과 달리 짜장면을
흔하게 사용하고 있었던 거죠.

진행자: 그러면 사람들의 언어 사용 실태를 반영하여 짜장면을
_{전문가의 발화를 토대로 '짜장면'이 복수 표준어로 인정된 이유를 정리함}

복수 표준어로 인정하게 된 거네요. 시청자 여러분께서 내용을
잘 파악하실 수 있도록 간략하게 말씀해 주시겠어요?
_{정보 수용자의 이해를 돕기 위해 내용을 요약하여 설명해 줄 것을 요청함}

전문가: 「네, 많은 사람들이 오랜 시간 짜장면을 자연스럽게 사용
_{「 」: 진행자의 요청에 따라 간략하게 정리하여 정보를 전달함}
해 왔고 자장이라 표기하면서도 짜장으로 발음해 온 언어 현실
을 반영하여 짜장면이 자장면의 복수 표준어로 인정되었다고
할 수 있습니다.」

진행자: 그럼 짜장면처럼 지금 우리가 사용하는 말 중에서도 현
재는 표준어가 아니어도 언젠가 표준어로 인정받을 수 있는 말
이 있겠군요.

전문가: 맞습니다. ㉣ <u>표준어가 아닌 말도 많은 사람들이 일상에</u>
_{복수 표준어가 되기 위한 조건}
<u>서 자주 사용하다 보면 표준어가 될 수 있는 거죠.</u>

진행자: ㉤ <u>말씀을 듣고 보니 짜장면이 표준어가 된 나름의 이유</u>
<u>가 있었네요.</u> 이렇게 오늘은 우리말에 대한 상식을 하나 더 배
웠습니다. 말씀 감사합니다.

전문가: 고맙습니다.

진행자: 오늘 방송은 공식 누리집에서 언제든 다시 시청하실 수
_{방송 이후에 방송을 시청할 수 있는 방법을 안내함}
있습니다. 그럼 다음 시간에 또 다른 이야기로 찾아오겠습니다.

나

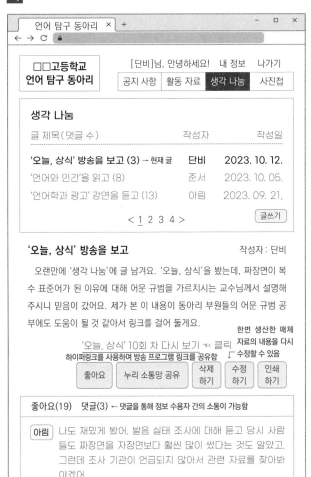

준서 나도 그 방송 봤는데, 자장면만 표준어로 인정됐던 이유를 자세히 설명해 주었다면 좋았을 거라고 생각했어.

성호 나는 방송에서 다룬 과거 신문 기사를 통해 자장면과 짜장면이 함께 쓰이고 있었다는 것을 알았어. 근데 신문에서 짜장면을 사용했다는 것만으로 일상에서 널리 쓰였다고 해도 괜찮을까?

수 있도록 하였다.

④ 게시물을 작성하여 올릴 수 있는 범주가 항목별로 설정되어 있다.
누리집의 상단에 '공지 사항', '활동 자료', '생각 나눔', '사진첩' 등의 메뉴를 두어 게시물을 항목별로 작성하여 올릴 수 있도록 하였다.

⑤ 게시물에는 다른 누리집에 있는 정보로 연결되는 하이퍼링크가 포함되어 있다.
게시물의 끝에 해당 방송을 볼 수 있는 방송사 누리집의 하이퍼링크를 포함하여 동아리 부원들이 방송 내용을 시청할 수 있도록 하였다.

01
답 | ②

(가)에 나타난 정보 전달 방식으로 가장 적절한 것은?

정답 선지 분석

② '전문가'는 방송 내용에 대한 시청자의 이해를 돕기 위해 앞서 제시한 정보를 정리하여 전달하였다.
'진행자'는 일곱 번째 발화에서 '시청자 여러분께서 내용을 잘 파악하실 수 있도록 간략히 말씀해 주시겠어요?'라고 말하며 '전문가'에게 시청자의 이해를 돕기 위한 정리를 부탁하고 있다. 그리고 이어지는 '전문가'의 발화에는 앞서 제시한 정보가 간략하게 정리되어 있다.

오답 선지 분석

① '전문가'는 시청자에게 정보가 일방적으로 전달되는 상황에서 방송 내용과 관련된 정보를 방송 이후에 추가적으로 확인할 수 있는 방법을 안내하였다.
(가)는 텔레비전의 매체적 특성상 시청자에게 정보가 일방적으로 전달되고 있으며, '진행자'는 '오늘 방송은 공식 누리집에서 언제든 다시 시청하실 수 있습니다.'라고 말하며 방송 내용을 방송 이후에 다시 시청할 수 있는 방법을 안내하고 있다. '전문가'가 방송 내용과 관련된 정보를 방송 이후에 추가적으로 확인할 수 있는 방법을 안내하는 내용은 찾아볼 수 없다.

③ '전문가'는 방송의 첫머리에 '진행자'와 문답을 이어 가는 방식으로 주요 용어의 개념을 설명하였다.
(가)는 주로 '진행자'와 '전문가'가 문답의 방식을 통해 정보를 전달하고 있다. 하지만 방송의 첫머리에서 '전문가'가 주요 용어의 개념을 설명하는 내용은 찾아볼 수 없다.

④ '진행자'는 방송 내용이 시청자에게 미칠 영향을 언급하며 방송 내용을 재확인할 때 주목해야 할 부분을 안내하였다.
'진행자'는 마지막 발화에서 방송을 다시 시청할 수 있는 방법을 안내하고 있을 뿐, 방송 내용을 재확인할 때 주목해야 할 부분에 대해서는 언급하지 않았다.

⑤ '진행자'는 방송의 취지를 밝히며 방송에서 소개될 내용의 순서를 안내하였다.
'진행자'의 발화에서 방송의 취지를 밝히며 방송에서 소개될 내용의 순서를 안내하는 내용은 찾아볼 수 없다.

02
답 | ①

(나)에 대한 설명으로 적절하지 않은 것은?

정답 선지 분석

① 게시물 수정 이력을 확인할 수 있는 기능이 제공되고 있다.
(나)에서 게시물을 작성한 사람과 작성일은 확인할 수 있지만, 게시물 수정 이력을 확인할 수 있는 기능은 따로 확인할 수 없다.

오답 선지 분석

② 게시물에 반응할 수 있는 공감 표시 기능이 제공되고 있다.
게시물의 하단에 '좋아요'라는 버튼을 제공하여 게시물을 읽은 사람들이 게시물에 대하여 공감 표시를 할 수 있도록 하였다.

③ 게시물을 누리 소통망으로 가져갈 수 있는 기능이 제공되고 있다.
게시물의 하단에 '누리 소통망 공유'라는 버튼을 제공하여 게시물을 누리 소통망으로 가져갈

03
답 | ⑤

(가)에 대해 (나)의 학생들이 보인 수용 태도에 대한 설명으로 적절하지 않은 것은?

정답 선지 분석

⑤ '성호'는 과거의 신문 기사를 다룬 내용에 주목하여 방송에서 다루는 정보가 최근의 상황을 반영하지 않았다고 판단하였다.
'성호'는 과거의 신문 기사를 다룬 내용에 주목하면서, 신문에서 짜장면을 사용했다는 것만으로 일상에서 널리 쓰였다고 일반화하는 것이 적절한지에 대해 문제를 제기하고 있다. 방송에서 다루는 정보가 최근의 상황을 반영하지 않았다고 판단하고 있지는 않다.

오답 선지 분석

① '단비'는 정보 전달자의 전문성에 주목하여 방송에서 다룬 내용이 신뢰할 만한 것이라고 판단하였다.
'어문 규범을 가르치시는 교수님께서 설명해 주시니 믿음이 갔어요.'라는 내용을 통해, '단비'가 정보 전달자의 전문성에 주목하여 방송에서 다룬 내용을 신뢰할 만한 것이라고 판단하였음을 알 수 있다.

② '단비'는 짜장면이 복수 표준어로 인정된 이유에 주목하여 방송에서 언급된 내용이 다른 사람들에게도 유용할 것이라고 판단하였다.
'짜장면이 복수 표준어가 된 이유'와 '제가 본 이 내용이 동아리 부원들의 어문 규범 공부에도 도움이 될 것'이라는 내용을 통해, '단비'가 짜장면이 복수 표준어로 인정된 이유에 주목하여 방송에서 언급된 내용이 다른 사람들에게도 유용할 것이라고 판단하였음을 알 수 있다.

③ '아림'은 발음 실태 조사에 주목하여 방송에서 제시된 정보의 출처를 확인할 수 없다고 판단하였다.
'발음 실태 조사에 대해~썼다는 것도 알았고.'와 '조사 기관이 언급되지 않아서'라는 내용을 통해, '아림'이 발음 실태 조사에 주목하여 방송에서 제시된 정보의 출처를 확인할 수 없다고 판단하였음을 알 수 있다.

④ '준서'는 자장면만 표준어로 인정됐던 사실에 주목하여 그 사실과 관련된 내용이 충분히 다루어지지 않았다고 판단하였다.
'자장면만 표준어로 인정됐던~설명해 주었다면 좋았을 거'라는 내용을 통해, '준서'가 자장면만 표준어로 인정됐던 사실에 주목하여 그 사실과 관련된 내용이 충분히 다루어지지 않았다고 판단하였음을 알 수 있다.

04
답 | ③

㉠~㉤에 대한 설명으로 적절하지 않은 것은?

정답 선지 분석

③ ㉢: 보조 용언 '못하다'를 사용하여, 어문 규범이 언어 현실을 반영하는 일이 지속될 수 없음을 나타내고 있다.
보조 동사 '못하다'는 '앞말이 뜻하는 행동에 대하여 그것이 이루어지지 않거나 그것을 이룰 능력이 없음'을 나타낸다. ㉢에 쓰인 '못하다'는 반영을 하였지만 그 일이 지속될 수 없음을 나타내는 것이 아니라 반영하는 일이 이루어지지 않았음을 나타낸다.

오답 선지 분석

① ㉠: 관형사형 어미 '-ㄴ'을 사용하여, '전문가'의 직전 발화와 관련된 '진행자' 자신의 과거 경험을 드러내고 있다.

㉠의 '본 적'에는 과거의 의미를 더하는 관형사형 전성 어미 '-ㄴ'이 쓰였는데, 이를 통해 '진행자'는 '한때는 자장면만 표준어로 인정됐다.'라는 '전문가'의 직전 발화와 관련된 자신의 과거 경험을 드러내고 있다.

② ㉡: 피동 접사 '-되다'를 사용하여, 행위의 주체를 드러내지 않으면서 행위의 대상인 짜장면에 초점을 두고 있다.

'(누가) 짜장면을 복수 표준어로 인정하다.'와 비교해 볼 때 '짜장면이 복수 표준어로 인정되다.'처럼 피동 접사 '-되다'를 쓰면 행위의 주체인 '(누가)'가 드러나지 않고 행위의 대상인 '짜장면'에 초점을 두게 된다.

④ ㉣: '-ㄹ 수 있다'를 사용하여, 표준어가 아닌 말이 표준어가 될 가능성이 있음을 나타내고 있다.

㉣에 쓰인 '-ㄹ 수 있다'는 가능성의 의미를 지닌다. '표준어가 되는 거죠.'와 비교해 보면, '표준어가 될 수 있는 거죠.'는 확정된 사실이 아닌 가능성의 의미로 해석된다.

⑤ ㉤: '-고 보다'를 사용하여, '진행자'가 특정 사실을 알게 된 것이 '전문가'의 말을 듣고 난 후임을 드러내고 있다.

'진행자'는 '짜장면이 표준어가 된 이유'를 전문가의 말을 듣고 난 후에 알게 되었음을 나타내기 위해 '듣고 보니'라는 표현을 사용하고 있다.

DAY 3 읽기 준비 단계

빠른 정답 체크

01 ② **02** ③ **03** ③

❶ 흔히 읽기는 듣기·말하기와 달리 영·유아가 글자를 깨치고 나서야 시작된다고 생각한다. _{일반적인 생각} 그러나 대부분의 읽기 발달 연구에서는 그 전에도 읽기 발달이 진행된다고 본다. 이 연구들에서는 읽기 행동의 특성이나 글에 대한 이해 수준 등에 따라 읽기 발달 단계를 위계화한다. _{읽기 발달 단계를 위계화하는 기준} 대개 「'읽기 준비'를 하나의 단계로 보고, 이후의 단계를 '글자를 익히고 소리 내어 읽기', '의미를 이해하며 읽기', '학습 목적으로 읽기', '다양한 관점으로 읽기', '의미를 재구성하며 읽기'의 순으로 나눈다.」 『 』: 읽기 발달 단계

❷ 여기서 읽기 준비 단계는 읽기의 기초가 형성되는 중요한 시기이다. _{읽기 준비 단계} 이 시기의 영·유아는 「글자를 깨치지는 못하더라도 글자의 형태에 익숙해지며, 글자와 소리의 대응 관계도 어렴풋이 알게 된다. 이 과정에서 글자가 뜻이 있고 음성으로 표현된다는 것을 알게 되는 유의미한 경험을 한다.」 『 』: 읽기 준비 단계의 영·유아

❸ 이 연구들에 따르면 ㉠ 읽기 준비 단계에서 영·유아의 읽기 발달은 타인의 읽기 행위를 관찰하고 글자에 대한 다양한 경험을 쌓으며 진행된다. _{읽기 준비 단계에서 영·유아의 읽기 발달} 영·유아는 타인의 책 읽는 모습을 보며「글의 시작 부분, 글자를 읽는 방향, 책장을 넘기는 방식 등을 알게 된다. 읽어 주는 사람의 표정이나 몸짓을 기억해 모방하기도 한다.」 『 』: 타인의 책 읽는 모습을 통한 영·유아의 학습 의

사소통의 각 영역인 듣기·말하기·읽기·쓰기는 서로 영향을 주며 함께 발달한다. 「글자를 모르는 영·유아가 책을 넘기며 중얼거리고 책 읽는 흉내를 내는 것, 책 읽는 소리를 들으며 따라 말하는 것, 들은 단어나 구절을 사용해 문장을 지어 말하는 것, 읽어 주는 것을 들으며 그림이나 글자 형태로 끄적거리는 것이 이에 해당한다.」 「 」: 의사소통의 각 영역이 상호 작용하며 발달한 예시

❹ 읽기 발달은 일정한 시기에 급격히 이루어지는 것이 아니라 글자를 깨치기 이전부터 점진적으로 진행된다. _{읽기 발달은 글자를 읽기 전부터 진행됨} 따라서 이 시기에 생활 속에서, 책을 자주 읽어 주며 생각을 묻는 등 의사소통의 각 영역이 같이 발달할 수 있도록 하는 자연스러운 지도가 읽기 발달에 도움을 준다. _{읽기 발달에 도움을 주는 지도} 읽기 준비 단계에서의 경험은 이후의 단계에 중요한 영향을 미친다. [A]

01

답 | ②

대부분의 읽기 발달 연구의 내용과 일치하지 않는 것은?

정답 선지 분석

② 영·유아의 의사소통 각 영역은 상호 간의 작용 없이 발달한다.

3문단에서 영·유아의 다양한 읽기 경험을 설명하면서 '의사소통의 각 영역인 듣기·말하기·읽기·쓰기는 서로 영향을 주며 함께 발달한다.'라고 하였다. 따라서 의사소통 각 영역이 상호 간의 작용 없이 발달한다는 것은 윗글의 내용과 일치하지 않는다.

오답 선지 분석

① 의미를 재구성하며 읽는 단계는 읽기 발달의 마지막 단계이다.

1문단에서 '대개 '읽기 준비'를 하나의 단계로 보고, 이후의 단계를 '글자를 익히고 소리 내어 읽기', '의미를 이해하며 읽기', '학습 목적으로 읽기', '다양한 관점으로 읽기', '의미를 재구성하며 읽기'의 순으로 나눈다.'라고 하였다. 이 내용에 따르면 의미를 재구성하며 읽는 단계는 읽기 발달의 마지막 단계에 해당한다.

③ 영·유아는 글자와 소리가 관계를 맺고 있다는 것을 막연하게 알게 된다.

2문단에서 '이 시기의 영·유아는 글자를 깨치지는 못하더라도 글자의 형태에 익숙해지며, 글자와 소리의 대응 관계도 어렴풋이 알게 된다.'라고 하였다.

④ 읽기 행동의 특성이나 글에 대한 이해 수준 등에 따라 읽기 발달의 단계를 나눈다.

1문단에서 '이 연구들에서는 읽기 행동의 특성이나 글에 대한 이해 수준 등에 따라 읽기 발달 단계를 위계화한다.'라고 하였다.

⑤ 글자를 습득하고 소리 내어 읽는 단계는 학습을 목적으로 읽는 단계에 선행한다.

1문단에서 '대개 '읽기 준비'를 하나의 단계로 보고, 이후의 단계를 '글자를 익히고 소리 내어 읽기', '의미를 이해하며 읽기', '학습 목적으로 읽기', '다양한 관점으로 읽기', '의미를 재구성하며 읽기'의 순으로 나눈다.'라고 하였다. 이에 근거할 때, 글자를 습득하고 소리 내어 읽는 단계는 학습을 목적으로 읽는 단계보다 선행한다는 것을 알 수 있다.

02

답 | ③

㉠에 대한 이해로 적절하지 않은 것은?

정답 선지 분석

③ 글에 나타난 여러 단어의 뜻을 명확히 알고 소리 내어 글자를 읽는 행동이 관찰된다.

㉠(읽기 준비 단계)에서 영·유아는 글자를 깨치지 못한 상태에 있다. 그러므로 ㉠에서 영·유아는 '읽는 흉내'를 낼 뿐, 글에 나타난 여러 단어의 뜻을 명확히 알고 글자를 읽지는 못한다.

오답 선지 분석

① 타인이 책을 읽어 줄 때 들었던 구절을 사용하여 말하는 행동이 관찰된다.

3문단의 '책 읽는 소리를 들으며 따라 말하는 것, 들은 단어나 구절을 사용해 문장을 지어 말하는 것'으로부터 적절한 내용임을 알 수 있다.

② 책에서 글이 시작되는 부분을 찾거나 일정한 방향으로 글자를 보는 행위가 관찰된다.

3문단의 '타인의 책 읽는 모습을 보며 글의 시작 부분, 글자를 읽는 방향'을 알게 된다는 것과 '책 읽는 흉내를 내는 것'으로부터 적절한 내용임을 알 수 있다.

④ 책 읽어 주는 것을 들으며 그림이나 글자와 비슷한 형태로 나타내는 행위가 관찰된다.

3문단의 '읽어 주는 것을 들으며 그림이나 글자 형태로 끄적거리는 것'으로부터 적절한 내용임을 알 수 있다.

⑤ 책을 볼 때 부모가 손가락으로 짚어 가며 읽어 준 행동을 기억하여 유사한 행동을 하는 것이 관찰된다.

3문단의 '읽어 주는 사람의 표정이나 몸짓을 기억해 모방하기도 한다.'로부터 적절한 내용임을 알 수 있다.

03

답 | ③

[A]와 <보기>를 비교한 내용으로 가장 적절한 것은?

보기

읽기 지도는 신체적, 정신적으로 어느 정도 성숙한 이후에 해야 한다. 그 전에는 읽기 지도를 하지 않는 것이 바람직하다. 듣기·말하기와 달리 읽기 발달은 글자를 읽을 수 있는 기초 기능을 배운 후부터 시작되기 때문이다. 따라서 듣기와 말하기를 먼저 가르친 후 읽기, 쓰기의 순으로 가르치는 것이 효과적이다.

정답 선지 분석

③ [A]와 달리 <보기>는 글자 읽기의 기초 기능을 배운 후부터 읽기 발달이 시작된다고 보는군.

[A]에서는 '읽기 발달은 일정한 시기에 급격히 이루어지는 것이 아니라 글자를 깨치기 이전부터 점진적으로 진행된다.'라고 하였다. 이와 달리 <보기>에서는 '읽기 지도는 신체적, 정신적으로 어느 정도 성숙한 이후에 해야 한다.'라고 하였다. 두 내용을 비교해 볼 때, [A]와 달리 <보기>는 글자 읽기의 기초 기능을 배운 후부터 읽기 발달이 시작된다고 보고 있음을 알 수 있다.

오답 선지 분석

① [A]와 달리 <보기>는 일상에서의 자연스러운 읽기 지도를 강조하는군.

[A]에는 '생활 속에서'의 '자연스러운 지도'와 관련된 내용이 있으나, <보기>에는 '일상에서의 자연스러운 읽기 지도'와 관련된 내용이 없다. 따라서 [A]와 달리 <보기>가 이러한 읽기 지도를 강조한다고 볼 수 없다.

② [A]와 달리 <보기>는 글자를 깨치기 전의 경험이 읽기 발달에 영향을 준다고 보는군.

[A]에서는 '읽기 발달은 일정한 시기에 급격히 이루어지는 것이 아니라 글자를 깨치기 이전부터 점진적으로 진행된다.'라고 하였다. 이와 달리 <보기>에서는 '읽기 지도는 신체적, 정신적으로 어느 정도 성숙한 이후에 해야 한다.'라고 하였다. 따라서 글자를 깨치기 전의 경험이 읽기 발달에 영향을 준다고 보는 것은 <보기>가 아니라 [A]이다.

④ [A]와 <보기>는 모두 읽기 이후에 쓰기를 가르쳐야 한다고 강조하는군.

<보기>에서는 '듣기와 말하기를 가르친 후 읽기, 쓰기의 순으로 가르치는 것이 효과적이다.'라고 하였다. 이와 달리 [A]에서는 '의사소통의 각 영역이 같이 발달할 수 있도록 하는 자연스러운 지도가 읽기 발달에 도움을 준다.'라고 하였다.

⑤ [A]와 <보기>는 모두 신체적, 정신적으로 어느 정도 성숙한 이후에 읽기를 가르치는 것이 효과적이라고 보는군.

[A]에서는 '읽기 발달은 일정한 시기에 급격히 이루어지는 것이 아니라 글자를 깨치기 이전부터 점진적으로 진행된다.'라고 하였다. 이와 달리 <보기>에서는 '읽기 지도는 신체적, 정신적으로 어느 정도 성숙한 이후에 해야 한다.'라고 하였다. 신체적, 정신적으로 어느 정도 성숙한 이후에 읽기를 가르치는 것이 효과적이라고 보는 것에는 <보기>만 해당한다.

DAY 4   《노자》의 도에 대한 한비자의 견해 / 《노자》의 도에 대한 유학자들의 견해

빠른 정답 체크

01 ③   **02** ①   **03** ④   **04** ④   **05** ⑤   **06** ④

가

❶ 《한비자》는 중국 전국 시대의 한비자가 제시한 사상이 ⓐ 담긴 저작이다. 여러 나라가 패권을 다투던 혼란기를 맞아 엄격한 (한비자가 《한비자》를 저술한 시기) 법치를 통해 부국강병을 꾀한 한비자는 《노자》에 대한 해석을 (한비자가 자신의 법치 사상을 뒷받침한 근거) 통해 자신의 법치 사상을 뒷받침했고, 이러한 면모는 《한비자》의 〈해로〉, 〈유로〉 등에서 확인할 수 있다.

❷ 《노자》에서 '도(道)'는 만물 생성의 근원으로 묘사된다. 도 (도에 대한 《노자》의 관점) 를 천지 만물의 존재와 본질의 근거라고 본 한비자의 이해도 이 (도에 대한 한비자의 관점 ①) 와 다르지 않다. 그는 자연과 인간 사회의 모든 현상은 도의 영 (만물은 도의 영향을 받음) 향을 받지 않을 수 없다고 보고, 인간 사회의 일은 도에 따라 제 (인간 사회의 일은 도에 따라 제대로 행해야 성공할 수 있음) 대로 행했는가의 여부에 따라 그 성패가 드러나는 것이라고 이해했다.

❸ 한비자는 《노자》에 제시된 영구불변하는 도의 항상성에 대해 도가 천지와 더불어 영원히 존재한다는 것을 의미하는 것이 (도의 항상성) 지, 도가 모습과 이치를 일정하게 유지하는 것은 아니라고 이해했다. 그리고 도는 형체가 없을 뿐 아니라 일정하게 고정되어 있 (도의 가변성) 지 않기 때문에 때와 상황에 따라 유연하게 변화하는 것이라고 파악했다. 도가 가변성을 가지고 있어야 도가 일정한 곳에만 있지 않게 되고, 그래야만 도가 모든 사물의 존재와 본질의 근거가 될 수 있다고 파악한 것이다. 그는 도가 가변적이기 때문에 통치 (도가 상황에 따라 바뀌므로 통치술 역시 유연하게 변화해야 함) 술도 고정되어서는 안 된다고 주장했다.

❹ 한편, 한비자는 도를 구체적인 사물과 사건에 내재한 개별 법
〈도에 대한 한비자의 관점 ②〉
칙의 통합으로 보고, 《노자》의 도에 시비 판단의 근거라는 새
로운 의미를 부여했다. 항상 존재하는 도는 개별 법칙을 포괄하
〈도는 개별 법칙의 통합임〉
기 때문에 다양한 개별 사건의 시비를 판단하는 기준이 될 수 있
〈도를 기준으로 다양한 사건을 판단할 수 있음〉
고, 이러한 도에 근거해서 입법해야 다양한 사건을 판단할 수 있
다고 본 것이다. 이러한 이해를 바탕으로 그는 만족을 모르는 인
〈《노자》와 한비자의 공통점〉
간의 욕망을 사회 혼란의 원인으로 지목한 《노자》의 견해에 동
의하면서도, 「《노자》에서처럼 욕망을 없애야 한다고 주장하지
〈」: 《노자》와 한비자의 차이점〉
않고 인간은 욕망을 필연적으로 가질 수밖에 없음을 지적하며 욕
〈욕망을 없애는 것은 불가능함〉
망을 제어하기 위해 법이 필요하다고 강조했다.」
〈욕망을 제어하는 수단이자 부국강병을 위해 필요한 것〉

나

❶ 유학자들은 도를 인간 삶의 올바른 길을 의미하는 것이라고 보
〈도에 대한 유학자들의 관점〉
았다. 중국 송나라 이후, 유학자들은 이러한 유학의 도를 기반으
로 현상 세계 너머의 근원으로서 도가의 도에 주목하여 《노자》
주석을 전개했다.

❷ 혼란기를 거친 송나라 초기에 중앙집권화가 추진된 이후 정
〈왕안석이 《노자주》를 저술한 시기〉
치적 갈등이 드러나면서 개혁의 분위기가 조성됐다. 이러한 분위
기하에서 유학자이자 개혁 사상가인 왕안석은 《노자주》를 저
술했다. 그는 《노자》의 도를 만물의 물질적 근원인 '기(氣)'라
고 파악하고, 현상 세계에 앞서 존재하는 기의 작용에 의해 사물
〈도에 대한 왕안석의 관점〉
이 형성된다고 보았다. 그는 기가 시시각각 변화하듯 현상 세계
〈기의 가변성〉
도 변화한다고 이해했다. 인위적인 것을 제거해야만 도가 드러나
고 인간 사회가 안정된다는 《노자》를 비판한 그는 자연과 달리
〈왕안석이 비판한 《노자》의 관점〉
인간 사회의 안정을 위해서는 제도와 규범의 제정과 같은 인간의
〈왕안석과 한비자의 공통점 ① - 인간 사회의 안정을 위해서는 법이 필요함〉
적극적인 개입이 필요하다고 주장했다. 지혜와 덕이 뛰어난 사람
이 제정한 사회 제도와 규범도 현실 사회의 변화에 따라 새롭게
〈왕안석과 한비자의 공통점 ② - 통치술을 고정해서는 안 됨〉
해야 한다고 주장한 것이다. 《노자》의 이상 정치가 실현되려면
유학 이념이 실질적 수단으로 사용되어야 한다고 주장하는 등 왕
안석은 《노자》를 유학의 실천적 측면과 결부하여 이해했다.

❸ 송 이후 원나라에 이르러 성행하던 도교는 유학과 불교 등을
〈오징이 《도덕진경주》를 저술한 시기〉
받아들여 체계화되었지만, 오징에게는 주술적인 종교에 불과했
다. ㉠ 유학자의 입장에서 그는 잘못된 가르침을 펴는 도교에 사
람들이 빠지는 것을 경계했다. 그는 도교의 시조로 간주된 노자
의 가르침이 공자의 학문과 크게 다르지 않음을 밝히고자 《도덕
〈오징이 《도덕진경주》를 저술한 목적〉
진경주》를 저술했다. 그는 도와 유학 이념을 관련짓는 구절을
추가하는 등 《노자》의 일부 내용을 바꾸고 기존 구성 체제를
〈노자의 가르침을 공자의 학문과 연관 지음〉
재편했다. 《노자》의 도를 근원적인 불변하는 도로 본 그는 모
〈도에 대한 오징의 관점〉
든 이치를 내재한 도가 현실화하여 천지 만물이 생성된다고 이해

했다. 이런 관점에서 그는 유학의 인의예지가 도의 쇠퇴 때문에
〈유학의 인의예지에 대한 《노자》의 관점〉
나타난 것이라는 《노자》와 달리 도가 현실화하여 드러난 것으
〈유학의 인의예지에 대한 오징의 관점〉
로 해석하고, 인간이 마땅히 따라야 할 사회 규범과 사회 질서 체
계도 도가 현실화한 결과로 파악했다.

❹ 원이 쇠퇴하고 명나라가 들어선 이후 유학과 도가 등 여러 사
〈설혜가 《노자집해》를 저술한 시기〉
상이 합류하는 사조가 무르익는 가운데, 유학자인 설혜는 자신의
㉡ 학문적 소신에 따라 《노자》를 주석한 《노자집해》를 저술
했다. 그는 공자도 존중했던 스승이 노자이므로 노자 사상에 대
〈설혜가 《노자집해》를 저술한 목적〉
한 오해를 불식해야 한다고 보았다. 그는 기존의 주석서가 《노
자》의 진정한 의미를 제대로 밝히지 못했기 때문에 유학자들이
〈설혜가 생각한 유학자들이 노자 사상을 이단으로 치부한 이유〉
노자 사상을 이단으로 치부했다고 파악한 것이다. 다양한 경전을
인용하여 《노자》를 해석하면서 그는 《노자》의 도를 인간의
도덕 본성과 그것의 근거인 천명으로 이해하고, 본성과 천명의
〈도에 대한 설혜의 관점〉
이치를 탐구한다는 점에서 노자 사상과 유학이 다르지 않다고 보
〈왕안석, 오징, 설혜의 공통점 - 노자 사상과 유학을 결부시킴〉
았다. 또한 그는 《노자》에서 인의 등을 비판한 것은 도덕을 근
본으로 삼게 하기 위한 충고라고 파악했다.

01

답 | ③

(가), (나)에 대한 설명으로 가장 적절한 것은?

정답 선지 분석

③ (나)는 특정 개념을 중심으로 《노자》에 대한 여러 학자의 견해를 시간의
흐름에 따라 제시하고 있다.

(나)는 《노자》의 도에 대한 송나라 때의 왕안석, 원나라 때의 오징, 명나라 때의 설혜의 견
해를 순차적으로 설명하고 있다. 즉 '도'라는 특정 개념을 중심으로 《노자》에 대한 여러 학
자의 견해를 시간의 흐름에 따라 제시한 것으로 볼 수 있다.

오답 선지 분석

① (가)는 《한비자》의 철학사적 의의를 설명하고 《한비자》와 《노자》의
사회적 파급력을 비교하고 있다.

(가)는 《한비자》가 중국 전국 시대의 한비자의 사상이 담긴 저작이라고 하면서 한비자가
《노자》에 대한 해석을 통해 자신의 법치 사상을 뒷받침하였다고 언급하고 있다. 그러나
《한비자》와 《노자》의 사회적 파급력을 비교하고 있지는 않다.

② (가)는 한비자가 추구한 이상적인 사회를 소개하고 그 실현을 위해 《노자》
를 수용한 입장의 한계를 설명하고 있다.

(가)는 한비자가 엄격한 법치를 통해 부국강병을 꾀하였다고 하면서 《노자》의 도에 대한
한비자의 견해를 설명하고 있다. 그러나 《노자》를 수용한 입장의 한계를 설명하고 있지는
않다.

④ (나)는 여러 유학자가 《노자》를 해석한 의도를 각각 제시하고 그 차이로
인해 발생한 학자 간의 이견을 절충하고 있다.

(나)는 《노자》와 관련하여 왕안석, 오징, 설혜의 견해를 설명하고 있을 뿐 이들 학자 간의
이견을 절충하고 있지는 않다.

⑤ (가)와 (나)는 모두, 《노자》에 대해 다양한 시각에서 제시된 비판이 심화되
는 과정을 구체적 사례와 함께 설명하고 있다.

(가)는 《노자》의 도에 관한 한비자의 견해를 설명하고 있고, (나)는 《노자》에 대한 유학자
들의 다양한 견해를 제시하고 있다. (가)는 한비자가 《노자》에 대한 해석을 통해 자신의 법
치 사상을 뒷받침하였다고 하면서 한비자의 견해만을 제시하였으므로 (가)가 《노자》에 대
해 다양한 시각에서 제시된 비판이 심화되는 과정을 구체적 사례와 함께 설명한 것은 아니다.

02

답 | ①

(가)에 제시된 한비자의 견해로 적절하지 않은 것은?

정답 선지 분석

① 사건의 시비에 따라 달라지는 도에 근거하여 법이 제정되어야 한다.

　4문단에 따르면 한비자는 도가 구체적인 사물과 사건에 내재한 개별 법칙의 통합으로서, 다양한 개별 사건의 시비를 판단하는 기준이 될 수 있다고 보았다. 도가 사건의 시비에 따라 달라지는 것이 아니다.

오답 선지 분석

② 인간은 무엇을 가지거나 누리고자 하는 마음에서 벗어날 수 없다.

　4문단에 따르면 한비자는 인간의 욕망을 필연적인 것으로 보았다. 한비자는 인간이 욕망에서 벗어날 수 없다고 본 것이다.

③ 도는 고정된 모습 없이 때와 형편에 따라 변화하며 영원히 존재한다.

　3문단에 따르면 한비자는 도는 영원히 존재하는 것이지만 그 모습과 이치를 일정하게 유지하는 것은 아니라고 보았다.

④ 인간 사회의 흥망성쇠는 사람이 도에 따라 올바르게 행하였는가의 여부에 좌우되는 것이다.

　2문단에 따르면 한비자는 인간 사회의 일은 도에 따라 제대로 행했는가의 여부에 따라 그 성패가 드러나는 것이라고 이해하였다. 즉 인간 사회의 흥망성쇠가 도에 따라 제대로 행했는가의 여부에 따라 좌우된다고 본 것이다.

⑤ 도는 만물의 근원이면서 동시에 현실 사회의 개별 사물과 사건에 내재한 법칙을 포괄하는 것이다.

　2문단에 따르면 한비자는 도를 천지 만물의 존재와 본질의 근거라고 보았다. 또한 4문단에 따르면 한비자는 도를 구체적인 사물과 사건에 내재한 개별 법칙의 통합이라고 보았다. 한비자는 도를 만물의 근원으로서 항상 존재하고 개별 법칙을 포괄하는 것으로 본 것이다.

03

답 | ④

㉠과 ㉡에 대한 이해로 가장 적절한 것은?

정답 선지 분석

④ ㉠은 유학을 노자 사상과 연관 지어 유교적 사회 질서의 정당성을 확인하는, ㉡은 유학에서 이단으로 치부하는 사상의 진의를 밝혀 오해를 바로잡으려는 것으로 표출되었다.

　(나)의 3문단에 따르면 오징은 도교의 시조로 간주된 노자의 가르침이 공자의 학문과 크게 다르지 않음을 밝히고 도와 유학 이념을 관련 지었다. 또한 인의예지, 사회 규범과 사회 질서 체계를 도가 현실화한 결과로 파악했다. 그러므로 ㉠은 유학을 노자 사상과 연관 지어 유교적 사회 질서의 정당성을 확인하고 강조하는 것으로 볼 수 있다. 한편 (나)의 4문단에 따르면 설혜는 노자 사상에 대한 오해를 불식해야 한다고 보았으며, 본성과 천명의 이치를 탐구한다는 점에서 노자 사상과 유학이 다르지 않다고 보았다. 그러므로 ㉡은 노자 사상이 유학과 다르지 않다는 것을 밝혀 오해를 바로잡으려고 한 것으로 볼 수 있다.

오답 선지 분석

① ㉠은 유학 덕목의 등장을 긍정적으로 평가한 ≪노자≫의 견해를 수용하는, ㉡은 유학 덕목에 대한 ≪노자≫의 비판에 담긴 긍정적 의도를 밝히려는 것으로 표출되었다.

　오징은 인의예지가 도의 쇠퇴 때문에 나타난 것이라는 ≪노자≫와 달리 인의예지는 도가 현실화하여 드러난 것이라고 보았다. ≪노자≫가 유학 덕목의 등장을 긍정적으로 평가한 것이 아니며, ㉠이 유학 덕목의 등장과 관련된 ≪노자≫의 견해를 수용한 것도 아니다. 설혜는 ㉡에 따라 ≪노자≫에서 인의 등의 유학 덕목을 비판한 것을 도덕을 근본으로 삼게 하기 위한 충고라고 파악하여 유학 덕목에 대한 ≪노자≫의 비판에 담긴 긍정적 의도를 밝히고자 하였다.

② ㉠은 유학에 유입되고 있는 주술성을 제거하는, ㉡은 노자 사상이 탐구하는 대상에 대한 이해를 근거로 노자 사상과 유학의 공통점을 제시하려는 것으로 표출되었다.

　오징은 도교를 주술적인 종교로 간주하고 사람들이 도교에 빠지는 것을 경계하여, ≪도덕진경주≫를 저술하고 ≪노자≫의 일부 내용을 바꾸었다. 따라서 ㉠이 유학에 유입되고 있는 주술성을 제거하는 것으로 표출된 것이 아니다. 설혜는 ㉡에 따라 다양한 경전을 인용하여 ≪노자≫를 해석하면서 이를 근거로 노자 사상과 유학이 다르지 않다고 보았다.

③ ㉠은 유학의 가르침을 차용한 종교가 사람들을 현혹하는 상황에 대응하는, ㉡은 ≪노자≫를 해석한 경전들을 참고하여 유학 이론의 독창성을 밝히려는 것으로 표출되었다.

　도교가 유학을 받아들여 체계화되었지만, 오징은 도교를 여전히 주술적인 종교로 보고 ㉠에 근거하여 도교가 사람들을 현혹하는 상황에 대응하고자 하였다. ㉡에 따라 설혜는 다양한 경전을 인용하여 ≪노자≫를 해석하고 노자 사상과 유학이 다르지 않다는 점을 강조하였다.

⑤ ㉠은 특정 종교에서 추앙하는 사상가와 유학 이론의 관련성을 제시하는, ㉡은 유학의 사상적 우위를 입증하여 다른 학문을 통합할 수 있는 근거를 제시하려는 것으로 표출되었다.

　㉠에서 오징은 도교의 시조로 간주된 노자의 가르침이 유학과 다르지 않음을 밝히고자 하였다. 설혜는 ㉡에 따라 노자 사상에 대한 오해를 불식하고자 하였으나 유학의 사상적 우위를 입증하고자 한 것은 아니다.

04

답 | ④

(나)의 왕안석과 오징의 입장에서 다음의 ㄱ~ㄹ에 대해 판단한 것으로 가장 적절한 것은?

> ㄱ. 도는 만물을 통해 드러나는 것이지 만물에 앞서서 존재하는 것은 아니다.
>
> ㄴ. 인간 사회의 규범은 이치를 내재한 근원적 존재인 도가 현실에 드러난 것이다.
>
> ㄷ. 도는 현상 세계의 너머에만 머물러 있지 않고 세상일과 유기적으로 관련되는 것이다.
>
> ㄹ. 도가 변화하듯이 현상 세계가 변하니, 현실 사회의 변화에 따라 인간 사회의 규범도 변해야 한다.

정답 선지 분석

④ 오징은 ㄱ과 ㄹ에 동의하지 않겠군.

　오징은 모든 이치를 내재한 도가 현실화하여 천지 만물이 생성된다고 보았으므로 ㄱ에 동의하지 않을 것이다. 오징은 또한 도를 근원적으로 불변하는 것으로 보았으므로 ㄹ에 동의하지 않을 것이다.

오답 선지 분석

① 왕안석은 ㄱ에 동의하지 않고 ㄴ에 동의하겠군.

　왕안석은 도를 만물의 물질적 근원인 '기'라고 파악하고 현상 세계에 앞서 존재하는 '기'의 작용에 의해 사물이 형성된다고 보았으므로 ㄱ에 동의하지 않을 것이다. 왕안석은 자연과 달리 인간 사회의 안정을 위해서는 제도와 규범의 제정과 같은 인간의 적극적인 개입이 필요하다고 주장하고 사회 제도의 규범은 현실 사회의 변화에 따라 새롭게 해야 한다고 하였으므로 ㄴ에 동의하지 않을 것이다.

② 왕안석은 ㄴ과 ㄹ에 동의하겠군.

　왕안석은 도를 만물의 물질적 근원인 '기'라고 파악하고, 기가 시시각각 변화하듯 현상 세계도 변화한다고 이해하였으며, 사회 제도의 규범도 현실 사회의 변화에 따라 새롭게 해야 한다고 주장하였으므로 ㄴ에 동의하지 않고 ㄹ에 동의할 것이다.

③ 왕안석은 ㄷ에 동의하고 ㄹ에 동의하지 않겠군.

　왕안석은 현상 세계에 앞서 존재하는 '기'의 작용에 의해 사물이 형성된다고 보았으므로 ㄷ에 동의할 것이다. 또한 사회 제도의 규범은 현실 사회의 변화에 따라 새롭게 해야 한다고 주장하였으므로 ㄹ에 동의할 것이다.

⑤ 오징은 ㄴ에 동의하고 ㄷ에 동의하지 않겠군.

오징은 사회규범과 사회 질서는 모든 이치를 내재한 도가 현실화한 것이라고 보았으므로 ㄴ과 ㄷ에 동의할 것이다.

05

답 | ⑤

<보기>를 참고할 때, (가), (나)의 사상가에 대한 왕부지의 평가로 적절하지 않은 것은?

보기

청나라 초기의 유학자 왕부지는 ≪노자≫의 본래 뜻을 드러내어 노자 사상을 비판하고자 ≪노자연≫을 저술했다. 노자 사상의 비현실성을 드러내어 유학의 실용적 가치를 부각하고자 했던 그는 기존의 ≪노자≫ 주석서가 노자 사상이 아닌 사상을 기준으로 삼았기 때문에 ≪노자≫뿐만 아니라 주석자의 사상마저 왜곡했다고 비판했다. ≪노자≫에서 아무런 행동을 하지 않아도 천하가 다스려진다고 한 것 등을 비판한 그는, ≪노자≫에서처럼 단순히 인간의 이기적 욕망을 없애는 것이 아니라 사회 질서 유지를 위해 유학 규범을 활용해야 한다고 강조했다.

정답 선지 분석

⑤ 왕부지는 ≪노자≫에 담긴 비현실성을 드러내야 한다고 보았으므로, (나)의 설혜가 기존의 ≪노자≫ 주석서들을 비판하며 드러낸 학문적 입장이 유학의 실용적 가치를 부각한다고 보겠군.

왕부지는 노자 사상의 비현실성을 드러냄으로써 유학의 실용적 가치를 부각하고자 했다. 즉 노자 사상을 비판하고자 했던 것이다. 한편 (나)의 설혜는 기존의 ≪노자≫ 주석서들이 ≪노자≫의 진정한 의미를 제대로 밝히지 못했다고 파악하고 본성과 천명의 이치를 탐구한다는 점에서 노자 사상과 유학이 다르지 않다고 보았는데, 이는 노자 사상에 대한 오해를 불식하고자 한 것으로, 노자 사상의 비현실성을 드러냄으로써 유학의 실용적 가치를 부각하고자 했던 왕부지의 시각과는 대비된다.

오답 선지 분석

① 왕부지는 인간의 욕망에 대한 ≪노자≫의 대응 방식을 부정적으로 보았으므로, (가)의 한비자가 ≪노자≫와 달리 사회에 대한 인위적 개입이 필요하다고 한 것에 대해서는 수긍하겠군.

왕부지는 ≪노자≫에서처럼 단순히 인간의 이기적 욕망을 없애야 한다고 주장하는 것을 비판하고 사회 질서 유지를 위해 유학 규범을 활용해야 한다고 강조했다. 이러한 시각에 따르면 (가)의 한비자가 인간은 욕망을 필연적으로 가질 수밖에 없음을 지적하며 욕망을 제어하기 위해 법이 필요하다고 한 것은 수긍할 수 있다.

② 왕부지는 ≪노자≫에 제시된 소극적인 삶의 태도를 부정적으로 보았으므로, (나)의 왕안석이 사회 제도에 대한 ≪노자≫의 견해를 비판하며 유학 이념의 활용을 주장한 것은 긍정하겠군.

왕부지는 ≪노자≫에서 아무런 행동을 하지 않아도 천하가 다스려진다고 한 것을 비판하였다. 이러한 시각에 따르면 (나)의 왕안석이 인위적인 것을 제거해야만 도가 드러나고 인간 사회가 안정된다는 ≪노자≫에 대해서는 비판하고, 유학 이념이 실질적 수단으로 활용되어야 한다고 주장한 것에 대해서는 긍정할 수 있다.

③ 왕부지는 ≪노자≫의 본래 뜻을 파악해야 한다고 보았으므로, (나)의 오징이 ≪노자≫를 주석하면서 자신의 이해에 따라 원문의 구성과 내용을 수정한 것이 잘못이라고 보겠군.

왕부지는 ≪노자≫의 본래 뜻을 드러내어 노자 사상을 비판하고자 하였다. 이러한 시각에 따르면 (나)의 오징이 ≪노자≫의 일부 내용을 바꾸고 기존 구성 체제를 재편한 것에 대해 왕부지는 잘못이라고 볼 것이다.

④ 왕부지는 주석자가 유학을 기준으로 ≪노자≫를 이해하면 주석자의 사상도 왜곡된다고 보았으므로, (나)의 오징이 유학의 인의예지를 ≪노자≫의 도가 현실화한 것으로 본 것을 비판하겠군.

왕부지는 기존의 ≪노자≫ 주석서가 노자 사상이 아닌 사상을 기준으로 삼았기 때문에 ≪노자≫뿐만 아니라 주석자의 사상마저 왜곡했다고 비판하였다. 이러한 시각에 따르면 (나)의 오징이 유학자의 입장에서 인의예지를 도가 현실화하여 드러난 것이라고 본 것을 비판할 것이다.

06

답 | ④

ⓐ와 문맥상 의미가 가장 가까운 것은?

정답 선지 분석

④ 화폭에 봄 경치가 그대로 담겨 있다.

ⓐ의 '담기다'는 '어떤 내용이나 사상이 그림, 글, 말, 표정 따위 속에 포함되거나 반영되다.'의 의미로, '화폭에 경치가 담겨 있다'의 '담기다'가 ⓐ와 문맥상 의미가 가장 가깝다.

오답 선지 분석

① 과일이 접시에 예쁘게 담겨 있다.

'어떤 물건이 그릇 따위에 넣어지다.'의 의미이다.

② 상자에 탁구공이 가득 담겨 있다.

'어떤 물건이 그릇 따위에 넣어지다.'의 의미이다.

③ 시원한 계곡물에 수박이 담겨 있다.

'액체 속에 넣어지다.'의 의미이다.

⑤ 매실이 설탕물에 한 달째 담겨 있다.

'김치·술·장·젓갈 따위를 만드는 재료가 버무려지거나 물이 부어져서, 익거나 삭도록 그릇에 보관되다.'의 의미이다.

DAY 5 | 〈성산별곡〉_정철 / 〈생매 잡아 길 잘 들여〉_작자 미상

빠른 정답 체크

01 ② 02 ④ 03 ①

가

청강 녹초변에 소 먹이는 아이들이

석양에 흥이 겨워 피리를 빗기 부니
       탈속적 분위기
물 아래 잠긴 용이 잠 깨어 일어날 듯
       탈속적 분위기를 환상적으로 구현함
내 기운에 나온 학이 제 깃을 던져 두고 반공에 솟아 뜰 듯
       이상 세계의 아름다움을 구현함
소선(蘇仙)* 적벽은 추칠월이 좋다 하되
       소동파가 지은 '적벽부'에서는 가을 음력 칠월을 예찬함
팔월 십오야를 모두 어찌 칭찬하는가
       이곳의 팔월 보름밤이 추칠월보다 아름다움
구름이 걷히고 물결이 다 잔 적에

하늘에 돋은 달이 솔 위에 걸렸거든

잡다가 빠진 줄이 적선(謫仙)*이 헌사할샤
       이태백이 물속에 비친 달을 잡으려다가 빠져 죽은 고사를 인용함
공산에 쌓인 잎을 삭풍이 거둬 불어
       계절적 시어 ① - 겨울철에 북쪽에서 불어오는 찬 바람
떼구름 거느리고 눈조차 몰아오니
       계절적 시어 ②
천공이 호사로워 옥으로 꽃을 지어
       눈 내린 풍경이 조물주가 옥으로 꽃을 만들어 낸 것처럼 아름다움

만수천림을 꾸며곰 낼세이고

앞 여울 가리 얼어 독목교(獨木橋) 비꼈는데
　　　　　　　　　외나무다리

막대 멘 늙은 중이 어느 절로 간단 말고
「다리를 건너가는 사람

「산옹의 이 부귀를 남더러 자랑 마오
「」: 자연의 아름다움을 산옹(김성원. 성산에 사는 정철의 친척) 혼자 즐기게 하고 싶음

경요굴(瓊瑤窟)* 숨은 세계 찾을 이 있을셰라」

산중에 벗이 없어 서책을 쌓아 두고
　　　　　　외로운 처지
　　　　　　　　　　　　　　　　　　　　　[A]
만고 인물을 거슬러 혜여하니
벗이 없어 서책을 보며 옛사람들을 생각함

성현도 많거니와 호걸도 하도 할샤

하늘 삼기실 제 곧 무심할까마는

어찌한 시운(時運)이 흥망이 있었는고
　　　　　　변화가 심한 인간사
모를 일도 하거니와 애달픔도 그지없다
　　　　　　　　인간사에 대한 화자의 감정
기산의 늙은 고블* 귀는 어찌 씻었던고
요임금이 허유에게 통치를 맡기려 하자 허유는 더러운 말을 들었다며 귀를 씻음
박 소리 핑계하고 지조가 가장 높다
표주박마저 버린 허유 - 무욕과 탈세속적 가치관 예찬
인심이 낯 같아야 볼수록 새롭거늘
변화무쌍한 세상을 사람의 얼굴에 빗댐
세사는 구름이라 험하기도 험하구나
　　　　인간사에 대한 비판적 태도와 근심
엊그제 빚은 술이 얼마나 익었느냐
화자의 흥취를 심화하면서 시름을 해소하는 매개체
잡거니 밀거니 실컷 기울이니
　　　술을 마시며 마음에 맺힌 시름을 품
마음에 맺힌 시름 조금 풀리나다
　　　인간사로 인한 시름

- 정철, 〈성산별곡〉 -

* 소선: 소동파를 신선에 빗댄 말.
* 적선: 이태백을 신선에 빗댄 말.
* 경요굴: 눈 내린 성산의 모습을 빗댄 말.
* 고블: 기산에 은거한 인물인 허유.

나

생매 잡아 길 잘 들여 먼 산 두메로 꿩 사냥 보내고 흰 말 구불
길들여지지 않은 야생 매　　　　　　사냥의 공간
구종* 갈기 솔질 **활활 솰솰** 하여 임의 집 송정 뒤 잔디 잔디 금잔
　　　　　　: 음성 상징어 - 인물의 역동성을 드러냄　반복을 통한 운율 형성
디 밭에 말 말뚝 **꽝꽝쌍쌍** 박아 숨마 바 고삐 길게 늘려 매고
　　　　　　　　묶은 고삐를 길게 늘어뜨림
앞내 여울 **고기** 뒷내 여울 고기 오르는 고기 내리는 고기 자나
　　현실적 풍류를 드러냄
굵으나 굵으나 자나 **주섬주섬** 낚아 내여 시내 동으로 뻗은 움버들
　　　　　　　　　　밑동을 베어 낸 자리에서 새로운 싹이 돋아난 버들
가지 **와지끈 뚝따** 꺾어 거꾸로 잡고 잎사귀 셋만 남기고 **주루룩**
훑어 아가미 **너슬너슬** 꿰어 시내 잔잔 흐르는 물에 납작 실죽 청
바둑돌로 임도 모르고 아무도 모르게 가만히 살짝 자기자 장단
맞춰 지근지지 눌러 놓고 동자야「이 뒤에 학 타신 **선관**이 날 찾거
　　　　　　　　　　　　　　화자가 자연에서 함께 낚시를 하고 싶은 사람
든 그물 낚싯대 종이 종다래끼* 파리 밥풀통 고추장 **술병**까지 가
　　　　　　　　　　　　　　　　낚시에 필요한 것
지고 뒷내 여울로 오라고 일러만 주소」
　　　　　　　　「」: 동자에게 건네는 말
아마도 산중호걸이 **나**뿐인가 하노라
　　　　신선과의 동질감. 화자의 자긍심을 표현함

- 작자 미상, 〈생매 잡아 길 잘 들여〉 -

* 구불구종: 말 모는 하인.
* 종다래끼: 작은 바구니.

01
답 | ②

(가), (나)에 대한 설명으로 가장 적절한 것은?

정답 선지 분석

② (나)는 음성 상징어를 통해 인물의 역동성을 드러내고 있다.

(나)의 초장에서 '활활 솰솰'은 말을 솔질하는 종의 행위를, '꽝꽝쌍쌍'은 말뚝 박는 행위를 역동적으로 나타낸 구절로 볼 수 있으며, 중장에서 '주섬주섬', '와지끈 뚝따', '주루룩', '너슬너슬' 등은 물고기를 잡는 화자의 행위를 역동적으로 나타낸 구절로 볼 수 있다.

오답 선지 분석

① (가)는 영탄적 표현을 통해 인물에 대한 그리움을 드러내고 있다.

(가)의 '성현도 많거니와 호걸도 하도 할샤'에서 영탄적 표현이 나타나지만 이를 통해 인물에 대한 그리움을 드러내는 것은 아니다.

③ (가)는 (나)와 달리 공간의 이동을 통해 다양한 대상의 면모를 드러내고 있다.

(가)에서 계절의 변화에 따른 자연 정경의 변화를 묘사한 부분을 확인할 수 있으며, 공간의 이동에 따라 대상의 다양한 면모를 드러냈다고 볼 수도 있다. (나)에서는 두 개의 개별적 공간에서의 화자의 모습이 제시되어 있으며, 공간 이동의 양상이 제시되어 있다고 볼 수 있다.

④ (나)는 (가)와 달리 시간의 흐름에 따라 인물의 심리 변화를 드러내고 있다.

(나)에서 화자는 생매를 이용하여 꿩 사냥을 한 후 여울에서 고기잡이를 하는 등 시간의 흐름에 따라 시상이 전개되고 있기는 하지만 이 과정에서 화자의 심리 변화 양상이 나타나지는 않는다.

⑤ (가)와 (나)는 모두 대구를 사용하여 대조적 대상의 속성을 드러내고 있다.

(가)의 '성현도 많거니와 호걸도 하도 할샤'에서 대구법이 사용되고 있다고 볼 수 있다. 하지만 성현과 호걸은 대조적 대상으로 볼 수 없다. (나)의 중장에서 '앞내 여울 고기 뒷내 여울 고기'와 '오르는 고기 내리는 고기'에서 대구법이 사용되고 있으며 '오르는 고기 내리는 고기'에서 고기들을 대조적 대상으로 볼 수도 있다.

02
답 | ④

[A]에 대한 이해로 적절하지 않은 것은?

정답 선지 분석

④ 하늘의 이치가 제대로 구현되지 못했음을 '시운'의 '흥망'에서 발견하고도 모를 일이 많다고 한 것에는, 인물의 담담한 태도가, 이상에 미치지 못하는 현실을 수용하는 것을 통해 드러난다.

화자는 '어찌한 시운이 흥망이 있었는고 / 모를 일도 하거니와 애달픔도 그지없다'라고 말하고 있는데, 이는 변화가 심한 인간사에 대한 안타까움을 토로한 것으로 볼 수 있다. 따라서 이를 화자의 담담한 태도가 표출된 것으로 보는 것은 적절하지 않고 이상에 미치지 못하는 현실을 수용하는 모습으로 보는 것 역시 적절하지 않다.

오답 선지 분석

① '삭풍'이 가을 잎을 쓸고 간 자리에 구름을 불러와 '공산'을 눈 세상으로 만들었다고 한 것에는, 인물이 거처한 공간의 아름다움에 대한 인식이 계절에 따른 자연의 변화를 통해 드러난다.

화자는 눈 덮인 산의 아름다움을 '천공이 호사로워 옥으로 꽃을 지어'라는 말로 나타내고 있다. 그런데 산에 눈이 덮인 것은 '삭풍'이 불어 공산에 쌓인 가을 잎을 쓸고 간 이후이므로 눈 덮인 산의 아름다움에 대한 인식은 가을에서 겨울로의 계절의 변화를 통해 드러난 것으로 이해할 수 있다.

② '앞 여울'을 건너가는 노승을 발견하고 '경요굴'이 들키지 않기를 바라는 것에는, 빼어난 경치를 소중하게 여기는 태도가, 숨어 있는 세계가 알려질 것에 대한 염려를 통해 드러난다.

'경요굴'은 눈 내린 성산의 모습을 빗댄 말로, 화자는 경요굴 숨은 세계를 찾을 이가 있을까 봐 두렵다고 말하고 있다. 이를 통해 화자가 성산의 빼어난 경치를 소중하게 여기는 마음을 가지고 있으며, 성산의 경치가 속세의 사람들에게 알려질 것을 염려하는 태도를 가지고 있다는 것을 알 수 있다.

③ 만족스러운 외적 풍경에서 눈을 돌려 벗이 없는 '산중'에서 '만고 인물'을 생각하는 것에는, 정신적 세계에 주목하는 태도가, 적적한 상황에 놓인 인물의 행위를 통해 드러난다.

화자는 '만고 인물'을 거슬러 생각하며 시운의 흥망에 애달픔을 토로하고 있다. 이는 정신적 세계에 주목하는 태도로 볼 수 있으며, 이러한 태도가 '산중에 벗이 없'는 적적한 상황에서 이루어지고 있다는 것을 알 수 있다.

⑤ 세상을 등진 인물의 삶을 '기산'의 '고블'에 비유한 것에는, 험한 세사와의 단절과 은거 지향에 대한 긍정적 인식이 인물의 선택에 대한 평가를 통해 드러난다.

'기산의 늙은 고블'은 기산에 은거한 전설적인 인물인 허유를 가리키는 말로, 허유는 세상과 단절하고 은거하는 삶을 살았던 인물이다. 험한 세사와의 단절과 은거 지향에 대한 화자의 긍정적 인식이 '지조가 가장 높다'는 말로 높게 평가하고 있다는 것을 알 수 있다.

03
답 | ①

<보기>를 바탕으로 (가)와 (나)를 감상한 내용으로 적절하지 <u>않은</u> 것은?

보기

고전 시가에서 자연은 작품에 따라 다양하게 그려진다. (가)의 자연은 속세와 구별되는 청정한 이상 세계로 그려지며, 신선의 이미지를 통해 탈속적이고 고고한 가치를 추구하는 곳이다. (나)의 자연은 풍요롭게 그려지는 현실적 풍류의 장으로, 활달하고 흥겹게 놀이를 펼치는 곳이며, 신선의 이미지를 통해 멋이 고조된다.

정답 선지 분석

① (가)의 '용'은 피리 소리로 조성된 탈속적 분위기를 환상적으로 표현하는 소재이고, (나)의 '생매'는 고고한 취향을 사실적으로 보여 주는 소재이군.

(가)의 '용'은 피리 소리로 조성된 탈속적 분위기를 환상적으로 표현한 소재로 볼 수 있으나, (나)의 '생매'는 꿩 사냥에 동원된 새인 '매'를 가리키므로 이를 고고한 취향을 보여 주는 소재로 보는 것은 적절하지 않다.

오답 선지 분석

② (가)의 '학'은 이상적 세계의 아름다움을 구현하는 소재이고, (나)의 '고기'는 풍요롭고 생동하는 세계를 표현하는 소재이군.

(가)의 '학'은 속세와 구별되는 청정한 이상 세계의 아름다움을 구현하는 소재로 볼 수 있다. 그리고 (나)의 '고기'는 앞내 여울과 뒷내 여울을 오르내리는 물고기로 화자는 이 물고기를 많이 잡아 움버들 가지에 꿰어 놓는 모습을 보여 주고 있다. 따라서 물고기는 풍요롭고 생동하는 세계를 표현하는 소재로 볼 수 있다.

③ (가)의 '소선', '적선'은 청정한 강호의 세계에서 떠올린 인물의 이미지이고, (나)의 '선관'은 '나'가 현재의 행위를 함께 하고 싶은 인물을 멋스럽게 표현한 이미지이군.

(가)의 '소선'과 '적선'은 각각 소동파와 이태백을 신선에 빗댄 말로 청정한 강호의 세계인 성산에서 떠올린 인물이라고 볼 수 있다. (나)에서 화자는 학 타신 선관이 자신을 찾아오거든 뒷내 여울로 오라고 일러 달라 말하고 있다. 화자는 뒷내 여울에서 물고기를 잡고 있으므로 '선관'은 화자가 함께 물고기를 잡으며 풍류를 즐기고자 하는 인물을 멋스럽게 표현한 것이라 할 수 있다.

④ (가)의 '산옹'은 계절에 따른 산의 모습을 바라보며 이상 세계의 삶을 지향하는 인물이고, (나)의 '나'는 사냥과 고기잡이를 통해 현실의 즐거움을 향유하는 인물이군.

(가)의 '산옹'은 서하당과 식영정의 주인인 김성원을 가리키는 말로 계절의 변화에 따른 산의 모습을 바라보며 이상 세계의 삶을 지향하는 인물로 볼 수 있다. (나)의 '나'는 초장에서는 매를 이용하여 꿩을 사냥하는 모습을, 중장에서는 여울에서 물고기를 잡는 모습을 드러내고 있다. 이는 현실의 즐거움을 향유하는 행위로 볼 수 있다.

⑤ (가)의 '술'은 강호에서 세상에 대한 시름을 달래 주는 소재이고, (나)의 '술병'은 풍류의 장에 흥취를 더해 줄 소재이군.

(가)에서 화자는 세상사는 구름처럼 험하다고 탄식하며 술을 마시고 있으므로 '술'은 강호에서 세상에 대한 시름을 달래 주는 소재로 볼 수 있다. (나)의 화자는 동자에게 학을 타신 선관이 자신을 찾으면 술을 가져 오라는 말을 전해달라고 당부하고 있으므로 '술병'은 물고기를 잡는 풍류의 장에 흥취를 더해 줄 소재로 볼 수 있다.

DAY 6 〈골목 안〉_박태원

빠른 정답 체크

01 ①   **02** ④   **03** ①   **04** ②

한참 정이와 별의별 말이 다 오고 가고 하였을 때, '불단집*'에
<small>갑순이 할머니의 딸</small>
서 마악 설거지를 하고 있던 갑순이 할머니가 뛰어나왔다. 갑득
<small>갑순이 할머니는 불단집의 잔일거리를 도우며 생활함</small>
이 어미는, 경우에 따라서는 그들 모녀를 상대하여서도, 할 말에

궁하지는 않다고 은근히 마음에 준비가 있었던 것이나, 뜻밖에도

갑순이 할머니는 자기 딸의 역성을 들려고는 하지 않고,

㉠ "애최에 늬가 말 실수헌 게 잘못이지, 남을 탄해 뭘 허니? 이
<small>갑득이 어미의 예상과 다르게 갑순이 할머니는 정이를 나무람</small>
게 모두 모양만 숭업구……, 온, 글쎄, 그만 허구 들어가아. 늬

가 잘못했어. 네 잘못이야."

하고 도리어 딸을 나무라던 것을, 갑득이 어미는 그 당장에는, 귀

에 솔깃하여,

「그렇지. 자계가 먼저 말을 냈지. 나야 그저 대꾸헌 죄밖엔 없으
<small>정이</small>
니까. 잘했든 잘못했든 자계가 시초를 낸 게니까——」,
<small>「」: 갑순이 할머니가 정이를 나무라자 자신도 보며 자신을 두둔함</small>
하고, 뽐내도 보았던 것이나, 나중에 깨달으니, 그것은 얼토당토

않은 생각으로, 갑순이 할머니가 그렇게 자기 딸을 꾸짖으며 한

사코 집으로 데리고 들어간 것에는,

㉡ "아, 그「배지 못헌 행랑것허구, 쌈이 무슨 쌈이냐?"
<small>「」: 갑득이 어미 – 남의 집 행랑에 얹혀살며 집일을 도움</small>
"똥이 무서워 피허니? 더러우니까 피허는 게지!"

하고, 그러한 사상이 들어 있었던 것이 분명하였다.

사실, 을득이 녀석이 나중에 보고하는데 들으니까, 저녁때 돌아
<small>갑득이의 동생</small>
온 집주름 영감이 그 얘기를 듣고 나자,
<small>정이의 아버지는 집주름집(복덕방)에서 일함</small>
"걔두 그만 분별은 있을 아이가, 그래 <u>그런 상것</u>허구 욕지거리
<small>갑득이 어미</small>
를 허구 그러다니……."

쩻, 쩻, 쩻 하고 혀를 차니까, 늙은 마누라는 또 마주 앉아서,

"그렇죠, 그렇구 말구요. 쌈을 허드래두 같은 양반끼리 해야지,
<small>갑순이 할머니의 속내 – 갑득이 어미가 자신들보다 수준이 낮다고 생각함</small>
그런 것허구 허는 건, 꼭 하늘 보구 침 뱉기지. 그 욕이 다아 내

게 돌아오지, 소용 있나요."

㉢ 그리고 후우우 하고 한숨조차 내쉬는데, 방 안에서들 그러는
<small>서술자는 인물의 경험을 객관적으로 전달하기만 함으로써 특정 인물의 편에 서지 않으려 함</small>
소리가 대문 밖까지 그대로 들리더라 한다.

[중략 부분의 줄거리] 골목 안 아홉 가구가 공동변소처럼 쓰는 불단집 소유의 뒷간에 양 서방이 갇힌다.

그는 아무리 상고하여 보아도 도무지 나갈 도리가 없는 것에 은근히 울화가 올랐다.

'제 집 뒷간두 아니구 남의 집 것을 그렇게 기가 나서 꼭꼭 잠그구 그럴 건 뭐 있누? 늙은이두 제엔장헐…….'

ⓔ 인제는 할 수가 없으니, 소리를 한번 질러 볼까?—— 하기도 하였으나, 이러한 경우에 있어, 사람들은, 흔히 자기가 꼭 어떠한 수상한 인물인 듯싶게 스스로 느껴지는 경향이 있다. 그래, 그는 생각 끝에,
쉼표를 연이어 사용함으로써 인물이 자신의 생각을 실행에 옮기지 못하고 망설이는 상황을 드러냄

"아, 누가 문을 잠겄어어어?"

"문 좀 여세요오. 아, 누가…….."

하고, 그러한 말을 제법 외치지도 못하고 그저 중얼대며, 한참이나 문을 잡아, 흔들어 자물쇠 소리만 덜거덕거렸던 것이다.
몰래 들어간 것이 떳떳하지 못해 큰 행동이나 소리를 내지 못함

을득이한테 저의 아비가 불단집 뒷간에 가 갇히어 있다는 말을 듣고, 어인 까닭을 모르는 채 그곳까지 뛰어온 갑득이 어미는, 대강 사정을 알자, 곧 이것은 평소에 자기에게 좋지 않은 생각을 품고 있는 갑순이 할머니가 계획적으로 한 일임에 틀림없다고 혼자 마음에 단정하고,

[A] "아아니, 그래, 애아범이 미우면 으떻게는 뭇 해서, 그 더러운 뒷간 숙에다 글쎄 가둬야만 헌단 말예요? 그래 노인이 심사를 그렇게 부려야 옳단 말예요?"
자신과 사이가 좋지 않은 갑순이 할머니가 일부러 남편을 가둔 것이라 생각하여 반복적으로 추궁함

하고, 혼자 흥분을 하였다. 갑순이 할머니는, 그것은 전혀 예기하지 못하였던 억울한 말이라, 그래, 눈을 둥그렇게 뜨고, 손조차 내저어 가며,
갑득이 어미가 자신을 추궁할 것이라 생각하지 못함

[B] "그건, 괜한 소리유, 괜한 소리야. 이 늙은 사람이 미쳐서 남을 뒷간 속에다 가둬? 모르구 그랬지, 모르구 그랬어. 난 꼭 아무두 없는 줄만 알구서, 그래, 모르구 자물쇨 챘지. 온, 알구야 왜 미쳤다구 잠그겠수?"
「」: 갑득이 어미의 비난에 억울함을 호소함

발명을 하였으나,

[C] "모르긴 왜 몰라요. 다아 알구서 한 짓이지. 그래 자물쇨 챌 때, 안에서 말하는 소리두 뭇 들었단 말예요? 듣구두 모른 체했지. 듣구두 그냥 잠가 버린 거야."
「」: 추측을 바탕으로 갑순이 할머니의 말을 신뢰하기 어렵다고 반박하며 갈등 상황을 지속시킴

하고, 갑득이 어미는 덮어놓고 시비만 걸려는 것을, 구경 나온 이웃 사람들이,

"아무러기서루니 갑순이 할머니께서 아시구야 그러셨겠소?"
「」: 이웃 사람들은 갑순이 할머니의 편을 들어 줌
"노인이 되셔서 귀두 어두시구 그래 몰르셨지!"

하고 말들이 있었고, 정작, 양 서방이 또 머뭇거리다가,

"자물쇨 채실 때, 내가 얼른 소리를 냈어두 아셨을 텐데, 미처 못 그래 그리 된 거야."

하고, 그러한 말을 매우 겸연쩍게 하여, 갑득이 어미는 집주름집 마누라를 좀더 공박할 것을 단념하여 버릴 수밖에 없는 동시에,

ⓜ "오오, 그러니까, 채, 무어, 말할 새두 없이 문이 잠겨서, 그냥 갇힌 채, 누구 오기만 기대린 게로군?"
인물의 발언을 바탕으로 사건을 파악하는 상황을 드러냄

"그래, 얼마 동안이나 들어가 있었어?"

"뭐어 오래야 갇혔겠수? 동안이야 잠깐이겠지만……."

– 박태원, 〈골목 안〉 –

* 불단집: 집 밖에도 전등을 단, 살림이 넉넉한 집.

01

답 | ①

윗글에 대한 설명으로 가장 적절한 것은?

정답 선지 분석

① 집 안에서의 대화가 이웃에 노출되어 인물의 속내가 드러난다.

'갑순이 할머니'는 '갑득이 어미' 앞에서는 자기 딸('정이')을 꾸짖었으나 집으로 데리고 들어가서는 '그 배지 못헌 행랑것과 무슨 싸움이냐, 똥은 더러우니까 피하는 거다'와 같은 내용의 말을 했다고 볼 수 있다. 또한 '갑순이 할머니'가 저녁때 돌아온 남편 '집주름 영감'과 '그런 상것하고 욕지거리를 하지 마라, 싸움을 하더라도 같은 양반끼리 해야 한다'는 내용의 대화를 했다는 사실을, '갑득이 어미'는 아들 '을득이'의 '보고'를 통해 알게 된다. 이 대화의 내용에서 '그 배지 못헌 행랑것', '그런 상것'은 '갑득이 어미'를 가리킨다. 이처럼 '갑순이 할머니' 집 안에서의 대화가 이웃에 노출되어 '갑득이 어미'에 대한 '갑순이 할머니'의 속내가 드러남을 알 수 있다.

오답 선지 분석

② 서로의 말실수에 대한 비난이 인물 간 다툼의 원인임이 드러난다.

'갑순이 할머니'의 딸 '정이'와 '갑득이 어미' 사이에 '별의별 말'이 오가는 말싸움이 벌어졌으나, '갑순이 할머니'는 딸을 나무라면서 한사코 집으로 데리고 들어간다. 또 이후 '갑순이 할머니'와 '갑득이 어미'의 다툼이 일어나지만, '양 서방'이 뒷간에 갇힌 일로 인한 것으로, 서로의 말실수에 대한 비난이라고 볼 수 없다.

③ 이웃의 갈등을 곁에서 지켜보고 있는 인물들의 냉담함이 드러난다.

'양 서방'이 뒷간에 갇힌 일로 인해 '갑순이 할머니'와 '갑득이 어미'가 다투자 '구경 나온 이웃 사람들'은 '갑순이 할머니'가 일부러 그러지는 않았을 것이라는 반응을 보인다. 그러므로 이웃의 갈등을 곁에서 지켜보고 있는 인물들의 '냉담함'이 드러난다고 볼 수 없다.

④ 이웃을 무시하는 인물의 차별적 언행을 함께 견뎌 내려는 사람들의 결연함이 드러난다.

'갑순이 할머니'와 '집주름 영감' 내외는 '갑득이 어미'를 두고 '그 배지 못헌 행랑것', '그런 상것' 등으로 지칭한다. 이러한 차별적 언행이 나타나 있지만, 이를 함께 견뎌 내려는 사람들의 결연함은 드러나 있지 않다.

⑤ 곤경에 빠진 가족의 상황을 다른 가족에게 전한 것이 이웃 간 앙금을 씻는 계기가 됨이 드러난다.

'양 서방'이 뒷간에 갇히는 곤경에 처한 상황이 나타난다. '갑득이 어미'는 아들 '을득이'를 통해 이 일을 알게 된다. 이 일로 '갑득이 어미'는 흥분하여 '갑순이 할머니'에게 시비를 건다. 그러나 구경 나온 이웃 사람들이 '갑순이 할머니' 편을 들고 '양 서방'도 자기 실수라는 투로 말을 하자 '갑득이 어미'는 '갑순이 할머니'에 대한 공박을 단념하게 된다. 그러므로 곤경에 빠진 가족의 상황을 다른 가족에게 전한 것이 이웃 간 앙금을 씻는 계기가 된 것은 아니다.

02

답 | ④

[A]~[C]에 대한 설명으로 적절하지 않은 것은?

정답 선지 분석

④ [A]에서 인물은 상대의 행위와 동기를 함께 비난하고, [B]에서 인물은 상대의 비난을 파악하지 못해 자신의 행위에 대해서만 인정한다.

'양 서방'이 뒷간에 갇힌 일을 두고 [A]에서 '갑득이 어미'는, 평소에 자기에게 좋지 않은 생각을 품고 있는 '갑순이 할머니'가 '애아범(양 서방)'이 미워서(동기) 뒷간 속에다 가두는(행위) 심사를 부렸다고 비난한다. 이러한 비난에 대해 '갑순이 할머니'는 [B]에서 그런 말은 괜한 소리고 자신은 모르고 자물쇠를 채웠다고 발명한다. 그러므로 '갑순이 할머니'가 '갑득이 어미'의 비난을 파악하지 못하고 있다는 서술은 적절하지 않다.

오답 선지 분석

① [A]에서 인물은 상대의 행위가 옳지 않다고 판단하여, 반복적으로 추궁하며 상대가 잘못했음을 분명히 한다.

[A]에서 '갑득이 어미'는, '애 아범'이 미워서 뒷간 속에 가뒀냐, 노인이 심사를 그렇게 부려야 옳으냐면서 '갑순이 할머니'를 반복적으로 추궁한다.

② [B]에서 인물은 상대의 주장이 사실과 다르다며, 모르고 그랬다는 말을 반복함으로써 자신의 억울함을 알린다.

[B]에서 '갑순이 할머니'는 '갑득이 어미'의 비난에 대해 그러한 말은 괜한 소리라고 하며, 모르고 그랬다는 말을 반복하여 자신의 억울함을 알리고 있다.

③ [C]에서 인물은 추측을 바탕으로 상대의 발언이 신뢰하기 어렵다고 반박하고, 상대의 반응에 아랑곳하지 않고 거짓으로 답했다며 몰아붙인다.

[C]에서 '갑득이 어미'는 모르고 그랬다는 '갑순이 할머니'의 말에 대해, 알고 한 짓이며 안에서 말하는 소리를 듣고도 모른 체하며 잠가 버린 거라고 추측하며, 억울해하는 '갑순이 할머니'의 말에 반박하며 몰아붙이고 있다.

⑤ [A]에서 인물이 상대에게 화를 내자, [B]에서 인물은 당황하며 자신을 방어하지만, [C]에서 갈등 상황은 지속된다.

'갑득이 어미'는 [A]와 같이 '갑순이 할머니'에게 화를 낸다. '갑순이 할머니'는 '전혀 예기하지 못하였던 억울한 말'이었기에 [B]에서와 같이 당황하며 모르고 그랬다며 자신을 방어한다. 그렇지만 '갑득이 어미'는 [C]에서 보는 것처럼 '갑순이 할머니'를 불신하면서 몰아붙임으로써 둘의 갈등은 지속된다.

03

답 | ①

집주름 영감과 양 서방에 대한 이해로 가장 적절한 것은?

정답 선지 분석

① 집주름 영감이 딸의 행동을 분별없다고 탓한 이유는 아내가 갑득이 어미 앞에서 딸을 나무란 뒤 남편에게 밝힌 생각과 같다.

'집주름 영감'은, '분별은 있을 아이(정이)'가 '그런 상것(갑득이 어미)'하고 욕지거리를 했다고 딸의 행동을 분별없다고 탓한다. 이에 호응하여 아내인 '갑순이 할머니'는 싸움을 하더라도 '같은 양반'끼리 해야 '그런 것'들하고 하는 건 하늘 보고 침 뱉기라고 대꾸한다. 그러므로 '집주름 영감'이 딸의 행동을 분별없다고 탓한 이유는 그의 아내인 '갑순이 할머니'가 밝힌 생각과 같다고 볼 수 있다.

오답 선지 분석

② 집주름 영감은 아내와 갑득이 어미의 갈등이 드러나지 않게 하는, 양 서방은 결과적으로 이들의 갈등을 완화하는 역할을 한다.

'집주름 영감'과 '갑순이 할머니' 부부는 '갑득이 어미'에 대해 부정적인 인식을 공유하고 있다. '집주름 영감'의 말이 을득이에게 들려 결과적으로 아내와 '갑득이 어미'의 갈등을 심화하는 역할을 한다고 볼 수 있다. '양 서방'이 뒷간에 갇힌 일로 인해 '갑득이 어미'와 '갑순이 할머니' 사이에 갈등이 생겨나지만, '양 서방'은 자기 실수라는 투로 말을 하여 '갑득이 어미'는 '갑순이 할머니'에 대한 공박을 단념한다.

③ 양 서방이 여러 궁리를 하면서도 뒷간을 빠져나오지 못한 이유는 아내에게 밝힌 사건의 경위와 무관하다.

'양 서방'은 뒷간에 갇혀 여러 궁리를 하였지만 수상한 인물처럼 느껴질까봐 소리를 지르지 못했다는 내용을 확인할 수 있다. 이후 아내에게 자신이 소리를 내지 못해 뒷간에 갇히게 되었다고 사건의 경위를 밝히고 있으므로 서로 무관하다고 볼 수 없다.

④ 양 서방은 아내가 갑순이 할머니에게 한 말과 이에 대한 이웃들의 반응을 듣고도 아내에게 무덤덤한 태도를 보이고 있다.

'양 서방'은 아내가 '갑순이 할머니'에게 한 비난과 이에 대한 이웃들의 반응을 듣고, '갑순이 할머니'가 자물쇠를 채울 때 얼른 소리를 냈어야 했다는 식으로 '매우 겸연쩍게' 말했기에 아내에게 무덤덤한 태도를 보이고 있다고 볼 수 없다.

⑤ 양 서방이 자신의 상황을 갑순이 할머니에게 알리지 못했다고 말한 것은 누가 뒷간 문을 잠갔는지에 대한 의문이 풀려서 화가 누그러졌기 때문이다.

'제 집 뒷간두 아니구~늙은이두 제엔장헐…….'로 보아 '양 서방'은 누가 뒷간 문을 잠갔는지 알고 있었다. '양 서방'이 자신의 상황을 '갑순이 할머니'에게 알리지 못했다고 말한 것은 구경 나온 이웃 사람들의 반응 이후이다.

04

답 | ②

<보기>를 참고하여 ⊙~⑩을 이해한 내용으로 적절하지 않은 것은?

보기

서술자는 자신의 시선만으로 서술하기도 하고 인물의 시선으로 초점화하여 서술하기도 한다. 그런데 이 작품에서는 두 서술 방식이 겹쳐 나타나는 경우가 있다. 이때 서술자는 인물과 거리를 둠으로써 그들의 말이나 생각, 감정 등에 대한 태도를 드러낸다. 이 밖에도 쉼표의 연이은 사용은 시간의 지연이나 인물의 상황 등을 드러낸다. 이러한 서술 기법은 문맥 속에서 글의 의미를 다양하게 보충한다.

정답 선지 분석

② ⓛ: 서술자 시선의 서술과 인물의 시선으로 초점화한 서술이 겹쳐 나타난 것은, 상황을 잘못 인지한 채 상대의 생각을 추측하는 인물에게 서술자가 거리를 두고 있음을 드러낸 것이겠군.

ⓛ은 서술자 시선의 서술인 동시에 '갑득이 어미'가 나중에 깨달은 바에 대한 진술이기에 인물의 시선으로 초점화한 서술이 겹쳐 나타난 부분으로 볼 수 있다. <보기>에 의하면 두 서술 방식이 겹쳐 나타나는 경우 서술자는 인물과 거리를 둔다는 내용을 확인할 수 있지만 '갑득이 어미'가 상황을 잘못 인지한 채 상대의 생각을 추측하고 있다고 볼 수 없다.

오답 선지 분석

① ⊙: 말줄임표 이후 쉼표를 연이어 사용한 것은, 인물이 자신의 생각을 감추거나 다른 할 말을 떠올리면서 시간의 지연이 있음을 드러낸 것이겠군.

<보기>에 따르면 ⊙에서 말줄임표 이후 쉼표를 연이어 사용한 것은, '갑순이 할머니'가 딸에게 진짜 하고 싶은 말을 감추거나 다른 할 말을 떠올리기 위한 시간의 지연을 의미한다고 할 수 있다. '갑순이 할머니'는 '갑득이 어미' 앞에서는 '네 잘못이야'라며 딸을 나무라지만, 그 '잘못'의 진짜 의미는 딸을 집으로 데리고 들어가 했던 말에 있다고 할 수 있다.

③ ⓒ: 말을 전하는 '~라 한다'의 주체가 인물일 수도 있고 서술자일 수도 있게 서술한 것은, 인물의 경험을 전하기만 하고 특정 인물의 편에 서지 않으려는 서술자의 태도를 드러낸 것이겠군.

ⓒ에서 '~라 한다'의 주체는 인물 '을득이'일 수도 있고 서술자일 수도 있다. <보기>를 참고하면 이는 인물의 경험을 전하기만 하고 특정 인물의 편에 서지 않으려는 서술자의 태도를 드러낸 것으로 볼 수 있다.

④ ⓐ: 인물의 생각에 대해 쉼표를 연이어 사용하며 설명한 것은, 인물이 생각을 실행에 옮기지 못하고 망설이는 상황을 드러낸 것이겠군.

<보기>에 의하면 ⓐ에서 인물의 생각에 대해 쉼표를 연이어 사용하여 설명한 것은, '양 서방'이 소리를 질러 볼까 하는 생각을 실행에 옮기지 못하고 망설이는 상황을 드러낸 것으로 볼 수 있다.

⑤ ⑩: 감탄사 이후 쉼표를 연이어 사용한 것은, 인물이 새로운 정보를 바탕으로 사건을 파악하는 상황을 드러낸 것이겠군.

〈보기〉에 의하면, ⑩에서 감탄사('오오') 이후 쉼표를 연이어 사용한 것은, '갑득이 어미'가 얼른 소리를 내지 못해 갇히게 되었다는 '양 서방'의 발언을 바탕으로 사건을 파악하는 상황을 드러낸 것으로 볼 수 있다.

⑤ ⑩: 감탄사 이후 쉼표를 연이어 사용한 것은, 인물이 새로운 정보를 바탕으로 사건을 파악하는 상황을 드러낸 것이겠군.

WEEK 8

DAY 1 작문

빠른 정답 체크

01 ② 02 ⑤ 03 ①

[작문 상황]

학교 신문의 기고란에 기후 변화 대응과 관련된 글을 쓰려 함.
예상 독자 – 학교 학생들   중심 화제

[초고]

제목: [A]

❶ 인류의 생존을 위협하는 기후 변화는 더욱 가속화될 것으로
기후 변화의 심각성을 언급함
예측된다. 이에 기후 변화에 대한 대응에 미래 세대인 청소년들
이 관심을 가지고 참여해야 한다는 사회적 공감대가 형성되고 있
기후 변화 대응에 대한 청소년 참여가 필요함을 드러내며 독자가 글의 내용에 공감하도록 함
다. 그러나 청소년의 참여도는 여전히 낮은 수준이다.
문제 상황의 제시

❷ 청소년이 기후 변화 대응 활동에 참여하지 않는 원인은 여러
문제 상황의 원인을 다각도로 분석하며 설득력을 높임
가지이다. 청소년들은 기후 변화 대응 방안에 무엇이 있는지 제
청소년의 참여도가 저조한 원인 ①
대로 모르는 경우가 많다. 제대로 모르기 때문에 하고자 하는 의
지가 있어도 참여하기 어렵다. 반대로 방안을 알면서 참여하지
않는 경우도 있다. 기후 변화에 대응하는 것이 너무 큰 과제라고
청소년의 참여도가 저조한 원인 ②
인식하기 때문에 자신의 실천은 효과가 없다고 생각하여 참여하
지 않는 것이다.

❸ 이를 고려할 때 청소년의 참여를 이끌어 내려면 우선 청소년
이 실천할 수 있는 방안을 알려 주는 것이 중요하다. 「이때의 대응
원인 ①의 해결 방안
방안은 생활 속에서 실천할 수 있는 것부터 사회적인 차원의 것
까지 다양하다. 생활 속에서의 실천과 함께, 그러한 실천들을 사
회적인 차원으로 확산시키려는 노력이 중요하다. 구성원 개개인
과 공동체의 노력이 어우러질 때 더 효과적인 대응이 될 것이기
때문이다.」「」: 청소년이 실천할 수 있는 방안을 마련 및 실천할 때 고려할 점

❹ 자신의 활동을 통해 상황을 개선할 수 있다는 인식을 형성하
원인 ②의 해결 방안
는 것도 중요하다. 기후 변화 대응 활동에 관한 긍정적 인식이 형
기후 변화 대응에 대한 청소년 인식 형성이 중요한 이유
성되어야 자발적 참여를 이끌어 낼 수 있다. 긍정적 인식이 형성
되려면, 대응 활동이 효과가 있었다고 체감할 수 있는 성공적인
경험이 쌓여야 한다. 이를 위해서는 체계적이고 지속적인 지원이
필요하다. 학교는 이러한 지원을 할 수 있는 대표적인 곳이다. 그
래서 기후 변화 대응 활동에의 참여를 도울 수 있도록 학교 교육
기후 변화 대응에 대한 청소년 참여를 위한 지원 정책의 필요
에 변화가 필요하다.

❺ 개인 및 공동체 차원에서의 실천과 이에 대한 지원을 통해 기
후 변화에 대한 대응이 청소년의 삶에서 멀리 있는 것이 아니라
는 생각을 만들어 갈 수 있다.

01

답 | ②

'작문 상황'을 고려하여 구상한 글쓰기 내용으로, 초고에 반영되지 않은 것은?

정답 선지 분석

② 기후 변화 대응에 대한 청소년 참여를 위한 지원 정책

4문단에 기후 변화 대응에 대한 청소년들의 참여를 이끌어 내기 위해서는 자신의 활동이 상
황을 개선할 수 있다는 인식을 형성하는 것이 중요하며 이를 위해 체계적이고 지속적인 지원
이 필요하다는 언급은 있으나, 청소년 참여를 위한 지원 정책을 언급하지는 않았다.

오답 선지 분석

① 기후 변화 대응에 대한 청소년의 참여를 유도하는 방안

3문단에서 청소년의 참여를 이끌어 내려면 청소년이 실천할 수 있는 방안을 알려주는 것이
중요하며 이러한 방안은 생활 속에서 실천할 수 있는 것부터 사회적인 차원의 것까지 다양
하다고 언급하고 있다.

③ 기후 변화 대응에 대한 청소년의 참여도가 낮은 원인

2문단에서 청소년들이 기후 변화 대응 활동에 참여하지 않는 원인을 분석하고 있다.

④ 기후 변화 대응에 대한 청소년 인식 형성의 중요성

4문단에서 기후 변화 대응 활동에 대한 청소년들의 참여를 이끌어 내기 위해서는 자신의 활
동을 통해 상황을 개선할 수 있다는 인식을 형성하는 것이 중요하다고 언급하고 있다.

⑤ 기후 변화 대응에 대한 청소년 참여의 필요성

1문단에서 인류 생존을 위협하는 기후 변화가 가속화되는 상황이므로 미래 세대인 청소년
이 기후 변화에 대한 대응에 관심을 가지고 참여해야 한다는 사회적 공감대가 형성되고 있음
을 언급하고 있다.

02

답 | ⑤

<보기>는 초고를 읽은 교사의 조언이다. 이를 반영하여 [A]를 작성한다고 할 때, 가장 적절한 것은?

보기

"글의 제목은 글에 대한 독자의 관심을 이끌어 낼 수 있도록 표현하는
게 좋아. 기후 변화의 심각성과 글의 5문단에서 말하고자 하는 바가 잘
드러나는 내용으로 쓰는 게 좋겠어."

정답 선지 분석

⑤ 미래를 위협하는 기후 변화, 실천을 도와 청소년의 삶에서 대응을 실현할 때

교사는 독자의 관심을 이끌어 낼 수 있도록 표현할 것, 기후 변화의 심각성이 잘 드러나는 내
용으로 쓸 것, 글의 5문단의 내용이 잘 드러나는 내용으로 쓸 것을 조언하고 있다. ⑤는 '미래
를 위협하는 기후 변화'에서 독자의 관심을 이끌어 내는 동시에 기후 변화의 심각성을 드러
내고 있고, '실천을 도와 청소년의 삶에서 대응을 실현할 때'에서 개인 및 공동체 차원에서의
청소년의 실천과 이에 대한 지원을 통해 기후 변화에 대한 대응이 청소년의 삶에서 멀리 있
는 것이 아니라는 생각을 만들어가야 한다는 5문단의 내용을 잘 드러내고 있다.

오답 선지 분석

① 기후 변화 정책, 학교와 사회의 실천적 연대를 지향할 때

독자의 관심을 이끌어 내는 표현이 없고, 기후 변화의 심각성이 잘 드러나지 않았다.

② 기후 변화에 대처하는 삶의 양식 전환, 이제 더 이상은 미룰 수 없다

'이제 더 이상은 미룰 수 없다'에서 기후 변화의 심각성을 드러내며 독자의 관심을 이끌어 내
고 있다고 볼 수는 있지만, '기후 변화에 대처하는 삶의 양식 전환'이라는 표현은 5문단에서
말하고자 하는 바를 잘 드러냈다고 보기 어렵다.

③ 환경에 위협받는 삶, 인간 중심의 삶에서 환경과 공존하는 생활로 전환

'환경에 위협받는 삶'이라는 표현으로 독자의 관심을 끌면서 기후 변화의 심각성을 드러내고
있으나 '인간 중심의 삶에서 환경과 공존하는 생활로 전환'에는 5문단에서 말하고자 하는 바
가 잘 드러나지 않았다.

④ 기후 변화 문제, 청소년을 위해 모두가 실천적 노력으로 모여야 할 시기

'기후 변화 문제'로 인해 '모두가 실천적 노력으로 모여야 할 시기'라는 표현에서 기후 변화의 심각성이 어느 정도 드러난다고 볼 수는 있겠으나 기후 변화 문제는 청소년에게만 해당되는 문제가 아니며, 5문단에서 말하고자 하는 바 또한 잘 드러났다고 볼 수 없다.

03
답 | ①

<보기>는 초고를 보완하기 위해 추가로 수집한 자료이다. 자료의 활용 방안으로 적절하지 않은 것은?

보기

ㄱ. 기후 변화 대응 활동 관련 설문 조사 자료

(대상: 우리 지역 청소년 600명)

ㄱ-1. 참여하지 않은 이유
(참여하지 않은 청소년 431명 응답)
(단위: %)

ㄱ-2. 참여한 활동 (복수 응답)
(참여한 청소년 168명 응답)
(단위: %)

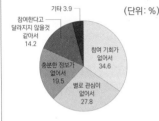

- 기타 3.9
- 참여한다고 달라지지 않을것 같아서 14.2
- 충분한 정보가 없어서 19.5
- 참여 기회가 없어서 34.6
- 별로 관심이 없어서 27.8

- 일회용품 줄이기 및 분리배출 68.0
- 에너지 절약 55.6
- 지역 환경 개선 활동 52.7
- 기후 변화 인식 제고 캠페인 18.9
- 기후 변화 관련 학교 밖 모임 및 활동 16.6
- 기후 변화 문제 해결 참여 기업 제품 사용 16.0

ㄴ. 신문 기사

청소년 기후 변화 대응 세미나가 ○○에서 개최되었다. 참여자들은, 기존의 교육이 기후 변화에 관심을 갖도록 만들었으나 청소년들의 실천적 대응을 이끌어 내기에는 한계가 있었다고 지적하며, 청소년들도 적극 참여하고 실천하며 효용을 체감할 수 있도록 학교·사회의 실천 연계형 교육으로 전환해야 한다는 데 의견을 모았다.

ㄷ. 인터뷰 자료

□□ 생태환경연구소 △△△ 박사는 "현재 각 국가가 온실가스 감축을 시행하고 있지만 각국에서 설정한 목표로 감축을 하더라도, 2020년에 출생한 세계 각국의 아이들은 평생 동안 50년 전에 태어난 세대에 비해 7배 수준의 폭염을 겪을 것이라고 예상합니다."라고 말했다.

정답 선지 분석

① ㄱ-1을 활용하여, 청소년들이 대응 방안에 무관심하거나 관련 정보가 충분하지 않은 것을, 방안을 실천하더라도 효과가 없다고 청소년들이 생각하는 이유로 2문단에 구체화해야겠어.

2문단에서 청소년이 기후 변화 대응 활동에 참여하지 않는 원인을 '기후 변화 대응 방안에 무엇이 있는지 제대로 모르는 경우'와 '(자신의 실천은 효과가 없다고 생각하여) 방안을 알면서 참여하지 않는 경우'로 나누어 제시하고 있다. ㄱ-1에서 청소년들이 '별로 관심이 없어서'라고 응답한 결과나 '충분한 정보가 없어서'라고 응답한 결과는 첫 번째 원인을 구체화하는 자료로 활용할 수 있으나 두 번째 원인을 구체화하는 자료로 활용하기는 어렵다.

오답 선지 분석

② ㄴ을 활용하여, 기존 교육의 한계를 지적하며 세미나 참여자들이 동의한 내용을, 기후 변화 대응과 관련한 학교 교육의 변화 방향으로 4문단에 보강해야겠어.

4문단에서는 청소년들의 기후 변화 대응 활동에의 참여를 도울 수 있도록 학교 교육에 변화가 필요하다고 주장하고 있다. ㄴ에 의하면 세미나 참여자들 역시 청소년들이 기후 변화 대응 행동에 적극 참여하고 실천하며 효용을 체감할 수 있도록 기존 교육을 전환해야 한다는 데에 동의하고 있다. 따라서 ㄴ을 통해 4문단에서 언급한 학교 교육의 변화 방향을 뒷받침하는 것은 적절한 자료 활용 방안이다.

③ ㄷ을 활용하여, 미래 세대는 폭염으로 인한 영향을 더 크게 받게 될 것이라는 전문가의 예측을, 청소년들의 활동 참여에 대한 사회적 공감대 형성의 근거로 1문단에 추가해야겠어.

1문단에서 인류 생존을 위협하는 기후 변화가 가속화되는 상황이므로 미래 세대인 청소년들이 이에 대한 관심을 가지고 참여해야 한다는 사회적 공감대가 형성되고 있음을 언급하고 있다. ㄷ은 2020년에 출생한 아이들이 그 전 세대에 비해 더 심각한 수준의 폭염을 겪을 것이라는 전문가의 예측을 다루고 있다. 따라서 ㄷ을 청소년들이 기후 변화 대응 활동에 관심을 가지고 참여해야 한다는 사회적 공감대 형성의 근거로 삼는 것은 적절한 자료 활용 방안이다.

④ ㄱ-1과 ㄱ-2를 활용하여, 청소년 다수가 참여한 활동들을, 참여 기회가 없다고 답한 청소년들이 생활 속에서 실천할 수 있는 기후 변화 대응 활동의 사례로 3문단에 추가해야겠어.

3문단에서는 청소년의 참여를 이끌어 내려면 청소년들이 생활 속에서 실천할 수 있는 기후 변화 대응 방안부터 알려주는 것이 중요하다고 말하고 있다. ㄱ-1은 기후 변화 대응 활동에 참여하지 않은 학생들 가운데 '참여 기회가 없어서'라고 응답한 학생이 가장 많았음을 보여 주고 있고, ㄱ-2는 기후 변화 대응 활동에 참여한 청소년들이 생활 속에서 실천한 일들을 다루고 있다. 따라서 ㄱ-1과 ㄱ-2를 활용하면, 참여 기회가 없다고 생각해서 기후 변화 대응 활동에 참여하지 않은 학생들에게 생활 속에서 실천할 수 있는 대응 활동의 사례를 제시할 수 있고, 이러한 내용을 3문단을 뒷받침하는 사례로 제시할 수 있다.

⑤ ㄱ-2와 ㄴ을 활용하여, 지역 환경 개선 활동이나 캠페인 등 지역 사회와 연계될 수 있는 활동들을, 청소년의 긍정적 인식 형성을 위해 학교가 지원할 사례로 4문단에 구체화해야겠어.

4문단에서는 기후 변화 대응 활동에 대한 청소년의 긍정적 인식이 형성될 수 있도록 학교 교육의 지원이 필요하다는 주장을 하고 있다. ㄱ-2는 기후 변화 대응 활동에 참여한 학생 중 지역 환경 개선 활동이나 기후 변화 인식 제고 캠페인을 하는 학생들이 있음을 보여 주고 있고, ㄴ은 앞으로의 학교 교육이 학교·사회의 실천 연계형 교육으로 전환해야 한다는 전문가의 의견을 다루고 있다. 따라서 ㄱ-2와 ㄴ을 활용하면, 기후 변화 대응 활동에 대한 청소년의 긍정적 인식 형성을 위해 학교의 지원이 필요한 활동으로 지역 환경 개선 활동이나 캠페인 등이 있음을 언급할 수 있다.

DAY 2 　매체

빠른 정답 체크

01 ③　　02 ⑤

가

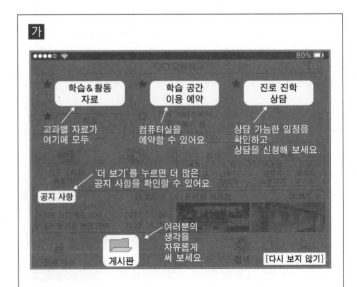

나

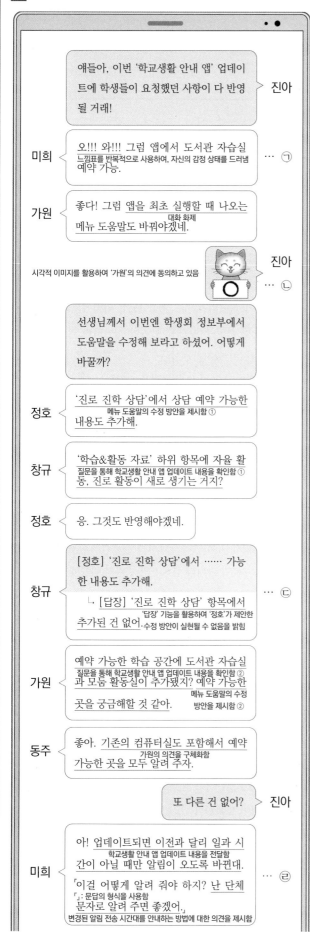

애들아, 이번 '학교생활 안내 앱' 업데이트에 학생들이 요청했던 사항이 다 반영될 거래! — 진아

미희: 오!!! 와!!! 그럼 앱에서 도서관 자습실 예약 가능. … ㉠
느낌표를 반복적으로 사용하여, 자신의 감정 상태를 드러냄

가원: 좋다! 그럼 앱을 최초 실행할 때 나오는 메뉴 도움말도 바꿔야겠네.
대화 화제

진아 … ㉡
시각적 이미지를 활용하여 '가원'의 의견에 동의하고 있음

선생님께서 이번엔 학생회 정보부에서 도움말을 수정해 보라고 하셨어. 어떻게 바꿀까?

정호: '진로 진학 상담'에서 상담 예약 가능한 내용도 추가해.
메뉴 도움말의 수정 방안을 제시함 ①

창규: '학습&활동 자료' 하위 항목에 자율 활동, 진로 활동이 새로 생기는 거지?
질문을 통해 학교생활 안내 앱 업데이트 내용을 확인함 ①

정호: 응. 그것도 반영해야겠네.

창규: [정호] '진로 진학 상담'에서 …… 가능한 내용도 추가해. … ㉢
 └ [답장] '진로 진학 상담' 항목에서 추가된 건 없어.
'답장' 기능을 활용하여 '정호'가 제안한 수정 방안이 실현될 수 없음을 밝힘

가원: 예약 가능한 학습 공간에 도서관 자습실과 모둠 활동실이 추가됐지? 예약 가능한 곳을 궁금해할 것 같아.
질문을 통해 학교생활 안내 앱 업데이트 내용을 확인함 ② / 메뉴 도움말의 수정 방안을 제시함 ②

동주: 좋아. 기존의 컴퓨터실도 포함해서 예약 가능한 곳을 모두 알려 주자.
가원의 의견을 구체화함

또 다른 건 없어? — 진아

미희: 아! 업데이트되면 이전과 달리 일과 시간이 아닐 때만 알림이 오도록 바뀐대. … ㉣
학교생활 안내 앱 업데이트 내용을 전달함
「이걸 어떻게 알려 줘야 하지? 난 단체 문자로 알려 주면 좋겠어.」
「 」: 문답의 형식을 사용함 / 변경된 알림 전송 시간대를 안내하는 방법에 대한 의견을 제시함

알림이 오는 시간만 바뀌는 거니까 그렇게 하자! — 진아

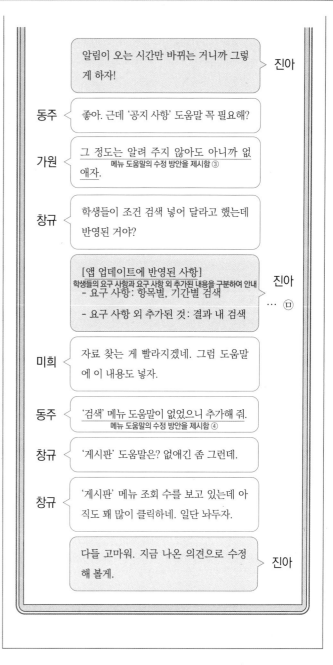

동주: 좋아. 근데 '공지 사항' 도움말 꼭 필요해?

가원: 그 정도는 알려 주지 않아도 아니까 없애자.
메뉴 도움말의 수정 방안을 제시함 ③

창규: 학생들이 조건 검색 넣어 달라고 했는데 반영된 거야?

진아 … ㉤
[앱 업데이트에 반영된 사항]
학생들의 요구 사항과 요구 사항 외 추가된 내용을 구분하여 안내
- 요구 사항: 항목별, 기간별 검색
- 요구 사항 외 추가된 것: 결과 내 검색

미희: 자료 찾는 게 빨라지겠네. 그럼 도움말에 이 내용도 넣자.

동주: '검색' 메뉴 도움말이 없었으니 추가해 줘.
메뉴 도움말의 수정 방안을 제시함 ④

창규: '게시판' 도움말은? 없애긴 좀 그런데.

창규: '게시판' 메뉴 조회 수를 보고 있는데 아직도 꽤 많이 클릭하네. 일단 놔두자.

다들 고마워. 지금 나온 의견으로 수정해 볼게. — 진아

01

답 | ③

㉠~㉤에 드러난 의사소통 방식에 대한 이해로 적절하지 않은 것은?

정답 선지 분석

③ ㉢: 대화 내용을 복사하는 기능을 활용하여, 상대방의 질문에 답하였다.
㉢에서 '창규'는 대화 내용을 복사하는 기능이 아니라 다른 사람의 글에 답장할 수 있는 기능을 활용하여 '정호'의 첫 번째 글에 답하고 있다.

오답 선지 분석

① ㉠: 느낌표를 반복적으로 사용하여, 자신의 감정 상태를 표현하였다.
㉠에서 '미희'는 '오!!! 와!!!'와 같이 느낌표를 반복적으로 사용하여 '학교생활 안내 앱' 업데이트에 학생들이 요청했던 사항이 다 반영된다는 것에 대해 강한 긍정의 감정 상태를 표현하고 있다.

② ㉡: 시각적 이미지를 활용하여, 상대방이 제시한 의견에 동의를 표현하였다.
㉡에서 '진아'는 동의를 나타내는 ○표를 들고 있는 고양이 이미지를 활용하여, '가원'이 제시한 의견에 동의를 표현하고 있다.

④ ㉣: 묻고 답하는 방식을 활용하여, 변경된 알림 전송 시간대를 안내하는 방법에 대한 자신의 의견을 제시하였다.
㉣에서 '미희'는 '이걸 어떻게 알려 줘야 하지? 난 단체 문자로 알려 주면 좋겠어.'와 같이 문답의 방식을 활용하여 자신의 의견을 제시하고 있다.

⑤ ㉤: 줄을 바꾸는 방식으로 글을 입력하여, 변동 사항을 구분하여 안내하였다.
㉤에서 '진아'는 줄을 바꾸는 방식으로 글을 입력하여, '요구 사항'과 '요구 사항 외 추가된 것'을 구분하여 안내하고 있다.

02
답 | ⑤

(나)의 대화 내용을 반영하여 (가)를 아래와 같이 수정했다고 할 때, 수정한 화면에 대한 설명으로 적절하지 않은 것은?

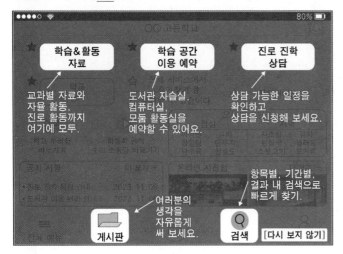

정답 선지 분석

⑤ '검색'에 대한 도움말은 검색 자료의 변화에 대한 '미희'와 '동주'의 대화를 반영하여 새로운 내용이 추가되었다.
(나)에서 '미희'와 '동주'는 '검색' 메뉴에도 도움말을 넣자는 의견을 제시하고 있다. 이러한 대화를 반영하여 수정한 화면에는 '검색' 메뉴에 대한 도움말이 새로 추가되어 있다. '검색'에 대한 도움말은 (가)에 없었던 것이기 때문에 '검색'에 대한 도움말에 새로운 내용이 추가되었다는 것은 적절하지 않다.

오답 선지 분석

① '학습&활동 자료'에 대한 도움말은 메뉴 항목의 변화에 대한 '창규'와 '정호'의 대화를 반영하여 새로운 내용이 추가되었다.
수정한 화면의 '학습&활동 자료' 도움말에는 '창규'와 '정호'의 대화를 반영하여 '자율 활동, 진로 활동'에 대한 내용이 추가되었다.

② '학습 공간 이용 예약'에 대한 도움말은 이용 예약이 가능한 공간 추가에 대한 '가원'과 '동주'의 대화를 반영하여 수정되었다.
수정한 화면의 '학습 공간 이용 예약' 도움말에는 '가원'과 '동주'의 대화를 반영하여 예약이 가능한 곳인 '도서관 자습실'과 '모둠 활동실'이 추가되었다.

③ '공지 사항'에 대한 도움말은 메뉴 도움말의 필요성에 대한 '정호'와 '가원'의 대화를 반영하여 삭제되었다.
(가)에 있었던 '공지 사항' 도움말은 '정호'와 '가원'의 의견에 따라 수정한 화면에서 삭제되었다.

④ '게시판'에 대한 도움말은 메뉴 이용 빈도에 대한 '창규'와 '미희'의 대화를 반영하여 그대로 유지되었다.
수정한 화면의 '게시판' 도움말은 '창규'와 '미희'의 의견을 반영하여 (가)에서와 같이 그대로 유지되었다.

DAY 3 미적 판단의 규범성에 관한 연구 / 미적 속성 실재론 혹은 반실재론: 미적 수반과의 양립 가능성

빠른 정답 체크

01 ④ 　 02 ③ 　 03 ① 　 04 ③ 　 05 ② 　 06 ②

가

❶ 미학에서 우아함, 장엄함 등 소위 미적 속성이라 ⓐ 간주되는 것들에 관한 논쟁 중 하나는 대상에 대하여 어떤 미적 판단을 진술할 때 그 진술이 가리키는 속성, 즉 미적 속성이 대상에 실재하느냐에 관한 것이다. 이에 대한 대표적인 견해로는 미적 실재론과 미적 반실재론이 있다.
미적 속성의 개념 / 미적 속성에 관한 논쟁 중 하나

❷ ㉠ 미적 실재론에 따르면 미적 속성은 대상에 실재한다. 이는 어떤 미적 속성에 대한 미적 판단이 객관적으로 참일 때, 그 미적 속성이 실재한다는 의미이다. 예를 들어, 미적 실재론은 우리가 베토벤의 '운명 교향곡'에 대해 장엄하다는 미적 판단을 내리는 데 모두의 의견이 일치하는 경우 '운명 교향곡'의 실제 속성 중 하나가 장엄함이며 우리 모두 그것을 지각하는 데 성공했기 때문이라고 본다. 그런데 우리 중 일부가 '운명 교향곡'을 두고 무기력하다는 미적 판단을 내릴 수도 있을 것이다. 이에 대해 미적 실재론은 우리 중 일부가 그들이 가진 난청과 같은 지각적 문제 혹은 미적 감수성의 부족 때문에 '운명 교향곡'의 실제 속성을 보는 데 실패했기 때문이라고 설명한다.
미적 속성의 실재에 대한 미적 실재론의 관점 / 모두가 '운명 교향곡'에 대해 장엄하다는 미적 판단을 내리는 데 의견이 일치하는 이유 / 일부가 '운명 교향곡'에 대해 무기력하다는 미적 판단을 내리는 이유

❸ ㉡ 미적 반실재론은 대상에 객관적으로 존재하는 미적 속성을 인정하지 않는다. 미적 판단은 대상에 객관적으로 존재하는 속성을 알아차리는 것이 아니라 감상자의 주관적 반응에 관한 것이라고 본다. '운명 교향곡'에 대한 미적 판단이 일치하는 이유는「우리가 모두 비슷한 미적 감수성을 ⓑ 형성했고, 그 결과 그 음악에 비슷하게 반응했기 때문」이라는 것이다. 즉 미적 판단의 일치가 일어난 것은 비슷한 감수성을 가진 사람들이 비슷한 방식으로 반응했기 때문이라고 본다. 미적 반실재론은 미적 판단의 불일치가 발생하는 이유를 미적 감수성이 서로 다른 사람들이 대상에 대해 각기 다르게 반응하기 때문이라고 설명한다.
미적 속성의 실재에 대한 미적 반실재론의 관점 / 「 」: '운명 교향곡'에 대한 미적 판단이 일치하는 이유 / 미적 판단의 일치가 일어난 이유 / 미적 판단의 불일치가 발생하는 이유

❹ 미적 실재론과 미적 반실재론은 이러한 입장 차이에도 불구하고 미적 판단이 정당화가 요구되는 진술이라고 생각한다는 점에서 서로 의견이 일치한다. '운명 교향곡'에 대한 미적 판단을 정당화해 보라는 요구를 받았을 때 어느 입장도 이유를 댈 수 없다고 대답하지는 않는다. 미적 판단에 관한 진술은 일종의 명제라는 점에서 그것을 뒷받침하는 합리적인 이유가 제시될 필요가 있다는 생각에 동의한다는 것이다.
미적 실재론과 미적 반실재론의 공통점 / 미적 실재론과 미적 반실재론이 모두 동의하는 생각

나

❶ '수반'이라는 개념은 어떤 속성들과 다른 속성들 사이의 관계를 설명하는 용어인데, 윤리학 분야에서 ⓒ 논의되기 시작하여 다른 분야로 확산되었다. 수반론에 따르면 도덕적 속성과 비도덕적 속성(자연적 속성)에 관해서 다음과 같이 설명될 수 있다. 예를 들어, "공자는 선한 사람이다."라고 말하면서 공자와 동일한 상황에 처해 있고 그와 동일하게 행동하지만 선한 사람이 아닌 그런 사람이 있다는 주장은 하기 어렵다는 것이다. 즉 도덕적 속성은 비도덕적 속성에 의존하기 때문에 비도덕적 속성에서 동일한 두 개인은 도덕적 속성에서도 동일하다.
<u>수반에 따른 도덕적 속성과 비도덕적 속성</u>

❷ 이러한 논의의 영향을 받아 미학에서도 미적 속성과 비미적 (非美的) 속성 사이에 미적 수반이 존재한다고 보는 미학자들이
<u>미적 수반론</u>
나타났다. 시블리에 따르면 『미적 속성은 감상자가 미적 감수성을 ⓓ 발휘해야 지각할 수 있는 속성이고, 비미적 속성은 시각과 청각 등의 지각 능력을 발휘하면 충분히 지각할 수 있는 속성』이다.
<u>『」: 미적 속성과 비미적 속성에 대한 시블리의 관점</u>
미적 수반이란 한 작품의 미적 속성이 그 작품의 비미적 속성에 의존하는 관계라고 할 수 있다. 즉 미적 수반론은 비미적 속성의
<u>미적 수반론의 관점 ①</u>
차이 없이는 미적 속성의 차이도 없다고 본다.
<u>미적 수반론의 관점 ②</u>

❸ 미적 수반론은 『미적 판단의 정당화 문제에 대하여 미적 실재론자들에게 단서를 ⓔ 제공할 수 있다』는 점에서 의의가 있다. 예
<u>『」: 미적 수반론의 의의</u>
를 들어, 어떤 미적 실재론자는 '운명 교향곡'은 장엄하다는 미적 판단을 정당화하는 데 수반 관계를 이용할 수 있다. 장엄함이 느린 리듬이나 하강하는 멜로디 등의 비미적 속성에 수반하는데,
<u>'운명 교향곡'의 비미적 속성</u>
그 비미적 속성이 '운명 교향곡'에서 발견된다는 것이다. 하지만
<u>'운명 교향곡'의 미적 속성은 비미적 속성에 의존함</u>
미적 수반론을 수용하는 미적 실재론자는 미적 판단의 해소 불가
<u>미적 수반론의 한계</u>
능한 불일치 문제를 설명하기 어렵다. 해소 불가능한 불일치란 『대상의 미적 속성을 판단하는 문제에서 감상자들 사이에 심각한
<u>『」: 미적 판단의 해소 불가능한 불일치의 개념</u>
불일치가 있고, 그 불일치가 감상자들이 지각 능력, 지식, 미적 감수성 등이 부족하지 않음에도 발생하는 경우』를 말한다. 미적 판단의 해소 불가능한 불일치는 미적 실재론자들이 미적 수반론을 흔쾌히 수용하기 어려움을 보여 준다. 미적 수반론은 미적 실재론자들에게 이런 ㉠ 곤혹스러운 문제를 제기하기 때문이다.

❹ 미적 반실재론 입장에서는 미적 판단의 해소 불가능한 불일치
<u>미적 반실재론에서는 미적 판단의 해소 불가능한 불일치가 문제가 되지 않음</u>
는 자연스러운 현상이다. 그러므로 이러한 현상이 발생한다는 점을 들어 미적 반실재론자들은 미적 수반론을 받아들이기 어렵다고 할 것이다. 그런데 미적 수반론을 수용하지 않는 반실재론자는 미적 판단의 정당화가 어떤 방식으로 가능한지 설명하기 쉽지
<u>미적 수반론을 수용하지 않는 미적 반실재론자의 한계</u>
않게 된다. 각자마다 다른 미적 판단이 각각 참일 수 있다면 극단적인 주관주의가 되는 수밖에 없기 때문이다. 그래서 어떤 미적

반실재론자들은 미적 수반론을 주목할 만한 가치가 있는 것으로 보기도 한다.

01
답 | ④

(가), (나)에 대한 설명으로 가장 적절한 것은?

정답 선지 분석

④ (가)는 서로 다른 견해들의 차이점과 공통점을 설명하고 있고, (나)는 서로 다른 견해들이 특정 이론을 어떻게 받아들일 수 있는지를 설명하고 있다.
(가)는 미적 실재론과 미적 반실재론 사이의 논쟁을 보여 주고 있다. 미적 속성이 대상에 실재하느냐에 대해 미적 실재론은 미적 속성이 대상에 실재한다고 보는 반면 미적 반실재론은 대상에 객관적으로 존재하는 미적 속성을 인정하지 않는다. 미적 판단의 불일치가 일어날 때 미적 실재론은 일부 사람의 지각적 문제 혹은 미적 감수성의 부족 문제를 언급하며 그 일부가 대상의 실제 속성을 보는 데 실패했기 때문이라고 설명한다. 하지만 미적 반실재론은 미적 감수성이 서로 다른 사람들이 대상에 대해 각기 다르게 반응하기 때문이라고 설명한다. 미적 실재론과 미적 반실재론은 이러한 입장 차이에도 불구하고 미적 판단은 정당화가 요구되는 진술이라고 생각한다는 점에서는 서로 의견이 일치한다.

오답 선지 분석

① (가)는 미적 속성을 구분하기 위한 기준을 제시하고 그 구분이 미학 논쟁에서 중요한 까닭을 강조하고 있다.
(가)는 미적 속성을 구분하기 위한 기준을 제시하고 그 구분이 미학 논쟁에서 중요한 까닭을 설명하고 있지 않다.

② (나)는 미적 판단의 정당화와 관련된 문제를 언급하며 서로 충돌되는 견해를 절충하여 새로운 결론을 도출하고 있다.
(나)는 미적 판단의 정당화와 관련된 문제를 언급하고 있으나 서로 충돌되는 견해를 절충하여 새로운 결론을 도출하고 있는 것은 아니다.

③ (가)는 통시적으로 두 이론의 논쟁 과정을 보여 주고 있고, (나)는 공시적으로 두 이론이 지역에 따라 달리 전개되는 양상을 보여 주고 있다.
(가)는 두 이론의 논쟁 과정을 통시적으로 보여 주고 있지 않다. (나)는 두 이론이 지역에 따라 달리 전개되는 양상을 보여 주고 있지 않다.

⑤ (가)와 (나)는 모두 이론가들의 영향 관계를 바탕으로 그들이 미적 판단의 기준을 통합하는 과정을 설명하고 있다.
(가)와 (나) 모두 미적 판단의 기준을 통합하는 과정을 설명하고 있지 않다.

02
답 | ③

㉠, ㉡에 대한 설명으로 적절하지 않은 것은?

정답 선지 분석

③ ㉡은 '운명 교향곡'에 대한 미적 판단은 '운명 교향곡'에 실재하는 미적 속성을 지각할 때 가능하다고 본다.
(가)의 3문단을 보면, 미적 반실재론은 대상에 객관적으로 존재하는 미적 속성을 인정하지 않는다. '운명 교향곡'에 실재하는 미적 속성을 지각할 수 있다고 보는 입장은 미적 실재론에 해당한다.

오답 선지 분석

① ㉠은 '운명 교향곡'에 대한 미적 판단의 불일치는 누군가의 지각적 오류 때문이라고 설명할 수 있다고 본다.
미적 실재론은 미적 판단의 불일치는 누군가의 지각적 문제 혹은 미적 감수성의 부족 때문이라고 설명한다.

WEEK 8

② ⊙은 '운명 교향곡'에 대한 장엄하다는 미적 판단이 객관적으로 참이라면 장엄함은 '운명 교향곡'에 실재한다고 본다.

미적 실재론은 어떤 미적 속성에 대한 미적 판단이 객관적으로 참일 때, 그 미적 속성이 실재한다고 본다.

④ ⊙은 '운명 교향곡'에 대한 미적 판단의 일치는 비슷한 감수성을 가진 사람들이 비슷하게 반응했기 때문이라고 본다.

미적 반실재론은 대상에 대한 미적 판단의 일치는 비슷한 감수성을 가진 사람들이 대상에 대하여 비슷하게 반응했기 때문이라고 설명한다.

⑤ ⊙과 ⓛ은 모두 '운명 교향곡'에 대한 미적 판단은 정당화가 요구되는 진술이라고 본다.

미적 실재론과 미적 반실재론은 미적 판단이 정당화가 요구되는 진술이라고 생각한다는 점에서 서로 의견이 일치한다.

03

답 | ①

수반론에 대한 이해로 가장 적절한 것은?

정답 선지 분석

① 비도덕적 속성이 동일한 두 사람 중에서 한 사람은 선하지만 다른 사람은 선하지 않는 경우란 존재하기 어렵다고 본다.

수반론은 도덕적 속성과 비도덕적 속성 사이의 관계를 설명하면서 도덕적 속성은 비도덕적 속성에 의존하기 때문에 비도덕적 속성에서 동일한 두 개인은 도덕적 속성에서도 동일하다고 설명한다. 공자와 동일한 상황에 처해 있고 그와 동일하게 행동하지만 선한 사람이 아닌 그런 사람이 있다는 주장은 하기 어렵다는 것이다. 이러한 설명으로 보아 비도덕적 속성이 동일한 두 사람 중에서 한 사람은 선하지만 다른 사람은 선하지 않은 경우란 존재하기 어렵다고 이해할 수 있다.

오답 선지 분석

② 도덕적 속성이 일정하게 유지되는 사람은 서로 다른 상황에 놓이더라도 동일한 도덕적 행동을 반복해야 한다고 본다.

수반론에서 도덕적 속성이 일정하게 유지되는 사람은 서로 다른 상황에 놓이더라도 동일한 도덕적 행동을 반복해야 한다고 보는지는 알 수 없다.

③ 어떤 사람이 자신이 처한 상황에 따라 도덕적 속성이 달라진다면 그 사람은 도덕적 수준이 낮은 것이라고 본다.

수반론에서 어떤 사람이 자신이 처한 상황에 따라 도덕적 속성이 달라진다면 그 사람은 도덕적 수준이 낮은 것이라고 보는지는 알 수 없다.

④ 도덕적 속성은 비도덕적 속성이 발현되고 실현되기 위한 기반과 필요한 조건을 제공한다고 본다.

수반론에서 도덕적 속성은 비도덕적 속성에 의존한다고 하였으므로 적절하지 않다.

⑤ 두 사람이 비도덕적 속성에서 동일하더라도 그들의 도덕적 속성은 다를 수 있다고 본다.

수반론에서는 비도덕적 속성에서 동일한 두 개인은 도덕적 속성에서도 동일하다고 본다.

04

답 | ③

(가)와 (나)를 바탕으로 <보기>에 대해 보인 반응으로 적절하지 않은 것은?

보기

길동과 장금은 미술관을 방문하여 화가 몬드리안의 작품 '빨강, 파랑, 노랑의 구성'을 감상하였다. 이 작품은 직선들의 교차를 통해 형성된 수많은 직사각형으로 구성되어 있다. 이 다양한 크기의 직사각형들 중 일부는 선명한 원색으로 채색되어 있다. 길동은 이 작품을 본 소감으로 생동감을, 장금은 지루함을 제시했다.

정답 선지 분석

③ 장금이 미적 수반론을 부정하는 미적 반실재론자라면, 자신과 길동의 미적 판단이 다른 이유를 비미적 속성에서의 차이 때문이라고 설명하겠군.

장금이 미적 수반론을 부정하는 미적 반실재론자라면 미적 판단의 해소 불가능한 불일치는 쉽게 설명할 수 있지만 미적 판단의 정당화가 어떤 방식으로 가능한지는 설명하기 어렵다. 장금이 이러한 입장이라면 자신과 길동의 미적 판단이 다른 이유를 비미적 속성에서의 차이 때문이 아니라 미적 감수성이 서로 다르기 때문이라고 설명할 것이다.

오답 선지 분석

① 길동이 시블리의 입장을 따른다면, 생동감이나 지루함은 작품의 미적 속성으로 색이나 직선들은 작품의 비미적 속성으로 구분하겠군.

시블리는 감상자가 미적 감수성을 발휘해야 지각할 수 있는 속성을 미적 속성으로, 감상자가 시각과 청각 등의 지각 능력을 발휘하면 충분히 지각할 수 있는 속성을 비미적 속성으로 보았다.

② 장금이 미적 반실재론자라면, 길동과 자신은 미적 감수성이 다르므로 길동과 자신의 소감이 다른 것은 자연스러운 현상이라고 말하겠군.

미적 반실재론은 미적 판단의 불일치가 발생하는 이유를 미적 감수성이 서로 다른 사람들이 대상에 대해 각기 다르게 반응하기 때문이라고 설명하며, 미적 판단의 해소 불가능한 불일치가 자연스러운 현상이라고 본다.

④ 길동이 미적 수반론을 지지하는 미적 실재론자라면, 생동감이 직선들의 교차 등의 비미적 속성에 수반하는데 그 비미적 속성이 작품에서 발견된다고 설명하겠군.

(나)의 3문단을 보면, 미적 수반론을 지지하는 미적 실재론자는 미적 판단을 정당화하는 데 수반 관계를 이용할 수 있다. 대상의 어떤 미적 속성은 특정한 비미적 속성에 수반하는데, 그 비미적 속성이 대상에서 발견된다는 것이다.

⑤ 길동이 미적 실재론자라면, 자신이 작품의 미적 속성인 생동감을 지각하는 데 성공했다고 판단할 경우 장금을 지각 능력이나 미적 감수성이 부족한 사람이라고 생각하겠군.

미적 실재론자는 미적 판단의 불일치가 일어나는 경우 일부가 그들이 가진 지각적 문제 혹은 미적 감수성의 부족 때문에 대상의 실제 속성을 보는 데 실패했기 때문이라고 설명한다.

05

답 | ②

㉮에 대한 이해로 가장 적절한 것은?

정답 선지 분석

② 미적 속성이 비미적 속성에 수반한다면 지각 능력이나 미적 감수성 등이 충분함에도 미적 판단의 불일치가 일어나는 현상을 설명하기 어렵다.

㉮는 미적 수반론이 미적 실재론자들에게 제기하는 문제이다. 미적 수반론을 수용하는 미적 실재론자들은 미적 판단의 해소 불가능한 불일치 문제를 설명하기 어렵다. 미적 속성이 비미적 속성에 수반한다는 것은 비미적 속성의 차이 없이는 미적 속성의 차이도 없다는 뜻이다. 즉 미적 수반론을 수용할 경우 지각 능력이나 미적 감수성 등이 충분함에도 미적 판단의 불일치가 일어나는 까닭을 설명하기 어렵게 된다.

오답 선지 분석

① 미적 속성이 비미적 속성에 의존하는 관계라면 서로 다른 감수성을 가진 사람들이 동일한 미적 판단을 내리는 까닭을 설명하기 어렵다.

미적 실재론에 따르면, 서로 다른 감수성을 가진 사람들이 동일한 미적 판단을 내리는 것은 대상의 실제 속성을 지각하는 데 성공했기 때문이다. 따라서 이를 미적 수반론이 미적 실재론자들에게 제기한 문제로 볼 수 없다.

③ 미적 수반이 존재한다면 비미적 속성에서 동일한 대상에 대하여 미적 속성에서 동일한 판단을 내리는 것을 설명하기 어렵다.

미적 수반론은 비미적 속성의 차이 없이는 미적 속성의 차이도 없다고 하였다. 따라서 이를 미적 수반론이 미적 실재론자들에게 제기한 문제로 볼 수 없다.

④ 미적 속성과 비미적 속성 사이에 수반 관계가 존재한다면 미적 판단의 정당화가 어떤 방식으로 가능한지 설명하기 쉽다.

미적 실재론자들은 미적 속성과 비미적 속성 사이에 미적 수반이 존재한다고 보는 미적 수반론을 받아들임으로써 미적 판단의 정당화 문제에 대한 단서를 제공받았다. 따라서 이를 미적 수반론이 미적 실재론자들에게 제기한 문제로 볼 수 없다.

⑤ 어떤 미적 속성이 수반하는 특정 비미적 속성이 존재한다면 극단적인 주관주의를 설명하기 쉽다.

각자마다 다른 미적 판단이 각각 참일 수 있다면 극단적인 주관주의가 되는 수밖에 없기 때문에, 미적 수반론을 수용하지 않는 미적 반실재론자는 미적 판단의 정당화가 어떤 방식으로 가능한지 설명하기 쉽지 않게 된다고 하였다. 따라서 이를 미적 수반론이 미적 실재론자들에게 제기한 문제로 볼 수 없다.

06
답 | ②

ⓐ~ⓔ의 사전적 의미로 적절하지 않은 것은?

정답 선지 분석

② ⓑ: 완전히 다 이룸.

ⓑ에 해당하는 어휘는 '형성'이다. '형성'의 사전적 의미는 '어떤 형상을 이룸.'이다. ②에 제시된 '완전히 다 이룸.'은 '완성'의 사전적 의미에 해당한다.

오답 선지 분석

① ⓐ: 상태, 모양, 성질 따위가 그와 같다고 봄. 또는 그렇다고 여김.

ⓐ에 해당하는 어휘는 '간주'이다. '간주'의 사전적 의미는 '상태, 모양, 성질 따위가 그와 같다고 봄. 또는 그렇다고 여김.'이다.

③ ⓒ: 어떤 문제에 대하여 서로 의견을 내어 토의함. 또는 그런 토의.

ⓒ에 해당하는 어휘는 '논의'이다. '논의'의 사전적 의미는 '어떤 문제에 대하여 서로 의견을 내어 토의함. 또는 그런 토의.'이다.

④ ⓓ: 재능, 능력 따위를 떨치어 나타냄.

ⓓ에 해당하는 어휘는 '발휘'이다. '논의'의 사전적 의미는 '재능, 능력 따위를 떨치어 나타냄.'이다.

⑤ ⓔ: 무엇을 내주거나 갖다 바침.

ⓔ에 해당하는 어휘는 '제공'이다. '제공'의 사전적 의미는 '무엇을 내주거나 갖다 바침.'이다.

DAY 4 데이터에서 결측치와 이상치의 처리 방법

빠른 정답 체크

01 ③　02 ①　03 ⑤　04 ②

❶ 데이터를 처리할 때 데이터의 정확성은 매우 중요하다. 그런데 데이터에 결측치와 이상치가 포함되면 데이터의 특징을 제대로 ⓐ 나타내기 어렵다.
데이터의 정확성이 떨어짐

❷ 결측치는「데이터 값이 ⓑ 빠져 있는 것이다. 결측치를 처리하는 방법 중 하나인 대체는 다른 값으로 결측치를 채우는 것인데,
「」: 결측치의 개념
대체의 개념
대체하는 값으로는 평균, 중앙값, 최빈값을 많이 사용한다. 중앙
결측치를 대체하는 값
값은 데이터를 크기순으로 정렬했을 때 중앙에 위치한 값이다.
중앙값의 개념
크기가 같은 값이 복수일 경우에도 순위를 매겨 중앙값을 찾고,
중앙값을 찾는 방법

데이터의 개수가 짝수이면 중앙에 있는 두 값의 평균이 중앙값이다. 또 최빈값은 데이터에 가장 많이 나타나는 값을 이른다. 일반
최빈값의 개념
적으로 데이터 값이 연속적인 수치이면 평균으로, 석차처럼 순위
평균으로 결측치를 대체하는 경우　*중앙값으로 결측치를 대체하는 경우*
가 있는 값에는 중앙값으로, 직업과 같이 문자인 경우에는 최빈
최빈값으로 결측치를 대체하는 경우
값으로 결측치를 대체한다.

❸ 이상치는 데이터의 다른 값에 비해 유달리 크거나 작은 값으
이상치의 개념
로, 데이터를 수집할 때 측정 오류 등에 의해 주로 ⓒ 생긴다. 그
이상치가 생기는 이유
러나 정상적인 데이터라도 데이터의 특징을 왜곡하는 데이터 값이 있을 수 있다. 예를 들어, 데이터가 어떤 프로 선수들의 연봉
데이터의 특징을 왜곡하는 데이터 값이 존재함
이고 그중 한 명의 연봉이 유달리 많다면, 이상치가 포함된 데이터에 해당한다. 이런 데이터의 특징을 하나의 수치로 나타내려는 경우 ㉠ 대푯값으로 평균보다 중앙값을 주로 사용한다.
이상치가 포함된 데이터의 특징을 하나의 수치로 나타내는 방법
❹ 평면상에 있는 점들의 위치를 나타내는 데이터에서도 이상치
수치를 나타내는 데이터가 아니더라도 이상치가 존재할 수 있음
를 발견할 수 있다. 대부분의 점들이 가상의 직선 주위에 모여 있다면 이 직선은 데이터의 특징을 잘 나타낸다고 할 수 있다. 이 직선을 직선 L이라고 하자. 그런데 직선 L로부터 멀리 떨어진 위치에도 몇 개의 점이 있다. 이 점들이 이상치이다.
이상치
❺ ㉡ 이상치를 포함하는 데이터에서 직선 L을 찾는다고 하자. 이때 사용할 수 있는 기법의 하나인 A 기법은 두 점을 무작위로
임의로 고른 두 점을 이상치가 아닌 점으로 가정함
골라 정상치 집합으로 가정하고, 이 두 점을 ⓓ 지나는 후보 직선을 그어 나머지 점들과 후보 직선 사이의 거리를 구한다. 이 거리가 허용 범위 이내인 점들을 정상치 집합에 추가한다.「정상치 집
「」: 정상치 집합의 점의 개수에 따라 후보 직선이 최종 후보군에 포함되거나 제외될 수 있음
합의 점의 개수가 미리 정해 둔 기준, 즉 문턱값보다 많으면 후보
문턱값의 개념
직선을 최종 후보군에 넣는다. 반대로 점의 개수가 문턱값보다 적으면 후보 직선을 버린다.」만약 처음에 고른 점이 이상치이면,
「대부분의 점들은 해당 후보 직선과의 거리가 너무 ⓔ 멀어」이 직
「」: 점의 개수가 문턱값보다 적음
선은 최종 후보군에서 제외되는 것이다. 이 과정을 반복하여 최종 후보군을 구하고, 최종 후보군에 포함된 직선 중에서 정상치
A 기법에서 직선 L을 선택하는 기준
집합의 데이터 개수가 최대인 직선을 직선 L로 선택한다. 이 기법은 이상치가 있어도 직선 L을 찾을 가능성이 높다.

01
답 | ③

윗글을 이해한 내용으로 적절하지 않은 것은?

정답 선지 분석

③ 데이터가 정상적으로 수집되었다면 이상치가 존재하지 않는다.

3문단에서 이상치는 데이터를 수집할 때 측정 오류 등에 의해 주로 생기지만, 정상적인 데이터라도 데이터의 특징을 왜곡하는 데이터 값이 있을 수 있다고 하였다.

오답 선지 분석

① 데이터가 수치로 구성되지 않아도 최빈값을 구할 수 있다.

2문단에서 데이터 값이 직업과 같이 문자인 경우에는 최빈값으로 결측치를 대체한다고 하였으므로, 데이터가 수치로 구성되지 않아도 최빈값을 구할 수 있다는 진술은 적절하다.

② 데이터의 특징이 언제나 하나의 수치로 나타나는 것은 아니다.

4문단에서는 데이터가 평면상에 있는 점들의 위치를 나타내는 경우를 제시하고 있는데, 이러한 경우 대부분의 점들이 주위에 모여 있는 가상의 직선 L이 데이터의 특징을 잘 나타낸다고 설명하고 있다. 이로부터 데이터의 특징이 언제나 하나의 수치로 나타나는 것이 아님을 확인할 수 있다.

④ 데이터에 동일한 수치가 여러 개 있어도 중앙값으로 결측치를 대체할 수 있다.

2문단에서 결측치를 대체하는 값으로는 평균, 중앙값, 최빈값을 많이 사용한다고 하였고, 크기가 같은 값이 복수일 경우 순위를 매겨 중앙값을 찾는다고 하였다. 따라서 데이터에 동일한 수치가 여러 개 있어도 중앙값으로 결측치를 대체할 수 있다는 진술은 적절하다.

⑤ 데이터를 수집하는 과정에서 측정 오류가 발생한 값이라도 이상치가 아닐 수 있다.

3문단에서 이상치는 데이터의 다른 값에 비해 유달리 크거나 작은 값이라고 하였다. 측정 오류 등으로 발생한 데이터 값이라도 그 값과 실제 데이터의 다른 값의 차이가 미세한 경우라면 이상치가 아닐 수 있다.

02

답 | ①

윗글을 참고할 때, ㉠의 이유로 가장 적절한 것은?

정답 선지 분석

① 중앙값은 극단에 있는 이상치의 영향을 덜 받기 때문이다.

2문단에 따르면, 중앙값은 데이터를 크기순으로 정렬했을 때 중앙에 위치한 값이다. 그러므로 대푯값을 중앙값으로 설정할 경우 이상치의 값이 중앙값으로 선정된 수치 자체를 변화시키지는 못한다. 그러나 평균은 이상치의 유달리 크거나 작은 값이 계산에 직접적으로 반영되므로 데이터의 특성을 왜곡할 수 있다. 따라서 ㉠의 이유는 중앙값이 극단에 있는 이상치의 영향을 덜 받기 때문이라고 볼 수 있다.

오답 선지 분석

② 중앙값을 찾기 위해 데이터를 나열할 때 이상치는 제외되기 때문이다.

중앙값은 데이터를 크기순으로 정렬했을 때 중앙에 위치한 값으로, 특정 데이터가 다른 값에 비해 유달리 크거나 작은 것과 상관없이 모든 데이터를 정렬하여 찾는다.

③ 데이터의 개수가 많아질수록 이상치도 많아지고 평균을 구하기 어렵기 때문이다.

데이터의 개수와 이상치의 개수는 무관하다. 데이터의 개수가 많아질수록 평균을 구하기 어려울 수는 있지만 이 역시 ㉠의 이유와는 무관하다.

④ 이상치가 포함되면 평균을 구하는 것이 중앙값을 찾는 것보다 복잡하기 때문이다.

이상치가 포함된 경우라고 하더라도 평균이나 중앙값을 구하는 방식이 변화하지 않으며, 데이터의 평균이나 중앙값을 구하는 방법의 복잡성의 수준에 대한 내용은 글에서 확인할 수 없다. 또한 이러한 복잡성의 수준과 ㉠과는 직접적인 관련이 없다.

⑤ 이상치가 포함되면 평균은 데이터에 포함되지 않는 값일 가능성이 큰 반면 중앙값은 항상 데이터에 포함된 값이기 때문이다.

평균은 이상치의 포함 여부와 상관없이 데이터에 포함되지 않는 값일 수 있다. 한편 중앙값은 데이터를 크기순으로 정렬했을 때 중앙에 위치한 값이지만, 데이터의 개수가 짝수일 경우에는 중앙에 있는 두 값의 평균이 중앙값이 된다. 이런 경우 중앙값은 데이터에 포함된 값이 아닐 수 있다. 그러므로 중앙값이 항상 데이터에 포함된 값이기 때문이라는 진술은 적절하지 않다.

03

답 | ⑤

㉡과 관련하여 윗글의 A 기법과 <보기>의 B 기법을 설명한 내용으로 가장 적절한 것은?

보기

다음과 같은 방법으로 직선 L을 찾는 B 기법을 가정해 보자. 후보 직선을 임의로 여러 개 가정한 뒤에 모든 점에서 각 후보 직선들과의 거리를 구하여 점들과 가장 가까운 직선을 선택한다. 그러나 이렇게 찾은 직선은 직선 L로 적합한 직선이 아니다. 이상치를 포함해서 찾다 보니 대부분 최적의 직선과 이상치 사이에 위치한 직선을 선택하게 된다.

정답 선지 분석

⑤ A 기법에서 후보 직선의 정상치 집합에는 이상치가 포함될 수 있고 B 기법에서 후보 직선은 이상치를 지날 수 있다.

5문단에 따르면, A 기법에서는 두 점을 무작위로 골라 이 두 점을 지나는 후보 직선을 그어 나머지 점들과 후보 직선 사이의 거리를 구한다. 그리고 이 거리가 허용 범위 이내인 점들을 정상치 집합에 추가하며, 정상치 집합의 점의 개수가 문턱값보다 많으면 후보 직선을 최종 후보군에 넣는다. 그러므로 후보 직선과 나머지 점과의 거리의 허용 범위가 넓게 설정되어 있다면 이상치이더라도 후보 직선의 정상치 집합에 포함될 수 있다. 또한 <보기>에 따르면 B 기법에서는 후보 직선을 임의로 여러 개 가정한다고 하였으므로 후보 직선을 이루는 두 점에 이상치가 포함될 수 있다. 따라서 B 기법에서 후보 직선은 이상치를 지날 수 있다.

오답 선지 분석

① A 기법과 B 기법 모두 최적의 직선을 찾기 위해 최대한 많은 점을 지나는 후보 직선을 가정한다.

A 기법의 후보 직선은 두 점을 무작위로 골라 그은 직선이라고 하였고, B 기법에서도 후보 직선을 임의로 여러 개 가정한다고 하였다. 따라서 A 기법과 B 기법 모두 최적의 직선을 찾기 위해 최대한 많은 점을 지나는 후보 직선을 가정한다는 진술은 적절하지 않다.

② A 기법은 이상치를 제외하고 후보 직선을 가정하지만 B 기법은 이상치를 제외하는 과정이 없다.

A 기법은 두 점을 무작위로 골라 이 두 점을 지나는 후보 직선을 긋는다고 하였다. 따라서 후보 직선을 가정할 때 A 기법이 이상치를 제외한다는 진술은 적절하지 않다. 한편 B 기법은 후보 직선을 임의로 가정한다고 하였으므로 B 기법에도 후보 직선을 가정할 때 이상치를 제외하는 과정이 없다고 볼 수 있다.

③ A 기법에서 최종적으로 선택한 직선은 이상치를 지나지 않지만 B 기법에서 선택한 직선은 이상치를 지난다.

A 기법에서 최종적으로 선택한 직선 L은 데이터의 특징을 잘 나타내는 선으로, 데이터의 특징을 왜곡하는 이상치를 지나지 않을 것이다. 한편 B 기법에서는 이상치를 포함해서 최적의 직선을 찾다 보니 대부분 최적의 직선과 이상치 사이에 위치한 직선을 선택하게 된다고 하였다. 따라서 B 기법에서 선택한 직선이 이상치를 지난다는 진술은 적절하지 않다.

④ A 기법은 이상치의 개수가 문턱값보다 적으면 후보 직선을 버리지만 B 기법은 선택한 직선이 이상치를 포함할 수 있다.

A 기법에서 후보 직선을 버릴 결정하는 기준이 되는 문턱값은 정상치 집합의 점의 개수에 대한 것이다. 이상치의 개수가 문턱값보다 적으면 후보 직선을 버리는 것이 아니라 정상치 집합의 점의 개수가 문턱값보다 적으면 후보 직선을 버리게 된다.

04

답 | ②

문맥상 ⓐ~ⓔ와 바꿔 쓰기에 가장 적절한 것은?

정답 선지 분석

② ⓑ: 누락(漏落)되어

ⓑ의 '빠지다'는 '차례를 거르거나 일정하게 들어 있어야 할 곳에 들어 있지 아니하다.'라는 의미로 사용되었다. 그러므로 ⓑ는 '기입되어야 할 것이 기록에서 빠져'라는 의미를 지닌 '누락되어'로 바꾸어 쓰는 것이 적절하다.

① ⓐ: 형성(形成)하기

ⓐ의 '나타내다'는 '어떤 일의 결과나 징후를 겉으로 드러내다.'라는 의미로 사용되었다. 그러므로 ⓐ를 '어떤 형상을 이루기'라는 의미를 지닌 '형성하기'로 바꾸어 쓰는 것은 적절하지 않다.

③ ⓒ: 도래(到來)한다

ⓒ의 '생기다'는 '어떤 일이 일어나다.'라는 의미로 사용되었다. 그러므로 ⓒ를 '어떤 시기나 기회가 닥쳐온다.'라는 의미를 지닌 '도래한다'로 바꾸어 쓰는 것은 적절하지 않다.

④ ⓓ: 투과(透過)하는

ⓓ의 '지나다'는 '어디를 거치어 가거나 오거나 하다.'라는 의미로 사용되었다. 그러므로 ⓓ를 '장애물에 빛이 비치거나 액체가 스미면서 통과하는'이라는 의미를 지닌 '투과하는'으로 바꾸어 쓰는 것은 적절하지 않다.

⑤ ⓔ: 소원(疏遠)하여

ⓔ의 '멀다'는 '거리가 많이 떨어져 있다.'라는 의미로 사용되었다. 그러므로 ⓔ를 '지내는 사이가 두텁지 아니하고 거리가 있어서 서먹서먹하여'라는 의미를 지닌 '소원하여'로 바꾸어 쓰는 것은 적절하지 않다.

DAY 5 〈월훈〉_박용래 / 〈연 1〉_김영랑 / 〈문의당기〉_서영보

빠른 정답 체크

01 ②   **02** ④   **03** ④   **04** ③   **05** ②   **06** ④

가

첩첩산중에도 없는 마을이 여긴 있습니다. 잎 진 사잇길 저 모
_{세상과 단절된 공간}
랫둑, 그 너머 강기슭에서도 보이진 않습니다. 허방다리* 들어내
_{마을이 외진 곳에 있음을 드러냄}
면 보이는 마을.

갱 속 같은 마을. ㉠「꼴깍, 해가, 노루꼬리 해가 지면」 집집마다
_{어두워진 마을}   _{「 」: 음성 상징어와 쉼표를 사용하여 시적 의미를 형상화함}
봉당에 불을 켜요. 콩깍지, 콩깍지처럼 후미진 외딴집, 외딴집
_{반복, 직유를 통한 강조}
에도 불빛은 앉아 이슥토록 창문은 모과빛입니다.
_{창문에 불이 켜져 있음}

기인 밤입니다. 외딴집 노인은 홀로 잠이 깨어 출출한 나머지
무우를 깎기도 하고 고구마를 깎다, 「문득 바람도 없는데 시나브
           _{「 」: 일상적인 소리에 감각적으로 집중함}
로 풀려 풀려 내리는 짚단, 짚오라기의 설레임을 듣습니다. 귀를
_{누군가 찾아오기를 바라는 마음이 반영됨}
모으고 듣지요. ㉡후루룩 후루룩 처마 깃에 나래 묻는 이름 모를
새, 새들의 온기를 생각합니다. 숨을 죽이고 생각하지요.」

참 오래오래, 노인의 자리맡에 밭은기침 소리도 없을 양이면 벽
_{외로운 상황이 오래 지속됨}
속에서 겨울 귀뚜라미는 울지요. 떼를 지어 웁니다, 벽이 무너지
_{노인의 외로움이 이입된 대상}
라고 웁니다.

어느덧 밖에는 눈발이라도 치는지, 펄펄 함박눈이라도 흩날리
               _{고요한 마을의 이미지를 강조함}
는지, 창호지 문살에 돋는 월훈(月暈).
         _{명사로 시행을 마무리하여 여운을 줌}

                            - 박용래, 〈월훈〉 -

* 허방다리: 짐승 따위를 잡기 위해 풀 등을 덮어 위장한 구덩이.

나

내 어린 날!
_{영탄적 표현 - 어린 날을 추억하고 있음}
「아슬한 하늘에 뜬 연같이
_{「 」: 어린 날을 비유한 표현}
바람에 깜박이는 연실같이」

내 어린 날! 아슴풀하다*

하늘은 파랗고 끝없고

편편한 연실은 조매롭고*
_{연실이 곧 끊어질지 모른다는 긴장감을 조성함}
오! 흰 연 그새에 높이

㉢ 아실아실* 떠 놀다 내 어린 날!

바람 일어 끊어지던 날
      _{연실이 바람에 끊어짐}
엄마 아빠 부르고 울다

㉣ 희끗희끗한 실낱이 서러워

아침저녁 나무 밑에 울다
         _{끊어진 연을 서러워함}

오! 내 어린 날 하얀 옷 입고

외로이 자랐다 하얀 넋 담고
           _{화자가 어린 날 느낀 외로움과 연관됨}
㉤ 조마조마 길가에 붉은 발자욱
             _{화자가 어린 날 느낀 슬픔과 연관됨}
자욱마다 눈물이 고이었었다

                          - 김영랑, 〈연 1〉 -

* 아슴풀하다: '아슴푸레하다'의 방언.
* 조매롭고: '조마롭다'의 방언. 보기에 마음이 초조하고 불안하다.
* 아실아실: '아슬아슬'의 방언.

다

ⓐ 신위가 자기 집 이름을 '문의당'이라 하고 ⓑ 나에게 편지를
보내 말했다.

"내 천성이 물을 좋아하는데, 도성 안이라 **볼만한 샘이나 못이**
             _{「 」: 신위가 아쉬워하는 점}
없어 비록 **물을 보는 법**을 알고 있어도 **써 볼 데가 없는** 것이 늘

아쉬웠습니다.」그런데 **천하의 지도를** 보고 깨우친 점이 있었습
                  _{신위에게 깨달음을 준 대상}
니다.

넘실거리는 큰 바다 사이로 아홉 개 대륙, 일만 개 나라가 퍼
져 있는데 큰 나라는 범선이 늘어선 듯하고, 작은 나라는 갈매
기와 해오라기가 출몰하는 듯했습니다. 천하만국에 두루 살고
                       _{천하의 지도를 본 신위의 깨달음}
있는 사람들은 모두 물 가운데 있는 존재일 뿐입니다. 이것이
제 집의 이름을 '**문의(文漪)**'*라고 한 까닭입니다. 그대는 저를
                  _{집의 이름을 물과 관계된 것으로 지음}
위해 이 집의 기문을 지어 주시기 바랍니다."

나는 편지를 보고 웃으며 말했다.

"세상에는 본래 그 실물은 없으면서도 이름을 차지하는 경우가

있으니, 지금 그대가 집에 이름을 붙인 것이 바로 그 실물이 없는 것이라고 할 수 있겠소. 비록 그러하나 그대도 이에 대해 할 말이 있을 것이오. 지금 **바다의 섬 가운데 집을 짓고 사는 사람**

_{예시를 들어 신위의 논리가 성립함을 드러냄}

이 있다면, 사람들은 반드시 **물에 산다고** 하지 산에 산다고 하지 않겠지요. 섬사람 중에는 담장을 두르고, 집을 짓고, 문을 닫

_{물에 사는 사람이라고 할 수 있음}

고 **들어앉아 사는 사람**도 있게 마련이니, 그가 날마다 파도와

_{바다의 형상 - 물에 사는 사람이 만나게 되는 환경}

깊은 물을 가까이 접하지는 않는다고 하여, 물에 사는 게 아니라고 한다면 옳지 않겠지요. 이와 같은 이치를 **사람들이 모두 그렇**

_{신위의 논리대로 세상 모든 사람들이 섬에 살고 있다고 할 수 있음}

다고 인정하는데, 어찌 유독 그대의 말에만 의심을 품겠소?

대지는 하나의 섬이고, 세상 사람들은 섬사람이라오. 비록 **배**

_{신위의 논리를 인정함}

를 집으로 삼아 물 위를 떠다니면서 날마다 **물과 더불어** 살아가는 사람이라 하더라도, 그 형편상 눈을 한곳에 두고 꼼짝하지 않을 수는 없을 것이고, 잠시 **눈길을 돌려서** 잠깐 동안이나마

_{신위가 물을 보는 법을 써 볼 데가 없다고 한 것과 유사함}

물이 있다는 것을 생각하지 못할 때가 반드시 있을 것이오. 이 때에는 겨우 반걸음을 움직인 것이나 천 리를 간 것이나 매한가지라 할 것이오."

- 서영보, 〈문의당기〉 -

* 문의: 물결무늬.

01

답 | ②

(가)~(다)의 공통점으로 가장 적절한 것은?

정답 선지 분석

② 묘사의 방식을 활용하여 대상의 특징을 구체화하고 있다.

(가)에서 '갱 속 같은 마을', '콩깍지처럼 후미진 외딴집' 등은 노인이 사는 곳을 묘사한 것으로, 노인이 세상과 단절된 곳에서 살고 있음을 드러내고 있다. (나)의 2연은 하늘을 날고 있는 연에 대한 묘사가 두드러진 부분으로, 연이 위태롭게 떠 있음을 드러내고 있다. (다)에서 '넘실거리는 큰 바다~듯했습니다.'는 '천하의 지도'를 묘사한 것으로, 천하만국이 물 가운데 있음을 드러내고 있다. 이처럼 세 작품은 모두 묘사의 방식을 활용하여 대상의 특징을 구체화하고 있다.

오답 선지 분석

① 설의적 표현을 사용하여 인물의 정서를 강조하고 있다.

(다)에서 '이와 같은 이치를~의심을 품겠소?'는 설의적 표현으로, 세상을 바라보는 신위의 관점이 타당하다는 글쓴이의 생각을 강조하였다. (가), (나)에는 설의적 표현이 쓰이지 않았다.

③ 말을 건네는 방식을 사용하여 주제 의식을 심화하고 있다.

(가)에서는 청자에게 이야기를 들려주는 방식을 구사했다고 볼 수 있으며, (다)에서는 신위와 '나'가 상대에게 말하는 방식으로 자신의 생각을 전달하였다. 그런데 (나)에는 상대에게 말하는 방식이 쓰이지 않았다.

④ 과거의 장면을 회상하여 현재 상황에 대한 원인을 포착하고 있다.

(나)에는 화자가 자신의 유년 시절에 대해 회상한 내용이 나온다. 그러나 (가), (다)에는 과거를 회상하는 내용이 나오지 않았다.

⑤ 가상의 상황을 설정하여 현실에 대한 긍정적 인식을 이끌어 내고 있다.

(가)에는 겨울 귀뚜라미가 떼를 지어 우는 상황이 나오기는 하지만 이를 통해 현실에 대한 긍정적 인식을 이끌어 내고 있지는 않다. (나)에는 가상의 상황이 나오지 않았고, (다)에는 '바다의 섬 가운데 집을 짓고 사는 사람이 있다면~'을 통해 가상의 상황이 나왔다고 볼 수 있다.

02

답 | ④

〈보기〉를 참고하여 (가)를 감상한 내용으로 적절하지 않은 것은?

보기

(가)는 적막한 산골 마을을 배경으로 그곳에 사는 한 노인의 모습을 관찰하여 들려주는 시이다. 향토적인 정경 속에서 낯설게 느껴지는 일상에 감각적으로 집중하는 노인을 통해 점점 사라져 가는 것들에 대한 관심을 드러내고, 노인의 삶이 마주한 깊은 정적 속 울음소리를 통해 인간의 쓸쓸함을 고조하고 있다. 이러한 노인의 모습은 외딴집 창호지 문살에 비친 달무리의 이미지로 형상화되고 있다.

정답 선지 분석

④ '짚오라기의 설레임'을 '귀를 모으고 듣'고 '새들의 온기'를 '숨을 죽이고 생각하'는 것은, 일상을 자연스럽게 받아들이는 노인의 감각을 부각한 것으로 볼 수 있겠군.

'짚오라기의 설레임'을 '귀를 모으고 듣'고 '새들의 온기'를 '숨을 죽이고 생각하'는 것은 〈보기〉에서 언급한 것처럼 '낯설게 느껴지는 일상에 감각적으로 집중하는' 노인의 모습을 드러낸 것으로, 일상을 자연스럽게 받아들이는 노인의 감각을 부각한 것은 아니다.

오답 선지 분석

① '첩첩산중에도 없는 마을'을 '여긴 있'다고 한 데서, 노인이 살아가는 곳은 쉽게 보기 어려울 것 같은 장소임을 짐작할 수 있겠군.

'첩첩산중에도 없는 마을'을 '여긴 있'다고 한 것은 노인이 사는 마을이 쉽게 발견할 수 없는 곳임을 나타낸 것이다.

② '강기슭에서도 보이진 않'는 '후미진 외딴집'이라는 배경 설정에서, 적막한 공간의 분위기를 추측할 수 있겠군.

'강기슭에서도 보이진 않'는 '후미진 외딴집'은 노인이 세상과 단절된 곳에서 살고 있음을 드러낸 것으로, 적막한 공간의 분위기를 조성하고 있다.

③ '봉당에 불을 켜'는 분위기와 '콩깍지'의 이미지로 나타낸 향토적 정경에서, 사라져 가는 것들에 대한 관심을 유추할 수 있겠군.

'봉당에 불을 켜'는 분위기와 '콩깍지'의 이미지는 모두 시골의 정경과 관련된 것으로, 이것은 〈보기〉에서 언급한 것처럼 '점점 사라져 가는 것들에 대한 관심'을 드러낸 것이다.

⑤ '발은기침 소리도 없'는데 '겨울 귀뚜라미'가 우는 상황과 눈발이 치는 듯한 '밖'의 달무리 이미지가 어우러져, 노인의 고독을 형상화한 것으로 이해할 수 있겠군.

'발은기침 소리도 없'는데 '겨울 귀뚜라미'가 우는 상황은 〈보기〉의 '깊은 정적 속 울음소리'와 연결 지을 수 있으며, 눈발이 치는 듯한 '밖'의 달무리 이미지는 〈보기〉의 '외딴집 창호지 문살에 비친 달무리의 이미지'와 연결하여 노인의 외로운 처지를 부각하기 위한 설정으로 볼 수 있다.

03

답 | ④

(나)에 대한 설명으로 적절하지 않은 것은?

정답 선지 분석

④ 4연에서 '외로이 자랐다'와 이어진 '하얀 넋'은 '붉은 발자욱'에 함축된 정서와 상반되는 의미를 이끌어 내고 있다.

4연에서 '하얀 넋'은 '외로이 자랐다'라는 시구, 곧 유년 시절의 화자가 느낀 외로움과 연관된다. '붉은 발자욱' 역시 '눈물이 고이었다'라는 시구, 곧 유년 시절 화자가 느꼈을 슬픔과 연관된다. 이처럼 '하얀 넋'과 '붉은 발자욱'은 모두 애상적 정서를 담고 있다는 점에서 유사한 의미를 이끌어 낸다고 할 수 있다.

① 1연에서 '연'과 '연실'의 모습에 빗대어 '내 어린 날'의 기억을 '아슴풀하다'라고 표현하고 있다.

> 1연에서는 '내 어린 날'의 기억을 '아슬한 하늘에 뜬 연', '바람에 깜박이는 연실'에 빗대어 '아슴풀하다'고 표현하고 있다.

② 2연에서 '조매롭고'로 표현된 '연실'의 긴장은 3연에서 연실이 '바람 일어 끊어지던 날'의 정서를 고조하고 있다.

> 2연에서 '연실'의 긴장을 보며 느끼는 초조함과 불안감은 3연에서 연실이 '끊어'져 울었던 상황과 연결되므로 정서의 고조를 유발한 것이다.

③ 3연에서 '울다'의 반복과 4연에서 '눈물이 고이었었다'를 통해 '내 어린 날'의 상황을 짐작할 수 있게 하고 있다.

> 3연에서는 '울다'를 반복하고 있고, 4연에서는 '눈물이 고이었었다'는 표현이 나오는데, 이는 '내 어린 날'이 힘들고 괴로웠음을 짐작하게 한다.

⑤ 1연과 4연의 '내 어린 날'은 2연의 '내 어린 날'의 기억을 통해 떠올린 유년 시절을 표상하는 의미를 지니고 있다.

> 2연에서 화자는 연을 보며 유년 시절을 기억하는데, 1연과 4연에서는 그 시절에 대한 인상과 정서가 표출되어 있다.

04

답 | ③

㉠~㉤에 대한 설명으로 적절하지 <u>않은</u> 것은?

③ ㉢: 높이 날아오른 연을 동경하는 심리를 드러내고 있다.

> ㉢의 '아실아실'은 위태로움으로 인해 두려움을 느끼는 상황을 드러내는 말로, 너무 높이 떠오른 연이 끊어지지는 않을까 걱정하는 마음을 표현한 것일 뿐, 높이 날아오른 연을 동경하는 심리를 표현한 것은 아니다.

① ㉠: 아주 짧은 순간에 해가 지는 모습을 나타낸 말로, 시간의 변화를 함축하고 있다.

> ㉠은 해가 갑자기 사라지는 모양을 나타내는 말로, 산속 마을에 갑자기 밤이 찾아왔음을 함축하고 있다.

② ㉡: 소리를 통해 연상되는 새의 모습을 감각적으로 형상화하고 있다.

> ㉡은 처마 깃에 나래를 묻는 새가 내는 소리를 표현한 것이다.

④ ㉣: 서러움을 느끼게 하는 대상인 실낱의 모습을 표현하고 있다.

> ㉣은 흰 빛깔이 보일 듯 말 듯한 모양을 나타내는 말로, 끊어진 연줄을 보며 서러워하는 상황을 형상화하고 있다.

⑤ ㉤: 외롭고 슬픈 어린 시절의 정서를 함께 담아내고 있다.

> ㉤은 초조하고 불안한 심리를 나타내는 말로, 외롭고 슬펐던 어린 시절의 상황을 표현하는 데 활용되고 있다.

05

답 | ②

ⓐ, ⓑ에 대한 이해로 적절하지 <u>않은</u> 것은?

② ⓐ가 '자기 집'을 '문의'라고 한 것에 ⓑ가 동의한 이유는 ⓐ의 상황이 '배를 집으로 삼아' 사는 사람의 상황보다 집에 '들어앉아 사는 사람'의 상황에 가깝다고 생각했기 때문이다.

> 신위는 세상 사람들 모두 물 가운데 있는 존재라는 의미로 자기 집 이름을 '문의'라고 하였고, '나'도 신위의 생각에 동의한다. 그런데 이는 신위의 상황이 '배를 집으로 삼아' 사는 사람들의 상황보다 집에 '들어앉아 사는 사람'의 상황과 가깝다고 생각했기 때문이 아니다. '나'는 두 상황 모두 결국 물 가운데 사는 것은 같다고 보기 때문에 신위의 생각에 동의한 것이다.

① ⓐ는 '볼만한 샘이나 못'이 없는 곳에 산다고 생각하다가, '천하의 지도를 보고' 깨달은 바에 따라 자신이 물 가운데 살고 있는 것이나 다름없다는 발상으로 사고를 전환한다.

> 신위는 자신이 도성 안에 있기 때문에 '볼만한 샘이나 못'이 없는 곳에 산다고 생각하지만, '천하의 지도'를 보고 자신이 물 가운데 사는 것과 다름없다는 깨달음을 얻게 되었다.

③ ⓑ는 '바다의 섬'에 '집을 짓고 사는 사람'의 삶에 주목하여, 바라보는 관점을 달리하면 세상 모든 사람들이 섬에 살고 있다는 논리가 성립한다고 생각한다.

> '나'는 '바다의 섬'에 '집을 짓고 사는 사람'을 보고 그들이 날마다 파도와 깊은 물을 가까이 하지 않고 살아도 '물에 산다'고 할 수 있는 것처럼 관점을 달리하면 세상 사람들이 섬에 살고 있다고 할 수 있다고 주장하였다.

④ ⓑ가 ⓐ의 발상이 타당하다고 하는 이유는, '바다의 섬 가운데' 살더라도 그것을 가리켜 '물에 산다고' 보는 것이 ⓑ의 생각만이 아니라 '사람들'의 판단과도 일치하기 때문이다.

> '나'는 '바다의 섬 가운데' 살더라도 사람들이 '산에 산다'고 하지 않고 '물에 산다'고 하는 예를 들어, 신위의 주장이 타당하다고 하였다.

⑤ ⓑ는 '물과 더불어' 사는 사람도 '눈길을 돌'리는 순간이 있는 것과 ⓐ가 '물을 보는 법'을 '써 볼 데가 없'다 하는 것은 물을 보지 못할 때가 있다는 점에서 유사하다고 생각한다.

> '나'는 '물과 더불어' 사는 사람도 물이 있는 것을 생각하지 못하는 것이나 신위가 물을 보지 못하므로 '물을 보는 법'을 '써 볼 데가 없다'고 하는 것이 유사한 상황이라고 본다. 이 두 경우를 의미하는 '겨우 반걸음을 움직인 것'과 '천 리를 간 것'이 '매한가지라 할 것'이라 인식한 것이다.

06

답 | ④

<보기>를 바탕으로 (가), (다)를 이해한 내용으로 가장 적절한 것은?

> 문학 작품 속의 소재들은 연관성 속에서 서로 유사 혹은 대립의 관계를 이룸으로써 의미를 생성하거나 그 특징을 부각하는 효과를 드러낸다.

④ (다)의 '파도'와 '깊은 물'은 바다의 형상이라는 유사성으로 관계를 맺으며 물에 사는 사람이 살면서 만나게 되는 환경이라는 의미를 생성하고 있군.

> (다)의 '파도'와 '깊은 물'은 물에 사는 사람들이 만나게 되는 바다의 형상이라는 유사성이 있다. '나'는 이를 통해 물에 사는 사람들이 이러한 바다를 매일 만나지는 않지만 이들이 물에 사는 것은 분명하다는 주장을 펼치고 있다.

① (가)의 '허방다리 들어내면 보이는 마을', '갱 속 같은 마을'은 얕음과 깊음의 대비를 이루어 숨어 있는 두 공간의 차이를 부각하고 있군.

> (가)의 '허방다리 들어내면 보이는 마을', '갱 속 같은 마을'은 쉽게 찾을 수 없는 공간이라는 유사성이 있다.

② (가)의 '무우'와 '고구마'는 차가움과 따뜻함의 대비를 이루어 밤에 출출함을 달래기 위해 먹는 다양한 음식의 속성을 부각하고 있군.

> (가)의 '무우'와 '고구마'는 노인이 무료함을 달래기 위해 먹는 음식으로, 노인이 먹는 음식의 차가움과 따뜻함을 대비하고 있지 않다.

③ (다)의 '아홉 개 대륙'과 '일만 개 나라'는 바다 안의 육지라는 유사성으로 관계를 맺으며 '천하의 지도'라는 새로운 의미를 생성하고 있군.

> (다)의 '천하의 지도'에 그려진 '아홉 개 대륙'과 '일만 개 나라'는 물에 둘러싸인 공간이라는 유사성이 있지만, 이를 통해 '천하의 지도'라는 새로운 의미를 생성하고 있지는 않다.

⑤ (가)의 '창문은 모과빛'과 '기인 밤'은 밝음과 어둠의 대비를, (다)의 '갈매기'와 '해오라기'는 크고 작음의 대비를 이루어 각 소재가 가진 특징을 부각하고 있군.

(가)의 '모과빛'과 '기인 밤'은 밝음과 어둠의 대비를 이루지만, (다)의 '갈매기'와 '해오라기'는 모두 '작은 나라'의 모습을 비유하는 데 활용되고 있다. 즉 두 소재는 대립이 아니라 유사의 관계를 이루는 것으로 볼 수 있다.

DAY 6 〈현수문전〉_작자 미상

빠른 정답 체크

01 ①   **02** ④   **03** ⑤   **04** ③

과연 서번국의 대장 진골대가 급히 군사를 몰아 남주성에 들어가니, 백성이 하나도 없고 성 안이 텅 비어 있었다. 진골대가 크게 놀라 도로 진영으로 돌아가고자 하는데, 현후가 서번군이 성 안으로 들어가는 것을 보고서 군사들을 급히 출동시켜 에워싸며 산 위에 올라가 소리쳐 말했다.
└ 진골대가 함정에 빠짐
└ 위왕(현수문)의 아들

"서번이 어찌 감히 우리를 당할소냐? 옛날 양평공과 우골대가 다 내 칼에 죽었거늘, 네 맞아 죽고자 하니 어린 강아지가 맹호를 모르는 격이로다. 제 죽은 혼일망정 나를 원망치 말고 새 황제를 원망하여라."
└ 과거의 전적을 언급함
└ 서번은 새 황제로 인해 위나라와 전쟁을 하게 됨

그리고는 불화살을 재빨리 쏘니, 성 안에 화염이 하늘에 퍼져 가득하여 모두 불길일러라. 적군이 견디지 못하여 불길을 무릅쓰고 달아나는데, 또 위왕의 군진을 만나니 정신을 차리지 못하여 서로 짓밟혀 죽은 자를 이루 다 셀 수가 없었다. 진골대 탄식하며 말했다.
└ 진골대가 위왕에게 패배함

"위왕은 만고의 영웅이라서 사람의 힘으로는 미칠 바가 아니로다."
└ 위왕과 자신의 능력 차이를 인정함

이렇게 한탄하고 항복하여 말했다.

"우리 왕이 구태여 싸우려 한 것이 아니라 새 황제가 시킨 것이니, 바라건대 위왕은 쇠잔한 목숨을 살리소서."
└ 자신의 의지가 아니었음을 근거로 들어 목숨을 구걸함

위왕이 말했다.

"서번국과 과인의 나라는 본디 친하여 꺼리고 미워하는 것이 없기로 놓아 보내거니와, 차후로는 아무리 새 황제의 조서가 있더라도 기병할 마음을 먹지 말라."
└ 서번국과 위나라의 우호 관계를 생각하여 진골대를 살려 줌

그리고는 돌려보내니라.

이때 새 황제의 군대가 구골대의 군대와 합병하여 화음현에 도착하였는데, 백성들이 길에서 울고 있는지라 그 까닭을 물으니 답하여 말했다.

"위왕이 서번국에 패하여 거창산에 들어가 백성들을 모아 군사
└ 백성들이 길에서 울고 있던 이유

를 삼으니, 저마다 도망하다가 처자식을 잃고서 절로 슬퍼 우나이다."

구골대가 이 말을 듣고 크게 기뻐하여 위왕을 잡으려 거창산으로 군대를 몰아 들어가니, 길이 험하고 수목이 무성하여 행군하기 꽤 어려웠다. 그래도 점점 들어가니, 과연 산 위에 깃발과 창칼들이 무수히 꽂혔고 진중이 고요하여 크게 고함치며 쳐들어 갔지만, 군사가 다 짚으로 만든 ㉠ 허수아비였고 사람은 하나도 없었다. 구골대가 몹시 놀라 어찌할 줄 몰랐는데, 문득 산 위에서 대포 쏘는 소리가 나고 불이 사방에서 일어나며 화살과 돌이 비 오듯 하였다. 구골대가 하늘을 우러르며 탄식하여 말했다.
└ 구골대가 함정에 빠짐
└ 위왕이 구골대를 공격함

"내 어찌 이곳에 들어와 죽을 줄을 알았으랴?"
└ 자신이 함정에 빠졌음을 깨달음

그리고는 죽기로써 불길을 무릅쓰고 산의 어귀를 나서니, 또 좌우에서 함성을 크게 지르며 뒤쫓아 왔다. 구골대가 능히 대적하지 못하여 투구를 벗고 말에서 내려 땅에 엎드려 살기를 빌자, 위왕이 크게 꾸짖고 중곤으로 볼기를 30대 쳐서 내치니라. 구골대가 거듭 절하며 고맙다는 뜻을 표하고 돌아가다가 인하여 죽었다. 양국의 대병이 대패하자, 서번왕이 탄식하며 말했다.
└ 구골대가 위왕에게 패배함

"내가 새 황제의 조서를 받고서 망령되이 군사를 일으켰다가 아까운 장수와 군졸만 죽었으니, 어찌 분하고 한스럽지 않으랴? 이후로는 위나라 땅을 침범치 못하리로다."
└ 서번은 새 황제의 조서를 계기로 위나라와 전쟁을 하게 됨
└ 패배를 인정하고 위나라와 싸우지 않기로 함

이때 새 황제는 세 방면의 군대가 대패한 것을 듣고서 크게 놀라 탄식하고 한탄하며 말했다.

"위왕은 과연 천신이로니, 뉘 능히 당할 수 있으랴?"
└ 위왕의 능력을 인정함

[중략 부분의 줄거리] 새 황제가 위왕 현수문에게 자신의 잘못을 인정하고 둘은 화해한다. 이후 현수문은 죽음을 맞이하고 아들 현후가 새 위왕이 된다.
└ 새 황제와 위왕 현수문의 갈등이 해소됨
└ 세대가 교체됨 - 새로운 갈등

몇 달이 지난 후에 갑자기 새 황제의 사자가 이르렀다 하여 새 위왕이 그를 맞이하였는데, 사관이 말했다.

"황상께옵서 위왕의 지방이 좁고 길이 멂을 염려하시어 우선 서천의 한 곳을 환수하라 하셨고, 위왕을 보지 못하는 것을 한스럽게 여기셔서 특별히 사관을 보내어 함께 올라오기를 기다리시나이다."
└ 새 황제가 새 위왕을 불러들임

그리고는 조서를 들였는데, 새 위왕이 조서를 보고 황궁을 향해 네 번 절하고 의아해 마지않아서 말했다.

"황상의 망극한 은혜가 이처럼 미쳤으니, 어찌 황공하고 두렵지 않을 수 있겠소?"

그리고서 사관과 함께 길을 떠났는데, 좌승상 석침을 데리고 황성으로 향하니라. 여러 날 만에 황성에 다다랐는데, 갑자기 수천 군마가 힘차게 달려 나와 새 위왕을 에워싸서 말할 수 없이 절박
└ 새 위왕이 위기에 빠짐

하거늘, 새 위왕이 크게 놀라 문득 일광대사의 가르친 일을 생각
_{새 위왕이 위기를 극복할 방법을 떠올림}
하고 단소를 내어 부니라. 소리가 심히 처량하여 사람으로 하여
금 마음을 풀어지도록 이끄니, 여러 군사들이 일시에 흩어지니
_{새 위왕이 위기를 극복함}
라. 이는 종실 조충이 본디 외람한 뜻을 두었으나 매양 위왕 부자
_{새 위왕을 위기에 빠뜨린 인물} _{현수문과 현후}
를 꺼리다가, 이제 비록 현수문이 죽었으나 그의 아들 현후를 시
_{새 위왕이 위기에 빠진 이유}
기하여 새 황제에게 헐뜯고 죄 있는 것처럼 고하여 바친 것이다.
이날 가만히 새 위왕 현후를 잡아 없애고자 하다가 갑자기 단소
소리를 듣고 스스로 마음이 풀어진 바가 되었으니, 천도가 무심
_{조충은 새 위왕의 단소 소리를 듣고 마음이 풀어짐}   _{편집자적 논평}
치 않음을 가히 알지라.

　새 위왕이 그 위급한 화를 면하고 바로 <u>궐내</u>에 들어가 새 황제
앞에 엎드리니, 새 황제가 보고 한편으로 반기며 다른 한편으로
부끄러워 말했다.

　"경을 차마 잊지 못하여 가까이 두고자 한 것인데, 이제 짐의 몸
이 평안치가 않아서 말을 이르지 못하겠노라."
_{새 황제의 건강이 좋지 않음}

　그리고는 도로 용상에 누워 혼절하니, 위급함이 시각에 달려 있
었다. 만조백관들이 허둥지둥 어찌할 줄 몰랐는데, 새 위왕 또한
새 황제의 위급함에 크게 놀랐지만 문득 ⓛ <u>환약</u>을 생각하고 주
머니 속에서 꺼내어 새 황제를 받드는 신하에게 주며 말했다.

　"이 약이 비록 좋지 못하나 응당 효험이 있을 듯하니, 갈아서 잡
수시게 하는 것이 어떠하뇨?"
_{새 황제를 도울 방법을 제시함}

　만조백관이 다 허둥지둥하는 가운데 혹 다행이라 여기기도 하
며 혹 의심을 내기도 하였는데, 곁에 조충이 있다가 이를 보고 생
_{새 위왕을 믿는 사람도 있고 믿지 않는 사람도 있음}
각하였다.

　'만일 황상이 깨어나지 못할진대, 새 위왕을 없애려는 일을 이
_{환약이 효험이 없으면 새 위왕을 없앨 수 있음}
룰 수 있는 조짐을 만남이니 어찌 다행치 않으랴!'

　그리고는 급히 환약을 받아 시녀로 하여금 갈아서 새 황제에게
먹이게 하였더니, 오래지 않아 호흡이 능히 통하고 또 정신이 씩
씩하여져 오히려 전보다 심사가 상쾌해졌다.
_{새 황제가 환약을 먹고 건강이 회복됨}

- 작자 미상, 〈현수문전〉 -

01
답 | ①

윗글에 대한 설명으로 가장 적절한 것은?

> 정답 선지 분석

① 감각적 장면 묘사를 통해 작중 상황을 드러내고 있다.
'산 위에서 대포 쏘는 소리가 나고~화살과 돌이 비 오듯 하였다'와 '소리가 심히 처량하
여~여러 군사들이 일시에 흩어지니라.'에서 감각적 묘사를 통해 작중 상황을 드러내고 있으
므로 적절하다.

> 오답 선지 분석

② 인물의 과장된 말과 행동을 통해 인물을 희화화하고 있다.
윗글에서는 인물의 말과 행동을 통해 인물을 희화화하고 있지 않다.

③ 꿈과 현실을 교차하여 사건 해결의 실마리를 드러내고 있다.
윗글에서는 꿈과 현실의 교차가 나타나지 않는다.

④ 역순행적 구성을 통해 사건의 경과를 입체적으로 제시하고 있다.
윗글은 시간의 흐름에 따라 사건이 전개되고 있다.

⑤ 천상계와 지상계의 사건을 병치하여 환상적 분위기를 조성하고 있다.
윗글에서는 천상계가 등장하지 않는다.

02
답 | ④

윗글에 대한 이해로 적절하지 <u>않은</u> 것은?

> 정답 선지 분석

④ '황성'에서 사관은 좌승상 석침과 함께 있던 새 위왕을 만났다.
'사관과 함께 길을 떠나는데, 좌승상 석침을 데리고 황성으로 향하니라'고 하였으므로 황성
에서 사관이 좌승상 석침과 함께 있던 새 위왕을 만났다는 것은 적절하지 않다.

> 오답 선지 분석

① '남주성'에서 진골대는 위왕의 군사로부터 크게 패했다.
'적군이 견디지 못하여 불길을 무릅쓰고 달아나는데, 또 위왕의 군진을 만나니~죽은 자를 이
루 다 셀 수가 없었다.'를 통해 남주성에서 진골대가 위왕의 군사로부터 크게 패했음을 알 수
있으므로 적절하다.

② '화음현'에서 백성들은 자신들이 우는 이유에 대해 말했다.
'백성들이 길에서 울고 있는지라 그 까닭을 물으니 답하여 말했다'를 통해 화음현에서 백성
들은 자신들이 우는 이유에 대해 말하고 있음을 알 수 있으므로 적절하다.

③ '거창산'에서 벌인 전투 이후에 구골대는 죽음을 맞이했다.
'구골대가 능히 대적하지 못하여~죽었다.'를 통해 거창산에서 벌인 전투 이후에 구골대는 죽
음을 맞이했음을 알 수 있으므로 적절하다.

⑤ '궐내'에서 혼절한 새 황제를 보고 만조백관들은 허둥지둥했다.
'도로 용상에 누워 혼절하니~만조백관들이 허둥지둥 어찌할 줄 몰랐는데'를 통해 궐내에서
혼절한 새 황제를 보고 만조백관들이 허둥지둥했음을 알 수 있으므로 적절하다.

03
답 | ⑤

ⓗ과 ⓛ에 대한 이해로 가장 적절한 것은?

> 정답 선지 분석

⑤ ⓗ은 구골대를 위태롭게 하는 소재이고, ⓛ은 새 황제를 위태로움에서 구하
는 소재이다.
'구골대가 몹시 놀라 어찌할 줄 몰'라 하며 '죽을 줄을 알았으랴'고 하였으므로 ⓗ은 구골대
를 위태롭게 하는 소재이고, '새 황제에게 먹이게 하였더니~상쾌해졌다'고 하였으므로 ⓛ은
새 황제를 위태로움에서 구하는 소재이므로 적절하다.

> 오답 선지 분석

① ⓗ은 구골대가, ⓛ은 새 위왕이 과거 경험을 이야기하게 하는 소재이다.
ⓗ, ⓛ 모두 인물이 과거 경험을 이야기하게 하는 소재로 볼 수 없다.

② ⓗ은 구골대가, ⓛ은 새 황제가 사건의 전모를 밝혀내게 하는 소재이다.
ⓗ, ⓛ 모두 인물이 사건의 전모를 밝혀내게 하는 소재로 볼 수 없다.

③ ⓗ은 위왕이 변신한 소재이고, ⓛ은 새 황제를 변신하게 하는 소재이다.
ⓗ은 위왕에 대한 황제의 인식을 변화하게 한 소재이고, ⓛ은 새 황제를 병세에서 구하는 소
재이지, 변신하게 하는 소재로 볼 수 없다.

④ ⓗ은 위왕의 걱정을 해소시키는 소재이고, ⓛ은 새 위왕의 걱정을 심화시키
는 소재이다.
ⓗ은 황제의 침략을 막아내는 수단으로, 위왕의 걱정을 해소시키는 소재로 볼 수 있으나, ⓛ
은 새 위왕의 걱정을 심화시키는 소재로 볼 수 없다.

WEEK 8

04

답 | ③

<보기>를 참고하여 윗글을 감상한 내용으로 적절하지 <u>않은</u> 것은?

보기

〈현수문전〉은 제후인 주인공들이 대를 걸쳐 황제와 겪는 갈등 관계가 반복되는 군담 소설이다. 이때 황제는 외부 세력을 활용한 간접적 방식으로 제후국에 군사적 압력을 가하거나 갈등을 조장하는 인물의 영향을 받아 주인공을 위기에 빠뜨리기도 한다. 이 과정에서 주인공들은 영웅적 면모를 발휘해 고난을 극복하면서도 황제와의 관계 개선을 위해 노력한다.

정답 선지 분석

③ 서번왕이 위왕에게 패해 장수와 군졸을 잃고 탄식하는 것에서 제후가 황제와의 관계를 개선하기 위해 노력한 이유를 짐작할 수 있겠군.

'군사를 일으켰다가 아까운 장수와 군졸만 죽였으니, 어찌 분하고 한스럽지 않으랴?'에는 서번왕이 군사를 일으킨 것에 대한 분함과 한스러움이 드러나 있을 뿐 제후가 황제와의 관계를 개선하기 위해 노력한 이유가 드러나 있지 않으므로 적절하지 않다.

오답 선지 분석

① 조충이 위왕 부자를 꺼려 새 황제에게 헐뜯은 것에서 황제가 갈등을 조장하는 인물의 영향을 받았음을 짐작할 수 있겠군.

'조충이 본디 외람한 뜻을 두었으나 매양 위왕 부자를 꺼리다가~새 황제에게 헐뜯고 죄 있는 것처럼 고하여 바친 것'이라는 것을 통해 황제가 갈등을 조장하는 인물의 영향을 받았음을 짐작할 수 있으므로 적절하다.

② 새 위왕이 일광대사의 가르침을 떠올리며 단소를 불어 군사들을 흩어지게 한 것에서 영웅적 기지를 발휘해 고난을 극복했음을 알 수 있겠군.

'새 위왕이 크게 놀라 문득 일광대사의 가르친 일을 생각하고 단소를 내어~여러 군사들이 일시에 흩어지니라'는 것을 통해 영웅적 기지를 발휘해 고난을 극복했음을 알 수 있으므로 적절하다.

④ 새 황제가 서번왕에게 군사를 일으키라고 조서를 보냈다는 것에서 황제가 다른 세력을 활용해 간접적으로 제후국에 군사적 압력을 행했음을 짐작할 수 있겠군.

'서번왕'이 '새 황제의 조서를 받고서 망령되이 군사를 일으켰'다고 하는 것을 통해 황제가 다른 세력을 활용해 간접적으로 제후국에 군사적 압력을 행했음을 짐작할 수 있으므로 적절하다.

⑤ 위왕이 새 황제로 인해 공격을 받은 것과 위왕의 아들인 새 위왕이 새 황제를 만나러 가서 위험에 빠진 것에서 제후와 황제의 갈등이 대에 걸쳐 나타나고 있음을 알 수 있겠군.

위왕에게 항복하는 진골대가 '우리 왕이 구태여 싸우려 한 것이 아니라 새 황제가 시킨 것'이라는 것과 위왕의 아들 새 위왕이 '수천 군마가~에워싸서 말할 수 없이 절박'하게 된 것을 통해 제후와 황제의 갈등이 대에 걸쳐 나타나고 있음을 알 수 있으므로 적절하다.